교육학 입문
교육으로의 초대

12마당의 스토리텔링

교육학 입문
교육으로의 초대

12마당의 스토리텔링

이상오 지음

연세대학교 대학출판문화원

교육학 입문
교육으로의 초대

12마당의 스토리텔링

지은이 이상오
펴낸곳 연세대학교 대학출판문화원
주 소 서울시 서대문구 연세로 50
전 화 02) 2123-3380~2
팩 스 02) 2123-8673
e-mail: ysup@yonsei.ac.kr
http://press.yonsei.ac.kr
등 록 1955년 10월 13일 제9-60호
인 쇄 두성칼라

2019년 8월 30일 1판 1쇄
ISBN 978-89-6850-353-5(93370)

정 가 38,000원

서언

독일 유학시절 우리의 <교육학 개론>에 해당되는 <교육학 안내, Einfuhrung in die Erziehungswissenschaft)나 <교육학 입문, Einleitung in die Erziehungwissenschaft)은 대부분 시니어 교수들에 의해 출간되는 것을 보았다. 오늘 <교육학 입문>을 내는 나도 이제 시니어 교수가 되었다. 아마 대학교수로서는 학술적으로는 마지막 작품이 될 듯싶다. 평생 50여권의 책을 집필하면서 마지막으로 소임을 다한 느낌이다.

유학시절 나는 페다고지와 안드라고지를 함께 공부했다. 그런데 한국에 오니까 페다고지와 안드라고지는 서로 다른 영역이다. 서양에서 교육은 페다고지와 안드라고지로 구성된다. 한국에서는 페다고지가 학교교육이고, 안드라고지가 학교 바깥 영역의 교육으로 심심풀이 정도로 하는 교육으로 인식되어 있다. 물론 그렇게 이분법적으로 볼 수도 있다. 그러나 분명 틀렸다. 페다고지와 안드라고지는 떼레야 뗄 수가 없는 다 같은 교육의 구성요소이다. 페다고지와 안드라고지가 합해져야 비로소 교육이 일어난 것이다.

이분법은 관찰자와 대상을 양분하는 과학과 함께 자라온 방법이지만, 이는 제국주의자들에 의해 십분 활용되었다. 세상을 이분법적으로 보도록 사람들을 세뇌시키면서 제국주의자들은 자연정복과 인간정복에 성공했다. 자연을 보는 인간을 정복자로 만들었고, 잘 난 사람과 못난 사람을 양분하고 가진 자와 못가진 자를 분리하면서 마침내 인간에 의한 인간정복을 완성했던 것이다. 마치 세상에 높은 문화와 낮은 문화가 있는 것처럼, 단지 힘이 약하다는 이유만으로 남자와 여자가 구분되고, 말 못하는 짐승이라고 말좀 한다는 인간이 지배를 당연시하고 말을 하지 않고 침묵하는 자연을 마구잡이로 파헤치면서 착취를 서슴지 않았다. 이 결과가 바로 1. 2차 세계대전이고 환경 및 생태계의 파괴이다. 이 모든 것이 이분법적 사유의 결과였다. 교사와 학생을 양분화시킨 결과 오늘날 학교에서는 가르치는 자는 있어도 배우는 자는 없다. 교육이 실종된 것이다. 가르침이 있어도 배움이 없다면 그건 교육이 아니다. 그런데 지금 우리의 교실에는 과연 배움이 있는가?

나는 저술가로서 우리사회가 꼭 닮았으면 하는 미련이 하나 남아 있다. 책속에 길이 있다는 말이 있다. 그런데 우리는 그걸 말로는 모두 나불대고 있지만 실제로는 그 말을 믿지 않는다. 책이 밥먹여 주냐. 책상물림들은 고리타분하다. 이래서 우리 사회에는 책읽는 인구가 거의 없다. 아울러 모두들 이론과 현실은 다르다고 자신있게 말한다. 이러한 무식한 생각들이 지배하는 한 우리사회는 결코 선진화되지 못한다. 선진국은 이론과 현실은 반드시 같다는 등식을 가지고 있다. 아니 반드시 같아야 한다는 믿음을 가지고 있다. 물론 이론과 현실은 다르다. 이미 이론이 세워진 순간 현실은 변할 수 있기 때문이다. 따라서 이론과 실제 사이에는 어쩔 수 없이 간격이 생긴다. 왜냐하면 시간이 흐르기 때문이다. 심지어 현실은 이론과 전혀 다르게 전개될 수도 있다. 왜냐하면 뒷거래를 한다든지 압력을 행사한다거나 얼마든지 개입을 할 수 있기 때문이다. 책에서는 정직해야 한다고 가르치지만 현실은 그렇지 않다. 모든 것은 돈이든 권력이든 하여간 외압 때문이다. 그래서 우리는 이론을 헌신짝처럼 버린다. 그래서 책도 멀리한다.

학교는 이론을 가르치고 배우는 곳이다. 이론과 현실이 다른 데 왜 학교를 가야 하나? 학교가 현실감이 없다고 투덜거린다. 그러면 학교가 공장이나 기업처럼 되어야 하나? 그럼 그게 기업이고 공장이지 학교인가? 분명히 다시 말하지만 학교는 이론을 가르치고 배우는 곳이다. 그게 아니라면 공장이고 기업이지. 차라리 공장에서 가르치고 배우지. 아니면 학교에다가 공장을 하나 지어 놓던지.

그런데 의문은 이론을 공부하는 학교는 현실과 무관하고 아무 쓸데가 없다고 투덜대면서 아이들을 학교에 보내는 이유는 뭔가? 결국 졸업장만 따자는 것이다. 그러니 대학, 대학원에 들어 와서도 빨리 졸업이나 하자. 수단과 방법을 가리지 않고 빨리 학위나 받자는 식이다. 이게 뭔가? 우리 사회에서 이론은 중요하지도 의미도 없다. 오로지 졸업장만이 현실이다. 그러니 이래저래 우리의 교육은 공염불이고 학교는 시간만 죽이는 정말 한심한 곳이 되었다. 대부분의 아이들이 자고 있지 않는가? 배우러 온 아이들이 잠자는 곳. 그곳이 지금 우리의 학교다.

선진국에서도 이론과 현실은 다르다. 세상살이가 다 마찬가지 아니겠나? 그런데 선진국 사람들은 이론과 현실 간의 간격을 어떻게든 메꾸어 보려고 한다. 그게 바로 '변증법'이다. 정-반-합의 도식 속에서 이론과 현실은 서로 영향을 미치면서 모순이 제거되면서 일치되는 기점을 찾아보려고 노력이라도 한다. 그게 서구 선진국들이 지금까지 쌓아 온 학문과 현실의 역사이다. 이론을 실제에 적용해 보고 맞지 않으면 왜 맞지 않는가를 분석해 보면서 새로운 이론을 만들어 낸다. 그리고 또 그 이론을 현실에 적용해 보고 다시 또 새로운 이론을 써 낸다. 이렇게 하여 이론과 실제가 변증법적으로 발전하는 것이다.

대학원에서는 학위를 받기 위해서 논문을 쓴다. 자신의 생각을 이론으로 정리해 보는 것이다. 물론 그 논문의 내용은 시간이 지나면 쓸모없어진다. 그럼에도 불구하고 논문을 쓰는 이유는 현실을 이론으로 정리해보자는 것이다. 이론과 실제가 다르면 이를 분석 검토하여 새로운 이론을 창출해 낸다. 그것이 연구이고 그것이 바로 석학이라는 증명이다. 석학은 현실을 이론화할 줄 아는 능력자를 말한다. 이론과 현실이 다르지만 서로 정과 반 사이에 어쩔 수 없는 모순을 지양하고 또 새로운 합으로 지향해 가면서 이론화를 위해 반성하고 성찰하는 시간을 갖는 것이다. 결국 이론과 현실 간의 변증법은 성찰과 반성의 기회를 제공함으로써 삶을 다시 돌아볼 수 있는 계기도 마련해 준다. 다시 말하면 이론화는 자신의 연구결과를 문서로 기술해 보는 것이지만 궁극적으로는 자신의 삶을 돌이켜 보면서 한번 조용히 정리해 보자는 것이다. 세상을 살면서 한번쯤 자기의 삶을 돌아볼 기회를 갖은 사람과 무조건 앞만 보고 달려오느라고 그러한 기회를 가지지 못한 사람은 나중에 천양지차로 인생이 달라진다. 대학원 등록금을 너무 아까워하지 않아도 되는 이유이다.

초등학교 시절부터 방학숙제에 빠지지 않는 것이 있다. 일기쓰기이다. 일기쓰기는 반성과 성찰이며 지나간 일을 이론으로 정리해 보는 것이다. 그래서 이 숙제는 중요하다. 그럼에도 불구하고 지금 우리의 많은 대학에서는 논문 제도를 없앴으며 석박사 과정에서도 논문제도를 없애려고 한다. 학생들이 오지 않는다는 이유 때문이다. 학교가 적자가 되기 때문에 어떻게든 학생들을 유치하여 등록을 하도록 해야 한다는 거다. 또한 학생들이 학위논문 쓰는 것을 싫어하니까 학교에서는 논문을 없앤다는 것이다. 과연 한국이 어디로 가는 것인지? 우리 사회에서 교육은 이미 끝난 것이다. 더 이상 할 말이 없다. 철학자 비트겐슈타인은 이렇게 말했다: "말로 설명하지 못한다면 침묵할 수밖에 없다." 정말 새롭고 전혀 새로운 교육개념 아니면 교육본질의 회복이 아주아주 절실할 뿐이다. 이 책을 내는데 도움을 주신 모든 이에게 감사의 말씀을 전한다.

2019년 8월

오늘 따라 유난히 편안하고 고즈넉한
안산 아래 마을, 신촌 골에서

저자 이 상 오 씀

들어가는 말

교육은 가르치고 배우는 일이다. 티칭엔러닝. 그런데 오늘날 학교에는 가르치는 사람은 있다고 해도 배우는 사람은 없다. 교사는 열심히 가르치지만, 학생은 잔다. 과연 학교에 배움이 있는가? 결국 오늘날 학교에서는 교육행위가 발생하고 있지 않는 것이다. 학교가 교육의 전당이라는 말은 옛말이다. 허깨비같은 말이 되고 말았다. 이제 더 이상 학교는 교육의 전당도 아니다. 심지어 학교에서는 폭력사태도 빈번히 발생하고 있다. 학교폭력. 가장 교육적이어야 할 장소에서 가장 비교육적인 폭력사태가 만연하고 있다. 이제 학교는 더 이상 교육기관도 아니고 인성교육의 장소는 더 더욱 아니라는 뜻이다. 그만큼 학교제도는 이미 낡고 오래된 문화로서 폐기처분되어야 할 대상이 되었다. 아담과 이브 시절부터 학교가 있었던 것은 아니지만 학교의 역사는 메소포타미아에 서판학교가 있었다는 기록만 보면 근 3000년 쯤은 된 거다. 너무 오래되었다. 그리고 너무 낡았다. 과거 교황청 대신 절대국가가 교육을 관리감독하기 시작한 공교육제도의 탄생만 보더라도 근 250년쯤 된다. 학교는 분에 넘치게도 너무 오래 살았다. 사람도 너무 오래 살면 죽어야 한다고 노인들은 자책한다. 죽어야 할 세포가 안 죽으면 그건 암세포가 된다. 인간이 만들어내는 사회제도 역시 사회의 흐름에 맞지 않다면 소멸되는 것이 상례다. 학교도 인간에 의해 만들어진 사회제도이다. 소임을 다했고 시한이 다 되었다면 소멸하는 것이 맞다. 떠나는 것도 모두 다 때가 있다고 한다.

그런데도 불구하고 혹자는 여전히 학교를 살려야 한다고 말한다. 한마디로 객기다. 어쩌면 기득권자들의 궤변이다. 1970년대 미국에서 일리치와 라이머는 이미 <학교사망론>을 펴냈다. 물론 이들의 주장은 좌파이데올로기의 관점에서 학교사망선언을 한 것이지만. 하여간 이미 학교의 수명은 이래저래 다 한 거다. 학교제도는 이미 엔트로피의 최대치를 넘어선지 오래이다. 인류가 오래 전에 고안해 내고 그만큼 활용해 온 학교는 이제 세상이 변하는 속도를 결코 쫒아가지도 못하는 소위 <죽은 지식의 창고>로 전락한 지도 오래이며, 학생의 경제적 배경에 따른 사회적 빈부격차에 중요한 촉매로 작용한 지도 오래이다. 그럼에도 불구하고 혹자들은 아직도 <학교수혈론>을 외치고 있다. 식물인간에게 호흡기를 달아 놓아야 한다고 주장하는 논리와 결코 다르지 않다.

그러나 학교가 죽은 것과 교육의 생사문제는 전혀 별개다. 마치 학교가 죽으면 교육도 없어지는 것으로 착각하고 있다. 학교는 인위적으로 만들어진 제도일 뿐이고 교육은 자연발생적이다. 지금까지 공교육의 옹호론자들은 근대시대 절대국가의 탄생을 정당화하고 합리화하기 위해서 <교육=학교>라는 등식을 만들어 우리들을 세뇌시켜 왔다. 교육과 학교는 반드시 일치하는 것이 아니다. 이는 제국주의자들에게 호기를 만들어주는 결정적 단서도 제공했다. 덕분에 공교육의 실현은 제국주의자들의 노리개로 쉽게 변질될 수 있었다. 모든 사람들에게 의무적으로 학교를 개방하면서 기회균등을 이루겠다는 미사여구를 빌미로 학교는 제국주의자들의 손아귀에 들어가게 되었다. 효과는 무척 좋았고 대성공이었다. 국가는 학교를 장악하고 아이들을 마치 군대조직처럼 획일화, 표준화, 평균화, 효율화시키면서, 급기야 나폴레옹 제국, 히틀러 제국, 일본 제국주의자들이 승승장구할 수 있는 가장 훌륭한 효자가 된 것이다. 나폴레옹의 별동대, 히틀러 유겐트 전위대, 일제의 황국신민을 만드는 데 학교는 결정적인 기여를 했다.

이 책 <교육학 입문>은 학교를 회복하자는 것이 아니다. 그동안 인위적으로 고안되고 만들어진 학교제도로 인해 오랬동안 왜곡되고 수단화된 '교육의 본질'을 회복해 보자는 생각은 있다. 이를 위해 교육의 현상을 다시 제대로 이해해 보고 과연 교육성과는 어떻게 나올 수 있을 것이며 급기야 지금까지 학교울타리에 갇힌 폐쇄적인 교육의 현주소를 열린 학습사회라는 개념에 풀어 놓으면 교육의 본질이 다시 살아날 수 있는 가능성이 있다는 사실을 알려보자는 취지다. 물론 이를 위해서는 학교의 현주소 파악은 결정적이다. 그러나 학교는 이미 자연발생적인 상황을 넘어서서 특히 인위적인 고안품인 공교육제도가 만들어지면서 학교는 교육의 본질로부터 점차 빗나가기 시작했다. 근 250년 지난 지금 이제 바닥이 훤히 보인다. 더 이상 연명 용 산소마스크를 떼어내야 한다. 말기암 환자들에게도 <안락사>라는 죽음선택권이 부여된 지도 오래이다.

그럼에도 불구하고 학교는 여전히 살아 있다. 아직도 학교에 다니는 학생들이 여전하기 때문이다. 물론 점점 줄어든다고 하지만 인구절벽 때문으로 일갈하고 있다. 맞다. 통계에 의하면 급격하게 학령기 인구가 줄고 있는 것은 사실이다. 그러나 심리적으로 본다면 인구절벽과 무관하게 학생들이나 학부모들에게 학교에서 무엇을 배우는가는 중요하지 않고 여전히 자녀들의 학교등교는 최대의 관심사로 남아 있다. 대학을 가기 위해서는 무엇보다도 좋은 학원을 찾는 것이 급선무다. 그런데도 학교가 있는 이유는 무엇인지? 오로지 졸업장 때문이다. 아무리 좋은 학원에서도 졸업장은 안 준다. 준다고 해도 그건 무용지물이다. 홈스쿨링을 통한 검정고시가 있지만 사회적으로 천대받는 종목이다. 우리 사회에 아직은 학교졸업장의 위력을 능가할 수 있는 것은 아무 것도 없다. 대안학교가 나왔지만 이 역시 대안(代案)은 아니다. 역시 무소불위의 졸업장 때문이다. 내용은 불문이다.

안타까운 것은 학교가 망가지면서 교육이라는 개념도 도매금을 넘어가고 있다는 사실이다. 사람들은 학교를 불신하면서 교육 자체도 삶에 의미가 없는 것으로 착각하고 있다. 학교에서 가르치고 배우는 내용은 더 이상 의미가 없다. 대학을 나와도 사회적으로 쓸모있는 지식은 찾기 어렵다. 실제로 학교에서 오고가는 지식은 인공지능 같은 첨단테크놀로지의 발전과 지식의 발달 수준을 쫒아가지 못한다. 졸업장만 없다면 학교는 이미 문을 닫아야 맞다. 미래학자 엘빈 토플러가 한국에 와서 한 말이다. "한국의 아이들은 졸업하고 사회에 나가면 앞으로 있지도 않을 직업을 위해서 하루에 15시간 이상을 교과서를 달달 외우는 데 쓰고 있다." 우리의 정치가들은 이런 미래학자의 이야기에는 아랑곳하지도 않고 학교에서 창의인재를 키워내라고 외치고 있다. 그러나 아무 메아리도 없다. 아직도 죽어라고 죽은 교과서의 지식을 암기하고 오로지 기억력만 테스트하고 있는데, 앞으로 우리 사회는 창의인재가 필요하단다. 교과서도 1-2년이면 바뀌는데. 그걸 테스트해서 뭐한다는 것인지. 그런데도 걸러내야 한다. 그것도 합리적으로. 시험은 영재성이나 교육성과를 파악하는 것이 아니고 오로지 걸러내는 채일 뿐이다.

다행스러운 것은 교육의 본질과 학교의 본질은 전혀 다르다는 사실이다. 물론 오버랩되는 부분은 있다. 학교는 교육적 기능 이외에도 사회적 기능도 함께 수행해야 한다. 다시 강조하지만 학교는 사회가 필요에 의해 만들어진 인위적인 사회제도이기 때문이다. 그러나 교육은 삶의 본질이며 자연발생적이다. 학교가 교육적 기능을 수행할 때에는 교육의 전당이라고 할 수 있을지 모르지만, 사회적 기능을 하기 위해서는 교육과 상충되는 영역도 다루어야 한다. 바로 이러한 이유로 즉 사회적 기능을 해야 하기 때문에 학교는 교육의 본질을 벗어날 수 있다. 학교가 교육의 전당이 되기 위해서는 교육적 기능이 사회적 기능과 일치되는 방향으로 나아가야 한다. 그러나 현실은 사회적 필요와 요구에 의해서 학교가 끌려가는 입장이 된 지가 오래이다. 한 예로 국가가 BK21 즉 브레인 코리아 21이라는 그럴 듯한 프로젝트를 가지고 대학의 목줄을 쥔지 오래이다. 국가는 브레인 코리아를 사회적으로 필요하다는 빌미였지만 결국 교육의 자율성은 쥐도 새도 모르게 감쪽같이 사라졌다. 교육에서 자율성이 삭제된다는 것은 교육의 사망선고와 결코 다르지 않다.

교육의 본질은 "인간은 교육을 받을 수 있는 유일한 피조물"이라는 칸트의 말과 함께 시작한다. 인간은 교육의 혜택 없이 인간으로 성숙한 역사가 없으며 인간의 성장은 교육과 학습을 늘 동반한다. 인간의 삶은 알게 모르게 교육과 학습의 덕택이다. 아들이 살아남아야 한다는 부성은 아들에게 물고기 잡는 법을 가르치고 새를 잡는 법을 가르친다. 배우기 싫더라도 살아남기 위해서는 배워야 한다는 것을 깨닫게 되면서 아이들의 배움은 시작된다. 아버지가 가르치고 아들이 배우는 것은 오로지 삶을 영속시키기 위함이다. 보다 나은 삶을 위해서는 보다 수준 높은 교육이 요청된다. 이렇게 본다면 삶은 곧 교육이다. 즉 삶과 무관한 교육은 교육이 아니며 교육의 본질은 반드시 삶과 직결되어 있다. 강제적으로 죽은 지식을 암기해야 하는 학교는 이미 삶과 멀어진지 오래이다. 교육도 멀어진 것이다. 교육은 자기주도학습이어야 하는데 타인강제학습이 된 것이다. 자율성이 사라진 교육은 수동적인 인간들만 양산한다. 학교를 졸업해도 아이들은 엄마 치마폭을 벗어날 줄 모른다.

또한 수많은 다양한 폭력 사태로 삶이 파괴되는 현장에서 더 이상 무슨 교육의 본질을 바라겠는가? 한 단계 나아지는 삶을 위해서는 보다 나은 교육의 수준이 요청된다고 했다. 더 많은 교육은 더 많은 삶을 허락하고 더 많은 양질의 교육이 삶의 질을 결정한다. 물론 그렇지 않은 경우도 있으며 반대의 경우도 가능하다. 교육을 받으면 받을수록 영악해지고 꼼수만 늘 수 있다. 교육은 잘 쓰면 문명의 이기지만 잘 못 쓰면 세상을 파괴하기도 한다. 소위 가방끈이 빵빵한 검사, 판사, 각종 전문가들이 줄줄이 법의 심판을 받는 사회이다. 교육은 핵폭탄과 같다. 따라서 교육학은 두 가지 경우를 객관적이고 과학적으로 분석해 보고 해석해 볼 필요가 있다. 그리고 이왕이면 교육적 효과를 볼 수 있는 가능성이 무엇인지를 객관적으로 파악해 내는 일도 중요하다. 그것이 바로 교육의 본질을 밝혀내는 것이다. 이 책의 목적이다. 교육의 본질을 제대로 파악한다는 것은 학교가 기형적으로 발전하는 모습을 현미경으로 볼 수 있도록 해 줄 것이며, 학교가 교육의 본질에서 얼마나 어떤 이유로 어떻게 벗어나게 되었는지를 알 수 있도록 해 줄 것이다. 학교가 교육의 본질에 보다 더 충실해질 때 우리는 교육의 전당으로서의 학교를 다시금 소유하게 될 것이다. 이는 지금의 학교가 개혁되고 혁신되어야 하는 이유이기도 하다. 그렇지 않으면 오로지 졸업장이라는 위력만으로 자만하고 있는 학교라는 사회제도는 우리 사회의 암적 존재로 남게 될 것이다.

목차

목차

제I부
교육의 본질

제1장 인간과 교육

1. 교육의 필요성

독일의 계몽주의 철학자 칸트(Immanuel Kant, 1724-1804)는 자신의 에세이 『교육에 관하여』(Über Pädagogik)의 서문에서 "인간은 교육을 받을 수 있는 유일한 피조물이다"라고 썼다. 그렇다면 (하등)동물에게는 교육이 필요치 않을까? 동물에게는 교육이란 의미가 없는 것일까? 아마 누군가가 전생(前生)에 동물이었다면 이에 대하여 정확하게 답할 수 있을 것이다. 그러나 동물의 교육가능성이 칸트의 관심사는 아니었다. 왜냐하면 칸트는 인간이었고 인간의 문제가 그의 철학적 관심사였기 때문이다. 그는 "인간이란 동물과 신의 중간단계의 존재"라는 말을 한 적은 있다.

호모 사피엔스 이래로 인간은 자신들이 '유한자'(有限者)임을 스스로 고백해 왔다. 즉 인간의 능력에는 한계가 존재한다는 의미이다. 가장 단적인 근거는 애초부터 인류가 '신'(神) 또는 신적 존재를 모셔 왔다는 사실이다. 신은 절대자(絕對者)로서 세상의 모든 것을 다 해낼 수 있는 전지전능(全知全能)의 소유자이다. 그러나 인간은 그렇지 못하다. 하는 일이 매사 실수투성이고 오류투성이다. 무엇인가 완전하게 처리한 것 같은데 나중에 다시 보면 허점투성이로 결판이 나는 경우가 허다하다. 그럼에도 불구하고 인간은 완전(完全)과 완벽(完璧)을 추구한다. 지금은 설령 완전하거나 완벽하지 않고 불안하고 미완성이라고 하더라도 언젠가는 완전하고 완벽하게 살고 싶다는 욕망을 가지고 있다. 따라서 전지전능(all-mighty), 무소불위(無所不爲)의 신적 존재를 찾아서 사찰로, 교회로, 성당으로 간다. 아니면 자신의 마음속에 신적 존재가 있다는 확신을 하기도 한다. 바로 이러한 부단한 삶의 과정에서 '교육'이라는 개념도 자리매김을 하게 된다.

교육인간학(教育人間學)은 인간의 삶에서 교육이 필연일 수밖에 없다는 논리를 다룬 대표적인 학문이다. 교육인간학은 '교육학적 인간학'(Pädagogische Anthropology)과 '인간학적 교육학'(Anthropologische Pädagogik)으로 구성된다. 전자는 개별과학에 의해 탐구된 인간에 대한 자료들을 교육적인 문제제기 아래 통합하는 것이며, 후자는 교육이란 사실이 인간의 이해를 위하여 즉 철학적 인간학(philosophische anthropologie)을 위해서 수행하는 기여를 중요하게 여긴다(정혜영, 2005: 17).

교육인간학의 전제는 "인간 이해의 불확실성"(Scheler, 1975)이다. 구체적으로 철학적 인간학자 셸러(Max Scheler, 1874-1928)는 "우주 속에 던져진 인간은 한없이 초라하다"고 주장한다. 물론 인간은 지금까지 자연을 정복하면서 위대성과 가치성을 발휘해 왔다. 그렇다면 인간은 광활한 우주 속에 던져진 하나의 피조물에 불과한 것인지 아니면 세상과 문화(文化, culture) 그리고 문명(文明, civilization)을 만들어낼 수 있는 능력을 가진 창조적 존재인지가 불분명하다. 따라서 인간을 이해한다는 것은 결코 쉽지 않다. 그러나 분명한 것은 인간이란 존재는 '인간임'(Menschsein)이라는 불안하고 초라한 상태로부터 시작하여 온전하고 고귀한 존재로 전이하도록 하는 교육의 과정을 통해서 '인간됨'(Meschwerde)으로 발전한다는 사실이다. 따라서 교육학적 관점에서 인간에 대한 이해는 이러한 사실인식으로 출발할 수밖에 없다.

교육인간학은 "교육 안에서의 인간"을 주제로 하고 있다(정혜영, 2005: 16). 독일의 대표적인 교육인간학자 보르노(Otto Friedrich Bollnow, 1903-1991)는 이러한 의미에서 교육인간학을 "교육의 지반 위에 있는 인간학"(Bollnow, 1965)이라고 불렀다. 결국 우리는 교육인간학을 통하여 인간을 보다 잘 이해할 수 있는 셈이다. 즉 불완전한 존재로 태어나는 인간은 교육을 통하여 점점 더 완전해지기 때문에, 교육인간학은 인간학의 과제인 인간의 모습을 성장과정에 따라 이해하도록 도와준다. 즉 우리는 교육인간학을 통해서 교육을 통해 완성되는 인간상을 파악해 냄으로써 인간학의 목표인 '인간이 무엇인가?'에 대해서 보다 잘 해명해 낼 수 있는 것이다. 결국 이는 인간에게 교육은 절대적이라는 필요하다는 사실을 알려주는 대목이기도 하다. 한마디로 '인간이 무엇인가'에 대한 철학적 질문은 교육학적 또는 (교육)인간학적 접근을 통해서 대답될 때 비로소 온전해 질 수밖에 없다.

대표적인 인간학자(anthropologist)인 독일의 생물학자 겔렌(Arnold Gehlen, 1904-1976)은 자신의 대표 저서 『인간(der mensch, 1930)』에서 "인간은 결핍존재"(Mängelwesen)라는 가설을 세웠다. 그리고는 이러한 가설을 과학적으로 입증하기 위해 과학적 연구 방법을 모두 동원하였다. 그에 결론에 의하면, 인간은 선천적으로 - 특히 물리적으로는 - 생존 능력이 부족한 결핍존재로 이 세상에 나온다(Gehlen, 1967: 83). 즉 인간은 다른 동물에 비하여 선천적으로 생존 능력이 결여된 채 태어난다는 것이었다. 이러한 겔렌의 "결핍존재가설"은 당시로서는 엄청난 사회적 파장까지 몰고 왔다. 왜냐하면 그 동안 인간은 다른 동물들에 비하여 모든 면에서 월등한 존재로 여겨져 왔으며, 특히 인간은 만물을 창조하고 만물의 주재하는 전지전능한 신(神)의 형상을 닮은 신의 대리자로 인식되어 왔기 때문이다. 그러나 겔렌(Gehlen), 포르트만(Portmann), 윅스퀼(Uexküll), 뷰텐디예크(Buytendijk), 프레스너(Flessner) 등 인간학자들의 주장에 의해, "인간은 신에 가까운 월등한 종"이라는 종래의 신념은 무너지고, 오로지 인간은 결핍된 존재로서 다른 동물에 비해서도 하잘 것 없는 신의 피조물로 전락되고 말았다.

인간학자 포르트만(Adolf Portmann)은 "조산설"(早産說, Frühgeburt)을 주장하면서, "자궁 밖에의 초년"(Das extrauterine Frühjahr)에 대한 연구를 시작했다. 그는 여기서 인간은 모두 "생리학적 조산"[1] 이라고 결론을 짓고, 이 때문에 숙명적으로 인간들은 "네스트호커"(Nesthocker)[2] 와 같은 생활을 한다고 주장하였다. 달리 말하면, 네스트호커처럼 인간들도 어머니의 자궁 내에서 아직 생존의 능력도 제대로 갖추기도 전에 미숙아(未熟兒)로 너무 일찍 세상에 나온다는 뜻이다. 그에 의하면, 만약 인간이 정상적으로 즉 완벽한 존재로 태어나려면 모태의 자궁에서 10개월이 아닌 최소한 12개월 정도를 더 버티다가 세상에 나와야 한다(Portman, 1962: 14). 그러니까 인간의 임신기간은 10개월이 아니고 원래 22개월이라는 이야기이다. 따라서 1년이라는 시간을 미리 나오는 인간은 미숙아로 살아갈 수밖에 없으며, 아무 것도 할 수 없는 미숙아의 모습이 꼭 네스트호커의 삶과 닮았다는 말이다. 오늘날 생태학자들도 인간학자들의 이러한 견해에 대해 동감하고 있다.

> "사람과 다른 유인원들 사이의 중요한 한 가지 차이는 사람의 아기가 훨씬 오랜 유년기를 보낸다는 점이다. 그리고 사람의 아이는 다시 사춘기와 성인기에 도달하기까지 어떤 유인원보다도 긴 기간이 필요하다. 다른 포유류의 새끼들이 자궁 속에서 발생과정을 완전히 끝내고 외부 세계에 나갈 모든 준비를 마치는 반면, 사람의 유아는 완전히 발달되지 못한 채 태어나며 어른들의 도움을 받지 못하면 절

1) 생리적 조산이란 다른 동물들이 아직 어미의 자궁 안에서 성장해야 할 때 인간은 그런 상태 그대로 출생한다는 뜻이다.

2) 네스트호커(Nesthocker)는 부화하고도 비교적 오랜기간 동안 둥지에 머물면서 어미에 의존하며 살아가는 조류를 말한다.

대 살아가지 못하는 완전히 무력한 상태이다. 다른 동물들의 새끼에 비교하면 사람의 아기는 조산아인 셈이다."(프리초프 카프라, 1996/ 김용정·김동광역, 1998: 338)

많은 진화론자들은 인간의 조산성과 결핍성 때문에 진화가 다른 생물에 비해 훨씬 촉발되었다는 가설을 믿고 있다(Margulis and Sagan, 1986: 208). 실제로 침팬지는 어미의 보살핌을 약 2년간 필요로 하며, 약 8살에서 12살이 되어서야 어른의 체구를 갖추게 되는 반면 인간은 6년 내지 8년의 의존기간이 필요하고 대략 20살에 이르러서야 충분하게 성장한다(Philip K. Bock, 1979/ 조병로 역, 2001: 17). 어쨌든 상식적으로 볼 때 조산(早産)의 결과 완전한 결핍존재로 태어나는 인간은 아마 어쩌면 이 지구상에서 이미 멸종했어야 했을 것이다. 즉 가장 완벽하게 태어나는 맹수들도 살아남기 힘든 이 광활하고 험난한 자연환경 속에서, 애초부터 환경 적응에 완전히 무기력하고 무능력하게 태어나는 인간에게 생존의 확률은 거의 없다고 할 수 있다.

이러한 인간의 불완전성, 미숙성 그리고 선천적 결핍성 때문에 "교육"은 필요한 것이다. 실제로 인간은 선천적 결핍성에도 불구하고 광활하고 위험한 밀림에서 살아남은 데 성공했으며, 모든 맹수들을 제압하고 만물의 영장으로 군림할 수 있었다. 그 이유는 바로 도구(道具)를 만들어 낼 수 있었다는 사실일 것이다. 호모 엘렉투스(homo electus) 즉 두 발로 직립보행을 할 수 있었던 인간은 자유롭게 손을 사용하면서 도구를 만들어 내고 사용할 수 있었다. 인간이 만들어 내는 도구는 결국 맹수들이나 다른 동물들에게 공격무기, 방어무기, 생활무기로 발전되면서 인간의 생존확률은 보다 높아질 수 있었다. 이 과정에서 도구를 만들어 내고 사용하는 방법 등이 "교육"(教育, education)이라는 수단을 통해 계승, 전달, 발전되었던 것이다. 결국 교육이 없었다면 아마 인류는 이미 호랑이나 사자 같은 맹수들에게 모두 멸종되었을 것이며, 불완전하고 불확실하고 오류투성이의 미숙성 때문에 아마도 다른 종족의 지배를 받고 살 수밖에 없는 하등동물 아니면 미물(微物)로서 그냥 이 지구촌에 어딘가에 숨어서 생명부지만 하고 있을지 모른다.

2. 교육만능론과 교육무용론

신이 인간을 창조한 것인지 아니면 인간이 신을 창조한 것인지에 대한 논쟁은 여전히 열려있다. 그러나 어느 쪽이라고 해도 교육은 인간에게 필수적이다. 만약 신이 인간을 창조했다면 절대자로서의 신은 자신보다 불완전한 인간을 교육해야 할 필요가 있을 것이다. 반대로 인간이 신을 창조했다고 하더라도 나약한 인간은 신처럼 되기 위해서 교육을 요청한다. 하여간 인간에게 교육은 운명이다. 이렇게 본다면 인간은 칸트의 선언처럼 "교육받을 수 있는 유일한 피조물"이 된다. 이러한 생각은 '교육만능론'(教育萬能論)으로 확장된다. 즉 인간은 교육을 통해서만 온전하게 성장하며 교육을 통해서만 인간으로 구성되는 사회의 개혁도 가능해진다. 유럽에서는 페스탈로찌(Johann Heinrich Pestalozzi, 1744-1827)와 프뢰벨(Friedrich Wilhelm August Fröbel, 1782-1852)의 교육사상이 대표적이며, 미국에서는 듀이(John Dewey, 1859-1952)의 진보주의 교육사상을 계승하는 브라멜드(Theodore Brameld, 1904-1987)가 주창한 문화개조론이 대표적이다.

반대로 교육무용론(教育無用論)도 존재한다. 즉 인간에게 별도의 교육은 필요하지 않다. 왜냐하면 인간은 교육을 통해서만 성장하는 것이 아니기 때문이다. 심지어 교육을 통하여 인간이 퇴보하거나 타락할 수도 있다. 한마디로 교육은 개인의 성장을 반드시 보장하는 것은 아니며 교육이 곧 사회의 성장이나 심지어 사회개혁을 주도하는 것도 아니다. 이 관점에 의하면, 오히려 교육은 사회가 변화하는 과정에서 나온 결과를 따라가는 데에도 급급하다. 그런데 사회가 이상적(ideal)이라면 그나마 교육은 사회적 성장에 기여할 수 있지만, 만약 사회가 전혀 이상적이지도 않고 반대로 타락해 있다면 오히려 교육이 잘못된 사회를 옹호해 주는 역할을 하게 된다. 특히 교육이 사회나 국가의 수단이 될 때 그렇다. 이를테면, 과거 히틀러 시대나 파쇼 제국주의 시대의 교육 그리고 독재전재국가들의 교육은 잘 못된 사회를 합리화시키는데 공헌한 역사라고 할 수 있다. 이럴 경우에는 차라리 교육이 없는 것이 나을 수 있다. 왜냐하면 이때 교육은 수단으로 활용될 수밖에 없기 때문이다. 이러한 사실인식은 교육무용론을 주장하는 논리를 대변한다고 할 수 있다. 이러한 사실은 교육이 '핵폭탄'과 같다는 논리와도 통한다. 핵은 잘 쓰면 문명의 이기가 되지만, 잘 못쓰면 인류를 파괴한다. 교육도 잘하면 개인도 사회도 성장하지만, 잘 못된 교육으로 인하여 오히려 개인도 사회도 퇴보하고 타락하고 심지어는 공멸한다. 이렇다할만

한 교육을 받지 못했어도 훌륭한 삶을 살다간 사람들도 얼마든지 많을 것이며, 오랫동안 교육을 받아서 소위 "가방끈"도 길지만 결국은 형무소에서 일생을 마친다거나 아니면 암적 존재로 세상을 악명높게 살다간 인간들도 부지기수일 것이다.

유전론(遺傳論)은 교육무용론에 해당된다. 이 관점에 의하면, 이미 인간은 유전적으로 결정되어 있기 때문에 교육은 어떤 것도 바꿀 수 없다는 것이다. 이를테면, 아이폰(iPhone)의 신화인 스티브 잡스(Steve Jobs, 1955-2011)의 천재성은 교육의 결과라고 단정지을 수 없다.

한편, 인간에게 교육이 만능인지, 아니면 무능인지를 명확하게 설명해 주지 못하는 경우도 있다. 한 예로 <늑대인간>의 이야기는 애매모호성을 보여주는 대표적인 사례이다. 기록에 의하면, 1920년 10월 인도에서 고아원을 운영하던 자알 신그씨는 전날 자신의 가축을 물어 죽인 호랑이를 잡으러 산에 올랐다가 늑대들이 사는 동굴 속에서 2~3살, 7~8살쯤 되어 보이는 두 여자 아이를 발견하게 된다. 이들의 외모는 분명 벌거벗은 사람이지만 울음소리, 기어 다니는 모습, 날고기 먹기 등 모든 것은 이미 늑대와 똑 같았다. 즉 두 소녀는 생물학적으로는 분명 사람이지만 생활양식은 늑대였다. 늑대들의 저항을 뿌리치고 이들을 자신의 고아원으로 데려온 신그씨는 각각 <아말라>와 <카말라>라는 이름을 지어주고 다시 사람이 될 수 있도록 방안을 모색하였다. 그러나 <아말라>는 환경에 적응하지 못했는지 아니면 질병에 걸려 있었던지 1년 만에 죽었고, <카말라>는 1929년까지 약 9년을 더 살았다. <카말라>의 사인도 질병 때문인지 환경부적응 아니면 스트레스 때문인지 정확하게 밝혀져 있지는 않다. 하여간 늑대인간의 사건이 주는 의미는 정글에 버려진 아이들이 늑대의 품에 안겨서 자라면서 늑대를 닮는다는 점에서 보면 모방의 효과도 무섭다고도 할 수 있다. 모방도 교육의 범주에 들어간다고 하면 늑대를 모방한 결과 늑대인간은 인간도 교육을 통해 완전한 늑대가 될 수 있다고 해석할 수 있을 것이다.

그러나 늑대인간을 다시 인간으로 돌아오도록 교육하는 데에는 한계가 있었다. 즉 <카말라>에게 9년간 인간의 언어를 가르치고 두발로 걷는 직립보행을 가르치고 음식을 요리해 먹게 하는 등 많은 교육을 시켰지만 성과는 그리 좋지는 않았다. 교육의 결과 단어는 30~40개 정도를 구사하였고, 많은 교육적 시도가 있었지만 결국 직립보행도 좀 서툴렀었고 익힌 음식에 적응할 정도였지만, 정서수준은 3~4세 정도에 머물렀다. 이렇게 본다면, 늑대인간의 사례는 비록 교육을 통하여 어느 정도 성과를 냈다고 할 수는 있지만, '교육의 가능성'에 대해서 확실하게 무엇인가가 시사되는 것은 아니다. 이는 설령 (양질의)

교육을 통한다고 해도 인간은 저마다 '개인차'를 가지고 있으며, 심지어 극단적인 경우에는 자폐증 같은 선천적인 유전적 결함을 가지고 있을 수도 있기 때문이다. 또한 이는 인간으로 태어난다고 해서 어떤 교육을 통해서도 그가 완전한 인간으로 성장하는 것은 아니라는 사실을 보여준다. 물론 보다 긴 시간동안 교육이 이루어졌었다면 결과는 달리 나타났을지도 모른다. 결국 늑대인간의 사례는 교육이 만능인지, 무능인지 두 가지 해석을 모두 가능하게 한다. 아니면 두 가지 해석 모두 가능하지 않다는 사실을 시사하기도 한다. 그럼에도 불구하고 중요한 사실은 늑대인간 카말라에게는 너무 짧은 기간을 인간으로서 살았기 때문에 비록 한계는 있었지만 교육의 가능성만이라도 발견된 점이다.

3. 인간관과 교육

교육은 가르치는 사람의 인간관(人間觀)에 크게 좌우될 수 있다. 즉 가르치는 사람이 배우는 사람을 어떻게 보는가에 따라서 교육의 철학이나 교육방법 그리고 교육의 내용 등이 크게 달라질 수 있다. 전통적으로 인간관은 크게 세 가지 차원으로 구분된다. 성선설, 성악설, 백지설 등이 그것이다.

첫째, 성선설이다. 만약 교사의 인간관이 성선설(性善說)에 경도되어 있다면, 교사는 학생들에게 자율권을 인정해 주고 배움도 자유롭게 행할 수 있도록 많은 것을 허용할 확률이 높다. 왜냐하면 그냥 놓아두어도 그 아이는 선하게 자랄 것이라는 믿음 때문이다. 동양에서는 맹자의 인간관이 대표적이다. 춘추전국시대의 제자백가(諸子百家)인 맹자(孟子, 372~289 BC)는 인간의 타고난 천성은 '선하다'는 주장했다. 그의 주장인 사단(四端)은 인간이 선하게 태어난다는 증거이다. 이러한 성선설은 서구에서는 루소(Jean-Jacques Rousseau, 1712-1778)의 자연주의 철학사상과도 통한다. 루소에 의하면, "인간은 조물주의 손에서 나올 때에는 선하다"고 하면서 인간의 본성은 '자연성'을 닮았고, 그러한 자연성은 선(善, good)하다는 주장이다. 따라서 자연 그대로 놓아둔다면 인간의 본성인 '선' 즉 '좋음'(good)은 그대로 유지가 될 것이다. 루소가 직접 언급한 것은 아니지만 그의 이미지를 잘 반영해주는 "자연으로 돌아가라"는 명제의 의미는 바로 여기에 있다. 이러한 자연주의 철학사상은 나중에 인본주의 철학사상으로도 이어진다.

그러나 맹자의 성선설에 대하여 고자(告子)는 인간이 타고난다는 사단(四端)이 '선하게 태어난다'는 증거로는 미약하다고 반박했다. 왜냐하면 사단은 인간이 부단히 노력해서 얻을 수도 있기 때문이다. 즉 인간은 애초부터 선하게 태어난다거나 아니면 악하게 태어난다고 단정 지을 수 없다. 이른바 고자의 성무선악설(性無善惡說)이 그것이다. 그에 의하면, "인간의 본성에는 선함(善)과 선하지 않음(不善)의 구분이 없는데, 이는 마치 물의 흐름에 동서(東西)가 없는 것과 같은 이치이다." 오히려 그에게 인간의 본성은 식욕(食慾)과 성욕(性慾) 이외에는 아무 것도 없다는 것이다. 이에 대하여 맹자는 재반박하였다. 즉 "물의 흐름에는 동서의 구분이 없지만, 위아래의 구분은 있지 않은가. 사람의 본성이 선한 것은 물이 아래쪽으로 흐르는 것과 같은 이치이다. 즉 물은 아래로 흐름을 부인할 수 없듯이, 사람에게 선함이 없다고 주장할 수는 없다.

둘째, 성악설이다. 만약 교사의 인간관이 성악설(性惡說)에 경도되어 있다면 교사는 학생들의 자유를 극도로 제한하고자 할 것이다. 이럴 경우 교사와 학생 간의 마찰과 대립은 어쩔 수 없다. 왜냐하면 교사는 학생들에게 임의로 자유나 자율을 허락하지 못하기 때문이다. 동양에서는 순자(荀子)의 사상이 대표적이다. 그에 의하면, "사람의 본성은 타고난 그대로 내버려 두면 자연성과 순수성을 잃게 되어 오로지 '악함'만이 남는다. 만약 사람의 본성이 선하다면, 지금 우리는 이치와 도리에 어긋나지 않는 평화로운 세상에 살고 있어야 한다. 그런데 과연 지금이 그런가?" 이러한 성악설을 토대로 춘추전국시대의 제자백가인 한비자(韓非子)는 자신의 <법가사상(法家思想)>을 체계화하였다. 인간은 본성이 사악하고 이기적이기 때문에 올바른 지도자로서 '성왕'(聖王)이라는 군주가 필요한 것이고, 이들을 다스리는 법(法)이 필요한 것이다. 오로지 법을 통한 처벌 그리고 상과 벌칙만이 인간을 인간답게 할 수 있다. 이러한 <법가사상>은 진시황제가 춘추전국시대를 마감하고 최초로 중국전역을 통일하는데 사상적으로 커다란 기여를 했다고 할 수 있다. 이러한 성악설은 서구에서는 홉스(Thomas Hobbes, 1588-1679)의 사상과도 통한다. 홉스에 의하면, "인간사는 만인에 의한 만인의 투쟁이다." 즉 인간은 인간에 대해서 이리이다. 따라서 인간이 사는 곳에서는 반드시 공정한 <사회계약>이 필요하다. 그의 사상이 집약된 <사회계약설>이 그것이다. 아울러 기독교의 교육사상도 성악설에 근거하고 있다고 볼 수 있다. 이러한 주장의 근거로는 <원죄설>(原罪說, Original Sin)을 들 수 있다. 인간은 태어나면서부터 '죄인'이다. <원죄설>은 최초의 인간인 아담과 하와가 신과의 약속을 저버리고 선악과를 따먹은 죄를 지은 결과 인간은 날 때부터 죄를 가지고 태어나게 되었다는 기독교의 근본 교리이다. 따라서 모든 인류는 원죄를 계승하기 때문에 이로부터 자유로워지기 위해서는 끝없이 회개(悔改)해야 한다. 기독교에서는 회개의 한 방법으로 '교육'을 실천하여 왔다. 회개하라! 목사님의 말씀은 곧 교육이고 교화이다. 이러한 회개를 위한 교육의 방법을 체계화시킨 대표적인 사상가가 바로 교부철학의 대성자인 성 아우구스티누스(Augustine of Hippo, 354-430)이다. 또한 <원죄설>이라는 개념도 아우구스티누스의 성경해석으로부터 나왔다.

> "그러므로 한 사람(아담)으로 말미암아 죄가 세상에 들어오고 죄로 말미암아 사망이 왔나니, 이와 같이 모든 사람이 죄를 지었으므로 사망이 모든 사람에게 이르렀느니라."(로마서 5: 12)

셋째, 백지설(白紙說, Tabula Rasa)이다. 즉 인간은 선하게 태어난 것도 아니고 악하게 태어나는 것도 아니다. 그냥 태어날 때 백지와 같다. 그런데 인간은 자라나면서 백지에 무엇인가가 채워지는 것이다. <백지설>은 영국의 경험론자인 로크(John Locke, 1632-1704)의 주장이다. 그에 의하면, 인간의 정신은 태어날 때에는 하얀 종이와 같지만 시간이 지나면서 주변 환경과 상호작용하면서 달라진다. 달리 말하면 인간은 시간의 흐름 속에서 성장하고 성숙하기도 하고 발전한다. 그러나 내용면에서는 좋아지기도 하지만 퇴보하기도 하고 나빠지기도 한다. 따라서 인간의 선과 악 역시 태생적 고유정신이나 본성이 아니라 인간 자신의 후천적 선택과 판단에 기인한다.

그러나 중요한 점은 성선설이나 성악설이나 백지설에 근거한 인간관들은 모두 인간에게 '교육'을 요청한다는 사실이다. 성선설은 선하게 태어난 인간을 그대로 유지시키면서 선을 행하고 실천하도록 하기 위해서 교육을 필요로 한다. 맹자의 경우는 자신의 <사단칠정론>(四端七情論)을 통하여 교육의 의미를 강조했다. 사단(四端)은 측은지심(惻隱之心)·수오지심(羞惡之心)·사양지심(辭讓之心)·시비지심(是非之心)으로 각각 인(仁)·의(義)·예(藝)·지(智)의 실마리가 되며, 칠정(七情)은 〈예기〉 예운 편에 나오는 희(喜)·노(怒)·애(哀)·구(懼)·애(愛)·오(惡)·욕(欲) 등 사람이 가진 7가지 감정을 말한다. 그런데 인간의 선한 본성인 사단은 항상 칠정에 의해서 흔들리게 된다. 이러한 흔들림을 방지하고 이를 바로잡기 위해서 교육이 요청되는 것이다. 맹자는 호연지기(浩然之氣)를 기르는 것이 대표적인 교육방법으로 보았다. 반면, 성악설은 인간이 악하게 때어나거나 아니면 사회에서 악해지기 때문에 이를 바로잡기 위해서 교육이 필요하다. 이를테면, 기독교에서 회개를 위한 교육이 그것이다. 마지막으로 백지설 역시 교육의 필요성을 강조한다. 인간에게 하얀 종이가 점차 어떻게 그려질지 모르기 때문에 교육 또는 교육적 개입은 오히려 삶을 결정한다. 따라서 백지를 훌륭하게 채워 줄 수 있는 교육적 개입이 요청된다.

4. 인간 발달과 교육

인간은 태어나면서부터 성장한다. 우선 육체적으로 성장하고 정신적으로도 성장한다. 이러한 육체적 성장과 정신적 성장은 분리되지 않으며 상호 작용하며 상호 의존한다. 다만 육체적 성장은 어느 순간에는 멈춘다. 그러나 정신적 성장은 어느 순간에 멈춘다는 증거는 없다. 그렇다고 해서 정신적으로 끊임없이 성장한다는 증거도 없다. 인간은 정신적으로 성장하기도 하지만 반대로 퇴보하기도 한다. 아마도 나이를 먹으면서 성장은 멈추거나 퇴보한다고 믿는다. 그러나 죽을 때가지 사람은 점점 더 지혜로워진다는 이론도 있다. 또는 카텔(Cattel)과 호른(Horn)의 연구에 의하면, 유동성 지능(fluid intelligence)은 청년기를 기점으로 약해지기 시작하지만, 결정성 지능(crystallized intelligence)은 죽을 때까지 발달한다. 여기서 결정성 지능은 말 그대로 계속해서 나이를 먹으면서 결정이 되어가는 지능으로서 어떤 의미에서는 지혜의 영역에 해당된다고 할 수 있다.

그럼에도 불구하고 우리가 간과할 수 없는 것은 인간의 성장에는 '환경'의 작용이 한몫을 한다는 사실이다. 특히 정신적 성장에서 환경의 영향이 결정적일 수도 있다. 좋은 친구들을 사귀면 바람직하지만, 나쁜 친구들을 사귀면 잘 못될 수 있다. 우리말에 '친구 따라 강남간다'는 말이 있다. 우리 말에는 '좋은 물에서 놀아라'라는 은어도 있다. 특히 사춘기 시절에는 친구에 의해 지대한 영향을 받을 수 있다. 왜냐하면 누구에게나 사춘기 시절은 부모를 떠나려고 친구들과 어울리는 시간을 가장 많이 할애하는 시기이기 때문이다. 특히 인간은 사춘기를 기점으로 정신적 차원의 성장을 비약적으로 발전하게 되는데, 반대로 정신적인 타락이나 퇴보도 이 시기부터 본격화된다고 할 수 있다.

한편, 우리는 성장을 성숙(成熟)이라고 하기도 한다. 그러나 엄밀히 말하면 성장과 성숙은 약간 다르다. 이를테면 성장이란 몸무게가 늘거나 신장이 자랐다는 식으로 이전보다 크기, 무게, 부피 등이 증가한 상태가 육체적으로 성장한 것이라고 할 수 있으며 정신적으로도 이전 상태보다 나아진 상태를 의미한다. 반면, 성숙이란 육체적이든 정신적이든 기대되는 정도로 충분히 자란 상태를 의미하며 적절한 단계를 거쳐서 이루어지는 정도의 변화를 말한다. 즉 인간은 적절한 단계를 거쳐서 일정한 기대치에 이르게 되는데, 이때 자신의 특성이 완전히 드러나는 단계에 이르게 된다. 그런데 여기서 성숙의 기준으로서 작용하는 단계는 '발달단계'와 일치한다. 이러한 의미에서 인간발달은 성장과 성숙을 포함하며, 발달단계를 파악해 보는 것은 학문의 대상이 된다. 이러한 의미에서 <심리학>은 대표적인 인간발달 단계의 연구라고 할 수 있다. 한마디로 '발달'(development)이라는 개념은 '성장과 성숙'을 포괄한다. 한편, 인간의 '성장'(成長, growing)을 교육의 최종목표로 주장한 대표적인 교육학자는 미국의 실용주의 교육철학의 창시자 존 듀이(John Dewey, 1959-1952)를 들 수 있다. 그에게서 교육의 최종 목표는 "성장"(growth)이다. 이렇게 본다면, 듀이에게서 '성장'은 오히려 '발달과 성숙'을 포함한다.

일반적으로 인간의 발달단계는 유아기, 아동기, 청소년기, 청년기, 성인기, 노년기 등으로 구분된다. 인간은 발달단계에서 성장과 성숙이 충분히 이루어졌다면 발달이 이루어진 것으로 간주된다. 즉 유아기에서의 충분한 성장과 성숙은 아동기로의 발달을 의미하며 청년기에서의 충분한 성장과 성숙은 성인기로의 발달을 의미한다. 그러나 성숙과 성장의 기준은 명확하지 않다. 어느 정도의 성장과 성숙이 발달이라고 할 수 있을까? 따라서 학자들마다 기준이 다르며 발달을 바라보는 관점에서 조금씩 차이가 난다. 이러한 연구는 <발달심리학>이라는 영역에서 과학적이고 학문적으로 연구되어 왔다. 지금까지 <발달심리학>이 밝혀낸 인간의 발달은 크게 인지(능력)발달, 인성발달, 도덕성 (내지 사회성) 발달로 구분된다.

1) 인지발달론

① 피아제의 인지발달

스위스의 발달심리학자인 피아제(Jean Piaget, 1896-1980)에 의하면, 인지능력발달은 환경과의 상호작용으로 이루어진다. 즉 인지능력은 기존의 인지구조 즉 스키마(Schema)의 작용으로 동화(assimilation)와 조절(accommodation)의 과정을 통해서 발달한다. 동화는 스키마(도식)가 외부 환경으로부터의 자극을 수용하는 것을 의미하고, 조절은 외부 환경의 자극을 수용하기 위해서 기존의 인지구조(도식)를 변형시키고 수정하고 교정하는 것을 말한다. 이렇게 스키마가 작용하는 과정에서 인지적 불균형과 균형이 순환적으로 이루어지는데, 이 과정을 통하여 지적(인지적) 발달이 이루어진다. 피아제는 연령별로 인지발달특성을 다음과 같이 설명하고 있다.

- 감각운동기(0-2세)

몸(감각) 운동을 통한 인지발달의 시기로서, 대상영속성(對象永續性)이 특징이다. 대상 영속성이란 사물이 눈앞에서 사라져도 그 자리에 그대로 있다고 믿는 것이다.

- 전조작기(2-7세)

이 시기에는 언어발달, 개념, 인지적 조작(정신적 조작), 직관적 판단에 의존한 사고능력, 자기중심성, 중심화, 비가역성 등의 인지특성이 나타난다.

- 구체적 조작기(7-11세)

이 시기에는 가역성(可逆性)의 이해, 보존개념, 분류능력, 논리적-조작적 사고의 시작, 객관적 사실추론, 지각에 의존한 지적 조작, 실제적-구체적 차원의 관찰사고 등의 인지특성이 나타난다.

- 형식적 조작기(12세 이상)

이 시기에는 완숙한 논리적 사고, 추상적 개념, 상징에 대한 인지능력, 인과관계 이해, 추리력, 응용능력, 과학사고(가설-검증), 문제해결능력 등의 인지특성이 나타난다.

피아제의 인지발달이론에서는 다음과 같은 교육의 가능성이 시사된다. 첫째, 학생들에게 능동적 학습가능성이 존재할 수 있다는 사실을 확인할 수 있다. 따라서 교사는 학생들에게 직접 관찰하고 경험하게 함으로써 학습할 수 있는 기회를 제공해야 한다. 둘째, 자기중심적 사고로부터 탈(脫)자기 사고로의 전이 가능성을 확인할 수 있다. 즉 상호관계학습의 가능성이 존재한다. 셋째, 환경과의 교류에 의한 상호작용의 가능성을 확인할 수 있다. 이는 상호학습의 환경 부여의 근거가 된다. 넷째, 인지발달의 단계에 따른 교과과정이 수준별로 개발될 수 있다. 따라서 피아제의 관점에서 본다면 교과서 암기중심의 교육 과정은 직접관찰 및 직접경험을 통한 인지교육과정으로 재편되어야 할 필요성이 제기된다.

② 비고츠키의 인지발달

비고츠키(Lew S. Vygotsky, 1896-1934)의 인지발달이론에서는 '인간은 사회적 존재'임을 전제한다. 그에 의하면, 사회적 관계 즉 아동 대 아동의 관계형성(대화, 상호작용, 만남)을 통하여 인지능력이 발달한다. 다시 말하면, 비고츠키에게서 인지를 자극하는 '환경'은 물적 환경보다는 '인적(人的) 환경'이 중심이다. 즉 인간과 인간 간의 만남과 교류 그리고 대화에 의한 인지적 자극이 반응을 낳게 한다. 비고츠키의 인지발달이론의 이론적 근거는 사회학, 인류학, 역사학이다. 이로부터 나온 결론은 다음과 같다.

첫째, 인간의 인지발달은 '사회문화적 맥락'에서 이루어진다. 즉 인간의 인지발달은 독자적으로 이루어지는 것이 아니라 사회와 문화라는 삶의 맥락 속에서 전개된다.

둘째, 인간의 인지발달은 다른 사람과의 접촉 또는 만남을 통해서 촉진된다. 따라서 아동과 교사, 아동과 부모, 아동과 다른 아동과의 만남과 대화 등 상호작용은 아동의 인지발달에 결정적이다.

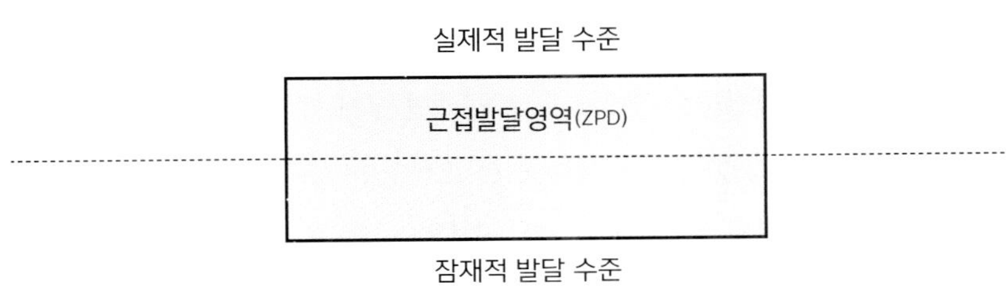

그림 1-1 비고츠키의 근접발달 영역

셋째, 인지발달수준은 근접발달영역(Zone of Proximal Development)의 활성화를 통하여 비약적으로 발전한다. 근접발달영역이란 실재적 발달 수준과 잠재적 발달 수준 사이에 존재하는데, 이 영역을 자극시켜 줌으로써 가능성을 현실(실제)로 바꾸어줄 수 있다. 따라서 바람직한 교육은 훌륭한 선생(先生)과 아동간의 만남을 통한 상호작용에서 비롯된다. 우리 말에 '줄탁동기(口+卒啄同機)'라는 말이 있다. 병아리가 부화하는 과정에서 어미는 계란 껍질을 깨고 나오려는 병아리가 부리로 쪼아놓은 곳을 찾아서 그곳을 다시 쪼아 댐으로써 순조로운 병아리의 부화를 도울 수 있다. 결국 교사의 역할은 아동의 근접발달영역을 찾아내는 것이며, 동시에 이를 잘 자극하여 실제 발달 능력으로 나타날 수 있도록 도와주는 일이다.

넷째, 언어가 사고 즉 인지를 촉진시킨다. 왜냐하면 언어는 사유의 통로이기 때문이다(Schleiermacher).

다섯째, 놀이(spiel, play)는 인지발달에서 매우 중요하다. 놀이를 통하여 인간은 정서를 배양하고, 사회성과 규칙성 그리고 상징성을 습득한다. 특히 상징성을 통하여 인지적 구조를 표현하게 하는 상상놀이, 역할놀이 등은 근접발달영역을 형성시키는데 지대한 역할을 한다. 비고츠키에게 놀이터는 사회적 맥락이며, 인적 자극의 장이며, 상호작용의 장이며, 의사소통의 장이다. 그러나 우리의 교육현실에서 '놀이'는 원칙적으로 터부시되고 있다. 현행 학교교육에서 '놀이성'의 회복이 시급히 요청되는 대목이다.

(2) 인성발달론

① 프로이트(Sigmund Freud, 1856-1939)의 인성발달

프로이트의 인간발달이론은 그의 심리성적(心理性的)발달이론으로부터 나온다. 이를 정신분석학(psychoanalysis)이라고도 한다. 그는 인간의 삶에서 작용하는 무의식(無意識)의 세계를 발견했다. 이를테면, 성적 충동이나 공격적 충동은 무의식의 세계 즉 심연에 자리잡고 있는 삶의 에너지들이다. 이들 무의식의 세계가 인간의 특성 즉 인성의 발달을 주도하는 본능인 이드(id)가 된다. 사전적으로 이드(id)는 본능적인 생체 에너지로서 리비도(libido)의 원천이자 쾌락을 극도로 추구하는 쾌감원리이다. 이드라는 요소는 도덕, 선악, 논리적 사고가 존재하지 않는 인간의 최초의 본능과 본성을 지닌 영역이다. 여기서 본능인 이드는 쾌락에 의해 지배되지만, 정신의 에너지가 될 소질을 가지고 있다.

그런데 본능인 이드는 주변세계와 만나면서 수많은 갈등을 경험하게 되면서 심리적-정신적으로 발달하게 된다. 즉 인간이 태어날 때 모두 이드로 이루어져 있다가, 성장하면서 이드의 일부가 다른 세계(다른 사회)와 접촉, 교류, 진화하면서 자아(Ego), 초자아(super ego)가 새로이 만들어진다. 여기서 초자아(Superego)는 인간이 살아가는 세계와 주변의 삶의 맥락을 말한다. 또한 초자아는 문화, 문명, 이상적 삶의 원리(시비지심), 도덕, 양심, 법, 규범(제제, 명령, 금지 포함) 등도 포함한다. 즉 이미 인간이 살아가면서 만들어 놓은 문화, 문명, 사회법규, 제도 등 삶의 제반 환경이 개인에게 작용하는 초자아가 된다.

한편, 본능과 초자아 사이에 자아(ego)가 형성된다. 자아는 사회에서 자신의 역할과 기능 그리고 목표를 달성하는 과정에서 갈등하고 대립하고 타협하고 주장하면서 복잡하게 성장해 간다. 여기서 자아는 의식세계에 존재하면서 현실적인 '나'로서 본능과 초자아 간의 중재자가 되기도 한다. 결국 본능(id), 자아(ego), 초자아(superego)는 서로 갈등과 반목 그리고 대립 또는 친화의 관계에 들어가게 되는데, 이러한 복잡한 상관관계 속에서 자아가 형성되는 것이다.

그런데 프로이트는 자아가 형성되는 과정에서 발생하는 갈등은 '인성발달'에 직접적으

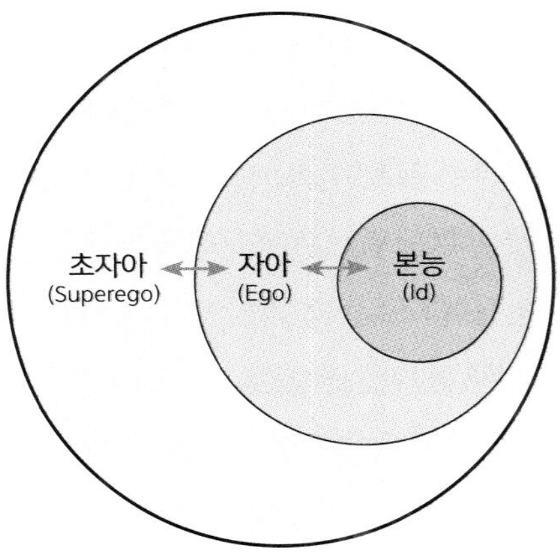

그림 1-2 프로이트의 인성개념

로 영향을 미치고 작용하게 된다고 보았다. 즉 성적 에너지(sexual energy)가 심적-정신적 에너지로 전환되면서 인간의 특성 즉 '인성'(personality)이 발달한다는 것이다. 특히 프로이트는 정신적 차원으로 전환되는 성적 에너지를 '리비도(libido)'라고 했다. 그는 리비도의 단계를 구강기, 항문기, 남근기, 잠복기, 생식기 등 5단계로 구분하면서 각 단계에서 성적 에너지가 정신적 에너지로 전환되는 상황이 뚜렷이 나타난다고 보았다.

첫째, 구강기(oral stage, 0-1세)에 인간은 입을 통하여 성적 쾌감을 얻고자 한다. 이때는 보호자의 보살핌(모성애)이 절대적으로 필요한 시기이다. 이 시기에 아동에 대한 보살핌을 소홀히 하면 평생 애정결핍으로 인한 정신적 발달장애가 나타날 수 있다.

둘째, 항문기(anal stage, 2-3세)에는 항문을 통해서 성적 쾌감을 느낀다. 따라서 배변의 문제와 목욕의 문제는 성격형성과 인성발달에 매우 중요한 역할을 한다. 배변훈련이나 목욕이 없거나 아니면 너무 지나쳐도 성격형성에 문제가 발생할 수 있다.

셋째, 남근기(phallic stage, 3-5세)에는 자신과 다른 이성에 대한 관심을 가지는 시기로서 남자아이는 엄마를 자신의 성적 대상으로 여기면서 아빠로부터 엄마를 독차지하려는 외디프스 콤플렉스(oedipus complex)를 가지게 되며, 반대로 여아는 아빠를 자신의 성적 대상으로 여기면서 엄마로부터 아빠를 독차지 하려는 엘렉트라 콤플렉스(electra complex)의 양상을 띠면서 심리적-정신적으로 성장한다.

넷째, 잠복기(latent stage, 6-11세)에는 성적 표출이 잠복되는 시기로서 동성에 대한 관심을 가지게 되며 심적-정신적 에너지로서 지적 호기심이 충만해진다.

다섯째, 생식기(genial stage, 12세 이상)는 사춘기로서 이성에 대한 관심을 가지면서 독립심을 가지는 시기이다. 프로이트는 이렇게 인간은 리비도의 과정을 통해서 심적-정신적 발달을 이루게 됨으로써 인성발달을 예시하고 있다.

프로이트의 정신분석학적 관점에서 인간과 교육 그리고 이의 관계를 이해한다면, 인간의 인성은 항구적으로 발달과정에 있으며, 교육적으로 자아형성과 자아발달에 개입할 여지가 있다. 물론 프로이트에게서 정신의 발달은 자연발생적이다. 특히 발달과정에서 발생하는 갈등관계를 잘 극복하면 성장, 성숙, 발달이 정상적으로 이루어지겠지만, 반대로 잘 극복되지 못한다면 발달은 비정상적으로 이루어지거나 아니면 발달장애를 앓게 된다. 따라서 프로이트에게는 정상적으로 발달하지 못할 경우 '정신치료'(psychotherapy)가 필요하다. 이를테면, 이드와 수퍼에고 사이에서 계속 '억눌리면서' 성장하는 에고를 잘 풀어주어야만 정상적으로 발달한다. 이렇게 본다면 교육 역시 정신치료(또는 정신상담)의 수준에서 이루어져야 할지도 모른다. 실제로 학생들은 수퍼에고를 형성하고 있는 수많은 주변세계를 경험하면서 엄청난 갈등관계 속에서 '억눌리면서' 살아가게 된다. 정신분석학적 인간이해에 근거한다면, 교육은 아이들의 억눌림을 풀어줄 수 있는 '교육적 관계'(herman nohl) 내지 '교육적 분위기'(otto friedrich bollnow) 그리고 심지어 "교육애"[3] (johan herbart pestalozzi)를 형성할 수 있어야만 인성발달에 기여할 수 있다.

② 에릭슨의 인성발달

덴마크계 미국의 발달심리학자이며 정신분석학자인 에릭슨(Erik Homberger Erikson, 1902-1994)의 인성발달이론은 심리사회적 발달이론이라고도 한다. 스승 프로이트는 5세 무렵에 인성형성이 완료된다고 주장한 반면, 에릭슨은 인성발달에서 사회문화적 영향력을 중시한다. 특히 에릭슨은 심리적-정신적 '위기(crisis)'를 인성발달의 전환점으로 간주한다는 점에서 '(정체감) 위기의 심리학자'로 불리기도 한다. 구체적으로 인간은 사회화의 과정에서 '자아정체성(identity)'의 위기를 겪게 되고, 마침내 이를 극복하면서부터 인성형성과 인성발달이 이루어진다. 이로써 자기정체감도 확립된다. 이러한 점에서 에릭슨은 자아정체감의 형성을 통한 인성 내지 성격 형성은 전 생애를 통하여 일어난다고 보았다. 물론 정체성의 위기를 극복하지 못하면 인성발달은 정체, 퇴보 아니면 나쁜 방향으로 이루어진다. 이를 에릭슨은 다음과 같이 연령단계별로 제시하고 있다.

첫째, 신뢰감 대 불신감(0-1세)의 시기이다. 이를테면, 유아는 어머니의 수유, 포옹, 보살핌, 대화, 표정 등을 접하면서 친밀감과 사랑 그리고 안정감을 확인하면서 신뢰감을 쌓게 된다. 그러나 만약 이 시기에 이러한 경험을 하지 못하거나 심지어 정반대의 경험을 할 경우에 유아는 평생 동안 인간에 대한 불신감을 가지게 된다.

둘째, 자율성 대 수치심(2-3세)의 시기이다. 이 시기에는 배변통제에 성공하거나 훌륭한

3) 페스탈로치에게 교육애의 조건은 아동의 고유성(고유세계)을 인정하고 주체적 존재로 대하는 것이다. 즉 아동과 교사 간의 인간적 관계가 형성될 때 비로소 교육애도 시작된다.

언어사용을 통하여 자부심을 가질 수 있게 된다. 즉 이 시기에 자율적 인성 형성이 이루어지지만, 반대로 이러한 경험을 하지 못하거나 이러한 경험에 실패할 경우에는 수치심이 나타나게 된다.

셋째, 주도성 대 죄의식(4-5세)의 시기이다. 이 시기에는 사회적 관계를 경험하면서 타인으로부터 자신이 인정을 받게 되면 자신감, 정복감, 책임감을 형성할 수 있게 된다. 그러나 반대로 이 시기에 이러한 경험을 하지 못하거나 실패하게 되면 죄의식을 가지게 된다.

넷째, 근면성 대 열등감(아동기, 6-11세)의 시기이다. 특히 이 시기에는 학교생활에서 학교성취에 성공하면 긍정적인 자아개념이 발달하면서 근면성이 형성되는 시기이다. 그러나 반대로 학교생활에서 인정을 받지 못하거나 성취경험을 하지 못하게 되면 열등감을 가지게 된다.

다섯째, 정체감 대 역할혼미(청년기, 12-18세)의 시기이다. 이 시기에는 사회화 과정에서 발생하는 갈등과 위기상황을 극복하면 정체감이 형성되지만, 그러나 반대로 그렇지 못하면 역할혼란, 정체감 혼란에 빠지게 된다. 이렇게 되면 주변세계에 대하여 사회적으로 저항하게 되면서 정신은 불안, 초조, 고민, 방황의 길로 들어설 수 있다.

여섯째, 친밀감 대 고립감(성인초기, 19-24세)의 시기이다. 이 시기는 부모로부터 독립을 추구하는 시기로서 이성, 우정, 애정, 사랑, 인간관계를 맺으면서 사회적 친밀감이 발달한다. 그러나 반대로 그렇지 못하면 소외, 고독, 대인관계에서의 어려움, 거부감, 적대감, 공격성이 발달한다.

일곱째, 생산성 대 침체(성인중기, 25-54세)의 시기이다. 이 시기에는 일의 세계에서 얻는 성취감이나 능력감은 생산적 인성발달을 하게 된다. 그러나 반대로 이 시기에 그렇지 못하면 삶은 침체되며 급기야 좌절하게 된다.

여덟째, 자아통합 대 절망감(노인기, 54세 이상)의 시기이다. 이 시기에는 노화, 은퇴, 죽음, 무기력함을 경험하면서 인생을 반성하거나 정리기로 들어선다. 그러나 반대로 이 시기에 노화경험이 잘 이루어지지 못하면 삶에 대한 후회, 절망, 비통함의 감정만을 느끼게 된다.

에릭슨의 심리사회적 발달 이론의 관점에 따라 인간과 교육 그리고 이의 관계를 이해하고자 한다면, 인간은 평생 동안 (심리적-정신적) 위기의 발달단계를 경험하면서 인성을 발달시키는 존재로서, 교육은 정체성의 위기극복에 개입하여 정상적인 인성발달을 도모할 수 있어야 한다.

(3) 도덕성 발달 이론

① 콜버그의 도덕성 발달

피아제의 인지발달이론에 기초하여 도덕성발달을 연구한 콜버그(Lawrence Kohlberg, 1927-1987)는 인간의 도덕성발달을 6단계로 구분하고 있다. 이는 도덕적 판단의 기준이며 원리로 작용한다.

a. 전인습적(全因習) 수준

1단계. 인간은 처벌을 피하기 위해서 복종한다. 이를테면, 어떤 행동을 하려고 할 때, 부모나 주변으로부터 '안 돼!'라는 소리를 들으면서, 또 심지어는 매나 처벌을 피하기 위해 행동하면서 어렴풋이 도덕성을 인지하게 된다.

2단계. 인간은 물질적·심리적 보상을 받기 위해 행동하면서 도덕성이 발달된다. 자신의 행동이 칭찬을 받거나 빵이나 돈 같은 대가를 얻으면서 도덕성을 가늠한다.

b. 인습적(因習) 수준

3단계. 착한 아이로 인정받기 위해 행동하면서 도덕성이 발달한다.

4단계. 사회 질서 유지의 의무 때문에 도덕성을 발달시킨다.

c. 후인습적(後因習) 수준

5단계. 다수를 위한 최대의 선을 성취하기 위해 행동하면서 도덕성이 발달한다. 이때에는 도덕성이 상대적이라는 사실도 인식하게 된다.

6단계. 사회정의, 도덕원리, 준법주의에 도달하기 위해 행동하면서 도덕성이 발달한다.

콜버그의 관점에서 인간과 교육 그리고 이의 관계를 이해하려면, 인간의 도덕성 발달단계에 따라 교육적 개입이 이루어질 때 도덕교육은 성취될 수 있다. 왜냐하면 현실에서 도덕성의 발달이 반드시 직접적 행위나 실천으로 이어지는 것은 아니기 때문이다. 물론 도덕성 발달을 위한 교육적 개입 즉 도덕교육을 통해서도 도덕실천이나 도덕행위를 완전히 기대할 수는 없다. 그러나 발달단계에 맞는 도덕교육을 통해서 도덕적 판단능력을 발달시킬 수 있는 대화 및 토론의 기준 지표로 활용할 가능성은 상존한다.

② 길리건의 도덕성 발달

발달심리학자 길리건(Carol Gilligan, 1936-)은 콜버그의 여제자로서 스승 콜버그의 도덕성 발달이론이 지나치게 남성중심으로 편향되어 있다고 보았다(Gilligan, 1982). 그녀에 의하면, 남성과 여성의 도덕발달은 다르다는 것이다. 즉 남성은 '정의'(dikaiosyne)를 도덕성의 판단기준으로 하지만, 여성은 인간관계의 연관성 즉 '배려'(care, concern)를 도덕성 발달의 판단기준으로 하고 있다. 길리건은 추상적 도덕원리를 강조하는 콜버그의 정의지향성 도덕에 반기를 들고, 대신 인간관계의 보살핌, 책임, 애착, 희생이 요청되는 대인지향적 도덕성 이론을 제시했다. 이런 맥락에서 길리건은 '배려의 심리학자'로도 유명하다. 따라서 길리건의 이론은 오로지 여성에게만 해당되는 도덕성 발달이론이라고 단정할 수는 없다. 왜냐하면 배려는 남성에게도 여성에게도 도덕성의 발달 측면에서 결코 배제될 수 있는 영역이 아니기 때문이다.

제1수준. 대부분 여성의 행위는 자기이익이 극대화되는 방향으로 지향된다. 따라서 공주병에 걸릴 정도로 부모나 주변에서 자신만을 예뻐해 주고 아껴주기를 바라고 여우나 깍쟁이라고 손짓을 받을 정도로 극도의 이기적 행위도 서슴지 않는다. 즉 제1수준에서는 '내가 오로지 나만을 지나치게 배려'한다.

제2수준. 대부분 여성의 행위는 극도의 이기심에서 벗어나서 타인과 주변에 대한 일말의 책임감으로 발전하게 된다. 이때부터 일반적으로 여성에게 도덕성 발달이 시작된다고 볼 수 있다. 일반적으로 이 시기는 '모성애(母性愛)'가 발현되기 시작하는 시기와 비교되기도 한다.

제3수준. 대부분 여성의 행위는 타인에 대한 자신의 책임감과 일반 선(善)과 동일시하게 된다. 이를 근거로 '타인에 대한 배려'가 바로 책임으로 간주되면서 도덕성의 발달은 본 궤도에 오른다. 특히 제3수준을 길리건은 '보살핌(배려)의 원리'로 설명한다.

제4수준. 대부분의 여성들은 남들과의 동조로부터 벗어나 자신의 행위를 반성하고 성찰하면서 '내적 판단'에 주력하게 된다. 이로써 여성들은 도덕성에 대한 새로운 개념을 획득하게 된다. 과연 타인에 대한 배려는 어느 정도, 어느 수준에서 이루어지는 것이 정의인가? 배려를 통한 도덕성은 어디까지인가?

제5수준. 여성들은 내적 판단을 통하여 자아와 타인 사이의 '역동적 균형'을 최고의 선으로 간주하게 된다. 즉 내가 남을 배려한 만큼 남도 나를 배려해야 하는 것이 도덕이고 정의가 아닐까? 다시 말하면, 개인적 권리와 타인에 대한 책임 즉 배려와의 균형이야말로 최고의 도덕성이다.

길리건의 관점에서 보면, 인간과 교육 그리고 이의 관계는 '배려하는 존재'인 인간의 도덕성발달 단계에 교육적으로 개입할 수 있다. 즉 교육은 바람직하게 배려할 수 있는 인간을 육성하는데 기여해야 한다. 그것이 바로 도덕교육이다. 이를 실천영역으로서 단순한 교과서 지식암기교육으로 성취하기는 쉽지 않다. 따라서 실제적인 도덕교육을 위해서는 배려함의 중요성을 몸소 체득할 수 있는 직접 경험 또는 체험 학습이 보다 바람직하다고 할 수 있다.

5. 철학사상과 교육

동서고금을 막론하고 '교육은 이래야 한다, 아니면 저래야 한다'는 사람들의 생각은 교육철학의 발달을 가져 왔다. 원칙적으로 철학(哲學, philosophy)은 진리(眞理)를 탐구한다. 태초부터 인간은 진리를 탐구하기 시작했다. 왜냐하면 진리가 자신의 목숨을 구해줄 것으로 믿었기 때문이다. 하늘에서 갑자기 천둥과 번개가 칠 때 그 이유를 알 수 없었던 인간들은 무척 당황했으며 머리 속이 매우 혼란스러웠다. 이들은 천둥번개의 진실을 안다면 살아남을 확률이 높다는 사실을 직감적으로 인식하고 있었다. 그러나 진실을 밝혀내는 일은 그리 쉽지 않았다. 진리 즉 '진실의 이치'가 꼭꼭 숨어 있었던 것이다. 물론 철학은 궁극적으로 인간이 정신적으로나 육체적으로 보다 더 나은 삶을 살아가기 위한 진리의 추구를 목표한다. 따라서 교육 역시 보다 나은 삶을 목표로 가르치는 자와 배우는 자의 사이에 존재한다.

어원적으로 철학(philosophy)은 '지혜(sophy)를 사랑하는(phil) 일'이다. 따라서 지혜를 사랑(愛)한다는 것은 곧 진리(眞理)의 삶을 말한다. 어떻게 사는 것이 맞는지 실은 어떻게 사는 것이 지혜로운 삶인지? 삶에서 진실은 무엇인지? 철학은 삶의 진리의 문제와 관계하고, 철학함을 통하여 우리는 진리의 삶을 발견한다. 교육철학은 교육적 지혜를 사랑하는 것이며, 교육적 진실을 추구하는 것이다. 또한 인간과 교육을 어떻게 이해하는 것이 맞는지? 인간과 교육의 진정한 관계는 무엇인지? 이러한 질문에 대한 대답이다. 일반적으로 인간과 교육, 이의 관계에 대한 이해를 위한 철학적 기초는 크게 인식론적 관점, 존재론적 관점, 가치론적 관점에서 접근될 수 있다.

1) 인식론적 차원

인간과 교육은 주어진 인식(認識, recognition)의 능력을 통하여 파악될 수 있다. 그러나 인간이 인간을 어떻게 인식하는가?에 따라서 인간에 대한 이해, 교육에 대한 이해 그리고 인간과 교육의 관계에 대한 이해가 달라진다. 결국 이러한 인식의 차이는 교육을 결정한다.

인식론(Epistemology)이란, '지식' 또는 '참된 앎'을 뜻하는 희랍어 '에피스테메(epistēmē)'와 '로고스(logos)'의 합성어이다. 이는 인간 인식의 기원과 본질 그리고 한계 등을 연구하는 철학의 한 분야로서 "지식론"이라고도 불리기도 한다. 구체적으로 "우리는 어떻게 인식하는가?", "인식이 무엇인가?", "지식이 무엇인가?", "지식은 어떻게 획득되느냐?", "인간은 무엇을 알 수 있는가?", "인식한다는 것은 과연 무엇을 의미하는가?" – 인식론은 이러한 질문들에 대한 대답을 추구한다.

그렇다면 인간은 왜 인식하려고 하는가? 왜 지식을 얻으려 하는가? 우리 인간의 삶은 늘 불안하다. 주변 환경의 위협 때문이다. 천재지변이 그것이고 맹수의 공격 및 여타 동물들과의 생존경쟁이 그것이다. 따라서 우리는 주변 환경을 잘 인식해 냄으로써 삶의 불안과 공포로부터 자유로워지고자 했다. 무엇인가 제대로 안다면 일단은 안심이다. 그러나 잘 알지 못하면 답답하고 무섭다. 알아야 면장도 한다. 지식이 힘이다. 심지어 알지 못하면 죽을 수도 있다. 불이 났는데 불을 꺼야 한다는 것을 모르면 그냥 타버려서 등신불(等身佛)이 되고 만다. 앎이 곧 삶이다. 결국 인식은 삶을 결정한다.

인간에 대한 인식은 인간 본질에 대한 파악이다. 이러한 파악은 판단으로 이어진다. 인식론의 완성자라고 불리는 독일의 철학자 칸트(Immanuel Kant, 1724-1803)는 '순수이성'을 비판하고, '실천이성'을 비판하고 마침내 '판단력 비판'을 함으로써 인간의 '인식'(認識) 능력을 제대로 파악해 보고자 했다. 교사가 학생을 어떻게 인식하는가는 학생에 대한 교사의 교육(관)은 달라진다. 학생을 잠재적 인격체로 인식하는 교사와 학생을 '공부하는 기계'로만 인식하는 교사의 교육(관)은 다르다. 교육을 '전인(격)적인 교육'으로 인식하는 교사는 인격교육에 보다 주력할 것이고, 교육을 '점수 따는 훈련' 정도로 인식하는 교사는 아이들을 점수 따는 기계 정도로만 다룰 것이다.

우리가 인간과 교육에 대하여 어떻게 그리고 얼마나 잘 인식하느냐에 따라서 이들의 관계에 대한 이해(理解)도 달라진다. 만약 인간과 교육의 관계에 대하여 온전한 인식이 가능하다면, 교육은 성공적으로 이루어질 수 있다. 반면, 인간과 교육의 관계에 대한 불충분하거나 온전치 않은 인식은 참된 교육의 가능성을 낮출 것이다. 심지어 잘 못된 인식은 교육을 파국으로 치닫게 할 것이다. 보다 큰 문제는 인식이 잘 못되었는데도 불구하고 그것을 잘못된 줄 모르는 것이다. 결국 인간과 교육의 관계에 대한 인식론적 질문은 이에 대한 온전한 인식으로 얻어지는 지식을 토대로 궁극적으로는 교육을 잘 해 보겠다는 의도에서 출발한다.

일반적으로 철학으로서의 인식론적 접근은 인식대상을 보다 객관적-과학적으로 인식하게 함으로써 명백한 지식을 얻게 해 준다는 것을 목표한다. 다시 말하면 인식론적 접근은 대상을 대상으로 존재하게 하는 '본질'에 대해서 한 치의 오차도 없이 인식하고자 것이다. 본질에 대한 온전한 인식은 본질을 제대로 파악도록 하며 이는 우리 인간이 살아가는 진리를 규명하는 데 토대가 될 수 있다. 그러나 인간에게 가능한 인식론적 접근에는 세 가지 차원에서 한계가 발생한다.

첫 번째 한계는 인식주체와 인식대상(인식객체)이 인위적으로 분리될 수 있다는 사실이다. 인식의 주체와 인식의 대상이 분리되는 것은 삶의 실제와 동떨어진 이상적-비현실적 관찰과 인식을 방조한다. 이럴 경우, 인식으로 얻어지는 지식은 실제의 지식 즉 사실(또는 진리)이 아니다. 실제로 인식대상은 주체가 인식하는 것처럼 존재하지 않을 수도 있다. 즉 인식주체인 내가 인식하는 인식대상인 저 '물건' 또는 '사람'의 본질은 내가 생각하는 것과 전혀 다를 수도 있다는 것이다. 왜냐하면 인식주체가 스스로 존재하듯이 인식대상도 스스로 존재할 수 있다. 이런 맥락에서 대표적인 인식론자 칸트는 "물자체(ding an sich)는 알 수 없다"고 고백한 바 있다.

두 번째 한계는 이 세상에 유한자(有限者)로 태어나는 인간의 인식능력은 애초부터 한계에 봉착할 수밖에 없다는 사실이다. 또한 개인과 개인 간에도 인식능력도 서로 다르다. '개인차'(個人差) 때문이다. 어른과 아이의 인식능력도 다를 것이며, 여성과 남성의 인식도 다르다. 똑같은 연령의 아이들도 모두 인식능력이 다르다. 따라서 교사와 학생의 인식은 전혀 다를 수 있을 것이고 부모와 자식 간의 인식능력도 전혀 다를 수 있다. 심지어 장애인과 정상인 간의 인식에는 큰 차이가 있다.

세 번째 한계는 자연과학에서는 대상(자연현상 등)을 고정시켜 놓고 인식하지만, 매순간 역동적인 인간의 행동과 삶을 직접 다루는 사회과학이나 인문학에서는 인간의 행동이나 삶을 고정시켜 놓은 채 인식할 수는 없다. 왜냐하면 삶은 끊임없이 움직이기 때문이며 이를 고정시켜 놓고 인식한다는 것은 불가능하기 때문이다. 설령 우리가 지속적으로 움직이는 삶을 인식대상으로 할 수 있다고 해도 최소한 인식조건은 변화할 수밖에 없다. 이를테면 동일한 실험이라도 온도 23도와 습도 80에서 실시한 실험과 온도 30도와 습도 75에서 실험한 결과는 전혀 다를 수 있다. 결국 인식조건의 변화 때문에 인식결과는 항상 다른 결과가 나온다. 이렇게 본다면, 실제로 사회과학이나 인문학이 자연과학적 연구방법론을 추종한다는 것 자체는 근본적인 문제가 아닐 수 없다. 자연과학 자체에서도 조건의 변화에 따라서 실험결과가 달라지는데, 계속 한 순간도 쉬지 않고 움직이는 인간과 사회를 연구하기 위해서 자연과학적 방법을 그대로 차용한다는 것은 사실상 불가능한 일을 마치 가능한 것으로 오해하고 있는 셈이다. 그러나 엄밀히 말하면 자연현상을 고정적으로 두고 이를 인식하여 연구한다는 자연과학에도 본질적인 한계가 숨어있다. 왜냐하면 식물이나 동물도 사실은 끊임없이 움직이는 자연과학의 대상들이고 심지어 무생물조차도 운동(움직임)의 역학(力學) 또는 동학(動學) 속에 들어 있기 때문이다. 이러한 맥락에서 2500년 전에 자연(과)학을 시작한 아리스토텔레스는 모든 존재를 "운동-내-존재"라고 설명했다.

이렇게 본다면 움직임(運動, movement) 속에 들어 있는 우주 만물(萬物)은 고정된 인식의 대상이라고 할 수 없다. 다만 연구의 편의를 위해서 자연과학에서 연구의 대상은 고정된 대상으로 간주될 뿐이며, 인식주체와 인식대상이 인위적으로 구분되는 것이다. 따라서 자연과학은 반복검증된 실험의 결과만을 '지식'(knowledge)이라는 '인식의 결과'로 간주할 수 있다. 그러나 이러한 인식의 결과 즉 실험의 결과로 얻어진 지식은 다른 결과가 나오면 지식의 반열에서 사라질 수 있다. 즉 어제의 지식이 오늘의 지식으로 보장되는 것은 아니다. 이를 과학철학을 시작한 인식론자 포퍼(Karl Raimund Popper, 1902-1994)는 "반증(反證)의 논리"로 설명한 바 있다. 지식(知識, Knowledge)은 반증이 없는 한 지식이지만, 이에 대한 반증이 생기면 언제든지 지식은 바뀐다. 즉 지금 우리에게 알려진 지식은 반증이 있을 때까지만 지식이다. 반증이 생기면 그 지식은 소멸된다. 한편으로 보면 이러한 사실은 인간의 인식능력을 토대로 하는 자연과학적 지식의 허구성을 보여 주는 단면이기도 하지만, 다른 한편으로 보면 자연과학자들은 이러한 과정을 자연과학의 발전과정이라고 설명한다.

그러나 우리 인간은 '어쩔 수 없이' 오감(五感, 5 senses)을 통하여 '인식'하면서 대상의 본질을 파악할 수밖에 없다. 고대 그리스의 탈레스가 물을 만물의 근원(arche)이라고 주장한 이래로 '인식의 논리'(epistemology)가 형성되기 시작하였다. 그런데 자신들의 주관적 인식 능력에 근거하여 얻어지는 지식을 통하여 상대방을 설득하고 논쟁에서 승리하는 일을 업(業)으로 삼기 시작한 소피스트(Sophist)가 등장하였다. 이들에 의해서 '인식'에 대한 논쟁은 가열되기 시작했다. 과연 이들이 인식한 사물이나 본질은 정확한 것인가? 아니면 그것은 사실이고 진리인가? 특히 파르메니데스의 '존재론'(存在論, ontology)과 헤라클레이토스의 '만물유전론'(pantha rei, 萬物流轉론)을 조화롭게 계승하면서 '영혼적 인식론'을 주장한 플라톤과 소피스트 간의 대립은 대표적인 사례였다.

인식론(認識論)이란 말 그대로 '인식에 관한 이론'이지만, 달리 말하면 '존재의 본질'에 대한 '인식의 논리'가 된다. 즉 인식론은 '(존재)본질'을 직관해 내는 인식의 논리이다. 우리 인간은 타고난 '오감(五感)을 통하여' 본능적으로 대상(사물이나 사실)을 인식한다. 그런데 인식되는 대상(객체)은 인식주체의 주관적 인식에 따라서 제각각으로 파악된다. 이를테면, 시력이 좋은 사람이 더 정확히 볼 수 있으며, 촉각이 발달한 사람이 보다 잘 느낀다. 정신지체아는 정상인에 비해 인식능력이 떨어진다. 인식하는 주체로서의 모든 인간은 - 개인차와 정도차 때문에 - 대상을 다르게 인식한다. 따라서 인간과 교육 그리고 이의 관계도 인식하는 주체의 인식능력에 따라 다르게 인식된다. 결국 인간의 인식에는 반드시 한계가 따른다. 이를 우리는 '인식론적 한계'라고 하고, 이로부터 '인식론적 오류'(epistemological error)가 발생한다고 한다. 따라서 인간에게 인식이 시작되는 순간 오류의 가능성은 항존한다. 즉 '인식론적 오류'는 선천적이다. 아리스토텔레스와 그의 제자 프톨레마이오스 II세의 인식론적 한계는 "천동설"(天動說)로 나타났다. 우리 인간이 인식론적 방법으로 최대한 접근할 수 있는 사실은 '지구는 움직이지 않고 천체가 그 주변을 돈다'는 사실뿐이었다. 인류 역사상 인간 인식의 한계를 보여준 최대의 오류 사건이었다. 그러나 이러한 선천적인 인식론적 오류 내지 인식론적 한계에도 불구하고 '인식'은 우리 인간이 대상에 접근할 수 있는 유일한 방법이다. 따라서 인식론적 접근에는 '인식론적 반성'(epistemological reflection)이 필수적이다.

한마디로 우리가 인간과 교육 그리고 이의 관계의 본질에 대하여 올바른 지식(episteme) 또는 진리를 얻어 내고자 하려면 지속적인 '인식론적 반성'이 요청된다. 이를테면, 학생에 대한 교사의 인식은 맞을 수도 있지만, 틀릴 수도 있다. 후자의 경우는 인식론적 한계 내지 인식론적 오류 때문이다. 따라서 교사가 학생에 대해서 올바르게 인식하고 이해하기 위해서는 학생에 대한 '인식론적 반성'이 필수적이다. 이를테면, 학생의 성적만으로 그 학생 전체를 알 수는 없다. 그럼에도 불구하고 우리의 학교에서는 학생의 성적이 곧 인간 전체로 간주된다. 이는 명백한 인식론적 오류의 소산이다. 따라서 교사는 지속적인 인식론적 반성을 통하여 학생 또는 학생의 본질에 대하여 점차 제대로 된 인식을 할 수 있다. 이로써 얻어지는 인간과 교육에 대한 제대로 된 인식은 제대로 된 교육을 가능하게 한다. 학생에 대한 교사의 잘못된 인식은 잘못된 교육적 관계만을 허용한다. 이럴 경우 특히 인식론적 반성은 필수적이다. 왜냐하면 잘못된 인식은 지속적인 반성과 성찰을 통하여 수정되고 보완될 필요가 있기 때문이다.

2) 존재론적 차원

인간과 교육 그리고 이의 관계는 존재론적으로 파악될 수 있다. 왜냐하면 삶은 모든 존재로 이루어지기 때문이다. 따라서 삶 또는 삶의 진실을 파악해 내기 위해서는 삶을 구성하는 존재 내지 존재와 존재와의 관계 등을 파악해 낼 수 있어야 한다. 존재를 제대로 파악해 낸다는 것은 삶의 진실, 진리 즉 삶의 본질을 파악해 내는 일이다. 이러한 맥락에서 본다면, 인간이라는 존재와 교육이라는 존재 그리고 이들 사이의 관계에 대해 파악할 수 있다면, 인간과 교육의 본질에 대해서 파악할 수 있을 것이다. 또한 이로써 인간과 교육의 관계에 대한 이해도 가능하다.

철학적 존재론의 시작은 엘레아학파의 철학자 파르메니데스로 거슬러 올라간다. 그는 자신의 글 <프롤로그>에서 실재(實在, reality)에 대한 두 가지 관점을 묘사했다. 애초부터 세상에서 '변화'(變化)는 불가능하다. 그러나 존재(存在, being)는 영원하다. 존재하는 것은 말 그대로 존재하는 것이다. 존재란 무엇이 '있다' 또는 무엇 '이다'를 뜻한다. 그렇다면 존재하는 것이 있다면, 존재하지 않는 것도 '있다'는 말인데, 후자를 우리는 '없음' 즉 '비존재'(非存在)라고 한다. 그렇다면 '비존재도 존재한다'는 말인데, 이는 논리적으로 모순이다. 즉 없는 것이 어떻게 있다는 말인가? 따라서 파르메니데스는 '이 세상에 비존재란 없으며, 존재만 있을 뿐'이라고 주장하게 된다. 결국 그에게는 공허(空虛)는 없으며 진공(眞空)도 없다. 왜냐하면 공허나 진공은 없는 것 즉 비존재를 의미하기 때문이다. 결국 그에게 비존재는 없다. 오로지 존재만 존재할 뿐이다. 또한 갑자기 어떠한 사실이 새롭게 존재가 되는 것도 아니며, 그렇다고 어떠한 사실이 존재로부터 사라지는 것도 아니다. 오히려 창조의 완벽함은 존재를 가능하게 했고, 이러한 존재는 무한하고 영원하며 고정적이며 불변한다.

결국 세상에는 존재만 존재할 뿐이며 모든 만물은 모두 존재일 뿐이다. 따라서 변화(change)나 움직임 그리고 빈공간은 모두 착각이며 허상이며, 세상은 모두 존재로서 꽉 차 있는 것이다. 문제는 우리가 보고 이해하는 것이 전체 중의 일부일 뿐이라는 사실이다. 그러나 모든 부분이 모여서 전체가 되는 것은 아니다. 즉 전체는 부분의 합이 아니라 부분의 합보다 전체가 먼저 존재한다. 따라서 부분은 전체의 지체(肢體)로서 기계의 부품 같은 것이 아니라, 전체의 모습을 그대로 담고 있다. 다만 규모만 작을 뿐이다. 이럴 경우 부분이 모이면 전체가 될 수 있다. 우리의 삶에서는 전혀 다른 성격을 가진 부분들이 모였다고 해서 전체가 되는 것은 아니다. 한마디로 세상에는 오로지 큰 전체와 작은 전체가 있을 뿐이다. 이러한 생각은 오늘날 모든 현실이 아원자(sub-atom)의 세계로부터 나온다는 거대이론으로서의 "통일장이론"을 예감하게 하였다.

아리스토텔레스(Aristotle, 384 BC-322 BC)는 그의 『형이상학』에서 존재론(存在論)이란 "존재를 수용하는 존재에 관한 과학"이라고 정의했다. 존재론은 '존재를 존재하는 대로 또는 존재일반을 탐구하는 학문'이다. 존재론(Ontology)이라는 명칭을 유추한다면, '존재(存在)'를 의미하는 그리스어 ⊠ν (또는 2격인 ⊠ντος)와 '논리'를 의미하는 λογία(logia: science, study, theory)의 합성어이다. 이는 '존재와 그들의 관계에 대한 기초적 범주론'으로도 해석된다. 결국 존재론은 "존재, 실존 또는 실재 일반에 관한 철학적 연구"를 말한다(Lavelle, 최창성 역, 1998). 존재론이 명백한 학문분과로 나타난 것은 아리스토텔레스의 『형이상학』에서였다. 여기서 존재론은 '존재하는 모든 것에 공통인 것이 무엇인가' 하는 것에 대한 연구이며, 동시에 사물들이 존재하고 존재할 수 있는 다양한 의미의 범주에 대한 연구이다.

아리스토텔레스의 결론에 의하면, 존재하는 것은 질량 또는 관계 같은 다른 것들의 존재에 의존하지만 독자적으로 존재하는 '실체(substance)'의 다수성을 의미한다. 즉 플라톤은 '형체'나 '형상'(idea)이 그 자체적으로 존재한다고 가르쳤지만, 아리스토텔레스는 우주는 그들을 '실체로 현상하는 한', 존재는 어디에도 가능하다는 입장이다.

그런데 우리의 삶의 현실에 어떠한 실체(substance)가 존재한다는 말인가? 즉 어떤 본질이 존재로 언급될 수 있으며, 어떠한 실체가 존재에 근본적으로 작용하는가? 아울러 본질이나 실체는 형성되는 것인가 아니면 이미 존재하는 것인가? 우리는 과연 무엇을 존재한다고 말할 수 있는가? 만약 그렇다면 존재하는 것은 어떤 범주에 넣을 수 있는 것인가? 존재는 속성인가 본질인가? 또한 어떻게 대상의 본질이 현상과 관련되는가? 또한 우연적인 것에 대해 주어진 대상의 본질은 어떤 형상을 가지고 있는가? 세상에는 얼마나 많은 수준의 존재가 존재하는가? 존재는 정말 변화하지 않는가? 이러한 질문들은 모두 존재론적 질문이다.

표기 상 인식론(etymologie)은 그리스어이고, 존재론(ontologia)은 라틴어 표기에서 유래된다. 1606년 로하르두스(Jacob Lorhardus)의 작품 『Ogdoas Scholastica』에 존재론이라는 정식 표기가 처음 나타나고, 고클레누스(Rudolf Goclenius)가 저술한 사전 『philosophicum(1613)』에도 나타난다. 영국에서는 옥스퍼드사전(OED, 1989, 제2판)에 나오는 '존재론'(ontology)이라는 단어는 1721년 베일리(Bailey)의 사전에 나온 것을 인용한 것이다. 여기서 존재론은 "추상 속에 있는 존재의 원리"로 정의되어 있다.

역사적으로 대표적인 존재론자들은 파르메니데스(Parmenides), 헤라클레이토스(Heraclitus), 플라톤(Plato), 플로티누스(Plotinus), 아리스토텔레스(Aristotle), 아퀴나스(Thomas

Aquinas), 스피노자(Baruch Spinoza), 라이프니츠(Gottfried Leibniz), 잉가르덴(Roman Ingarden), 카이파이(Joseph Kaipayi), 마이농(Alexius Meinong), 나가루나(Nagarjuna), 테일러(Charles Taylor) 샹카라(Adi Shankara), 바디우(Alain Badiou), 볼차노(Bernard Bolzano), 브렌타노(Franz Brentano), 프레드킨(Edward Fredkin), 헤겔(Georg Wilhelm Friedrich Hegel), 후설(Edmund Husserl), 하르트만(Nicolai Hartmann), 하이데거(Martin Heidegger), 가다머(Hans-Georg Gadamer), 콰인(W. V. O. Quine), 러셀(Bertrand Russell), 라일(Gilbert Ryle) 사르트르(Jean-Paul Sartre), 화이트헤드(Alfred North Whitehead), 비트겐슈타인(Ludwig Wittgenstein), 들뢰즈(Gilles Deleuze) 등을 들 수 있다. 이러한 존재론(Ontology)은 오늘날 현상학, 해석학, 실존주의 철학에서 핵심적 역할을 하게 된다.

존재론적 접근은 인식주체와 인식대상(객체)이 - 인위적으로 - 분리되는 인식론적 접근과는 달리 '존재(being, Sein)' 그 자체를 그대로 인정하는 것이다. 즉 모든 존재는 인식주체인 인간에 의해서 파악되는 것이 아니라, 존재 그 자체가 '스스로 있는 것(be)' - 또는 '스스로 이다(be)' -이다. 따라서 존재는 존재가 '스스로 드러날 때(生起, geschehen)' 비로소 파악될 수 있다. 존재론적으로 인간은 모두 저마다 존재 그 자체이다. 누가 대상인 그를 어떻게 인식하고 어떻게 이해하더라도 존재 그 자체는 불변이다. 이를테면, 교사가 학생을 자신의 인식으로 파악하고 이해한다고 하더라도, 학생은 학생 그 자체가 '스스로 존재'할 뿐이다. 교사는 학생을 60점짜리 낙제생으로 인식하지만, 학생은 "아닌데요, 저는 인간인데요."라고 항변한다. 존재는 스스로 말을 한다. 그러나 우리는 그 말을 인식하지 못할 뿐이다. 이때 갈등이 생긴다.

인간과 교육의 관계 역시 존재론적으로 파악될 수 있다. 인간과 교육의 관계를 지속시키는 본질 또는 실체는 무엇인가? 이러한 관계의 본질은 결코 변하지 않는 것인가? 존재론은 이러한 존재(또는 존재 본질)에 대해서 직접 질문하는 것이다. 이는 전통적 존재론이 존재에 대해 접근하는 방식이다. 그러나 하이데거(Martin Heidegger, 1889-1976)와 가다머(Hans Georg Gadamer, 1900-2002)는 이러한 '전통적 존재론'에 반기를 들었다. 이들의 의미로 본다면, 인간과 교육의 관계가 어떻게 '스스로 존재'할 수 있으며, 어떻게 그러한 관계가 '스스로 드러나는가?'에 대하여 질문하는 것이 보다 중요하다. 인간과 교육 그리고 이의 관계는 '스스로 존재하는 것'이다. 따라서 이들 존재가 '스스로 드러나도록' 하는 것이 중요하다. 만약 우리가 인간과 교육 그리고 이의 관계가 스스로 드러날 수 있게 하는 '조건'(condition)을 찾아낼 수 있다면 존재론적 접근은 가능하다.

가다머(Hans-Georg Gadamer, 1900-2002)에게 '그러한 조건'은 바로 '대화(dialogue)'였다. 즉 가다머는 존재의 드러남을 위해 대화를 도입했다. 대화하는 가운데에서 존재는 스스로 드러난다. 인간과 교육의 관계도 대화의 장 속에서 스스로 드러날 수 있다. 아니면 대화하는 가운데에서 인간과 교육의 관계도 밝혀질 수 있다. 이를테면 교사와 학생, 학생과 학생, 학생과 학부모, 교사와 학부모 등 '교육적 관계'에 들어 있는 이해 당사자들(인간)이 대화의 장에 기투(忌妬)될 때 비로소 인간과 교육 그리고 이의 관계는 스스로 드러날 수 있다. 이렇게 본다면 대화가 존재를 결정하듯이 대화가 인간과 교육 그리고 이의 관계도 결정한다. 대화 자체도 존재이고 대화하는 '상황'(contingency)도 존재이며 대화 속에서 스스로 드러나는 것도 존재이다. 따라서 대화에 참여하는 학생, 학부모, 교사, 교장 모두 스스로 드러나는 존재가 되며, 인간과 교육의 관계 자체도 스스로 드러나는 존재가 된다. 결국 인간과 교육 그리고 이의 관계에 대한 존재론적 접근에서는 '대화하는 교육적 관계맺음'이 필수적 요소가 된다.

3) 가치론적 차원

인간과 교육 그리고 이의 관계는 가치론적으로 파악될 수 있다. 즉 인간은 가치가 있는가? 있다면 과연 어떤 가치를 가지고 있는가? 또한 인간에게 교육은 무슨 가치를 가지고 있는가? 이로써 인간과 교육의 관계에 대한 이해도 달라진다.

가치론(價値論, axiology)은 '가치있는'이라는 뜻의 그리스어 'axios'와 '학문'이라는 뜻의 'logos'에서 나온 말로서, 넓은 의미로는 '선'(善) 또는 '가치'(價値)에 관한 철학적 사유로부터 나온다. '가치'(value)라는 용어는 '값어치'를 뜻한다. 그것이 가치가 있느냐 없느냐? 그것의 가치는 얼마나 되는가? 등 가치에 대한 질문은 삶의 행동과 태도까지 결정할 수 있다. 18세기 정치경제학자 스미스(Adam Smith, 1723-1790)는 '교환가치'라는 개념을 통하여 자신의 경제학 이론을 전개했으며, 루돌프 헤르만 로체(Rudolf Hermann Lotze, 1817-1881)와 알브레히트 리츨(Albrecht Ritschl, 1822-1889) 등 "신(新)칸트주의자"[4] 들은 가치의 문제를 최초로 철학의 영역으로 끌어들였다. 이들은 사실판단이나 가치판단도 그것이 성립되기 위해서는 가치 내지 규범(Norm)을 요청한다고 주장했다.

오스트리아 태생의 독일 철학자 에렌펠스(Christian Freiherr von Ehrenfels, 1859-1932)는 자신의 저서 『가치론의 체계(System der Werttheorie, 1897-1898)』에서 가치의 개념을 인간의 욕구의 함수로 다루었다. 또한 『과학적 철학을 위한 계간지 Vierteljahrsschrift für wissenschaftliche Philosophie〉(14호, 1890)』에 실린 「게슈탈트의 성질에 관하여(Über gestaltqualitäten)」라는 그의 논문은 게슈탈트 심리학의 출발점이 되었다. 그에 의하면, 모든 구성요소들은 함께 모여 하나의 게슈탈트(gestalt: 형태) 즉 전체 구조를 형성한다.

그러나 게슈탈트는 직접적인 감각경험만으로는 얻을 수 없기 때문에 특수 심리학에 해당된다. 따라서 게슈탈트란 감각경험과는 다른 그 무엇으로 지각될 수 있는 복합적 심리자료가 된다. 즉 부분보다는 형태 즉 전체구조에 우선적인 가치를 두는 그의 게슈탈트 심리학은 '심리학적 가치론'이라고도 할 수 있다. 오스트리아의 철학자이며 심리학자인 마이농(Alexius Meinong, 1853-1920)은 가치의 이중성 때문에 같은 존재라도 심리적으로 느끼는 것이 다르다고 주장한다. 즉 무엇이 존재할 때 기쁨을 느끼는 '존재의 기쁨(seinsfreude)'

4) 칸트에서 시작된 독일 관념론은 1830년대의 헤겔 철학에 이르러 정점(頂點)에 도달하였다. 이와 같이 헤겔 학파가 좌·우·중간파로 분열되어 혼선을 일으키고 자연주의·실증주의·통속적 유물론이 한편에서 유행하기 시작하자 이들 양자를 모두 불신하고 오히려 칸트의 담백한 이성비판(理性批判)으로 돌아가 지식·과학의 기초를 새로 정립하려는 움직임이 나타났으니 이것이 바로 신칸트학파이다.(위키백과)

과 무엇이 존재할 때 슬픔을 느끼는 '존재의 슬픔'(seinsleid)은 선험적 가치의 이중성 때문이다. 그는 또한 세상의 모든 가치는 언제든지 바뀔 수밖에 없다는 사실을 강조하면서 소위 "가치전도이론"을 주창한 니체(Friedrich Nietzsche, 1844-1900)의 주장과 입장을 함께 한다.

그러나 가치론(價值論, Axiologie)의 개념이 본격적으로 학문세계에 도입된 계기는 무의식의 철학자 하르트만(Karl Robert Eduard von Hartmann, 1842-1906)의 저서 『가치론 개요 Grundriss der Axiologie』가 나오면서부터였다. 미국의 철학자로서 가치의 자연이론(a naturalistic theory of value)을 주창한 페리(Ralph Barton Perry, 1876-1957)는 자신의 저서 『일반가치론(general theory of value, 1926)』에서 가치란 '어떤 관심의 대상'이라고 정의했다. 후에 그는 우리 인간의 삶에는 도덕·종교·예술·과학·경제·정치·법·관습 등 8가지의 '가치 영역'이 존재한다고 분류하면서, 이를 실재론적-실용주의적 접근으로 탐구했다. 독일의 철학자, 심리학자, 교육학자인 슈프랑어(Eduard Spranger, 1882-1963)는 자신의 저서 『삶의 형식들(lebensformen, 1914)』에서 가치의 영역을 6가지 영역 즉 이론적 가치, 심미적 가치, 경제적 가치, 사회적 가치, 정치적 가치, 종교적 가치로 구분했다.

대표적인 미국의 실용주의 교육철학자인 듀이(John Dewey, 1859-1952) 역시 자신의 저서 『인간본성과 행위(human nature and conduct, 1922)』와 『가치평가론(theory of valuation, 1939)』에서 인간에게 천성적으로 부여된 '가치'를 실용주의적으로 해석하면서, '수단으로서의 가치론'과 '목적으로서의 가치론'이라는 이분법적 구분을 극복하고자 했다.[5] 즉 가치의 영역에서는 수단과 목적은 서로 분리되지 않고 모두 자신에게 '좋은 것, 바람직한 것, 편한 것'을 향해서 움직인다는 것이다. '무엇이 본질적으로 좋은가?'라는 질문에는 다양한 대답이 있다. 쾌락주의자는 '쾌락'이라고 대답하며, 실용주의자는 '만족, 성장 또는 적합'으로 대답할 것이다. 우리의 삶에서 '사실'은 객관성을 나타내는 반면, '가치'는 주관적 차원이다. 그러나 '가치와 사실의 관계'는 '가치와 가치판단의 관계'와 같다. 이렇게 본다면, 가치와 사실 관계는 모두 '가치개입'으로 간주될 수 있다. 실제로 철학에서는 주관적 가치는 모종의 절차와 과정을 통하여 가치판단과 가치평가가 완료되어서 객관적으로 판가름이 났을 때 '사실'(fact)로서 학문적으로 다루어진다.

사회과학은 객관적으로 가치 평가된 데이터(data)를 그대로 기술하거나 아니면 데이터들의 상관관계를 밝혀내는 '사실'의 기술과학(記述科學)이다. 이러한 의미에서 독일의 사회

5) 일반적으로 가치는 도구적 가치와 본질적 가치, 즉 수단으로 좋은 것과 목적으로 좋은 것으로 구분된다.

학자 베버(Max Weber, 1864-1920)는 '가치중립 또는 가치배제(value-free)'를 학문성(과학성)의 전제조건으로 제시했다. 그러나 사실의 근거가 되는 '가치평가(e-valuation)'가 객관적으로 이루어지는지 아닌지에 대한 타당성은 여전히 의문이다. 바로 이러한 의문이 철학적 과제로 남는 것이다. 과연 인간이 무엇인가를 요구하기에 그것이 가치를 갖는 것인가? 아니면 어떤 것이 가치를 가지고 있기 때문에 인간은 그것을 요구하는가? 전자가 가치에 대한 주관주의적 관점이라면, 후자는 가치에 대한 객관주의적 관점이다.

가치론적 접근으로 인간과 교육의 관계를 파악하기 위해서는, 인간에게 교육은 가치가 있는 것이냐? 아니면 가치가 없는 것이냐? 또 아니면 심지어 반(反)가치적이냐? 하는 질문에 대하여 대답될 수 있어야 한다. 가치가 서로 상충될 때 과연 진정한 가치는 어떤 것인가? 가치의 기준은 무엇인가? 또한 사실과 사실규명을 위한 가치판단은 과연 누가 내리는 것인가? 가치는 항구적으로 불변하는가? 아니면 가치는 시시각각 변화하는가? 이를테면, 교육적 관계에 참여하고 있는 학교와 학생, 교사와 학생, 학생과 학부모, 교사와 학부모, 학교와 교사 간에 가치기준이나 가치판단이 다를 수 있다. 이러한 경우 과연 가치기준이나 가치판단의 중심은 어디인가? 만약 가치판단의 기준이 학교나 교사에 있다면, 학생이나 학부모의 가치는 어떻게 되는 것인가? 반대의 경우도 마찬가지이다. 그렇다면 우리는 가치의 우위성을 판가름해야 하는가? 아니면 상충된 가치는 조정되고 절충되어야 하는가? 어떻게 조정되고 절충되는 것이 합리적인가? 이러한 질문에 정당하게 대답할 수 있을 때 인간과 교육 그리고 이의 관계는 가치론적으로 파악될 수 있다.

원칙적으로 교육은 '가치'(價値, value)를 전제한다. 즉 가치가 없으면 교육할 이유가 없다. 그래서 우리는 교육을 마친 후에는 반드시 '가치를 평가'(e-value-ation)를 하는 것이다. 시험(test)은 대표적인 가치평가이다. 따라서 '교육적'이라는 것은 곧 '가치적'이라는 말과 의미가 통한다. 만약 인간과 교육의 관계가 '반가치적'이라면, 그 관계는 가치를 상실한 것으로서 교정될 필요가 있다. 이러한 가치론적 접근은 가치철학, 도덕철학, 윤리학 등의 학문영역의 기반이기도 하다.

역사 이래로 우리 인간은 '객관적 또는 절대적 가치'를 추구하여 왔다. 이는 인류가 절대 진리 또는 절대 지식을 추구해 온 역사와 함께 한다. 즉 인간의 삶을 포괄하고 모든 사람들이 공유할 수 있는 객관가치와 절대가치에 대한 요구를 한다. 그러나 소피스트의 출현과 함께 시작된 '상대적 진리관'의 태동은 객관적 가치와 절대적 가치에 대해서도 의문을 갖도록 했다. 오늘날 포스트모던의 시대에 부각된 가치의 상대화와 주관화 현상은 이러한 역사적 반영이다. 그럼에도 불구하고 모두 삶을 포괄하고 모두가 공유하는 객관적 가치에 대한 염원은 여전하다. 그러나 가치의 문제도 '객관'(客觀, objectives)이라는 개념논쟁에서 자유롭지 않다.

현상학의 창시자인 후설은(Edmund Husserl, 1859-1938) '객관성'이라는 개념 대신 '간주관성'(間主觀性 intersubjectivity)의 개념을 들고 나왔다. 간주관성이란 많은 주관 사이에서 서로 공통적인 것이 인정되는 성질로서 '상호주관성'(相互主觀性)이라고도 한다. 따라서 객관적 가치 대신 간주관적 가치추구에의 논쟁 역시 그가 제시한 대안이라고 할 수 있다. 즉 간주관성 또는 상호주관성을 획득하는 순간 '가치'는 취득되는 것이고, 그렇지 못한 상황에서는 아직 가치여하에 대해서 언급하지 못한다. 이러한 생각은 훗날 하이데거와 가다머에게도 계승된다. 특히 가다머에게서는 '대화'(만남)를 통해서 간주관성과 상호주관성이 확보된다. 가치에 대한 절대 인식을 통해서 객관적 가치(절대가치)를 얻어 내고자 인식론적 차원에서 시작된 가치론적 담론이 존재론적 차원으로 전이된 것이다.

6. 교육의 개념

한자(漢字)로 교육(敎育)이라는 단어를 보면 가르치고 기를 때 '매'(攵)가 동반되는 것을 알 수 있다. 즉 교육은 매를 동반한다. 물론 이는 특히 동양 문화권에서 '사랑의 매'를 의미한다. 어버이가 자식을 가르치고 기를 때 사랑의 매는 올바른 교육을 위한 방편이었다. 어버이와 스승은 학동이 규범에 어긋나면 매를 들었고 기능을 잘 숙련하지 못해도 매를 들었고 매를 매개로 목표달성을 독려했다. 물론 제대로 된 교육에는 칭찬과 격려도 수반되었다. 이는 서양에서도 유사하다. 특히 박애주의 시대에는 신도들의 몸에 붙은 귀신을 쫓는다는 이유로 교회에서는 싸리비(매)를 들었다. 이러한 싸리비의 흔적은 세례를 줄 때 신부들이 물 대신 사용하기도 했으며, 지금도 기도원에서는 싸리비를 들고 기도하는 자들의 혼을 깨운다.

이러한 전통은 미션스쿨(mission school)의 교육방식에 그대로 적용이 되었다. 물론 그 이전으로 거슬러 올라가도 교육하는 자는 항상 매를 동반했다는 기록을 볼 수 있다. 페다고지(pedagogy)라는 교육의 어원은 고대 그리스 시대에 죄수의 교육훈련을 담당했던 감옥(監獄)의 간수를 의미했던 페다고구수스(pedagogusus)라는 직업명으로부터 나온다. 즉 교육이라는 말이 생기기 이전에 교육훈련을 담당하는 '직업'이 먼저 있었던 셈이다. 감옥의 간수(看守)는 죄수들을 다루면서 매를 사용했다. 간수가 죄수를 다룬다는 것은 일종의 훈련 또는 훈육(訓育)을 포함한다. 당시 죄수는 주로 전쟁에서 패배하는 바람에 생포된 자들로서 주로 노예들이었다. 따라서 죄수가 석방이 되어서 남의 나라의 사회에 나가기 위해서는 그리스의 법을 알아야 하고 사회생활방식 대해서 알려주어야 한다. 이는 일종의 교화교육이었으며 사회재적응교육이었다고 할 수 있다. 이러한 것이 교육방식으로 전수되면서 '교육'이라는 개념은 보다 선명해졌다. 따라서 동서고금을 막론하고 매는 교육을 위한 중요한 방식의 하나였다고 할 수 있다. 오늘날 이러한 사랑의 매, '교육적 매'라는 전통은 학교에서 학생들의 인권(人權)을 억압하는 체벌수단 내지 심지어 폭력수단으로 전용될 수 있다는 판단 하에 금지조처를 받고 있다. 이는 어쩌면 사랑의 매가 체벌과 폭력의 매로 둔갑하는 사태에 대한 방지책일지도 모른다.

그러나 교육에서 매(체벌)의 필요성에 대한 논쟁은 여전히 열려있는 상태이다. 만약 학생들이 자발적 자율적으로 알아서 모든 것을 잘 행동하는 수준이면 굳이 매가 필요할까? 그러나 그렇지 못하다면 적절한 정도의 매는 필요한 것이 아닌가? 심지어는 형벌로서 다루어야 할 정도의 수준이라면 매로 다스려야 하는 것이 맞지 않을까? 정말 그것도 아니라면 교육에서 매는 필요악이 아닐까? 문제는 그것이 우리의 학교 현장에서 또는 교육현장에서 사랑의 매인지 체벌(폭력)인지 구분하기가 쉽지 않다는 점이다. 물론 이의 구분이 어렵지 않을 수 있다. 문제는 '신뢰'(trust, 信賴)의 문제이다. 즉 세상이 아무리 험하게 변했어도 교사와 학생 간에 믿음과 신뢰가 남아 있다면, 아무리 아픈 매라도 그것은 사랑의 매가 될 소지가 높다. "아, 저 선생님이 진정 나를 생각해서 매를 드는구나"라고 생각한다면 그것은 사랑의 매다. 그러나 "저 선생은 나만 보면 잡아먹지 못해서 난리야", "순전히 감정적이야"라고 생각한다면 그것은 체벌이며 폭력의 매다. 즉 똑같은 매를 맞고도 어떤 아이는 그것을 사랑의 매로 생각하겠지만, 어떤 아이는 교사체벌(폭력)로 경찰에 신고할 것이다.

결국 우리는 '교육'이라는 개념을 하나의 잣대로 규정할 수는 없다. 특히 과학적이고 객관적인 정의는 쉽지 않다. 지금까지 학문적으로 연구된 교육에 관한 정의(定義, definition)는 다음과 같이 최소한 세 가지 차원으로 구분되어 왔다.

1) 규범적 정의

교육에 대한 규범적 정의는 교육을 교육본연의 내재적 가치나 바람직한 의미에 초점을 두고 내리는 정의로 교육에서 추구되어야 할 가치를 제시하는 입장으로 가치지향적인 입장을 지니는 정의이다(김창걸 외, 2010: 18). 달리 말하면 교육에 대한 규범적 정의는 교육은 '규범'(規範, norm)을 벗어날 수 없다는 전제를 하고 있다. 즉 교육은 '이래야 한다 아니면 저래야 한다'는 규범을 따라야 한다. 만약 교육이 규범을 벗어나면 그것은 교육이라고 할 수 없거나 아니면 교육이 잘 못된 것이다. 따라서 여기서는 규범에 대해서 이해하는 것이 중요하다. 그렇다면 규범은 어디에서 나오는 것일까? 하늘에서 떨어지는 것인가 아니면 조상들이 만들어 놓은 규범이 진정한 규범인가? 선조들이 세운 규범은 지금까지 하나도 변하지 않았을까? 아니면 옛 규범 중에 사라진 규범도 있을까? 규범은 누가 세우는 것일까? 규범은 오로지 절대적이며 하나인가? 규범은 영원한가 아니면 변화할 수도 있는가? 그렇다면 규범은 왜 변할 수도 있는 것인가? 어떻게 하면 영원한 규범을 알 수 있을까? 이를테면 민주적 인격, 진리, 가치, 인격완성, 자아실현 등이 규범적 차원에 해당되는데, 이는 목적론적 정의로서 '목적적 가치'가 중요하며 소위 사람다운 사람을 형성하는 일이 최종 목표라고 할 수 있다.

그런데 우리가 인격교육이라고 했을 때 (바람직한) '인격'은 정해져 있는 것일까? 아니면 시대에 따라서 달라질 수도 있는 것일까? (바람직한) 인격은 지역적으로도 동일한가? 미국에서 바람직한 인격은 한국에서도 바람직한 것인가? 아니면 교육을 통해 인격을 완성하기 위한 내적 행동변화는 어떻게 가능한가? 등등의 질문들은 교육을 규범적으로만 정의할 때 한계로 남는다.

2) 기능적 정의

교육에 대한 기능적 정의는 교육을 '무엇을 위한 수단'으로 규정하는 외재적 목적과 연관되는 입장이다(김창걸 외, 2010: 19). 물론 교육을 사회문화의 계승 및 발전의 수단으로 보느냐 또는 개인의 성장과 발달의 수단으로 보느냐에 따라 교육에 대한 기능적 정의는 달라진다. 동양에서 과거제도라는 교육제도가 인재선발의 등용문이 되는 것도 기능적 정의에 해당된다. 우리말에 '개천에서 용난다'는 말도 있고 가방끈이 길어야 출세한다는 말도 있다. 모두가 교육을 기능적 차원에서 볼 때 가능한 논리이다. 중요한 것은 이러한 관점은 교육의 목적적 가치 대신 '수단적 가치' 즉 '도구적 가치'를 강조한다는 점이다. 이러한 기능적 정의에 의하면, 교육은 출세의 수단이라고 할 수 있다. 이는 우리가 오래 전부터 교육을 입신양명(立身揚名)의 수단으로 간주해 온 근거이기도 하다.

오늘날은 동서양을 막론하고 이러한 기능적 관점에서 교육을 정의하는 것이 만연해 있다. 따라서 오늘날의 교육현실이 가장 많이 비판받는 대목이기도 하다. 그러나 이는 분명히 교육의 개념에 대한 하나의 관점이다. 그럼에도 불구하고 이를 비판하는 이유는 교육이 지나치게 기능적 정의에 근거하여 이루어지고 있기 때문이다. 즉 오늘날 우리의 교육은 기능적 정의와 관점에 지나치게 편중되어 있다는 판단이다. 따라서 우리가 단지 기능적 관점으로서만 교육을 정의한다면 개인의 출세를 위한 이기주의자들의 양산도 문제가 된다. 아울러 더 커다란 문제는 교육이 국가와 사회의 수단으로서만 작용할 수 있다는 사실이다. 만약 국가와 사회가 이상적이고 훌륭하다면, 교육이 수단화되는 것은 그리 문제가 아닐 수도 있다. 그러나 전체주의 국가, 독재주의 국가, 제국주의 국가가 교육을 수단화시킨다면 이는 차라리 교육을 하지 않아야 한다. 이를테면, 나치시대와 파쇼사회의 우상화교육, 독재정권의 세뇌교육, 제국주의시대의 제국주의 교육 등은 대표적인 역사적 오점들이었다.

3) 조작적 정의

교육에 대한 조작적 정의는 말 그대로 교육을 조작적으로 해 낼 수 있다는 의미이다. 즉 어떤 목적을 달성하기 위해서 특별한 조처를 함으로써 새로움을 조작해 내는 것이다. 특히 교육을 조작적으로 정의한다는 것은 교육의 외적 행동의 변화를 의미하는 것으로 교육활동에 포함되는 기본적인 요소와 그 요소들이 작용하는 실제적인 과정과 방법을 보여줄 수 있다는 것을 의미한다(김창걸 외, 2010: 20). 교육에 관한 조작적 정의는 행동주의(行動主義, behaviorism)의 산물이다. 한국에 행동주의를 토대로 교육학의 연구를 도입한 정범모에 의하면, "교육은 인간행동을 계획적으로 변화시키는 일"이다. 이러한 행동주의적 관점은 과학주의, 과학적 탐구주의, 행동심리학적 접근 등의 개념과 관계한다. 이러한 조작적 정의를 통해서 교육연구에 '인간행동', '변화', '계획적'이라는 과학적 개념이 도입되었다. 이를테면, '의과대학에 진학하려면 이러 이러한 조건을 만족시켜야 한다' 또는 '법대에 진학하기 위해서는 이러 이러한 과외를 받는 것이 좋다' 아니면 '원하는 대학입시에 성공하기 위해서는 잠을 줄여야 한다'는 식의 주장은 교육을 조작적 정의로만 보는 것이다. 한마디로 특정한 목표를 세우고 이에 도달하기 위해서는 특정한 행동양식을 (과학적으로) 조작해 내는 것이다.

그러나 이렇게 교육의 조작적 정의는 목표달성에만 치중하고 있기 때문에 목표가 달성되었다고 해도 그러한 목표가 의미가 있는 것인지 아닌지 잘 모를 때에는 허망해 질 수 있다. 또한 설령 행동조작을 통하여 목표달성을 했다고 해도 그로 인해 많은 다른 것들을 잃었다면 오히려 삶에 있어서 전체적으로는 손해가 될 수도 있다. 물론 더 크게 삶의 의미와 가치로움의 차원에서 본다면 과연 인간이 기계나 동물처럼 조작되는 것이 바람직한가 하는 본질적인 문제도 남아 있다.

정리하자면, 교육을 규범적 차원, 기능적 차원 그리고 조작적 차원에서 정의하더라도 교육의 본질은 변화할 수 없다. 한마디로 교육은 투입(input)을 하여서 산출(output)을 하는 것인데, 규범을 투입하든, 기능을 투입하든 아니면 무엇인가의 목표를 위해 조작을 하든 중요한 것은 일련의 자료를 투입하여 성과(results)를 도출해 내는 작업이다. 이를 도식화하면 다음과 같다.

즉 교육은 외부로부터 자료(교과서, 경험, 언어, 사물, 인물, 자연 등)를 통한 일련의 자극을 투입하여(educere)서 계획하고 원하는 결과를 산출해 내는 것(educare)[6] 이다. 그런데 여기서 중요한 것은 교육은 '표층영역의 능력'만이 아니라 '잠재능력'(potential)까지 자극하여 결과를 도출해 내는 인간양성의 작업이라는 사실이다.

독일 언어권에서는 <교육>에 해당되는 개념은 페다고지(padagogik)인데, 이는 '밖으로 끌어낸다'는 의미의 에어치웅(erziehung)과 동양 언어권의 '(정신)도야'의 개념과 유사한 '빌둥'(bildung) 그리고 졸업, 자격 취득 등 종료시점이 정해져 있는 교육(훈련)을 의미하는 '아우스빌둥'(ausbildung)으로 구분된다. 물론 오늘날은 거의 혼재되어 사용되기도 한다. 또한 최근에 발견된 개념으로 교육을 의미하는 안드라고지(andragogy)라는 용어가 사용되고 있다. 안드라고지는 일반적으로 학교교육과는 무관한 학교외 교육 내지 '성인교육'(成人敎育)으로 번역되기도 하지만 엄밀히 말하면 '인간교육'(人間敎育)을 의미한다. 반면 안드라고지를 성인교육으로 보는 입장에서 학교교육은 '페다고지'(pedagogy)로 표기된다. 그러나 페다고지와 안드라고지의 개념은 학교청소년교육과 성인교육으로 이분되는 것이 아니고 다음과 같이 포괄관계로 설명되는 것이 타당하다.

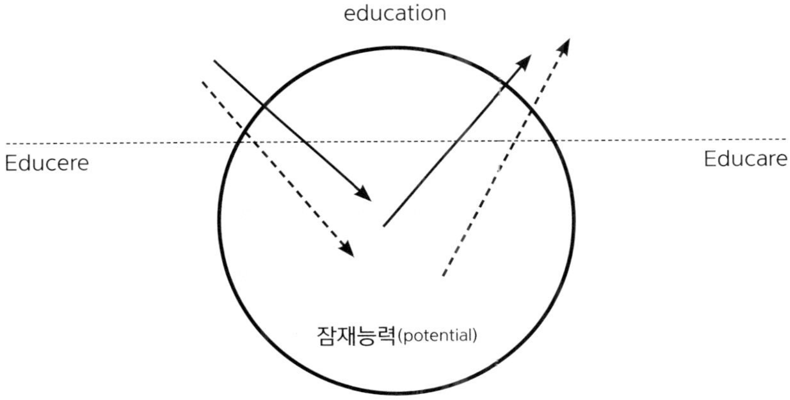

그림 1-3 교육의 개념

6) 교육(Education)은 라틴어 educatio에서 유래하는데, 이는 educo, educere, educare와 거의 동일한 의미로 사용되었다. 우선 educere는 다양한 의미를 가지고 있는데 ① 외부로부터 지식을 습득한다. ② 생명력을 부여한다. ③ 밖으로 끄집어 낸다 등으로 사용되고 있다. 여기서 외부로부터 지식을 습득한다는 의미는 교사가 외부로부터 지식을 주입한다는 의미도 포함하고 있다. 한편, educare는 양육한다는 의미를 가지고 있다. 따라서 에듀세레를 통하여 결국은 에듀까레 즉 양육시키는 것이 교육인 것이다.

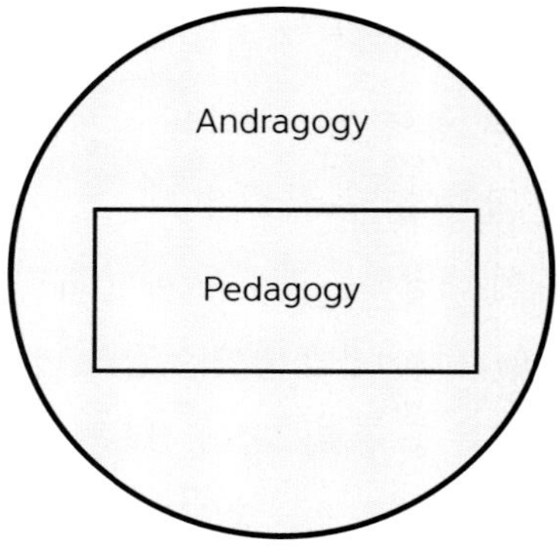

그림 1-4 교육

안드라고지는 '안드로스' 즉 '성숙한 인간'을 의미한다. 반면에 페다고지의 '파이도스'(paidos)는 '미성숙한 인간'을 의미한다. 따라서 이렇게 본다면, 안드라고지는 성숙한 인간 또는 '물리적 성장이 다 이루어진 인간'으로서 성년(成年)을 의미하며 안드라고지는 성년을 '끌고 가는 것'(~gogy)을 의미한다. 반면 페다고지는 미성숙한 아이들, 미성년자들을 끌고 가는 것을 의미한다. 문제는 성년의 사람들을 끌고 가는 원리와 방법은 미성년을 끌고 가는 원리와 방법이 달라야 한다는 점이다. 따라서 페다고지와 안드라고지는 둘 다 '교육'의 개념이지만, 원리, 방법, 내용에서 차이가 날 수밖에 없다. 그러나 중요한 것은 이 두 개념이 합해서 온전한 교육을 의미한다. 다만 미성년의 아동 및 청소년들을 다루는 학교교육은 페다고지에 크게 의존하고 있다는 사실인데, 이는 엄밀한 의미에서 완성된 교육을 의미하지는 않는다. 따라서 연령별, 정신수준별, 태도 별로 본다는 다음과 같은 도식으로 설명될 수 있다.

이 도식에 의하면, 학교청소년들의 교육을 위해서는 안드라고지와 페다고지가 50:50 정도 반영되어야 한다. 따라서 오늘날 학교에서 벌어지는 모든 교육의 문제는 이러한 도식을 무시하기 때문이기도 하다. 이를테면 이 시기에 페다고지에 편중된 소위 "반쪽의 교육"(halbebildung)만이 이루어지고 있다는 사실이다. 따라서 오늘날 학교교육의 문제가 비판되고 고발되기 시작하면서 안드라고지의 요소들이 반영되고 있다. 이미 서구의 교육선진국들은 많은 성장을 보이고 있지만, 우리는 이제 초보단계라고 할 수 있다. 지금

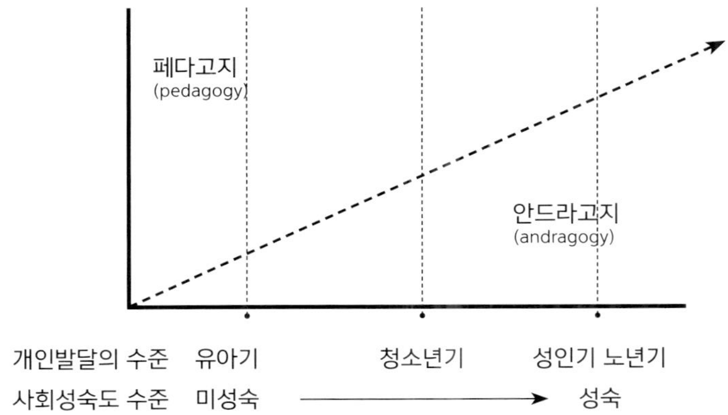

(출처: 이상오, 2017: 303)

그림 1-5 페다고지와 안드라고지의 관계

학교교육의 현장에 유입되고 있는 대표적인 안드라고지의 요소들은 "학습자 중심의 교육", "선택중심의 교육", "자기주도학습" 등의 개념들이다. 이는 학교교육의 개혁요소들로 간주되는 영역들이기도 하다. 우리나라의 경우 제7차 교육과정에서부터 이러한 요소들이 학교교육의 영역으로 도입되기 시작했다. 오늘날 우리의 <자유학기제>는 안드라고지의 요소가 반영된 제도라고 할 수 있다. 안드라고지는 말 그대로 인간교육을 의미하는 만큼 전인교육, 인간교육이 현재의 일그러진 교육 즉 지식암기일변도의 교육 영역으로 들어가면서 교육현장의 개혁과 혁신을 실천하고 있다고 할 수 있다.

제2장 교육의 역사

1. 서양의 교육

1) 고대 그리스 시대의 교육

(1) 선사(先史)시대[7]

역사는 기억이다. 기억하지 못하면 역사는 없는 것이다. 또한 기억에서 지워버리면 역사를 없어진 거다. 선사시대란 역사 이전의 시대이다. 따라서 선사시대란 역사가 없던 시절이고 우리의 기억에는 없는 시대를 말한다. 그럼에도 불구하고 우리는 역사를 거론하기 위해서는 선사시대부터 언급하여야 한다. 왜냐하면 선사시대의 유물이 역사시대를 낳았다고 생각하기 때문이다. 그러나 이는 추측이거나 상상일지도 모른다. 아니면 구전(口傳)의 산물일 수 있다. 그러나 이는 추론(追論)이다. 기록으로 전해지는 역사를 이해하다 보니 뿌리를 추적해 내는 것이다.

서양에서 역사 이전 즉 선사시대에는 교육은 일상생활을 잘 해내기 위한 연습이나 반복 훈련(training) 중심으로 이루어졌을 것이다. 우선 이 시대의 교육은 들판에 나가서 동물 등을 사냥하고 식용 식물들을 채집하는 일, 가축을 관리하고 아이를 돌보는 일, 제식과 의례를 준비하고 저녁 축제를 준비하는 일 그리고 말하기와 웅변 등이 대표적인 교육의 대상이자 목적이었을 것이다. 따라서 교육은 주로 가정과 마을공동체의 사당 같은 곳에서 이루어졌을 것이다. 역사적으로 유추가 가능한 구체적 교육사례를 들라면, 지혜와 용기를 겸비한 트로이전쟁의 영웅인 오디세우스(Ulixes, Ulysses)[8] 나 아킬레우스 그리고 웅변과 언행일치의 상징인 포이닉스(Phoenix)[9] 등이 교육적 이상으로 꼽힐 수 있다. 즉 전쟁영웅을

---

7) 선사시대는 대략 기원전 10세기 이전을 말한다. 선사시대란 말 그대로 역사가 없는, 즉 기록이 없는 시대를 말한다.

8) 호메로스의 서사시〈오디세이아 Odyssey〉의 주인공으로, 호메로스는 오디세우스를 뛰어난 지혜·언변·기략·용기·인내를 지닌 인물로 그리고 있다.

9) 포이닉스(φο⊠νιξ)는 그리스 신화에서 트로이 전쟁에 참가한 그리스 진영의 장군 중 한사람으로서 아킬레우스를 설득하여 전쟁에 참여하게 했다.

우상화하고 후세를 이러한 영웅으로 길러내기 위해서 기술과 무술을 연마시키고 연습하도록 하는 것을 교육의 목표, 내용, 방법으로 삼았을 것이다.

(2) 역사시대[10)]

① 스파르타의 교육

역사기록이 시작된 역사시대에 서구에서는 고대 그리스의 스파르타와 아테네 교육부터 기록이 남아있다. 스파르타는 도리아 족이 세운 폴리스로서, 비옥한 땅 라코니아 평야에 세워졌으며, BC 6세기 이후 그리스에서는 최강의 도시국가가 되었다. 오늘날 스파르타는 국방국가, 군국주의국가, 공산평등사회로 평가되며, 정치체제는 과두정치체제로서 2명의 지도자와 원로원에 의해 통치되었다. 스파르타에서는 다른 폴리스와 달리 상대적으로 예술과 철학이 거의 무시되었으며, 신체훈련을 통한 무사교육(武士教育)이 중심이었다. 왜냐하면 그리스 반도에서 가장 비옥한 토지를 차지한 스파르타로서는 호시탐탐 옥토를 노리는 주변국들과의 싸움에서 우위를 차지하는 것이 국가적 과제였기 때문이다. 또한 행동을 중시하는 삶을 강조하였기 때문에 교육 역시 힘센 사람을 양성해 내는 일에 목표를 두었다.

스파르타 교육의 특징은, 첫째, 극기훈련, 둘째, 엄한규율준수, 셋째, 호전적 시민훈련(씨름, 창던지기, 뜀뛰기, 말타기, 수영, 활쏘기 등), 넷째, 군사교육 등을 꼽을 수 있다. 스파르타 가정에서는 아이를 낳으면 7세까지 신체적으로 튼튼한 아이를 기르는 데에만 주력하였다. 8세가 되면 소위 '나라의 자식'으로서 아이는 부모와 이별한다. 즉 아이들은 폴리스가 관리하는 병영(兵營)에 입소하여 '애국교육'(愛國教育)을 받기 시작한다. 이로부터 시작된 병영생활은 20세까지 이어진다. 입소한 8세부터 20세까지 병영에서 무엇이 교육되었는지에 대한 구체적인 자료는 남아 있지 않다. 플라톤은 자신의 대화집『국가』편에서 이상국가의 교육을 상상하였다. 그의 교육론에서 구상된 연령별 학제는 당시 적국이었던 스파르타의 교육제도를 상상한 결과물로 나온 것이었다.

20세가 되면 남자들은 '남자의 집'이라는 곳에 입소하여 30세까지 10년간 군복무를 한다. 여자들도 남자들처럼 소녀기에 병영생활을 통하여 신체훈련을 받는다. 이는 건강한

10) 역사시대는 대략 기원전 10세기부터 기원전 5세기까지를 말한다.

아이의 출산을 위해서였다. 이렇게 병영생활과 군대생활을 통하여 이루어지는 집체훈련은 주로 '체력단련수업'으로 이루어진다. 즉 '체력은 국력'이라는 신념 하에서 강인한 체육훈련이 곧 이들이 추구하는 교육이었으며, 체벌 역시 극기의 방편으로서 매우 중시되었다. 훗날 이러한 스파르타의 교육은 제주이트 교단의 훈육, 독일의 나치스 교육, 이탈리아 파쇼 교육, 일본 군국주의 교육 등에 지대한 영향을 주었다.

정신교육을 위해서는 '음악'이 중시되었으며 일상에서 필요한 최소한의 읽기와 쓰기 정도가 교육되었다. 도덕교육으로는 대부분 공동체생활에서의 습관 훈련으로 구성되었으며, 지적·미적 요소는 발견되지 않는다. 교육관계법으로는 국가가 개인보다 절대적 우위임을 규정한 리쿠르구스(Lycurgus) 법령이 있었다.

② 아테네의 교육

폴리스 아테네는 이오니아 족에 의해 건설된다. 기원전 6세기까지 귀족제를 통하여 통치했지만, 솔론(Solon)의 개혁이후 민주주의 정치체제가 채택되었다. 당시 인구는 약 40만 명 정도로 추산되며, 이중 자유민(自由民)은 15만 명 정도였다고 전해진다. 주변에서 아테네가 잘사는 나라도 인식되면서 많은 이민족들이 모여든 결과였다. 모든 국사(國事)는 인민회의에서 결정되었다. 공평한 평결을 위해서 최고재판소를 두었으며 재판에 가담하는 배심원이 늘 1천명 이상 유지되었다. 이러한 민주주의(democratia)는 페리클레스시대에 절정을 이루었으며, 이때 민주시민을 양성하기 위한 교육체제가 구축되었다. 특히 조화로운 이성의 발달, 지혜로운 자(철인)를 양성하는 것 그리고 심신과 영혼의 우아한 아름다움 추구하는 것이 아테네 교육의 목표였다. 즉 아테네의 교육은 선미(善美)의 인간 즉 카로카가토스(Kalokagathos)의 인간을 목표한다. 이를 위해 아테네인들은 주로 음악을 가르치고 배우며 또한 체력을 단련하면서 결국 심신(心身)의 조화롭게 발달시키는 교육과정을 운영하기도 했다. 교과목은 '음악과 체육'이었다. 따라서 음악과 체육이 서구의 문헌상 최초의 교과목이라고 할 수 있다.

그러나 궁극적으로 아테네의 교육은 아테네의 '시민'(市民)을 양성하는 것이었다. 교육을 통해 양성되는 훌륭한 시민은 모든 능력 면에서 조화로운 발달을 한 사람을 말한다. 즉 민주적 이상을 추구하는 자유주의 교육은 지적, 심리적, 신체적, 군사적 기초를 조화롭게 형성함으로써 완전한 자유시민이 되게 하는 것이었다. 이러한 의미에서 아테네의 교육은 궁극적으로 전인교육(全人教育)을 목표하고 있다. 특히 자유민(自由民)의 양성을 위한 교육 즉 교양교육(敎養敎育)이 중요한데, 이는 노예들을 가르치는 직업훈련 내지 기술숙련과 다르다.

어원적으로 학교(schola)는 여가(musse)를 의미한다. 즉 여가와 여유가 있는 자유민들만이 학교에 갈 수 있으며 교육을 받을 수 있다. 따라서 원칙적으로 시간적-경제적 여유가 없는 노예계층이나 서민들에게는 교육의 혜택이 없었다. 여성들에게는 현모양처의 삶이 이상적으로 간주되었으며 남성에 비해서 신분과 지위가 낮았다. 이들은 가정에서 가사, 방적, 재봉, 육아 등을 배웠으며 특별히 신체교육이나 음악 등을 통한 정신교육을 받을 수는 없었다. 교육은 주로 가정에서 이루어졌으며 나중에 가정교육이 확대되어 사립학교의 형태로 발전하기도 했다.

체력단련에 치우쳐있던 스파르타의 훈육과는 달리 아테네에서는 육체와 정신의 조화로움을 추구하는 전인교육을 추구하였다. 점차 폴리스가 안정되고 민주주의적 성향이 만연되면서 아테네는 체력단련보다는 강한 영혼과 심신을 추구하는 정신교육에 치중하게 된다. 이런 맥락에서 신의 의지대로 지혜롭게 살 수 있는 인간능력에 대한 관심은 당시 '지자(知者)'임을 자처했던 수많은 소피스트(Sophist)의 활동이 이루어졌으며, 이를 기점으로 소크라테스(Socrates), 플라톤(Platon), 이소크라테스(Isocrates), 아리스토텔레스(Aristotle) 등의 교육사상이 발달하였다. 교육관계법으로는 '솔론법령'[11] 이 있었다.

우선 소피스트들은 대중교육이 아니라 정치적 출세를 지향하는 정치적 리더들을 양성하는 것으로서 변증술(辨證術, dialekeia) 즉 웅변술과 설득술 그리고 처세술을 가르쳤다. 이들은 사물의 본질인 아르케(arche)를 탐구했던 소크라테스 이전의 자연철학자들에 대해서 깊은 회의를 느끼면서 '경험을 통한 사실'의 중요성을 강조하였다. 이들은 자신들의 감각적 인식론을 바탕으로 개인주의, 주관주의 인간관을 발전시켰다. "인간(개인)이 만물의 척도다"(프로타고라스). 이로써 소피스트들은 당시의 사회적 믿음이었던 절대 진리를 부

11) 솔론은 경범죄에도 사형을 선고했던 드라코(Dracon)가 제정한 드라콘법전(B.C. 621경)을 개정하였다. 개정 법령의 주요 내용으로는 언어순화, 전쟁참여의무제, 장례식 곡부(哭婦)금지, 상공업장려, 식목(植木)의 규정, 개에 물린자에 대한 변상제 등이 기록되어 있다. 이 법에 따르면, '매춘부 (harlot)'는 '친구(mistress)', '세금(tribute)'은 '관례(custom)', '점령군(garrison)'은 '수호대(guard)', '감옥(jail)'은 '방(chamber)'으로 불러야 했다. 솔론은 '무관심'을 최고로 유독한 것으로 간주했기 때문에 전쟁에 우군으로 참여하지 않으면 유죄로 규정했다. 장례식 때에는 곡부의 고용 및 고인의 폄훼가 금지되었다. 솔론은 상공업을 장려했기 때문에 자식에게 한 가지 기술도 가르치지 않은 부모는 부양하지 않아도 좋다고 규정했으며, 사생아에게는 부모 부양의무를 면제시켰다. 드라코와 솔론은 법령을 '퀴르베스'라는 목판에다 기록하여 보관하게 했다.

정하게 되면서 '상대적 진리관'을 일반에게 유포시켰다. 참고로 프로타고라스는 지금으로 말하면 당시 직업이 변호사로 마감했다. 원래 그는 아테네의 민주개혁가 페리클레스(Pericles, 495-429 BC)에 의해 소위 '국가판사'로 특별 채용되어서 아테네에 들어 온 이방인이다(이상오, 2016: 284). 그는 소아시아에서 가장 똑똑한 사람으로 정평이 나 있었기 때문에 영입된 것이었다.

그러나 페리클레스의 사망과 함께 그는 국가판사직을 그만두게 되었다. 우리는 그를 소위 최초의 소피스트라고 기억한다. 판결할 때 그의 논리와 변호할 때의 논리가 달라진 것이다. 이것이 바로 역사상 최초로 궤변(詭辯)이 시작된 에피소드이다. 또한 다른 소피스트들은 아테네 주변에서 유랑하면서 살아가던 소아시아 계통의 사람들로써 아테네에 몰래 들어온 불법이민자들이다. 당시 현자로서 똑똑하다고 소문이 난 이들은 아테네에서 세력을 가진 귀족층의 집들을 돌아다니면서 그의 자제들을 가르치면서 돈을 받아 생활을 했다. 따라서 이들은 문헌상 최초의 교사들로 기록된다.

소크라테스는 소피스트의 개인주의, 상대주의에 맞서서 이성에 기반을 둔 보편적 진리를 강조했다. 그러나 아이러니하게도 소크라테스는 법정에서 사회를 혼란시킨 죄목으로 소피스트들과 같은 죄목으로 처형을 당한다. "악법도 법이다"라는 말은 실제로 소크라테스의 말은 아니라지만 이 말이 그의 이미지를 지배한다. 그러나 소크라테스는 법정에서 스스로를 열심히 변호했지만 변호 과정에서 스스로 극복할 수 없는 논리적 모순을 드러냄으로써 독배를 마실 수밖에 없는 처지가 되었다. 즉 당시 유일신은 아폴론인데 그는 아폴론 신을 추종하면서 동시에 자신의 마음속에 있던 영혼의 목소리인 다이모니온(daimonion)을 믿고 있다고 고백을 했던 것이다. 결국 그는 유일신을 믿는다고 항변했지만 그의 또 다른 마음의 신인 다이모니온에 대한 해명이 배심원들에게 불충분하게 들렸던 것이다(이상오, 2008).

소크라테스는 인간 영혼(psyche)의 최초 발견자이다. 또한 그는 양심의 목소리(다이모니온, dimonion)에 근거한 지행합일을 강조하면서 앎과 삶이 일치된 도덕적 삶을 살아갈 것을 외친 인류 최초의 철학자이다. 그는 지식의 습득방법으로 산파술(질문식 대화법)과 반어법(irony)을 창안했다. 특히 그는 "너 자신을 알라"는 파르테논 신전의 오른쪽 신탁(oracle)의 계명을 자신의 철학적 테마로 삼으면서 평생 동안 남들에게 '지꽂은 질문'을 해 대면서 "나는 아무 것도 모른다"는 무지고백(無知告白)과 무지각성(無知覺醒)을 유도하였다(이상오,

2008). 소크라테스에 의하면, 당시 소피스트들이 알려준 지식들은 진정한 지식이 아니기 때문에, 지금 자신이 알고 있는 지식에 대해서 다시 검토해보고 반성하고 각성하는 일만이 진정한 진리의 세계로 들어가는 전제 조건이었다. 이러한 일을 위해 그는 스스로 '등에'(gadfly)의 역할을 하다가 죽었다. 등에 즉 귀찮게 달라붙어 흡혈하는 쇠파리 아테네 시민들에게 무지각성의 자극을 주기 위한 그의 질문행위는 늘 상대방의 마음을 강하게 흔들어 놓았다. 마치 독사처럼 아니면 전기적 자극처럼 대화의 상대방은 그의 질문에 강한 자극을 받았던 것이다.

그런데 지꽃은 질문으로 시작하는 그의 대화는 늘 불완전함 즉 난문상태(Aporia)로 끝장이 났다. 소크라테스는 계속 상대방에게 예리한 질문을 하다가 상대방이 그에게 되물으면 그 자신은 답은 하지 않고 대화를 바로 끝내곤 했다. 대화의 상대자는 주로 당시 그 영역에서는 가장 잘 알고 있다고 여겨지는 현자들 즉 소피스트들이었다. 이를 우리는 소크라테스의 "반어법"(irony)이라고 부른다. 과연 소크라테스는 당시에 정말 몰라서 상대에게 물어보기만 한 것인지? 아니면 자기는 다 알고 있으면서도 마치 모르는 척하면서 유도심문으로 대화를 몰고 갔던 것인지? 전자는 야에거(Werner Jaeger)와 슈프랑어(Eduard Spranger) 그리고 거스리(W.K.C. Guthrie)의 주장이고, 후자는 헤겔(F. Hegel)과 니체(F. Nietzsche)의 주장이었다. 이에 대한 논쟁은 아직도 끝나지 않았다.

한편, 현대의 분석철학자 화이트헤드(Alfred North Whitehead, 1861-1947)는 "이 세상의 모든 철학은 플라톤의 각주에 불과하다."라고 말한 바 있다. 그만큼 철학세계에서 플라톤이 인류에게 남겨 놓은 유산은 지대하다. 플라톤은 소크라테스의 제자로서 <대화집>의 집필을 통하여 자신의 철학세계를 그려냈다. 그는 육체와 영혼(정신) 즉 감각계와 이성계를 구분하는 이원론적 세계관을 가지고 있었다. 이를 우리는 '형이상학적 관념론'이라고 부른다. 즉 인간에게 육체는 영혼의 일시적인 껍데기일 뿐이다. 오로지 인간에게는 영혼만이 영원하다. 따라서 그가 <국가론>에서 제시한 교육의 목적은 영혼을 통한 이데아(idea)의 세계를 통찰할 수 있는 능력과 이데아의 의미를 획득하는 것이었다. 또한 덕(德, arētē)의 획득경로는 국가와 인간의 공동체 속에서 교육의 국가통제를 통하여 가능하다. 마지막으로 그에게서 교육의 내용과 방법은 '철학적 사유'였으며 정의론(定義論)을 통한 전인교육이었다.

한편 플라톤에게 '국가'(polis)는 개인을 확장한 것으로서 국가의 윤리는 곧 개인의 윤리였다(오인탁, 2006). 즉 인간 개개인은 누구나 지혜(머리), 용기(가슴), 절제(배)의 덕을 가지고 있다. 그러나 사회는 개인차(능력, 소질, 재능)에 따라서 지혜로운 자, 용기있는 자, 절제가 필요한 자에 따라 사회적 신분계층이 나뉜다. 따라서 플라톤은 개인이든 사회든 지혜, 용기, 절제의 '조화'가 중요한데, 이러한 조화를 이룸으로서 '정의(사회)'가 도래한다. 결국 플라톤은 '정의'(dikaiosyne)를 최고의 이념으로 하는 완전한 이상국가(理想國家, idea) 즉, 이데아의 세계를 건설하고자 했다. 이를 위해 교육이 한 몫을 담당해야 하는데, '철인 군주' 즉 '철인 왕'을 양성하는 것이 교육의 마지막 목표였다.

플라톤은 아카데미아를 열면서 문 앞에 "기하학을 모르는 자는 들어오지 마라"라고 적어 놓았다고 한다. 플라톤에게 수(數)는 교육의 종착점이다. 수학은 기하학과 대수학으로 나뉜다. 기하학은 우리가 눈으로 보고 확인할 수 있는 영역이고, 대수는 우리가 눈으로 볼 수 없고 머리 속으로만 생각할 수 있는 추상의 세계이다. 이것이 조화와 질서의 기준인 형식(form)이 지배하는 이데아(idea)의 세계이다. 즉 기하는 감각의 영역이고 대수는 이성의 영역이다. 삶에서 감각의 영역을 삭제하고 오로지 이성의 영역만이 "영혼불멸"을 가능하게 하고 "영혼정화"를 가능하게 한다고 본 플라톤에게 기하학을 모르는 자는 학당에 들어 올 수 없다. 왜냐하면 기하학은 현실을 이상(數)으로 건너가게 하는 이성의 가교지점이기 때문이다. 참고로 플라톤을 지배한 영혼불멸과 영혼정화의 사상은 피타고라스의 사상이 계승된 것이다. 이렇게 본다면, 기하학의 토대 위에서 대수학이 이루어지는 것처럼, 수(數)라는 영혼의 정화가 완성된 영역 즉 이상적인 이성의 세계가 지배하는 우리의 삶에 대한 그의 철학적 사상은 "실재론적 관념론"이라고 할 수 있다. 플라톤은 말한다. 고객으로부터 책상 하나를 만들어 달라고 주문을 받는 순간 목수의 머리 속에 떠 오른 책상의 모습이 진짜 책상인가, 아니면 실제로 만들어진 책상이 진짜 책상인가?

실재로 만들어진 관념은 이상적일 수도 있고, 잘 못되어 당장 소각될 수도 있다. 그러나 둘 다 책상이다. 결국 플라톤에게서도 실재(實在)와 관념(觀念)은 분리되지 않았다. 오늘날 실재는 현실이고 관념은 이상 즉 꿈이다. 이러한 실재론적 관념론은 중세시대에 실념론(實念論)으로 발전한다. 즉 신은 존재할 수도 있고 존재하지 않을 수도 있다. 이는 실재론(實在論)과 유명론(唯名論)의 논쟁을 넘어선다.

이소크라테스(Isokrates)는 기원전 436년 아티카 지역의 펜텔리콘 산 남쪽에 위치한 에르키아(Erchia demos)에서 수공업활동을 통해서 부(富)를 축적한 신흥 상공업자의 신분으로 태어났다. 그의 업적은 인류최초의 학교로 알려진 수사학 학교를 설립하여 가르친 것[12] 과 『소피스트에 대항하여』[13] 와 『안티도시스(antidosis)에 관하여』[14] 등의 저서를 남긴 점이다. 이소크라테스는 소피스트 고르기아스의 영향을 받아서 이성(Logos)보다는 언어(Logoi)를 중시했으며, 우리가 도달하기 어려운 보편적인 지식인 에피스테메(epistēmē)의 가능성을 인정하지 않고 대신 일상의 개인적 견해인 독사(doxa)를 중시했다.[15] 즉 그는 우리에게 필요한 것은 절대적 지식이 아니라 '상황에 따라 유용한 현실적인 지식'의 습득이라고 주장한다.[16] 이렇게 본다면 그는 분명히 소피스트의 모습을 띄고 있다. 그러나 그가 수사학에서 가르친 언어는 '영혼의 언어'로서, 처음부터 영혼과 진리의 영역을 도외시한 소피스트의 수사학적 언어와는 근본적으로 차별화된다.

이소크라테스는 말한다: "언어가 인격이다." 즉 그의 수사학은 도덕성을 내포하였다. 한마디로 언어를 잘 사용하는 사람이 바로 도덕적이며 인격적이다. 이소크라테스는 기존의 소피스트들의 수사학을 비도덕적이며 비인격적이라고 꼬집었다. 즉 소피스트의 언어에는 진리도 없으며 행동도 없다는 것이다. 이소크라테스는 말한다: "내가 만일 공공의 안전보다도 나의 명성에 더 신경을 쓰는 것으로 보인다면, 참으로 부끄러울 일이다. 여러 말 중에서 가장 듣기 좋은 말이 아니라 가장 유익한 말을 골라 하는 것이 나의 할 일이자 나라를 염려하는 모든 사람들의 할 일이다."(『평화에 대해서』) 그는 또 말한다: "가장 아름다

12) 그는 제대로 된 수사학의 연마를 통하여 제대로 된 웅변가, 변론가 그리고 정치가를 양성할 수 있다는 생각으로 이 학교에서 수사학교육에 전념했다. 당시 이 학교는 플라톤의 아카데미아와 쌍벽을 이루면서 크게 번성한 것으로 알려져 있다.

13) 이소크라테스는 기원전 390년경에 「소피스트들에 대항하여」라는 책을 써서 자신을 여느 소피스트의 무리와 차별화하려고 했다. 이는 반(反)소피스트의 정서가 퍼지고 있었던 당시 아테네에서 살아남기 위한 전략이기도 했으며, 플라톤의 소피스트 공격에 대한 이소크라테스의 자기방어로 해석될 수도 있다.

14) 그가 저술한 『안티도시스(Antidosis)에 대해서』는 토지 등 사유재산의 '교환관계'를 다룬 법률서적으로서, 이의 집필 의도는 펠로폰네소스 전쟁 통에 불합리하고 비합법적으로 탈취된 자신의 재산권을 되찾으려는 심리의도도 숨어 있었다. 그러나 이 책은 법적 다툼에서 승리할 수 있는 논쟁술을 목표하는 올바른 논쟁술사(Eristiker)를 길러내는 것에 관한 저술이다.

15) 독사(doxa)란 오류의 가능성이 다분한 불완전 지식이지만 실생활에서는 유용한 지식이며, 아울러 실제적인 경험에 근거하여 객관성을 확보한 지식을 말한다. 이소크라테스는 인간이 절대지를 인식할 수 없다고 보았기 때문에 무용한 것을 정확히 아는 것(에피스테메)보다 유용한 것에 관해 잘 판단하는 것이 옳다고 생각했다. 즉 이소크라테스는 인간은 어떤 절대적 지식을 소유하지 않고도 올바른 판단과 선택을 할 수 있다고 보았다. 실제 생활에서는 오류가 없는 정확한 이론적 지식(가치)의 획득은 전혀 불가능하기도 하지만, 그러한 지식은 필요하지도 않으며 결코 유용한 것도 아니다. 다만 생활에서 구체적 상황에서 무엇이 옳은 것인가를 판단할 수 있는 능력을 획득하는 것이 중요하다는 것이다. 이런 면에서 우리는 없는 지식(에피스테메, 이데아 인식)을 추구할 것이 아니라, 일상언어인 독사(doxa)를 잘 사용할 수 있는 실제적 능력을 얻어야 한다.

16) 그는 인간이란 본질적으로 플라톤이 말하는 에피스테메 또는 이데아의 절대적 진리를 획득하지 못한다. 따라서 '자신의 생각으로 최선(tou beltistou)에 도달할 수 있는 사람들'을 지혜로운 사람들이라고 보았다. 이것이 필로소피아(philosophia)이다. 플라톤에게 필로소피(지혜)는 애지(愛知) 즉 에피스테메를 사랑하는 것이었던 반면, 이소크라테스의 필로소피에서는 '지혜롭게 사는 방식'이 중요하다.

운 언어를 사용하는 사람이 가장 영혼적인 사람이며 진리를 알고 있는 사람이다." "가장 지혜로운 자가 가장 언어 능력이 뛰어난 자이다."(『antidosis에 대하여』) 즉 이소크라테스는 '진정한 언어교육'으로서의 수사학 교육을 추구했다. 이소크라테스에게 진정한 언어교육은 진정한 도덕성에 기초하는 인격교육으로서 '수사학적 도야'를 말한다. 이러한 교육철학을 세운 이소크라테스는 마지막 소피스트였지만 여느 소피스트들이 아테네로부터 추방된 것과는 달리 자신만의 수사학 학교를 세워 죽을 때까지 후학을 지도할 수 있었다.

한편, 이소크라테스는 진리의 문제에 접근하기 위해 플라톤과 소크라테스의 '이성(Logos)' 대신 '언어(Logoi)'의 영역을 도입함으로써 진리와 도덕의 문제는 '언어해석'의 문제임을 인식했다. 이로써 진리로서의 로고스(logos)는 '언어를 통한 이성'이 된다. 이러한 점에서 가다머(Hans-Georg Gadamer)는 영혼의 언어, 도덕적-인격적 언어에 기반을 둔 이소크라테스의 수사학적 탐구를 진리(Logos)를 규명해 내는 해석학(解釋學)의 전범으로 꼽았다. 즉 이성의 문제는 언어의 문제이며 이는 결국 진리의 문제이다. 따라서 이소크라테스에게 - 가다머에 의하면 - 진리에 접근하는 것은 언어를 해석하는 문제와 직결된다.

아리스토텔레스는 실증주의적 경험론, 현실주의 그리고 감각계와 이성계를 구분한 스승 플라톤을 비판하면서 '이원론적 일원론'을 주장하였다. 감각과 이성은 하나다. 감각이 없으면 이성은 불가능하다. 즉 온전한 이성은 감각을 통해서만 완성된다. 그러나 그가 내세운 교육의 최종 목적은 삶의 목적인 행복(幸福)이었다. 특히 교육에서는 이성적 능력의 발휘를 중요시하면서 이성의 작용을 통해 가능해지는 '중용'(中庸)[17] 의 덕을 강조했다. 즉 행복은 중용의 덕을 실천할 때 비로소 가능하다. 다시 말하면, 그에게는 절제할 수 있는 용기를 가진 자가 바로 지혜로운 자였던 것이다. 이러한 중용의 덕은 이성(理性)의 작용이다.

한편, 교육의 방법은 논리학(삼단논법) 중심의 변증법(인문학)과 과학적 경험관찰방법(자연과학)을 함께 사용했다. 그는 초등교육에서는 신체적-도덕적 습관을, 중등교육에서는 체육, 음악, 미술(도안)을 통한 정서훈련을, 고등교육에서는 철학, 논리학, 수학, 과학 등을

17) 여기서 중용은 물리적인 중간지점을 의미하는 것이 아니고 '상황적 판단'에 따라 중용의 지점은 유연성을 가진다. 이를테면, 구체적으로 용기(勇氣)는 비겁(卑怯)과 만용(蠻勇)의 중간이고, 포부(抱負)는 나태(懶怠)와 탐욕(貪慾)의 중간이다. 겸손은 비열과 자만의 중간이고 정직은 비밀과 다변의 중간이다. 쾌활은 침울과 익살의 중간이고, 우정은 호전성과 아첨의 중간이다. 극기는 우유부단과 돈키호테식 저돌성의 중간이다. 결국 중용은 동양 사상에서 '과유불급'(過猶不及)의 의미와도 통한다. 이러한 아리스토텔레스의 중용의 개념은 이미 파르테논 신전의 신탁(oracle)에도 쓰여 있었다: "더도 말고 덜도 말고." 따라서 아리스토텔레스의 중용은 이성(reason, ration) 또는 이성적(rational)으로 성취하는 추상적 개념이 아니라, '적절한 또는 적합한(reasonable, coherent)' 상황판단 하에서 이루어질 수 있는 개념이다.

통한 이성의 훈련을 강조하였다. 그에 의하면, 세상의 모든 실체(Ousia, 또는 본질)는 질료(hyle))와 형상(eidos) 그리고 '가능태(dynamis, 잠재태)'와 '현실태(energeia, 활동태)'로 구성된다. 질료(물질, 또는 질료인)는 '작용인'과 '목적인'의 개입 – 다시 말하면 모든 생명을 살아있게 하는 제1원인인 영혼의 개입으로 – 으로 결국 '형상인'의 모습으로 완성된다. 아리스토텔레스는 이러한 변형(hyle-morphology)의 과정과 현상을 엔텔레케이아(entelecheia)[18] 의 원리로 풀었다. 간단히 말하면, 땅에 떨어져 뒹굴고 있는 도토리는 반드시 참나무가 된다. 그 이유는 참나무의 '형상'이 이미 도토리(질료)에 들어 있기 때문이다. 즉 도토리에게 아무리 좋은 비료를 준다고 해도 소나무가 될 수는 없다. 도토리는 참나무가 될 수밖에 없는 형상(eidos)을 가지고 태어난다. 그럼에도 불구하고 형상의 모습으로 성장하기 위해서는 많은 자극들과 시련(작용인)을 극복해야 한다. 가능성은 있지만 현실은 다양하게 나타날 수 있다. 다시 말하면 도토리는 쭉정이가 될 수 있으며 참나무는 찌그러진 참나무, 왜소한 참나무가 될 수 있다. 물론 반대로 바람직한 참나무와 바람직한 도토리로 성장할 수도 있다. 따라서 가능태가 현실태로 이어질 수 있도록, 그리고 작용인이 목적인으로 지향할 수 있도록 도와주어야 한다. 이는 인간에게는 바로 교육과정이 필요한 이유가 된다. 따라서 아리스토텔레스에게 모든 교육과정은 아동의 발달단계와 일치하면서 이루어져야 하며 '개인차'를 고려한 개별교육을 중요시하였다. 또한 그는 당시 소피스트의 출현 이후 부각된 주지주의 교육 대신 관찰과 감각에 의한 경험학습의 중요성을 강조하였다.

(3) 코스모폴리탄의 시대

B.C. 4C 이후 아테네와 스파르타는 서로 간의 전쟁으로 인하여 서로 세력을 잃으면서 그리스 반도 전체가 어수선해짐에 따라 세계 각국의 민족들이 패권경쟁에 뛰어들었다 이로써 그리스 반도로 모여들던 소위 국제화의 시기르서, 에피쿠로스학파(Epicurus)와 스토아학파(stoa school)가 왕성하게 활동하기 시작했다. 전자는 아타락시아(atarraxia) 즉 마음의 평온을 강조했고 후자는 아파테이아(apatheia)로서 므념의 상태를 강조했다. 교육은 주로 강연과 연설 중심으로 이루어졌고 학생들은 읽고 외우는 주지주의 경향이 강조되었다. 초등교육에서는 음악과 체육의 중요성이 사라지고 문자교육이 중심이 되었으며, 중

18) 이는 잠재적인 것을 실현하거나 현실화하는 것을 말하는 철학 용어이다.

등교육에서는 문법가(grammaticus)가 교사로서의 역할을 해 냈고, 음악과 체육은 교과과정에서 자취를 감추었다. 고등교육은 주로 이소크라테스의 수사학교, 플라톤의 아카데미아(akademia), 아리스토텔레스의 리세움(lyceum)에서 이루어졌으며, 아리스토텔레스를 이어 천동설을 주장한 천문학자 프톨레마이오스 II(ptolemaeos II, B.C. 308-B.C. 246)가 세운 무세이온(museion)에서는 기하학의 창시자인 유클리드(Euclid, B.C. 325-B.C. 270), 부력의 원리를 발견한 아르키메데스(Archimedes, B.C. 287-B.C. 212) 그리고 우리 몸의 혈액순환원리를 처음으로 알아낸 갈레노스(Galenos, B.C. 129-B.C. 199)가 공부하였으며 훗날 이들 역시 여기서 후학을 가르쳤다.

2) 로마 시대의 교육

고대 서구에서 진정한 국제화, 세계화의 시대를 연구를 연 국가는 바로 로마였다. 아테네와 스파르타 간의 전쟁을 계기로 멸망의 길로 접어든 그리스 문화를 계승한 셈이 되어버린 로마제국은 왕정(B.C. 8C-B.C. 6C), 공화정(B.C. 6C-B.C. 1C) 그리고 제정(B.C. 1C-A.D. 5C) 시대로 구분된다. 로마 왕정은 전통적인 왕 중심의 통치체제를 가지고 있었다. 그러나 로마가 유럽문화의 발상지인 그리스를 계승한 시점은 공화정 시기였다. 로마 공화정(共和政)은 BC 510년경 고대 로마시대의 전통적인 왕정을 폐지하면서 시작되었다. 즉 명문가 출신이 아닌 평민세력이 정치활동에 참여하면서부터 로마는 공화국이 될 수 있었다. 공화정 초기에는 여전히 권세가문의 귀족이 통치하였지만 '만민의 통치에 관한 법'들이 속속 제정되면서부터 이들의 통치력은 약해지기 시작했다. 그러나 귀족층에 대한 평민들의 정치투쟁을 틈타서 또 다른 신흥귀족세력들이 출현하면서 로마 사회의 갈등국면은 다각적으로 전개되기 시작했다.

로마인들은 실리주의자들로서 이들의 모방성, 실제성, 현실성, 실용성은 일상의 생활양식에서도 그대로 반영되었다. 이를테면 로마의 군사조직, 정치조직은 국제화, 세계화를 향한 실리주의의 기반 위에서 수립되었다. 특히 로마에서는 실용적인 일상을 위한 토목공사, 건축, 응용과학 등이 지금까지도 유적으로 발견되고 있다. 로마시대의 가장 중요한 특징으로는 로마제정시대 로마시민들의 준법정신이라고 할 수 있다. "로마에 가면 로마의 법을 따라야 한다"는 격언이 지금도 회자할 정도로 로마의 법의식은 철저했다. 특히 성문법으로서 12동판법이 제정되면서 자연법, 만민법, 시민법의 개념이 확립되었다. 이러한 실용주의, 실리주의에 바탕을 둔 법치주의가 확립되면서 로마제국은 전 유럽으로 세력을 확장할 수 있었다. 또한 "모든 길은 로마로!"라는 구호에 걸맞을 정도로 로마제국은 유럽 전역을 정복하겠다는 세계화의 길로 들어섰다.

그리스의 교육사상이 플라톤의 사상을 기반으로 하는 '이성 중심'의 교육사상으로 결집되었다면, 로마의 교육사상은 이성과 경험을 모두 중시하는 '일원주의 교육사상'으로 회귀하였다. 즉 실재론적 교육을 위해서는 인간의 이성을 활용하는 것이 중요하지만, 실용적이고 현실적인 교육을 위해서는 기술자들의 경험영역을 활용하는 것도 중요하다. 이는 세계화를 추구했던 로마의 문화가 자신의 문화만을 고집하지 않고 지역적 특성을 담고 있는 다문화를 모두 수용하면서 '로마문화'로 동화시키려는 성향과도 일치한다.

특히 기독교가 공인되면서 적극적으로 도입된 헤브라이즘(hebraism)[19]의 문화가 그리스 전통의 헬레니즘 문화와 만나면서 플라톤의 이성은 유대교 하나님의 이성과 조화롭게 통일될 필요가 있었다. 플로티노스가 주장한 <유출설>은 플라톤의 인간 이성에 유대교의 신 이성을 합치시킨 논리였다. 신플라톤주의를 창시한 플로티노스에 의하면, 태양의 빛이 내부에서 끓다가 밖으로 차고 넘치면서 유출하여 우리에게 닿는 것처럼, 신의 이성도 차고 넘쳐서 마침내 우리의 마음속으로 분유(participation)되면서 인간의 이성이 된다. 신(神)의 이성이 인간의 이성으로 전환되는 것이다. 이러한 신플라톤주의로부터 교부철학(敎父哲學)이 탄생하였고 이러한 사상은 중세사상의 발판이 되기도 했다.

19) 헤브라이즘(Hebraism)은 유대인과 그들의 믿음, 국가 이념, 문화를 가리키지만, 기독교 전통을 모두 지칭한다. 헬레니즘과 함께 유럽의 정신적-문화적 전통을 형성한 양대 조류로서, 헬레니즘이 이성적, 과학적, 미적인데 반하여 헤브라이즘은 의지적, 윤리적, 종교적이라고 할 수 있다.

(1) 왕정 시대

로마의 왕정 시대(B.C. 8C-B.C. 6C)에는 비형식적 생활중심교육이 강조되었으며 가정교육이 중심이었다. 이러한 가정교육의 전통은 공화정 시대에도 계속 이어졌다. 특히 선량한 시민육성은 가정교육의 몫이었다. 구체적으로 로마의 가정에서는 자녀들에게 경건, 복종, 신중, 절제, 용기를 가르쳤다.

(2) 공화정 시대

공화정 시대(B.C. 6C~B.C. 1C)에는 학교가 더러 있었지만 여전히 가정교육이 중심이었다. 이 시대에는 특히 로마라는 국가에 대한 충성심 즉 애국심을 강조하였다. 또한 가정에서 아버지가 자녀에 대한 절대권(12동판법에 의거함)을 가지고 있었기 때문에 아버지는 가부장으로서 자녀들의 롤 모델(role model)로 작용했다. 그러나 로마시대의 가정교육에서 어머니의 역할은 지대한 몫을 차지했다. '로마의 주부'라는 말이 있을 정도로 어머니의 역할은 경건, 복종, 절제의 대명사로도 통했다. 또한 로마시대에는 스파르타처럼 병영집체 군대교육을 우선시했는데, '용감한 병사'를 만드는 것이 군대교육의 목표였다. 지금도 유럽 전역에는 투구를 쓰고 칼을 차고 말을 타고 있는 소위 '로마병정'의 흔적들이 여기저기 동상으로 남아 있으며, 로마에서는 이를 기념하는 축제들로 거리거리에서 수없이 열리고 있을 정도이다.

학교교육은 초등, 중등, 고등교육을 담당하는 학교들이 있었는데, 루두스(Ludus)라는 초등학교에서는 독(讀, 읽기), 서(書, 쓰기), 산(算, 셈하기)의 교육과 12동판법의 암송을 가르쳤다. 중등교육을 담당했던 문법학교로서 수사학을 가르쳤다. 가정교육과 학교교육을 받은 후 성인남자들은 공민(公民)으로 사회적 공공생활에 참여하였으며 사회교육을 받을 수도 있었다. 그러나 공교롭게도 로마제국은 그리스정복(BC 146)을 기점으로 도덕적으로 타락하기 시작한다. 로마 사회는 호화롭고 사치스러운 목욕탕 문화가 로마 멸망의 상징이 되었다는 사실이 말해 주는 것처럼 윤리적으로 파탄의 길로 접어들게 되고, 이혼(離婚)이 급증하면서 가족해체를 통한 사회혼란이 가중되기 시작했다.

(3) 제정 시대

로마의 제정 시대(B.C. 1C~A.D. 5C)에는 비행, 탈선, 자유결혼 및 이혼 등이 확산되면서 가정교육도 무의미해지고 사회공동체교육도 무기력해졌다. 따라서 반대급부로 로마의 제정시대는 학교교육에 대한 요구가 증대한 시기라고 할 수 있다. 학교에서의 교육은 그리스문화를 모방하는 방향으로 이루어졌다. 사람들 사이에는 그리스인들처럼 행세하는 것이 선호되었으며 많은 일상이 그리스풍으로 회귀되고 있었다. 이는 그리스 사람들로부터 야만인(barbarian)이라는 말을 듣고 자란 로마인들에게 한편으로는 그리스 지배를 통하여 승리의 쾌감을 느끼면서도 다른 한편으로는 전통적인 그리스풍에 대한 선망의 감정이 복합적으로 작용하였기 때문이라고 할 수 있다. 따라서 로마 제정 시대의 교육은 그리스의 교육을 본 따 이루어지는 경우가 많았는데, 교육의 목표인 '좋은 사람'(善人)은 탁월한 웅변가, 달변가와 동일시되었다.

초등학교(루두스)에서의 교과내용은 공화정시대와 마찬가지로 3Rs 즉 독(讀), 서(書), 산(算)의 연습과 로마의 만민법으로 제정된 12동판법에 대한 준법교육 그리고 체육수업으로 이루어졌다. 특히 12동판법의 내용은 자식에 대한 아버지의 권리, 아내에 대한 남편의 권리, 노예에 대한 주인의 권리, 자유민 상호간의 계약 혹은 상실에 관한 권리, 소유권에 관한 각자의 권리 등 인간의 권리에 대한 법적 규범인데, 이를 교육하는 것은 로마인으로서의 삶을 가르치는 것이었다. 중등학교에서는 칠판교수와 암송교육이 강조되었으며 고등교육의 예비과정으로서 자유7과(문법, 수사학, 변증법, 대수, 기하, 음악, 천문학)가 교육되었다. 고등학교는 수사학학교, 철학학교라고 불렸는데, 사회에서는 순수한 수사학보다는 응용수사학인 법률의 위상이 높아졌다. 따라서 수사학학교에서는 이론과 실제의 합일을 통하여 법률가를 양성하기 위한 설득연설이나 즉흥연설과 같은 변론 논쟁이 교육되었으며, 철학학교에서는 순수 물리학 대신 논리학, 변증법, 수학, 윤리학을 가르쳤다. 또한 가정교육과 사회교육이 쇠퇴해 감에 따라서 학교에서의 주지교육(지식중심교육)으로 편중되어 갔다.

(4) 교육사상가: 키케로와 퀸틸리아누스

대표적인 로마 시대의 교육사상은 기케로(Marcus Tullius Cicero, 106-43 B.C)이다. 그가 쓴 『웅변론(deorator)』은 그리스의 교육사상을 로마인이 발표한 최초의 로마 교과서로 평가된다. 특히 웅변술은 그리스교육의 전통을 그대로 담고 있는 교육덕목으로서 로마에서도 언어교육의 전범이다. 그리스시대부터 언어교육은 교육의 핵심이었는데 로마시대에 보다 확고해지면서 오늘날 언어교육의 모체가 되었다. 언어해석학자인 슐라이어마허(Friedrich E. D. Schleiermacher)에 의하면, 언어는 사유의 통로다. 언어교육은 수사학이나 웅변술을 넘어서 인간의 사유, 사상, 철학 그리고 더 나아가서는 진리와 삶의 영역을 관통한다.

키케로가 로마 공화정의 전통을 이은 대표적인 교육사상가라면, 이를 계승한 퀸틸리아누스(Marcus Fabius Quintilianus, (英) Quintilian, A.D. 35-A.D. 95)는 제정시대의 교육을 대표한다고 할 수 있다. 퀸틸리아누스에게도 '훌륭한 웅변가'는 교육의 이상이자 목표였다. 그는 자신의 저서 『웅변교수론』에서 완전한 웅변가의 조건을 품성이 탁월한 선인, 시민, 심판자로 규정했다. 여기서 퀸틸리아누스가 제시하는 교육방법은 체벌금지, 포상권장, 독서, 놀이교육이었다. 특히 그는 교육에서 체벌(體罰)은 학교에서 '무조건 금지'되어야 한다는 점을 강조했다. 왜냐하면 체벌은 그것이 적합하든 안하든 문제는 교육의 현장에서 '공포분위기'를 조장하기 때문이라는 것이 그의 설명이었다. 또한 그는 교사의 임무로 아동의 성질(개인차)을 잘 연구할 것과 적당히 경쟁의식을 촉진시킬 것을 제안했다. 특히 학습에서 '흥미유발'은 가장 중요하다고 하면서 교육에서 유희활동의 중요성이 바로 여기에 있다고 강조했다. 이러한 퀸틸리아누스의 교육사상은 중세시대의 에라스무스(Desiderius Erasmus Roterodamus, 1466-1536)에게 영향을 주었다.

3) 중세 시대의 교육

(1) 중세 전기

중세전기(5C~10C)에 교육은 문답학교(Cathechumental school), 고급문답학교(Cathechetical school), 본산학교(Cathedral school), 수도원학교에서 이루어졌다. 문답학교에서는 기독교교리(성경)에 대한 암송이 문답형식으로 진행되었고, 고급문답학교에서는 문답학교의 교사 양성교육, 본산학교에서는 성직자의 양성교육, 수도원학교의 내부 학교(scholar interior)에서는 승려(monk) 양성교육이, 외부 학교(scholar exterior)에서는 일반아동의 교육이 이루어졌다. 초등반의 교육내용은 독(讀), 서(書), 산(算)의 교육이었으며 고등반의 교육내용은 '7자유학과의 교육'[20] 이었다. 수도원 학교에서는 노동을 신성시하여 "기도하며 노동하라"는 모토 하에서 노동을 신성시하는 방식으로 삶과 교육을 일치시켰다. 이를테면, 몬테카지노 수도원에서는 철저한 금욕생활을 통하여 자기도야와 자기수양의 교육을 실시했는데, 모든 수도승들은 7시간 기도, 7시간 노동, 7시간 수면, 2시간 성서문학공부, 1시간 식사를 엄수해야 하며, 수행공부 기간 동안에는 가족, 정치, 경제로부터 일체 이별해야 한다. 이러한 수행공부는 일체의 속세적인 육체욕망을 부정하는 것으로서, 현세를 부정하는 것이 곧 내세를 준비하는 것이라고 하여 신비주의와 초월주의의 성격을 띠었다.

중세전기는 교부철학(敎父哲學)의 시대였다. 교부철학이란 소위 '교회의 아버지'들의 철학으로서 플라톤(또는 신플라톤주의자)의 사상에 기반을 둔 정통교리의 체계화와 금욕적 종교교육을 기반으로 하는 기독교적 인재양성을 목표했다. 대표적인 교부철학자는 아우구스티누스(Aurelius Augustinus, 354~430)[21] 였다. 아우구스티누스는 교부철학에 뿌리를 두고 있지만 때로는 교부철학을 비판하기도 하면서 중세 시대 기독교 중심의 자기만의 독자적인 교육사상을 정립하였다. 즉 아우구스티누스는 플라톤사상 중심의 헬레니즘과 유대교사상 중심의 헤브라이즘의 전통을 종합하면서 당시의 여느 교부철학자들과도 다른 자기

20) 수도원에서는 7자유학과가 교육되었는데, 이른바 아테네시대부터 전해 내려온 전통의 형식도야과목인 트리비움(Trivium: 문법, 수사학, 변증법)과 크바드리비움(Quadrivium: 대수, 기하, 천문학, 음악) 그대로였다. 이러한 수양과 도야를 통하여 교육된 수도승들은 수도원에서 주도하는 의료사업, 자선사업, 학예사업 등에 교육받은 자로서 공익사업을 담당하였다.

21) 기독교 교부철학의 대성자로서 고대 신플라톤주의의 철학과 기독교교리를 결합하여 중세사상에 가장 커다란 영향을 주었다. 저서에는 『고백록』과 『삼위일체론』 등이 있다. 아우구스티누스의 교육사상은 그의 "조명설"(照明設)에 근거한다. 이에 따르면, 진리의 인식은 내적 경험, 즉 이성적 인식 행위를 통해서만 이루어진다. 감각을 통한 인식은 동물의 그것과 다르지 않다. 인간의 인식은 신의 선물인 이성적 인식을 통하여만 이루어진다. 이러한 신의 선물인 이성적 인식을 아우구스티누스는 '지성적 빛'으로 표현하였다. 따라서 인간은 창조자인 신의 의향에 따라서 신의 선물인 지성적인 빛에 의거하여 자연의 질서와 진리를 인식하게 된다. 이 점에서 신은 우리를 가르치는 '내심(内心)의 교사'이며 인간은 지성을 파악하는 잠재적 인식능력을 부여 받은 존재이다. 인간의 '행복' 역시 불변성과 영원성에 대한 이러한 진리인식을 통해서만 가능하다.

만의 특유한 신학, 철학, 교육사상을 통하여 중세 스콜라철학에 다리를 놓으면서 중세시대의 사상세계를 시작할 수 있도록 했다. 그는"알기 위해서는 우선 믿어라"는 말로 유명한데, 수사학 교사로서 그는 항상 지식과 신앙의 관계에 대해 고민하였다. 그는 기독교를 한마디로 '사랑의 종교'로 집약시켰으며, 회개(悔改)를 최고의 종교적 덕목으로 수립했다. 아우구스티누스 이후 전반적으로 중세는 '스콜라철학의 시대'였다고 할 수 있다. 스콜라철학은 기독교교리의 확립에 관심을 두었으며 아리스토텔레스의 사상에 기반을 두고 있다. 교과는 잘 조직된 교과를 사용했으며, 논리 분석적 교육방법을 사용했다. 또한 스콜라철학은 신앙과 이성의 조화를 강조하였으며 세속교육, 기사도교육, 시민교육, 대학교육의 탄생에 디딤돌을 제공했다.

(2) 중세 후기

중세 후기(11C~15C)에는 세속교육이 이루어진 시기로 사라센 문화의 출현으로 인한 제3의 계급인 시민계급(bourgeoisie)이 탄생하기 시작했다. 지식교육은 학교에서, 비형식의 생활교육은 사회에서 이루어졌다. 또한 귀족계급이 거의 독점하고 있던 교육은 시민계급으로까지 확대되면서 실생활 중심의 교육이 이루어졌다. 중세 후기의 대표적인 교육사상가로는 토마스 아퀴나스(Thomas Aquinas, 1224-1274)[22] 를 들 수 있다. 또한 중세 후기의 중요한 교육적 성과는, 첫째, 대학 교육의 등장, 둘째, 기사도 교육, 셋째, 도제 교육을 꼽을 수 있다.

① 대학 교육

대학은 중세에 탄생했다. 중세 대학은 시민계급의 학문적 요구, 선진문화의 유입과 접촉 그리고 스콜라철학의 영향으로 태어났다. 초기의 대학으로는 살레르노 대학(의학), 볼로냐 대학(법학), 파리 대학(신학)을 꼽을 수 있다. 당시 길드(Gild) 동업조합에 의해 도시가 성립되었는데, 대학 역시 길드에 의해 순수학문단체로 발전된다. 대학은 지식의 전당으로서 특히 '자치'(autonomy)를 내세우면서 사회와 격리된 상아탑(ivory tower)의 특권조직으로 발전했다. 당시 중세 대학의 특권을 열거하면 다음과 같다.

22) 토마스 아퀴나스는 중세 기독교의 대표적 신학자이자 스콜라 철학자로서 자연신학의 선구자이며 로마가톨릭에서 오랫동안 주요 철학적 전통으로 자리잡고 있는 토마스학파의 아버지이기도 하다.<출처: 위키피디아> 토마스 아퀴나스에 의해 절정을 이룬 '스콜라 철학'이라는 사상체계는 사물을 이해하는 데 필요한 도구로서의 이성을 부활시켰으나 동시에 이성을 영적(靈的) 계시와 그리스도교의 계시된 진리에 종속되는 것으로 보았다.<출처: 브리태니커>

첫째, 교수와 학생은 병역, 세금, 부역을 면제받았다.

둘째, 대학에 독립된 법정을 두어 교회나 국가로부터 치외법권의 특권을 부여받았다.

셋째, 대학의 졸업자에게 학위가 수여되고 교수의 자격이 부여되었다.

넷째, 학장과 총장의 선출권이 있었다.

다섯째, 교수와 학생은 자유스럽게 여행할 수 있는 신분의 자유가 보장되었다.

이러한 중세 대학은 언론의 자유, 고전문화의 계승, 문예부흥운동의 선구자로서 구심체의 역할을 했다. 이를테면 문예부흥운동과 종교개혁은 모두 중세대학에서 발생하였다. 대학의 졸업시험은 매우 엄격한 편으로 대부분의 학생이 낙제할 정도였다. 또한 대학의 교수방법은 강연(lektio)와 토론(disputatio, 토의와 상호평가)의 방식으로 구분되었는데, 전자는 매우 유능하고 유능한 사람이 일방적으로 교수하는 방식인데, 대부분 후자가 선호되었다. 이러한 중세대학들은 훗날 자체적으로 개혁의 움직임에 봉착하게 되는데, 유럽에서 최초의 대학개혁운동은 독일의 할레 대학(Halle Univ., 1694)에서 일어난다.

② 기사도 교육

중세 기사도 교육은 기독교적 무인(武人)을 양성하는 것을 목표했다. 게르만의 유럽 침공은 젊은 사람들을 무장시킬 필요가 있었으며, 특히 귀족계층의 부녀자들을 보호하기 위해서 이들을 종교적 윤리적 차원에서 순치시킬 필요가 있었다. 교육방법은 행동을 통한 직접 체험교육 위주로 이루어졌으며, 교육의 단계는 4단계로 이루어졌다. 제1단계는 가정교육으로서 6세까지 이루어졌으며, 제2단계는 시동(page)의 교육으로 7세에서 13세 사이에 이루어지는 귀족계층과의 주종관계에 대한 이해 교육, 제3단계는 시생(squire) 교육으로 14세에서 20세 사이에 이루어지는 준(準)기사 교육, 제4단계는 기사입문식의 교육으로 만약 20세에서 25세 사이에 이루어졌다. 그런데 만약 기사교육을 마치지 못하면 다시 농민이나 농노의 신분으로 전락한다. 사회적으로 기사에게 요청되는 덕목은 예의, 공손, 자비였으며, 기사도교육의 최종 목표는 '교양있는 기사'를 양성하는 것이었는데, 이를 위한 12계율은 다음과 같았다. 첫째, 기도하기, 둘째, 죄악피하기, 셋째, 교회 지키기, 넷째, 과부 및 고아 보호하기, 다섯째, 여행하기, 여섯째, 귀부인이나 숙녀를 위해, 일곱째, 싸우기, 여덟째, 정의 사수, 아홉째, 신을 사랑하기, 열째, 진실하고 성실한 사랑의 말하기, 열한번째, 경청하기, 열두번째, 충성스러운 전쟁수행 등이 그것들이었다.

한편, 기사들이 터득해애 할 무술 7예(藝)는 말타기, 수영, 활쏘기와 검술, 수렵, 서양장기, 시 쓰고 읊기, 음악과 무용이었으며, 프랑스어 학습은 필수과목이었다. 이러한 기사도교육은 당시 서양신사도의 원천이었으며 체육교육 및 예절교육의 전범이 되었다.

③ 도제 교육

도제 교육은 장인(meister)의 지도 하에 마침내 학동(學童, lehrling)을 거처 도제(徒弟, geselle)도 장인이 되는 것을 목표하였다. 도제교육은 직업교육과 실생활교육으로 구성된다. 이 교육은 길드조합이 관장했는데, 여기서는 타인작품의 모방, 사례탐구, 실험, 경험, 실천 중심의 교육활동이 중요했다. 교육과정은 우선 도제기(apprenticeship)를 거쳐서 직공기(journeyman) 그리고 장인(meister, Master)의 단계로 올라간다.

4) 르네상스 시대의 교육

르네상스(Renaissance) 시대의 교육이념은 한마디로 휴머니즘(humanism) 즉 인문주의였다. 휴머니즘은 후마니타스(humanitas) 즉 인간성, 인류성, 인간미를 뜻한다. 휴머니즘(humanism)은 새로운 정신운동으로서 1453년 콘스탄티노플의 함락으로부터 비롯되었다. 바사리(Giordio Vasari, 1511-1547)는 자신의 저작물에서 레나시타(renascita)라는 개념을 사용하면서 르네상스(renaissance) 즉 문예부흥(文藝復興)을 예고했다. 레나시타란 '재생'을 의미하는 것으로 이는 고전으로 돌아가는 것과 죽은 자(死者)의 재생을 의미한다. 지금까지 죽었던 고전으로의 회귀가 바로 문화의 재생이며, 이로써 휴머니즘은 회복될 수 있다. 다시 말하면, 중세시대에 신의 권위에 의해 상실되었던 자아를 각성하고 다시 자기를 발견하는 것이야말로 휴머니즘의 본질이다. 이러한 르네상스운동은 치마부에, 지오토, 미켈란젤로 등의 작품 같은 고대미술의 부활을 가져왔고, 지리상의 발견, 천문학 등 자연과학적 발견과 발명을 가능하게 했다. 그러나 르네상스는 당시 최고의 권력이었던 교회세력의 쇠퇴와 봉건사회의 붕괴를 의미하였으며, 시민계급, 시민사회의 확장을 이루면서 급기야 루터의 종교개혁을 가능하게 했다.

르네상스는 인간 개성의 자유로운 발현을 통한 인간중심주의, 현세긍정주의, 인간존엄주의를 가능하게 한다. 이는 그리스 고전의 발견인 '이성의 재발견'을 통하여 이루어지는 인간과 세계의 (재)발견으로 궁극적으로는 '인간성의 발견'을 추구한다. 이를 위해 교육 역시 자연의 미적 예찬(審美)과 자유교육의 부활 그리고 육체와 정신이 조화로운 교양인을 목표하였다. 결국 르네상스시대(문예부흥기)의 교육은 인문주의, 개인주의, 현세주의, 이성중심주의, 자유주의를 기반으로 이루어진다. 르네상스 시대의 인문주의 교육의 특징은 전인교육 강조, 라틴어 습득 강조, 중등교육의 발달, 자유교양교육의 중시, 자연주의적 경향으로 과학교육의 발달 등을 꼽을 수 있으며, 개인적 인문주의, 사회적 인문주의, 키케로주의로 구성된다.

(1) 개인적 인문주의

개인적 인문주의 교육은 이탈리아를 중심으로 전개된다. 여기서는 개인주의를 강조하고 자연주의 부활을 추구하지만, 중세시대에 보다 강화되었던 도덕과 종교를 상대적으로 경시하는 경향이 나타난다. 개인주의적 인문주의 교육의 목적은 사고의 자유, 자기표현의 자유, 창작활동의 자유였으며, 지성과 육체 그리고 덕성의 조화로운 발달을 추구하였다. 즉 개인적 인문주의 교육의 목적은 자유교육의 이상에 자아실현과 개성표현을 결합시키는 것으로 지덕체의 조화로운 발달을 추구했으며, 신적 세계가 아닌 인간적이고 세속적인 삶에 관심을 두었다. 또한 개인주의적 인문주의 교육에서는 '체육'을 특히 강조했다. 이는 '교양있는 신사'(gentleman)는 건강해야 한다는 논리였다. 건강한 육체에 건전한 정신이 깃든다. 그러나 여기서는 무엇보다도 개성의 존중이 최고의 교육덕목이었다.

교육의 내용은 과학과 인문학에 치중하면서 상대적으로 신학을 거부하는 경향이 있었다. 교과내용은 흥미 위주의 교과로 구성되었으며, 실용적 차원에서 화가, 조각가, 건축가, 음악가, 시인, 수학자, 물리학자, 해부학자를 양성해 내는 교과과정으로 개편되었다. 그러나 교육의 내용은 직업적인 기능교육이 아니라 보편적이고 자유로운 교양교육이었는데, 레오나르도 다 빈치, 미켈란젤로, 라파엘로, 갈릴레오 등이 이 시대에 교육받은 대표적 인물들이다. 교육방법은 강의중심의 방법에서 벗어나서 교과서를 잘 활용하는 다양한 방법이 사용되었다. 그럼에도 불구하고 교과서와 문헌중심의 교육은 여전했다. 대학에서는 중세 시대의 토론 중심의 방법에서 벗어나서 라틴어나 그리스어로 학술 논문을 작성하는 것으로 바뀌었다. 교육방식은 억압과 체벌 대신 개성과 흥미를 중시하는 방향으로 전환되었으며, 개인의 다양한 개성과 다재다능한 능력배양을 추구했다.

(2) 사회적 인문주의

이탈리아에서 시작된 르네상스 운동은 시간의 흐름에 따라 북유럽으로 퍼지기 시작했다. 그러나 개인 중심주의로 시작된 이탈리아의 르네상스는 사회적 인문주의로 확대되었다. 즉 사회적 인문주의는 독일, 네덜란드, 스위스 등 북유럽중심으로 발생하였다. 르네상스 운동의 여파가 비교적 늦게 전파된 북유럽에서는 르네상스의 발상지인 남쪽지역에 비해 덜 개인주의적인 성향이 지배적이었다. 따라서 인문주의 운동의 성격도 개인적이라기 보다는 사회적이었다. 즉 개인의 개성이나 행복 대신에 사회개혁과 인간관계의 개선이 중시되었고, 귀족주의 대신 민주사상이 중심테마였다. 또한 개성의 발달과 개인의 자유를 확대시키기 보다면, 사회의 복지향상을 도모하고자 했다. 이러한 사회적 인문주의는 훗날 종교개혁의 중심무대가 된다. 특히 에라스무스(Desiderus Erasmus, 1466-1536, 네덜란드)는 사회적, 종교적 경건을 중요시했으며, 아그리콜라(Georgius Agricola, 1494-1555, 독일)는 도덕적 교육을 중시했다. 이러한 특성들이 유럽의 종교개혁에 동기를 부여하였다. 교육의 내용은 고전, 성서, 어학교육(그리스, 라틴어, 히브리어) 중심으로 이루어졌는데, 고전문학과 성서문학의 결합으로 만든 교과서가 유행이었다.

특히 에라스무스는 당시 인문주의 교육철학을 정초한 대표적인 학자였다. 그의 저작인 『우신예찬(遇神禮讚, 1509)』은 종교개혁에 직접적인 도화선이 되었다. 그는 세계시민으로서 수도원을 떠나 옥스퍼드, 캠브리지, 파리, 이탈리아, 스위스, 독일 등지를 돌아다니며 떠돌이 강사 생활을 했던 것으로 유명하다. 그는 교부신학(教父神學)에도 능통하였다. 따라서 그는 기독교적 인문주의자로 간주되기도 하지만, 유럽의 자유주의 전통을 확립한 대표적인 철학자이기도 했다.

에라스무스에게 교육은 경건과 인문작품을 통한 사랑의 학습이며, 삶의 의무를 수행하면서 공손한 태도를 배양하기 위한 목표를 가진다. 그가 내세운 교육내용은, 고전, 성서문학 그리고 라틴어였다. 교육방법으로는 아동의 자유교육을 위해 체벌금지를 주장했으며, 교사는 아동의 성격을 면밀히 조사하고 연구하여 개별학습지도에 임할 것을 권했다. 또한 아동의 정신발달과 흥미수준에 따라 가르치는 것을 강조했다. 교사에게는 교재분량을 선정하는 것에 가장 신중해야 한다고 주문했다. 또한 그는 교육이란 자연의 순리에 따라 이루어져야 한다고 주장했으며, 교육에서 운동, 유희, 체조의 중요성을 강조했다. 그는 아동의 개성과 특기를 살리는 교육을 중요시했으며 조기교육을 주장했다. 또한 그는 도덕교육, 여성교육을 기독교도의 결혼관에 비추어 이루어져야 한다는 것을 강조했다.

(3) 키케로 주의

한편, 르네상스시대에 다른 한편에서는 교육의 고전으로 돌아가자는 생각으로부터 기세로 주의가 부활하고 있었다. 키케로(Marcus Tullius Cicero, B.C. 106~43)는 로마의 정치가, 법률가, 학자, 작가였다. 그는 수사법 및 웅변에 관한 책, 철학과 정치에 관한 논문 등을 저술하였으며 당시의 편지 등이 남아 있다. 그는 가장 위대했던 로마의 웅변가이자 수사학의 혁신자로 평가되는데, 이러한 키케로의 사상과 교육실천을 본받으려는 움직임이 르네상스 시대에 일어났다. 키케로주의자들은 우선 고전연구 자체를 목적에 두었지만, 고전을 모방하고 암기하고 주입시키는 교육을 벗어나지 못했다. 이들이 세운 학교교육의 목표는 아름다운 문체를 만들고 정확한 표현 형식을 찾아내는 데 있었다.

5) 종교개혁기의 교육

(1) 개신교의 교육

1517년 교황청에서는 교황 루이 10세에 의한 면죄부 발행 사건이 일어난다. 이에 대하여 독일의 루터(Martin Luther, 1483-1546) 목사는 95개 조의 항의문을 교황청에 발송하면서 기독교는 '말씀과 신앙'에 따라 재편되어야 한다는 것을 만천하에 호소한다. 이렇게 시작된 종교개혁은 프로테스탄티즘에 입각한 개신교(改新敎)를 탄생시켰다. 이로써 교황의 권위는 급격하게 추락되었고, 교회에서의 헌물금지도 현실화되었다. 루터의 종교개혁운동은 쯔빙글리(Ulrich Zwingli, 1484-1531, 스위스)와 장로교를 창시한 칼뱅(Jean Calvin, 1509-1564, 프랑스)에 계승되면서 1655년 아우구스부르크 종교화의를 통하여 종교의 자유를 쟁취하게 된다. 그러나 이러한 종교자유를 추구했던 종교개혁의 과정은 오히려 끊이지 않는 종교분쟁으로 이어져 30년 전쟁(1618-1648)을 야기하기도 했다. 이를 기점으로 종교개혁의 열화는 정치, 경제의 세속적 차원으로 번지면서 사회개혁운동으로 발전하게 된다.

종교개혁은 원칙적으로 르네상스의 정신을 계승한다. 그러나 르네상스와 종교개혁이 다른 점은 르네상스는 현세를 긍정하고 자유교양인 양성을 목표하며 보편인의 미적 생활을 추구함으로써 반금욕주의의 노선을 지향하는 반면, 종교개혁은 실용적인 직업적 노동관, 직업인, 전문인 육성을 주장하면서도 여전히 신의 영광과 금욕주의의 노선을 추구하였다. 즉 프로테스탄티즘의 윤리를 기반으로 하는 종교개혁운동은 순수한 기독교의 재발견을 추구하는 성서주의에 입각해 있었다. 여기서는 만인평등설을 근간으로 생산적 직업생활과 자본주의 정신을 수용한다. 특히 루터의 소명(Calling, Beruf)으로서의 직업관이나 칼벵의 금욕주의 윤리에 근거한 노동, 근면, 그리고 저축과 투자는 자본주의 정신에 대한 기독교적 종교관의 관용이었다. 아니면 어쩔 수 없이 대세가 되어 버린 자본주의의 탄생 내지 부르주아 계급의 탄생을 개신교는 감싸 앉고 갈 수밖에 없는 운영을 수용한 것이라고 할 수도 있다. 마지막으로 르네상스는 대중운동은 아니었지만, 종교개혁은 대중운동으로 확산되었다.

한편, 개신교 교육의 배경은 사회적 인문주의로서 현재 생활의 가치를 인정하면서도 내세의 영광된 생활을 위한 준비로 지향되었다. 구체적으로 개신교 교육이 내세운 교육의 의미는 가정, 직업, 교회, 국가에 대한 의무를 적절히 훈련하는 것이며, 종교적 도덕과 고대 그리스와 로마의 인문주의를 결합하는 데에 있었다. 즉 지성(intelligence), 사회적 덕(social virtue),

개인적 경건(individual piety)을 동시에 추구하는 교육적 이상은 기독교적 토대 위에서 개인의 구제와 사회의 도덕적 갱생을 추구하는 육체적, 정신적 도덕적 힘의 발달에 있었다.

(2) 제주이트 교육

종교개혁을 통한 개신교의 성립은 구교 즉 카톨릭(Catholic) 교회로부터 반(反)종교개혁을 낳게 한다. 스페인의 로욜라(Saint Ignatius of Loyola/ 세례명 Iñigo, 1491-1556)는 1534년 파리에 예수회(제주이트 교단, Jesuit)를 세워서 카톨릭 교회의 자체반성을 통하여 반종교개혁을 시작한다. 이러한 제주이트 교단의 활동은 1545년부터 1563까지 18년간에 걸쳐 이루어진 트리엔트 공의회의 구성을 자극했다. 당시 교황 파울루스 3세는 공의회를 통해서만 그리스도교의 통일과 효과적인 교회 개혁을 이룩할 수 있다고 굳게 믿고 있었다. 이로써 반종교개혁은 교황에 대한 절대 복종을 요구하였다. 이들은 개신교에서 중시하는 인간의 자유의지 또는 자유 믿음에 거부하고, 신의 구원(救援)만이 믿음과 행위의 대상이라고 주장했다. 또한 이들은 반(反)프로테스탄티즘을 통하여 교사는 순교자이며 설교자로서의 임무를 완수해야 함을 강조했다.

한편, 제주이트 교단은 전 세계로 파송되는 선교사의 교육에 박차를 가하였다. 즉 이들의 교육활동은 선교사 활동을 강화하는데 집중되었는데, 결국 칼리지 수준의 전도학교의 설립에 주력한 결과 18세기 중엽에는 전 유럽에 728개교가 설치되었을 정도였다. 또한 이들은 학교(대학)에서 엄격한 교육과 평가를 통하여 신학 박사 학위를 수여하여 교직자의 권위를 확보하는 동시에, 중등교육을 매우 중시함으로써 유럽 전역에서 중등교육기관을 지배할 수 있었다. 또한 제주이트 교단에서는 스스로 군대식 조직으로 개편하고 이를 적극 활용함으로써 교육중심사회의 건설을 목표하기도 했다. 교육방법으로는 강의와 반복을 중요시했다. 특히 예습보다는 복습(復習)을 공부의 어머니로서 강조하였다. 또한 복습의 효과를 높이기 위해서는 소크라테스식의 질문법을 통한 대화방식으로 이루어져야 한다는 점이 강조되었다. 아울러 훌륭한 태도교육을 위해 이들은 기사도의 운동, 좋은 게임 그리고 악기연주를 중시했다. 또한 이들은 개인차에 의한 개별능력을 중시하였기 때문에, 상벌제도, 개인 간의 경쟁, 학급 간의 경쟁 등을 강조하였다. 이로써 소위 엘리트경쟁교육의 기초가 마련된 셈이다.

(3) 종교개혁 시대의 교육사적 의의

종교개혁 시대의 교육사적 의의는 다음과 같이 정리될 수 있다. 첫째, 개인 존중, 이성 존중의 교육발달, 둘째, 대중 교육의 발달, 셋째, 실생활의 유용성 추구, 넷째, 직업교육의 발달, 다섯째, 아동에 대한 존중과 부모의 교육적 의무 규정, 여섯째, 국민교육체제 출현, 일곱째, 국가주도의 학교제도, 여덟째, 초등학교의 여교사 채용, 가정교육의 개선 및 자녀교육의 중요성 강조 등을 들 수 있다. 구체적으로 <고타 교육령>(Gotha, 1642)은 루터파가 기초하였다. 고타의 영주 에른스트 프로메(Ernst der Fromme, 1601-1675)가 선포한 고타교육령의 요지는, 첫째, 취학의무를 규정하였고, 둘째, 중앙집권적 교육 방침을 제시하였고, 셋째, 최초의 근대적 의미의 의무교육 시행방안을 마련하는 것이었다(이상오, 2005).

아울러 칼뱅파가 기초한 <청교도 교육령>에서는, 첫째, 아동에 대한 부모 및 고용주의 의무교육을 규정하였고, 둘째, 공교육의 제도화를 선언했고, 셋째, 지방자치단체의 학교설치를 의무화할 것을 규정했으며, 넷째, 교육의 지방분권화 원칙을 명시했고, 다섯째, 무상의무교육의 실시 등을 명문화했다.

종교개혁 시대의 대표적인 교육사상가로는 루터와 멜랑히톤 그리고 칼뱅을 들 수 있다. 루터는 그의 제자인 멜랑히톤(Philipp Schwartzerd Melanchthon, 1497-1560)과 함께 중세의 교육사상을 펼쳤으며 교육개혁을 주도하였다(이상오, 1996). 루터는 가정교육의 중요성을 강조하면서 특히 가정교육에서 부모의 역할을 호소했다. 초등교육의 공교육화 및 의무교육화를 위해서 학교는 교회가 아니라 국가가 관리해야 하며 취학의무를 실천하기 위해 강제력 즉 국가의 공권력이 부과되어야 한다고 주장했다. 루터는 자신이 번역해 놓은 새로운 주석의 성서읽기를 위한 도서관운동을 주도하였으며, 노동과 전문직업훈련을 강조하였다. 개신교에서는 음악교육이 중시되었는데, 교회에서도 성가대(聖歌臺)를 활성화시켰다. 왜냐하면 음악은 신을 위한 봉사(奉仕, dienst)로 간주되었기 때문이다. 또한 이들은 여성교육의 필요성과 여교사의 채용을 주장했으며, 교사자격증 취득 및 교사선발을 위해서 국가관할의 시험제도를 의무화했다. 이로써 교직(敎職)은 성직(聖職)이라는 논리가 강화되었다. 그는 초등교육을 모국어 학교에서, 중등교육은 라틴어 학교에서, 고등교육은 대학에서 맡아야 하며,[23] 모든 학교에서는 인문주의 교육내용과 성서 중심의 종교교육이 중시되어야 한다고 했다. 마지막으로 이들은 다음과 같은 새로운 교육방법의 원

23) 실제로 당시 대학에서는 아리스토텔레스의 논리학, 수사학, 시학이 계승되면서 종교논쟁은 학문적으로도 지속되었다.

리를 제시했다. 첫째, 교실은 항상 매력적인 분위기로 조성되어야 한다. 둘째, 교재는 학생 개개인의 능력에 맞도록 조절되어야 한다. 셋째, 교육은 단순한 교과서로만 가르치는 것이 아니라 직접적 인식과 정확한 언어지식을 통하여 사물 자체를 배우게 해야 한다. 넷째, 학습은 항상 흥미로워야 한다. 다섯째, 늘 인간 존중의 정신으로 교육해야 한다.

한편, 칼뱅은 신을 알고 사랑하고 봉사하도록 가르치는 것이 교육의 목적이라고 주장했다. 특히 루터나 칼뱅에게 인간의 직업(calling)은 신을 위한 봉사였으며, 이러한 봉사를 위한 직업이 교육될 필요가 있었다. 또한 학생들의 정신적, 지적, 신체적, 문화적, 직업적 가능성을 최대한 발전시켜서 궁극적인 목적을 실생활에 적용하도록 함을 목표한다. 칼뱅이 봉사했던 제네바 아카데미는 중등교육기관으로 기본교과(라틴어, 그리스어, 성서 등)와 선택교과를 가르쳤다는 기록이 있다. 그가 제시한 가정교육에서는 부모가 모범을 보여야 하며, 학교교육은 목사를 양성하는 동시에 국가에서 필요한 인재양성을 맡아야 한다. 특히 학교교육은 교리문답법(敎理問答法, catechism)으로 인문주의 교육이 이루어져야 하며, 교사의 인격적 '감화'(感化)를 가장 커다란 교사의 덕목으로 꼽았다. 아울러 교사는 교육상황에서 '기쁨'을 발견할 수 있어야 하며, 유능한 능력, 인내, 예리한 감각, 학생에 대한 이해와 인격적 관심을 가져야 한다. 또한 그는 교사의 권위는 국가와 사회에서 보장되어야 한다고 주장했다.

6) 실학주의 교육

지식을 실생활에 써먹을 수 있도록 하자는 실학주의(實學主義, realism)의 교육은 17세기 근대 과학운동, 새로운 근세철학의 등장 그리고 공허한 인문주의 교육에 대한 반발과 함께 시작되었다.[24] 근대정신은 현세적 인간주의, 과학주의로부터 유래한다. 특히 근대과학은 실험, 양적 법칙 발견 그리고 발명의 시대를 낳았으며, 자연과학의 부흥으로 천재의 세기가 완성되었다. 유럽에서 자연과학의 융성은 1662년 설립된 영국왕실협회(Royal Society)와

24) 르네상스 이후 인문주의 교육은 키케로식의 문장을 중심으로 하는 언어교육에 치중되었고, 이 언어교육은 아동의 발달단계에 따른 학습능력을 고려하지 않고 문장의 논리에 따라 교수단계를 설정하는 방식으로 이루어졌다. 실학주의는 인문주의의 형식화된 교육에 반대하면서, ① 실용성을 교육의 목표로 할 것, ② 구체적인 사물에 대한 지식을 다룰 것, ③ 자연과학을 정규 교육과정에 포함시킬 것, ④ 고전어 대신에 자국어를 가르칠 것, ⑤ 여행, 관찰, 실험, 시청각 교재의 활용 등 다양한 교수방법을 활용할 것, ⑥ 학습자의 감각능력에 맞도록 교육과정을 운영할 것 등을 주장했다. 이러한 교육사상은 17세기부터 일반화되기 시작했는데, 여기에는 근대 자연과학의 발달과 함께 새로운 과학연구의 원리를 교수활동에 응용하려는 의도가 있었다. '언어 이전에 사물', '모든 지식은 감각으로부터'라는 표어는 이러한 사상적 배경을 단적으로 드러내준다.<출처: 브리태니커, 다음백과사전>

1666년 설립된 프랑스과학원이 주도하였다. 특히 데카르트(René Descartes, 1596-1650)와 베이컨(Francis Bacon, 1561-1626)에 의해 시작된 근대자연과학은 뉴턴(Issac Newton, 1642/3-1726/7)에 의해 완성되면서 '과학의 세기'를 장식했다. 이러한 학문적 배경을 토대로 하는 실학주의 교육의 특징은, 첫째, 유용한 실학적 지식의 중시, 둘째, 백과사전식의 광범위한 지식교육, 셋째, 직접적-감각적 교육방법의 채택 등이다.

(1) 인문적 실학교육

인문적 실학교육의 목표는, 첫째 학생들이 지식을 실제 생활에 잘 활용할 수 있도록 하며, 둘째, 고전문학 및 고전어 연구를 강조함으로써 문장구조 및 문법구조 대신 고전에 포함된 과학적, 역사적 사회적 정보를 얻도록 하며, 셋째, 고전문학을 실생활을 준비하는 유용한 수단이 될 수 있도록 하는 것이었다. 즉 고전을 학습하여 이를 실제 생활에 적용하는 것을 목표했다. 비베스(Juan Luis Vives, 1492-1540, 스페인)는 복리를 위한 실학을 주장했으며, 라블레(Francois Rabelais, 1494-1553, 프랑스)는 기예와 산업을 중시하면서도 익살스럽고 풍자적인 교육소설인 『팡타그뤼엘(Pantagrue, 1532)』과 『가르강튀아(Gargantua, 1534)』[25] 의 저자로 유명하다. 그는 <백과사전학파>를 정초하였으며, 자발성과 흥미중심의 원리학습을 주장하며, '원하는 바를 행하라'는 원칙을 교육에 적용하고자 했다. 『실낙원』의 저자 밀턴(John Milton, 1608-1674)은 기독교 인문주의자로서 속세의 타락을 경계하면서 그의 교육론을 주장했다.

(2) 사회적 실학교육

사회적 실학주의는 고전교육을 반대하였다, 사회생활 경험이 중심이며 사회 안에서 생활하는 인간의 교육문제에 관심을 갖았다. 세상물정에 밝은 신사(gentleman)가 교육의 목표였으며, 교육과 도야가 동일시되었다. 몽테뉴(Michel de Montaigne, 1533-1592)는 현실적 인간의 이상으로서 신사(紳士)를 꼽았다. 그가 말하는 신사란 상류계급인으로서 세정에 뛰어난 인간(man of world)을 말하면 이러한 인간이 세계인이다. 그는 교육의 덕목으로서

25) 그는 여기서 스콜라 철학의 구식 교육법을 조롱하면서 인문주가 이상으로 삼는 인간상, 즉 예술과 과학 및 기술을 광범위하게 배우고 기사의 무술에도 뛰어난 솜씨를 가진 그리스도교도 군주를 거기에 대비시킨다.

고전, 현대어, 역사, 철학, 여행, 사회접촉, 체육을 중시하였다. 그가 제시한 이상적 교육은 자발성을 기반으로 하는 학습, 자극 학습, 이해 학습, 판단을 학습하게 하는 교육, 박학보다는 현명함을 길러주는 교육, 학습강제와 폭력을 배제한 교실, 아동의 학습욕망을 중시하는 교육이었다. 또한 즐거운 교실을 만들기 등 그의 교육관은 루소의 자연주의 교육에 영향을 주었으며 페스탈로찌의 노작교육에도 영향을 미쳤다.

(3) 감각적 실학교육

실학 즉 실생활에 유용한 지식교육을 표방했던 당시의 교육현장은 자연과학의 지식과 연구방법을 도입하기 시작했다. 이러한 사조는 과학적 실학주의라고 할 수 있는데, 베이컨의 경험주의와 코메니우스의 범지교육론이 대표적이다. 베이컨(Francis Bacon, 1561-1626)은 자연이해를 토대로 하는 자연정복을 주장한 반면, 라트케(Wolfgang Ratke, 1571-1636), 물카스터(R. Mulcaster, 1531-1611), 코메니우스(J. A. Comenius, 1592-1670)는 자연이해를 토대로 하는'자연 조화설'을 주장했다.

우선 베이컨은 아리스토텔레스에 반대하면서 스콜라논쟁으로부터 탈피하여 철학을 전개했지만 나중에 정치가로 변신하였다. 그는 정치가의 꿈이 좌절된 후 낙향하여 다시 과학과 철학에 매진한다. 그는 자연을 알고 자연을 이용하여 인류복리증진에 기여하는데 교육이 제몫을 할 것을 제안했다. 그의 과학적 연구는 곧 '자연정복론'을 최종적으로 목표하고 있었는데, 이는 인간의 지위를 위해 필요하다고 주장한 것이다. 그러나 이러한 그의 자연정복관은 인간의 '인간지배론'으로 이어졌다. 그는 귀납법 중심 사고를 중시하였으며, "아는 것이 힘"이라는 말로 유명하다. 그는 순수학문보다는 '실생활에의 적용'에 관심을 두면서 학문을 해야 한다고 주장했으며, 이를 통한 '과학적 유토피아'(scientific utopia)를 추구했다. 또한 그는 과학의 완성을 갈구했다.

원칙적으로 과학은 객관성을 추구한다. 객관성의 추구를 위한 과학의 방법을 위해서 베이컨은 <4대 우상의 타파론>을 제안했다. 즉 종족의 우상, 동굴의 우상, 시장의 우상, 극장의 우상이 그것들이다. 그에게는 이러한 우상(偶像) Idola의 제거가 곧 과학의 조건이며 출발점이다. 그의 교육관은 "책에서가 아니라 자연에서, 전통에서가 아니라 경험을 통해서, 고전에서가 아니라 관찰과 실험을 통해서"라는 구호를 통하여 18세기 계몽사상과 계몽교육에서 절정을 이루었다.

한편, 라트케(Wolfgang Ratke, 1571-1636)에게 교육은 사물의 형체를 잘 파악하도록 사물에 대한 지식을 가르치는 것이었다. 그는 자연의 법칙과 합치되는 교수 그리고 자연의 순서에 따른 학습을 강조하면서, 한 가지씩 가르쳐야 하며, 반복연습을 습관화해야 하며, 모든 지식은 감각을 통해서 습득되어야 하며, 학습은 자국어로 하고, 암기보다는 이해하는 학습이 이루어져야 한다고 주장했다. 그는 교재는 쉬운 것부터 어려운 것으로, 유사한 학과는 동일방법으로 학습시키고, 강제 교수법은 피해야 하며, 정의와 법칙은 개개의 사례를 들어 설명하고, 남학생은 남자교사가 여학생은 여자교사가 가르치는 것을 권장하였으며, 학습은 귀납법과 실험을 통해서 해야 한다고 주장하였다.

마지막으로 근대 교육의 아버지로 불리는 코메니우스(J. A. Comenius, 1592-1670)는 베이컨의 방법을 교육에 적용하였다. 그는 『세계도회(世系圖回)』라는 그림교과서를 사용하여 시청각교육을 실천하였다. 또한 그는 빛의 역할을 강조하면서 광명대학(College of Light)이라는 과학기관의 설치를 주장하였다. 교육에서는 언어보다는 사실이 중요하며, 규칙보다는 사례가 중요하다. 그럼에도 불구하고 그의 교육목적은 다분히 종교적이었다. 그는 교육은 하급에서 고급으로 수행되어야 한다고 하였다. 또한 교육에서는 교과서의 가치가 가장 중요하다고 확신하고 있었지만, 시청각교재와 '즉물교육'을 통한 사물의 감각적 경험을 익히는 것도 교육에서는 없어서는 안 될 과제로 꼽았다. 그가 집필한 『대교수학』(didactica magna, 1628)은 자연의 개념을 교육방법으로 도입한 것이다. 그에 의하면, 자연에는 적당한 시기가 있다. 따라서 교육과 학습도 마찬가지이다. 즉 아침이 공부하는 데 가장 적합한 시간이다. 그리고 학습재를 모두 자연에서 찾았다. 그의 대표저서인 『대교수학』(didactica magna)의 내용은 구체적으로 다음과 같다.

첫째, 자연을 넘어서서는 안 된다. 따라서 학습도 자연의 방법을 따라야 한다.
둘째, 교육재는 자연 그 자체이다. 따라서 자연법칙교육 및 자연모방교육이 중요하다.
셋째, 자연은 불필요한 일을 하지 않는다. 따라서 생활에 필요한 지식만 가르쳐야 한다.
넷째, 학습은 인내이다. 따라서 자연을 인내해야 한다.
다섯째, 훈육의 방법도 자연의 법칙을 따라야 한다.

그는 범지주의자로서 감각주의 합(合)자연주의를 따른다. 합자연주의 원칙에 근거하여 그는 유아교육론, 학교계통론, 학습교수론 등을 통하여 근대 교육의 원형을 제시하였다. 또한 그가 제시한 감각적 실학주의의 교육방법은 다음과 같다.[26]

첫째, 실물관찰주의와 경험 및 실험을 강조하며,

둘째, 교육은 자연의 질서에 따라서 이루어져야 하며,

셋째, 학습방법에서 교수는 자국어로 진행되어야 하며,

넷째, 자연적 사물의 개념을 가르칠 때에는 귀납법을 사용하여야 한다. 이러한 합자연주의 교육은 루소의 교육사상에 영향을 주었다.

그런데 코메니우스는 당시 개신교의 사제로서 하나님의 사상을 토대로 가지고 있었다. 그럼에도 불구하고 그는 계몽주의를 거부하지 않았다. 따라서 그는 학교에서 현실에서 요청되는 모든 실생활을 가르쳐야 한다는 입장이었다. 이는 여느 성직자들이 하나님의 세계를 먼저 가르쳐야 한다는 주장과는 달랐다. 하나님의 세계 보다는 인간들이 알아야 할 지식의 세계가 먼저였다. 즉 그는 자연현상을 잘 가르쳐야 한다고 하면서 자연과학에서 발견하는 지식을 교육의 중심에 가져다 놓았다. 이것이 바로 그의 범지학(凡知學) 즉 판소피(pansopie)이다. 이러한 그의 판소피 사상은 훗날 '백과사전학파'에 의해 촉발된 계몽주의 사상이 확산되는 불씨가 되었다. 왜냐하면 그의 판소피 사상은 백과사전적 지식을 의미했기 때문이다(이상오, 2005: 158). 즉 그는 교육이란 속세의 지식 즉 자연과학적으로 밝혀진 지식들을 가르치는 것이 우선이다. 이는 기독교적 전통의 교육관과는 판이하다. 그러나 그는 속세의 지식을 모두 가르치는 것은 바로 자연을 창조하신 신의 영혼이 자연만물에 깃들여 있기 때문이라는 논리를 세웠다. 결국 부분(part)으로 그치는 지식교육은 무의미하며 오로지 전체(whole)의 의미를 모두 아는 것이 마지막 교육의 목표라고 주장하면서 종교적 차원의 교육의 중요성을 설파했다.

26) 코메니우스는 당시 대표적인 교수학자로서 1628년 자신의 모국어인 체코어로 대교수학을 출간해냈다. 이 책은 1638년에 라틴어 판으로 나왔으며, 1657년에는 라틴어 재판으로 출간된 바 있는데, 이는 코메니우스가 신앙적 차원에서 합리적으로 집필한 자신의 교육학적 확신을 그대로 담아낸 교재이다. 한마디로 대교수학은 '인간에게 모든 것을 완전히 가르치는 기술'을 의미한다. 보다 구체적으로 말하면, 모든 기독교 나라의 모든 공동체, 도시 그리고 마을에 살고 있는 모든 학생들로 하여금 신앙의 세계로 도달할 수 있도록 하는 확실한 방법 그리고 선호될 수 있는 기술과 방식을 말한다(이상오, 2005: 154).

7) 18세기 교육사조

(1) 계몽주의 교육

계몽주의는 17·18세기에 발생한 유럽의 지적(知的) 운동으로서 신(神)·이성(理性)·자연·인간 등의 개념을 하나의 세계관으로 통합한 사상운동이다. 즉 계몽주의(enlightenment)는 인간 이성 회복 및 이성에 최고 권위를 부여하는 시대로서, 신, 이성, 자연, 인간의 개념을 하나의 세계관으로 통합하려는 사상운동을 말한다. 따라서 계몽주의는 이성중심이며, 이성의 힘에 의해 인간은 우주를 이해하고 자신의 상황을 개선할 수 있다고 믿는 동시에 지식·자유·행복을 합리적 인간의 목표로 보았다. 이러한 계몽사상은 예술, 철학, 문학, 사회, 정치, 경제 분야에도 많은 영향을 미쳤다. 계몽주의의 역사적 의의를 정리한 칸트(Immanuel Kant, 1724-1804)에 의하면, 계몽이란 "스스로 책임을 져야하는 미숙한 상태로부터 밖으로 나오는 것"(Kant, 1784: 169)이다. 즉 우리에게는 이성이 없는 것이 아니라 이성으로의 용기가 없는 것이다. 아울러 계몽은 "모든 전통의 구속을 벗어나 자유롭게 선입견에 구애됨이 없는 사고방식, 학문, 종교, 도덕 등 모든 것에 대한 비판적, 합리적인 태도를 보급시켜서 일반민중의 지적 수준을 높이는 것"(Kant, 1784: 203)이다. 이러한 계몽주의 사상은 로크(John Locke, 1632-1704)의 '백지론'(tabula rasa)으로부터 버클리(George Berkeley, 1685-1753), 흄(David Hume, 1711-1776)의 경험론(經驗論)과 대륙의 합리론(合理論, rationalism)으로 이루어졌다.

계몽교육의 목적은 자유속박으로부터의 해방이며, 이를 이성의 힘으로 판단할 수 있도록 하는 것이다. 따라서 교육은 개성을 존중하는 풍토에서 이루어져야 하며, 경험 존중, 사실에 입각한 교육, 초자연적 교육이 요청된다. 계몽주의 교육의 특징으로는, 첫째, 사회적 불합리, 불평등을 비판한 합리주의, 둘째, 우주의 본체는 신이성이 아니라 인간의 이성이라는 인간이성 중심주의, 셋째, 감성주의에 대립하는 이성주의, 주지주의, 기계주의, 넷째, 인간의 자연적 본성을 강조하는 자연주의, 다섯째, 인간평등사상과 세계시민적 범애주의를 꼽을 수 있다. 계몽교육에서는 철학, 자연과학, 정치, 경제, 미술, 문학, 사교상의 예법 등이 강조되었다.[27] 또 다른 차원의 대표적인 계몽주의 교육사상은 로크(John Locke, 1632-1704)로부터 나온다.

영국의 경험론을 창시한 로크는 사회적 실학주의자이자 계몽주의자이다. 그의 교육목

27) 계몽주의 교육의 구체적인 역사전개과정에 대해서는 『계몽주의 교육 - 이론과 실제, 이상오 저』를 참고할 것.

적은 지덕체(智德體)를 겸비한 신사(gentleman)의 양성이었는데, 이는 “건전한 신체에 건강한 정신”이라는 그의 신념에서 비롯되었다. 또한 그의 교육사상은 “모든 관념은 인간의 경험(經驗)에서 유래한다”는 신념에서 정초되었다. 로크의 교육사상의 근간은 그의 저서 『인간오성론』에 출현한다. 그의 오성론은 ‘심의론’(心意論)으로 선천적 관념을 부인한다. 인간은 선하게 태어나지도 않으며 악하게 태어나지도 않으며 타블라라사(tabula rasa) 즉 하얀 백지 상태로 출생한다. 따라서 교육은 경험의 누적을 통한 “형식의 도야”라는 점을 강조했다. 즉 ‘형식도야설’이 그것이다. 그는 스콜라학파로서 인간오성론 1부에서 데카르트의 본유관념을 모두 부인한다. 2부에서는 경험적-심리적 발생기원을 탐구함으로써 경험론적 입장을 표명한다. 이 세상에 ‘경험’(經驗)보다 앞서는 것은 없다. 따라서 경험을 관념으로 만들어주는 ‘오성’(understanding, verstand)을 음미하는 것이 필요하며 교육은 오성교육(또는 오성도야)을 지향해야 한다. 왜냐하면 지식이란 모두 관념에 불과하기 때문이며 감각 속에 없던 것은 오성 속에도 없기 때문이다.

한편, 로크의 ‘오성론’은 유물론적 철학이다. 물질은 정신의 원료이며, 감각을 통해 지식이 생긴다. 그리고 바른 지식이 쌓여지면 이성이 형성되고, 이 이성이 훈련을 통하여 마음이나 성품이 착해진다. 즉 경험이 좋거나 자기 환경에 적응하면 성품이 좋아지고 그렇지 못하면 나빠진다. 그에 의하면, 모든 지식은 감각경험의 사실관찰로부터 나온다. 그는 인간의 지식이 어떻게 습득되어지는가에 대한 분석에 치중하였다. 그에게서 학습은 감각을 통해서 얻어지는 인상이다. 따라서 교육은 훈련을 통한 습관의 형성에 의해서만 가능하다.

로크의 이성은 확실성을 가지고 탐구하는 일을 주도하며 실제로 받아들이는 일이 현명한지 아닌지를 아는 능력이다. 로크는 『교육에 대한 고찰』에서 체, 덕, 지 즉 신체적 교육(체육론), 도덕적 교육, 지적 교육을 통한 전인교육을 주장했다. 또한 “건전한 신체에 건전한 정신”이라는 구호 하에서 교육에서 신체론의 중요성을 강조했다. 그에게서 덕육의 목적은 자신의 욕망을 억제하고 이성에 따라 행동하는 것이다. 그의 교육에서는 부모권위의 확립, 욕망 억제, 예법이 중요한데, 예법은 마음으로부터 나오는 친절과 겸손이며, 체벌을 삼가함으로써 교육에서 신뢰와 존경심을 잃지 않도록 했다. 그는 지식론에서도 서적학습을 거부하고 ‘신사교육’(紳士教育)을 최고의 미덕으로 삼았으며, 지혜와 품행의 정도를 높이는 지육론이 덕을 높이는 수단이라고 보았다. 로크에 의하면, 개인은 순전히 교육의 차이로 결정된다. 이밖에도 그는 교육방법으로서 동기유발, 흥미, 경험적 방법 사용, 강제적 주입식 교육배제, 호기심 환기, 놀이의 교육적 필요성을 제시했다.

(2) 계몽교육의 실제: 공교육제도의 성립[28)]

① 프랑스

프랑스의 계몽교육은 대혁명이 발발하기 이전의 구제도 즉 앙시앙레즘(ancient régime) 하에서 이루어진 교육활동과 교육사업으로 간주된다. 앙시앙레즘의 교육은 당시 국민의 주권을 위임했던 절대왕정국가와 당시 종교적 권력자였던 로마 국왕 및 로마 가톨릭교회와의 결탁과 조정에 의하여 이루어질 수 있었다. 그러나 앙시앙레짐 시대에 궁정교육과 일반시민들을 대상으로 하는 계몽교육은 전혀 판이했다. 아예 계몽시대에는 일반 백성을 위한 교육은 궁정교육에 비한다면 교육이라고 볼 수 없을 정도로 체계적이지도 조직적이지도 못했다.

17세기 그나마 프랑스에서 학교다운 모습을 갖춘 대표적인 학교는 제주이트 교단(Jesuit), 즉 예수회에서 운영한 '기독교 동포학교(또는 기독교 학교동포단)였다. 이 학교는 매우 보수적이었으며 앙시앙레짐의 스콜라학풍을 고집하고 있었다. 그러나 18세기 들면서 상황은 달라지기 시작했다. 상 피에르(Chales Irenes Caste de Saint Pierre, 1659-1743)가 행정부에 제출한 교육개혁안(project pour perfectionner, l'Education)은 프랑스에 최초로 공교육 기관으로서의 초등학교 설립에 대한 논의였다. 이를 기점으로 시작된 프랑스 교육개혁의 과정에서 맹활약한 사람은 라 샤로테(La Chalotais, Louis-Rene de Caradeuc de, 1701-1785)와 롤랑(Rolland d'Erceville, 1734-1793)이 대표적이다.

라 샤로테는 청소년을 위한 교육개혁안으로 「국가교육론(Essaid'education Nationale, ou Plan-d'etudes Pours ia Jeunesse, 1763, 일명: 청소년을 위한 교육계획)」이라는 논문을 제시함으로써 프랑스에서 최초로 공교육(公敎育)의 정당성을 제시하였다. 이는 루소(Jean-Jacques Rousseau, 1712-1778)의 『에밀』이 출간된 1762년의 이듬해였는데, 두 글의 사회적 파장은 쌍벽을 이룰 정도로 컸다. 그러나 라 샤로테의 '국가교육론'이 '이상적인 교육소설 에밀'보다 국가적

28) 본 단원은 『계몽주의와 교육 - 이론과 실제, (이상오 저, 2005, 학지사)』의 193-279쪽을 대폭삭제하고 부분적으로 본 글의 취지에 맞도록 요약 발췌하여 재편성하여 실었음.

차원에서 실용적으로 채택될 수 있는 이점을 더 가지고 있었다(이상오, 2005: 229). 라 샤로테는 국가의 세력이 강대해지는 시대에 국왕 치하에서보다 아직도 청소년들이 로마 가톨릭 교회에서 파견된 사원의 승려들(제주이트 교단)에게 교육을 받아야 한다는 사실은 마치 외국인을 주인으로 모시는 꼴과 다르지 않다고 비난하였다(이상오, 2005: 228). 즉 프랑스의 새로운 교육은 '교황지상주의'에서 벗어나 국가에 의한, 국민을 위한 교육이어야 한다. 그는 국민교육론을 주창한 결과 프랑스에서 예수회(제주이트 교단) 중심의 교육을 추방하는 결과를 얻어 냈으며, 이로써 국가교육체제로 전환하는 이론적 기틀을 마련했다.

18세기 프랑스의 계몽주의자들은 정치사회혁명과 교육혁명을 동시에 수행하려고 하였다. 이러한 과정 속에서 프랑스에서는 어떻게든 근대 국가교육제도가 제창되고 있었다고 할 수 있다. 이를 주도한 대표적인 사람이 콩도르세(Condorcet, Marie-Jean-Antoine-Nicolas de Caritat, marquis de, 1743-1794)였다. 콩도르세는 프랑스 혁명의 발발과 함께 정치전선(지롱드 당원)에 뛰어든 계몽주의 철학자이자 교육개혁운동가였다. 그는 국민교육을 옹호했으며 이는 국가의 당연한 책무로 간주했다.

> "그는 '공교육에 관한 5개 각서'(Cinq M'emoire sur l'insturction Publique, 1790-1791)를 발표하였다. 그 각서는 첫째, 공교육의 본질 및 목적, 둘째, 아동교육론, 셋째, 성인교육론, 넷째, 직업교육론, 다섯째, 과학교육론으로 구성되어 있다. 오늘날 이 각서는 - 비록 실현되지 못했지만 - 프랑스 공교육제도의 이론적 근거를 명백히 했던 교육제도개혁론의 결정판으로 평가되고 있다."(이상오, 2005: 238)

콩도세가 이러한 사상을 가지게 된 계기의 라 샬로테(1701-1785)는 『국민교육론』이 나온 이후이다. 여기서 그는 교회와 학교의 분리와 국왕에 의한 교육의 통제를 주장했다. 또한 그는 국정교과서와 국정 교수법의 도입을 주장하면서 교육은 국가발전의 수단으로 간주했다. 또한 그는 보편적 자유와 권리, 평등사상, 그리고 교육행정권은 의회의 권리임을 주장하면서, 초등학교, 중등학고, 전문학교, 국립학사원(대학교)으로 이어지는 단선형 학제를 주장했다. 이는 그의 지론인 '기회균등의 원칙'에 입각한 생각이었다. 또한 그는 무상공교육제도, 장학제도, 인구비례에 따른 학교의 공정한 배치, 공교육으로서의 성인교육 및 평생교육을 주장했다. 그러나 콩도세르의 공교육을 실천하기 위한 교육개혁안을 담은 헌법초안은 당시 로비에스 피에르(Maximilien-François-Marie-Isadore de Robespierre, 1758-1794, 자코뱅당)가 이끌고 있었던 혁명정부에서 거절되었다. 하여간 프랑스의 공교육에 대한 기초는 프랑스 대혁명기에 콩도세(1743-1794)에 의해 만들어졌다. 여기서 교육의 목적은 복지, 평등, 기쁨이었다. 참고로 그는 최초의 성인교육주창자이기도 하다.

한편, 나폴레옹의 제정 시기(1804-1814)에 프랑스에서는 드디어 국가가 관장하는 중앙집권적인 공교육제도가 수립되었으며 이는 나중의 프랑스 학제의 근간이 되었다. 이는 근대국가에 의한 공교육으로서의 학교교육의 효시이기도 하다. 학교체제는 초등-중등-전문학교 체제로 결정되었으며 공립, 의무, 무상교육제도가 점차 체계적으로 자리매김을 하게 되었다. 사실 이러한 공교육의 실천은 콩도세르가 제시한 자유, 평등, 박애라는 공교육의 이론적 토대 위에서 이루어졌다. 그러나 나폴레옹 제국주의 총통체제에서 현실화된 공교육제도는 당시의 독선적 국가체제에 봉사하는 '교육의 수단화'라는 꼬리표를 달고 시작했다.

> "결국 공교육(公教育) 기관으로서의 근대학교는 프랑스 대혁명을 계기로 세상에 모습을 드러내게 되었다. 공교육이란 국가가 모든 아동에게 무상으로 교육의 기회를 동등하게 제공하고 이를 국가가 책임지고 관리하는 것이다. 이때부터 교육은 '공공재'(公共財)의 개념에 속하게 된다. 한마디로 '모든 사람을 위한 교육'(education for all) 즉 공교육이 시작된 것이다. 그러나 시간이 지나면서 공교육의 개념은 변질되기 시작했다. 즉 모든 아동들이 적절한 나이가 되면 의무적으로 입학해야 하는 학교는 '나폴레옹의 친위대를 양성하는 것을 공교육의 목표로 변질시켰다. 이로써 근대국가가 주도하는 근대교육은 태생부터 기형적으로 출발했던 셈이다."(이상오, 2017: 26)

결국 혁명을 계기로 마음 속에 독재적인 정신이 싹튼 사람들은 아동은 부모에 속하는 것이 아니라 국가에 속한다고 역설하고, 국가에 대한 충성을 주된 관심사로 하지 않는 교육은 일체 용납하려고 하지 않았다.(윌리암 보이드, 1921/ 이홍우 외 역, 1996: 469)

② 독일(프로이센)

17세기부터 독일(프로이센)에서는 민중(국민)의 교육을 통하여 국가와 사회를 개선하려는 움직임이 구체화되고 있었다. 첫 번째 결실은 고타(Gotha) 국민학교(초등학교)의 탄생이다. 당시 독일 고타시의 영주였던 프로메 백작(Ernst der Fromme, 1601-1675)은 고타 지역에서 이러한 과업을 추진하기 위해서 교수학자들의 역할을 강조했다. 당시 교수학자이며 교사였던 라트케(Wolfgang Ladtke, 1571-1635)가 많은 조언을 하였고, 1657년 고타 김나지움의 교장이었던 라이허(Andreas Reyher, 1601-1673)는 자신의 교수학적 결론을 토대로 독일 초등학교(Volksschule)의 탄생을 위한 지침을 마련하였다. 이렇게 하여 고타에 세워진 독일 최초의 국민학교는 오랫동안 독일에서 국민학교의 모델이 되었다.

두 번째 성과는 기사아카데미(Ritterakademien)의 붐이었다. 인문교육 치중의 귀족교육이 위기를 느끼면서 16세기 말부터 프랑스와 이탈리아의 모델에 따라서 기사아카데미들이 생겨나기 시작했다. 1589년 튀빙겐에 최초의 기사학교가 콜레기움 일루스트레(Collegium Illustre)라는 이름으로 설립되면서부터 1775년 슈투트가르트의 고등 칼스슐레(Hohe Karlsschule)가 마지막으로 설립될 때까지 약 200년 동안 기사아카데미는 지속되었다. 이는 독일의 계몽주의 역사와 함께 하고 있다.

세 번째 성과로는 루터교 목사였던 슈페너(Phillip Jakop Spener, 1635-1705) 등 '경건주의자'[29] 들에 의한 할레 대학(Halle Universitas, 1694)의 설립을 들 수 있다. 계몽주의 이념에 따라 설립된 할레대학은 종전 중세대학의 인문주의 전통과 결별하는 최초의 근대식 대학으로 간주된다. 또한 할레대학은 중세대학들이 외부세계와 단절되어 상아탑으로 운영되던 대학의 이미지를 비판하고 나섰다.

네 번째 성과는 슈페너의 도움으로 할레대학의 교수로 취임한 프랑케(August Hermann Franke, 1663-1727)가 자신의 주머니를 털어서 세운 빈민학교(Armenschule)였다. 프랑케는 빈민학교를 범사회적 차원의 교육운동으로 승화시켰는데, 이러한 빈민학교운동의 여파는 급기야 할레 주변에 고아학교, 학생도시, 대학생도시 등을 만드는데 큰 기여를 했다.

다섯 번째 성과로는 프로이센의 계몽교육자 르코우(Freidrich Eberhard Rochow)가 세운 프로이센 농부학교(Bauernschule)를 들 수 있다. 이는 당시 시대가 요구했던 '산업화' 내지 '공

29) 독일 경건주의는 17, 18세기 루터교에서 일어난 운동으로, 개인의 진보와 정직한 행동을 그리스도교 신앙의 가장 중요한 요소로 강조했다.

업화'의 물결에 따른 교육개념 즉 산업교육학(Industrielle Paedagogik)의 컨셉을 가진 학교로서 농촌지역에 필요한 구체적 시범학교가 되었다.

여섯째 성과는 1747년 경건주의자인 헤커(Johann Julius Hecker, 1707-1768)에 의해 설립된 실과학교(Realschule)였다. 이는 기존의 김나지움(Gymnasium)과 함께 복선형(複線型) 교육제도를 만드는 계기를 마련하였다. 이러한 실과학교는 10년간의 장기프로젝트 끝에 세워진 학교였는데, 헤커가 실과학교의 중심과목을 경제와 수학으로 정하였다. 학교의 위상은 라틴어 학교와 종교적 기초학교의 중간단계로 설정했다. 실제로 헤커의 실과학교는 수많은 다른 장소엣 또 다른 많은 실과학교들이 탄생하는 도화선이 되었는데, 이는 나중에 설립된 전문학교(Fachschule)의 모델로 작용하기도 했다.

일곱째 성과로는 개혁대학 괴팅엔 대학(Göttingen Univ.)의 설립을 들 수 있다. 1737년 하노버 왕가에 의해 창립된 괴팅엔 대학은 할레 대학과 더불어 독일의 근대대학의 쌍두마차였다. 인구 4천명의 마을 괴팅엔은 이 대학의 탄생과 더불어 독일 계몽주의의 중심지로 부각되기 시작했다. 마지막으로 프리드리히 2세 대왕(1712-1786/1740-1786 제위)은 프랑케의 제자인 헤커를 등용하면서 의무교육제도를 보완하기 시작했다. 이때 수립된 초등교육 시행법령이 '프로이센 학교규정'이다. 여기서는 첫째, 취학의무연령(5세~13세), 둘째, 학교의 설치 및 개학기간, 셋째, 교재(종교교육, 읽기, 쓰기, 셈하기), 넷째, 수업시간제, 다섯째, 수업료 책정 및 가난한 아동의 수업료면제, 여섯째, 학교감독과 관리, 일곱째, 교사의 자격규정 및 채용규정 등이 규정되었다. 또한 할레(Halle) 시에 시민학교, 교육자양성학교와 고등교육기관인 페다고기움(Pedagogium)이 설립되었으며, 상류층 자제들을 위한 여자중등학교도 설립 운영되었다.

③ 영국

산업혁명과 함께 시작된 영국의 계몽교육은 종교단체, 자선단체에서 자선을 베푸는 차원에서 이루어졌다. 즉 당시 영국의 국민(민중) 대상의 학교는 국가의 몫이 아니었다. 또한 당시 정부는 국민학교의 설립과 운영에도 일체 관여할 의사가 없었기에, 주로 국민학교는 사회사업의 일종으로서 개인적으로 부유한 사람, 아니면 종교 및 자선단체에 의해서 임의로 설립 운영되었다. 따라서 공교육의 개념은 비교적 늦게 도입된다. 프랑스와 독일에서 비해서 거의 100년 정도 늦은 1870년 초등교육령이 제정되면서 공교육의 명문화가 이루어졌다. 당시 학교체제로는 자선학교, 일요학교, 조교제학교 등이 있었다.

우선 자선학교는 빈민층 아동을 대상으로 종교단체나 자선단체가 운영했다. 교육내용은 일상생활의 지도와 장래의 직업지도였다. 이는 민중교육의 발전에 이바지했다는 평가인데, 1870년 초등교육령의 제정 이후 보통교육(public school)의 기틀이 되었다. 일요학교는 1780년 레이크스가 설립했는데, 대상은 산업혁명 이후 증가한 청소년 노동자들이었다. 교육내용은 일반교육으로서 초등교육의 발전에 이바지했다는 평가이다. 마지막으로 조교제 학교 즉 투터학교(tutor school)는 벨과 랭카스터가 도입했다. 이는 다수의 학생을 동시에 지도하기 위해 고안된 방법으로서 능력이 우수하고 나이와 경륜이 높은 학생을 투터(tutor)로 지정하여 이 학생들이 다른 학생들을 지도하는 방식이다. 즉 학생 중에서 가장 우수한 학생을 조교로 활용함으로써 교육의 효과를 올리는 방식이다. 이밖에도 프랑스의 아유이(Valentin Hauy, 1745-1822)가 세운 파리 맹아학교를 모델로 1791년 런던 맹아학교가 설립되어 영국에서 최초로 특수 장애아 교육을 시작하게 되었다.

한편, 영국에서는 고등교육 역시 근대과학의 성립당시와 마찬가지로 산업화에도 기여하지 못한 편이었다. 일례로 당시 캠브리지 대학에서는 아리스토텔레스의 사상이 데카르트, 베이컨, 로크, 뉴턴에 어떠한 근거에서 밀려날 수밖에 없다는 사실 정황을 해석하는데 주력함으로써 실질적인 과학기술의 발전과도 무관하게 학문이 이루어지고 있었다. 다만 대학이 개혁되어야 한다는 원성이 높아지기 시작한 것은 영국 땅에서 뉴턴 과학이 득세하기 시작하면서부터였다. 그럼에도 불구하고 국왕과 승정세력 그리고 대학의 전통적 보수세력들에 의해서 상아탑으로서의 대학의 문은 결코 열리지 못했다.

(3) 자연주의 교육

'자연으로 돌아가라!' 프랑스의 사회사상가 루소가 직접 한 말은 아니다. 하지만, 이는 그의 이미지를 가장 잘 요약할 수 있었던 구호였다. 계몽주의가 인간의 권위와 편리성을 추구하기 위해서 자연을 개척하고 정복하는 것을 목표했다면, 자연주의는 반(反)계몽주의로서 친자연동화를 목표했다. 자연주의사상의 목표는 자연법칙, 자연성 회복, 자연주의 인간관의 실천이다. 따라서 교육 역시 권위적, 인위적 교육환경에서 벗어나야 한다. 이는 17세기 감각적 실학주의로부터 큰 영향을 받았다. 자연적 사회는 자유, 평등, 박애를 추구한다. 이는 교육의 이상화를 추구하면서 19세기 신인본주의(new humanism)의 심리적 계발주의에 영향을 미쳤다.

자연주의 교육의 특징은 '자연에 일치하는 교육'으로서 교육과정에 숨은 자연법칙을 발견하고 이를 응용하는 것이다. 즉 인간의 발달과정이 자연발달법칙에 일치하는 교육으로서, 인위적인 것을 거부하고 자연으로 돌아가는 교육이다. 개인적 차원에서 '자연성'은 본성으로서 인간의 선한 본성과 덕성을 계발하는 것을 말하고, 사회적 차원에서는 개인의 권리를 인정하는 사회를 목표로 누구에게나 자유, 평등, 박애가 동등하게 주어질 수 있는 이상적 사회건설을 추구한다. 즉 교육은 미래 생활을 준비하는 것이 아니라 현재의 생활자체를 위한 것이며, 외부에서 강제로, 인위적으로 교육하는 것이 아니라 자발적으로 그리고 자연스럽게 성장하도록 하는 교육이다.

특히 이들은 아동의 단계에서는 실물교육이 중요하다고 하면서 감각경험을 활용하는 경험주의 교육을 중시한다. 또한 학습자의 능력 또는 개인차에 따른 교수방법을 사용해야 하며 학습자의 흥미 중심 교육을 통하여 자발적 탐구학습을 유도해야 한다. 이들이 추구하는 개성존중의 교육은 학습자(아동) 중심의 교육관을 형성하게 한다. 대표적인 자연주의 교육사상가로는 루소(Jean-Jacques Rousseau, 1712-1778)와 실제로 학교를 세워 운영하면서 그의 사상을 충실히 실천한 바제도우(Johann Bernhard Basedow, 1724-1790)와 잘츠만(Christian Gotthilf Salzmann, 1744-1811), 구츠무츠(Johann Christoph Friedrich Guts Muths, 1759-1839) 등이 있다.

① 루소의 교육사상

루소는 자신의 대표저서인 『에밀(Emile ou de l'education, 1762)』[30] 에서 "인간은 조물주의 손에서 나오는 순간은 선(善)하지만, 인간의 손에 옮겨지는 순간 모든 것은 악으로 변한다"고 주장했다. 사생아로 태어난 그의 유년기는 너무 가난하여 호구지책(糊口之策) 때문에 칼뱅파에서 가톨릭으로 개종하였다가 1754년 다시 칼뱅파로 개종하였다. 그는 기성사회와 기성 문화를 악(evil, 惡)의 근원으로 보았는데, 특히 그에게 '사유재산'을 인정하는 사회는 악의 원흉이며 인간불평등의 기원이다.

30) 프랑스의 작가이며 사회사상가인 장 자크 루소의 교육론("교육에 관하여")으로 주제는 교육이지만 루소의 인간론이며 종교론이다, 1762년 5월 간행된 직후 구체제를 비판했다는 이유로 교회와 정부의 비판을 받았다. 이글은 루소가 만년에 방랑생활을 하게 된 원인이기도 했다.

에밀과 같은 해에 발행된『사회계약설(1762)』에서 루소는 '자연법사상' 전반을 다루고 있다. 여기서 그는 입법, 사법, 행정 중 입법권이 가장 우위이라는 것을 천명한다. 이로써 루소는 인민주권사상의 주창자가 되었으며, 사회계약, 법치주의 등을 중요시했다. 그는 정치체제로서는 이상적 공화제가 인간을 해방시킨다고 주장했다. 시민사회는 일반의지(개인-사회, general will)에 의해 통합된 인위적 존재이며 공화국은 일반의지의 창조물로서 공적 국가적 이익을 지향하는 의지의 집합체이다.

루소의 교육은 자연주의, 합리주의, 자유주의에 기초하고 있다. 이러한 루소의 교육사상은 인간과 인간의 의존 관계를 내포하면서 자유가 보장될 수 있는 질서를 창조함을 목표한다. 이는 몽테스키외가 법의 지배를 주장한 것과 비교된다. 루소는 시민교육에 대해서는 부정적인 입장에 있었다. 왜냐하면 국가는 부패의 온상이고 그러한 국가에서 시민교육을 주도하기 때문이다. 그러나 그는 자신의『참회록』에서 자신은 늘 다시 제네바 시민이 되는 것을 갈구했다고 적고 있다. 에밀에서드 마지막 장에서 에밀이 결혼 후에 시민(市民)사회에 나가서 건전한 시민이 될 것을 바란다. 이렇게 본다면 그가 시민교육을 거부한 것이라고 주장하는 것은 너무 이른 진단이다. 그는 자신의 저서『사회계약설』에서 시민사회의 덕목은 일반의지(一般意志)임을 밝히면 일반의지는 시민교육의 목표로 간주하고 있다.

물론 그의 교육론은 에밀이라는 제목을 가진 교육소설이 전부이다. 그러나 그는 참회록에서 자신의 대표 저서는 에밀이며 에밀에 자신의 모든 사상이 집약되어 있다고 고백하고 있다. 그렇다면 에밀에서 보여준 그의 교육관은 모든 그의 사상의 결집이라고 할 수 있다. 그가 에밀에서 주장하는 교육의 목표는 때가 묻지 않은 자연인 즉 '새로운 성인'을 길러냄으로써 이들이 사회개혁의 주역이 되기를 기대하는 것이었다. 성인들은 아이들에게 무엇을 가르칠 것인가에 대해서만 관심이 있지, "아동"이 무엇을 배워야 하는지에 대해서는 관심이 없다. 루소는 말한다: "사람들은 어린이에 대해 전혀 모르고 있다. 교육에 대한 고찰은 어린이가 무엇인가를 연구하는 데서 시작해야만 한다." 이것이 루소가 에밀을 집필하게 된 동기이다. 에밀을 통하여 그는 아동을 '발견'했다. 그에게 자연의 원리는 아동의 발달원리이며 자연성의 발현이다. 한마디로 그의 교육은 아동중심교육, 실물교육, 직관교육, 소극적 교육, 체벌반대교육으로 정리된다. 그의 유일한 교육소설인『에밀』의 내용을 살펴보면 다음과 같다.

제1기(출생-5세) 이때의 교육은 방임교육으로 놀이세계가 교실이다. 어머니는 인류최초의 교사이다. 루소는 유모교육을 반대하고 자연치유를 겸한 교육을 제시했다.

제2기(5세-12세) 이때는 소극적 교육의 시기로서 교사나 부모의 소극적 개입을 주장한다. 교육은 오관의 연습과 경험을 통한 교육으로 이루어진다. 또한 교육에서는 탈권위, 탈서적이 중요하며, 교과서는 필요하지 않다. 루소가 유일한 교과서로 간주한 책은 데포우(Defoe)가 쓴 로빈손 크루소(Robinson Cruso)이다. 아직은 이성교육이 필요하지 않다.

제3기(12세-15세) 이때는 자연과학과 수공을 연마하면서 발견적 과학수업을 실시할 때이다. 이때부터 이성교육을 시작하면 된다. 또한 학행일치의 교육이 중요하지만 도덕교육에는 비중을 두지 않았다.

제4기(15세-20세) 교육에서 중요한 것은 인간관계를 함양시키는 교육이다. 이때에는 사회제도에 대한 수업이 시작되어야 하며, 본능에만 치우친 성충동 억제 등 이성적인 삶, 사회학, 심리학, 윤리학, 정치학 도덕교육과 종교교육의 시기이다. 교과목으로서는 도덕, 미술, 종교, 철학이 요청된다.

제5기(결혼기, 여자교육론) 결혼을 한 에밀의 처 소피(Sophy)에 대한 교육은 정숙, 정절, 정열(貞烈), 순종, 자애를 목표한다. 이는 마치 유교의 가르침과 유사하다고 비판된다. 즉 소피에게 지나치게 정숙, 정절, 순종을 강요하고 있다는 해석이다.

그러나 제5기 결혼기는 꼭 그렇게 해석하는 것만이 답은 아니다. 에밀은 실제의 인물도 사건도 아니라 단지 이야기일뿐이고 소설(fiction)이기 때문에 독자의 '해석'(解釋)을 요한다. 즉 결혼의 개념은 동양과 서양이 좀 다르다. 소위 부창부수(夫唱婦隨)의 개념을 중심으로 하는 동양의 결혼관과 결혼이란 남성이라는 반쪽과 여성이라는 반쪽이 온전성을 향해 결합하는 것이라는 서양의 결혼관 사이에는 명백한 차이가 존재한다. 루소는 에밀과 소피를 남성과 여성을 대표적으로 상징함으로써 인간은 반쪽과 반쪽이 합해져야만 비로소 온전한 인간이 된다는 점을 알려주고 있다. 즉 진정한 사랑이 아닌 정욕(情欲)에만 지나치게 치우쳐 있는 남성성을 가진 에밀과 소피의 여성성은 결코 동일할 수도 없으며 또한 동일해서도 안 된다. 이는 전적으로 생리물리적인 호르몬의 차이 때문에 선천적으로 발생하는 생리적-육체적인 성별의 차이(差異)이다. 이러한 생리학적 사실(fact)은 부인될 수 없는 진실이다.

따라서 결혼을 통해 온전한 인간이 되기 위해서 소피는 정욕의 화신인 남성을 포용할 수 있어야 한다. 조물주의 손에서 정욕의 화신으로 태어나는 남성들처럼 여성들도 정욕의 화신으로 동등하게 살아야 한다고 주장한다면, 굳이 남녀 간의 결혼은 더 이상 의미가 없게 된다. 따라서 남성과 여성의 본질적인 차이점을 부각시킴으로서 인간은 서로 서로 조화를 통해서만 온전성이 보장된다는 사실은 알려주고 있는 것이다. 그럼에도 불구하고 본질적인 남녀 간의 차이를 인정하지 않고 남성과 여성을 오로지 '다 같은 인간'이라는 동일범주로 얼버무리려고 하면서 남녀차별을 운운하는 처사나, 남녀 간의 본질적인 차이를 '차별'(差別)로 둔갑시켜서 작품의 뜻을 폄하 해석하려는 논리는 모두 인간의 온전성에 대해 무지한 소치라고 할 수 있다. 에밀과 소피의 결혼은 완전함과 완전함의 결합이 아니다. 인간은 누구나 완전하지 않다. 따라서 완전한 남성과 완전한 여성이 결합하는 것이 결혼이란 것은 어불성설이다. 결혼은 온전함을 위해 남녀간의 불완전성을 메꾸어 나가는 것이다. 즉 인간은 어느 순간 결혼을 통해서 온전함을 추구해 보려는 것이다.

루소는 지나친 정념을 사랑으로 오판하고 있던 사춘기 청년 에밀을 2년 동안 소피와 만나지 못하게 한다. 그리고는 에밀을 데리고 여행을 떠난다. 에밀이 마음을 스스로 다스리게 함이었다. 그리고 인간의 이성(理性)에 대하서 에밀과 허심탄회하게 대화를 시작한다. 그리고 때로는 일방적인 설교도 한다. 2년간의 긴 여행에서 돌아 온 이후 에밀을 소피와 결혼시킨다. 이렇게 그는 소설 에밀의 마지막 장을 끝내고 있다. 그리고 결혼을 통해 온전한 인간으로서 성장할 에밀과 소피가 시민사회의 온전한 일원이 되기를 기원한다. 온전한 인간을 위해서는 음과 양이 잘 맞아 떨어져야 한다. 남성이 정념과 정욕에 지나치게 의존하는 존재라면 여성은 이를 감싸주고 토듬어 줄 수 있는 조건을 가질 수 있어야 한다. 소피에게 요구되는 여성성으로서의 정숙, 정절, 순종의 미는 여전히 거칠은 에밀이라는 남성성의 정념, 정욕을 조화롭게 수용하게 함으로써 온전한 사람됨으로 나아가는 길을 열어줄 것이다.

② 바제도우의 박애주의 교육

루소의 교육사상에 강한 영향을 받은 바제도우(Johann Bernhard Basedow, 1724-1790)는 1774년 데사우(Dessau)에 오래가지는 않았지만 강한 인상을 남긴 박애학교(Philanthropinum)를 설립하였다. 이 학교는 기숙학교로서 최초로 기부금을 받아 운영한 학교이기도 하다.

"그들이 동원한 형식과 방법은 호소문, 학생 모집 광고, 학부모의 학교 방문 및 견학 프로그램, 교과서를 비롯한 교육 관련 서적과 정기간행물의 출판, 편지, 현상논문, 여행, 모델 학교의 설립, 출판사와 서점의 설립 등이었다. 그들은 이러한 활동으로 많은 동조자를 얻었다. 운동 초기에 거둔 성과는 놀라운 것이었다. 독일에서 역사상 유례가 없는, 순수한 교육운동을 위하여 자발적으로 모금된 성금이 15,000달러에 달했다."(오인탁, 2016: 38)

이는 루소의 사상을 실현한 최초의 학교로서 일종의 '실험학교'라고 할 수 있다.

"박애주의는 루소의 교육사상이 독일이라는 땅 위에서 새롭게 싹트고 성장한 나무다. 자연인이 사회인에 선행한다는, 사회나 국가 또는 문화보다는 자연이 더 위대하며 본래적이라는 루소의 문제의식은 인간의 이성에 깃들어 있는 순수한 정신에 대한 신념과 더불어 박애주의 교육의 주제가 되었다."(오인탁, 2016: 23)

이 학교는 아동중심주의를 기반으로 하지만, 엄격한 규율에 따른 훈육(discipline)도 중요한 교육방법으로 사용하였다. 심지어 그는 훈육으로 교육목적을 달성할 수 있다고 주장하기도 했다. 바제도우에 의하면, 12세는 절대복종의 시기이다. 그러나 교실에서는 체벌금지, 보상의 권장, 선행이 장려되어야 했다. 이러한 그의 교육관은 감각적 실재주의에 의해 영향을 받았다. 또한 이 학교는 기숙학교로서 자치제도를 중요시했다. 박애주의 학교의 창시자인 바제도우에게 개인의 행복은 곧 국가의 공익으로서 복지국가와 애국심은 교육의 중요한 목표이기도 했다.

"18세기의 계몽정신이 인간에게 교육을 통해 추구해야 할 최고의 목표로 강조하였던 개념은 지복성(至福性, glückseligkeit)이다. 지복성을 실현하는 자는 신체적이고 정신적인 잠재력을 외부로부터 아무런 강제적 압력이나 통제도 받지 않고 계발하는 자다. 박애주의가 추구하였던 이상적 인간상은, 바제도우의 표현을 빌리면, 공익적, 애국적, 지복적 생활의 인가간이다. 박애주의적 인간은 개성있게 자아를 실현한 결과 국가를 사랑하며 사회에 유익한 삶을 살되, 이러한 삶이 동시에 자

기 자신의 삶의 행복으로 확인되는 인간이다."(오인탁, 2016: 44)

바제도우의 교육사상은 볼케(Wolke), 잘츠만(Salzman), 트랍(Trapp), 캄페(Campe) 등으로 계승된다. 그의 종파는 중립이었으며, 궁극적으로는 국가의 공교육관리제도를 원했는데 이를 위해서 국가교육평위회의 필요성을 주창하기도 했다. 이는 공립학교제도의 형성에 깊은 영향을 주었다. 결국 말년에 바제도우는 자신이 설립 운영하던 기숙학교를 국가에 헌납한다. 바제도우 학교의 교육내용은 다음과 같았다.

유아기 - 수면, 식사, 의복, 놀이, 간단한 도구 사용법, 말하는 법, 기초적 몸가짐
소년기 - 도덕의 기초, 산술, 지리, 기하, 역사, 박물, 해부, 물리, 목공, 체조
청년기 - 문법, 수사학, 수학, 박물, 체육(중세 기사도 훈련방식)

그러나 전반적으로 바제도우는 실과교육을 중시했으며, 실습 및 교과서 중심 교육을 실천했다. 왜냐하면 당시 사회는 아동들에게 자신들이 살아갈 수 있는 자립능력을 길러주는 것을 가장 중요한 교육의 목표로 간주하고 있었기 때문이다. 이는 루소의 교육사상에 사회교육을 접목시킨 페스탈로찌의 교육관과 통한다.

"루소의 자연주의에선 학교나 교실의 개념이 없다. 그래서 박애주의는 루소가 주장하는 자연의 개념을 그대로 수용하지 않고 페스탈로찌(Johann Heinrich Pestalozzi, 1746-1827)가 주장하는 사회적 자연주의의 개념으로 보완하였다."(오인탁, 2016: 23)

그것 즉 자립능력을 길러주는 것이야말로 박애(博愛) 즉 '인간을 진정 사랑하는 길'이라고 여겼던 것이다. 또한 그는 아동이 잘 알고 있는 것부터 교육이 시작되어야 한다고 주장했으며, 양보다는 기쁨을, 방법적 질서를 소중히 여겼다.

9) 국가주의와 신인문주의 교육

19세기 교육은 국가주의 교육과 신인문주의(new humanism)에 기반을 둔 계발주의 교육

으로 구분된다. 국가주의 교육은 교육제도에 영향을 준 반면, 계발주의는 아동의 학교교육방식에 영향을 주었다.

(1) 국가주의 교육

국가주의는 국가중심주의, 국가우월주의, 국가종교주의와 동일시된다. 국가주의는 진보적 차원에서는 국민주의, 민족주의, 국제주의와 연계된다. 그러나 보수적 차원에서는 전체주의. 국수주의(chauvinism), 배타주의와도 연계된다. 국가주의 교육은 '교육의 국가 관리'를 말한다. 이는 국가교육제도, 의무교육제도(공교육제도)로서 교육을 통해 국가적 이상을 달성하는 것을 목표한다.

유럽의 국가주의 교육관은 19세기 나폴레옹의 침략주의에 저항하면서 공고해지기 시작했다. 이는 공화주의 윤리학에 기초하고 있다. 유럽 전역에서 벌어진 나폴레옹의 무차별적 침공에 자극을 받아 시작된 유럽의 국민교육운동은 문화적 국가주의의 탄생이기도 했다. 특히 외부 강대국의 침략에 저항하는 애국주의(愛國主義, patriotism)가 곧 자국(自國)을 공고히 해야 한다는 민족주의(民族主義, nationalism)의 발판이 된 것이다. 이렇게 시작된 애국주의와 민족주의는 마침내 국가주의(國家主義)가 된다. 결과적으로는 아이러니하게도 나폴레옹 군대의 침략주의를 토대로 하는 프랑스도 국가주의, 나폴레옹 군대의 침공을 방어하고 저항하는 유럽의 이웃나라에서도 국가주의가 탄생하는 것이다. 이를테면, 덴마크의 그룬트비히 목사는 향토기숙학교로 운영된 국민고등학교를 설립하면서 덴마크의 성인교육을 주도하면서 침략주의에 항거하고자 했다. 목사였던 그는 덴마크를 사랑하는 것은 궁극적으로는 신을 사랑하는 것이라고 국민을 계몽했다.

국가주의 교육사상가로는 프랑스의 롤랑(Roland), 라 샬로테(La Chalotais), 콘도세(Condorcet), 독일의 피히테(Fichte), 슐라이어마허(Schleiermacher), 영국의 랑카스트(Lancaster), 오웬(Owen), 미국의 제퍼슨(Jefferson), 맨(Mann)을 꼽는다. 특히 오웬과 맨(Mann)은 노동자 교육의 공립화를 주장했다.

대표적으로 독일에서는 피히테(Friedrich Fichte, 1762-1814)에 의해 국가주의 교육이 시작되었다. 이는 애국주의의 발로였다. 즉 나폴레옹의 독일침공을 독일 국민들은 모두 힘을 합쳐서 막아야 한다는 취지였다. 피히테는 칸트의 제자로서 독일 이상주의 철학의 주창자이기도 하다. 그는 지방 순회 연설을 통하여 독일민족이 하나로 결집할 수 있는 계기를 만들어 주었으며 이로부터 국가주의 교육은 성과를 얻게 되었다. 이러한 그의 사상은 헤겔(Friedrich Hegel, 1770-1831)에 의해 집대성되는데, 국가는 개인의 절대목적이라는 헤겔의 사상은 플라톤 사상의 계승이기도 하다. 특히, 피히테는 국민에게 청렴한 과학정신과 경건한 도덕 감정과 힘찬 의지적 감정을 교육하였다. 그의 시대는 질풍과 노도(sturm und drang)의 시대로서 1810년 훔볼트(Wilhelm von Humboldt, 1767-1835), 슐라이어마허(Friedrich Daniel Ernst Schleiermacher, 1768-1834)와 함께 베를린 대학 창설하면서 초대총장이 되었다. 당시 독일에는 나폴레옹 군의 점령하였다.

그는 대국민을 위한 14회 강연집인 『독일국민에게 고함(1808)』을 통하여 국민교육자로 나섰다. 그는 여기서 당시 독일인의 문제점으로 개인주의적 이기심, 진리에 대한 냉담과 무관심, 도덕적 파멸을 들었다. 그는 페스탈로치와 교류하면서 교육개혁을 요청하였다. 이를 국민교육개조론이라고 한다. 그는 민족공동체 의식 개발, 도덕적 심정의 함양, 개인주의적 이해관계의 경쟁 지양을 제시했다. 한마디로, 독일인은 개인적 자아를 초월하여 '사회적 자아'로 거듭나야한다. 따라서 독일의 교육은 정의와 덕망에 의해서만 움직이는 사람, 선을 인식하는 힘을 갖춘 사람, 결심한 일을 관철시킬 수 있는 사람을 만들어 내야 한다. 그는 교육적 인간상을 칸트의 사상으로부터 얻었고, 교육방법은 직관교육, 노작교육을 실천한 페스탈로치에게서 받았다. 독일은 개인을 조국공동체(조국애)의 일원으로 교육해야 한다. 또한 교육에서는 이성보다는 감성과 의지가 우선이며, 독일어 교육을 강화하고 독일민족의 우수성 강조함으로써 강력한 권력국가를 수립하는 것을 교육의 목표로 삼았다. 피히테에게 종교는 바로 국가였다. 이러한 그의 노력은 나폴레옹(Napoleon) 정권에 지배된 지 60년 만에 1870년 보불전쟁에서 승리하는 결과를 얻게 되었다. 알퐁소 도데의 작품인『마지막 수업』은 당시 이러한 역사적 스토리를 담은 것으로 유명하다.

한편, 미국의 국가주의 교육은 미국독립선언의 주역이었던 제퍼슨(Thomas Jefferson, 1734-1826)의 사상으로부터 연유한다.

"그는 '모든 사람은 평등하게 창조되었다'는 명구를 남겼다. 따라서 모든 아동은 교육을 받을 수 있는 평등한 권리가 있다. 국가는 아동에게 평등한 교육의 권리를 박탈해서는 안 된다. 모든 아동이 동등한 교육기회를 얻고 평등한 교육을 받는 것은 국가와 사회의 책임이다. 또는 모든 아동에 대한 평등한 교육은 국가 사회의 발전을 위한 일이기도 하다."(이상오, 2005: 287)

제퍼슨은 모든 부모들은 자녀들을 3년간 어떠한 학비부담도 없이 초등학교에 보낼 권리를 가진다는 선언도 했다. 그러나 그의 제안은 실현되지 못했다. 당시 극히 보수적인 교회단체들의 반대가 심했기 때문이다. 그럼에도 불구하고 이러한 제퍼슨의 생각은 당시로서는 획기적인 일이었다. 왜냐하면 대영제국을 창조한 영국에서 조차 교육은 극히 사사로운 일로 치부되고 있었던 시절이기 때문이다. 하여간 오늘날 미국 연방정부가 아동의 교육에 대한 국가책임의 의식을 갖고 주정부에 모든 교육을 일임하는 전통은 이때부터 싹이 트기 시작했다고 할 수 있다.

(2) 신인문주의 개발주의 교육

교육은 인간발달의 법칙에 따라 개인을 계발(啓發, Entfaltung)하는 것이다. 19세기 신(新)인문주의 시대에는 심리학적 운동이 일어나면서 교육학의 영역에서는 교육심리학이 태동하였다. 신인문주의자들은 외부로부터 성인의 표준을 강제하는 것이 아니라, 내부로부터 아동의 발달을 조장하는 것을 본성으로서의 자연성 계발로 간주했다. 이들이 추구한 아동중심 교육관은 루소를 계승한 것이다. 이들은 형식도야주의와 자연주의 교육사상의 합일을 추구했다. 여기서는 활동중심 교육과정, 흥미원칙, 창작활동원칙이 중요하다. 교육의 원칙은 코메니우스 주의와 루소 주의이며 유아아동교육 내지 초등교육중심이다. 여기서도 아동은 성인의 축소판이 아니었다. 심의(心意) 교육, 자연주의 원리, 흥미중심의 교육은 개인의 인성계발에도 매우 중요한 요소이다. 이러한 생각은 훗날 진보주의 교육관에 지대한 영향을 미친다. 대표적인 교육사상가로는 페스탈로치(Johann Heinrich Pestalozzi, 1746-1827), 헤르바르트(Johann Friedrich Herbart, 1776-1841), 프뢰벨(Friedrich Wilhelm August Froebel, 1782-1852) 등을 들 수 있다.

우선 페스탈로치(Johann Heinrich Pestalozzi, 1746-1827)는 루소의 에밀에 감동하여 루소, 칸트, 피히테의 사상을 합일시키는 작업을 했다. 따라서 그의 교육사상은 자연주의와 사회주의를 조화롭게 합일함으로써 '사회적 자아'의 양성을 목표한다. 그의 교육생애는 크게 세 시기로 구분된다.

첫째, 노이호프 시대에는 자신의 아들인 야콥(Jacob)의 육아일기를 4년 동안 집필하였다. 이는 루소의 에밀을 본 딴 것이지만 루소의 에밀은 가상의 인물이었고, 야콥은 실제의 인물이었다. 여기서 그는 루소의 직관교육을 그대로 모방한다. 또한 빈민아동과 고아를 데리고 방적, 베짜기 등 노작교육(arbeitsbildung)을 실시함으로써 사회적 자아로 육성하고자 했다.

둘째, 슈탄츠 시대에는 1798년부터 6개월 동안 슈탄츠 고아원을 운영하였다.

셋째, 부르크도르프 시대에는 1800년 부르크도르프 성에 유아아동학교를 설립하였다.

넷째, 1804년부터 시작된 이페르텐 시대에는 교수법을 연구하였다. 이때 프뢰벨이 그를 방문했다.

그는 만년에 『게르트루트는 어떻게 그의 자녀를 가르치는가?』라는 교육소설을 집필했는데, 여기서 그는 관찰을 통한 이해학습을 제시함으로써 교육에서는 사고과정이 중요함을 주장했다.

페스탈로치의 교육목표는 머리, 가슴, 손의 조화로운 성장을 위한 3H 조화교육, 사회적 갱생을 통한 사회개혁, 평등한 인간의 육성으로 궁극적으로는 사회교육을 달성하고자 하는 목표를 가지고 있었다. 페스탈로치 교육의 원리는 5가지로 구성된다.

첫째, 자발성의 원리이다. 그는 『백조의 노래』에서 '인생은 스스로 가르친다'고 하면서 자기 학습을 강조하였다. 이는 주입식 교육을 배척하면서 인간성 계발을 목표한다.

둘째, 조화의 원리이다. 지력, 심력, 기능의 삼위일체 조화교육이 중요하다.

셋째, 방법의 원리이다. 수(數), 형(形), 어(語) 교육은 직관을 강화시킨다.

넷째, 직관의 원리이다. 교육은 감각기관을 활용하여 직접관찰, 직접체험을 통한 노작교육이어야 한다.

다섯째, 사회의 원리이다. 그에 의하면, 환경은 사람을 만들고, 사람은 환경을 만든다.

결국 페스탈로찌 교육방법의 일반원리는 아동의 발달단계의 원리에 맞추어서 눈높이 교육을 하는 것이었다. 이를 위해 자연의 방법, 관찰 즉 감각적 직관, 언어와 실물의 연계, 단순한 것에서 복잡한 것으로, 아동의 개성 존중, 훈육은 사랑으로, 직관에서 개념으로, 점진적 목표 상승, 익숙한 것에서 새로운 것으로, 가까운 곳부터 먼 곳으로 라는 방식으로 진행된다. 페스탈로치는 특히 독일 학교(초등학교 및 대학)의 개혁에 지대한 영향을 주었다. 한마디로 그의 교육신조는 신앙과 사랑이었다.

헤르바르트(Johann Friedrich Herbart, 1776-1841)는 피히테(Fichte)의 제자이며 헤겔의 동료이며 페스탈로지(Pesstalozzi)에게 사사했다. 그는 교육을 과학적으로 연구한 교육과학(Erziehungswissenschaft, science of education)의 창시자이다. 또한 그는 규범교육학(normative pädagogik)의 완성자이기도 하다. 그의 규범교육학은 '윤리학에 목표를, 심리학에 방법'을 두고 있다. 따라서 그의 규범교육학에서는 덕성도야가 최후의 교육목표이다. 그에 의하면, 아동은 다양한 흥미 덩어리이다. 흥미란 환경과의 접촉, 인간간의 접촉으로 발생한다. 특히 헤르바르트는 '흥미'(interesse, 興味)를 6가지로 구분했다.

첫째, 경험적 흥미이다. 이는 경험과 사물에 대한 흥미이다.
둘째, 사변적 흥미이다. 이는 사물의 법칙에 대한 흥미이다.
셋째, 미적 흥미이다. 이는 심미에 대한 흥미이다.
넷째, 동정적 흥미이다. 이는 동정과 공감에의 흥미이다.
다섯째, 사회적 흥미이다. 이는 사회에 대한 흥미이다.
여섯째, 종교적 흥미이다. 이는 종교와 신에 대한 흥미이다.

교수자는 아동에게 다방면의 흥미를 야기시켜 주어야 한다. 이를 가능하게 하는 4 단계설은 "명료화, 연합, 조직, 방법(적용)"이다. 이를 위해 "교수, 관리, 훈육"이 필요하다. 그가 주장하는 교수 4 단계설은 다음과 같다.

첫째, 교수자는 구체적 또는 설명적(직관적)으로 가르쳐야 하며,
둘째, 계속적 또는 일관되게 가르쳐야 하며,
셋째, 지양적 또는 향상되는 방향으로 가르쳐야 하며,
넷째, 장래목적에 응용하여 새로운 지식을 창출할 수 있도록 가르쳐야 한다.

이러한 교수 4단계설은 신(新)헤르바르트 학자들에 의해 다음과 같이 수정 보완되었다. 즉 예비(준비), 제시(자료화), 비교(연합), 총괄(일반화), 응용(해석)이 그것이다.

한편, 프뢰벨(Friedrich Wilhelm August Froebel, 1782-1852)은 유치원교육의 창시자이다. 그는 1840년 유아들과 고아들을 모아 놓고 가르치다가 6개월간의 고민 끝에 자신이 가르치는 교육기관을 어린이의 동산이라는 뜻을 가진 킨더가르텐(Kindergarten)이라고 명명했으며 아이들이 동산에서 뛰어노는 놀이를 가장 훌륭한 교육방법으로 간주했다.

프뢰벨은 생후 9개월에 어머니를 잃고 계모의 학대 하에 자랐다. 그는 페스탈로치를 방문하면서 교육을 생애사업으로 굳혔다. 그는 인간의 교육에 대해서 고민하였다. 특히 어머니로부터의 교육이 그의 관심이었다. 따라서 그의 교육관은 페스탈로치처럼 아동의 심리적 측면과 사회적 측면을 조화롭게 성장시키는 것이었다. 한마디로 프뢰벨의 교육은 페스탈로치에게서 자연발달의 원리를, 피히테에게서 행동의 원리를 계승하였다. 따라서 교육은 아동의 자연성, 아동의 선천적 능력 즉 개인의 잠재력 계발시키는 것이다.

또한 그는 인간을 식물로 비유하면서 원예가로서의 교사상을 제시했다.

그에 의하면, 아동의 시기는 놀이의 시기이며 자유가 최대한 주어지는 시간이다. 따라서 아동교육은 율동과 유희 등을 통하여 자기표현활동을 강화시켜 주어야 한다. 프뢰벨의 교육방법은 노작교육이었으며, 이는 놀이와 작업 중심으로 이루어졌다. 그에게서 놀이는 곧 아이들에게 작업이었으며, 교육은 노작활동을 통한 자기발전의 과정이었다. 그의 '행동교육론' 즉 '일하면서 배우자'는 구호는 훗날 듀이의 교육관인 '행위교육'(learning by doing)에 영향을 주었다. 또한 그는 교육을 통한 사회화(社會化, socialization) 역시 놀이 특히 '역할놀이'(Rollenspiel, role play)를 통하여 완수된다고 주장했다. 놀이를 통한 통일성은 마음과 의지, 신체, 정신의 조화를 가능하게 한다. 그의 교육적 공헌은 보모교육의 중시, 어머니의 진정한 본성 발휘 교육 강조 , 심의, 신체, 정신의 조화교육을 통한 전인교육, 놀이와 게임 중심 교육, 아동의 활동성, 욕구, 흥미에 입각한 자발적인 성장을 중시함으로써 내부로부터의 개발을 목표했다. 특히 그는 유치원교육이 성공하기 위해서는 당시 유아 아동을 돌보는 보모 또는 부모의 교육이 잘 되어야 한다고 생각했다. 이렇게 본다면, 그는 보모 및 부모교육의 창시자이기도 하다. 따라서 그는 유치원의 여교사 양성을 위한 보모양성교육도 시작했다. 또한 교육은 자기 활동, 연속발전, 개성화, 사회화, 직관훈련, 노작경험, 생활경험을 보장해야 한다.

8) 20세기 현대의 교육

20세기 교육은 자유주의 교육, 실험주의 교육, 사회주의 교육, 실용주의 교육, 실존주의 교육, 문화주의 교육, 진보주의 교육, 비판주의 교육, 항존주의 교육, 본질주의 교육, 문화재건주의 교육 등으로 다양하게 발전되었다.

우선 자유주의 교육철학은 루소 교육의 영향이다. 여기서는 개인의 자발성과 개성이 존중되며, 자유는 보편적 가치이다. 이를 위해 교육은 아동의 소질과 흥미를 중시해야하며, 이는 당시 지배적이었던 획일적 주지주의에 대한 반동이다. 대표적인 교육사상가는 엘렌 키(Ellen Key, 1849-1926), 그루리트(Ludwig Grulitt), 몬테소리(Maria Montessori, 1870-1952) 등을 꼽을 수 있다.

우선 엘렌 키는 남녀평등주의를 주장하면서 사회개혁의 방법은 아동교육에 있다고 했다. 그의 저술 『아동의 세기(1903)』는 루소의 자유주의와 다윈의 생물학적 원리를 적용하고 있다. 그에게 교육의 사명은 아동의 생명에 대한 자연적인 발전을 조성하는 것, 부모의 애정, 보호자와 성인의 억압 및 강요 금지이다. 아동은 의식적이든 무의식적이든 성인 특히 부모를 모범으로 모델링하고 모방한다. 교육은 아동의 진실을 이해하는 것을 기반으로 한다. 엘렌 키는 자유로운 삶의 분위기를 교육의 기본으로 간주했다. 그에 의하면, 회초리는 노예의 습관만을 키워준다. 그는 교육에서 무학급, 무교과서, 무시험, 무증서, 무훈계를 강조했다. 또 다른 대표적인 자유주의 교육철학은 몬테소리로부터 나온다. 그는 1907년 아동의 집을 개설했다. 실생활 훈련, 감각교육, 기초적 배움은 교육의 기본이었으며, 식사 준비, 단추달기를 훈육의 방법으로 도입했다. 감각훈련은 손가락, 발음 등을 강화시키고 글쓰기 방법, 카드로 언어 익히기는 중요한 교육덕목이었다.

실험주의 교육학자 모이만(Ernst Meumann, 1862-1915)은 교육사실에 대한 과학적 실험 연구를 기초로 한다. 교육을 위해 생물학, 인류학, 생리학, 아동심리학, 사회통계학에 의존하였다. 아동의 신체 및 정신적 발달, 아동 개인의 성격, 지능 및 소질이 중요하다. 그는 교육 및 교수방법의 규칙 설정하고 학교조직을 체계화하였다. 또 다른 실험주의 교육학자로는 레이(W.A. Ray), 러스크(R. Rusk), 비네(Binet) 등을 꼽을 수 있다.

한편, 대표적인 미국의 사회교육자 듀이(John Dewey, 1859-1952)는 개인은 사멸해도 사회는 영속된다고 주장했다. 그에게 사회적 인간은 경험적 인간으로 사회적 자아육성이 교육의 목표다. 베르그만(Paul Bergemann, 1862-1946) 역시 사회적 개인은 도야(bildung)를 통하여 이뤄진다. 여기서 도야는 사회작용, 생활교육, 살아 있는 교재를 통한 현재 사회와 현재 문화와의 교섭작용에서 비롯된다. 도야의 목표는 행동하는 인간이며 사회적 인간이고, 개인은 사회의 수단이다. 가정은 사회와 협력하여 아동을 교육해야 하며, 사회를 위해 개인의 자유를 억제할 필요가 있다.

인격주의 교육은 의식성, 자기결정성, 목적지향성, 불변적 자기동일성, 가치보전성을 목표한다. 대표적인 인격주의 교육학자 부데(Gerhard Budde, 1865-1944)는 자신의 저서 『정신적 교육』에서 정신생활의 중요성, 심정 및 의지의 도야를 주장했다. 부데의 교육방법은 주입식 지적 훈련에 반대하고, 권위교육 대신 신뢰의 교육이다. 『인격적 교육학』의 저자인 린데(Ernst Linde, 1864-1943)의 인격교육은 실존주의 교육에 뿌리를 두고 있다. 대표적인 실존주의자 부버(M. Buber)는 만남의 철학, 만남의 교육학으로 유명하다. 그는 『나와 너(Ich und Du)』라는 저서에서 '나와 너'로 만날 것인가, 아니면 '나와 그것'으로 만날 것인가 하는 화두를 통해서 나와 너가 인격적으로 만나는 것이 곧 삶이라고 주장한다. 나와 너는 원래 쌍(雙)으로 존재하며 나와 너가 떨어지는 순간 인간의 삶은 파괴된다. 따라서 교육은 나와 너의 관계를 회복시켜 주는 것이다.

이밖에도 비판주의 교육학자 나토릅(Paul Natorp, 1854-1924)은 학교비판을 통하여 사회교육(social education)을 주창했다. 즉 학교는 사회중심의 교육학을 수행해야 한다. 콘(Janas Cohn) 역시 사회교육으로서 학교교육이 재편되기를 희망했다. 문화주의 교육(Kulturalle Bildung)은 문화철학을 기반으로 하는데, 대표자는 딜타이(Wilhelm Dilthey, 1833-1911), 리트(Theodor Litt, 1880-1962), 슈프랑어(Eduard Spranger, 1882-1963) 등이다. 특히 딜타이는 정신과학적 심리학, 정신과학적 교육학의 창시자로서 '객관적 정신'을 찾고자 했다. 이는 역사주의 교육학에 뿌리를 두고 있는데, 문화의 절대성을 인정한다. 인간은 문화를 창조하고, 다시 인간은 문화에 구속된다. 리트는 헤겔의 변증법을 응용하여 변증법적 교육학을 창시했다. 슈프랑어는 『문화와 교육』에서 주관적 정신과 객관적 정신 그리고 절대정신을 구분했다. 객관적 정신은 문화이고, 절대정신은 문화책임, 문화양심을 통해 이루어지는 규범정신이다.

한편, 미국에서 실용주의 교육사상과 함께 성장한 진보주의 교육의 기본은 아동에게 자유부여, 아동과 학생의 흥미 중심교육, 지적 생활, 경험의 개조와 해석, 경험중심 교육과정, 감독 대신 충고 또는 조언, 경쟁보다는 협동, 상호관계 중시이다. 이들은 교육을 계속적인 성장의 과정으로 보았다. 진보주의 교육은 반(反) 헤겔철학 즉 규범주의, 관념주의, 절대주의에 기초하고 있다. 이는 교육의 기회균등을 추구하기도 하면서, 개인개발, 인력양성, 인간교육, 현실교육을 지향한다. 진보주의 교육은 교육은 반드시 민주적이어야 한다고 주장한다. 또한 진보주의 교육에서는 육체적, 지적, 도덕적, 사회적 발달을 통한 전인적 발달이 중요하다. 그런데 교육의 제1단계는 신체활동이며 교육의 2단계는 경험학습이다. 따라서 감각적 활동교육이 무엇보다도 중시된다.

진보주의 교육철학에 대한 비판으로는 아동중심교육은 방임적 개인주의이라는 지적이다, 왜냐하면 사회적 필요성 대신 개인주의와 상대주의에 편향되어 있기 때문이다. 따라서 비현실적인 지식과 본질적 지식을 구별해 내는 것은 교사의 몫이다. 이렇게 본다면 아동의 흥미는 사소하고 무익한 것이다. 따라서 아동의 흥미와 관심 위주로 교육을 하다

보면 배가 산으로 갈 소지가 있다. 아울러 학교에서는 또는 교육에서는 반드시 아동들이 배워야 할 것이 있다. 꼭 가르치고 배워야 함에도 불구하고 아동의 관심이나 흥미가 없다는 이유로 이를 교육에서 제외시킨다면 이는 교육의 본질을 망각하는 것이다. 인간의 삶에서는 현실적 요구 뿐 아니라 미래의 요구도 중요하다. 특히 당시 미국과 우주개발경쟁 상대국인 소련에서 유인우주선을 대기권에 안착시키는데 먼저 성공한 스푸트니크 쇼크(1957. 10. 4) 이후 진보주의 교육은 심한 비판을 받는다. 이때부터 학문과 과학 그리고 수학의 중요성에 대한 사실 인식은 진보주의가 주창하는 아동중심교육의 한계로 간주되기 시작했다.

항존주의(恒存主意, eternalism)는 교육의 절대원리로 회귀한다. 이는 전통적인 실재론(實在論)에서 유래를 찾는다. 영원성이란 변화보다는 실체이며, 삶에는 초자연적 질서가 있다. 예를 들면, 훌륭한 생활, 이성적 본질 등은 영원성을 의미한다. 영속성, 항구성, 항상성, 보편성, 근본성, 이데아(플라톤), 형상(아리스토텔레스), 도덕성 등의 개념이다. 허친스(Robert Matnard Hutschins), 아들러(Mortimer J. Adler), 뉴만(John H, Newman), 마리탱(Jacques Maritain) 등이 대표자이다. 특히 허친스(Hutschins)는 시카고 대학의 총장 시절에 "대저서 프로그램(The Great Books Program)"을 도입하면서 고전 100선을 졸업자격기준으로 정했다. 이는 반(反)주지주의에 대한 비판이었다. 항존주의 교육의 기본은 인간의 본질은 불변, 이성은 욕망통제에 필수적, 보편적 진리의 존재성이다. 교육은 진리에다 인간을 적응시키는 것, 생활을 준비하는 것으로서 인간의 삶에서는 영원히 변할 수 없는 근본덕목이다. 위대한 고전과 교재중심교육 그리고 인간의 삶은 모두 동일하다. 아동의 흥미가 중요하다고 하더라도 이는 엄격한 훈련과 교육을 통하여 나타난다. 항존주의 교육철학에 대한 비판은 우리의 삶에서 귀족적, 금욕적, 지적인 귀족 그리고 고전적 교과서만이 현실은 아니다.

본질주의(本質主義, essentialism)는 절충주의이며 선택적 항존주의라고도 한다. 대표자는 베글리(William C. Begley), 모리슨(Morrison), 브릭스(Thomas Briggs), 캔들(Isaac L. Kandel), 브리드(Frederick Breed), 브릭만(Brickman), 베스토(Arthur Bestor), 스미스(Mortimer Smith) 등을 꼽을 수 있다. 이들의 공통적 견해는 가장 존귀한 인류 문화재의 교육이 필요하다. 따라서 아동의 자유는 제한될 필요가 있다. 학교에서는 아동들에게 방종이 금지되어야 하기 때문에 교사의 통제가 필요하다. 본질주의 교육에서는 교육의 주도권은 교사에게 있고 전통적 교육방법 역시 아동의 흥미 못지않게 요구된다.

그러나 항존주의와 달리 본질주의는 진보주의와 일부 절충한다. 본질주의자들은 교육에서 '본질'(Essence)이 무엇인가를 찾는 것이 가장 우선시 되어야 한다는 주장이다. 그러나 본질은 항구적으로 영원하되기도 하지만 그렇지 않을 수도 있다. 이를테면 본질이란 삶의 본질로서 사회적 요구와 사회적 관심과 무관할 수 없다. 그러나 문화적 유산은 정해진 교과서에 담아서 보존하고 전달되어야 한다는 본질주의의 주장은 항존주의와 통한다. 그럼에도 불구하고 본질주의에서 고전(古典)은 반드시 영원할 필요는 없으며 현실과 절충될 필요가 있다. 이로써 본질주의는 항존주의와 거리를 둔다. 본질주의와 항존주의는 모두 지적 훈련을 강조한다. 다만 본질주의에서는 영원한 진리보다는 사회적 환경에 개인이 어떻게 적응할 수 있는가 하는 문제에도 관심을 둔다. 이는 진보주의의 장점을 수용한 것이다. 또한 본질주의는 과거의 지혜가 현실문제의 해결에 도움을 주어야 한다는 점을 강조한다. 즉 어떠한 지혜가 삶의 본질에 충실할 수 있는가? 본질주의 교육에 대한 비판은 변화하는 문화에 대해서는 무감각하며, 근본적인 문화유산이 무엇인가에 대해서 애매한 태도를 보이고 있으며, 지적인 진보성과 창의성에 대해서도 보수적인 입장을 고수한다.

한편, 문화재건주의 교육(Cultural/ Social Restructualism)은 원칙적으로 듀이의 교육사상을 계승한다. 듀이(J. Dewey)는 저서 『철학의 개조(1920)』에서 제시된 진보주의 성향을 바탕으로 특히 제2차 세계대전 후에 닥친 문화적 위기를 해결하기 위해서 교육을 통해서 사회를 재구성 하도록 하자는 취지로 시작되었다. 대표자 브라멜드(Theodore Brameld, 1904-1987)는 『교육철학의 여러 형태(1950)』, 『문화적 입장에서 본 교육철학』, 『재건된 교육철학을 지향하여』 등을 통하여 문화재건주의의 기본적 이론을 정립했다.

문화재건주의는 말 그대로 문화를 재건하는 것을 목표한다. 이는 '사회재구성'(social restructuring)이라는 목표와 통한다. 아울러 사회를 재구성하는 과정에서 추구되는 사회질서는 민주적이어야 한다. 따라서 이들의 문화재건의 최종 목표는 민주주의의 건설이다. 이를 위해 교육은 우선 학생들로 하여금 사회적-문화적 힘을 각성시키는 것이다. 왜냐하면 이것이 바로 사회재구성의 원동력이기 때문이다. 교육은 바로 이러한 일에 기여해야 한다. 한마디로 교육은 사회적 자아실현(Social Self-Realization)을 목표한다. 이는 개인의 합리적인 힘의 배양을 위함이기도 하다. 이를 위해 브라멜드는 교육은 '행동과학'(Behaviorism)에 의존해야 한다고 주장했다. 왜냐하면 개인으로 하여금 사회를 재건시킬 수 있는 합리적인 힘을 배양시키기 위해서는 과학적인 행동변화가 중요하기 때문이다.

문화재건주의에서 추구하는 사회상은 풍요로운 경제 체제의 재건, 건설적 통합적 수단으로써의 국가 재건인데, 특히 대중사회의 복지에 책임지는 과학과 문화의 창조적 표현이 되는 예술 영역이 재건되어야 한다. 따라서 이러한 사회 및 문화의 재건을 위한 교육조직이 새롭게 구축될 필요가 있다. 이로써 추구되는 새로운 인간상은 유아, 아동, 청소년, 성인의 구분없이 모든 이들에게 권리와 의무가 공평하게 분배되게 함으로써 민주사회에 대해 모든 구성원들이 서로 책임질 수 있도록 해야 한다. 그러나 문화적 재건주의 교육은 행동과학에 지나치게 의존하고 있는 관계로 교육의 과학만능주의를 지향하고 있다는 비판을 받고 있다.

마지막으로 존 듀이(John Dewey, 1859-1952)의 교육이다. 듀이는 미국의 행동적 휴머니즘 및 실용주의 교육의 창시자이다. 실용주의 교육사상의 배경으로는 퍼스(C. S. Pierce), 제임스(W. James), 미드(G. H. Mead)의 사상을 들 수 있다. 당시에는 교육현장에서도 콩트의 실증주의를 위시하여 베르그송의 생철학 그리고 자연과학과 실험적 논리학이 대세였다. 그러나 듀이가 1896년 시카고 대학 부설 실험학교를 설립 운영하면서 듀이의 교육사상은 하나의 독자적인 교육세계를 그려나가기 시작했다. 그는 이어서 『학교와 사회(1899)』, 『민주주의와 교육(1916)』을 출간하면서 진보주의 교육관을 토대로 실용주의 교육철학을 완성해 나갔다. 당시 듀이에게 가장 중요한 것은 민주주의 공동체의 생활방식이었다. 또한 진보주의 교육을 주창했던 당시부터 그의 교육사상은 아동중심 교육, 흥미중심교육, 경험중심교육, 상호작용중심, 안내자로서의 교사, 학생의 동료로서의 교사상, 커뮤니케이션, 토론, 대담방식 수업, 관심의 다양성 등의 개념으로 이루어지고 있었다. 특히 듀이의 경험중심 교육과정은 아동으로 하여금 경험의 재구성과 재구조화를 돕는 것으로 짜여진다. 이를 통하여 그는 교육현장에서 아동들의 자발적 활동을 촉진시킴으로써 아동활동중심의 교육으로 바꾸어야 한다고 하면서 지적활동과 유희작업의 조화 그리고 일상생활, 아동의 성장, 아동의 경험, 사회적 과정 중시, 능동성을 교육의 핵심요소로 간주하고 당시 지배적이었던 암기식 교육의 폐기를 주장했다. 한마디로 듀이에게 교육은 아동의 자아실현이며 능력과 의욕의 성장이며 자기갱신 과정을 통한 끊임없는 성장이다. 여기서 성장은 아동의 경험을 계속적으로 개조시키고 재구조화하고 재구성하게 함으로써 가능하다.

한편, 감각 즉 오감(五感)을 통한 듀이의 경험교육은 로크와 루소의 영향이다. 이들은 활동을 교육의 시작으로 보았으며, 아동에게 경험 속의 사고를 유도하여 반성적 사고(Reflective Thinking)의 작용을 할 수 있도록 하는 것을 교육이라고 보았다. 즉 이들에게 교육이란 경험의, 경험에 의한, 경험을 위한 교육이다. 특히 듀이에게는 경험을 통한 지식이 진정한 지식이며 또한 경험적 지식이 바로 모든 지식의 토대 지식이다.

> "경험적 지식과 보다 높은 합리적(또는 이성적) 지식의 대립이 있다. 전자는 항상 다반사와 관련되는 것으로서, 특별히 전문적인 지적 활동에 종사하지 않는 보통 사람들의 목적에 봉사하며 그들의 욕구를 즉각적인 환경에 조화롭게 관련짓는 일을 한다. 이러한 종류의 지식은 교양적인 의미가 결여된, 순전히 실용적인 것으로서, 경멸까지는 아니라 하더라도 경시되고 있다. 합리적 지식은 실재를 궁극적으로 또 이성에 의하여 직접 파악하는 것이라고 생각된다. 이 지식은 그것을 추구하는 것 자체가 목적으로서 이론적 통찰을 얻는 것으로 끝나야 하며, 행동에 적응된다든지 하는 식으로 비하되어서는 안 된다. 사회적인 면에서 보면, 이 두 가지 지식은 각각 노동단층이 사용하는 지능과 생활수단에 대한 관심과는 거리가 먼 유식계층이 사용하는 지능에 상응한다. 이 구분이 교육에 적용될 때, 학생들은 한편으로는 수많은 구체적인 정보들을 따로 따로 배워야 하며, 또 한편으로 몇 가지 법칙이나 일반적 관계를 배우지 않으면 안 된다."(존 듀이, 1916/ 이홍우, 1996: 501-502)

그런데 중요한 것은 듀이의 경험 교육은 반성적 사고를 동반하는 반성과 성찰의 교육이라는 점이다. 즉 아동은 시행착오의 경험을 거듭하면서 반성과 성찰을 통하여 진정한(산)지식을 습득한다. 또한 듀이에게 교육은 사회생활의 유지, 존속의 수단이며 사회개량의 과정이다. 이런 의미에서 듀이에게 학교는 '작은 사회'이며, 사회화(社會化)는 교육이 추구해야 할 목표가 된다. 그러나 듀이의 사회화는 단순한 사회적응이나 사회순응을 의미하는 것이 아니다. 듀이의 교육은 지식을 가지고 사회생활에서 규율을 지킬 수 있는 사회화된 사람이면서 동시에 현재의 사회제도를 개혁하고 수정하여 사회발전에 기여하는 사람을 양성하는 것이다. 즉 교육은 인간개조를 통하여 사회개조를 할 수 있도록 하여 궁극적으로는 올바른 민주주의 사회를 건설하는 데 기여할 수 있는 인재를 육성하는 것이다.

듀이가 창안한 교육의 방법은 재래식 암기교육을 버리고 능동적 탐구학습의 방법으로서 '문제해결'의 과정을 의미한다. 그가 제시하는 문제해결의 단계는 다음과 같다.

1단계: 문제에 직면한다.
2단계: 문제를 명확하게 확인한다.
3단계: 문제해결의 계획을 세운다.
4단계: 자료를 수집하고 예정된 계획을 전개시킨다.
5단계: 결과를 검증하여 확실한 해결에 도달케 한다.

한편 듀이 교육의 최종 목표는 아동의 성장(growth)이다. 아동이 문제를 해결하면 그것은 바로 성장했다는 증거이다. 따라서 문제해결은 듀이 교육에서 과정이며 목표이며 성장의 징표가 된다. 이를 위해 듀이가 추구한 교육방법은 아동의 흥미와 관심을 중심으로 경험하게 하고 반성적 사고를 통해 경험을 재구성하도록 한다. 반성과 성찰을 통해 온전한 경험 지식을 얻기 위함이다. 이 과정에서 아동은 자신의 경험을 토대로 무엇인가를 '탐구'하게 된다. 이를 우리는 듀이의 실험적 방법이라고 한다. 아동이 자신의 흥미와 관심을 가진 영역을 직접 경험하고 실험하고 탐구하게 함으로써 아동은 마침내 반성적 사고를 통한 반성적 실천을 함으로써 끊임없이 성장하게 된다. 성장의 증거는 문제해결이다. 즉 교육의 과정에서 문제해결이 이루어지면 아동은 한 단계 성장한 것이다. 계속적인 문제해결을 통하여 아동은 지속적으로 성장한다. 참고로 듀이가 가장 중시한 아동의 네 가지 흥미는 그림과 교제의 흥미, 사물을 탐구하고 발견하는 흥미, 물건을 제작하고 구성하는 흥미, 예술적 표현의 흥미로 구분된다.

2. 한국의 교육

1) 고조선의 교육

고조선(古朝鮮)은 우리나라 최초의 고대국가로서 일반적으로 BC 2333년에 단군왕검(檀君王儉)이 세웠다는 신화상의 단군조선과 B.C. 108년 중국 한(漢)나라에 의해 멸망된 위만

조선(衛滿朝鮮)을 함께 포함하는 경우가 많다. 하지만 단군신화는 고조선의 건국과 관련된 일련의 역사적 사건들이 신화적으로 정리된 것으로서, 그 연대나 세부적인 내용에 대해서는 새로운 해석이 계속 나오고 있다.[31)]

① 홍익인간의 이념

김부식의 작품《삼국유사》의 단군신화에 관한 글에 다음과 같은 내용이 있다. "환인(桓因)의 서자(庶子) 환웅(桓雄)은 하늘 아래에 있는 인간 세상에 늘 관심이 많았다. 아들의 뜻을 알게 된 아버지 환인은 하늘 아래 삼위태백(三危太伯)을 굽어보면서 인간을 널리 유익하게(弘益人間) 할 수 있으면 좋겠다고 생각했다. 그리하여 아들에게 천부인(天符印) 3개를 주어 인간세계로 보내 다스리게 하였다." 여기서 홍익인간이라는 글귀가 나온다.[32)] 이러한 홍익인간의 개념은 단군사상이 되었고, 홍익인간의 세상은 '교육'을 통해 열릴 수 있다는 생각이 시작되었다.

② 팔조금법(八條禁法)

팔조금법은 말 그대로 8개의 금지조항으로 구성된 고조선 시대의 법률로서 팔조지교(八條之敎)라고도 한다. 이는 환단고기(桓檀古記) 번한세가(番韓世家) 하편에 나온다. 제1조. 살인자는 즉시 사형에 처한다. 제2조. 남의 신체를 상해한 자는 곡물로써 보상한다. 제3조. 남의 물건을 도둑질한 자는 소유주의 집에 잡혀 들어가 노예가 됨이 원칙이나, 배상하려는 자는 50만 전(錢)을 내놓아야 한다. 제4조. 소도를 훼손한 자는 금고(禁錮)에 처한다. 제5조. 예의를 지키지 않은 자는 군에서 복무하게 한다. 제6조. 게으른 자는 부역을 보낸다. 제7조. 요사스럽고 음탕한 짓을 하는 자는 태형(笞刑)을 가한다. 제8조. 사기를 친 자는 훈계한다.

《한서지리지 연조(漢書 地理志 燕條)》에는 3조만 전해지고 나머지는 소실된 것으로 나온다. 이러한 팔조금법은 위만조선을 지나 군현시대까지 내려오는 동안 60조로 확장되었다는 설도 있으며, 팔조금법은 위작이라는 논쟁도 있다. 하여간 이는 고조선 시대의 관습법 내지 실천적 윤리강령으로서, 인간존중사상, 평등사상, 사유재산인정, 도덕성 등을 기초하

31) <브리태니커>에서 인용함.

32) <위키백과>에서 인용함.

고 있다. 특히 팔조금법은 당시 고조선 사회에서 도덕교육의 중요성을 알려주고 있다.

2) 삼국시대의 교육

(1) 불교와 비형식교육(非型式教育)

삼국 시대 이전에 교육은 주로 생활교육, 제정일치교육, 군사교육, 생산교육 등으로 행해졌다. 삼국시대에는 외래종교의 유입과 함께 고대사상이 정립된 시기이기도 하다. 따라서 교육사상도 다분히 샤마니즘적인 토속사상과 종교적 성향을 토대로 전개된 외래사상이 혼합되는 과정에서 생성되었다고 할 수 있다. 우선 삼국시대에 도입된 불교는 사찰에서 승려나 신도들이 도를 닦는 것으로서 자기교육 내지 자기도야가 교육의 근간이었다. 물론 부처의 가르침에 따른 자기수련이고 자기수양이었다. 지금의 개념으로는 '비형식적 교육'이라고 할 수 있다. 그러나 유교의 도입과 함께 소위 '제도권 교육'이 시작되었다. '형식적 교육'의 시작이라고도 할 수 있다.

불교의 전래와 비형식적 교육은 대략 4세기 초에서 7세기 중엽까지에 걸쳐서 이루어졌다. 우선 불교 교육은 불교의 창시자인 고다마 싯다르타의 가르침에 따라 발생한다. 부처는 깨달음을 얻은 자이다. 고구려(372, 소수림왕 2년), 백제(384, 침류왕 원년), 신라(417-458, 눌지왕) 등 4세기말 우리나라에 전래된 불교는 인과응보, 자비, 평등사상, 불성, 성불가능성을 가르침으로써 인간존엄사상, 평등관을 심어주었다. 불교는 공공자선의 개념, 생명체존중사상, 인도적 자비심을 기반으로 무속신앙에서 고등종교로 발전하였다. 이 과정에서 삼국도 각자 고유한 민족문화가 형성된다. 특히 불교가 내세운 우주만물의 절대평등, 인간의 존엄성, 자비는 살생유택의 비폭력문화를 만들어 내었다고 할 수 있다. 특히 불교의 비형식적 교육의 차원은 대중교화의 길을 열어 놓았다고 할 수 있다. 이를테면, 원효의 화랑도 같은 정토교 사상은 아미타불을 목표하는데 이는 한량없는 생명을 얻는 것이 목표다. 이러한 사상은 교육을 통하여 대중으로 널리 유포될 수 있었다. 이른바 대중불교의 개념은 교육을 통해 가능했다고 할 수 있다. 즉 대중불교로서의 정토불교를 정립한 원효사상의 핵심인 세속오계는 불교오계로부터 나온다. 살아있는 생명을 죽이지 마라(不殺生), 훔치지 마라(不偷盜), 음행하지 마라(不邪淫), 거짓말하지 마라(不妄語), 술마시지 마라(不飮酒)고 말하는 불교오계는 살생유택, 교우이신, 군신이충, 사친이효, 임전무퇴의 원효오계로 발전한다.

백제의 왕흥사, 신라의 황룡사는 대표적인 호국불교(護國佛敎)를 상징한다. 이로써 불교의 교육은 호국사상을 전파하는 데에도 기여했다. 호국사상을 목표로 하는 학문, 공부, 수양 그리고 득도과정은 마침내 인격(人格)을 형성하는 길이기도 했다.

(2) 유교와 형식교육(型式敎育)

유교는 공자(B.C. 551-479)의 사상에서 출발하며, 맹자(BC. 371-289)에게서 완성되는 종교이다. 따라서 우리는 유교사상을 공맹사상이라고도 부른다. 유교는 왕도(王道)를 기본으로 하고 있다. 우리는 이를 민본주의 사상이라고도 한다. 고구려의 학교교육은 태학과 경당에서 이루어졌는데 특징은 학교교육의 시작인 문자사용과 함께 한다는 사실이고 유교의 경전인 논어(論語)를 중심으로 전개되었다.

고구려의 태학(372)은 아시아 최초의 유교대학으로서 중앙에 설치된 관학이었다. 여기서는 5경(시전, 서전, 주역, 예기, 춘추)과 3서(사기, 한서, 후한서)를 가르쳤다. 경당은 관학이 아닌 사학(私學)으로서 평민들에게도 개방된 지방의 학교였다. 여기서는 독서, 활쏘기, 5경, 사기, 한서, 후한서, 삼국지, 춘추, 옥편, 자통, 자림, 문선 등이 교육의 내용이었다. 이렇게 본다면 경당은 교육기관인 동시에 군사적 기관이었다고 할 수 있다. 동서를 막론하고 고대의 교육은 무사(武士)를 양성하는 교육에 치중해 있었다고 할 수 있는데 고구려시대의 유교교육도 대동소이했다고 할 수 있다.

백제의 교육은 많은 문헌이 남아 있지는 않지만 유교교육을 일본에 전파한 것으로 알려져 있다. 그러나 백제시대에 학교를 세웠다는 기록은 어디에도 없다. 물론 대부분의 자료가 유실된 탓도 있다. 285년 왕인은 논어와 천자문을 일본에 전하였다고 기록되어 있다. 또한 백제시대에는 박사제도를 두고 있었다는 기록도 있다. 구체적으로 백제시대에는 모시박사(毛詩博士), 의박사, 5경 박사(역, 시, 서, 예, 춘추) 제도가 있었으며, 농업기술, 직조기술, 의약, 천문, 지리, 음악, 미술, 공예 등 기술 전수가 학교교육을 통하여 이루어졌다고 전해진다.

신라의 교육의 근간은 화랑도 교육이었는데, 이의 목표는 '화랑'(花郞)을 길러내는 것이었다. 화랑은 주로 15세에서 18세 사이의 꽃처럼 아름다운 남성이라는 뜻인데, 화판, 선랑, 국선, 풍월주 등으로도 불렸다. 교육대상은 진골귀족, 하급귀족, 일반평민출신 등 다양했는데, 초대화랑은 '설원랑'이다. 화랑도는 진흥왕(540-576) 때 정식으로 승인되었다. 이때부터 화랑은 반민반관의 조직체가 되었으며, 화랑도교육은 충성과 애국, 불교의 미륵신앙과 결부되어 이루어졌다. 화랑도교육은 용감한 병사와 실천적 인물을 양성하여 시민의 덕성함양과 사회질서의 안녕에 기여할 수 있도록 하는 것을 목표하였다. 특히 화랑도교육의 특징은 화랑들로 하여금 전국의 명승지를 순례시키면서 국토에 대한 애착심을 갖도록 했다. 이는 궁극적으로는 인성함양과 심신수련에도 영향을 미친다고 여겼던 것이다. 삼국통일의 일등공신인 문무왕도 화랑도교육 출신이다.

신라의 학교교육에 대한 생각은 선덕왕 9년(640)에 귀족들이 자기들의 자제를 중국학교에 입학시키면서부터 비롯되었다. 즉 해외 유학이 점증하면서 신라 내부에서도 학교를 설립해야 한다는 여론이 비등해지자 신문왕 2년(682)에는 예부소속으로 신라 최초로 국학(國學)이 설립되었다. 물론 이는 중국학제의 모방이었다. 신라 최초의 학교인 국학은 경덕왕 때에 태학감으로 바뀌었으며, 공덕왕 때에는 다시 국학으로 명칭이 바뀌었다. 물론 신라시대의 국학은 중국 당나라의 국자감 체제를 모방한 것이었다.

국학은 첫째, 유교의 사상 연구 보급하는 창구로서의 역할을, 둘째, 유학의 이념에 의한 국가관리양성체제로서의 역할을 해 냈다. 국학의 입학자격은 15세부터 30세의 남자로 태사(12급)부터 무위자(無位者)까지 가능했다. 수업연한은 9년이었고 졸업 후에는 태내마(10등급), 내마(11등급)의 자격을 부여받았으며, 교육내용은 논어와 효경이 필수과목이었다. 선택과목으로는 예기, 춘추, 좌전, 모시, 상서, 문선 등이 있었는데, 특히 문선은 중국의 국학에는 없는 과목으로서 논술과 문장력을 교육하기 위함이었다. 또한 원성왕 4년(788)에는 독서삼품출신과를 제정했는데, 이것이 한반도에서 오랜 시간 동안 교육제도의 대명사가 된 '과거제도'의 효시가 되었다.

이렇게 하여 신라의 인재양성방식은 크게 두 가지로 화랑도의 궁전법을 통하여 무관이 될 수 있는 길이 있었으며, 독서삼품과를 통하여 문관이 될 수 있는 길이 있었다. 신라가 삼국을 통일한 후에는 국학을 정비하고 학교를 통한 유학이념의 연구 보급에 진력하였다. 이로써 우리나라에서 학벌중심, 시험본위의 교육제도가 정착되기 시작했다.

3) 고려시대의 교육

고려시대는 유교사상이 국가의 근간이 된 시기이다. 고려의 유교철학은 국가철학이며 동시에 교육철학이 되었다. 특히 교육은 공맹사상을 기반으로 이루어졌다. 제6대 성종 11년(992년)에 국자감을 설치하였고, 경학박사, 전장제공, 태학전(성균관전)을 부여했다. 제11대 문종 때에는 해동공자 최충이 세운 구제(九齊)학당이 있었다. 이는 유학의 중흥을 기치로 삼았지만 결국은 학벌형성과 사학진흥에 크게 기여했다. 고려 후반기의 충렬왕 때에는 원나라로부터 주자학이 도입되었다. 고려시대의 관학은 신라문화의 계승과 유불사상을 지배하였지만, 묘청의 난을 계기로 불교는 상류계급의 신앙으로 축소되었다. 반면 유교는 사상보다는 교육의 원리를 제공했으며, 교육기관은 관학과 사학으로 크게 나뉘었다.

① 국자감

국자감은 국가가 관장하는 종합대학으로서 이는 성종 11년(992) 국학(國學)으로 설치되었다. 그러나 나중에 성균감, 성균관 등으로 명칭이 바뀌게 된다. 교육목표는 관리양성으로서 유교 학문의 연구기관이기도 했다. 학제는 17대 인종 때에 완비되었는데, 국자학, 태학, 사문학, 율학, 서학, 산학 등 육학으로 구분된다. 학교의 입학자격은 각 영역마다 달랐다.

몽고병란 이후에는 몽고내정간섭으로부터 탈피하려는 민족적 반항의식에서 신라의 대학인 국학(國學)이라는 명칭이 다시 사용되었다. 충렬왕 20년(1304년) 안향(安珦)은 국학의 육성과 유학의 진흥을 위해 <섬학전>이라는 육영재단을 양현고에 설치하였다. 이는 충렬왕 34년에 성균관으로 이름이 바뀐다. 이색(李穡)은 공민왕 원년(1352년)에 불교배척운동을 하면서 신유학의 진흥에 몰두했으며, 공민왕은 정주성리학의 부흥을 도모했다. 특히 정도전(鄭道傳)은 주자학의 관점에서 정주심리학을 세우면서 결국은 척불운동의 기수가 된다.

② 향교

향교는 지방에 설립된 교육기관이다. 여기에서는 국자감에서 귀향한 자와 지방유지의 자제를 대상으로 교육하였다. 향교는 공자 등 선성을 모시는 문묘 즉 문선왕묘(文宣王廟)로서 문묘를 중심으로 학을 강하는 명륜당을 두었다. 명륜당은 유교의 사당인 동시에 교육기관이었는데, 여기서 성적이 좋으면 국자감에서 공부할 수 있었다.

③ 동서학당과 오부학당

동서학당과 오부학당은 중앙(개경)의 각부에 설치되었다. 이는 중국에도 없는 독창적 제도로서, 국자감에서 교육을 받지 못하는 개경의 학도들을 교육시키는 기관이었다. 동서학당(24대 원종 2년, 1261)은 개경의 동쪽과 서쪽에 설치되었고 별감이 교학으로 교육하였다. 5부 학당(공양왕)은 개경의 중앙과 동서남북에 세운 학교로서, 개경의 학도들에게 지방의 향도 정도의 교육을 시킨 기관이다. 이는 향교와 동종의 학교이다. 다만 향교처럼 문묘가 없으며 순수한 교육만 하였는데, 이것이 조선시대 4학으로 계승되었다.

④ 12도

12도(徒)는 개경에 있던 12개의 사학을 말한다. 최충(崔沖, 1055, 문종 9년)은 9재 학당을 세워 문헌공도(文憲公徒)라는 명칭을 사용하였다. 교과목은 국자감과 거의 같은 구경(九經)과 삼사(三史), 제술(製術) 등이었다. 여기서는 급제하고도 관직에 취임하지 못한 우수한 선비를 골라 학생들을 교육하였다. 우리는 문헌공도와 11개의 사숙을 합하여 12도(徒)라고 부르는데 이는 학문을 따르는 '무리'라는 뜻이다. 여기에는 과거시험의 응시자들이 대거 몰렸다. 이는 성균관의 성적 부진 때문이었는데, 이로써 관학의 권위가 추락하는 계기가 되었다. 결국 12도는 공양왕 때 폐지되었지만, 역사적으로 우리 사회에 학벌의 전통을 남기게 되었다.

이밖에도 서당이 있었다고 전해지는데 이는 초등교육기관이었다. 실재로는 도처에 서당이 있었다는 흔적과 구전은 풍성하지만 고려시대의 서당에 관한 기록이나 문헌은 거의 부재하다.

4) 조선시대의 교육

(1) 조선시대의 교육이념

조선시대에는 유학이 국가이념이었다. 숭유억불(抑佛崇儒) 정책을 통하여 조선은 국가통치체제를 강화하였다. 훈구파와 사림파의 대결을 기점으로 사림정치시대(16세기 조광조 이후)가 열렸다. 시간이 흐르면서 점차 사림의 분열로 당파가 형성되고 이들 당파가 집결되었던 사원의 설립이 활성화된다. 소수서원이 대표적이다. 이를 통하여 향촌의 유림활동이 확산되었다. 아울러 향약이 지역사회에 만연되면서 유교적 향촌 질서가 형성되었다.

성리학의 발달은 퇴계와 율곡의 사단칠정(四端七情)에 관한 논쟁으로 극대화된다. 또한 예학이 발달하고 성리학 논쟁이 활성화되고 청나라 배척(의리론)의 분위기고가 고조되면서 정통 도학에의 도전이 일어난다. 대표적인 것이 성리학의 사변적 공허성과 의리론(비실리적명분주의)과의 대결구도라고 할 수 있다. 이러한 논쟁으로부터 실학(實學)이 대두되는 계기가 발생한다. 한편, 18세기 초에는 양명학(심학파)이 형성되기 시작한다. 또한 이때부터 서학(西學)을 수용하게 되었고 조선 땅에서 저 멀리 로마 카톨릭의 신앙운동이 일어나는 등 복잡한 국내 상황이 연출되었다.

유교는 수기치인(修己治人) 즉 수신제가치국평천하(修身齊家治國平天下)을 목표한다. 학문이 수신(수기)이고, 교육과 정치(치인)는 동일시되었다. 이는 공자가 추구한 인재상이 바로 관료이며 정치적 지도자였기 때문이다. 구체적으로 수기(修己)는 나를 도야하는 것을 목표하는 것이고, 치인(治人)은 타인을 통치하는 것을 목표한다. 수기치인을 달성하는 방법에는 존양궁리(存養窮理)가 있다. 존양(存養) 즉 존심양성(存心養性)으로 이는 수양의 기본으로서 마음을 가다듬어서 선량한 본래의 마음을 그대로 기른다는 뜻이다. 궁리(窮理)는 우주의 근본원리(하늘과 사람의 관계)를 깨우치는 것이다. 법성현(法聖賢)은 성현을 본받아 배우고 수양하는 것으로 성리학(性理學)을 의미한다. 성리학의 목표는 성인군자(聖人君子)를 양성하는 것으로서 군자는 현실의 목표이다. 따라서 성리학은 '군자(君子)의 학'이라고 할 수 있다. 공자 역시 성인군자는 반드시 정치에 종사하여야 한다고 주장했다.

조선 중기 이후에 유교주의(儒敎主義)는 절정에 달한다. 조광조, 서경덕, 조식, 이황, 이이 등이 당시 대표적인 성리학자들이다. 율곡의 교육관과 정치관은 자연과 동화한 심정윤리로서 이기일원론(理氣一元論)이었다. 청강절의(淸廉節義)는 선비사상의 핵심으로 특히 역사를 공정하게 기록하는 사관(史館)을 양성하는 사관제도였으며, 이것은 교육의 최고덕목이기도 했다. 교육은 사장(詞章) 중심의 교육으로 이기설(理氣說) 중심이었는데, 이로써 18세기에는 실학파가 대두되었다.

(2) 교육목적

조선시대 교육의 내용은 성리학(性理學)과 잡학(雜學)으로 구성되었다. 교육의 목적은 성인군자(聖人君子)로서 이상주의적 도덕인을 양성하는 것이다. 경학(經學)의 목적은 과거시험에 응시하는 현실적 관료를 양성하는 것이다. 조선중기 이후부터는 과거시험이 교육을 대신했다. 성균관에 가지 않아도 과거시험만 잘 보면 된다. 따라서 과거시험에 붙어서 사대부(士大夫)로서 출세하는 것만이 교육의 목표가 되었다. 물론 사대부는 자기와 타인의 발전을 위해 요청되는 인재상이라고 할 수 있다. 그러나 과거시험만으로 인재등용을 하는 국가인재관은 결국 사농공상(士農工商)이라는 직업귀천사상을 토대로 하는 신종 계급사회를 탄생하도록 했다.

(3) 교육제도와 교육과정

조선은 수도 한양(漢陽)에 성균관(고등교육기관)과 ∠학(중등기관)을 두었다. 지방에는 향교와 서원(중등기관) 그리고 서당(초등기관)이 있었다. 이들은 각각 독립된 기관들이기에 정부는 모든 교육기관을 체계적으로 감독하기 위해서 학령(學令)과 경국대전(經國大典)을 제정하였다. 중앙정부에서는 성균관과 사학을 직접 관할하고 지원하도록 하였으며, 향교는 지방관청 관할이었지만 중앙정부에서 지원하도록 하였다.

① 성균관

성균관(成均館)은 1398년 태조 7년에 건립되었는데, 원칙적으로는 공자를 비롯한 성현(聖賢)을 모시는 곳이다. 지금도 서울 명륜동에 소재하고 있는데, 원래는 대성전, 명륜당, 기숙사로서 동서제(東西齊), 도서관으로서 존경각 등이 있었다. 여기는 공자를 위시한 옛 성현에 대한 예의를 지키고 조상숭배를 실천하는 추모의 공간이며 아울러 이를 위한 교육과 교화가 목적이다. 대성전에는 공자, 안자, 증자 등 중국의 선현과 우리나라 안향, 이황, 이이 등 성현18위가 모셔져 있다.

특히 명륜당(明倫堂)은 교육의 장소로서 소과(小科)에 합격한 진사, 생원 중 200명을 선발하여 대과준비를 시켰던 학교이다. 이들은 전원 관(官)에서 지원하는 기숙사생이었다. 그러나 조선 후기부터 성균관과 명륜당은 쇠퇴하고 서원(書院)이 번창하였다. 성균관의 입학자격은 원칙적으로 양반, 생원 진사의 자격을 가진 양반자제로 15세 이상이었다. 입학생이 결원 될 시에는 우선적으로는 관에 공로가 있는 자, 문과 및 생원 진사로서 초시인 한성시와 향시에 합격한 자 그리고 관리 중 원하는 자가 입학할 수 있었다. 성균관에 설치된 유소제도는 일종의 관리를 탄핵하는 제도였는데, 주로 성균관 유생들이 이를 활용하였다. 교육내용은 강독(4서5경), 제술, 서법(해서, 행서, 초서)이었고, 재원은 학전과 노비로 이루어졌다. 아울러 양현고는 학생들의 식료 공급 비용을 조달하기 위해서 고려중기 예종 때 설치되어 조선시대에도 계속 계승된 기관이다.

② 4학

4학(四學)은 4부학당(四部學堂)의 준말이다. 구체적으로 이는 동부, 서부, 남부, 중부 학당으로 고려시대의 동부학당과 서부학당의 계승이었는데 실제로 북부학당은 설치된 적이 없다. 또한 4학은 생원, 진사시험, 문과응시생, 성균관의 부속학교 같은 기능을 가진 기관으로서 성균관과는 달리 문묘가 설치되지 않았다. 4부 학당의 총 정원은 400명으로 제한되어 있었다. 4학의 필수과목은 소학이며, 선택과목은 효경, 사서오경, 문공가례집, 제사, 초사, 문선, 등 매우 다양하였다. 임진왜란 후에 학당들은 학생 수가 감소하면서 소실되기 시작했다. 조선은 학당을 재건시키기 위해 1659년 효종 10년 사학규제를 제정하면서 장학방침 및 사학 유생의 초시 응시를 규정하기도 했다.

③ 향교

향교는 조선 시대에 유학을 지방에서도 교육하자는 취지로 설치된 관학 중등교육기관이다. 이는 강력한 군현제(郡縣制)를 실시하기 위한 수단으로도 활용되었다. 설립목적은 성현에 대한 향사와 유생에게 유학을 가르치면서 지방 문화의 향상과 사풍진작을 추구했다. 향교에도 문묘, 명륜당, 동서양무(東西兩廡), 동서야제(東西兩齋)가 설치되는 바람에 사람들은 이를 작은 성균관이라고도 불렀다. 교육재원은 관에서 학전(學田)으로 지급하였는데 이는 모두 세수로 충당되었다. 향교 출신자로서 1차 과거에 합격한 자는 생원, 진사가 되고 이들은 성균관으로 진학하게 되며 다시 문과시에 응시하여 고급관직에 오를 수 있었다. 그러나 향교는 시간이 지남에 따라 과거시험의 준비장으로 전락하게 되었으며, 병란호란과 계속되는 흉년 그리고 서원속출사건 등으로 교육기관의 기능을 잃었다. 그러다가 고종31년(1894) 말에는 드디어 과거제도의 폐지와 함께 향교는 없어지고 문묘만 남게 되었다.

④ 서원

서원(書院)은 조선 중기 사림파(士林派)에 의해 설립된 사설교육기관인 동시에 향촌자치 운영기구이다. 조선 중기 학문연구와 선현제향을 위하여 1543년 중종38년 풍기 군수 주세붕에 의해 백운동 서원(소수서원)이 세워졌는데, 이는 고려 말의 안향(安珦)을 배향하기 위해 설립되었다. 향교가 공자를 모셨다면, 서원은 지역의 선현을 모셨다. 이황(李滉)은 백운동 서원에 사액을 내려줄 것과 국가의 지원을 요구하였다. 따라서 명종은 "소수서원"(紹修書院)이라는 현판을 내려 보냈는데, 이것이 사액서원(賜額書院)의 효시가 되었다. 이밖에 역동서원(예안)의 건립 등 10여 곳에 서원이 건립되었는데, 숙종 때에는 131개소의 사액서원이 존재했다.

서원의 교육목적은 법성현 그리고 경학과 사장을 강조하였으며 과거시험 준비를 하였다. 즉 서원에서는 선현은 존경하고 공신에게는 예를 표하고 제사 지내는 일을 하였으며, 후진양성을 위한 교육을 행하였다. 또한 서원에서는 학동들이 주로 이기(理氣)와 심성의 공부를 하였는데, 이로써 서원은 명유(名儒)가 탄생하는 것을 목표했다.

서원의 폐해로는, 첫째, 향교의 유생들이 서원으로 이동하면서 향교의 몰락을 촉발시켰다. 둘째, 명유(明儒)의 스승이 부족하여 서원은 점차 한담의 장소로 전락하였다. 셋째, 군역을 피하려는 자들의 도피 장소로 전용되었다. 넷째, 탐관오리의 양성소로 변질되었다. 다섯째, 서원이 소유한 토지는 조세가 면세되었기 때문에 면세를 위해 서원을 위장으로 운영하는 사태가 발발했다. 여섯째, 유생이 사색당파의 싸움에 가담하는 일이 흔해졌다. 따라서 영조는 서원철폐를 단행하는 탕평책(蕩平策)을 펼쳤는데, 숙종22년 우암 송시열의 화양서원 등은 이에 대해 저항하기도 했다.

⑤ 서당

서당(書堂)은 말 그대로 글을 읽는 방 즉 글방(고려시대-조선시대)이라고도 하였는데, 서당은 서민 대중의 자제를 위한 사설 교육기관이었다. 목적은 4학과 향교에 입학하기 위한 준비 기관이었다. 주로 서당에서는 한문과 유교에 대한 초보적 지식을 연마하였다. 서당의 설립은 신고제로서 훈장과 별도의 방한 칸 이상이 있어야 했다. 여기서 촌지(寸志)가 발생하였다. 그야말로 수업료는 마음과 의지에 따라 부담하는 것이다. 훈장의 실력은 천차만별이었으며 접장(接長) 제도를 두기도 했다. 교육내용은 (1) 강독(천자문, 동몽선습, 통감,

소학, 4서3경, 사기, 당율, 춘추, 예기, 근사록), (2) 제술(5언절귀, 7언절귀, 사율, 18구시, 작문) (3) 습자(해서, 행서, 초서)였으며, 교육방법은 암송과 숙독, 개인차에 따른 눈높이 교육, 무학년 교육제도, 밤글(夜讀, 讀書三餘: 겨울, 밤, 비올 때), 놀이학습(시암송의 초중종 놀이, 고을 모둠 놀이, 조조(曹操)잡기, 글 대귀(對句) 맞추기 등), 질문중심수업(好問), 기숙교육(24시간생활교육) 등 군사부일체의 교육을 행했다. 한편, 서당 설립의 주목적은 명인륜(明人倫), 향촌사회의 예법, 성리학 전파, 국민대중의 문자 교육, 국민문화의 전달 계승이었다.

박세채는 남계서당학규(南溪書堂學規)를 제정하면서 가문을 불문하고 모든 사람에게 서당의 입학기회가 평등하게 개방되어야 함을 강조했다. 효종10년(1659)에는 송준길이 서당에 관한 훈령인 서당학규(향학지규)를 제정하였는데 이는 1908년 "사립학교령"으로 발전하였다. 서당학교의 내용은 다음과 같다. 첫째, 보통학교가 없는 지방에서는 서당입학을 허용한다. 둘째, 한문 및 국어교육을 병행한다. 소적(素讀)은 지덕(知德)의 상진이다. 넷째, 교육시간 단축, 아동의 건강고려, 다섯째, 아동의 규율과 풍의 중시, 여섯째, 교육 환경 청결화가 그것이다. 한편, 서당은 일제강점기에 일본이 쓴 동화교육정책에 대항한 민중의 마지막 교육기관이었다고 할 수 있다. 1911년 3월말 서당 수는 1만 6,540개소였고, 학동 수는 14만 1604명으로 집계되었다.

(5) 실학사상과 교육

① 실학파의 학풍

실학(實學)은 조선후기(영정시대)에 나타난 사회개혁 사상으로 당시로서는 신(新)학풍이었다. 실학은 유형원, 이익, 안정복, 박지원, 홍대용, 정약용 등이 주도한 신학문이었다. 실학은 성리학에 뿌리를 두고 있지만, 성리학을 개혁하는 것이었다. 실학이 내 세운 기치는 실사구시(實事求是) 즉 일상생활 속에서 발생하는 사실로부터 진리를 찾아라. 이는 공리(公利) 편중의 유학(봉건 교학의 절대적 권위주의 주자학)에 반기를 든 것이다. 실학주의자들은 현실로의 회귀, 자아의 각성, 실제적 사고를 강조하였다. 또한 실학의 학풍은 다음과 같다. 첫째, 이용후생(利用厚生)의 도(道)와 경세제민(經世濟民)의 술(術)이다. 둘째, 신토불이의 연구로서 조선성(朝鮮性)에 대한 근본적 고찰이다. 셋째, 북학론(北學論)으로서 이는 청조(淸朝)의 문물을 수입할 것을 주장하는데, 실제적이고 생산적인 제도와 문물을 받아들이자는 주장이다. 넷째, 고증학의 연구이다.

② 실학파의 교육사상

실학파의 대표적인 교육사상가로는 류형원(磻溪 柳馨遠, 1622-1673), 이익(星湖 李瀷, 1681-1763), 박재가(楚亭 朴齊家, 1750-1815), 박지원(燕巖 朴趾源, 1737-1805), 정약용(茶山 1762-1836)을 꼽을 수 있다.

반계 류형원(磻溪 柳馨遠, 1622-1673)의 저서 <반계수록26권>은 '경제개조정책'을 담고 있다. 여기서 그는 개혁, 개법 정신을 강조하면서 최저 기본 경작지제, 병농일치, 부역조정, 만민균등의 조세제도, 상공업의 장려 등을 포괄하는 토지제도개혁을 주장했다. 또한 그는 선비의 사명에 대한 자각과 교육의 기회균등을 주장함으로써 신분에 따른 인간차별의 부당성을 널리 알렸다. 그가 주장한 학제개편의 근거는 다음과 같다. 첫째, 과거제도 대신에 양사발현(養士選賢)을 위한 교육기능을 학교에 위임해야 하며, 둘째, 국학의 중앙 독점 방지와 지방에서도 인재등용을 할 수 있는 제도적 장치를 마련해야 하며, 셋째, 사서(士庶)나 적서(嫡庶)의 구별없이 입학을 허용하여 전문적인 수기치인(修己治人)을 교육해야 한다.

성호 이익(星湖 李瀷, 1681-1763)은 민간(民)이 중심이 되는 국가경제의 제도화를 주장하였다. 이는 조선의 민주주의, 민본주의 사상에 기초를 놓았다. 또한 그는 선비가 무위도식하는 가운데에서 나타나는 폐단을 제거하고 사농합일의 생활관을 주장했다. 그가 추구한 교육의 목적은 일상생활에서의 "과거시험 무용론"이었다. 그는 반(反)사대주의적 역사관을 통하여 우리나라 역사의 독자성을 강조하였다. 그는 퇴계집과 한국사를 학교교육과정에 편입시키고 과거시험 과목에도 넣어야 한다고 주장했는데, 이러한 성호의 사상은 다산 정약용(丁若鏞)에게 전수되었다. 다지막으로 그는 자기개발과 자기수양 그리고 호문(好問) - 서구의 소크라테스 질문법과 같이 - 살아있는 교육을 추구했다.

박재가(楚亭 朴齊家, 1750-1815)는 조선 후기의 실학자로서 조선 후기 상품화폐경제의 발전이라는 현실을 인정한 기반 위에서 상업·수공업·농업 전반의 생산력 발전을 적극적으로 추진하고 국가경제체제를 재조(再造)할 것을 주장했다. 중국에서 돌아온 뒤 거기서 보고 들은 것을 정리해 『북학의(北學議)』 내편·외편을 썼다. 내편에서는 생활도구의 개선을, 외편에서는 정치·사회 제도의 모순점과 개혁방안을 다루었으며, 외국의 유수한 문물과 합리적 과학적 생산방법을 학습해야한다고 주장했다.

연암 박지원(燕巖 朴趾源, 1737-1805)은 조선 후기의 문신이며 북학(北學)의 대표적 학자였다. 그의 활동 영역은 소설·문학이론·철학·경세학(經世學)·천문학·병학(兵學)·농학 등 광범위했다. 그는 경제개혁이 곧 나라를 살리는 길이라고 주장했다. 따라서 외국문물의 도입, 실생활의 개선, 산업 및 교통의 발달이 그의 관심 목표였다. "이용(利用)이 있은 다음에 후생(厚生)이 따르면 경제생활이 풍요로워지는 것이고, 경제생활이 풍요로워진 다음에야 비로소 도덕과 기강이 바로 잡힐 수 있다." 그는 허생전, 양반전에서처럼 양반생활을 풍자를 통해 비판하였으며, 단순히 천자문을 읽고 외우는 것은 교육적이 아니라고 비판했다. 또한 중국의 사략이나 통감을 배우는 것도 마찬가지로 비교육적이라고 주장했다. 또한 그는 3대 불가독설(不可讀說)을 주장하면서 차라리 학동들이 우리 것을 읽도록 하는 우리 글 독서운동을 주도했다. 2000자로 넘는 다산의 <아학편>은 대표적인 우리 글 읽기의 교재였다.

다산 정약용(茶山 1762-1836)은 조선 후기의 실학자로서 유형원(柳馨遠)·이익(李瀷)의 학문과 사상을 계승하여 조선 후기 실학을 집대성한 인물이다. 실용지학(實用之學)과 이용후생(利用厚生)을 주장하면서 주자학(朱子學)의 공리공담을 배격하고 봉건제도의 각종 폐해를 개혁하려는 진보적인 사회개혁안을 제시하면서 조선의 현실개혁을 외쳤다. 그가 쓴 저서로는 『경세유표(經世遺表)』, 목민심서(牧民心書). 동문선(東文選) 그리고 흠흠신서가 있으며, 토지국유제하 농민의 개별적 점유를 원칙으로 하는 정전제(丁田制)를 주장하였다. 그는 직업분화론, '토지는 농민에게'라는 민권사상과 주권재민사상을 가지고 있었으며. "學이면 實學, 政이면 實政, 事면 實事"를 주장하였다.

이밖에도 이중환, 한치윤, 안정복, 정상기, 신경준, 김정호, 최한기 등은 실학 즉 경세치용의 학, 이용후생의 학, 자아자각의 주체적 민족학을 계승 발전시킴으로써 근대사회의 창조에는 미비했지만 조선의 개화운동에 많은 영향을 주었다.

5) 근대의 교육

(1) 동학사상과 교육

동학(東學)은 조선 조 말부터 서구에서 도입되기 시작한 외래 종교인 천주교(天主敎) 즉 서학(西學)에 저항하는 말로써, 유(儒), 불(佛), 선(仙) 삼교의 교리를 토대로 하는 동학에서는 '인내천'(人乃天) 사상 즉 사람이 곧 하늘이므로 모든 사람은 멸시와 차별을 받으면 아니 된다는 신념을 전개하였다. '인내천'의 원리는 인간의 주체성을 강조하는 지상천국의 이념 즉, 모든 사람이 사람답게 사는 새로운 세상을 세우자는 이념과 모든 사람이 평등하다는 인권과 평등사상을 표현하는 것으로서 '천심즉인심'(天心卽人心) 즉 하늘의 마음이 곧 민중의 마음이라는 것을 뜻한다. 이러한 '인내천'의 동학사상은 갑오개혁(甲午改革, 1894)과 개화기의 교육개혁에 지대한 영향을 미쳤다. 우선 동학운동을 통하여 구한말 개화기 사회에는 근대적이고 민족적인 민권(民權) 의식이 싹트기 시작했다. 또한 동학은 아동을 인격적으로 대우하고 남녀차별을 철폐하고 생명을 존중하고 소외받는 민중에게 교육적-사회적 기회를 확대하여서 평등한 인간관계의 회복 및 수평적 교육행위 등에 대한 의식을 강조했다.

(2) 개화기의 교육(1855-1906)

개화기에 생겨난 근대적 신교육기관으로는 원산학사(1883), 동문학(1883), 육영공원(1886)을 들 수 있으며, 아울러 미국 등 서구에서 건너 온 선교사들이 미션스쿨(misson school)로 세운 배제학당(1885), 이화학당(1886), 경신학교(1886), 정신학교(1887)가 있었다. 우선 원산학사는 외국의 근대학교를 모방한 것이 아니라, 민중의 자발적인 기금조성으로 설립된 순수 우리식 학교이다. 이는 밀려오는 외세에 대한 불안과 급박한 정세변화를 몸소 느낀 민중들이 2세 자네들의 교육에 대한 요청과 개화파 관리들의 적극적인 호응을 통하여 민관협력으로 설립된 학교였다. 동문학(同文學)은 영어통번역을 위한 인력을 양성하기 위한 목적으로 통상아문에서 부속기관으로 설치한 관립(官立) 영어 학교였다. 따라서 이 학교는 독립적인 교육기관이라기보다는 관이 필요해서 설치한 학교로서 한동안 '통변학교'로 불리다가 육영공원(育英公院)의 설치 후 폐교되었다. 육영공원은 서구제국과의 수호통상조약을 상의하기 위해 고종이 미국에 보빙사(報聘使) 즉 외국에 답례로 외국에 우호 친선 및 보답을 위한 방문을 하는 사절단의 일행을 파견했는데, 귀국 후 보빙사의 일원이었던 민영익(閔泳翊)의 건의로 설치한 학교로서 영어교육과 전통교육을 병행 실시했던 과도기적 성격을 가진 학교였다.

① 근대적 신학제

근대적 신학제의 수립은 갑오개혁(甲午改革, 1894)을 기점으로 이루어진다. 이는 갑오경

장이라고도 불린다. 이미 한말(韓末)에 일어난 임오군란(1882)·갑신정변(1884)·동학혁명(1894) 등은 극도로 부패한 조선왕조와 양반계급에 대한 민중의 자아 각성에 의한 반발이며, 누습에 젖은 수구파(守舊派)에 대하여 신제도로 개혁하려는 개화파의 혁신의 부르짖음이었다. 이러한 역사적 사건들을 토대로 이루어진 갑오개혁은 친일파인 김홍집 내각이 군국기무처를 중심으로 단행한 국정쇄신의 제반조치였다. 개혁의 내용은 반상 통념의 혁파, 유능한 인재등용, 과거제도 폐지, 공사노비 해방, 조혼금지, 부녀의 재가 허용 등이었다. 이로써 교육에서도 신학제가 수립되는데, 이의 배경으로는 '학무아문[33] 고시'(1894. 7)를 들 수 있다. 여기서는 영재교육의 중요성이 강조되었으며, 소학교, 사범학교, 전문학교 교육기관의 설치가 명문화되었다. 이어서 고종에 의해 발표된 최초의 헌법인 홍범 14조(1895.1)와 교육입국조서(1895.2)는 특히 국민(민중)교육으로서 초등교육을 의무화하는데 기여했다. 또한 교육입국조서에서는 유교 경전 중심의 전통적 교육을 지양하고, 세계정세에 따른 신교육 도입의 중요성을 강조하고, 교육의 3대 강령으로 지육, 덕육, 체육을 통한 전인교육을 교육목표로 정하기도 했다.

(3) 일제강점기의 교육

① 일제의 침략기(1906-1911)

일본 제국주의는 조선과 을사밀약(1905)을 강제로 체결하고 통감부(1906)를 설치함으로써 조선침략과 통치의 기틀을 만들기 시작했다. 따라서 이들은 조선의 식민지화를 위한 교육에 주력했는데, 1904년부터 – 이미 일제는 조선에 대하여 '고문정치'를 시작하였기 때문에 – 학부(의정부의 학무아문)에 파견된 고문이 교과서를 편찬하고 일본인 교사를 채용하고 학교의 이름을 모두 일본어로 변경하기 시작했다. 이때 이들이 시작한 대표적인 교육정책은, 첫째, 조선인의 우민화 정책, 둘째, 일본어 교육의 강화, 셋째, 친일교육의 강화, 넷째, 사립학교령(1908) 및 교과용도서검정규정(1908)의 공포, 다섯째, 일본인 교사의 전면배치 등이었다.

33) 의정부(議政府)의 행정기관인 학무아문(일제시대에는 '학부'로 개명됨)은 근대적 신교육 기관의 설립과 운영에 따른 교육행정을 관장하는 기구였다.

① 한국인의 우민화(愚民化) 정책

한국인의 우민화 정책을 위하여 일본 제국주의는 소학교(小學校, 6년)를 보통학교(普通學校)로 개칭하고 수업연한을 4년으로 축소했으며, 중학교 과정을 고등학교와 통합하여 중등학교로 명했다. 일제는 이로써 한국인에게 부여되는 교육적 혜택은 종결되는 것으로 정했다. 즉 일제 통감부는 한국인을 위한 대학설립의 허가를 불허했다. 따라서 한국인들에게는 중등과정 이상에서 공부할 수 있는 길은 원천적으로 막혔다고 할 수 있다. 아울러 당시 유일한 고등교육기관이었던 성균관은 입학생 30명, 교육연한 3년으로 축소되었다. 또한 모든 사립학교는 지방관의 관리감독을 받아야 했고, 교과서는 모두 관의 검인정만 허용했으며, 당시 2,250개의 사립학교가 820개로 축소되었다. 반대로 실업학교로의 진학이 권장되었는데, 이는 일제에 말을 잘 듣고 기술능력을 갖춘 하급기술관리, 사무원, 근로자, 노동자들을 양성하기 위함이었다.

②「조선교육령」통치 시대

제1차 조선교육령을 통한 통치시대는 1911년부터 1922년까지이다. 일제는 한반도에 조선총독부를 설치한 일제는 강제한일합병(1910년)을 강행하고 한반도를 무단으로 통치하고자 했다. 이들은 우선 한국인과 일본인에 대한 차별정책을 시작하였다. 이를 통해 일제는 일본인에 의한 한반도 통치의 정당성을 확보하고자 했다. 이는 일제가 꿈꾸던 영토확장주의의 일환으로서 한국인의 '일본인화'를 목표한 것이기도 하다. 교육정책 역시 한국인의 일본인화, 실업교육 및 직업교육강화를 통한 한국인의 저급기술관리화를 촉진했다. 일제는 교육을 통해서 한국인들을 관리, 감독, 통제하기 위해서「조선교육령」을 반포했다. 제1차 조선교육령(1911.8.23.)에서는「교육에 관한 칙어」를 제정하고 이에 충실한 학생들을 길러낸다는 취지하에 제국주의 식민지교육을 노골화하기 시작했다. 식민지 교육이란 일제의 식민통치에 불만없이 복종하면서 최소한의 사회적 능력을 갖춘 한국인을 짧은 시간에 가능한 많이 배출하기 위한 식민지 정책을 근간으로 한다. 이를 위한 첫 번째 정책이 바로 '일본어 교육'이었다. 이제 학교에서는 일본어만 통용된다. 학교에서 한국사, 학교지리교육 그리고 성경교육은 바로 금지되었다. 또한 <사립학교령>을 공포함으로써 모든 사립학교는 관의 통제를 받아야 했으며, 학제는 보통학교, 고등보통학교, 실업학교, 전문학교로 개편되었다. 이때 종합대학 이상의 그등교육기관은 설립자체가 불허되었으며 관립 한성사범학교와 관립 외국어 학교가 폐지되었다.

제2차 조선교육령의 시대는 1922년부터 1933년까지 걸쳐 이루어졌다. 3·1 독립운동 이후 일제는 한국인들에 대한 회유와 유화를 통한 기만책으로서 소위 '문화정치'(文化政治)를 표방하였다. 일명 <문화정치의 시기>이다. 일제는 헌병경찰제도를 폐지하고 대신 '고등경찰'을 확대했다. 이는 민족문화말살정책으로서 한국인들의 민족주의 의식을 약화시키고 식민지 정책을 강화시키려는 목적을 가지고 있었다.

일제의 교육정책 역시 회유정책과 민족정신말살정책을 병행하였다. 제2차 조선교육령(1922.2.4)에서는 보통학교의 연한을 4년에서 6년으로 다시 변경했다. 그 이유는 어린 학생들에게 일본인동화정책을 보다 강화시키고자 했기 때문이다. 고등보통학교 역시 연한이 4년에서 6년으로 늘어났다. 또한 여자고등보통학교는 3년에서 4년(또는 5년)으로, 실업학교는 2-3년에서 4-5년으로 연장되었다. 학교에서는 한국어교습이 허락되었으며(필수지정), 한국인과 일본인이 함께 공부하도록 했다. 이는 제2차 조선교육령 시기의 특징으로서 한국인과 일본인을 동등하게 대우하겠다는 입장이라고도 할 수 있다. 이는 일제의 동화정책을 위한 회유정책이었다. 이러한 맥락에서 사범학교와 종합대학을 허가했으며 학제는 일본의 학제에 준하여 법령을 개정하였다. 그러면서도 일본어 습득교육, 일본역사교육은 보다 강화되었으며, 교과서에 한국인의 민족의식을 왜곡시키는 내용들을 강화했다.

제3차 조선교육령의 시대는 1938년부터 1943년까지이다. 일제는 중국대륙침략과 태평양 전쟁의 도발을 구상하면서, 한국인들에게는 '황국신민화'(皇國臣民化) 정책을 추진했다. 이는 한국인을 노예처럼 부려서 청년들을 전쟁에 동원하고 한반도를 침략전쟁의 병참기지로 활용하려는 목적을 가지고 있었다. 특히 이 시기에 일제는 일본어상용, 일상생활의 일본화 그리고 창씨개명을 강행하였으며, 강제징병제와 징용제를 실시하였다.

제3차 조선교육령에는 3대 강령이 제정되었는데, 한국인은 일제국가번영에 기여해야 한다는 '국체명징', 한국인은 황국신민으로서 일본의 국가목적에 헌신해야 한다는 '내선일체', 일본에 대한 애국심을 기르는 '인고단련'의 의무규정이 그것들이다. 또한 이때 교원양성체제가 확립되었다. 당시 설립된 사범학교는 광주사범학교(1938), 공주여자사범학교(1938), 춘천사범학교(1939), 진주사범학교(1940), 청주사범학교(1941), 신의주사범학교(1942) 등이다. 소학교, 보통학교라는 명칭은 국민학교(1941.3)로 개명되었다. 특히 1937년 중일전쟁이 발발한 이후 일제는 제3차 조선교육령을 통하여 한국인의 전시동원을 쉽게 하기 위한 동화정책을 강화하면서 교육정책 역시 전시체제(戰時體制)로 운영했다. 따라서 보통학교와 소학교, 고등보통학교와 중학교, 여자고등보통학교와 고등여학교로 이원화되어 있던 학교 명칭을 소학교, 중학교, 고등학교로 통일하였다. 또한 조선어를 수의(隨意) 과목 이를테면 선택과목으로 변경하고 일본어 교육을 필수과목으로 정하여 황국신민화교육을 노골화하였다. 1941년에는 황국신민화 교육을 보다 강화하기 위하여 제 3차 조선교육령을 개정하였다. 이를 근거로 일제는 소학교를 국민학교로 명칭을 변경하는 <국민학교령>을 공포하였는데, '국민의 기초적 연성'을 교육한다는 취지였다. 따라서 국민학교에서는 국민의 기초연성을 목표하여야 하기 때문에 고과목도 국민과, 이수과, 체련과, 예능과, 직업과로 구분하여 모든 교과를 분류체제에 맞추어 단일화하였다.

제4차 조선교육령의 시대는 1943년부터 1945년까지이다. 모든 국가체제는 전시비상체제로 개편되면서, 교육정책도 이에 준하여 개편되었다. 제4차 조선교육령(1943.3.8)에서는 특히 전문학교의 연한이 다시 축소되었다. 이는 전시동원령에 따른 조처로서 청년들의 강제동원을 용이하게 수행하기 위함이었다. 제4차 조선교육령은 학교교육을 전시체제로 개편하고 황국신민화 교육을 강화하기 위한 목표를 가진다. 이에 근거하여 일제는 중학교와 고등여학교의 수업연한을 4년으로 축소하였고 제3차 조선교육령에서 수의과목이었던 조선어를 아예 교육과정에서 삭제해 버렸다. 상대적으로 일본어 교육이 강화된 셈이다. 중학교와 고등학교의 경우도 국민학교와 마찬가지로 교과목을 국민과, 이수과, 체련과, 예능과, 외국어과로 통합하였으며, 특히 체련과와 직업과의 교과가 강화되었다.

③ 일제강점기의 교육운동가

한서 남궁억(翰西 南宮檍, 1863-1939)은 일제 강점기의 독립 운동가, 교육자, 전도사 그리고 언론인으로 활동했다. 일제가 민족정신을 말살하기 위하여 일장기와 벚꽃을 보급하는 것에 항거하며 무궁화 묘목을 전국에 배포하고 '무궁화심기운동'을 시작하였다. 그는 1910년부터 8년간 배화학당에서 교사로 재직하다가 1918년 자신의 선향인 강원도 홍천군 서면 모곡리로 귀촌하여 모곡 감리교회를 세우고 직접 전도사로 목회를 하면서 교회 내에 4년제 보통학교를 설립하였다. 학교를 운영하면서도 그의 무궁화심기운동은 계속되었지만 이로 인해 일제 경찰에 의해 구속되었고 학교는 공립학교에 강제 편입되고 말았다. 1935년 복역 중 병으로 석방되었으나 4년 뒤 1939년 4월 사망하였다. 그는 인간존중과 교육입국을 추구하면서 민족애와 조국에를 기반으로 하는 민족교육을 실천하고자 했으며, '인간교육은 가정교육에서'라는 구호와 함께 여성교육(어머니 교육)에 역점을 두었다. 또한 그는 과거교육의 틀을 파괴하고 근대교육으로 나가야 한다는 취지로 기독교 신앙에 입각한 인간교육을 실현하고자 했다. 그가 실천한 교육의 주 내용은 역사교육, 예능교육, 실업교육 등이었다.

남강 이승훈(南岡 李昇薰, 1864-1930)은 가난한 서민 집안에서 태어나서 어릴 때 부모를 잃었지만, 16세 때부터 유기상의 점원으로 10여 년 동안 행상과 공장 경영 등으로 많은 재산을 모았다. 을사조약 체결과 고종 강제 퇴위로 정세가 뒤숭숭하던 시기에 도산 안창호의 연설을 듣고 감명을 받은 이승훈은 40대의 나이에 사회 운동에 뛰어들어 교육 사업을 벌이기 시작했다. 그는 자신의 재산을 모두 털어서 한평생 독립운동과 민족의 교육을 위해 헌신 했다. 그는 강명의숙(講明義塾)과 오산학교(五山學校)를 세워서 인재 양성에 힘썼고, 신민회에도 가입하여 활동했다. 오산학교는 안창호의 대성학교와 함께 이 지역 민족주의 교육의 두 축이 되었다. 그는 1922년 이상재, 윤치호, 김병로, 김성수 등과 함께 주동이 되고 발기인 1,170 명을 확보하여 민립대학의 기성회를 출범시키고 모금활동을 했다. 그러나 일제 당국의 탄압으로 실패하고 말았다. 그의 교육이념은 정성(誠), 사랑(愛), 공정(敬)이었다. 그가 내 세운 교육방법과 원리는 자기혁신의 원리, 실천궁행의 원리, 협동 창조의 원리, 사제동행(師弟同行)의 원리, 노장생활의 원리, 평생학습의 원리였다.

도산 안창호(島山 安昌浩, 1878-1938)는 대한제국의 개혁 및 계몽 운동가이자 일제강점기의 독립운동가, 교육자, 정치가였다. 구한 말 만민공동회에서 강연을 하였으며, 배워서 익히는 것의 중요성을 설파하였다. 또한 흥사단, 대한인국민회 등 재미한인단체를 조직, 주관하였고, 1919년 4월부터 중국 상하이에서 대한민국임시정부의 수립에 참여하였다. 일제 강점기 당시 독립운동의 방법에 대한 논의는 무력투쟁론, 민족개조론, 외교독립론으로 나뉘었다. 이때 그는 민족개조론을 주창하였다. 즉 그는 우리가 스스로 힘과 실력을 키우고 그 실력을 기반으로 할 때만이 스스로 자립할 수 있다는 신념을 가지고 있었다. 또한 1921년 임시정부에서 '창조론과 개조론' 사이에 논쟁이 붙었을 때 개조론을 주장하였으며, 국민대표자 회의가 강제 해산된 뒤 미국으로 건너가 독립운동을 계속 하였다.

그의 교육이념은 자아혁신, 무실역행, 점진공부를 통한 민족개조였으며, 덕, 체, 지를 겸비한 전인육성을 목표했다. 그의 교육방침은 건전한 인격함양, 애국정신에 강한 민족운동가 양성, 국민적 인재양성, 건강한 체력의 육성 등이었다. 그가 세운 학교로는 정진 학교, 대성학교 그리고 동명학원 등이 있다.

6) 현대의 교육

(1) 미군정기의 교육

미군정기(美軍政期, 1945-1948)의 교육정책은 민주주의 교육이념의 보급을 교육의 최고 목표로 삼았다. 또한 한국어 교육을 강화함으로써 문맹으로부터 해방시키고자 했다. 미국식 민주주의 교육의 표상인 단선형 학교제도를 도입한 결과, 6-3-3-4제가 확립되었다. 이는 교육의 기회균등 원칙의 적용이었다. 즉 "모든 사람들에게 교육의 기회를 주자"(Education for All)는 것이 민주주의의 시작이라는 것이었다. 아울러 미군정당국의 교육 방침은 일제잔재의 청산과 민주주의와 평화적 사회질서의 확립이었다. 그럼에도 불구하고 미군정시대에 일제잔재의 청산이 이루어졌는지는 지금도 여전히 의문이며, 평화적 사회질서의 확립을 위해 구체적으로 무엇을 했는지도 여전히 불분명하다. 이를테면, 1945년 8월 15일 일본패망 이후 미국에서 하지 중장이 서울에 입성한 날짜는 거의 한 달이 지난 9월 8일이었으며, 중앙청에는 그때까지 일장기가 걸려 있다가 그날 성조기로 교체 계양되었다는 점은 미군정에서 일제청산 대신 일제활용의 전략을 세웠던 것이 아닌가 하는 의구심을 가지게 한다. 따라서 일제청산은 이들에 의해 이루어진 적이 없다. 물론 이는 우리정부의 몫이지만 피치 못하게 미군정시기를 보낼 수밖에 없었던 당시의 상황에서 우리는 일제청산의 적절한 시기를 놓쳐버리게 된 셈이다. 실제로 지금도 이에 대한 입증자료는 계속 나오고 있다.

① 새교육운동

이 시대의 가장 두드러진 특징은 범국가적으로 '새교육운동'이 전개되었다는 사실이다. 당시 문교부(文教部)에서는 『새교육』이라는 교육전문저널을 정기간행물로 발간했는데, 여기서 미국식 민주주의 교육과 진보주의 교육이론이 수입되었으며, 당시 미국사회에 많이 보급되었던 프로젝트 수업방법(Project Method)도 소개되었다. 새교육운동을 통해 주로 다루어진 테마들은, 전통적 교육의 계급주의 및 차별주의의 배격, 인간을 도구화하는 교육에 대한 비판, 억압적 교육지도에 대한 비판, 획일주의 교육관에 대한 비판, 지식중심 서적중심의 교육 대신 신체적 감각을 통한 체육교육 및 전인적 발달을 목표하는 인간교육의 강화, 개인차를 인정하는 개성교육의 강조 등이었다. 그러나 미군정부가 의도한 것만큼 교육이 실천되지는 못했다.

(2) 광복이후의 교육

① 정부수립기

전반적으로 미군정기(美軍政期, 1945.8.15-1950)의 교육정책이 계승되면서 교육기관의 수가 양적으로 팽창되었다. 문교정책의 당면과제는 내적으로는 '민주주의'를 성숙시키는 것이고 외적으로는 북한의 공산정권에 대항하는 '반공교육체제'(反共教育體制)를 구축하는 것이었다. 제헌 국회에서 헌법을 제정하였으며 이에 따른 교육법이 제정되었는데, 교육관련 조항에는 다음과 같은 개념들이 명문화되었다. 교육의 기회균등, 초등무상교육, 교육기관에 대한 국가의 감독, 교육제도 법정주의 등이 그것이다.

② 1950년대

1952년 4월 교육법 시행령이 제정되면서 법적 차원에서 교육제도가 정비되었다. 즉 6-3-3-4의 기간학제가 법적-제도적으로 완비되었으며, 최초의 교육자치제가 실시되었다. 또한 초등무상교육이 실시되었으며 1도시 1교의 국공립대학의 설치가 추진되었다. 중등학교에서는 1인 1기 교육이 실시되었고, 실업계와 인문계를 자유롭게 넘나들면서 자신의 적성과 재능을 토대로 교육노선을 선택할 수 있도록 하는 종합학교제도가 도입되었다.

한편, 6·25 동란으로 인한 전시 하에서는 「교육특별조치」가 제정되기도 했는데, 여기서는 피난학교의 설치, 임시교재 및 교과서의 발행, 전시 연합대학의 설치에 관한 규정이 마련되었다. 교육의 과학화를 추진하기 위해서 학교에서는 지능검사, 적성검사 등 각종 심리검사를 실시하였으며, 생활지도, 가이던스제도, 카운슬러제도를 도입하였다. 마지막으로 객관적이고 공정한 학력고사문제의 출제를 위한 정부의 지원을 시작했다.

③ 1960년대

제2공화국의 오천석 문교부 장관은 취임과 함께(1960년 8월) 교육정책의 기조로서 "교육의 민주화"라는 성명서를 발표하였다. 이 성명서의 주제는 무엇보다도 학원의 민주화, 지방분권적 교육 그리고 교육의 질적 향상에 대하여 다루어졌다.

신제도로서는 대여장학금제도(1961.4.)가 수립되고 '중학교, 고등학교 및 대학의 입학에 관한 임시조치법'(1961.8.)이 발효하면서 1962년부터는 중학교 무시험제의 도입이 명문화되었다(미실시, 1968년도 실시). 또한 1961년 9월 제정된 「교육에 관한 임시특별법」에서는 초등학교 교원양성기관인 교육대학의 설치, 교육감 임명제, 교원정년 60세, 대학의 명예교수제, 대학졸업자의 학사자격고시제 등이 명문화되었다. 또한 1963년에는 학급학교의 교육과정 개편 및 사립학교법이 제정되었으며, 교육자치제가 폐지되었다. 1967년 1월에는 「도서, 벽지 교육진흥법」을 제정하면서 농어촌 도서벽지의 학교건설에 정부가 지원하기 시작하였다. 1968년에는 중학교 무시험제도 실시, 국민교육헌장 제정(1968.12.5.), 대학입학예비고사 제도, 대학생 정원령, 학위등록제, 학사자격 고시제, 통신교육에 관한 법률 등이 도입되었다.

④ 1970년대

이 시기에는 '국적있는 교육'을 모토로 특히 국사교육(國史教育)의 강화가 이루어지면서, 주체적 민족사적 정통성의 고취가 문교정책의 최대 목표가 되었다. 또한 학도호국단이 결성되면서 총력안보 교육체제의 확립과 반공교육 및 안보교육의 강화가 이루어졌다. 무엇보다도 이 시기에는 새마을 운동과 함께 새마을교육이 모든 교육의 기틀이 되었으며 고교평준화정책이 실시되었다. 이밖에도 눈에 띄는 변화는, 과학기술교육의 강화, 산학협동교육체제의 정비, 고등교육개혁 사업추진, 실험대학 도입 실시, 지방대학육성책, 방송통신대와 방송통신고등학교의 개설, 산업체부설학교의 설치에 관한 법의 제정, 특수교육, 산업교육, 도서벽지교육의 진흥을 위해 특수교육진흥법, 산업교육진흥법의 제정 등이 있었다. 마지막으로 의무교육연장(중학교)을 위한 제도적 기반을 구축하기 위해 헌법을 개정했다.

⑤ 1980년대

5공화국의 출범과 함께 무엇보다도 이 시기에는 7·30 교육개혁을 단행함으로써 과열과외 해소를 위한 과외금지조처를 내렸다. 또한 졸업정원제 도입, 대학입시에 내신성적 반영, 대학입학정원의 증원 등 대학입시제도의 개선을 추진했다. 교육내용의 내실화를 위해서 각급 학교의 교육과정을 2회에 걸쳐서 개정하였으며, 교원교육의 충실성을 목표로 교육대학의 수업연한을 4년으로 연장하고 한국교원대학교를 신설했다. 평생교육체제의 확립과 추진을 위해서 사회교육법(1982)의 제정과 동시행령을 제정하였고, 한국방송통신대학의 학사과정을 개편하는 동시에 개방대학의 설치법안을 마련하였다. 대학의 졸업정원제 실시, 실험대학 확충, 지방대학 육성, 대학의 시설 확충, 학기당 16주 수업을 원칙으로 대학의 학기제를 개편하는 등 고등교육의 내실화를 추진하기도 했다. 이밖에도 국민정신교육의 강화를 위한 이데올로기 비판교육 실시, 중학교 의무교육 실시, 목적세로서의 교육세 신설, 영재교육을 위한 과학고등학교의 설치, 유아교육과 특수교육의 진흥법안 등이 마련되었다.

⑥ 1990년대

이 시기의 대표적인 상황변화는 1989년 5월 결성된 <전국교직원노동조합(약칭: 전교조)>의 탄생이었다. 또한 1995년 김영삼 정부가 채택한 <5·31교육개혁안>의 등장은 신자유주의 체제로의 교육개혁을 의미하였다. 서방에서 유입된 신자유주의는 특히 경제정책의 방향을 바꾸어주는 계기를 마련해 주었는데, 국가의 간섭과 개입 대신 시장경제원리에 모든 것을 맡겨야 한다는 논리였다. 이는 1970년대부터 이어져 온 경재불황을 타개하는 새로운 정책으로 도입되었는데, 실제로 불황의 원인은 자본주의 경제구조의 본질적인 모순에 근거하며 신자유주의란 다국적 자본의 이데올로기일 뿐이라는 반론(反論)에 부딪히면서 대혼란에 빠져들게 된다. 신자유경제체 즉 시장주의의 원칙에 따라서 교육 역시 자본주의 시장경제의 원리에 따라 재편되어야 한다는 취지가 바로 5·31 교육개혁이었다.

이들은 국가가 교육부문의 예산을 동결 내지 삭감한 상태에서 경제활성화에 예산투입을 늘리고 교육 역시 소비자 부담 원칙으로 하여 교육소비자로 하여금 자유롭게 교육상품을 취사선택하도록 하여서 소비자의 선택의 폭을 넓혀주는 것을 핵심 골자로 한다. 이로써 오히려 단위학교의 자율성과 책무성도 강화될 것이고, 학교간의 무한자유경쟁을 허락하여 교육의 질을 향상시킬 수 있으며 교육소비자의 권리도 확장 실현될 수 있다고 주장한다. 즉 신자유주의 교육이 표방하는 것은 '교육의 질과 수월성 제고', '교육선택의 자유', '소비자 중심 교육', '수익자 부담의 원칙', '교육공급자간의 경쟁' 등이다. 그러나 신자본주의로 교육체제가 전환되어서 전통적인 국가관리체제의 원칙을 벗어난다면 국민교육이 본질인 공공성(公共性)보다는 사적 소유의 개념을 강화시키는 결과가 초래되어 결국은 교육의 불평등 구조를 통한 부익부빈익빈 현상을 초래하여 마침내 이는 사회적 양극화의 현상으로까지 비화될 것이라는 우려와 반론에 부딪히게 되었다.

한편, 전교조의 효시는 4·19 혁명을 계기로 1960년 5월 22일 결성된 한국교원노동조합(약칭: 교원노조)이다. 교원노조는 평교사의 노동권 보장과 당시 어용단체라고 비판받던 대한교육연맹(약칭: 대한교련)의 해체를 주장하며 대대적인 회원탈퇴운동이 일어나면서 결성되었다. 이의 여파로 당시 8만2천여 명으로 집계된 대한교련의 회원 수는 5만여 명으로 줄어들었고 반대로 교원노조의 조합원수는 급속도로 늘어나서 4만 명에 육박하게 되었다. 회원의 숫자로는 거의 반분이 된 셈이다. 그러나 5·16 군사정변으로 인하여 교원노조는 강제 해산되었다. 이후 제3공화국에 의해서 교원과 공무원들의 노동조합결성은 법적으로 금지되었는데, 이러한 상황은 1990년대 말까지 이어졌다.

그러나 1986년 5월 10일 일부 교사들에 의해 시작된 <교육민주화 선언>은 때마침 1987년 6월 일어난 민주화 운동을 기화로 동년 9월 27일 <전국교사협의회>를 만들고 교직원단체활동을 본격화하게 되었다. 이 협의회는 우선 '교육법개정운동'을 주도하면서 교육환경개선, 교직원 처우개선, 교원의 노동3권 보장 등을 요구하면서 운동을 전개해 나가다가 <전국교직원노동조합(이하 전교조)>의 결성을 준비하게 된다. 마침내 1989년 5월 28일 연세대학교 도서관 앞에서 전교조는 결성대회를 갖고 선언문을 통해 "민족-민주-인간화 교육 실천"을 위한 <참교육운동>을 전개해 나갈 것을 결의하였다. 교육부의 전신인 문교부(장관: 정원식)는 1989년 7월 3일 전교조의 회원들에게 탈퇴를 권유하다가 전교조 조합원의 해직을 결정하여 초중등교사 6,165명과 대학교수 204명이 징계 대상자라는 발표를 하였다. 1990년 11월 26일 자진 탈퇴를 거부해온 1,465명의 교사들이 무더기로 해직되었는데, 이들 중 116명은 파면, 970명은 해임, 그리고 379명은 직권 면직되었다. 심지어 이들 중 55명은 구속되었다가 풀려났는데, 대부분의 조합원이 해고된 상황이 된 전교조는 이때부터 비합법의 노동조합으로서 활동하게 되었다. 그러다가 1993년 10월 28일 당시 김영삼 대통령의 집권 1년차를 맞아 전교조 복직신청을 받아서 해직교사 95%가 복직되었다. 당시 해직교사 1,490명 중 1,424명이 복직을 신청하였고, 66명이 복직 신청을 거부하였다. 그러나 이후에도 한 동안 법적 지위를 인정받지 못하였던 전교조는 1997년 노사정위원회에서 노사화합의 일환으로 전교조의 합법화를 합의하게 됨으로써 1999년 1월 6일 「교원의노동조합설립및운영등에관한법률」이 국회의결을 통과함으로써 전교조는 마침내 합법적인 노동조합이 될 수 있었다. 한편, 이 시기에 다양한 목표와 내용을 가진 각종 대안학교(代案學校, Free School, Alternative School)가 활성화되기 시작했다.

⑦ 2000년대

1995년부터 인터넷 세상이 열리면서 21세기에는 교육의 패러다임이 획기적으로 바뀌기 시작했다. 그러나 교육현장의 변화는 사회변화의 추세를 쫓아가지는 못했다. 다만 인터넷, 디지털, 모바일은 교육 현장에도 도입되어 특히 교육공학의 영역이 급속도로 발전하기 계기를 마련했다. 2000년대에는 전반적으로 인구절벽 현상이 시작되면서 학생 수가 급격하게 줄어들기 시작하였다. 따라서 대부분의 대학들은 입학생들을 유치하는 데 주력하기 시작했다. 마침 중국 등 외국에서 한국으로 유학을 오는 학생들이 급격하게 늘어나게 된 시기도 이때였다. 그러나 2007년 제정된 제7차 교육과정의 개편을 계기로 초·중고등학교에서는 학습자 중심의 교육, 선택중심의 교육, 자기주도학습 등 새로운 개념들이 도입되면서 학교현장은 한편으로는 혼란스럽게 되었지만 이를 계기로 교육개혁의 실마리가 만들어지기 시작했다. 이를테면, 각급학교에 진로전담교사제도와 방과후교사제도가 도입되었고 학교커리큘럼 상에서도 직업진로체험교육의 시간이 대폭 늘어났으며, 학교 밖 교육에서도 지방정부에서 주도하는 평생교육의 일환인 방과후진로교육 프로그램이 대폭 확대 실시되기 시작했다. 또한 2010년 10월 5일 경기도에서 「학생인권조례」가 공포되면서 교육계에서는 이에 대한 찬반논쟁이 시작되었다. 2009년부터는 시범적으로 혁신학교운동이 시작되면서 2013년부터 2015년까지 연구학교로 운영되던 <자유학기제>가 2016년부터는 중학교 1학년 과정에 전면 도입되면서 학교개혁에 박차를 가하게 되었다. 물론 이에 대한 찬반 논쟁은 지금도 열려 있는 상태이다.

제3장 교육의 내용과 목표

교육의 내용은 지식(知識), 사회화(社會化), 문화(文化) 그리고 도야(陶冶)이다. 이러한 교육의 내용은 동시에 교육의 목표이기도 하다. 즉 무엇이 진정한 지식이고, 사회화이고, 문화이고 문화화(文化化)이며, 도야인가?하는 것이 교육학적 질문이다.

1. 지식

1) 지식의 본질

교육은 지식(智識, Knowledge)을 전달, 계승, 발전시킨다. 따라서 지식은 교육의 내용이다. 또한 지식은 교육의 목적이다. 때로는 교육이 새로운 지식을 창출하는 데에도 기여한다. 브루너(Brunner)는 교육의 3요소를 지식(Knowledge), 기술(Skill), 태도(Attitude)로 규정했다. 교육의 3요소는 교육의 내용이며 목표이다. 그러나 지식은 기술과 태도를 포괄한다. 왜냐하면 지식과 무관한 기술, 지식과 무관한 태도는 상상할 수 없기 때문이다. '이렇게 고쳐야 한다'는 것은 기술 이전에 지식이다. 지식을 활용하면 기술이 된다. '이런 태도는 좋지 않다'는 것도 일련의 지식이다. 지식은 태도를 가능하게 한다. 지식이 없으면 태도는 불가능하다. 이렇게 본다면, 교육은 지식(智識)을 매개(媒介로)로 발생한다.

지식의 본질은 크게 '절대적 지식'과 '상대적 지식'으로 구분된다. 전자는 지식을 시간의 흐름 속에서도 항구적인 고정 불변의 절대 진리와 동일하다고 보는 입장이며, 후자는 지식을 시시각각으로 변하는 속성을 가지고 있기 때문에 세상에 소위 '절대 불변의 진리'는 존재하지 않는다고 보는 입장이다. 그런데 절대적 지식관과 상대적 지식관에 따라서 교육의 원리, 내용, 방법 그리고 결과가 전혀 달라진다. 즉 교육이 절대적 지식관에 입각하여 이루어진다면, 교육은 지식을 전달, 계승, 발전시키면 된다. 그러나 교육이 상대적 지식관에 의존하여 이루어진다면, 교육은 지식을 새롭게 구성하고 재구성하거나 새로운 지식을 창조하는 것으로부터 시작된다.

(1) 절대적 지식관

우리 인류가 절대적 지식관을 가진 역사는 무척 오래다. 어쩌면 지금까지 인류가 탄생한 이래로 성립된 대부분의 지식들은 절대지식으로 간주되어 왔다 해도 과언이 아니다. 고대 그리스의 플라톤은 그것을 지혜로운 자의 지식 즉 참지식(Epistēmē)이라고 했고, 동양에서는 득도(得道)하면 얻을 수 있는 혜안의 지식을 의미했다. 특히 인류가 오랫동안 강화시켜 온 가부장제(家父長制)의 역사와 절대적 지식관의 역사는 거의 동일하다. 절대적인 권력을 가진 사람들의 지식은 절대적인 것으로 변하지 않는다. 집에서는 가장(家長)인 아버지의 말씀은 진리다. 국가에서는 왕의 말씀이 곧 진리이다. 지금도 권력은 지식을 결정한다. 이러한 의미에서, 푸코(Michel Foucault, 1926-1984)는 권력과 지식을 동일한 것으로 보았다. 이러한 지식관은 세상에 절대자로서 신(神)이 등장하면서 확고해졌다. 기독교에서는 성경(聖經)이 진리이다. 이슬람에서는 코란, 유대교에서는 코라, 불교에서는 불경, 유교에서는 논어 그리고 맹자 등 위대한 고전으로 통하는 지식들이 진리의 말씀들이다. 진리의 말씀은 곧 절대적 진리관의 모태이다. 즉 전지전능한 신이 지배하던 시대의 지식관이 대표적이다. 따라서 절대적 진리관은 지식과 진리를 동일시한다. 오랜 시간동안 인류는 진리 내지 절대적 지식에 의존해 왔다. 즉 절대 지식은 절대 불변이다.

교육의 역사에서 볼 때에도 항존주의(恒存主義)와 본질주의(本質主義)는 절대적 지식관에 근거하고 있다. 이들에 의하면, 세상에는 항구적으르 고정 불변하는 지식이 존재하며 지식은 본질적인 차원은 결코 변하지 않는다. 이러한 절대적 지식관을 가진 사람들의 교육은 고정 불변의 지식 내지 진리를 그대로 전달, 계승, 발전시키는 것이다. 이는 객관적인 지식관을 형성한다. 즉 지식은 반드시 객관적이며 객관적인 지식은 절대적일 수밖에 없다.

(2) 상대적 지식관

인류의 발생부터 최소한 중세시대까지 '지식'(知識)은 '진리'(眞理)와 동일시되었다. 계몽시대에도 칸트, 헤겔 등 철학자들에게서는 (절대) 지식과 진리는 동일한 개념이었다. 그러나 계몽의 시대에 자연과학(自然科學)이 확장되면서 과학은 새로운 지식을 만들어내었고 그 새로운 지식과 진리는 일치하지 않을 수도 있다는 사실이 인지되기 시작했다. 이를테면, 아리스토텔레스 시대의 사람들은 천동설(天動說)을 진리로 믿고 있었지만, 코페르니쿠스에 의해 지동설(地動說)로 진리가 바뀌었다. 물론 자연과학에서의 지식은 '조건의 지식'일 뿐이다. 즉 특정한 조건 하에서 실험을 통해 만들어진 지식들이다. 그럼에도 불구하고 이러한 지식들은 다시 새로운 지식에 의해 교체될 수도 있다. 즉 과학적 지식은 반드시 진리와 일치되지 않을 수도 있는 것이다. 심지어 늘 변할 수도 있는 것이다. 이러한 의미에서 과학철학자 포퍼(Karl Popper, 1902-1994)는 '지식이란 반증(反證)이 없을 때까지만 지식이며, 만약 반증이 생기면 지식은 바뀐다'라고 하는 소위 '지식반증설'을 주장했다. 이러한 주장은 절대지식관을 거부하고 상대적 지식관을 지지한다. 따라서 일단 창출된 지식은 끊임없이 반증되면서 자연과학(자연과학적 지식)도 발전한다.

상대적 지식관은 절대적 지식관에 대립되는 개념이다. 즉 지식은 고정 불변한 것이 아니라 상황에 따라서 상대적으로 바뀔 수 있다. 상대적 지식관은 아래 제시되는 다양한 과정들을 통해서 확인된다. 이러한 상대적 지식관은 '구성주의 지식관'의 토대가 된다. 구성주의 지식관은 말 그대로 지식은 구성되고 재구성되는 속성을 가지고 있다. 이는 객관주의 지식관과 대치된다.

① 변증법적 지식

지식의 역사는 변증법(철학하는 방법)의 역사와 맥을 같이한다.[34] 일반적으로 변증법은 그리스어로 'dialektikē' 이라고 하여 대화술 또는 문답법이라고 한다. 일단 우리에게 알려진 지식은 자체 모순이 - 스스로 자발적으로 또는 타의적, 강제적으로 - '지양됨으로써(Aufheben)' 새롭게 극복되어 궁극적인 합일에 도달된다. 즉 지식은 시간의 흐름 속에서 변증법적 과정을 거치면서 점점 참지식으로 거듭난다. 2천 수백년 전에 이미 소크라테스는 참지식에 도달할 때까지 주변 사람들과 '끝임없이 묻고 답하며'(Elenchos) 대화(Dialogue, Communication)를 시도했다. 물론 무모한 대화와 의사소통은 참지식을 방해할 할 수 있다.

34) 변증법의 창시자라고 하는 엘리아학파의 제논으로부터 시작하여 플라톤, 칸트, 헤겔, 슐라이어마허, 마르크스 등에게서 변증법은 최고의 위상을 정립하게 되며 심지어는 실존주의 철학자들 및 일부 포스트모던의 철학에 의해서도 그 성격과 방식에서 약간의 차이를 보이면서 보완 계승 발전된다. 그러나 변증법은 소크라테스와 플라톤에 의해 비로소 진리(참다운 지식)를 인식하기 위한 사고방식으로 정립되었다. 물론 헤겔에 와서는 변증법이 인식뿐만 아니라 존재 자체까지를 밝혀내는 방법으로 발전된다.

그러나 지식이란 속성 상 계속 비판되고 반성되면서 객관적 지식으로 거듭난다. 이러한 과정이 변증법적이다. 물론 영원히 인정되지 못하는 지식도 있다. 따라서 (현존) 지식에 대한 지속적인 비판과 반성 작업은 반드시 필요한 일이다.[35] 한마디로 지식은 앎이 "객관적 지식"으로 탄생하는 순간부터 "지식"이라는 이름을 가질 수 있는 변증법적 지식화 과정을 경험한다.

그렇다면 왜 인간은 궁극적으로 객관적 지식을 요청하는 것일까? 이는 가능한 한 시행착오를 덜 하기 위함 때문이다. 이때 동원되는 것이 바로 이성(理性)의 능력이라고 가정하는 것이다. 인간의 이성은 지식형성에 결정적이다. 즉 앎을 지식으로 가게 하는 중요한 매개체가 바로 이성이다. 그런데 이성은 주관적 이성과 객관적 이성으로 구분된다. 두 가지 이성 능력을 모두 가지고 태어나는 인간에게 – 칸트에 의하면 – 지식은 결국 주관적 지식에서 멈추지 않고 객관적 지식까지를 포괄한다.

소크라테스는 "무지(無知, Nichtwissen)와 지(知, Wissen)의 과정에 서 있는 것이 인간"(Spranger, 1954: 21)이라고 설명했다. 지금은 잘 모르고 있을지도 모르지만 앞으로 계속 무엇인가를 알고자 하는 자가 바로 인간이다. 그가 마침내 (객관적) 지식을 취득하는 것은 삶의 최종 목표가 된다. 그렇다면 인간의 지식은 고정된 것이 아니라, "계속 되어가는 것"을 의미하는 것이 된다. 즉 지식은 고정불변이 아니라 점차 (주관적) 지식이 (객관적) 지식으로 되어가는 것이다. 일단 알려진 것 즉 (주관적) 앎이 점차 객관적으로 되면서 (진정한 또는 확실한) 지식의 형태로 탈바꿈된다. 따라서 지식이란 사물과 사실에 대한 주관적 정신의 작용으로 알려지는 내용들이지만, 결국은 객관정신에 의해 – 심지어는 "절대정신"(hegel)에 의해 – 완성되는 성격을 가진 소위 "변증법적 과정으로서의 지식"을 의미한다.

오늘날 우리는 다양성과 이질성 그리고 상대성으로 대변되는 포스트모던지식의 홍수 속에 살고 있다. 이러한 포스트모던의 지식은 지식이 유전한다는 전통적인 변증법적 지식에 뿌리를 두고 있다고 할 수 있다. 판타레이(Panta Rai). 이는 2천수백년 전 헤라클레이토스의 지식관이다. "모든 것은 흐른다". 소위 만물유전론(萬物流轉論)으로 잘 알려져 있는 그의 '판타레이 지식관'은 포스트모던 지식관의 모태이며 아울러 변증법적 지식의 효시라고 할 수 있다. 이는 소위 지식의 절대성을 거부하는 지식의 상대적 생성과정을 설명하

35) 일반적으로 소크라테스와 그를 계승하는 사상가들의 생각은, 우리가 지속적으로 대화하고 반성하다보면 반드시 참지식(진리)에 도달할 것이라는 소박한 종교관을 가지고 있기 때문에, 이를 우리는 성선설(性善說)에 입각한 지식이해의 관점이라고 이해한다. 본 글도 이러한 관점을 배제하지 않는다는 점에서 논문의 한계점이라고 할 수 있다.

는 역사적 단초가 되기도 하다.

② 관점적 지식

독일의 철학자 니체(Friedrich Nietzsche, 1844-1900)는 지식을 추구하는 데에 있어서 인식론적으로만 접근하는 것을 유일한 방법으로 생각하지 않는다. 왜냐하면 인간의 인식이란 완전할 수도 없으며, 인간에 따라 인식 정도와 양도 서로 다르고 인식의 위치와 각도도 서로 다를 수 있기 때문이다. 니체는 말한다: "중심은 어디에나 있다."(Nietzsche, 1883: 272) 원은 둥글다. 회전하는 공(球) 위에서는 어디든지 중심이 될 수 있다. 어디가 중심이고 어디가 주변인지는 아무도 모른다. 둥그런 지구의 표면에 살고 있는 인간에게는 내가 서 있는 바로 그곳이 중심이다.

심지어 니체에게서 인식은 존재와 무관할 수도 있다. 왜냐하면 인식이란 인식하는 주체의 마음일 뿐이지, 존재(또는 실존) 그 자체가 아닐 수 있기 때문이다. 사실 칸트 이후의 철학은 이성에 대한 메타 비판으로 환원되고, 절대적 관념론의 거대한 시도와 파탄이 상징적으로 축약한 형이상학의 종언 후, 그 빈자리에 대신 들어선 인식론이 철학적 우세종으로 자리를 압도적으로 굳혀 왔다(윤평중, 2000: 322-323). 그러나 인식론은 인간의 인식에 의해 모든 것이 결정된다는 모순에 불과하다. 그렇다면 인식하지 못하는 - 또는 인식하지 않는 - 경우에는 어느 것도 존재하지 않는다는 것인가? 결국 니체에 의하면, 인식론이란 철학하는 하나의 방식일 뿐이지 유일한 방식은 아니다.

한편, 인식은 주관으로부터 출발하며 관점(Perspective)으로 결정된다. 그러나 관점 역시 아직 주관적이다. 왜냐하면 주관성이 배제된 관점을 가질 수 있는 가능성은 인간에게는 없기 때문이다(백승영, 2000: 120). 결국 관점 역시 어쩔 수 없이 주관적으로 출발하기 때문에, 일단 인식과 이로 인한 지식 역시 주관적으로 발생한다.

이러한 맥락에서 니체는 인식이란 인식하는 주체의 관점에 의해 결정된다는 관점주의(perspectivism)를 또 다른 철학하는 방법 또는 심지어 인식론적 모순의 대안으로 등장시켰다.[36] 우리는 세계와 오로지 관점적으로만 관계를 맺는다(백승영, 2000: 130). 나는 A라는 관점에서 주변 환경과 관계를 맺고 있으며, 다른 사람은 B라는 관점에서 주변과 관계한다.

36) 물론 관점주의란 니체 자신의 용어는 아니고, 그가 생의 기본 조건으로서 제시하는 관점성(Perspektivitaet)에 대한 설명을 통해 그 내용을 짐작할 수 있을 뿐이다(백승영, 2000: 116).

또한 같은 사물과 관계를 맺더라도 인식주체의 관점은 모두 제각각이다. 결국 인식주체의 관점성을 전제하지 않는 사실이란 존재하지 않는다(백승영, 2000: 125). 한마디로 인식은 관점이다. 이렇게 본다면, 대상 세계에 대한 가치중립적이고도 객관적인 인식은 원칙적으로 불가능하다(백승영, 2000: 119).

달리 말하면, 니체의 관점주의는 "해석주의"(解釋主義)와 다를 바 없다.[37] 즉 세계에 대한 불완전한 해석만이 있을 수 있을 뿐 절대적인 진리는 있을 수 없다(데이브 로빈슨, 2000/ 박미선 옮김, 2002: 29-30). 왜냐하면 인식행위는 해석행위이며 해석 행위가 아닌 인식은 없고, 더 나아가 우리는 삶이라는 대전제 하에서는 해석하지 않을 수 없다(백승영, 2000: 120). 그러나 니체 철학에서 제시하는 무(無)진리의 진리는 하나의 절대적 진리(지식)는 없지만 인간 중심적-실용적 진리, 시간 제약적 진리(지식)가 있음을 제시한다(백승영, 2000: 141). 주관적 관점에 대한 해석은 규정된 조건 하에서 (잠정적으로) 객관적으로 수용되는 지식을 가능하게 한다. 바로 이러한 이유 때문에 니체에게는 절대적이거나 항구적으로 객관화될 수 있는 지식(진리)은 존재하지 않지만, 특정한 관점 하에서만 유효한 "관점의 지식"이 존재하게 된다. 결국 니체에 의하면, 세상의 모든 지식은 특정한 관점 하에서만 유효하다. 즉 지식은 모두 '관점의 지식'이다.

③ 지식의 상대성

지식은 상대적이다. 지식의 변증법에서도 지식이 - 때에 따라서는 '진리 안에서' - 정반합의 관계로 수직 상승한다는 것을 제외한다면, 인간의 지식은 인간의 지식에 대해서 늘 상대적이다. 정(正)과 반(反)은 상대적이며 합(合)은 다시 정과 반으로 갈리면서 다시 상대적이다.

지식의 상대성에 대한 주장이 인구에 회자하게 된 계기는 만하임(Kahl Mannheim)의 '지

37) 탈근대적 시각에서 모더니즘의 인식론적 토대는 종종 로고스중심주의, 이론중심주의로 약칭된다(김상환, 2000: 149). 그런데 데리다는 언어에 대한 자신의 견해를 가지고 서양의 논리중심주의와 로고스 중심주의를 공격하면서 니체를 진리 개념의 해방자로 끌어들인다(백승영, 2000: 56-57). 푸코 역시 논리중심주의를 배척하면서 니체 안에서 정신적 유사성을 찾는다(백승영, 2000: 57). 둥근 지구 위에 살고 있는 인간에 중심은 고정된 것이 아니다 이러한 우리 인간에게 중심이 고정되지 않은 관점은 운명처럼 주어진다. 따라서 우리가 삶을 그리고 주변을 어떠한 관점에서 해석할 것인가 하는 문제는 항상 열려 있게 된다:"해석 주체에게 상관하는 해석의 세계는 그에게는 완전히 옳다. 왜냐하면 이 세계는 해석 주체가 자신의 관점성에 의해, 즉 삶의 유지를 위해 창조한 의미 세계이기 때문이다."(백승영, 윗글, 2000, 130쪽). 중심은 중심으로서의 기능만 하면 되는 것이지, 중심의 위엄이나 권위 때문에 특정하게 고정된 관점을 가지고 해석하라-고 명령할 수는 없는 일이다. 니체의 이러한 탈중심주의 사상은 그를 해석학자로 각인시켰다(D. Bohm, Gadamer, Ricoeur).

식사회학입문' 즉 『이데올로기와 유토피아(Ideology and Utopia: A introduction to the sociology of knowledge)』(1929)라는 책이 나오면서부터였다.[38] 그는 지금 우리에게 알려지는 모든 지식들은 당시의 지배적인 특정이데올로기를 내포하고 있기 때문에 객관적 지식이나 또는 진리로 볼 수 없다고 주장한다. 즉 지식은 절대적인 것이 아니라 오로지 이데올로기의 산물일 뿐이다. 이를테면, 자본주의 사회에서의 지식은 자본주의 이데올로기를 내포하는 상대적 지식이다. 반대로 마르크스주의에 입각한 지식 역시 마르크스 이데올로기의 산물일 뿐이다.[39] 이는 궁극적으로 완전히 소거되어야 하는 것이 마땅하지만, 원칙적으로 지식의 이데올로기성을 부정하기 어렵다. 따라서 지식은 항상 "상대적"으로 간주될 수밖에 없다. 또한 이러한 지식은 - 만하임에 의하면 - 항상 냉철한 비판 및 성찰을 통해서 제3의 객관적 세계관(유토피아지식의 세계)을 건설해야 한다. 이렇게 본다면, 만하임이 주장하는 지식의 상대성은 특정한 조건 즉 사회 이데올로기적인 측면에서 볼 때 항상 지식에 대한 상대적 이해가 존재할 수밖에 없다는 주장으로서, 이는 위에서 제시한 관점적 지식관에 대한 실제의 사례라고도 할 수 있다.

한편, 지식의 상대성은 이미 그 훨씬 이전인 소크라테스에게서도 나타난다. 즉 그의 무지론(無知論)은 지식의 상대성을 주장한 대목이다. "나는 모른다는 사실만을 알고 있다. 너 자신을 알라"는 구호는 유한자(有限者)로서의 인간의 지식은 절대 진리에 비한다면 무(無)라고 할 수 있을 정도로 상대적이다. 그러나 문헌상으로 지식의 상대성의 시조는 고대의 현자라고 자칭했던 소피스트(Sophist)들이다. 인류 역사에서 최초의 소피스트로 등재되어 있는 프로타고라스에 의하면 "인간은 만물의 척도이다." 당시 소피스트들의 상대성 지식론은 세상을 뒤흔들어 놓았다. 이러한 상대적 지식관은 자연과학에서 영향을 미치게 되어 궁극적으로는 아인슈타인의 상대성 이론이 탄생하는 데에서도 결정적인 기여를 했다.

결국 이들의 논리로 본다면, "지식은 보편적 진리가 아니라 사회적으로 인정된 상대적인 것에 불과하다."(고형일 외, 1996: 97) 그럼에도 불구하고 우리는 교과서에 쓰여 있는 지식을 마치 절대 진리로 간주하고, 이를 그대로 전달하는 교육방식에 전적으로 의존해 있다. 이는 진리로 간주된 성경, 불경, 코란 등을 교과서로 가르치던 미션스쿨의 교육관에 근거

38) 지식 사회학의 선구자로는 Max Scheller와 E. Durkeim을 꼽기도 한다. 오늘날 지식 사회학의 특별한 대표자들로는 만하임을 비롯하여, 머튼(R. Merton), 슈프타르(W. Stark), 볼프(K. R. Wolff), 나이서(H. Neisser), 베르거(R. Berger), 루크만(Th. Luckman) 등을 들 수 있다(한국철학사상연구회편, 1989: 1214).

39) 물론 지식을 통해 전수되는 이데올로기란 "허위의식"(한국철학사상연구회편, 1989: 1214)이다.

한다. 즉 미션스쿨에서는 절대진리를 가르쳤다. 여기서는 지식이 곧 진리였다. 그러나 오늘날 일반학교에서는 성경이나 코란 같은 진리를 가르치는 것이 아니라 과학적으로 얻어낸 지식을 가르친다. 과학적 지식은 진리(truth)가 아니다. 단지 사실(fact)일 뿐이다. 더 정확히 말하면, 과학적 지식은 '조건의 지식'일 뿐이다. 그럼에도 불구하고 오늘날 세상을 지배하고 있는 전통적인 학교교육에서는 교과서의 지식을 마치 절대불변의 진리처럼 가르치고 있다.

교과(敎科)란 '선택된 문화'이다. 선조들의 문화를 모두 전달, 계승, 발전시키기에는 한계가 있기 때문에 우리는 문화를 엄선하여 교과로 선정하고 이를 교과서(敎科書)에 담아서 후대에게 교육한다. 그런데 문제는 누가, 왜, 무엇 때문에 하필이면 그것을 전달되어야 하는 '문화로 선정'하는가 하는 것이다. 즉 다른 사람, 다른 정부가 교과서를 쓴다면, 내용도 완전히 달라질 수 있다는 것이다. 결국 - 만하임의 상대적 지식관에 의하면 - 문화를 교재로 선정하는 사람들의 관점과 입장에 의해 선택되는 문화가 달라질 수밖에 없는 상황에서, 현재의 교과서에 담긴 것을 절대 진리(또는 객관지식)로 간주하고 이를 아무 여과장치도 없이 그대로 전수하는 교육의 방침에는 문제의 소지가 남을 수밖에 없다.

2) '지식' 담론

(1) 형식지와 암묵지

헝가리의 물리화학자 폴라니(Michael Polanyi, 1891-1976)는 지식을 형식지(型式知, formal knowledge)와 암묵지(暗默知, tacit knowledge)로 구분했다. 지식은 객관적 지식과 주관적 지식으로 나뉜다. 고대 그리스 시대부터 우리는 주관적이고 개인적인 지식을 독사(Doxa)라고 하고 억견(臆見)이라고 했다. 플라톤은 억견을 지식의 범주에서 제외시켜 버렸다 지식은 객관적일 때 비로소 '지식'(epistēmē)이 된다고 본 것이다. 그때부터 주관적 지식은 지식의 반열에서 제외되었다. 자연과학이 세상의 지식세계를 지배하면서 '객관성'(客觀性)을 담보하지 않는 지식은 없다. 과학적 지식은 곧 객관적 지식이었다.

그러나 폴라니는 과학적 지식도 완전한 객관성을 담보하지 못한다고 주장했다. 물론 그런 연유로 과학적 지식은 늘 발전하는 것이며, 과학이 발전하는 이유도 여기에 있다고 설명했다. 즉 시간의 흐름 속에서 보다 더 객관적인 지식으로 거듭나는 것이 바로 과학이다. 따라서 과학은 단번에 이루어지는 것도 아니며 완전한 것도 아니다. 과학적 지식이 객관성을 완전히 담보하지 못하는 이유로 그는 과학적 지식이 산출되는 과정에서도 과학자의 개인적 차원의 믿음과 억측 등 개인적 지식이 작용하기 때문에 어떤 지식도 완전히 객관적이라고 단정지을 수 없다는 것이었다(마이클 폴라니, 표재명 옮김, 2001). 다만 과학은 지식을 점점 더 '객관화'(客觀化)시킬 수 있을 뿐이다.

이렇게 과학이 지식을 객관화시키는 과정에서 명제(命題)로 나타나는 것이 형식지(型式知)이다. 그런데 이러한 형식지가 나타나는 과정과 절차 속에서 수많은 개인적 경험과 체험 그리고 시행착오 등 몸으로 체득하는 지식의 과정이 숨어 있다. 이러한 지식을 폴라니는 '지식의 암묵적 영역' 즉 '암묵적 지식'(tacit knowledge)이라고 명명했다(마이클 폴라니, 1966/김정래 역, 2015). 결국 형식지란 코드화가 가능하고 언어라는 형식을 통하여 전달할 수 있는 공식적 지식이라면, 암묵지는 관찰, 모방, 현장작업, 시행착오 등 행위나 참여를 통해서 몸소 체득하고 익혔지만 코드나 언어 등으로 명확하게 표현할 수 없는 지식을 말한다. 따라서 암묵지는 문서기록, 언어 등의 형식을 통하여 외부로 표현할 수는 없지만, 경험과 학습 등을 통하여 무의식적으로 몸에 쌓인 내재적 지식이라고 할 수 있다. 그리고 이러한 암묵지가 일정한 형식과 형태를 갖추어서 의식적으로 표현된 것을 '형식지'라고 한다. 중요한 것은 객관적인 차원의 의식인 형식지가 만들어지는 과정 이면에는 주관적 차원의 무의식적인 암묵지가 늘 동반되고 있다는 사실이다.

(2) 탈환원주의 과학지식

일반적으로 지식은 과학(학문)의 결과로 탄생한다. 특히 자연과학이 폭발적으로 번성하기 시작한 계몽주의 시대 이후 과학은 지식의 전당이다. 즉 객관적 지식은 과학적 지식과 동일시되며, 지식의 객관성이란 과학성과도 통한다. 한마디로, (최소한 계몽주의 이후) 과학이 곧 지식이며 과학적이 아니면 지식도 무용한 것이 된다.

전통적인 데카르트와 뉴턴의 기계주의 과학관을 거부하면서 20세기 전반기를 통해서 급속히 성장했던 원자 물리학과 소립자 물리학은 현대이론과학의 패러다임을 전환시켜 주는 결정적 계기가 되었다. 이로부터 우리는 지식의 다양성과 유전성에 대해서 언급하기 시작했다. 그러나 이러한 과학관 역시 환원주의(還元主義)의 틀을 근본적으로 벗어날 수는 없었다. 즉 물질세계와 자연현상을 쪼개고 쪼개다 보면 물질의 근본으로 환원될 수 있는 근본을 발견할 수 있으며, 아울러 모든 현상을 수학적으로 계산하는 것이 가능하다는 환원의 원리도 마찬가지였다. 물론 원자세계에 대한 이해와 내용 면에는 고전 물리학과 현대이론물리학은 크게 달랐으며, 이로써 가능했던 시대정신의 전환에서도 과학패러다임의 전환은 효과가 컸다. 즉 데모크리토스 이후 뉴턴까지 전개된 원자론에서 원자는 쪼갤 수 있는 최후의 입자였지만, 현대이론물리학에서 밝혀 놓은 원자는 오로지 '발생하려는 경향'일 뿐이다. 그럼에도 불구하고 두 영역의 과학에서 환원주의적 과학관에는 큰 변함이 없었다.

환원주의적 과학관은 20세기 초반 한동안 시대정신으로 군림해 왔다. 특히 빈(Wien) 학단의 논리실증주의 철학자였던 카르납(Rudolf Carnap, 1891-1970)은 1920년대에 의미 있는 경험적 모든 진술들과 과학 활동을 환원적으로 재구성한다면 "과학의 통일성"을 이룰 수 있을 것으로 장담하면서 『세계의 논리적 구축(Der logische aufbau der welt)』이라는 저서를 집필했다. 그를 계승하는 뉴라트(Otto Neurath, 1882-1945) 역시 일상언어와 물리언어를 구분하여 보편적인 물리학자의 프로토콜 언어를 일반화한다면, 통일과학도 가능하다는 논리를 세웠다. 이로써 국제공용어로서 에스페란토어의 창조에 대한 이상이 보다 구체화된다. 역시 빈 학단의 철학적 모더니즘의 대표자였던 그로피우스(Walter Adolph Grophius, 1883-1969)는 바우하우스(bauhaus) 운동을 통하여 불필요한 장식을 없애고 기본적인 기하학적 형태로 환원하였다. 그는 건축을 종합예술로 간주하고 모든 예술은 건축을 통하여 공간의 통일을 가능하게 할 수 있다는 환원주의 과학관을 가지고 있었다. 당시 논리실증주의와 바우하우스 운동은 시대정신으로 충분했다. 논리와 기초적 지각요소로부터 보편언어 및 보편지식을 얻어내려는 논리실증주의 철학자들과, 기술과 예술을 건축에서 통합하고 기본적인 기하학적 형태와 색채로부터 이미지를 표현하려는 바우하우스 예술가들의 작업은 환원적 통합과학의 이상을 가지고 있었다.[40] 두 운동은 유럽을 벗어나 미국으로까지 큰 영향력을 발휘하고 있었던 과학주의적이고 기계 중심적 이미지를 공유하고 있었으며, 자신들의 영역을 모더니즘적이고 포드주의적인 생산방식과 일치시키려고 했다(김

40) 카르납은 데사우의 바우하우스에서 "과학과 생활"이라는 제목으로 "통일과학"에 관한 강연을 해 달라는 초청을 수락하면서, 여기서 칸딘스키(Wassily Kandinsky, 1866-1944)를 처음 만나게 된다. 이들은 가장 기본적인 것으로부터 세계를 구성해 나간다고 하는 사실과 모든 현상은 이러한 기본적인 것은 환원될 수 있다는 원칙에 공감대를 가지고 있었다. 나치에게 쫓겨 미국으로 망명한 이들은 미국에서 뉴바우하우스 운동을 주도하고 통일과학에 대한 이론을 주도한 장본인들이 된다.

영식·임경순, 2002: 396).

환원주의적 과학관에 대한 대표적인 비판은 수학자 괴델(Kurt Gödel, 1906-1978)로부터 시작되었다. 그는 1902년 비(非)유클리드기하학에 대한 공리적 기초를 확립하면서, 수학과 물리학을 비롯한 과학의 전 분야에서 확고한 공리적 기초를 마련하는 것이 가능하다고 본 힐베르트(David Hilbert, 1862-1943)를 계승하다가 오히려 그의 이론에 반기를 들었다(weyl, 2000: 279). 1930년부터 괴델은 아무리 정교한 수학시스템이라도 그 자체로서 무모순적일 수 없다고 생각했다. 그는 소위 "괴델의 정리" 즉 "불완전성의 정리"를 주창함으로써, 확고한 공리시스템을 바탕으로 수학의 전체 영역을 엄밀하고 통일적으로 설명하려는 힐베르트 이후의 작업에 근본적인 차원의 제동을 걸었다(김영식·임경순, 2002: 394). 한마디로, 비록 수학적 공리일지라도 그것은 완벽하지 않으며 완전성의 조건을 충족할 수 없기 때문에 어떤 물리 현상도 공리시스템으로 환원될 수 없다. 이미 아인슈타인도 유클리드 기하학을 포기한 바 있다. 왜냐하면 유클리드 기하학은 2차원 평면에서만 가능한 것이지, 입체를 비롯한 3차원 이상에서는 적용될 수 없기 때문이다. 예를 들어, 길이 1m짜리 막대기 4개로 평면 위에서는 정사각형을 제도할 수 있지만, 구(球, 지구)의 표면 위에서는 불가능하다. 따라서 엄밀히 말하면 표면이 둥근 지구상에 사는 우리는 한쪽 길이 $1m^2$의 정사각형을 제도할 수 없다. 또한 우리는 중력의 영향 때문에 엄밀한 의미에서 직선을 긋지도 못한다.

한편, 객관적 지식을 과학성으로 이해하는 문제에 대한 반론 역시 과학적 방법론의 차원에서도 접근된다. 특히 계몽주의 이후 우리 사회에 만연된 과학만능주의 사고에 대하여 [과학=객관]이라는 개념부터 재고해야 한다는 주장을 하고 나선 사람이 포퍼(Karl Raimund Popper)이다. 즉 그는 합리성의 개념을 정초할 수 있는 과학방법론으로 - 위에서 언급한 것처럼 - "반증주의(反證主義)"를 제시한다(윤평중, 1997: 15). 아울러 그는 과학과 지식이 아무리 정교하고 정확한 관찰과 실험을 통해 이루어진다고 해도 이러한 '제한된' 경험 영역을 토대로 과학성을 언급한다는 점에는 어폐가 있다고 주장한다. 한마디로, 제한된 관찰에서 아무리 지속적인 관찰을 반복한다고 해도 이는 보편적 관찰이라고 할 수 없다. 또한 우리가 엄격한 실험을 통해 제아무리 많은 입증자료를 제시한다고 해도 여전히 확인되지 않는 또 다른 영역이 남아 있다. 이런 점에 착안하여 그는 과학에서 '입증의 개념'을 사용하지 말고 "반증(反證, theory of falsification)"의 개념을 사용할 것을 권한다. 지식이 과학적 지식인지 아니면 비과학적 지식인지 하는 것은 반증가능성이 있느냐 없느냐에 따라 구분될 수 있다는 것이다(김영식·임경순, 2002: 397) 즉 입증이 되었다고 과학이라고 속단할 수 없으며, 입증이 되지 않았다고 비과학이라고 말할 수 없다. 왜냐하면 지금은 아직 입증이 안되었다고 해도 언젠가는 입증될 수도 있기 때문이다.

심지어 지금 객관적으로 보이는 지식도 또 다른 객관의 발견으로 인하여 과학성을 상실할 수도 있다. 그만큼 과학적으로 밝혀내는 객관성도 항상 불안하기는 마찬가지이다. 물론 정도의 차는 있을 수 있다. 그러나 상황변화를 촉발하는 다양한 매개변수의 개입으로 자연과학의 세계에서도 과학적 객관성도 여전히 보장되지 않는다. 이를테면, 전 같으면 5월 달이나 되어야 피어나는 목련꽃이 날로 달라지는 온실효과, 오존층파괴 등 수많은 매개변수의 개입으로 인하여 – 또는 인간행동에서는 돌발적 상황변수의 개입으로 인하여 – 오늘날은 4월 달에 벌써 피어난다. 5월에 피는 목련꽃이 모든 실험에서 항상 반복적으로 입증되는 것이 아니다. 만약 목련이 4월에 피어나지 않는다는 반증이 없으면 목련은 4월에 피는 것이 맞다. 결국 포퍼의 반증논리에 의하면 (과학적) 지식은 무수한 매개변수의 작용과 시행착오를 통해서 새롭게 얻어질 수 있다는 것이다. 따라서 이제 과학적 객관성이란 항상 잠정적–일시적 (또는 잠재적) 객관으로만 존재할 뿐이다. 언제 새로운 객관적 지식이 발견되면, 지금까지의 지식은 한 순간에 객관성을 잃게 되어 과학지식이라는 반열에서 제외된다. 새로운 객관성은 '잠재적 객관'을 극복한다. 반대로 그것이 비과학적인 사실이고 잠재적 객관 지식일지라도 아직 반증이 나오지 않으면 과학성은 그대로 유지될 수 있는 것이다. 이를 달리 말하면, 모든 지식은 "조건의 지식"이 된다는 의미이다. 왜냐하면 조건이 달라지면 지식(결과)도 달라지기 때문이다.[41]

결국 1950년대까지 환원주의를 고수하던 카르납과 그의 추종세력들도 이러한 반증의 논리를 수용하면서 자신들의 입장을 바꾸기 시작했다. 물론 이들은 입증주의와 반증주의 간의 절충안을 내 놓았다. 즉 이들은 엄격한 입증주의의 대신 "확률적 입증주의"의 입장을 취하게 된 것이다. 또한 이들은 오로지 관찰에 집착하는 논리실증주의의 경향에서 "논리 경험주의"의 입장으로 선회한다. 이로써 지금까지 자신들이 믿고 있었던 "객관적 입증"이라는 과학성에 대한 타당성과 신뢰성은 금이 가게 되었다. 과학의 세계에서 종

41) 한마디로 자연과학에서 실험은 조건이다. 실제로 어떠한 조건 하에서 실험하느냐에 따라서 결과는 달라진다. 이렇게 볼 때 주로 실험을 통해 얻어지는 자연과학의 지식은 모두 조건의 지식이라고 할 수 있다. 따라서 만약 자연과학의 실험실에서 나오는 지식이 절대 진리가 되기 위해서는 모든 조건을 완전히 만족시킬 수 있는 실험조건이 주어져야 한다.

전의 불문율이었던 과학만능주의에 대한 믿음이 조금씩 와해되고 있었다. 그럼에도 불구하고 카르납과 논리실증주의를 고집하는 그의 후계자들은 "특수성에서 일반성으로의 논리 전개"를 기초 토대로 하는 통일과학에 대한 미련을 버리지 않았다.[42] 모든 것은 (과학) 지식의 중요한 속성으로 간주되는 일반성과 객관성에 대한 미련 때문이었다.

환원주의에 대한 진정한 거부는 콰인(Willard Van Orman Quine, 1908-2000)에게서 가장 강하게 나타났다. 그는 논리실증주의자들이 주장하는 경험론은 일종의 도그마에 불과하다고 평가 절하했다. 그는 관찰과 이론 간의 엄격한 구별이 불가능하다는 전제 하에서, 과학의 개념들은 그것이 경험적 사실을 나타내는 관찰용어와 연결됨으로써 의미를 가지는 것이 아니라고 주장했다. 이로써 콰인은 과학의 전체적인 이론적 틀 안에서 그 의미가 밝혀진다는 뒤엠(Pierre Maurice Marie Duhem, 1861-1916)의 '홀리즘(Holism)의 입장'[43] 을 부활시켰다(김영식·임경순, 2002: 398). 즉 관찰과 이론은 전체(Holism) 속에서 구분되기 어렵다. 구체적으로 핸슨(Norwood Russell Hanson, 1924-1967)은 관찰에 우위를 두는 환원주의적 입장에 대해서 관찰 그 자체도 이론 의존적이라는 비판을 가했다(김영식·임경순, 2002: 398). 즉 어떠한 관찰도 관찰자가 이미 가지고 있는 이론적 틀 속에서 이루어지는 것이다. 따라서 관찰을 객관적으로 서술할 수 있는 소위 관찰 문장은 존재하지 않는다. 반드시 관찰자가 가지고 있는 이론 내에서 관찰은 이루어지고 기술될 수 있을 뿐이다. 이러한 관점은 비트겐슈타인(Ludwig Josef Johann Wittgenstein, 1889-1951)의 후기언어철학과도 맥을 같이 한다. 비트겐슈타인은 우리 인간들이 "언어의 유희"(language game) 속에 살고 있으며, 그들이 사용하는 언어는 모두 자기들의 경험적 한계에서 이루어진 이론적 틀 속에 갇혀 있다고 보았다. 이 때문에 인간은 자기의 이론적 관점을 벗어날 수 없는 것이다.

이러한 반환원주의 관점들은 쿤(Thomas Samuel Kuhn, 1922-1996)의 패러다임[44] 전환

42) 이미 현대이론물리학에서는 환원주의적 세계관을 견지하면서도 한편으로는 탈환원주의적 경향을 포괄하면서 발전해 왔다. 현대이론물리학의 궁극적 염원인 통일장이론은 복합시스템에 대한 과학적 이해를 전제하고 출발한다. 그러나 고체물리학자인 앤더슨(Philip W. Anderson)은 1972년 『사이언스(Science)』지에 "많은 것은 다르다"라는 기고문을 실으면서, 통일장이론도 여전히 환원주의적 입장을 띠고 있음을 지적한다. 여기서 그는 통일장이론이 성공하기 위해서는 환원주의적 과학관을 완전히 제거해야 한다고 일침을 놓고 있다.

43) 특히 뒤엠은 비평형 열역학의 창시자로서 프리고진 학파, 하켄 학파 등에 의해 시작된 복잡시스템(complex system)의 행동에 관한 연구가 시작되면서 알려지게 된 학자이다. 이들에 의해 시작된 홀리즘의 부활은 마치 맥스웰과 푸앙카레 등에 의해 카오스 이론이 재발견되는 상황과도 엇물린다(Mainzer, 1997: 91). 복잡시스템이론으로 다리를 놓는 카오스이론 역시 "전체는 부분의 합 이상"이라는 홀리즘 사고로의 접근이었다.

44) 패러다임이란 어느 과학자사회 전체가 공유하는 이론, 법칙, 지식, 방법, 가치, 믿음, 심지어는 습관 같은 것을 통틀어서 지칭하는 개념을 말한다(김영식·임경순, 2002: 398).

(paradigm shift) 이론에 결정적인 단서를 제공했다. 그는 자신의 저서 『과학혁명의 구조(The Structure of Scientific Revolution)』(1962)에서 "번역불가능성"(incommensurability)의 개념으로 과학 패러다임의 전환이 어떻게 이루어졌는가에 대한 의문을 풀어 준다. 즉 과학자가 사용하는 언어(지식)는 그의 '이론적 틀' 즉 '관점'에 맞추어 서술된 관찰 경험적 사실이기 때문에 과학자마다 의미하는 것이 똑같을 수 없다는 것이다. 이를테면, 과학자의 개인적 가치관 이외에도 당시의 사회제도, 종교관, 시대사조 등과 같은 과학 외적인 것들도 그의 과학이론 형성에 영향을 미칠 수 있다는 것이다. 또한 과학자들이 사용하는 개념이 언어적으로는 형식과 모양이 같더라도 그것이 같은 개념일 수 없는 것이다. 즉 언어는 상징성을 가지고 있기 때문에 항상 다의미적(多意味的)이다. 따라서 서로 다른 과학자가 사용하는 같은 용어라고 할지라도 이를 똑같은 개념으로 번역한다는 것은 불가능한 일이 된다. 토마스 쿤은 처음에 아리스토텔레스의 과학이론(자연학)을 매우 유치한 이론으로 여겼다. 그럼에도 불구하고 근 2천년 이상 과학사에서 아리스토텔레스가 매우 중요한 위치를 차지할 수 있었던 이유가 궁금했다. 바로 "번역불가능성" 때문이었다. 아리스토텔레스의 "자연학"[45] 은 그만의 개념이었으며, 그러한 개념이 당시 많은 사람들과 많은 시간을 통해 오랜 시간동안 공감대를 형성해 왔던 것이다.

마찬가지로 근대 과학과 현대과학 사이에는 '번역불가능성'의 문제가 숨어있다. 따라서 우리는 이제 하나의 사실에 대하여 무엇이 옳고 그르냐를 입·검증하기 이전에, 과연 우리는 무엇을 어떠한 언어로 번역할 수 있을까 하는 데에 초점을 맞출 수밖에 없게 된다. 한마디로 과학자들에게는 '연구자의 이론적 관점' 또는 '연구의 관점'이 중요한 문제가 된다. 우리는 연구의 관점이 없는 연구에다 결과를 기대할 수는 없다. 또한 과학성의 접근이라는 차원에서 연구의 관점은 궁극적으로 '일반성'(보편성, 객관성)을 획득하기 위한 전제조건이기도 하다. 물론 연구의 관점에는 연구의 제한점이 내포된다. 연구의 제한으로 우리는 모든 것을 동시적으로 다룰 수는 없다. 즉 이제 질문은 인간의 전체적 삶을 '일반성' 또는 '보편타당성'으로 이해하기 위한 '전제 조건'이 과연 무엇이어야 하는가에 쏠리게 되는 것이다.

결국 '조건'이 달라진다면 교과서의 지식도 달라질 수 있다. 왜냐하면 교과서의 지식은

45) 아리스토텔레스의 "사회적 존재론" 역시 자연학적 귀결이었다. 즉 인간은 사회적이고 정치적인 본능(자연)의 충동에 의해 조정된다는 의미에서 아리스토텔레스의 "사회적 인간"은 자연학적이었다(Mainzer, 1997: 256).

과학적 지식을 전제하고 있으며 과학적 지식은 조건의 지식이기 때문이다.[46] 그러나 모든 과학적 지식 역시 객관성의 차원에서 볼 때에는 여전히 불안하고 가변적이다. 달리 말하면, 교과서의 지식도 영원한 정답으로 간주될 수는 없다. 그럼에도 불구하고 우리의 현행 교육은 교과서의 지식을 정답(진리)으로 외우도록 강요하고 있는 셈이다.

(3) 탈경험주의 과학지식

과학철학자 토마스 쿤(Thomas Kuhn)의 번역불가능성 개념에서는 서로 다른 두 개의 이론 시스템이 서로 완전하게 번역은 안 되지만, 그래도 부분적인 번역의 가능성 즉 해석의 가능성은 허용되고 있다(김영식·임경순, 2002: 399). 그러나 파이어아벤트(Paul Karl Feyerabend, 1924-1994)에게서는 부분적인 번역조차도 불가능하다. 그는 "과학적 무정부주의"라는 표현을 쓰면서 과학세계에는 어떤 법이나 제도도 없는 무정부국가와 같다고 하였다. 과학에서의 "탈(脫)경험주의(Post-empiricism)"를 선언한 것이다(Feyerabend, 1975: 40). 그는 지금까지 우리 인간사에서 과학적 맥락을 주도했던 경험주의와 결별하면서 종전의 과학개념에 대해서도 완전히 돌아선다. 그는 법과 제도 그리고 규범에 순응하고 적응하는 과학적 기계주의보다 이론적 무정부주의를 대표하는 번역불가능한 과학의 세계가 훨씬 인간주의적이고 진보적인 것으로 보았다. 그는 과학이 이제 '보다 인간적으로' 될 필요가 있으며, 삶에 보다 충실해질 필요가 있다고 주장하였다. 또한 이는 반성적 사고에 의해 가능하다는 주장도 빼 놓지 않고 있다.

그에 의하면, 그동안 인간-기계시스템 주의의 발달에 한 몫 해 온 과학지상주의는 이제 반성해야 할 것이다(Feyerabend, 1975: 52). 즉 지금까지 과학지상주의를 창출해온 과학은 실제로 우리가 믿고 있는 것처럼 이상이나 진리를 향한 이론도 아니었으며, 그렇다고 절대적 진리(객관적 지식)를 내포하고 있는 것도 아니었다. 그것은 수많은 상호 양립이 불가능한 단일한 이론들, 서로 다른 동화 같은 이야기들, 개개의 신화들로 이루어져 있을 뿐이다(김영식·임경순, 2002: 400). 파이어아벤트는 바로 이점을 비판한다. 우리의 감각과 경험

46) 물론 교과서의 내용 중에서 아직도 유효한 내용들이 얼마든지 있을 수 있다. 이는 여전히 입증되고 검증될 수 있는 절대진리이거나 아니면 아직도 반증이 없는 지식일 것이다. 또한 교과서에서는 사실관계만을 확인시키는 경우도 있다. 이럴 경우 우리는 교과서의 지식을 신뢰할 수는 있을 것이다. 그럼에도 불구하고 이러한 절대지식들은 - 종교적 절대진리의 차원이 아닌 이상 - 언젠가는 반드시 다른 관점에서 다양하게 해석될 수 있다는 논리가 바로 포스트모던의 지식논리이다.

은 믿을 수 없을 정도로 주관적이며 자의적이며, 따라서 이를 일반화하고 객관화할 수 있는 어떤 능력도 인간은 가지고 있지 않으며 아울러 이에 대한 어떤 정당한 근거도 확보할 수 없다. 결국 우리는 그동안 과학만능주의 하에서 영원한 진리도 아니고 그렇다고 진정한 객관지식이 아닌 오로지 단편적인 주관적 지식을 가지고 이를 숭상하면서 살아왔던 셈이다.

또한 파이어아벤트와 쿤은 현재의 이론이 과거의 이론보다 더 과학적이라는 과학적 합리주의 보편성을 부정한다(Glock, 2000: 274). 즉 과학은 결코 현실 세계의 유일한 진리가 아니며, 동일한 현실이라도 상이한 패러다임으로 설명될 수 있다(張波, 1994/ 유중하 외 옮김, 2000: 24). 특히 상이한 문화 속에서는 상이한 분류 방식과 상이한 시각에 의해 규정되기 때문에 그 개념을 그대로 옮겨다 사용할 수 없다. 따라서 탈(脫)경험주의로써 진정 우리에게 "해방적이고 개방적인 지식"을 얻을 수 있게 될 것이다. 그의 탈경험주의 과학에서는 다원주의와 무정부주의적 상대주의만이 가능하다. 물론 그는 탈경험주의의 토대 위에서 행해지는 해석 이론만을 가장 합리적인 과학 이론으로 간주한다. 쿤과 파이어아벤트의 이러한 탈경험주의적 과학관은 후에 리오타르(Jean-François Lyotard, 1924-1998)를 비롯한 포스트모더니즘의 이론가들에게 영향을 미치게 된다.

그러나 갤리슨(Peter Louis Galison)은 콰인, 헨슨, 쿤, 파이어아벤트의 탈경험주의를 포스트모던과 구별하며 탈경험주의 뿌리 역시 모더니즘의 과학관에 머물러 있다고 주장한다. 실제로 콰인은 관찰 자체는 경험의 내용, 방법, 범위, 방법 등에 따라 달라질 수 있지만, 보다 높은 이론시스템은 수리물리학과 논리학에서 가능하다고 한 바 있다. 그는 수학과 논리를 통하여 과학적 통합 가능성을 시사했던 셈이다. 갤리슨은 콰인의 이러한 태도를 논리실증주의로의 회귀로 보고 포스트모던의 과학관과는 거리가 있음을 지적한다. 또한 갤리슨은 쿤의 과학이론 발전과정에도 의문을 갖는다. 즉 쿤의 과학론은 "정상과학(正常科學)"에서 "위기의 과학"으로 그리고 "혁명적 과학"에서 다시 "정상과학"으로의 복귀라는 보편적인 구조를 포함하고 있다. 이러한 점에서 쿤은 카르납 이후 논리실증주의자들이 추구해 왔던 과학의 통일성을 지향하는 입장을 취하고 있다.

물리학의 세계에서도 아인슈타인 이후 통일과학의 꿈을 이루고자 하는 일련의 움직임은 계속되고 있다. 실제로 쿤의 『과학혁명의 구조』는 『통일과학 국제대백과사전』의 한 시리즈물로 출판되었다. 또한 쿤 자신도 자신은 결코 상대주의자가 아니며 과학의 보편성에 대한 확실한 믿음을 가지고 있다고 역설한 바 있다. 이런 근거에서 갤리슨은 쿤의 반(反)실증주의와 카르납의 논리실증주의를 같은 맥락에서 보았던 것이다. 즉 그는 과학에서 보편적인 구조 즉 보편적 지식을 탐구한다는 원칙 하에서 양자가 객관성을 담보하고는 있지만, 비유클리드 기하학과 괴델의 불완전한 수학의 개념이 일반화되는 상황에서 이들의 논리는 객관성이 의심되고 있는 언어와 수학의 한계를 극복하지 못한 것으로 파악했다. 즉 카르납에게서는 관찰적 측면이 강조되었고, 쿤에게서는 이론적 측면이 강조되었을 뿐 이들은 모두 기본적으로는 빈 학단의 모더니즘 맥락을 벗어난 것이 아니었다는 주장이다.

그럼에도 불구하고 탈경험주의 과학은 특히 경험을 통한 실증적 사실주의(실증주의)로부터 보다 자유로워짐으로써 포스트모던의 과학으로 넘어가는 핵심적인 가교 역할을 한 것은 분명하다고 할 수 있다. 왜냐하면 포스트모던의 과학은 놀라운 변환과 새로운 실험, 과거 경험과의 급격한 단절로 특징지어지며, 끊임없이 스스로의 기반을 파괴함으로써 어떠한 기존 지식 체계와의 동일화도 거부함으로써 실증주의 근대 과학과는 반대의 입장에 서 있기 때문이다(윤평중, 1997: 244 참고). 이러한 의미에서 이들은 극단적으로 텍스트(Text)의 해체 즉 탈정전(脫正典)을 주장하고 있다. 결국 무엇인가에 제한될 수밖에 없는 - 또는 주관적일 수밖에 없는 - 감각과 경험에 의존하고 있는 지식은 결코 온전한 - 또는 객관적 - 지식일 수 없다는 논리이다.

그러나 세상은 자신들에게 유리한 지식을 모두 객관적 지식으로 착각하고 있다. 따라서 우리가 온전한 세상을 얻기 위해서는 이렇게 통용되는 지식의 세계를 "해체"(Derrida) 시킬 수밖에 없는 것이다. 한마디로 마치 객관적으로 믿을 수 있을 것 같은 착각으로 시작되는 경험주의적 사고에 기반을 둔 자연과학적 사유로는 어떤 사실과 지식도 객관적으로 간주되지 않는다. 즉 우리의 - 주관적이며 자의적인 - 감각과 경험에서 비롯되는 객관적 자연과학이라는 말도 어불성설이며, 과학적 사실과 과학적 지식이라는 말도 성립되지 않는다. 이러한 지식들이 바로 - 포스트모던의 지식관에 의하면 - 우리의 교과서에 객관적 사실과 지식으로 둔갑하여 실려 있다. 그럼에도 불구하고 오늘날 우리의 교육현장에서는 교과서의 지식을 해체시키기는커녕 이를 그대로 전수시키는 것만을 유일한 교육적 사명으로 간주하고 있는 셈이다.

(4) 복잡계 지식

20세기 중후반부터 시작된 "복잡성과학"(complexity science)의 탄생은 우리의 과학관과 시대정신을 새로운 국면으로 몰아넣고 있다. 간단히 말해서 이 세상의 물질 구성과 자연 현상은 어느 것 한 가지도 원인과 결과가 분명하지 않으며 모두가 복잡하게 얽히고설킨 순환 구조로 되어 있다는 말이다. 한 가지 단순한 사건이라도 그 배후에는 수많은 원인들이 서로 얽혀 있을 수 있다. 이것이 비선형-순환적 복잡시스템이론의 토대이다. 모든 사건과 사행 그리고 물체가 어디가 시작이고 어디가 끝인지도 모로는 소위 "뫼비우스의 띠"(Möbius Loop) 속에 들어 있는 것이다.

복잡계 이론은 "카오스 이론"(Chaos Theory)[47)]에서 유래된다. 카오스가 "무질서의 질서"인 것처럼 복잡성도 겉으로는 복잡해 보이지만 내적으로는 분명한 질서를 가지고 있다. 예를 들어, 복잡성의 틀 속에서 생명의 출현은 우발적인 것이 아니고 흩어지는 자기 조직의 의미에서 필연적이고 합법적이다(Mainzer, 1997: 5: 79). 따라서 우리는 복잡성을 일차적으로 비선형성으로 정의할 수 있다. 물론 이는 카오스와 자기조직화를 위한 필요조건이지만 충분조건은 아니다(Mainzer, 1997: 282)

오스트리아의 물리학자이며 철학자인 볼츠만(Ludwig Eduard Boltzmann, 1844-1906)과 프랑스의 생화학지아며 1965년 노벨의학생리학상 수상자인 모노드(Jacques Lucien Monod, 1910-1976)의 주장처럼 생명출현의 조건은 '우발적'일 수 있다. 이미 현대이론물리학에서는 소립자 역학체계 속에서도 질서와 무질서를 번갈아 나타나는 도식을 수용하고 있다(Volkamer/ Streicher/ Walton, 1996: 111). 그런데 대부분의 현대과학자들은 프랑스의 수학자 만델브로(Benoit B. Mandelbrot, 1924-2010)가 자신의 "프랙털 기하학"(fractal geometry)에서 주장한 것처럼 '무질서 속에서의 질서'는 일반적으로 "패턴"(pattern)의 형태로 나타난다는 데에 공감하고 있다.[48)] 카오스나 복잡성 속에 분명한 패턴이 질서 정연하게 존재하고 있다는 것이다. 한편 복잡한 시스템에서는 어떠한 결과도 하나의 원인으로 환원될 수 없다.

47) "카오스"라는 말은 메릴랜드 대학교의 제임스 요크 교수에 의해 처음 사용되었다(제임스 글리크, 1987/ 박배식·성하원 옮김, 1993: 5). 제임스 글리크에 의하면, 오늘날 카오스 이론은 과학의 경계를 붕괴시키고 있다(제임스 글리크, 1987/ 박배식·성하원 옮김, 1993: 15).

48) "프랙털(fractal)이라는 개념은 전체구조가 세부구조 속에서 반복되는 현상을 의미한다. 이 개념은 기하학자 베노이 만델브로가 프랙털 기하학을 시작한데서 비롯된다. 그는 생명의창조적 무질서를 프랙털 기하학으로 풀어내고 있다. 그는 모든 사물의 세부구조 속에는 이미 전체의 모습이 들어 있다는 사실에 주목했다. 그가 발견한 '자기유사성'의 개념은 전체를 해석해 낼 수 있는 기반이 되었다."(이상오, 2004: 124)

우리는 왜 컨디션이 나쁘고 아랫배가 살살 아픈지를 하나의 원인으로 규명할 수 없으며, 주가가 왜 폭락하고 급등하는지에 대하여는 귀신도 모른다고 한다. 이렇게 복잡시스템 이론은 환원주의 근대 과학과는 완전히 다른 구조에 서 있는 것이다. 따라서 복잡시스템 이론은 서구 사고의 중심을 이루는 단순계 선형 사고의 유물인 존재론·본체론의 한계를 극복하는 새로운 지식체계가 된다.

한마디로 하나의 사건은 한 가지 원인규명으로 환원될 수 없다. 따라서 우리가 사건의 전말을 알아내기 위해서는 우선 "복잡계"(complex system)에 대하여 이해해야 한다. 물론 복잡계를 이해하는 이유는 복잡하게 얽히고설켜 있는 원인의 실타래를 풀어 보기 위함이다. 즉 복잡계를 이해하지 못하면서 원인을 규명하기란 쉽지 않다. 이러한 복합성이론에 기반을 놓아준 학문은 시스템생태학으로 대표되는 시스템과학이었다.

과거 19/20세기가 선형적 사고로 이루어지는 단일한 지식의 세기였다고 한다면, 오늘날 우리는 비선형적 사고로 가능한 "복합지식의 패러다임" (paradigma von kollektivem Wissen) 속에 살고 있다고 할 수 있다(Volkamer/ Streicher/ Walton, 1996: 193). 따라서 객관 지식을 추구하는 과학도 이러한 복합지식의 차원에서 가능해진다(Volkamer/ Streicher/ Walton, 1996: 194). 원칙적으로 복합지식에 대한 객관성은 불가능하다. 왜냐하면 복잡성 속에서는 지식도 '비선형적'(non-linear)으로 주관과 객관이 복잡하게 혼합되어 있기 때문이다. 즉 A라는 지식이 생성된 이면을 '선형적'(linear)으로 추적할 수 있는 것이 아니다. 하나의 결과는 하나의 원인에 의해 결정되지 않는다. 수많은 원인들이 얽히고 수많은 다양성이 만들어 내는 결과로서의 지식은 그 뿌리가 쉽게 추적되지 않는다. 또한 정확한 시작과 끝 그리고 원인과 결과를 알아 낼 수 없는 뫼비우스의 띠 안에 들어 있는 지식의 변전성을 우리는 객관적으로 찾아낼 수 없다. 물론 원인은 결과가 될 수 있지만, 결과 역시 또 다른 원인이 될 수 있다. 심지어 원인과 결과는 동시에 발생할 수도 있다.

여기서는 관찰로부터 시작되는 전통적인 자연과학적 방법의 논리도 깨진다. 즉 객관적 지식을 창출해 내가 위해서는 반드시 관찰이 시작이 아니다. 또한 우리의 시각에 의존하는 - 설령 고도의 미세 전자현미경으로 본다고 해도 - 관찰이 반드시 객관적이라고 할 수 있는 근거도 없다. 관찰은 얼마든지 주관적일 수 있으며, 자연과학적 결과의 영향권 안에 들어 있을 수 있다. 간단히 말하면, 자기가 보고 싶지 않은 것은 설령 그것이 중요하다고 해도 안보고 보고 싶은 것만 볼 수도 있다. 아니면 시각의 한계나 생각이 달라서 못

보고 지나가는 수도 있다. 이렇게 본다면 관찰에 의한 지식은 반드시 한계를 가지고 시작한다. 처음부터 관찰은 객관적일 수가 없다. 주관적인 생각과 신념 내지 주관적인 관심과 흥미 또 아니면 주관적인 목표에 따라서 관찰의 범위와 내용 그리고 방법도 달라진다. 이렇게 관찰로부터 발견된 지식은 결코 객관적이라고 할 수 없다.

결국 모든 지식은 객관성과 주관성을 분간해 낼 수 없을 정도로 뒤엉켜 있다. 우리는 이미 아인슈타인, 하이젠베르크, 파인만 이후 시간과 공간이 주관 속에서 결정되는 시대를 맞으면서 이미 지식세계에서도 객관과 주관을 구분하는 일을 포기해 왔다. 그럼에도 불구하고 일반성(das Allgemeine) 또는 보편타당성(Allgemeingültigkeit)에 대한 염원과 전체성(Holon) 또는 "전체-부분 간의 관계"에 대한 이해를 추구하고자 하는 욕망은 여전하다. 어쩌면 이는 '새로운 차원에서의 객관성'이라고 할 수 있다. 왜냐하면 인간은 객관적 즉 일반적으로 보편타당한 지식을 습득함으로써 보다 안전하고 확실한 삶을 영위하고 싶은 욕망을 가지고 있기 때문이다. 과학은 항상 이러한 지식탐구라는 인간적 욕망에 보답하고자 한다.

따라서 오늘날과 같은 포스트모던의 세상에서는 어떤 지식이라도 과거의 개념으로서의 - 즉 전통적 의미의 과학세계에서의 - '객관성'은 보장되지 않는다. 객관성이 보장되지 않는 지식을 우리는 어느 누구에게도 강요할 수 없다. 따라서 우리의 교과서에 선택된 문화로서의 객관성 또는 사실로서 기록된 지식들은 어느 누구에게도 일반성으로 강요될 수 없는 잠정적 지식으로서, 항구적으로 검토되고 성찰됨으로써 (진정한 의미의) 객관성 - 즉 새로운 복잡과학의 의미에서의 - 일반성 내지 보편타당성을 추구해야 하는 (임시적) 기준으로만 작용할 수밖에 없다.

정리하자면, 지식은 생성자체부터 불완전하며 지식의 전개과정 역시 일정하지 않다. 물론 이는 포스트모던의 지식관에서 뚜렷하게 나타난다. 구체적으로 객관적인 지식의 문제에서는 더욱 심각하다. 어느 지식도 객관적인 완전성을 쟁취할 수 없다. 그럼에도 불구하고 '지식'은 우리에게 필연적 삶의 조건이다. 모르면 죽는다. 아는 것이 힘이다. 알아야 면장을 한다. 산티아고(Santiago) 이론의 창시자이며 현대생태학자인 마투라나(Humberto Maturana)와 바렐라(Francisco Varela)는 "산다는 것이 곧 아는 것"이라고 하면서 생명 그 자체의 과정을 인지과정으로 보고 있다(Maturana and Varela, 1987: 174). 특히 우리는 살아 있는 한 무엇인가를 계속 정확히 - 객관적으로 - 알아야 하고 알 수밖에 없다. 그렇지 않으면 삶은 시행착오로 항상 위험하게 될 것이다. 심지어 지식이 자본이 되고 지식이 능력이 되는

21세기 지식사회에서도 지식은 분명 삶의 능력이다.

지금까지 우리의 학교에서는 교과서를 통하여 지식을 전파하고 교육해 왔다. 지식이 교과서를 통하여 고정되었던 것이다. 물론 교과서가 정기적으로 개편된다고는 하지만, 시대변화에 비한다면 태부족일 것이다. 만약 시대변화에 따라서 교과서가 바뀌어야 한다면 아마 매일 매일 컴퓨터에 새로운 정보가 업그레이드되는 속도정도로 바뀌어야 할지 모른다. 물론 혹자는 컴퓨터상의 정보들도 객관적 지식으로 전환되려면 시간이 걸린다고 항변할 수 있다. 하여간 지금까지 우리의 학교는 교과서 안에다가 지식을 고정시킴으로써, 교과서의 지식을 객관지식 또는 심지어 절대 진리로 군림할 수 있도록 한 장본인이다. 즉 교과서 안의 지식은 항상 안전한 것으로 간주된다. 심지어 교육평가라는 이름으로 자행되는 학교평가는 그 지식을 절대화시키고 안정화시키는 데에 있어서 지대한 공헌을 해 왔다. 교과서의 지식은 학생에게 객관적 성적과 점수로 환원이 되는 것이다.

그러나 이미 탈(脫)텍스트를 주장하는 포스트모던의 해체론자들에 의하면 교과서는 해체되어야 할 최우선의 대상이다. 절대 진리(지식)라는 숨막히는 정전(正典)으로부터 모든 것이 해체되는 순간 우리는 새로운 지식과 새로운 삶을 얻게 된다. 마투라나와 바렐라의 관점에서 본다면, 새로운 삶을 얻는다는 것은 새롭게 안다는 것이다. 즉 새롭게 알면서 새롭게 살아가기 위해서 우리는 우선 지금까지 고정되고 폐쇄된 교과서적 (객관)지식을 모두 해체해야 한다는 논리이다. 심지어 우리의 삶에서는 수많은 돌발 상황이 발생하고 있다. 세상이 복잡계로 변화했기 때문이다.

이미 학교교육이 지식교육편중 현상으로 인하여 인격교육, 인성교육 그리고 인간교육의 차원에서 공격받아 온 지 오래이다. 그런데 이제 우리의 학교는 인간교육의 영역에서뿐만 아니라 지식교육의 영역에서도 "시대에 뒤떨어진 죽은 지식만을 가르친다"는 지적과 함께 외면의 위협상황으로 몰리고 있다. 따라서 지금까지 그나마 학교교육이 지식교육의 전당이었다고 하고 앞으로도 지식의 전당으로 군림하고자 한다면, 이제 학교교육에서의 지식교육의 개념은 바뀌어야 할 때가 되었다. 왜냐하면 지금까지 인성교육의 부재 또는 인간교육의 실종이라는 거센 비판과 비난에도 아랑곳없이 그래도 지식교육을 주도한다는 자존심으로 지금까지 버티어 온 학교가 이제 교과서라는 고정된 지식이 비판의 도마에 오르면서 – 물론 포스트모던의 지식관에 의해서 크게 자극받고 있지만 – 학교는 더 이상 지식교육의 전당이라는 이름까지도 상실하게 될 위기에 처해졌기 때문이다.

그럼에도 불구하고 앞으로 지식교육은 보다 더 강화되어야 할 필요가 있다. 왜냐하면 21세기 지식기반사회에서는 지금보다 더욱 더 많은 지식교육을 필요로 하기 때문이다. 이미 언급한대로 지식이 삶의 능력이 되는 세상에서 지식의 권위와 권력(푸코)은 보다 더 커질 것이다. 이것이 21세기 지식기반사회에서 학교교육 또는 교육이 부담해야 하는 최대의 딜레마인 것이다.

태초에 인간은 동물과의 경쟁에서 승리하기 위해서 생각하면서 도구(道具)를 만들어 냈다. 호랑이나 독수리의 강한 발톱에 대항하기 위해 날카로운 창과 칼 그리고 독화살[49] 을 고안해 냈고, 이들의 공격 속도를 막아내기 위해 덫을 놓고 구덩이를 파 놓고 창살을 설치하였다. 스컹크의 독가스를 보면서 가스총을 만들어 냈으며, 도롱뇽과 카멜레온의 피부 변신을 보면서 각종 위장술을 알게 되었다. 또한 호랑이나 사자 같은 맹수처럼 날카로운 이빨을 가지지 못한 관계로 소화기능이 좋지 않은 인간은 열매와 씨앗을 맷돌[50] 과 돌망치[51] 로 갈아 잘게 부수었으며, 토기[52] 에 물과 곡식을 담아 먹을 수 있었다. 두더지 손을 생각하면서 땅 파는 막대기인 굴봉(掘棒)[53] 을 만들어 냈으며, 추위를 극복하기 위해 불을 피울 수 있었으며, 급기야 동물의 가죽을 벗겨 옷을 해 입을 줄 알게 되고 땅을 파내고 움막을 지어 비와 바람을 피할 수 있었다. 이처럼 인간들은 처음에 동물들을 관찰하고 모방하면서 무엇인가를 만들어 내어 수단화할 수 있었다. 심지어 동물의 능력보다 성능이 우세한 무엇인가도 만들어 내게 되면서, 인간은 동물과의 경쟁에서 승리하기 시작한다, 결국 인간은 점점 더 완성도가 높은 "이성의 인간"(호모 사피엔스, Homo Sapiens)으로 성장하고 있었으며, 점점 더 정교한 도구를 만들고 사용할 줄 아는 보다 완숙한 기술자(호모 파버, Homo Faber)로 거듭나게 되었던 것이다.

결국 인간을 지금까지 살아남게 한 것은 "창의성"이다. 즉 창의적으로 무엇인가를 만

---

49) 인류가 활을 사용한 최초의 고고학적 증거는 약 10,000년 전 또는 12,000년 전의 암각화로부터 나왔으며, 말레이시아 세망(Semang) 족의 이웃에 있는 사카이(Sakai)족은 규모가 적은 종류의 수렵에서 독약을 묻혀 대나무로 만든 화살을 불어서 사용하였다(Bock, 1979/ 조병로 역, 2001: 226). 지금도 아마존 유역의 지바로 인디언(Jivaro Indians) 족은 불어서 내쏘는 화살로 사냥하는데 아주 숙련된 수렵민이다(윗글, 227).

50) 멧돌은 지금부터 약 만 년 전의 구대륙이나 신대륙에서 발견된 것으로, 세계 대부분의 지역에서 폭넓게 나타나는 자급자족하는 생계 경제의 전형적인 모습으로서 열매의 수집이나 곡물 타작데 있어 필수 불가결한 역할을 하고 있다(Bock, 1979/ 조병로 역, 2001: 223).

51) 샤이안 족 여성들의 가장 기본적인 가재도구는 큰 돌망치이다(Bock, 1979/ 조병로 역, 2001: 223).

52) 가장 오래된 토기는 8,000년경 전에 근동 지방에서 발견되었다(Bock, 1979/ 조병로 역, 2001: 264).

53) 굴봉은 원시인류로부터 원시 농업에 사용한 뾰족한 땅 파는 막대기로 지금도 미국의 인디언들이 사용하고 있다(Bock, 1979/ 조병로, 2001: 222).

들어 낼 수 있는 재능과 능력 때문에 선천적인 "결핍존재"(Mängelwesen, A. Gehlen)로 태어나는 인간이 후천적으로 계속 살아남을 수 있었던 것이다. 그것도 만물의 영장으로 말이다. 이렇게 본다면 창의성은 인간의 본성이자 삶의 본능이다. 최소한 인간의 본성 중 핵심이다. 창의성을 바탕으로 인간은 새로운 경험을 하게 되고 창의성을 바탕으로 새로운 지식을 창조해 낸다. 결국 창의적인 지식은 삶을 새롭게 창조함으로써 보다 나은 삶을 약속한다.

오늘날 구성주의 학습이론에서는 지식이란 단순히 중재되는 것이 아니고 자신의 고유한 경험과 의미해석을 통하여 (재)구성되는 것이다(박성희, 이경희, 2007: 95). 즉 학교에서의 지식교육도 단순히 지식을 전달하는 것에 그쳐서는 안 되고 지식을 항상 새롭게 구성하고 재구성할 수 있는 방식으로 이루어져야 한다는 주장이다. 새롭게 구성되고 재구성되는 지식은 삶을 새롭게 구성하고 재구성하는데 핵심적인 역할을 해낸다. 결국 삶이 유동적인 것처럼 지식도 유동적이어야 한다. 지식의 유동성 즉 새롭게 구성되고 재구성되는 과정에서 삶의 유동성도 결정된다. 이럴 경우 지식을 통한 "의미있는 관점의 재구성"(J. Mezirow)도 가능하다. 일종의 (지식)창조행위가 발생하는 것이다. 이는 창조성이라는 인간의 본능에 전적으로 의존하고 있다. 이렇게 본다면, 지식은 속성 상 단순히 전달만 되는 것이 아니라 창조됨으로써 새롭게 구성되고 재구성될 수도 있다. 심지어 이러한 지식창조의 과정이 인류에게 본능적으로 주어진 지식교육의 방식이었는지도 모른다.

정리하면, 21세기 지식기반사회에서의 지식교육은 더욱 강화될 수밖에 없다. 그러나 지금식의 지식교육관으로서는 불가능하다. 특히 21세기 지식기반사회와 늘 동반되는 포스트모던의 지식관에 의하면, 본질적으로 지식이 불안정하고 지식의 용이한 변전성이 사회적 요청인 상황에서 고정된 지식을 정형화된 교과서의 형식으로 가르치는 지금의 지식교육 방식은 무기력하다.

이제 지식교육은 삶의 본능적 차원에서 재정비될 필요가 있다. 특히 "창의성"이라는 인간의 본성은 지식교육관에서 일대 변혁을 요구한다. 한마디로 지식은 전달되는 것이 아니라, 끊임없이 창조되고 재창조될 수 있으며 또한 항상 (재)창조되어야 한다는 논리로 전환되어야 한다. 따라서 학교에서도 전달(전수)에 머무르는 지식교육이 아니라 지식을 창조하고 재창조함으로써 항상 새로운 지식을 구성하고 재구성할 수 있는 수 있는 지식으로 거듭나야 한다.

2천수백 년 전 소크라테스는 집요하게 질문함으로써 상대방의 지식(앎)을 사정없이 – 메기처럼, 독사처럼 – 흔들어 놓았다. 그는 상대방이 가지고 있는 지식을 흔들어 놓음으로써 새로운 지식의 탄생을 기대했다. "너 자신을 알라"는 명제는 "네가 알고 있는 지식을 다시 검토하라"는 주문이다. 그의 무지론(無知論)은 "무지가 바로 지(知)를 향한 전제조건" 이라는 주장이다. 지금 알고 있는 지식을 반성적으로 성찰할 때 진정한 지식을 창조할 가능성이 열린다. 달리 말하면, 무지고백과 무지각성을 통하여 지식이 (재)구성되는 것이다. 카오스 이론에서도 밝혀진 일이지만, 카오스를 통하여 새로운 질서가 창조된다. 카오스는 모두 창조적 카오스이다. 이러한 일이 반복되면서 지식은 보다 객관적인 지식으로 성장하고 성숙될 수 있다. 교사와 학습자간의 끊임없는 열린 대화와 토론 그리고 서로 집요하게 질문하는 방식의 수업은 지식창조 및 지식(재)구성을 가능하게 할 것이다. 간단히 말하면, 수업에서 기존의 교과서는 중요하지만[54] 학생들로 하여금 기존의 교과서를 비판하고 재해석하도록 하면서 궁극적으로는 그들로 하여금 새로운 교과서를 다시 쓸 수 있는 능력 – 새로 지식을 창조할 수 있는 능력 – 을 길러 주는 것은 보다 중요한 일이 될 것이다.

이제 우리의 교육은 두 가지의 갈림길에 서 있다. 결코 객관적이지도 않은 – 따지고 보면 여전히 주관적인 – 지식을 계속 단순히 전달만 하면서 계속 비난만 받을 것인가? 아니면 교과서에 실린 지식을 놓고 교수자와 학습자가 서로 열린 대화와 토론을 실천함으로써 궁극적으로는 삶의 안전성을 보장하는 '지식의 객관성' 또는 '지식의 보편타당성'을 함께 찾아 나가도록 할 것인가?[55] 물론 후자의 경우는 분명 지식을 구성하고 재구성하는 방법이며 더 나아가 새로운 지식을 창조하는 길이기도 하다. 급변하는 사회, 그

54) 왜냐하면 교과서가 없으면 '생각할 수 있는 기준'이 없어지기 때문이다. 교과서가 없다면 과연 무엇을 보고 생각할 것인가? 생각할 수 있는 기준이 있어야 비판적 사고도 가능할 것이다. 비판적 사고는 일반적으로 두 가지 방향으로 전개된다. 우선 부정적으로 작용하게 되면 영원한 비관주의로 빠질 수 있지만, 긍정적으로 작용하게 되면 창의적 사고로 연결될 수 있다. 즉 창의적 사고의 조건은 – 비록 위험요소는 있지만 – 비판적 사고이다. 따라서 교과서는 궁극적으로 학생들이 창의적 사고를 할 수 있는 매개체로 작용할 수 있다. 물론 중요한 것은 기존의 교과서를 보면서 비판적–창의적으로 생각함으로써 새로운 교과서를 창조(재구성)해 낼 수 있어야 하는 것이다.

55) 과거 주입식 교육은 교과서의 내용이 진리였던 시절 즉 미션스쿨(mission school)에서 성경을 교과서로 사용하던 시절 급격하게 활성화되기 시작한 교수방법이다. 정확히 말하면 교리문답식 수업(Kathechismus)이 그것인데, 당시에는 성경이 절대 진리이기 때문에 주입식 전달 교육도 무방할 수 있었다. 왜냐하면 진리는 일방적으로 전달될 수 있기 때문이다. 그러나 절대국가 시절 학교가 국가의 관리체제로 이관된 상황에서도 [교과서=진리]라는 등식이 그대로 이양되는 바람에 문제가 발생하기 시작했다. 즉 교과서 지식을 마치 진리인양 전달하고 중재하던 종전 미션 스쿨의 일방적 주입식 교육 방식이 일반 학교에게 그대로 이양되고 만 것이다. 그러나 사실 [교과서=진리]라는 등식은 논리적으로도 모순이기 때문에, 교육방식에서도 교과서의 지식을 그대로 전달 주입하는 교육방식은 문제가 아닐 수 없다.

리고 이러한 사회에서 요구하는 지식이 폭발적으로 증가하는 우리의 시대에는 앞으로도 더 많은 지식교육이 요청될 것이다. 그것은 바로 새로운 지식창출(창조) 내지 지식재구성의 교육이다. 물론 학생들에게 창의적 지식창출을 목표하는 교육은 궁극적으로 '창의적인 인간육성'의 과제에 초점을 맞출 때 비로소 가능한 일일이도 모른다. 그러나 우리의 교육현장은 – 예외는 있겠지만 만약 우리의 현재 학교교육현장이 주입식지식전달위주의 교육이라고 전제한다면 – 아직도 결코 객관적이지도 않으며 따라서 안전한 삶도 보장하지 못하는 지식들을 맹목적으로 전달하기만 하고, 아울러 이를 학습자들로 하여금 수동적으로 많이 외우기만 함으로써 모든 교육이 끝난다고 우기고 있는지도 모른다.[56)]

3) 구성주의와 지식

(1) 구성주의의 탄생

지식이란 매우 복잡한 것이어서 어떤 인간도 모든 것을 알 수는 없고, 심지어 상당부분을 아는 것조차 불가능하다(찰스 반도렌/ 오창호 옮김, 1995: 245). 역사적으로 지식은 크게 데카르트의 인식론으로 대변되는 '객관주의'(Objectivism)[57)] 즉 절대주의와 상대주의(Relativism)로 발전되어 왔다. 이것이 바로 전통적인 지식관이다. 그러나 객관주의와 상대주의 지식관 사이의 논쟁은 만족하게 종결되지 않았다. 전자는 언제 어디서나 누가 보아도 객관적 지식으로서 보편타당하여 결코 시공간적으로도 불변한 지식을 말하고, 후자는 자신이 생각하는 지식이 바로 지식이라는 주장이다.

21세기 포스트모던의 시대를 맞으면서 제3의 관점 즉 지식의 '구성주의'(Constructivism)[58)]

56) 현실적으로 지식전수를 목표하는 현행 우리의 교육과정에서는 원칙적으로 "교과서 속에서 객관적으로 고정된 – 또는 완전한 형태의 – 지식"을 전달한다. 분명 지식은 속성상 영원히 "형성되는 과정"에 있음에도 불구하고, 교육과정에서 교과서의 지식을 완벽한 지식으로 간주하고 이를 그대로 전달하는 방식에는 분명히 문제가 있다. 물론 교과서의 지식이 항구적으로 객관적 지식일 수도 있다. 그러나 결국 학교에서 지식을 매개하는 것에 문제가 있는 것이 아니라, 교과서에 있는 지식을 마치 완전한 지식 (또는 객관적 지식)으로 간주하여 이를 단순히 "전달"만 하는 교육방식에 문제가 있는 것이다.

57) 이는 '표상주의'(조용기, 1999: 1)라고도 한다.

58) 구성주의라는 용어는 Kelly(1955)의 작품에 처음 나오는 말인데, 이는 Piaget나 von Glasersfeld의 의미와 완전히 일치하지는 않는다(Steffe & Gale 편저, 1995/ 이명근 옮김, 2005: 49).

즉 구성주의 지식관이 탄생한다.[59] 구성주의 지식관에서 지식은 불변하는 것이 아니라 계속해서 새롭게 구성(構成)되고 재(再)구성되어 가는 속성을 가졌다고 보는 것이다. 따라서 구성주의 지식관은 상대주의 지식관과 혼동될 수 있다. 왜냐하면 구성주의에서 지식은 - 상대주의에서처럼 - 주관적으로 구성된다는 전제를 가지고 있기 때문이다. 이를테면, 1970년대 들어와 구성주의는 지식이 인간의 경험세계로부터 '주관적으로' 구성된다는 새로운 인식론으로 등장하였다(이종일, 1999: 77). 그러나 엄밀히 말해서 구성주의 지식관에서 지식은 절대적이지도 않고 상대적이지도 않다. 반대로 구성주의 지식은 절대적일 수도 있고 상대적일 수도 있다. 즉 구성주의 지식은 계속해서 구성될 뿐이다. 이렇게 본다면, 구성주의 지식관은 제3의 새로운 지식관이다.

"지식을 절대적인 것, 인식자와 분리된 것, 외적 실체와 일치하는 것으로 보는 전통적인 지식이론과는 다르게 구성주의는 사고하는 개인이 자신의 경험에 기초해서 나온 것을 구성한다는 가정에서 출발한다."(이명숙, 1999: 35)

한마디로 구성주의에서 지식은 - 절대적이든 상대적이든 - 결코 고정된 것이 아니라 계속해서 구성되고 재구성된다는 것이다. 또한 전통적인 지식관을 대표하는 객관주의는 지식을 (이미 고정적으로 존재하는 것으로부터) 발견되는 것으로 보지만, 구성주의는 지식을 (경험적으로) 구성되는 것으로 본다(조용기, 1999: 4). 이렇게 본다면, '구성주의 지식관'은 객관주의 지식관에 대한 비판에서 비롯되었다고 할 수 있다. 즉 구성주의 지식관에서 분명한 것은 절대주의 지식관과는 완전히 대립하고 있다는 사실이다. 이러한 의미에서 일단 구성주의는 전통적인 절대주의 지식관에 대해서 바판적 입장에 서 있다고 할 수 있다.

"구성주의가 비판하고 있는 근대적 객관주의와 과학적 실증주의에서는 인간이라는 존재가 개입될 여지가 없다. 지식이나 진리 역시 인간을 위한 것임에도 불구하고

59) 물론 '객관주의'는 '상대주의'와 오랫동안 이분법적 논쟁을 해 왔다. 이의 중심에는 객관주의 지식관을 대변하는 데카르트가 서 있다(최신일, 1999: 18). 따라서 엄밀히 말하면 지식은 객관주의, 상대주의 그리고 구성주의로 발전해 왔다고 하는 것이 맞다. 그러나 여기서는 지식의 상대주의는 생략한다. 왜냐하면 객관주의/상대주의의 이분법적 논쟁은 이미 본 글에서도 내용적으로는 꾸준히 전개되어 왔으며, 학문적으로는 특히 '해석학'에 의해 - 특히 가다머의 해석학에 의해 - 극복되는 역사를 가져 왔다. 그런데 구성주의 역시 이러한 객관주의/주관주의의 이분법적 지식논쟁을 불식시키는데 기여했다는 사실에서 해석학과 유사한 길을 걷고 있다고 할 수 있다.

진리에 도달하기 위한 '방법'을 좇아 다니기에 급급한 인간이 아니라 그 인간이 주체가 되는 그리고 인간의 삶의 연관에서 형성된 의미를 해석하는 과정 속에서 어떤 보편성을 확보할 수 있는 인간 존재에 염두를 둔다는 것이다."(최신일, 1999: 33)

구성주의자들은 세상의 모든 것은 변화하는 것이며, 변화한다는 사실만이 불변하는 진리라는 주장을 추종하고 있다. 이렇게 본다면, 구성주의는 상대적 지식관과 유사한 편이다. 특히 포스트모던의 해체론자들은 객관주의지식은 '특정한 이데올로기'를 반영하기 때문에 극히 위험하고 편파적인 지식으로 간주한다(Sampson, 1978).

"구성주의 심리학의 출발은 지금으로부터 100여년 전에 시작한 삐아제(Piaget)와 비고츠키(Vygotsky)의 연구에 기초하며 현재까지 여러 학문에서 특히 심리학의 영역에서 다양한 이론적 확산과 교육적 상황에의 적용에로 발전되어 오고 있다. 1990년 대 들어오면서 여러 가지 유형의 구성주의가 출현하고 있으며, 이들을 급진적 구성주의, 사회적 구성주의, 인지적 구성주의, 물리적 구성주의, 심리적 구성주의, 정보처리 구성주의 그리고 두뇌공학(cybernetics) 체제 등으로 이름 붙이고 있다."(이명숙, 1999: 39)

전통적인 지식관을 대표하는 객관주의 지식관은 고대그리스의 파르메니데스의 자연철학까지 거슬러 올라갈 수 있다. 그는 '존재란 불변하는 것'으로서 이에 대한 지식 역시 불변한다고 보았다. 이러한 파르메니데스에서 비롯된 존재론적 사유는 중세시대에는 '신존재'에 대한 물음에서 동일한 논리로서 반복되었다. 신의 존재는 불변한다. 따라서 신에 대한 지식 역시 불변한다. 이를테면 성경은 진리의 요람이며 성경의 지식은 객관주의 지식관에 의존하는 불변의 지식이다. 따라서 - 위에서 언급한대로 - 중세시대 미션스쿨(mission school)의 교육은 성경을 암송하고 교리문답의 방식으로 지식을 전수하였다. 왜냐하면 성경의 지식은 불변하는 진리였기 때문이다.

그러나 성경 구절에 대한 주석과 해석이 중요해지기 시작하면서 급기야 교파(敎派)가 갈라지고 중세 십자가 전쟁 등을 통하여 이교도와의 갈등과 대립이 불거지면서 마침내 '종교개혁'(宗敎改革, Protestant Reformation)이라는 역사상 중요한 사건이 터졌다. 이 모두는 똑 같은 성경구절을 두고 서로 이해와 해석(解釋)이 달랐기 때문에 발생한 역사적 사건이었던 셈이다. 이미 언급한 것처럼 학문적으로 해석학이 요청될 수밖에 없는 이유이기도 하다. 성경은 하나다. 같은 성경구절을 가지고도 이렇게 이해할 수도 있고 저렇게 해석할 수도 있다. 성경구절에 대한 주석과 해석을 보면서 독자는 스스로 자신만의 지식을 구성하게 된다. 진정한 이해를 위함이었다. 이로부터 '구성주의 지식관'이 자라나기 시작한 셈이다.[60] 즉 주석과 해석에 따라서 지식은 독자에게 새롭게 구성되고 재구성되는 것이다.

정리하자면, 구성주의(Constructivism)에서 지식은 구성의 실행을 통하여 계속 생성된다. 반대로 객관주의(Objectivism)에서 지식은 '객관적으로 평가된 진리'로 간주된다. 객관주의는 지식의 대상(Object)에 직접 관여하는 반면, 구성주의는 '지식의 생성 방식'에 주목한다. 즉 객관주의에서의 지식은 항구 불변하지만, 구성주의에서의 지식은 상황(Situation)과 맥락(Context) 속에서 생성된다. 즉 구성주의에서는 상황과 맥락을 무시하고는 지식을 언급할 수 없다. 따라서 구성주의에서 지식의 조건은 '상황과 맥락'이다. 또한 관계(Relation)와 상호작용(Interaction) 역시 구성주의에서는 중요한 지식생성의 조건이다. 마지막으로 객관주의는 진리와 전통적 지식의 객관성에 크게 의존하고 있으며, 구성주의는 지식의 상호주관성(Inter-subjectivity)과 생존가능성(Viability)에 의존하고 있다. 이렇게 본다면, 구성주의는 지식과 진리 추구에서 새로운 패러다임을 목표한다. 왜냐하면 우리의 지식관에는 이미 오래 전부터 객관주의가 지배하고 있기 때문이다.

(2) 개인적 구성주의와 사회적 구성주의

구성주의는 크게 '개인적 구성주의'와 '사회적 구성주의'로 구분된다. '개인적 구성주의'를 대표하는 사람은 피아제(Jean Piaget, 1896-1980)이다. 피아제의 개인적 구성주의를 옹호하는 '피아제 학파'는 '지식의 객관성'을 언급하지는 않지만 그렇다고 부정하는 것도 아니다. 즉 개인적 구성주의에서는 지식의 구성은 인식주체인 개인이 주도하기에 주관적이고 상대적인 성향을 배제할 수 없지만, 환경과의 상호작용을 통하여 지식의 객관성은 얼마든지 정당화될 수 있다는 입장이다. 그러나 비고츠키(Lev Vygotsky, 1896-1934)를 중심으로 하는 사회적 구성주의자들에게 지식은 상호교섭 즉 인터랙션(Interaction)을 통해서 늘 새

60) 이미 위에서 언급한 것처럼 '일반해석학'의 창시자인 슐라이어마허의 해석학은 오늘날 구성주의 지식관의 뿌리라고 할 수 있다.

롭게 구성되는 속성을 가진다. 지식은 이미 고정적으로 존재하는 것이 아니라 늘 새롭게 변화되는 것이다. 이런 면에서 본다면, 개인적 구성주의보다 사회적 구성주의는 보다 더 지식의 상대주의 내지 주관적 지식관을 주장하는 것처럼 보인다. 그러나 양자 모두 지식의 절대주의나 지식의 상대주의 (또는 주관적 지식관)를 긍정하는 것도 아니며 그렇다고 이를 부정하는 것도 아니다. 즉 양자는 모두 지식의 절대성과 상대성을 이분법적 도식으로 설명하지 않는다. 다시 말하면 지식의 생성과 (재)구성은 변화를 근거로 하는 '변증법적 과정'을 통하여 마침내 지식이 '객관화'되는 과정을 밝혀낼 수 있을 뿐이다. 특히 사회적 구성주의에서는 설령 그것이 '절대지식'을 향해 움직인다고 해도 별 상관은 없지만, 중요한 것은 지식의 발생과정은 다분히 (재)구성적인데, 이는 변증법적 과정에서 이루어지는 지식의 탄생과 결코 다르지 않다.

한편, 구성주의의 관점들은 다분히 '실용적'이다. 이러한 차원에서는 경험주의와 유사하다. 이미 오래 전에 비코(Giambatista Vico, 1668-1744)는 "진리의 규범은 우리가 그렇게 만들어 왔을 뿐"이라고 주장한다. 이러한 지식관은 처음 '사회학'에서 '사회적 구조주의'(Social Constructionism)의 범주로 사용되다가, '철학적 인식론'으로 도입되면서 구성주의(Constructivism)라는 명칭을 얻게 되었다. 이때부터 학문적으로 '구조주의'와 '구성주의'는 종종 같은 개념으로 혼동되기도 한다. 왜냐하면 '구조'(Structure)는 그것이 사전형성적 즉 선천적이든 아니면 상황적응적이든 그것은 '변증법적 과정'을 통하여 새롭게 '구성'(Construction)되기 때문이다. 이러한 의미에서 푸코(Paul-Michel Foucault, 1926-1984)는 '구조 없는 구조주의'를 주장한다(장 피아제 외, 1979/ 김태수 엮음, 1990: 130). 결국 양자는 '지식은 계속 만들어지고 (새롭게) 구성되는 것'이라는 사실에 공감대를 형성한다.

> "인간은 세계를 변형시킴으로써 자신을 변화시킬 수 있고 구조를 구성함으로써 스스로를 구조화시킬 수 있으며, 이러한 구조는 그 자신의 구조인데, 이는 그 구조가 내부로부터나 외부로부터 영구적으로 예정되어 있지 않다."(장 피아제 외, 1979/ 김태수 엮음, 1990: 116)

한편, 전통적 인식론에서 지식은 객관주의의 입장을 취하는 반면, 탈인식론에서 지식은 구성주의의 입장을 취한다. 교육철학자 나딩스(Nel Noddings)는 자신의 저서

『Constructivist Views on the Teaching and Learning of Mathematics(1990)』에서 인식을 통해 획득되는 지식은 결국 지식이 구성되는 것이라고 주장하면서 지식의 구성주의를 '후(後)인식론' 또는 '탈(脫)인식론'(postepistmology)으로 명명했다. 즉 객관주의 지식관을 야기한 전통적인 인식론에 대한 의심과 반발은 신(新)인식론으로서의 후인식론 내지 탈인식론을 등장하게 했다.

인식론은 지식이론이다. 따라서 신(新)인식론 역시 지식이론이다. 다만 전통적 인식론은 지식이란 객관적으로 정립될 때 지식으로서 가능하기 때문에 객관주의의 관점에 따라 지식이 탄생하고 획득된다고 본다.

> "(전통적인) 인식론자들이 오랫동안 해명할 수 없었던 문제는 어떻게 외부세계가 인간의 내부세계에 반영되는가 혹은 어떻게 주관성이 소위 객관적 세계의 본질을 기록할 수 있는가 하는 점이었다. 예를 들면, 주관성을 인정하고 들어간다고 할 때, 우리가 주관성과는 별개의 외부세계를 결코 직면할 수 없다면, 어떻게 주관성이 객관세계와 연결되는지를 확인할 수 있을까? 우리가 사적 경험의 세계에 살고 있다면 어떤 근거에서 이것과는 다른 외부세계가 있다고 가정할 수 있을까?"(Steffe & Gale 편저, 1995/ 이명근 옮김, 2005: 41)

그러나 신인식론 즉 탈인식론에서 지식은 시간의 흐름 속에서 부단없이 새롭게 형성되고 구성된다는 관점이다. 따라서 탈인식론(post-epistemology)은 구성주의 지식관을 가능하게 한다.

> "구성주의는 전통적 서양철학의 지식이론에 대한 강한 불만으로 말미암아 피아제(물론 18세기 초반 구성주의의 개척자라고 할 수 있는 Giam Battista Vico)에서 비롯되었다. 기본적으로 전통 철학의 인식론적 개념은 지난 2,500년간 변하지 않았으며, 이러한 개념이 주도해 온 역설은 결코 해결된 적이 없다. 이러한 전통에서 지식은 현존하는 개별 인식주체와는 독립적인 실제 세계를 나타내며, 이 지식이 독립적인 실제 세계를 정확히 반영할 때에만 참으로 간주된다."(Steffe & Gale 편저, 1995/ 이명근 옮김, 2005: 23)

구성주의(constructivism)는 그라저스펠드(von Graserfeld) - 또는 피아제 - 로 대표되는 급진적 구성주의(radical constructivism)[61] 와 비고츠키(Lev Vygotsky, 1896-1934)로 대표되는 사회적 구성주의(social constructivism)로 구분된다. 전자는 개인이 환경과의 반응 그리고 조절을 통하여 지식을 구성하는 과정을 설명하고 있으며, 후자는 인간과 인간 간의 상호작용 속에서 지식이 구성되는 과정을 설명하고 있다.

> "지식의 성질에 대한 구성주의 논의는 18세기 버클리(Berkely)와 비코(Vico)에 의해 시작되었으며, 이들은 일상생활에서 수용되는 상식에 대항하는 그리고 당시의 지적 풍토를 지배했던 물리학자들의 연구에 의해 대표되는 지식이론에 반대하는 입장을 취한다. 즉 전통적인 인식론의 전제에 대한 '알고 행하는 것'의 구성적 활동에 관심을 모은 것이다. 그들의 주요 관심은 사람, 인식자, 그리고 '아는 것'과 '행하는 것'의 관계에 있으며 이들은 서로 동떨어진 것이 아니라는 것이다. 글라저스펠트(Glasersfeld)는 이러한 사고의 학파를 '급진적 구성주의'라고 불렀다... '급진적'이라는 것은 지식이 객관적으로 존재하는 실체를 반영하지 않는다는 입장에서 비인습적이지 않은 방식으로 지식을 규정하기 때문이다. 진리나 실체는 인식자와 동떨어진 것이 아니라 바로 인식자에 의해 구성되며, 인식 주체가 지식 구성의 과정에서 능동적인 입장을 취한다(Piaget). 다시 말해서 지식은 실체의 직접적 반영(reflection)이 아니며 순수한 관찰에 의해 형성되는 것도 아니다... 글라저스펠트(Glasersfeld)의 급진적 구성주의에 반해서 사회적 구성주의는 더욱 구미에 맞는 철학의 형태로 부각되었다. 사회적 구성주의는 개인과 사회 사이의 상호작용적 관계의 맥락에서 강조점을 개인에서부터 사회로 옮긴다. 사회적 구성주의는 지식은 각 인식자의 사회, 문화, 언어, 집단에 따라 상대적인 것으로 인식한다. 따라서 이들의 주장에 따르면 주관성(subjectivity)은 바로 간인간적인 특성을 지니게 된다."(이명숙, 1999: 39-40)

특히 '구성주의 인식론'의 선구자라고 할 수 있는 비코(Giambatista Vico, 1668-1744)는 자신

61) 이는 '개인적 구성주의' 또는 '인지적 구성주의'라고도 한다(조용기, 1999: 4). 금지적 구성주의의 선구자는 von Glasersfeld이다. 그러나 그는 Piaget의 발생론적 인식론의 구성적 개념에 많을 영향을 받았다(이종원, 1999: 68).

의 저서 『새로운 과학(Scienza Nuova)』인간은 불확실한 상태를 접하면 인간 스스로 만물의 척도로 삼아 알지 못하는 일체를 판단한다고 주장하면서 인간의 개별적 경험세계를 인정하고 있다(이종원, 1999: 71; 78). 이는 당시 사회를 지배하던 '데카르트적 객관주의 지식관'을 정면에서 거부하는 것이었다.

그러나 엄밀히 말하면, 급진적 구성주의 역시 개인과 환경이 서로 대화하고 상호작용하는 가운데에서 지식이 구성된다고 볼 수 있다.

> "구성주의 심리학의 역사적 발단은 피아제(Jean Piaget, 1896-1980)와 비고츠키(Lev Vygtsky, 1896-1934)의 이론에서 찾을 수 있다. 피아제는 아동 발달에 대한 행동주의적, 정신분석적 해석에 대응하는 매력적인 대안을 제안하였다. 그는 행동주의와 발달적 견해를 구축하려는 의식 심리학 사이의 양분성을 극복하려 했다. 그는 분절된 기술과 각각의 정보로 차 있는 백지(tabula rasa)로서의 정신의 견해를 반대하고, 아동 사고의 구조적 특성을 강조하였으며, 아동 사고의 기능과 발달은 구조적 형태로 일어나며 발달한다는 입장을 취한다. 또한 그는 발생학적 혹은 구성주의 인식론은 '어떻게 지식이 발달하는가'에 대한 체계적인 연구를 위한 합리적 준거를 제공하는 것으로 보았다. 반면 비고츠키는 마음의 사회적 발달 혹은 '고등정신의 기능'에 관심을 가졌으며, 고등정신 기능은 사회적 활동에 참여함으로써 발달된다고 주장하였다.... 결론적으로 피아제와 비고츠키는 마음의 발달적 개념의 구성이라는 것에 공통적으로 관심을 가졌다. 이들은 마음을 능동적으로 보았으며, 환경과의 상호작용에 의한 사고의 변화를 강조하였다.... 또한 이들 둘 다 발달의 변증법적 개념을 채택하였으며, 구조와 기능의 상호 의존성을 주장하였다.... 마지막으로 이들은 근본적으로 지식의 상호-구성을 포함하는 간주관적인 임상적 연구 방법을 채택하였다."(이명숙, 1999: 37-38)

이렇게 본다면 구성주의 지식관의 핵심은 '타(Others)와의 상호작용을 통한 지식의 구성 및 재구성'이다. 왜냐하면 구성주의란 지식에 관한 새로운 관점 즉 지식은 개인과 독립적으로 존재하는 것이 아니고 환경과의 상호작용을 통해 개인에 의해 구성된다는 점을 강조하는 이론이기 때문이다(이명숙, 1999: 39).

"금세기의 가장 중요한 구성주의자라고 할 수 있는 피아제의 인지발달이론은 사회적 상호작용을 고려하지 않았다는 점에서 주로 북미대륙에서 비판을 받아 왔다.... (그러나) 그의 모든 저서 도처에서 조절(accommodation)은 대부분 사회적 상호작용으로 일어난다는 것을 거듭 주장하고 있음을 발견할 수 있다.... 피아제에 있어서 사회적 상호작용이 일어나는 데 관여하는 '타인'(Others)은 아동이 그의 생생한 경험 속에서 구성하는 비교적 '영속적인' 대상물 그 이상도 그 이하도 아닌 환경의 일부다. 즉 유용하고 영속적인 대상물이라고 할 수 있는 것은 스스로 구성한 것과의 상호작용이다."(Steffe & Gale 편저, 1995/ 이명근 옮김, 2005: 30-31)

본질적으로 지식은 '내인적(endogenic, 정신중심적) 지식'과 '외인적(exogenic, 세계 중심적) 지식'으로 구분된다(Steffe & Gale 편저, 1995/ 이명근 옮김, 2005: 38). 전자는 자신과 또 다른 자신과의 내적 대화 내지 상호작용을 통하여 창출되는 지식이고, 후자는 주변 환경이나 타인과의 대화나 상호작용을 통하여 창출되는 지식이다. 그러나 내인적 지식과 외인적 지식의 경계를 명확하게 규정하기 어렵다. 왜냐하면 개인의 정신이란 내적으로만 형성되는 것이 아니고 항상 외부 세계 내지 주변 환경과 연결되어 있기 때문이다. 결국 '나와 또 다른 나' 사이의 내적 대화이든, 아니면 '나와 타인'과의 외적 대화든 대화나 상호작용이 지식의 발생에 결정적으로 기여하는 것이다. 물론 두 지식관 사이에 서로 관점의 차이나 강조점의 차이는 명백하다.

"그러나 외인적 입장에서 보면, 우선적으로 세계가 주어지고 정신은 세계를 정확하게 반영할 때 가장 잘 작동된다... (반면) 내인적 입장은 정신세계를 자명한 것으로 보며 마음이 자연 속에서 어떻게 적절하게 작용하는지에 대한 문제를 제기한다. 따라서 외인적 입장은 내적 표상을 형성하기 위해 필요한 환경의 투입에 초점을 둔다. 이러한 환경적 강조에 비해 내인적 입장은 인간 고유의 이성, 논리 또는 개념화 고정에 우선적 강조를 둔다. 사실 상 내인적 입장은 개인에 귀인하는 선천론자(nativist)라고 할 수 있다."(Steffe & Gale 편저, 1995/ 이명근 옮김, 2005: 38-39)

그러나 피아제의 모형은 그 안에 '변이와 도태'의 구성주의 같은 것을 어느 정도 포함하지만 – 예컨대 동화와 조절이라는 개념에서 알 수 있듯이 – 논리적으로 부적절한 형태의 구성이다(Bickhart, 1988; Steffe & Gale 편저, 1995/ 이명근 옮김, 2005: 316에서 재인용). 결과적으로 피아제의 시도는 심도 있는 진보와 통찰에도 불구하고 구성주의를 완전히 성취하는 해결책이 되지는 못한다(Bickhard, 1988; Steffe & Gale 편저, 1995/ 이명근 옮김, 2005: 316에서 재인용)

> "비록 피아제는 지식의 기원의 관점에서 경험론-합리론 딜레마를 돌파하였지만, 본질적으로 지식의 본질에 대한 아리스토텔레스의 모형으로 끝난다. 물론 아리스토텔레스의 형상(eidos, form)을 행위의 가능성이라는 영역으로 격상시키는데, 표상되는 것은 세계 속에서의 행위 가능성의 형상이며, 표상하는 것은 그 세계 안에서의 가능한 행위들에 대한 동일한 형상이다. 그러나 피아제의 경우에 있어서 형상은 세계 속에서 그리고 정신 속에서 가능한 변형, 조작, 협응에 대한 대수적 형상이다. 비록 피아제에게는 세계 속에서의 생성과 그것과 일치하는 정신 안에서의 생성 모두 내재적이고 그 어느 곳으로부터도 오지 않는다 하더라도 표상은 여전히 형상과 일치한다. 이러한 모형은 여전히 불일치 주장을 야기하게 된다."(Steffe & Gale 편저, 1995/ 이명근 옮김, 2005: 316).

결국 진정한 지식의 구성주의가 완성되기 위해서는 급진적 구성주의는 비고츠키의 사회적 구성주의의 관점을 필요로 하게 된다. 왜냐하면 지식의 구성은 자신의 관념 속에서 자연스럽게 발생하는 지식에 만족하지 못하며 사회적-역사적 맥락 또는 사회문화적 맥락에서 구성되고 재구성되기 때문이다.

> "사회적 구성주의란 급진적 구성주의의 구성의 측면과 더불어 사회문화주의의 사회적 맥락을 동시에 강조한 이론이라고 볼 수 있다. 다시 말해 급진적 구성주의가 주장하는 '맥락적 구성'의 '맥락'이 '사회적'이라는 점을 부각시킨 이론이라고 할 수 있다... 그런데 여기서 맥락이란 삶을 가리킨다"(조용기, 1999: 5)

결국 구성주의적 지식은 '맥락적 지식'이다. 따라서 맥락적으로 구성되는 지식은 그 맥락이 다양한 만큼 구성되는 지식도 다양할 수밖에 없다(조용기, 1999: 8).

"구성주의에 있어서 지식이 구성적이라면 그 지식을 구성하는 나의 주관인 능동적인 태도가 우선된다고 할 수 있다. 우리의 주관이 중요하다는 것은 구성주의가 주관이 처해 있는 구체적인 사회적, 문화적 그리고 역사적 맥락성을 강조하고 있다는 것이다. 이러한 주관의 맥락성 혹은 감상자의 맥락성을 강조하고 있다. 예술 작품의 경험에서와 같이, 텍스트를 이해하는 데 있어서 객관적인 진리를 '있는 그대로' 모사하는 것이 아니라 해석자의 역동적인 상호작용을 통해 텍스트를 이해하고 해석한다."(최신일, 1999: 31)

그런데 여기서 주목할 것은 지식이란 반드시 '유용성'(utility, 有用性)에 근거하여 구성되고 재구성될 수 있다는 사실이다. 왜냐하면 유용성이 바로 '사회적 맥락'을 의미하기 때문이다. 이런 연유로 글라저스펠트의 급진적 구성주의는 '앎의 과정'(knowing)을 '실생활에의 적응활동'으로 이해한다.[62] 즉 우리가 실생활에 적응하기 위해서는 지식을 구성하고 재구성해야 하는데, 이는 삶의 유용성을 위해서 지식을 터득하고자 하는 욕망 때문이다. 앎은 곧 삶이다. 따라서 삶의 유용성을 위해서 우리가 지식을 터득하는 것은 당연하다. 즉 우리의 지식은 삶의 유용성을 찾아서 구성되고 재구성되는 것이다.

결국 진리의 문제도 구성주의에서는 – 마치 실용주의에서처럼 – 유용성의 문제로 대치된다(Steffe & Gale 편저, 1995/ 이명근 옮김, 2005: 317). 즉 지식이라는 것은 참여자에 의해 개인적 및 사회적으로 유용하게 인정될 때 지식이 되는 것이다(Steffe & Gale 편저, 1995/ 이명근 옮김, 2005: 291).

"Vygotsky는 모든 지식은 문화와 시간 속에 상황지워지며, 개인적으로 의미 있게 되는 것은 다른 사람들과의 상호작용에 의해 형성된다는 것을 상기시킨다. 그에게 있어서 지식은 여러 문화적으로 규정된 활동에 참여함으로써 진화한다(Steffe & Gale 편저, 1995/ 이명근 옮김, 2005: 290).

그러나 피아제의 이론에서 발견되는 '발생학적 인식론'은 구성주의 지식관의 완성에

62) von Grasersfeld는 구성주의(constructivism)를 철학, 심리학, 두뇌공학 등에 뿌리를 둔 지식의 이론으로 보았다(이명숙, 1999: 35).

있어서 중요하다. 왜냐하면 지식은 진화이전에 모든 개인에게 있어서 전 생애를 걸쳐 늘 발생되기 때문이다. 그것이 다른 사람 또는 주변 환경과의 상호작용이나 의사소통에 의해서이든지 아니면 선불교나 요가에서 독립적인 반성과 성찰을 통하여 직관적으로 터득하거나 득도(得道)하든지, 하여간 인간에게 지식은 끊임없이 - 때로는 능동적으로 - 발생하고 소멸한다. 특히 '반성과 성찰'은 구성주의 지식관의 기본 토대이다.

> "신체적 행위를 정신적 조작으로 변화하는 방법으로서 성찰의 중요성을 인식할 필요가 있다. 우리가 자기조절하는 개인으로 발달하는 것은 성찰을 통해서다."(Steffe & Gale 편저, 1995/ 이명근 옮김, 2005: 292)

이렇게 본다면, 급진적 구성주의와 사회적 구성주의가 서로 배척하지 않고 만날 수 있을 때 구성주의 지식관은 완성된다.

> "비고츠키 및 피아제의 대안이론(또는 통합이론)을 탐색하는 데 있어서 우리는 사회적 발달이 서로를 형성한다는 것을 인식할 필요가 있으며, 양자 간의 적절한 균형을 추구해야 한다. 우리의 상호작용의 형태 및 도구는 이러한 공동형성과정의 핵심요소이다. 의식, 기억, 지각 및 기타 인지행위는 우리가 구성한 것에 대한 경험과 우리가 처한 맥락과의 관계에서 인식된다. 즉 경험과 맥락이 혼재하고 있다."(Steffe & Gale 편저, 1995/ 이명근 옮김, 2005: 293)

중요한 것은 이렇게 맥락이나 상황에서 탄생하는 지식은 '다양성'을 본질로 하고 있다는 사실이다. 즉 구성주의에서는 지식의 다양성이 중요하다.

> "구성주의에서의 주관이 처해 잇는 상황성과 역사성 역시 고정되어 잇는 것이 아니라, 항상 변할 수밖에 없다면 진리를 이해하는 데 있어 무엇을 준거로 할 수 있는가 하는 즉 주관에 따라 마음대로 해석할 수 있다는 상대주의의 경향에서 벗어날 수 없지 않은가라는 문제에 대해, 구성주의는 아무런 준거의 틀을 허용하지 않는 상대주의에만 머물지 않는다. 왜냐하면 구성주의는 진리 혹은 지식보다는 '맥락'에 초점을 맞추고 있기 때문이다."(최신일, 1999: 31)

그런데 이러한 지식의 다양성은 대화를 통하여 획득될 수 있다. 즉 구성주의 지식은 마침내 '대화'를 통해서 발생하는 셈이다.

> "구성주의에서 상황 혹은 맥락 간의 다양성을 인정한다는 것, 서로의 차이를 인정한다는 것은 대화의 전제가 된다. 대화는 서로의 차이를 인정하는 것이지 차이를 없애는 것이 아니다. 한쪽이 다른 한 쪽을 맞추어서 통합해 가는 과정이 아니다. 어느 쪽도 대화의 맥락성을 벗어날 수 없다. 특히 사회적 구성주의자들의 주장처럼, 언어의 의미는 둘 이상의 사람들 간의 조율활동에 의해 성취되는 것이다. 해석학에서의 대화를 통한 이해의 과정에서는 나는 너를 하나의 대상으로만, 즉 나를 위한 도구로만 보지 않는다. 그리고 너는 나에 의해서 반성적으로 투영된 존재 역시 아니다. 다시 말하면, 너는 너의 독자적인 존재가치를 가지고 있는 존재이다. 너는 나에게 말을 건네 오는 대화의 상대자로 파악하게 된다."(최신일, 1999: 32)

결국 구성주의에서 지식은 대화와 의사소통을 통하여 탄생한다. 또한 구성주의 지식 역시 지식의 구조를 구성하는 지식의 변증법적 차원, 해석학적 차원, 현상학적 차원, 실용학적 차원과 마찬가지로 반성적 사고를 통해 발생한다. 이렇게 본다면 구성주의에서 지식은 대화와 의사소통의 과정에서 발생하는 부단한 반성적 과정에서 구성되고 재구성되는 '과정의 지식'인 셈이다.

오늘날 지식은 반성적 사고의 과정을 삭제하고 발생하고 있다. 특히 실증주의적이고 자연과학적인 인식론적 차원에서 발생하는 지식이 세상을 지배하고 있다. 이러한 지식들은 '반성적 사고'의 과정과는 거의 무관하다. 기껏 피드백(feedback)이라는 개념으로 이를 임시방편으로 대치시키고 있기는 하다. 특히 이는 실증주의에 근거한 행동주의의 궁색한 발상이다. 그러나 '반성적 사고'와 단순한 피드백의 개념은 전혀 다른 차원이다. 전자가 비선형적인 '지속인 순환'이나 '영원회귀(Wiederkehr, Nietzsche)의 개념이라고 한다면, 후자는 선형적이며 정형적이고 환원적인 개념이다. 또한 전자가 자연발생적이라고 한다면, 후자는 다분히 인위적이고 조작적이다.

이렇게 본다면, 구성주의에서 지식은 자연발생적으로 탄생하고 있다고 할 수 있다. 다만 변증법, 현상학, 해석학, 실용학적 지식의 경우에서와 비슷하게, 과연 지식은 언제까지 구성되고 재구성되는 것일까? 혹시 이는 상대적 지식관의 복권이 아닐까? 물론 이는 소피스트들의 상대적 지식관과는 차원을 달리한다. 그럼에도 불구하고 해석학적 지식이 상대적 지식으로 비판받는 것처럼 구성주의 지식 역시 오해될 소지가 있다. 그러나 '상대적'이라는 개념과 '상대성'(相對性)의 개념이 반드시 일치되는 것은 아니다. 따라서 구성주의 지식은 오히려 '상대성 지식'이라고 하는 것이 타당하다. 아인슈타인이 자신의 '상대성이론'에서 '상대성'(relativity)의 개념은 세상에 존재하는 모든 장(field)의 보편적인 통일을 위한 이론 즉 '통일장 이론'의 초석으로 작용한다. 이렇게 본다면, 상대성 지식으로서의 구성주의 지식 역시 언젠가는 세상의 모든 지식을 보편적으로 통합할 수 있을지도 모른다는 전망을 하게 한다. 그러나 여전히 풀리지 않는 의문은, '도대체 언제 우리는 객관적이고 보편타당하게 통합된 '상대성 지식'으로서의 구성주의 지식을 획득할 수 있을까? 하는 것이다.

4) 인공지능과 집단지성

21세기는 테크놀로지의 시대이다. 하이테크놀로지의 결정판인 인공지능(AI: artificial intelligent)은 인간의 창조물이다. 만약 기계가 인간의 지능을 가지고 일을 한다면 어떤 일이 발생할까? 이러한 상상력으로 개발해낸 인공지능은 실제로 인간의 지능과는 전혀 다르게 만들어진다. 즉 우리 인간의 지능은 자신만의 것이지만, 인공지능은 '나의 지능'이 아니라 '우리 모두의 지능'이 조합되어 인공적으로 만들어진 작품이다. 다시 말하면 개인의 지능은 태어나면서 자연스럽게 주어진 것이지만, 인공지능은 말 그대로 인공적으로 이 사람의 지능과 저 사람의 지능을 조합하여 만들어낸 인공(人工)의 지능이다.

인공지능은 이세돌과 인공지능 알파고(alpha Go play) 간에 벌어진 세기의 대결을 통하여 세간에 알려졌다. 물론 퍼지컴퓨터(pussy computer)로부터 시작된 인공지능개발의 역사는 이보다 훨씬 이전이다. 하여간 이 대결은 이세돌이라는 개인과 알파고라는 '집단지성'(collective intelligence)의 대결이었다. 결국 승부에 관계없이 이세돌이라는 개인의 지능과 알파고라는 집단지능은 차원이 다른 것이다.

이제 세상은 인공지능이 지배하는 시대가 될 것이다. 왜냐하면 이미 세상은 테크놀로지가 지배하는 세상이 된지 오래이다. 모든 것이 테크놀로지의 발전에 따라 재편된다. 정치도, 경제도, 사회, 문화 그리고 교육훈련도 모두 테크놀로지의 지배권에 들어 있다. 테크놀로지의 발전에 따라서 모든 삶의 양식도 변화한다. 삶의 내용, 방식, 신념, 생각, 철학 등이 모두 테크놀로지의 변화 방식에 따라 재편된다. 이렇게 본다면, 하이테크놀로지의 정상이라고 할 수 있는 인공지능이 세상을 지배할 수밖에 없다. 그러나 인공지능이 세상을 지배한다는 말은 디스토피아(Distopia) 즉 테크놀로지의 지배권에서 인간이 신음한다는 의미가 아니다. 반대로 테크노피아(Technopia) 즉 테크놀로지의 쾌거로 세상은 보다 유토피아 세상이 된다고 속단할 수도 없다. 왜냐하면 인공지능은 이미 우리 인간의 세상에 테크놀로지의 발전(개발) 방향을 틀어 놓았기 때문이다. 이제 인간이 기계를 만들어 놓고 기계의 노예가 될 것인가 아니면 여전히 기계의 주인이 될 것인가 하는 이분법적 논쟁은 의미를 잃는다. 왜냐하면 인공지능은 딥러닝(Deep Learning)의 방식을 통해서 만들어지고 작동하기 때문이다. 따라서 미래 사회가 테크노피아냐 아니면 디스토피아냐 하는 이분법적 논쟁 대신 인공지능의 시대에 우리에게 요청되는 것은 인공지능이 어떻게 딥러닝을 통해서 이세돌을 이길 수 있었는가에 주목해야 한다.

인공지능은 수많은 경우의 수를 논리회로 즉 알고리즘으로 정리하여 그때 그때 발생하는 상황에 대처할 수 있도록 만들어진 프로그램으로 만들어진 기계이다. 따라서 이때 인공지능을 가진 기계가 다양한 상황에 대처할 수 있는 능력이 있다는 것을 딥러닝한다고 하는 것이다. 이는 마치 인간이 다양한 방식으로 다양한 상황에 대처하기 위해서 깊게 학습한다는 의미로 수용된다. 물론 인간의 딥러닝과 인공지능의 딥러닝은 같은 말이 아니다. 그럼에도 불구하고 동일한 의미로 수용된다. 왜냐하면 결과가 거의 구분이 되지 않을 정도로 나타나기 때문이다. 한마디로 상황판단이 동일한 것이다. 즉 이세돌도 상황판단을 하면서 바둑을 두는 것이고 알파고 역시 상황판단의 알고리즘을 작동하여 상황에 대처하는 것이다. 그러나 이세돌의 상황판단 방식과 알파고의 상황판단은 전혀 다른 차원이다. 인간은 지식, 정보, 분석력, 이해력, 논리, 판단력, 직관 등을 활용하여 상황판단을 하지만, 인공지능은 수많은 경우의 수를 모아서 A의 경우에는 A'로 대응한다는 식의 알고리즘에 의해 상화을 판단하는 것이다. 이렇게 본다면, 인간의 상황판단과 기계의 상황판단은 결과는 같아 보이지만 내용과 절차면서는 전혀 다르다.

심지어 꿈의 영역으로 들어서면 인공지능과 인간을 비교하는 것은 아직 요원하다. 우리는 아주 어린 아이들에게 조차도 "너는 앞으로 뭐가 될래, 너 꿈이 뭐니?"라고 물어 보면, "대통령"이라고 대답한다. 물론 오늘날에는 공무원, 선생님, 빌딩주, 소방수, 경찰관, 프로게이머, 백댄서... 등등 다양한 대답들이 나온다. 그러나 인공지능에게 "너 꿈이 뭐니?"라고 물으면 아마 한동안은 눈만 껌뻑껌뻑할 것이다. 인공지능은 앞으로 자신이 무엇이 될 것인지에 대해서는 빅데이터를 가질 수 없다. 왜냐하면 빅데이터는 과거의 데이터로서 결코 미래의 데이터가 될 수 없기 때문이다. 물론 앞으로도 인공지능이 오로지 빅데이터에만 의존되어 개발될 때에는 이러한 한계를 결코 극복할 수 없다.

그럼에도 불구하고 인공지능은 인간을 이겼다. 물론 대결을 계속한다면 인간과 기계의 승률은 거의 무승부에 가까워질 것이다. 왜냐하면 알파고 인공지능은 게임이론(game theory)에 근거하여 만들어졌기 때문이다. 1995년 노벨 경제학상을 받은 독일의 리하르트 겔텐(Richard Gelten)의 게임이론은 제로-섬(zero sum) 이론을 윈-윈 (win-win) 이론으로 바꾸어 놓았다. 즉 우리의 삶은 제로섬 게임이 되었을 때보다 윈윈 게임이 되었을 때 가장 유익하다. 따라서 알파고라는 인공지능 게임에 적용된 이론적 근거는 윈-윈 게임이론이다. 따라서 인간과 기계의 대결은 서로 한번씩 이기는 결과가 나오기 때문에 마침내는 무승부가 되도록 기획되었다.

하여간 중요한 것은 인공지능은 '집단지성'(集團知性)의 산물이라는 사실이다. 21세기는 테크놀로지의 시대라고 했다. 그렇다면 인공지능이 탄생한 21세기는 집단지성의 시대라고 할 수 있다. 만약 미래사회가 테크놀로지가 지배하는 세상이라면 집단지성이 지배하는 시대가 된다. 따라서 인공지능의 시대에는 어떻게 우리가 집단지성을 획득할 수 있는가에 주목해야 한다. 그럼에도 불구하고 우리의 학교에서는 여전히 교사중심, 교수자 중심의 '나홀로 지성'에 의해서 교육이 이루어지고 있다. 집단지성은 교수자와 학습자, 학습자와 학습자 간의 상호작용(interaction)을 통해서 획득된다. 이렇게 본다면, 인공지능의 시대에는 교수-학습방법에서도 변화가 불가피하다. 평생교육과 평생학습은 '학습자(교육수요자) 중심'(learner-centered)으로 이루어진다. 이에 반해 전통적인 학교교육은 '교수자 중심'(teacher-centered)으로 이루어져 왔다. 또한 인공지능을 가능하게 한 집단지성은 딥 러닝을 통해서 활성화된다. 결국 집단지성과 딥러닝은 전통적인 학교교육에서는 불가능하다. 교육을 통한 집단지성과 딥러닝의 목표는 교육의 새로운 패러다임 하에서만 가능하다. 평생교육과 평생학습의 개념은 이러한 교육패러다임과 함께 할 것이다.

2. 사회화

교육은 지식과 함께 사회화(社會化, socialization)를 교육의 내용과 목표로 한다. 교육의 관점에서 사회화란 크게 '사회성'(社會性)을 키워주는 것과 '사회적응'(社會適應)을 하도록 도와주는 것을 말한다. 여기서 사회성을 키워준다는 것은 만남, 대화, 소통, 인간관계 등을 통하여 개인에게 사회성을 키워주어서'사회적 인간'으로 거듭나게 하는 것이고, 사회적응이란 개인으로 하여금 사회의 일원으로 성장할 수 있도록 하는 것이다. 학교는 작은 사회라는 말이 있다. 이 말은 학교에서 학생들은 사회성을 키우고 사회적응을 연습하여 준비한다는 의미이다.

사회화에 대한 연구는 사회학(社會學)의 대상이다. 학문적으로 사회적응은 사회성의 개념을 동일시하고 있다. 왜냐하면 사회적응이 이루어진 경우에는 사회성도 성장이 되었다고 간주하기 때문이다. 그러나 엄밀히 말하면 사회성과 사회적응은 다른 차원일 수도 있다. '사회화'라는 개념에 대한 논쟁이 지속되는 이유이기도 하다.

1) 교육과 사회화

사회화의 개념을 교육과 관련하여 연구한 <교육사회학>의 이론에서는 크게 기능론적 접근과 갈등론적 접근 그리고 해석학적 접근이 대표적이다. 우선 기능론적 접근은 교육을 통한 사회화란 학생들이 사회에서 요구하는 기능(技能, function)과 역할(role)만을 충실히 할 수 있도록 가르치면 된다는 입장이다. 그런데 교육의 내용과 목표로서의 사회화는 이러한 기능론적인 접근에 의존한다. 즉 기능론적 관점에서, "교육은 곧 사회화"이다.

교육사회학의 창시자인 듀르케임(Emile Durkeim, 1858-1917)에 의하면, 사회화란 '개인이 그가 속한 사회의 규범과 가치를 내면화하여 정상적인 사회의 구성원이 되어 가는 과정'이다. 즉 사회적 동물(아리스토텔레스)로서의 인간은 인간관계를 통하여 사회가 인정하고 요구하는, 사고방식, 감정, 행동, 가치관, 태도 등의 제 양식을 학습한다. 이렇게 본다면, 사회화는 학습과정에서 이루어진다. 이러한 맥락에서 듀르케임은 '교육과 사회화'를 동일시했다. 그에 의하면, 교육은 인간을 사회에 알맞은 존재로 적응시키는 것이다. 즉 교육은 인간을 사회에 잘 적응시키기 위해 존재한다. 따라서 교육은 사회의 유지가능을 가지고 있으며, 사회적 변화와 사회적 변화와 결과에 관심을 가지고 있다. 그는 개인의 사회적 기능과 역할을 강조한다. 따라서 교육은 개인이 사회에서 수행해야 할 역할과 기능을 가르치는 일이다. 결국 교육받은 개인은 사회적 역할과 기능을 잘 수행함으로써 사회에 잘 적응하는 것이다. 이런 의미에서 우리는 듀르케임의 사회화 이론을 '기능론'(functionalism)이라고 한다.

기능론의 대표적인 학자로는 듀르케임을 비롯하여 머톤(Merton), 파슨스(Parsons), 존슨(Johnson) 등을 꼽을 수 있다. 이들에 의하면, 사회가 안정적으로 유지되기 위해서는 기능, 통합, 합의가 중요하다. 우선 기능(技能, function)이란 사회가 유지, 존속되기 위해 수행되어야 하는 임무 또는 활동을 의미한다. 통합(統合, integration)은 사회안정 및 질서유지를 위해 중요한데, 특히 파슨스와 머톤은 무질서의 원인과 현상에 민감하여 사회적 규칙과 규범을 강조했다. 즉 이들은 상호간의 유익한 사회적 상호작용을 가능하게 해 줄 수 있는 사회적 규칙과 규범을 강조했다(Dreben, 1968). 이를 위해서는 사회 구서원의 유기적 연대와 집단의식이 중요한데, 듀르케임은 사회통합을 위한 사회통제의 기재로서 '학교'를 대표적으로 꼽았다. 그에 의하면, 학교는 전통사회에서 종교의 역할을 대신한다. 마지막으로 이들이 추구하는 사회적 합의란 도덕적이고 신념적인 합의를 의미한다. 이들에게 사회집단의 불평등 현상은 이는 사회적 합의와 갈등에 대한 인식차이이다. 특히 이러한 갈등 문제는 계층 즉 직업적 역할의 준비과정에서 발생할 수 있다. 그러나 이는 분업사회에서 정당하다. 이를 테면, 의사와 간호사 간의 갈등 관계는 직업적 역할 수행(분업)에서 어쩔 수 없는 것이다. 이는 플라톤이 지혜(왕), 용기(무사), 절제(노동, 노예)를 계층별로 구분하여 직업직능교육을 정당화했던 것과도 다르지 않다.

뒤르케임 역시 '분업'(分業, division of labor)을 개인의 타고난 능력이나 재능에 맞는 일을 하는 것으로 보았다. 그는 자유의지에 따른 자발적인 선택에 의해 이루어지는 것이 분업이기 때문에 노동이 분화되는 것은 정의를 실현하는 방식으로 정당하다고 주장한다. 다만 중요한 것은 직업적 위세와 사회적 평판을 결정하는 방식에 대한 사회적 합의가 필요하다는 사실이다. 또한 어쩔 수 없이 발생하는 갈등은 동기부여기제로 작용할 수 있다(Davis & Moore, 1945). 아울러 사회분업에 대한 사회성원들의 일반적 합의에 의해 위계화된 계층체계는 개인의 재능에 따라서 사회성원들을 적재적소에 배치시키고, 사회성원들의 상호작용을 위한 규범의 기본 유형을 제공함으로써 사회의 위계화된 질서체계를 정당화시킬 필요가 있다. 이것이 바로 교육과 학교의 몫이다.

현대산업사회는 기능적으로 통합된 사회이다. 학교는 사회가 교육적 역할을 기능적으로 수행하기 위해 고안해 낸 사회제도이다. 따라서 학교는 효과적으로 교육을 담당함으로써 사회의 유지, 존속을 위해 기능해야 한다. 이를 구현하기 위해 우선 교육(학교)은 사회적 선발과 배치의 기능을 충실히 수행해야 한다. 전통적 신분사회에서는 혈통에 의한 신분적 선발이 이루어졌지만, 산업사회로 전환되면서 개인의 능력과 자질에 따라서 지위와 역할이 선발 배분되었다. 이를 테면, 능력과 성적(성과)에 따른 직업적 선발과 배치가 대표적이다.

클라크(Clark, 1960)는 사회적 선발기구인 학교의 몫을 가열작용과 냉각작용으로 구분했다. 가열작용은 동기부여이고, 냉각작용은 성적 평가를 통한 숫자의 조정이다. 다만 선발기준은 시험제도를 통한 성적평가이기 때문에, 선발기준 및 배치방식에는 공정성 문제가 남는다. 이는 앞으로도 계속 해결되어야 할 항구적인 과제이다.

드리븐 역시 학교에서 지식이나 기술습득보다는 사회규범을 습득하는 것이 먼저라고 주장한다. 따라서 학교는 개인의 책임의식 강조하여야 하며, 제도적으로 승인된 행동양식에 따르도록 인도해야 한다. 학생들은 독립심, 성취감, 보편성, 특수성을 배움으로써 '합리적 준거집단'에서의 규범을 습득해야 한다. 결국 이들에 의하면, 학교는 첫째, 재능 있는 사람들을 선발하는 합리적 선발기구이며, 둘째, 직업적 역할의 수행에 필요한 지식과 기능을 가르칠 뿐만 아니라 사회규범을 습득시키며 공동체의식을 기르는 곳이다.

그러나 이러한 교육관에 대한 비판도 만만치 않다. 즉 우리의 기존 사회에서는 전통적인 사회적 기본 유형이 이미 고정적, 표준화, 획일화되어 있는 데, 이러한 것들이 새로운 세대에도 그대로 적용되어야 하는 것은 문제가 될 수 있다. 또한 기능론적 접근에서는, 첫째, 교육에서 개인의 능동성이 무시됨으로써 교육받은 개인이라도 궁극적으로는 사회의 능동적 동반자가 되기 어려우며, 둘째, 기성 성인들의 사회화 문제는 사회화 교육의 대상에서 제외하고 있다. 이렇게 본다면, 사회화 역시 '주입식'으로 이루어져야 한다는 주장이다. 사회화란 사회적 상호작용과 상호교섭, 상호교환을 통해 이루어지기도 한다. 또한 사회화란 사회순응, 사회적응을 넘어서 사회비판을 통한 사회개선, 사회개혁을 포함한다. 따라서 사회화 역시 기존 사회의 도덕, 질서, 규범이 주입식으로 이루어진다는 것은 온전한 사회화라고 할 수 없다.

2) '사회화'담론

교육은 개인이 사회의 한 구성원이 되는 것을 목표한다. 이를 우리는 교육을 통한 인간의 사회화(社會化)라고 한다. 교육사회학을 창시한 에밀 듀르케임(Emile Durkeim)은 교육과 사회화를 동일시하는 소위 <교육=사회화>라는 등식을 공식화하였다. 물론 의미는 좀 다르지만 존 듀이 역시 교육은 사회화를 지향한다고 주장했다. 그런데 교육을 사회화와 동일하거나 사회화가 목적이 된다면 문제가 발생할 수 있다. 사회화란 일반적으로 사회적응이나 사회순응을 의미한다. 왜냐하면 사회화란 인간이 사회의 구성원이 되면서 살아남기 위해서는 사회환경에 빨리 적응하고 순응하면서 사회생활을 수행해 낼 수 있는 역량을 길러야 하기 때문이다. 따라서 교육은 이러한 사회화를 도와주어야 한다. 그러나 사회화란 개념에는 사회비판이나 사회창조도 해당된다고 할 수 있다. 왜냐하면 이 역시 개인이 사회의 구성원으로 살아갈 때 좀 더 나은 사회에서 살아가려고 할 수도 있기 때문이다. 기존 사회에 대한 비판이나 반성, 성찰 그리고 이를 토대로 새로운 사회를 창조하고 싶은 의욕 등이 바로 또 다른 차원의 사회화라고 할 수 있다. 따라서 교육목적으로서의 사회화라는 개념은 교육(학)의 영역에서 지금까지도 학자들간 긴 시간의 논쟁을 경험한 바 있다. 이를 우리는 '사회화 담론'이라고 할 수 있다.

(1) 갈등론적 접근

사회화에 대한 갈등론적 접근은 전통사회에서의 사회화는 개인이 사회에서 기능과 역할만 충실히 하면 사회적응도 성취하고 사회발전에도 기여할 수 있다는 기존의 통념을 '기능주의'(functionalism)라고 비판하면서 '사회화에 대한 담론'을 전개하기 시작했다. 물론 개인은 항상 사회에 적응하려고 한다. 개인의 사회적응은 본능이다. 따라서 개인이 사회적응을 하지 못하면 세상에서 살아남기는 어렵다. 그러나 사회에 적응하려고 하는 과정에서 개인에게는 무수히 많은 다양한 갈등(葛藤) 상황에 직면하게 된다. 즉 사회가 요구하는 대로 즉 사회의 기준대로 한다면 나의 삶은 행복해지는 것이 아니라 오히려 불편해진다. 그렇다고 우리 사회가 정의(正義, justice)로운 사회도 아닌 것 같다는 느낌이 든다. 이러한 점을 연구하는 관점이 바로 갈등론적 접근이다. 갈등론적 관점은 사회의 규칙, 규범 그리고 가치 등과 자신의 입장이 상충될 때 갈등이 발생하는데, 이것이 해결되지 않는 상황에서의 사회화는 개인에게 무의미하며 심지어 실제적인 사회적응도 불가능하다는 입장이다. 따라서 교육은 학생들로 하여금 사회적응을 하도록 요구하기 이전에 사회에 구조적으로 존재하는 갈등 인자부터 제거해 줄 필요가 있다는 입장이다.

적응이란 현재의 사회에 아무런 비판이나 문제의식도 없이 사회가 명하는 그대로 순응(順應)하려고 하는 경우와 사회현상에 대한 비판 그리고 반성과 성찰을 통해서 자신의 삶을 영위하려는 경우로 대별된다. 전자는 단순한 순응이고, 후자는 창조적 적응이라고 한다. 물론 순응과 비판 이외에도 혹자는 사회부적응으로 또는 체념하면서 속세를 떠나서 외부와 격리된 사찰이나 성당에 은둔하기도 할 것이며, 어떤 사람들은 사회를 원망하면서 허무주의자로 한 평생을 살아가려고 할 수도 있다.

인간은 '사회적 존재'(zoon politik)이다. 이는 아리스토텔레스의 선언이었다. 그러나 어떤 사람도 이 말을 명분있게 거부하거나 반론을 제시하지 않는다. 이렇게 본다면, 이러한 아리스토텔레스의 명제는 진리로 간주된다고 할 수 있다. 따라서 인간이 '사회'를 떠나서 살아간다는 것은 불가능하다. 설령 가능하다고 해도 힘이 든다. 왜냐하면 인간에게 사회성은 '본능'이나 다름이 없기 때문이다.

인간은 스스로 사회를 만들고 사회에 구속된다. 예로부터 인간과 공동체(共同體, community)는 함께 따라 다니는 개념이다. 이를 우리는 사회공동체(社會共同體)라고도 한다. 인간은 공동체를 벗어나는 순간 운명이 어떻게 될지 모른다. 집을 떠나면 고생이라는 말도 있다. 가정공동체를 벗어나는 순간 인간은 위험하고 불안하다. 물론 무한한 자유도 허락된다. 모험심도 배가될 수 있다. 하여간 양면성은 존재하지만 공동체와 인간은 숙명(宿命)이다. 역사적으로 인간은 공동체를 만들면서 살아남을 때 가장 유리했다. 이렇게 본다면 공동체는 인간에게 본능이다. 인간은 본능적으로 공동체를 만들었고 공동체의 일원으로서 살아가는 것을 가장 자연스럽게 생각했다. 공동체를 떠나는 순간 우리는 그를 이상한 사람으로 본다. 공동체에서 이탈하는 순간 그는 배신자로 낙인찍히거나 아니면 부적응자로 간주된다. 공동체를 벗어나는 순간 그는 외로워진다.

이제 문제는 한 개인이 사회라는 공동체에 어떻게 적응할 수 있는가 하는 질문이다. 그냥 가만히 있다고 해서 공동체에 적응하는 것은 아니다. 누구든지 쉽게 공동체에 적응할 수 있는 것은 아니다. 처음부터 적응하는 사람은 없다. 적응을 위해서는 노력을 해야 한다. 아마도 모두에게 쉽지 않은 과제일 것이다. 그럼에도 불구하고 우리는 공동체에 적응할 필요가 있다. 왜냐하면 공동체가 보다 유리하게 살아남을 수 있는 방법은 아직 없기 때문이다. 그렇다면 또 다른 질문은, 과연 우리 인간은 어떻게 하는 것이 사회에 제대로 적응하는 것일까? 바로 여기에서 진퇴양난의 딜레마가 발생한다.

만약 교육이 인간의 사회적응에 기여할 수 있다면 과연 그것은 무엇인가? 아니면 우리는 무엇을 어떻게 교육할 때 인간들을 사회에 바람직하게 적응하도록 도와줄 수 있을 것인가?

인류는 오래 전부터 공동체 유지를 위해 질서를 강조하고 관리와 통제를 해 왔다. 법(法)이 대표적이다. 오늘날 우리는 법치국가(法治國家)에 살고 있다. 법치의 역사는 인류의 역사와 함께 한다. 지금도 우리가 법치국가에 살고 있는 것을 보면, 법이란 공동체를 가장 잘 통제하고 관리할 수 있는 수단이라고 할 수 있다. 법 이전에 우리는 도덕이나 윤리 그리고 규범 등의 개념이 있었다. 그런데 모두 공동체와 관련된 개념들이다. 따라서 도덕, 윤리, 규범 등 공동체에 '질서'(秩序)를 부여하는 개념들은 지금도 유효하다.

동서고금을 막론하고 (사회)공동체는 스스로 '질서화'(秩序化)되려는 속성을 가지고 있다. 질서가 깨지면 공동체는 와해된다. 공동체가 와해되면 그의 일원들도 모두 죽는다. 한 예로 고대 그리스 시대에 수많은 이름 모를 폴리스(polis)들은 질서의 와해로 인하여 역사에서 사라졌다. 질서는 폴리스의 생명이었으며 그 속에 살아가는 공동체의 운명이었다. 따라서 이들에게 사회화란 공동체의 질서를 준수하는 일이었다. 질서를 준수하도록 하는 것이 법이었으며, 도덕, 윤리, 규범, 규칙 등의 개념이 법질서의 준수를 보다 강화시켜준다. 이러한 논리는 지금도 유효하다. 질서가 와해되는 공동체는 위험하다. 그렇다면 교육은 공동체의 질서를 준수하는 인간을 만들어주면 사회화의 기능과 역할을 다 하는 것인가?

결국 교육이 추구하는 사회화(社會化)는 바로 질서화(秩序化)이다. 왜냐하면 공동체의 질서는 바로 생명이며 질서가 사라진 공동체는 와해되고 그 안에 살고 있는 개인도 죽을 수밖에 없기 때문이다.

그런데 문제는 최후의 생명선으로서 공동체가 추구하는 질서는 과연 '정의로운가' 하는 질문이 생긴다. 플라톤의 고민도 바로 여기에 있었다. 플라톤은 지혜로운 자들이 통치자가 되고, 용기있는 자들은 수호자가 되고, 절제의 미로 살아가는 시민들이 모여사는 사회는 정의로운 사회라고 설명했다. 그러나 세상의 모든 공동체의 질서는 과연 정의로운가? 만약 정의롭지 못한 질서는 오히려 해체되는 것이 마땅하지 않은가? 왜냐하면 정의롭지 못한 질서 속에서 살아가는 개인은 목숨을 부지하겠지만, 결코 개나 돼지와 다르지 않기 때문이다. 정의롭지 못함 즉 불의(不義) 또는 부정의(不正義) 속에서 살아가는 것은 목숨이 붙어 있어도 결코 인간답지는 못하다. 그렇다면 교육이 불의의 공동체의 질서에도 적응하도록 학생들을 가르치는 것이 정당한가? 라는 의문이 생긴다. 이러한 의문은 인간들에게 '갈등'(葛藤, conflict)을 야기하며, 학문적으로 볼 때에도 최소한 플라톤과 공자로부터 지금까지 논쟁되는 부분이기도 하다.

마르크스주의 교육이론은 갈등론적 접근을 대표한다. 이를 급진주의 교육이론이라고도 한다. 물론 마르크스 자신에 의해 쓰여진 교육이론은 없다. 그러나 그의 이론적 관점을 차용한 후학(네오 막시스트)들에 의해서 교육이론이 형성되었는데, 이는 주로 – 소외(疏外)로부터 비롯되는 – 인간의 갈등문제를 다루고 있다. 사회의 구조적 모순으로부터 발생하는 갈등문제가 해결되지 않는 이상 소외의 문제도 해결되지 못한다. 따라서 이러한 사회는 불평등사회이다. 사회평등의 조건은 갈등, 소외문제의 극복이다. 한편, 이들에게 학교는 공정한 선발기제가 아니며, 사회불평등을 해소하는 효과적인 사회기관도 아니다. 사실 학교는 구시대의 혈통신분제 사회가 무너지면서 공정한 사회이동 및 사회적 신분상승을 위한 척도를 위한 합리적-합법적 대안으로 떠올랐던 사회기재이다. 즉 학교(교육)는 사회평등을 구현하는 새로운 기준으로 작용할 수 있다고 기대되었던 장소였다. 그러나 - 네오막시스트 교육학자들에 의하면 - 학교가 기대된 제기능을 발휘하기는커녕 오히려 사회불평등의 촉진제가 되어가는 모습이다. 사회불평등이 존재하는 한 그 사회공동체는 결코 정의로운 사회가 아니다.

마르크스에 의하면, - 특히 자본주의 사회체제에서 - 삶의 하부구조는 경제 또는 경제적 조건이다. 반면에 상부구조는 정치, 법, 이데올로기 등이다. 그런데 마르크스에 의하면 하부구조에 의해 상부구조가 결정된다. 소위 경제결정론이다. 인간은 모두 이기적 존재이며 경제활동을 통하여 삶을 유지 발전시킨다. 구체적으로 경제적 삶을 결정요인은 '생산력과 생산관계'이다. 또한 역사의 결정요소 역시 생산과 재생산이다. 누가 생산력을 가지고 있으며 누가 생산관계를 지배하는가? 그러나 여기서 모순과 갈등이 발생한다. 분명히 생산력은 노동자가 가지고 있는데, 생산관계의 지배자는 소유주이다. 다시 말하면, 생산수단을 소유한 사람(자본가)과 노동력만 소유한 사람(노동자)간의 사회관계는 지배와 복종의 관계가 된다. 실제로는 그럴 수가 없은 데도 말이다. 왜냐하면 노동을 하여 제품을 만들어 내는 사람들과 투자를 하고 생산을 주도하는 사람들이 굳이 서로 지배관계가 될 이유는 없는데도 말이다. 그런데 보다 심각한 것은 이러한 사회적 관계가 학교교육에 의해 내면화되고 정당화된다는 사실이다. 이로부터 계급과 계급사회도 발생한다. 따라서 계급투쟁은 역사적 필연이다. 이는 사회의 구조적 모순을 제거하기 위함이다. 마르크스에 의하면, 우리의 계급사회에서는 생산수단을 둘러싼 계급이익만 존재하며, 공공의 이익은 존재하지 않는다. 이로써 굴드너(Gouldner)는 마르크스 사상이 사회현실에 대한 비판으로 시작하지만, 사실은 사회의 역사과정을 있는 그대로 설명해 주는 '(사회)과학'이라고 설명한다. 즉 과학(학문)으로서의 마르크시즘이다. 즉 우리의 삶에 대한 경제적-생산적 관계라는 하부구조의 지배로 인하여 인간은 역사적으로 소외된다. '소외'란 빠지는 것 즉 인간이 만들어 낸 제도 속에서 결국 인간이 없어지는 것을 말한다. 결국 인간의 삶에는 인간적 가치는 사라지고 도구적 가치관만이 생겨나게 되는 것이다. 간단히 말하면, 인간이 인간답게 살겠다고 만든 제도 속에서 오로지 인간은 도구이고 수단이 되는 것이다.

비판적 마르크스주의에 의하면, 인간은 역사의 창조적 주체이다. 따라서 이들에게는 상부구조와 하부구조의 이분법을 거부해야 하는 사회적 혁명은 필연이다. 이런 면에서 본다면, 마르크스주의는 사회변혁의 실천이론이기도 하다. 마르크스는 자신의 저서 『자본론』에서 '물신사상(物神思想)'의 폐해에 대해 논하고 있다. 즉 자본주의 사회에서는 물질(경제적 산물)이 신(神)을 대신하게 될 정도로 정신세계도 지배하게 되었다는 것이다. 이러한 물신사상은 인간(개인)을 무기력하고 만들고 매사에 의존적이며 수동적으로 몰고 감으로써 인간은 오로지 대상화된 존재로만 의미를 가지게 된다. 그는 소외의 원인으로, 첫째, 분업적 생산방식, 둘째, 교환가치와 판매가능성에만 가치를 부여하는 시장체제, 셋째, 생산수단을 소유한 자에게 귀속되는 노동자의 신세를 들고 있다.

(2) 해석학적 접근

마지막으로 해석학적 접근은 기능론적 접근과 갈등론적 접근이 사회제로도로서의 교육제도라는 거시적 차원에서만 교육문제에 접근했다는 한계 인식에서 출발한다. 즉 교육문제는 교실내부라는 미시적 차원에서도 접근해 볼 필요가 있다는 것이다. 즉 교실 내에서 교육과정을 이수하고 교육활동에 참여하는 가운데에서 학생들이 어떻게 '사회화'되는가에 대해 해석해 봄으로써 교육을 통한 사회화의 해법을 도출해 낼 수 있다는 것이다.

원칙적으로 해석적 접근은 갈등이론 내지 갈등론적 접근에 뿌리를 두고 있다. 그러나 마르크스주의자나 네오막시스트들처럼 급진적 갈등주의자를 그대로 따르지는 않는다. 간단히 말해서 해석적 접근은 갈등론자들의 '자아비판'으로부터 나온다. 그러나 이들의 관심은 분명한 것은 보다 구체적이고 현실적인 '문제해결'(problem solving)이다. 다시 말하면, 해석학적 접근은 거시적 접근 즉 규범적 패러다임으로는 해결하기 어려운 상황을 일단 멈추고 미시적 차원 즉 개인적 차원의 '작은 이야기'로부터 접근해 보려는 노력이라고 할 수 있다. 이러한 움직임을 우리는 '신교육사회학' 운동이라고 한다. 또는 '교육과정의 사회학'이라고도 한다. 왜냐하면 해석학적 접근은 학교 그것도 교실 내에서 벌어지는 '교육과정(curriculum)'을 마치 현미경으로 들여다보는 것처럼 미시적으로 접근해서 해석해 보자는 것이기 때문이다. 이는 미시현상의 중요성을 인식함으로써, '학교교육의 안'에서 일어나는 일에 관심을 두는 구체적 모습에 대한 심층 분석(micro-theory)이다. 거시적 접근에서 학교는 블랙박스(Black Box)지만, 미시적 접근에서는 학생이 주체적 인간으로 간주된다. 여기에서의 관심은 사회적 교섭과정, 재해석하는 주체적 존재, 상대적 지식의 가치개념 그리고 주관적 의미해석의 능력이다.

사회학 연구에서 해석학적 접근은 독일의 사회학자 베버(Max Weber, 1864-1920)에 의해 시작되었다. 베버는 사회를 설명하는 논리를 '사회실제론'과 '사회명목론'으로 구분하였다. 즉 사회는 실제로 존재한다고 보는 입장과 사회는 오로지 명목 즉 이름만이 존재한다고 보는 입장에서 사회구조와 사회변동을 설명하는 방식은 다르다. 사회는 실제로 존재하는 것인가? 아니면 명목상으로만 존재하는 것인가? 무정부주의를 주장한 아나키스트(anarchist)들은 아예 사회란 없는 허깨비라고 단정하며 가장 급진적 태도를 취한다. 우리는 일반적으로 인간이 둘 이상 모이면 '사회적 관계'가 형성된다고 한다. 그러나 우리의 삶에서는 사회라고 단정할 수 있는 근거가 어디에도 없다. 왜냐하면 사회가 실제로 보이는 것이 아니기 때문이다. 사회명목론자들에 의하면, 사회란 다만 '관계'로만 형성되었다가 다시 해체되는 하나의 '관계적 개념'일 뿐이지 실체는 아니다.

이렇게 본다면, 위의 거시적 접근은 사회실제론에 입각해 있다. 반대로 사회란 이름(명목)으로만 존재하는 것이지 실제로는 '(실존의) 사람과 사람이 모여 있는 것' 또는 '사람과 사람의 그룹(공동체)'이라는 소위 '사회유명론'은 미시적 관점 즉 해석학적 패러다임에 보다 적합하다. 미시적 관점에서 움직임의 주체는 사회가 아니라 '개인'이다. 즉 해석학적 패러다임에서는 개인과 개인의 행위와 생각을 잘 '해석'해 보면, 사회구조와 사회변동이 보다 잘 이해될 수 있다는 논리이다.

베버는 기능이론이나 (급진적) 갈등이론이나 모두 기계적·결정론적 이론이며, 사회체제라는 거대구조에 대한 접근 즉 거시적 접근이라고 하면서 양자를 모두 비판한다. 즉 기능이론은 학교의 사회화 기능을 통하여 사회유지 및 존속을 기대하는 반면, 갈등이론은 학교의 재생산 이론을 토대로 사회적 역할의 불평등 해소를 추구한다. 또한 경제적 불평등이라는 하부구조에 영향을 받을 수밖에 없는 사회구조는 구조적 모순으로서 학교교육을 통해서 오히려 기회불균등, 사회불평등 현상으로 발생한다. 따라서 국가이데올로기의 정당화 기구로 전락한 학교 또는 학교의 기능들을 모두 해체하거나 대폭 수정해야 한다는 주장이다. 그러나 이 두 입장의 공통점은 문제해결의 의지는 명백하지만, 사회계급의 구성요소인 (실존적) 행위자들인 개인에게는 무관심하다는 것이다. 즉 실제로 존재하는지 아니면 명목상으로만 존재하는지도 명백하게 밝혀낼 수 없는 사회제도 및 체제기능에만 역점을 두고 있다는 것이다. 따라서 학교문제를 해결하기 위해서 가장 중요한 교사와 학생 그리고 학부모들의 심리적 특성, 상호작용, 교실상황 등 미시적 영역이 설명되지 못한다.

일반적으로 사회이론에서 사회구조에만 초점을 맞추다 보면 개인에게는 수동성이 강조될 가능성이 높으며, 사회 속에서의 행위자에 초점을 두었을 때 비로소 개인의 능동성이 파악될 수 있다. 인간의 삶은 수동적이기도 하지만 동시에 능동적이기도 하다. 특히 인간(개인)의 자율적 의지 및 상호작용 또는 그 유형에 초점을 맞추려고 한다면 미시적 접근이 타당하다. 즉 미시적 차원의 영역 즉 사회의 구성원인 개인(개체행위)과 개인의 관계를 잘 '해석'해 봄으로써 실천적 방법까지 구하고자 한다. 이로써 해석적 패러다임이 등장한다.

베버(M. Weber, 1864-1920)는 자신의 저서 『청교도 정신과 자본주의 윤리』에서 청교도 정신(종교적 인간)의 경제개념은 객관적 구조에서라기보다는 주관적 구조에서 결정된다고 보았다. 여기서 주관적 구조는 주관적 행위 즉 자기의지, 자기결정, 자기가치체계, 자기합리성, 자기의도성으로서 자본주의 사회에서 개인은 부를 축적하기 위해 잉여자금을 저축하거나 아니면 투자자금으로 할애한다. 마찬가지로 기업도 벌어들인 잉여자금을 투자금으로 남겨 놓는 것은 정당하다. 이는 국가발전 뿐만 아니라 개인발전의 원동력이기도 하다. 이러한 베버의 관점은 사회학 연구에서 해석학적 패러다임을 가속화시켰다. 그러나 이는 밀이 추구했던 심리학적 환원과는 다르기 때문에 철저한 환원주의라고 할 수는 없다. 한마디로 인간 개개인의 행동은 오로지 사회구조에 의해서만 결정되는 것은 아니다. 따라서 사회학 연구에서 미시적 동기의 분석이 보다 중요할 수 있다.

이는 작은 사회로서의 학교연구에서도 마찬가지이다. 사회를 객관적 구조로 접근하는 기계론적자들의 관심은 학교는 '왜 있으며 과연 무엇을' 하는 곳인가? 하는 질문에 관심을 갖는다. 이는 학교의 기능적 차원에 주목하는 것으로서, 학교라는 사회의 구조를 분석단위로 놓는다. 기능주의의 관점에서 인간행위는 규칙과 규범에 지배를 받는다(윌슨, 1970). 따라서 이를 규범적 패러다임으로 분류한다. 갈등주의의 관점에서는 학교는 사회현실의 불평등한 관계를 영속화시킨다는 점에 대하여 해명하고자 한다. 그러나 이 역시 인과관계의 설명에 불구하기 때문에 또 다른 기능이론이라고 할 수 있다.

해석론자들의 관심은 과연 현실에서 학교교육이 '어떻게' 이루어지고 있는가?에 대해 집중되어 있다. 즉 인간행위에 대한 미시적 관심이다. 여기서는 학교의 교육과정을 학교 내의 상호작용으로 본다. 또한 개인의 사고 및 행동 등에 상징으로 매개된 "의미"(Sinn, meaning)에 대한 해석을 통해 교육현상을 이해하고자 한다. 이를 위해 현상학, 상징적 상호작용론, 민속방법론이 동원되고 있다. 궁극적으로 이러한 연구는 미시적 접근을 통해서 거시적 사회불평등 구조를 설명하고 더 나아가 문제해결방법을 제시하고자 한다. 그러나 우리에게 남은 과제는 기계론과 해석론은 반드시 상호보완적이어야 한다는 사실이다. 즉 패러다임의 공존 또는 방법론적 다수주의가 요청된다.

해석적 패러다임과 교육이론은 영(Young, 1971)에 의해 추창된 신교육사회학(New Society of Education)이라고 한다. 이는 "교육과정의 사회학"이라고도 불린다. 교육과정의 사회학이란 교육과정을 교육사회학적 시각과 방법으로 분석해 보는 것이다. 교육제도나 교육체제가 아니라 '교육과정에서 벌어지고 있는 미시적 사건들과 상호관계'가 연구의 대상이다. 다시 말하면, 전통적인 관점 즉 거시적 접근에서는 지식과 교육과정의 선택, 조직의 원리를 무시하고 있으며, 학교와 학습의 제도적 상호작용현상을 무시하고 있지만, 미시적 차원의 해석적 접근에서는 학교 내에서 '지식'이 어떻게 다루어지고 있는가? 즉 학교 조직 내 에서 상호작용하는 요소들 간의 구조적 관계, 수업상황, 의미결정의 과정에 대한 '이해'를 목표하고 있다.

영(Micheal Young)에 의하면, 지식은 역사적-사회적 상황 속에서 선정되고 조직된다. 지식사회학을 시작한 만하임(Karl Manheim)은 자신의 저서 『이데올로기와 유토피아(1929)』에서 "그 시대의 지식들은 왜 그렇게 구성되는가?"는 테마를 가지고 연구한 결과 모든 지식은 이데올로기를 내포하기 때문에 지식으로 인해 사회적 통제가 이루어진다는 주장을 했다. 지식사회학은 지식을 사회학적으로 연구하는 학문이다. 지식사회학은 지식이란 보편적 진리가 아니라 사회적으로 인정된 상대적인 것에 불과하다고 주장한다. 따라서 학교지식은 구조적으로 왜곡된 지식이며, 사회불평등을 이데올로기적으로 정당화하며 지배이데올로기를 대변할 뿐이다. 이를테면, 기능주의 시대의 지식은 산업혁명, 산업사회의 가치나 목표 즉 산업사회의 이데올로기에 부합되는 지식이다. 역으로 산업사회의 질서, 화합, 통제, 규범의 이데올로기는 학교교과과정의 제정에 영향을 준다. 왜냐하면 교과는 선택된 문화이기 때문이며, 교과지식은 선택된 지식이기 때문이다. 그런데 문제는 과연 '그들'이 하필이면 왜 그것을 교과로 선택했는가? 하는 문제인가? 여기서 '그들'은 지위유지집단이 된다. 지식은 그들 즉 지위집단 또는 지위계급의 문화에 알맞은 지식으로 이 지식이 그 시대의 공식 지식으로 된다. 진리가 아니라 당시 지식으로 선정된 지식이 정당성을 확보하게 되는 것이다.

따라서 학교지식은 당시 학교에서 선택하여 가르치는 지식이지 진리를 말하는 것은 아니다. 오히려 학교지식은 당시의 사회적 이데올로기를 담고 있다. 또한 학교 지식으로는 당시 사회에서 통제가 가능한 지식이 선택된다. 따라서 이러한 지식은 계층화된 지식으로서 사회계층 간의 이해관계 및 갈등을 유발할 수 있다. 이러한 갈등이 학교에서 구체화되고 전수된다. 물론 합당한 지식이라는 것은 말(언어)이 아니라 글자(문자)이며 실제가 아니라 추상이다(Young, 1971) 따라서 교육과정은 계급이데올로기의 지식이며, 실제 경험의 지식이 아니라 추상적 지식일 뿐이다. 이를테면, 하류계층의 아이들에게 학교지식은 대체로 생소하다. 이들에게는 재미없는 지식이 되는 것이다. 왜냐하면 일반 하류계층들은 문자해독보다 구두표현으로, 개인적 활동보다는 집단 속에서, 추상보다는 구체성 속에서 살아가기 때문이다. 따라서 영(M. Young)은 지식의 위계화는 사회계급의 위계화를 동일시하면서 학교가 이러한 위계화를 촉진시킨다고 주장했다.

한편, 베버는 한 예로 중국의 관리양성이란 유교전수교육과 다름이 없다고 보았다. 첫째, 지식암기중심의 교육은 유교가치 및 질서체계를 수립하는데 기여하며, 둘째, 고급관리계급의 지식은 인문지식이며, 자연과학(수학, 천문학, 물리학 등)의 지식은 하층관리지식이었다. 셋째, 고전중심, 시험 평가를 통한 행정관리선발은 상층계급의 소유물인 고전(古典)을 모르면 상층이 될 수 없음을 뜻한다. 따라서 교육과정은 이미 주어진 것이며, 지식의 조직과 정치적 권력의 분배 방식 사이에는 밀접한 관련성이 있다. 한마디로, 학교에서 가르치는 지식은 절대적 진리가 아니라 사회적-정치적 통제와 관련된 지식일 뿐이다. 반대로 지위(유지)집단은 자신들이 가지고 있는 특권(또는 기득권)을 유지하기 위해서 학교에 지식교육과정을 제공한다.

사회언어학자 번스타인(B. Bernstein)은 미시적 주제인 '언어적 사회화'를 통해서 거시적 주제인 사회계급의 불평등 현상을 설명하였다. 그는 계층 간의 의사소통 방식은 서로 다르다고 주장한다. 즉 계층 별로 제한된 어법, 세련된 어법(code)이 존재하는데, 이는 학교에서 재생산된다. 그에 의하면, 언어는 사회적 유전인자이다. 어떠한 언어를 누가 어떻게 사용하는가에 따라서 신분이 결정된다. 즉 이는 신분결정의 기준이다. 이를테면, 노동계층가정에서의 언어형태는 제한된 어법이 지배적이며, 중류이상 가정에서의 언어형태는 표준어법과 보다 세련된 어법을 준수하고 있다. 이들이 사용하는 언어에는 외부적 어형의 차이보다는, 사고와 감정의 조직과 전달 방식에서 차이가 난다. 즉 언어사용은 정서적 유대감을 결정하며, 그 역도 같다. 즉 중상류계층의 언어는 인과적 논리적 관련성 높으며 보편적 의미, 상징적·추상적 의미를 형성한다.

반대로 노동하류계층의 언어에는 상투적 표현이 많고 구체적 의미를 담고 있다. 예를 들면, 시끄러움에 대한 반응은 "닥쳐" 하는 식으로 나타나는가 하면, "애야, 양반집안의 아이들은 조용히 하는 법이란다"라는 식으로 나타난다. 그런데 학교언어는 표준어로서 중상류계층을 기준으로 한다. 따라서 학교에서 노동계층의 학생들은 당장 피해를 보게 된다. 시골에서 전학 온 학생들이 가능한 한 사투리를 쓰지 않고 표준어를 사용하려는 이유도 여기에 있다. [63] 이는 학교성적에도 영향을 미친다. 이로써 학교에서 사회계급의 재생산이 이루어지는 것이다. 즉 지식의 조직, 배분, 평가에 내포된 사회적 의미와 권력관계는 교육과정으로 분류되고 구분됨으로써 정당화된다.

번스타인은 자신의 저서『Education Cannot Compensate for Society(1977)』에서 교육과정은 지식을 선정하고 조직하며, 교수방법은 지식의 동화방식을 결정하고, 교육평가는 지식을 통제 한다. 이러한 과정은 권력관계 및 사회통제와 관련된다. 파슨스(Talcott Parsons, 1902-1979)는 학교교과과정을 표현된 질서와 도구적 질서로 구분한다. 표현된 질서란 학생들의 특성과 무관하지만 학교에서 공유해야 하는 사고와 행위로서 사회통합을 목표한다. 도구적 질서란 개인의 능력에 따른 지식 및 기술 습득의 수준을 객관적 방법을 측정하여 직업적 역할수행의 도구로 활용하는 것이다. 즉 학교는 시험평가 및 선발기능을 도구화하여 개인능력에 따른 차별화를 현실화한다. 이러한 맥락에서 듀르케임(E. Durkeim)은 학교에서 이루어지는 사회화를 특수 사회화와 보편적 사회화로 구분한다. 번스타인은 교과과정을 필수교과과목과 선택과목으로 구분하고, 이들의 상대적 중요성을 강조하는 것은 교육공급자인 국가, 학교의 횡포라고 주장한다. 또한 교과과정의 구획은 교과과정 상 교사와 학생간의 상호작용관계를 분석하는 것인데, 지식선택 및 통제의 정

63) 물론 오늘날은 TV, 라디오, 인터넷 등 메스미디어가 발달하여 시골아이들도 표준어를 익히고 사용할 기회가 대폭 늘어났다.

도에 따라서 강한 구획과 약한 구획으로 나뉜다. 교사는 무엇을 강조하고 학생은 무엇을 수용하는가? 하는 질문에는 관심이 적다. 학교와 교사는 "시험 및 평가로 통제하는 것"을 최대의 목표로 설정하면서 사회적 재생산과정을 주도한다. 이를테면, 엘리트교육체제는 강한 분류와 강한 구획 정책으로서, 이에 적응하지 못하는 일반 학생은 도태되고 소외되고 만다.

케디(Keddie, 1971)는 영국의 종합학교(comprehensive school)에 대한 다년간의 국가연구보고를 통해서 교사가 학생을 지각하는 방식의 문제점을 지적했다. 여기서는 질적 연구방법이 사용되었는데, 학교지식과 범주화된 학생의 관계에 대한 해석이었다. 결론은 교사들이 가지는 학생들에 대한 고정관념 및 편견의 문제가 실제 수업에 영향을 준다는 것이었다. 이른바 '라벨링'(낙인)의 문제였다. 이는 에포케(epoche, 판단중지) 즉 '선입견을 배제하라'는 현상학적 관점을 통해 재조정될 필요가 있다. '낙인이론' 즉 라벨링 어프로치(labelling approach)는 이미 탄넨바움(Tannenbaum, 1931), 레메르트(Lemert, 1951), 베커(Becker, 1963) 등에 의한 사회통제(일탈)이론 등에서도 밝혀진 바 있으며, 쿨리(Cooly)와 미드(Mead)의 상호작용 이론에서도 밝혀졌다. 리스트(Rist, 1970)에 의하면, 교사는 신입생을 만나는 순간 세 집단 즉 우수, 중간, 열등집단으로 구분한다. 그의 연구결과는 교사의 학생범주화는 연구기간 내내 시종 변함이 없었다. 또한 학생등급에서는 사회경제적 배경이 주효하였다.

3) 이데올로기 비판과 사회화

마르크스주의자들은 자본주의 이데올로기(Ideologie)를 사회비판의 중심으로 가져온다. 이데올로기란 일반 대중이 아무 의심도 없이 믿어 버리는 일종의 신념(이념)으로서, 기존의 사회관계를 인정하고 특정한 계급의 이익을 정당화시켜 준다. 특히 자본주의 사회의 이데올로기는 지배와 종속의 계급관계를 은폐하고 위장하는 역할을 수행한다. 이데올로기라는 상부구조는 하부구조에 의존적이기는 하지만 상부구조의 각 영역도 하부구조에 영향을 미친다. 그런데 문제는 학교교육을 통해서 물질적 생산수단을 소유하는 계급은 동시에 정신적 생산수단에 대한 지배도 소유한다는 논리가 실현된다. 따라서 학교는 자본주의 이데올로기의 생산기구이며 이데올로기의 장치이다. 이런 근거에서 역사는 인간주체를 역사의 변혁과정에 참여하도록 하기 위해 학교를 프롤레타리아 이데올로기의 전달 매체로 변화시켜야 한다.

한편, 사럽(Sarup, 1978)은 '학교에서의 소외'의 문제를 다루고 있다. 그에 의하면, 학교는 공장(fabric)과 다르지 않다. 즉 학교에서 행해지는 교육은 공장에서의 생산양식 및 생산체제와 동일하다. 이를테면, 학생은 상품이다. 따라서 이들의 가치는 '노동력'으로만 평가된다. 학교에서의 성적표, 석차, 시험합격증은 공장에서의 임금수준과 직결된다. 학교에서의 학생활동은 미래의 직업활동과 사회활동을 연습하고 훈련할 뿐이다. 교사들은 학생들의 흥미, 능력, 지능을 표준화된 검사척도를 통하여 측정평가하고 이를 범주화한다. 이는 공장장이 상품 및 업무를 분류하는 것과 결코 다르지 않다. 학교의 상급학교 진학률과 합격률 그리고 취업률로 학교의 등급과 위상이 결정된다. 이로써 학교의 사회적 지위 및 보상도 결정된다. 이는 공장에서 생상품의 양과 질, 상품판매율로 공장의 지위가 결정되는 것과 같다. 결국 학생은 지식상품에 의해 움직이는 도구적 존재이며 지식의 노예이다. 이로써 학교 지식은 소유재산으로서, 계속 소유하려는 경쟁체제에 들게 된다. 경쟁이 과도해지면서 갈등이 유발되는데, 학생, 교사, 학부모 사이에 발생하는 갈등은 사유재산의 분쟁이나 소송과도 다르지 않다. 결국 인간(학생)은 개성, 인격, 주체성, 자발성, 능동성을 상실하고 늘 끌려 다니는 삶을 영위하게 된다. 그러다 보니까 학생 개개인은 삶에서 소외되고 만다. 이는 노동자들이 공장에서 노동으로부터 소외되는 것처럼, 학생들은 교육으로부터 소외된다. 자신의 삶을 자신이 주도하지 못하고 빠져 있을 때 그것이 소외다. 노동으로부터의 소외든 교육으로부터의 소외든, 본질상 소외는 인간을 비인간화의 근거이다.

급기야 1970년대를 전후하여 교육의 비인간화문제를 고발하면서 학교 자체로부터 학생들을 해방시키든지 아니면 학교(제도) 자체를 폐지하여야 한다는 급진적 주장 소위 '탈학교론'의 교육자들이 나타났다.『Deschooling Society(탈학교사회)』의 저자 일리치(Ivan Illich, 1926-2002)와 『학교는 죽었다(School is dead)』의 저자 라이머(Everett W. Reimer, 1910-1998)가 대표적이다. 일리치는 학교제도 즉 의무교육제도의 문제점을 고발하고 잠재적 교육과정의 부정적 측면을 지적하고 있다. 이들에 의하면, 참다운 교육은 프랑스 혁명정부 당시 콩도세(Marie Jean Antoine Nicolas de Caritat, Marquis of Condorcet, 1743-1794)에 의해 주장된 공교육의 본질인 자유, 평등, 박애의 교육관을 성실히 수행하는 것이다.

그러나 오늘날 학교는 인간의 무한한 상상력마저 학교화(획일화, 표준화, 규범화)시키고 말았다. 의무학교제도는 강제적으로 이루어지며 교사의 권위에 무조건 복종하기를 요구한다. 출석부, 시간표는 인간을 기계적 존재로 만드는 척도이며, 이로써 학교에서 아이들은 자유로운 선택권과 결정력, 자발성, 개성을 모두 상실했다. 교육으로부터의 학생 소외가 현실화된 것이다. 또한 학교교실에서 무의식적으로 이루어지고 있는 잠재적 교육과정은 의례화된 학습으로 수량화된 성적이나 증명서에 대하여만 신뢰를 하도록 하고 있다. 또한 개인의 학습능력도 타인(교사, 학부모 등)에 의해서 조작될 수 있다고 믿게 한다. 즉 교육공급자(정부, 학교, 교사, 학부모)에 의한 교육적 개입에 대하여 교육수요자인 학생들이 무비판적으로 수용하도록 한다. 또한 학교는 학생들에게 학교에서 일어나는 수량화를 당연한 것으로 받아들이도록 강요한다. 이는 현대사회에 만연된 실증주의 문화의 주입을 합리화시키는 것과 다름이 없다. 그리고 모든 사회적 역동성까지 오로지 학교교육에만 의존하도록 강요한다. 심지어 사회에서 공장에서 무의식적으로 이루어지는 사회계층화와 계급화를 정당한 것으로 수용하도록 한다. 학교에서의 지식의 획득은 곧 자본의 획득이며, 학교에서 지식을 쌓는 것을 진보와 동일시하도록 한다. 또한 학교는 학생들로 하여금 자본화된 지식으로 얻어내는 소비지상주의에 대해서도 무비판적으로 맹신을 하도록 유도한다. 결국 이들에게 대안은 교육의 탈의례화, 탈사물화이다.[64]

교육의 경제재생산 이론을 대표하는 보울스 & 긴티스는 자신들의 저서 『자본주의 미국사회의 학교교육(1976)』에서 학교는 사회통합을 이루어내지만 사회평등화 및 전인적 발달측면에서 미비하다고 비판한다. 그러나 교육실패는 교육자체에서 비롯되는 것이 아니라, 사회적 하부구조와 상부구조의 관계에서 비롯된다. 이 역시 경제결정론적 관점이다. 이들에 의하면, 학교는 상부구조에 속하는 국가기구로서 하부구조인 경제에 복종해야 한다. 그 이유는 다음과 같다. 첫째, 공장에서 노동자들이 직무 내용에 대해 통제권이 없는 것과 마찬가지로 학생들은 교육과정에 대한 통제권이 없다. 둘째, 노동이 외적 보상인 임금을 획득하기 위하여 이루어지는 것과 같이 교육도 학습결과로서 주어지는 외적 보상인 성적, 졸업장 취득 등을 목적으로 하기 때문에 목적에 대한 수단을 강조한다. 셋째, 직업에서의 노동분화는 교육에서 교육 분화와 대응된다. 넷째, 다양한 교육수준은 다양한 직업구조에 대응된다.

---

64) 이러한 맥락에서 일리치는 탈학교사회의 대안으로 '학습망이론'(Learning Web theory)을 제시한다. 즉 학교를 없애는 대신 '학습망' 즉 '누구든지, 언제, 어디서라도 학습을 가능하게 할 수 있도록 체계적인 학습네트워크를 구축해 주자는 것이다. 이러한 일리치의 생각은 훗날 평생학습사회로의 토대로 작용하였다.

한마디로 억압적 사회관계는 교육을 통해 그대로 반영되고 재생산된다. 이러한 현상은 대부분 잠재적 교육과정에서 비롯된다. 구체적으로 학교는 기존의 사회규범을 내면화시키면서 자본주의 사회에서 정당화된 계급관계(위계관계)를 재생산한다.

알뛰세(Louis Pierre Althusser 1918-1990)는 역사의 주체는 인간이 아닌 경제, 정치, 이데올로기를 구성하는 사회구성체(국가)라고 보았다. 그에게서 학교는 국가의 이데올로기 기구이다. 따라서 상부구조에는 억압적 국가기구(군대, 경찰, 교도소)와 이데올로기적 국가기구(교육기관, 가정, 정치단체, 언론기관, 문화예술기관)가 해당된다. 여기서 학교는 이데올로기를 재생산하는 기능을 담당한다. 또한 학교는 교육을 통해서 자본주의의 생산관계를 재생산한다. 이는 지배이데올로기를 정당화하는 역할도 해 낸다. 이렇게 되면 학생들은 지배이데올로기로 포장된 지식과 기술을 습득하게 될 뿐이다.

뿔랑자(Nicos Poulantzas, 1936-1979)는 계급결정론적 관점을 가지고 있다. 우리 사회에서 개인적 이동은 어느 정도 가능하지만 학교를 통한 대규모 사회적 이동은 불가능하다. 따라서 학교는 계급재생산의 과정만을 반복한다. 여기서는 새로운 사회계급의 형성이 불가능하다. 따라서 학교교육을 통해서 새로운 사회건설을 한다는 것은 원칙적으로 불가능하다.

문화재생산이론을 주장하는 부르디외와 파세론(Bourdieu&Passeron)에 의하면, 지배계급의 문화는 학교의 교과교육을 통하여 재생산된다고 분석한다. 왜냐하면 학교에서 다루는 교과는 '선택된 문화'이기 때문이다. '교육의 자율성'이라는 명목 하에서 문화가 가지고 있는 자의성은 은폐되고 계급편향적인 문화가 모든 학생들에게 강제로 교육된다. 브르디외(Pierre Felix Bourdieu, 1930-2002)는 이를 '상징적 폭력(symbolic violence)'이라고 불렀다.

헤게모니(Hegemony)의 개념은 마르크스 사상을 과학으로만 생각하지 말자는 취지를 가지고 마르크스 이론을 대중화시키는데 결정적인 역할을 한 그람시(Antonio Gramsci, 1891-1937)에 의해 도입되었다. 그람시에 의하면(1971), 헤게모니란 지배계급이 피지배계급으로부터 능동적 동의를 얻는 것을 가능하게 하는 이론적, 실제적 행위의 총체적 복합체이다. 간단히 말하면, 헤게모니는 국민들의 자발적 동의로서 국가나 리더의 정통성확보에 결정적이다. 또한 그는 혁명에서 의식의 실천(Praxis)을 강조하면서, 지배가 지속되기 위해서는 힘의 지배가 아닌 대중들의 이데올로기적 합의가 필요하다고 주장했다. 이는 자본주의의 계급지배방식에서 힌트를 얻었는데, 부르주아 세계관과 이데올로기에 대한 프롤레타리아 계급의 동의는 절대적이다. 결국 지배의 바탕은 힘이 아니고 지적, 도덕적 영향력 또는 지도력이다. 즉 합리적 지배에는 헤게모니의 개념이 필수적인데, 여기에는 더 이상의 강제력이 필요 없게 된다.

그람시의 교육 목적은 비판의식을 함양하는 것으로서, 인간을 인간다운 존재로 만드는 것이다. 다시 말하면, 교육은 학생들로 하여금 자본주의 부르주아 지배이데올로기의 허구성을 파악하도록 하여 각성을 통한 비판적 깨달음에 도달하도록 하는 목표를 가져야 한다. 전통적 교육관에서 학교교육의 목적은 지식, 기술, 태도의 습득을 통하여 미래 생활을 준비하는 것이며 기존 사회체제에 적응시키는 것이다. 또한 전통적 교육과정 내용은 구조적 모순을 안고 있는 자본주의의 고유한 생산체제-생산관계에 지향되어 있다.

따라서 그람시의 학교관에서 학교교육은 사회계급에 관계없이 문화적, 지적, 경제적, 정치적 능력이 고루 계발할 수 있어야 한다. 그람시는 구체적으로 당시 이탈리아에 번성했던 기능공양성 기술학교에서 지배적이었던 기계주의 교육관을 폐기하고 인간주의 교육관으로 전환되어야 한다고 역설했다. 학교 역시 대표적인 헤게모니 기구로서 지배이데올로기의 뿌리이다. 따라서 자본주의체제의 구조적 모순처럼 정신노동과 육체노동을 이분화하고 직업적 역할의 위계를 통하여 인간의 능력을 차별화시키고 있다. 특히 그람시는 사회적 약자계층인 노동자 계급의 '노동자계급의 문화교육'을 강조했다. 기능훈련에만 익숙한 노동자들에게는 문화실조현상이 발생하며, 이로써 정신계급과 육체계급 간의 격차는 기하급수적으로 벌어진다. 따라서 교육의 기회균등을 위해서는 우선 노동자 대상의 시민교육에서 150시간 이상 의무적으로 무료문화교육 프로그램을 도입 실시하도록 했다.[65]

하부구조로부터 상부구조를 해방시키기 위해서 '교육적 방법'을 도입한 그람시의 문화교육적 계몽의 유산은 '의식화 교육'을 실천한 브라질의 프레이리(Paulo Freire, 1921-1997)에게 전해진다. 그는 역사 속에 매몰된 '억눌린 자들' 즉 '민중(民衆)'의 비인간화 현상을 철저히 고발하였다. 인간은 역사적 문화적 존재이다. 따라서 인간은 현실에 순응하고 적응하면서 자신의 삶을 개척하기도 하지만 현실을 선택하고 비판하고 변화시킬 수도 있는 주체적 능력도 가지고 있다. 오늘날 대중조작으로 수동화된 대부분의 현대인들은 선택능력을 상실했으며, 누군가 힘있는 자들의 명령에 맹종하는 객체로 전락되고 말았다. 지

65) 이는 오늘날 모든 나라의 성인계속교육법, 평생교육법, 노동교육관련법 등에서 규정하고 있는 '유급학습휴가제'의 뿌리가 된다.

금까지 우리에게는 인간의 비인간화가 촉진되었으며, 침묵의 문화가 인간의 문화가 되어 버렸다. 지배하는 엘리트 계급과 억눌린 민중계급 간에 이데올로기의 대립은 점점 심화되었다. 따라서 지식을 지배하는 교사와 지식을 전수받는 학생 사이에도 '수직적 위계관계'라는 안 보이는 대립은 여전하며, 우리의 학교현장에서는 오로지 '은행저축식 교육'(banking education)만이 존재한다. 이는 학생들의 은행통장에 교사가 지식이라는 돈을 저축하는 교육을 말한다.

이제 학교에서 학생은 학습 및 학교생활의 주체가 아니라 방관자일 뿐이며 알맹이 없는 수동적 존재일 뿐이다. 모든 것은 지배권을 가지고 있는 교육생산자인 교사가 다한다. 따라서 우리의 교육은 수동적 인간만을 양성하는 교육이 되어 버렸으며, 교사 주도의 일방 통행식 교육이 되었다. 이로써 학교는 철저한 비인간화의 주체가 되었으며, 교사는 계속해서 전지전능한 자가 되었다. 반대로 학생은 아무 것도 모르는 자 로서 마치 텅빈 저금통장 하나를 들고 학교에 입학해서 교사가 가르치고 예금해 주는 대로만 가지고 나가는 무기력한 존재이다. 프레이리는 '문제제기식 교육'(problem posing education)을 대안으로 제시한다. 여기서 교사와 학생은 수직적 관계가 아닌 공동탐구자로서 수평적 관계가 된다. 또한 교육적 중요성은 저장되어야 할 지식이 아니라 해결되어야 할 문제(problem)이 된다. 이러한 이유에서 '의식화 교육'이 필요한 것이다. 결국 프레이리가 주장하는 것은 '교육적 프락시스(educational praxis)'이다. 즉 교육실천을 위한 비판적 의식은 지적 노력을 통해서가 아니라 행동과 반성의 결합으로 가능하다.

이러한 네오막시스트들의 활동은 '탈재생산의 담론'을 활성화시킨다. 윌리스, 에버하트, 맥로비 등이 활약한 1970년대 후반에는 소위 '저항이론'(抵抗理論)이 대세가 된다. 이들의 테마는 학생문화의 상대적 자율성이었다. 이들 연구의 결과에서 학생은 지배이데올로기의 수동적 존재가 아니며, 언제든지 자본주의 사회에 대항도 저항도 가능한 능동적 존재로 나타났다. 애플(Michael W. Apple, 1982) 역시 '재생산이론'에 대한 비판으로 자신의 교육연구를 시작했다. 그의 연구결과에서도, 첫째, 학생은 수동적인 수용자의 역할만을 하는 것은 아니고 언제든지 어떻게라도 저항도 하고 거부도 할 수 있는 존재이며, 둘째, 사실 학교도 학생도 교사도 학부모도 모두 갈등을 겪고 있는 존재들로 나타났다. 애플이 제시하는 교육대안은 어떻게든 '교육의 기회를 확충'하는 것이었다. 즉 다다익선(多多益善)의 교육투자는 학습결손, 학습지진, 학습부진, 학습낙오, 학습소외 등의 문제를 해결할 수 있으며, 난청, 난독 등 학습장애를 해결해 주는 특수교육을 촉진시킴으로써, 학생들로 하여금 교육주체로 거듭나게 함으로써 궁극적인 사회문제의 예방을 가능하게 한다. 아울러 그는 교육헤게모니를 얻을 수 있는 '교육개혁'의 필요성을 강조했다.

마지막으로 갈등이론가들을 지배한 공통적 관심사는 '교육과 경제의 모순적 관계'였다. 이들에 의하면, 사회적 모순은 다른 단계보다 고등교육에의 투자가 월등해지면서 고임금인력자원이 등장하게 되었다. 그러나 일자리에 비해 고학력자가 과잉 배출되는 현상이 벌어지면서 고학력의 실업이 초과되었다. 이러한 순환논리가 사회위기를 낳게 된다. 심지어 일자리 창출의 문제는 정치적 위기를 초래하게 되고 너도 나도 일자리확충정책에 주력하게 된다. 아니면 교육수요의 억제정책을 펴야 하는데, 이를 시장에 맡겨서는 해결이 불가능하다. 결국 교육 및 경제정책에 국가가 개입하면서 자본주의 시장자유의 원칙은 사회적 도전에 직면하게 된다. 반면 혼란이 발생하더라도 교육 및 경제정책을 시장기능에 맡긴다고 하면 결국 국가적 방임 사태가 비판에 직면하게 되면서 매사에 국가의 중재기능이 약화된다. 이러한 와중에 교육적 이익과 불이익 혜택 사이의 간격은 보다 명백해진다. 왜냐하면 자본주의 사회에서 이미 "교육은 소유"(Vierhaus, 1972)가 되었기 때문이다. 교육의 부익부 빈익빈 현상은 가속화되고 이로써 교육불평등 그리고 이에 따른 사회불평등 현상이 만연된다. 결과적으로 문화적 가치와 경제적 목표 간의 모순 관계가 성립된 셈이다. 이로써 이러한 테마에 대한 논의는 중단된다. 결국 자본주의 체제에서 자본의 축적과 자본의 분배 또는 보상의 문제는 "미해결의 사회적 모순"(J. Habermas)이 되고 말았다. 지금까지 교육 역시 경제생산과 자본축적을 지향하여 왔지만, 결국 자본주의 체제 하에서도 사회평등과 사회정의의 논리 앞에서 분배의 문제에 봉착하는 아이러니가 발생하고 말았다.

4) 패러다임의 변화와 사회화

(1) 대중사회

언젠가부터 우리의 사고 구조와 사고 방법은 지속적으로 '획일화'되어 왔다. 계몽시대 이후 이러한 상황은 가속되어 왔으며 대중사회는 이에 대해 직접적인 책임이 있다. 이미 교육도 소위 '붕어빵 교육'으로 전락하면서 사회적 획일화에 충실해 왔다. 생각이 다르면 '왕따'가 된다. 102호 옆집 아줌마가 자기 아이를 영재학원에 보내면, 우리 아이도 보내야 한다. 아이가 영재가 되기를 원하기는 면도 있겠지만, 사실은 남들에게 뒤질까봐 심리적으로 불안하기 때문이라고 한다. 심지어 생각이 다르면 그날부터 우리는 서로 적(敵)이다.

획일적 사고가 항상 나쁜 것은 아니다. 획일화 덕분으로 우리는 산업혁명의 위업까지 달성할 수 있었다. 획일성을 통하여 효율성을 제고할 수 있었으며 생산성도 향상시킬 수 있었다. 심지어 효율성과 생산성이 강조되는 산업사회에서 살아남기 위한 조건은 획일화였는지도 모른다. 한마디로, 획일화를 통하여 그동안 우리는 잘 먹고 잘 살 수 있었다. 그러나 이제 모든 것이 달라졌다. 획일화는 다양한 개성(個性)을 억제한다. 개성이 상실된 사회에서 개인이나 사회나 더 이상 살아남기 힘들다. 획일화된 사회에서는 개인에게 무한한 잠재능력도 의미가 없다. 상상력이나 창의성은 오히려 걸림돌이다. 그러나 오늘날은 상상력, 창의력 같은 잠재능력이 보다 요구된다. 결국 획일화는 우리에게 지금까지 어쩔 수 없는 선택이었지만 더 이상의 삶의 조건은 아니다.

독일의 심층심리학자 융(Karl Gustav Jung, 1875-1961)에게 '획일화'는 대중사회로 가는 주범이다. 그는 대중조작에서 벗어나고 대중사회에서 탈출하기 위해서 우리는 빨리 페르조나(Persona)로부터 벗어나야 한다고 가르친다. 페르조나는 희랍어로서 '가면(mask)'을 뜻한다. 우리 인간들은 자라면서 어쩔 수 없이 가면을 쓰고 살아간다. 그 가면은 '집단의 군중심리'를 말한다. 20세기 초 『군중 속의 고독』을 발표한 리프만(Walter Lippman, 1889-1974) 역시 우리 현대인들은 대중 속에서 수많은 사람들을 만나지만, 결국 개인은 점점 더 고독해지는 존재라고 주장했다. 우리가 대중사고로부터 벗어나는 일은 쉽지 않다. 왜냐하면 우리는 이미 대중조작과 대중사회 속에 내 던져져 있기 때문이다. 프로파간다(propaganda)와 데마고지(demagogy)의 선동정치 그리고 대중문화(mass culture, popular culture)의 등장으로 가속화되는 대중조작과 대중사회는 우리 인간들로 하여금 획일화된 대중사고를 강요할 수밖에 없다. 스스로 대중사회를 만들어 내고 태연하게 그 속에 살고 있는 우리가 획일화된 대중사고에서 벗어날 수 없는 것은 자승자박(自繩自縛)의 결과이다. 스스로 삶을 편리하고 윤택하기 위해 만들어 놓은 틀이 올가미로 변했다.

사회적 세력형성과 사회적 관계의 영역이 확대되면서 개인 존재의 가치와 의미는 반감된다. 개인은 이제 사회적 권력에 밀리면서 소위 사회가 하자는 대로 할 수밖에 없다. 아니면 사회적 관계가 흘러가는 방향대로 개인은 이리 저리로 휩쓸려 다니는 바람개비 같은 존재가 되고 만다. 이렇게 개인이 주관과 줏대를 잃고 사회적 힘이 모이는 방향에 따라 몰려다니는 사람들 즉 인간으로서의 가치나 의미를 상실한 사람들이 모여 있는 집단을 우리는 군중(群衆) 또는 대중(大衆, mass)이라고 한다. 이제 인간은 개인적 차원 또는 개성으로 고려되는 것이 아니고, 우르르 몰려다니는 익명성을 가진 대중의 무리일 뿐이다. 물론 내가 대중의 무리가 되고자 싶어 대중이 되는 것은 아니다. 그렇게 안 되려고 기를 써도 우리는 곧 대중의 무리로 전락한다. 왜냐하면 이미 현대인들은 자신의 진정한 이름조차 무리 속에서 잃어버리고 말았기 때문이다.

익명성으로 존재하는 개인에게 가치와 의미가 부여될 수 없다. 의미와 가치가 부여되지 않는 상대방은 그저 스쳐 지나가는 하나의 미물일 뿐이다. 의미도 가치도 없고 살아가는 방향을 위한 에너지도 잃어버린 이름 없는 인간은 사회 또는 사회적 관계라는 거대한 힘에 의해 임의대로 움직일 수밖에 없다. 사회는 이제 사회가 원하는 대로 익명의 대중들을 몰고 다닐 수 있으며, 대중을 조작할 수 있는 힘을 가지게 된다. 특히 매스컴을 통한 홍보와 광고, 프로파간다와 그리고 이를 정치에 활용하는 데마고지에 의하여 대중을 조직적이고 체계적으로 사회는 대중이라는 다수를 몰고 다니면서 보다 막강해지는 권력을 창출하게 된다. 이는 민주사회의 허점인 다수의 횡포를 적절하게 이용하는 것이기도 하다.

그런데 중요한 사실은 사회 구성원으로서의 개인 역시 사회적 권력에 편승하여 살아남기 유리한 조건을 창출하고자 한다는 사실이다. 이로써 개인은 대중조작과 대중사회의 주인공이 되는 것이다. 개인은 대중조작의 대상이지만 다른 한편으로는 스스로 대중조작을 주도하는 주체가 된다. 사회적 권력에 편승하면서 스스로 살아남기 위한 유리한 조건을 창출하고자 하는 개인들이 늘어나면서 사회적 힘은 삶의 객관이자 기준이 된다. 이제 사회라는 삶의 기준에 따라 개인은 어떤 반성이나 비판도 없이 무조건 사회적 권력의 추종자가 되고 만다. 이들은 스스로 개인임(개성)을 포기하고 의미 없는 익명으로서 대중의 무리에 편입되기를 갈구한다. 한때는 대중사회의 일원으로서 대중조작의 대상이 되는 동시에 또 한때는 대중조작을 주도하는 사회적 힘에 편승하려고 발버둥친다. 그러나 살아남기 위한 이러한 발버둥이 자신들을 무덤으로 몰고 가고 있다는 사실은 간과된다. 대중에 편승하여 살아남기 위한 개인의 발버둥은 대중조작의 공범이자 주범이다. 대중사회에서 대중은 개인으로서의 삶을 포기할 수밖에 없다.

이미 자본주의 시장경제에서 광고 자본력의 위력이 천하를 지배하는 환경변화 속에서 매스컴이 상업자본의 영역과 자본동원의 정치 영역에서 이들과 등지면서 살아갈 이유는 어디에도 없다. 인간의 역사시대 이래로 종교세력과 정치세력이 때로는 결탁하고 때로는 대립하면서 권력투쟁의 이합집산(離合集散)을 통해 궁극적으로는 보다 커다란 권력을 쟁취해 왔다. 자본주의가 무르익으면서 정치와 종교의 결탁세력은 자본력 즉 경제와 또 한번 권력투쟁의 이합집산에 가담하면서 권력의 영역을 확장해 왔다. 이제 종교, 정치, 경제가 이전투구로 세력확장을 위해 발빠른 이합집산의 움직임을 하고 있는 와중에 매스컴은 제4세력으로 등장했다. 종교, 정치, 경제, 매스컴간의 권력투쟁을 위한 이합집산과 이전투구의 장에서 결국 희생되는 것은 개인이며 군중일 뿐이다. 권력도 없고 주관도 없는 이들은 오로지 이 사회에서 그냥 '대중'이라는 이름표 속에서 이리 휩쓸리고 저리 휩쓸리고 있을 뿐이다. 결국 이들 대중은 권력투쟁의 장에서 들러리 역할만 하면서 살아갈 수밖에 없는 처량한 떠돌이가 되고 만다. 심지어 대중은 소위 국민의 대리인을 뽑는 대통령, 국회의원 선거 날에도 단순한 거수기로 활용되고 있으며, 전쟁터에서는 인간으로서의 존엄성과 가치를 완전히 상실한 채 하나의 총알받이로 전락했다. 제2차 세계 대전 중에 아우슈비츠 가스실에서 인간의 목숨은 한 조각의 비누뭉치로 뒤바뀌었으며, 전 유럽의 대학 연구실을 개조한 인체실험실에서 그냥 이유도 모르고 죽어야 하는 모르모트 흰쥐의 역할을 대신했다. 대중선동과 대중조작의 대상으로 전락한 순간 이미 인간은 더 이상 인간이 아닌 것이다.

인간은 살아남기 위해서 사고한다. 애초에 호모 사피언스(homo sapiens)로 사고하는 능력 덕분에 살아남을 수 있었던 인간은, 지금도 그때그때 형성되는 사회시스템에 적응할 수 있는 사고방식을 취득하면서 살아남는다. 시스템사고에 능숙하지 못하면 살아남는 경쟁에서도 도태된다. 특히 대중전달을 주(主) 무기로 등장한 메스미디어(mass meadia)의 마력은 한 개인이 대중사회와 대중사고에서 벗어나기 못하게 하고 말았다. 심지어 메스미디어의 발전은 극단적 대중사회의 결정판으로서 정치적-사회적-문화적으로는 문화제국주의(culture imperialism)로, 경제적-상업적으로는 문화산업(culture industry)의 지배로까지 이어졌다. 이를 테면 우리 현대인은 소비하기 위해 생산에 참가하고 또 보다 커다란 소비를 위해서 보다 가혹한 생산에 참가하는 "일차원적 인간(one dimensional man)"이다(Herbert Marcuse, 1898-1979).

20세기 들기 이전에 이미 문명비판을 시작한 낭만주의자들이나 역사주의자들 그리고 정신과학자들에게 지적 자극은 탈(脫)대중사고로 집중된다. 그러나 실제로 이들 지식인들의 언질은 대중들의 사고를 급선회할 정도로 파괴력을 가지고 있지는 못했다. 이들의 논리는 그야말로 논리 정연 그 자체이고 비판적 시각은 예리함과 정교함 그 자체였을 뿐이다. 그럼에도 불구하고, 이들 역시 엘리트 또는 준(準)엘리트라는 거부감과 일상의 피곤함 그리고 삶의 무기력함으로 전락된 지 오래였기 때문에, 일반 다수에게 이들 지식인들의 일침이 탈(脫)대중사고를 위해 그렇게 큰 역할을 해 낼 수는 없었다. 그러나 점차 일상에서 비엘리트계층의 소리 없는 반항이 일어나고 - 이것이 강압적이든 아니든 - 사회적으로 수용되는 분위기가 무르익으면서 소위 지식인들의 대중문화와 대중사회의 비판론도 이에 가세하게 된다. 이로써 탈(脫)대중사회로의 움직임은 가속도를 얻게 된다.

탈(脫)대중사회를 대변하는 징표는 인간 개개인들이 각자 잃어버린 개성(個性)을 되찾기 위한 움직임으로 표현된다. 물론 유행이라는 물결에 묻혀 또 다른 대중조작과 대중사회가 강화되기는 하지만, 포스트모던 사회의 등장으로 대중사회는 탈(脫)대중화의 과정을 함께 수용할 수밖에 없는 다원화 및 다양화 사회의 모습으로 변모하게 된다. 독일의 경영컨설턴트인 요제프 키르쉬너(Josep Kirschner)는 자신의 저서 『에고이스트 트레이닝(2001)』에서 사회(공동체)가 전부이고 개인은 아무 것도 아니라고 주장하는 사회는 자신의 이득을 위해 남을 희생시키는 허구라고 반박한다.

결국 탈대중사회와 탈획일화사회에서 새롭게 등장하는 교육과 학습의 패러다임은 '획일화·표준화·정형화된' 교육목표(철학), 교육내용, 교육방법, 교육평가기준, 교육제도 등 교육과정 전반에 대해서 재고(再考)를 요청하고 있다.

(2) 수평사회

캐나다의 경제학자 드보노(Eduard deBono)는 자신의 저서 『수평적 사고(Lateral Thinking:

Creativity Step-By-Step(1990)』에서 수평사고가 미래 우리 사회의 새로운 사고방식이라는 주장을 폈다. 수평적 사고는 수평적 사회를 전제한다. 카스텔스(Manuel Castells)는 자신의 저서 『네트워크 사회의 등장(the Rise of the Network Society, 1996)』에서 새 시대의 가장 기본적인 변화는 수직적 관료조직에서 수평조직으로 중심이 옮겨가는 것이라고 주장한다.

2천수백년 전 플라톤이 구상한 이상국가(理想國家)는 - 우리에게 알려진 것처럼 - 진정한 민주주의 사회는 아니었다. 물론 수평사회도 아니었다. 소위 플라톤이 목표한 정의사회구현을 통한 이상국가도 민주 또는 수평과는 무관했다. 당시는 왕과 귀족 그리고 천민과 노예라는 신분위계구조가 엄연히 존재하는 사회였다. 여기서 왕과 귀족의 역할과 천민의 역할도 분명히 달랐다. 물론 그의 사회적 위계구조(Hierarchy)는 윤리와 가치의 하이어라키였다(Mainzer, 1997: 255). 그럼에도 불구하고 플라톤의 이상국가는 노예 상태를 유지하고 개선하면서 그것을 영원한 진리에 일치시켜 조직하려고 했었다(H. 마르쿠제, 1964/ 박병진 옮김, 1993: 162). 일반적으로 사회 계급은 새로운 역사적 현상으로 인간관계, 정치·문화적 전통, 삶의 경험, 투쟁, 의식 등 다수 대중의 주체적 측면과 연결되면서 생성된다(Thomson, 1963/ 나종일 외 옮김, 2000). 조직 역시 보이지 않는 선으로 연결된 거미줄과 같은 연합체이다(마가렛 휘틀리, 1999/ 한국리더십학회 옮김, 2001: 12). 따라서 계급사회는 지배의 권력이 가장 효율적으로 행사되는 사회구조이기도 하다(프리쵸프 카프라, 김용정·김동광 역, 1996: 27). 그러나 플라톤의 왕의 철학과 현자 통치관은 오늘날 자칫하면 전지전능한 지배력을 가진 조지 오웰(G. Orwell)의 공포시나리오인 '빅브러더즈(Big Brother)'로 쉽게 전용될 가능성이 높다(Mainzer, 1997: 255). 그런데 이러한 수직적 위계사회의 전통이 지금까지도 계속 이어져 오고 있는 것이다.

우리는 그동안 교과서에서 수직적 위계의 신분사회가 와해된 계기를 주로 일련의 정치적 사건 때문이라고 배워왔다. 17세기 영국의 마그나카르트타의 권리장전선언, 18세기 미국의 독립전쟁과 프랑스의 시민대혁명 그리고 19세기 프롤레타리아 혁명 등 역사적 사건들을 통해서 우리는 수직적 위계의 신분계급사회(hierarchy)를 무너뜨리는 시도를 했다. 그러나 이러한 정치적 사건들도 수직적 위계사회의 흔적을 완전히 뿌리 뽑지는 못했다. 오히려 형태를 바꾸어 가면서 수직적 위계사회는 항상 유지되었으며, 심지어 지역과 역사에 따라서는 강화되기도 했다. 그 이유는 수직적 위계사회를 오히려 정당화시키는 또 다른 사회제도의 등장 때문이었다.

역사적으로 우리 인류는 시민혁명을 통해서 혈통신분세습에 의해 구축되는 수직적 위계사회의 시스템을 형식적으로는 붕괴시켰으며, 아울러 그 자리에 내용적으로는"학교교육시스템"을 들어 앉혔다. 이러한 학교교육시스템은 과거 혈통과 신분에 따른 불합리한 사회이동 및 사회상승 대신 합리적인 사회이동과 사회상승의 새로운 준거였다.

그러나 학교교육시스템은 합리적인 교육경쟁이라는 미명하에 오히려 수직적 위계사회의 구조를 지속적으로 강화시켜 왔다. 특히 엘리트 학교교육제도가 그랬다. 엘리트가 되기 위한 학교경쟁은 날로 심화되었으며, 경쟁에서 살아남는 자들에게는 사회이동과 사회상승이 보장되었다. 반면, 경쟁에서 밀린 아이들은 자신들이 사회적으로 낮은 신분으로 전락되는 것을 수락할 수밖에 없었다. 이제 학교교육경쟁을 통하여 모든 사람들은 합법적으로 자기의 신분결정을 아무 저항 없이 수용하게 된 것이다.

결국 수직적 위계사회의 외형적 틀은 여전히 그대로 남게 되었다. 다만 신분의 기준이 과거 혈통으로부터 학교교육으로 내용물만 바뀌었을 뿐이다. 마치 민주시민혁명이나 프롤레타리아 혁명으로 인하여 겉으로는 수직적 신분사회가 종식된 것처럼 보였지만, 실제로는 학교엘리트와 비엘리트를 구분함으로써 수직적 위계사회는 그대로 유지되었다. 심지어 합리성과 합법성이라는 미명하에 수직적 위계사회의 시스템은 오히려 강화된 측면이 없지 않다. 즉 산업혁명을 계기로 극적으로 활성화되기 시작한 학교에서 성적경쟁을 통한 학교엘리트가 배출되면서, 학교는 수직적 위계사회를 합법적으로 계승 강화시킨 장본인이 된다. 구체적으로 미국식 민주주의 제도가 전 세계로 보급되고 과거 신분계급사회의 온상이었던 유럽봉건사회가 종식되면서 진정한 민주적 수평사회가 예고되었지만, 실상은 반드시 그런 것도 아니었다. 즉 이들은 민주주의의 수단이자 방법으로 택한 소위 민주주의 교육제도를 통하여 합법적인 엘리트지배계층을 탄생시킴으로써, 오로지 형태변화에 의한 수직적 지배체제의 유지 및 강화는 보다 강화될 수 있었다.

한편, 실질적으로 수직사회에서 수평사회로의 이동 즉 수직사고에서 수평사고로의 전환은 자본주의 시장체제로부터 이루어졌다. 소위 1970년대의 혁명적 사건은 "포디즘(Fordism)에서 도요다이즘(Toyotaism)으로"라는 신조어로 집약된다. 근 한 세기 동안 우리 지구상에서 독보적인 자동차 왕의 자리를 지켜온 역사와 전통의 포드 자동차사(Ford)가 조그만 일본열도의 도요다사에게 미국 내 자동차 시장을 절반 이상 내주게 된 사건은 바로 생산라인 시스템의 변화에서 비롯되었다고 할 수 있다. 즉 컨베이어시스템(conveyer system)을 기반으로 하는 '소품종 다량화(小品種多量化)'의 대량생산체제와 자동기계화시스템으로 전 세계의 자동차시장을 석권했던 포드사가 주문식 생산 즉 다품종 소량화(多品種小量化)의 생산과 옵션(option) 생산을 모토로 하면서, 과감하게 미국 시장에 도전장을 던진 도요다의 전략에 말려든 것이다.

이제 소비자들은 컨베이어 자동시스템을 거쳐 완전히 일률적이고 획일적인 모습으로 나타나는 포드 자동차 대신 5-6명의 기술진이 한 조가 되어 소비자의 다양한 요구와 취향대로 옵션을 설치해 주는 개성 있는 도요다 자동차를 선택한다. 수직적 생산라인과 수직적 관료주의 경영체제의 시대가 마감되고 수평적 생산라인과 수평적 의사결정의 경영체제가 성공적으로 등장하는 순간이었다. 도요다이즘에서는 까다로운 소비자들의 취향과 요구사항도 5-6명의 기술진에 의해 해결된다. 이들은 한 팀(team)을 이루어 서로 자유롭고 즉각적이며 민주적으로 진행되는 의사결정과정에서 주문옵션을 처리했다. 일명 프로젝트 팀조직이다.

프로젝트 팀은 다양한 손길이나 기동 타격 능력을 말한다. 이 팀은 회사가 기초 단위에 혼란을 주지 않고 중요 업무에 초점을 맞출 수 있도록 해 준다. 다양한 기초 단위에서 나온 지식 근로자들이 단기간에 바로 모여서, 새로 부여받은 업무에서 같이 일하다가 업무가 완료되면서 해산되는 팀이다. 어느 경우에는 전체 사업 전망에 따라서, 이 팀이 새로운 기초 단위로 발전 구성되기도 한다(마셜 골드스미스 외, 2003/ 연호택·박종호 옮김, 2006: 552).

수평조직에서는 가장 확실한 아이디어를 낸 사람이 팀장이 된다.[66] 팀장은 계속 로테이션 되면서 의사소통의 과정도 수직적 상명하달(上命下達)이 아닌 수평적이고 동등한 관계로 변한다. 여기서는 소비자의 욕구와 옵션에 최대한 부응할 수 있는 신선하고 창의적인 '아이디어'가 중요한 것이지, 직위나 직책이 중요한 것이 아니다.[67] 물론 소비자의 힘이 강해진 결과이기도 하다.[68] 과거 말단 노동자로부터 계장, 과장, 부장, 이사, 사장, 회장라인으로 이루어지는 길고 장구한 결재라인이 사라지면서, 관료주의적이고 획일적인 생

66) 대부분의 좋은 아이디어는 불편함을 인식하는 것에서부터 탄생한다(마셜 골드스미스 외, 2003/ 연호택·박종호 옮김, 2006: 81).

67) 오늘날 우리는 "아이디어 하나가 회사를 살린다"는 신념이 팽배해지고 있는 세상에서 살고 있다. 물론 아이디어를 구체화하는 일도 쉽지는 않다. 이치무라 기요시 리코 창업회장은 말한다: "아이디어를 내는 데 1의 노력이 든다면, 그것을 계획하는 데에는 10의 힘이 그리고 그것을 실현하는 데에는 100의 에너지가 든다."

68) 오늘날 힘을 가지게 된 소비자들이 자신이 원하는 물건을 주문해서 만들도록 할 수 있고, 힘을 갖게 된 노동자들이 직접 사업에 나서는 시대에 소비자와 생산자의 구분은 사라지고 있다(마이클 마자르, 1999/ 김승욱 옮김, 2000: 28).

산시스템도 위력이 삭감되기 시작했다. 이러한 경향은 자동차 생산라인뿐만 아니라, 산업 전체의 영역으로 확산되었다.

사무가 자동화되고 고객에 대한 신속한 대응이 더욱 중요해지면 상부의 명령을 하부에 전달하기만 하는 종래의 '정보 릴레이형' 중간층은 불필요하게 되어 조직은 마침내 수평화된다(고바야시 가오루, 2001/ 남상진 옮김, 2002: 145). 또한 기업에서의 이러한 변화는 전 사회에 파급된다. 특히 21세기 지식노동자 사회에서는 상하관계의 성립이 불가능하다. 지식노동자들 사이에 상하가 없는 이유는 - 지식이 적절한가 부적절한가의 평가는 있겠지만 - 고급지식 혹은 저급지식이라는 것이 존재하지 않기 때문이다(고바야시 가오루, 2001/ 남상진 옮김, 2002: 211).

GE(General Electronics)의 잭 웰치(Jack Welch) 전 회장은 애초에 인터넷 사용에 거부감을 느꼈지만 곧 인터넷을 열렬히 지지하는 사람이 되었을 뿐 아니라, 4,000명의 경영진 각자에게 컴퓨터에 정통한 기크(신세대 리더) 한명씩을 할당했다. 경영진은 젊은 스승들이 가르쳐주는 기술을 얼마나 빨리 습득하느냐에 따라 보상을 결정했다. 실제로 각종 전문지식을 찾아 나서는 것은 거의 모든 기크와 기저(시니어)들의 강점이다. 기크는 일류 스승을 집요하게 좇아가는 경향을 보인다. 또 기저는 자식과 손자들에게 지식 전달하기를 전혀 망설이지 않는다. 나이를 불문하고 우리의 리더들은 자신이 모르는 부분을 순수히 인정할 뿐 아니라 배움을 상호교류로 여기면서 강하게 단련시킨다(워렌 베니스·로버트 토마스, 2002/ 신현승 옮김, 2003: 165).

사회학자 조명래는 자신의 저서 『포스트포디즘과 현대사회의 위기(1999)』에서 종래 대표적 축적체제였던 포디즘이 와해되고 포스트포디즘(Post-Fordism)의 시대를 맞았다고 선언했다. 또한 그는 이미 우리 사회에서도 포스트포디즘의 사회 조직이 도래했음에도 불구하고 이를 조절하는 양식의 부재와 이로부터 야기되는 조절능력의 상실에서 사회적 위기가 비롯된다고 주장했다. 즉 포디즘의 한계를 극복하고 포스트포디즘으로 나아가는 과정에서 지구화, 정보화, 탈산업화, 탈국가화 등의 현상이 목격되는데 이를 준비하는 조절 양식과 조절 능력의 결핍은 위기를 초래할 수밖에 없다는 것이다.

물론 우리 사회에는 오늘날도 수직적 위계사회조직의 실제적 대명사인 컨베이어시스템(conveyer system)으로 건승하는 기업들이 수두룩하다. 이들에게는 아직도 컨베이어시스템이 가장 유력한 생존조건이기 때문이다. 만약 그렇지 않은데도 불구하고 구시대의 산물만을 고집한다면 기업의 생존력을 얼마 가지 못할 것이다. 컨베이어시스템은 과거 포드 자동차가 살아남기 유리한 생존조건이었다. 이러한 시스템으로 이들은 근 한 세기를 자동차 왕의 자리를 차지할 수 있었다. 그러나 포드 자동차의 컨베이어시스템이 도요다 이즘의 희생양으로 등장하면서 포드사의 생존조건은 달라져야 했다. 물론 아직도 포드사에서는 컨베이어시스템이 주요한 시스템으로 지속되고 있다. 그럼에도 불구하고 이미 우리 사회는 일반적으로 수직 사회에서 수평사회로, 수직사고에서 수평사고로 전환되고 있다.

1990년 베를린 장벽의 붕괴는 지구에서 무슨 일이 일어나는가를 나타내는 하나의 상징이 되었다. 피라미드형 기업들이 스스로 네트워크로 방향전환을 함으로써 의사결정의 기본형태가 수직에서 수평적으로 변화, 즉 최상층의 경영진에서 명령을 하달하는 방식에서 벗어나 모든 사람이 함께 협상하는 형태로 변하는 것이다(마셜 골드스미스 외, 2003/ 연호택·박종호 옮김, 2006: 99). 한마디로 현대사회는 바야흐로 수평적 사회로 치닫고 있다. 이러한 수평 사회에서는 수평적 사고가 삶의 기준이 된다. 이제 우리 인간이 살아남는 최적의 기준은 수평적 사고로 시작하는 새로운 사회조직이 될 것이다.

결국 수평사고를 가능하게 하는 수평사회에서 새롭게 등장하는 교육과 학습의 패러다임은 '수직적-관료적 위계 질서화 된' 교육목표(철학), 교육내용, 교육방법, 교육평가기준, 교육제도 등 교육과정 전반에 대해서 재고(再考)를 요청하고 있다. 따라서 수직사회에서 수평사회로 옮겨가는 현대사회에서 교육을 통한 '사회화'는 전혀 새로운 국면을 맞고 있다고 할 수 있다.

(3) 포스트모던의 사회

많은 사람들은 19세기 초 인간의 기계화와 비인간화를 비난하면서 스스로 만들어 낸 기계들을 모두 때려 부수고 대서양 바다에 가져다 버렸던 때가 있었다. 영국에서 있었던 '러다이트운동'이 그것이다. 21세기 정보통신혁명의 세기를 맞으면서도 기계파괴운동은 미국에서 컴퓨터를 부수는 판(Pan)러다이트 운동으로 이어진 바 있다. 이러한 '기계부수기 운동'은 하나의 이벤트였다고 하기에는 의미가 심장하다. 설령 그러한 운동이 사회적 문제로 확대되지 않는다고 하더라도, 우리 인간의 마음속에는 여전히 그림자로 남아 있다. 이미 기계화되어 버린 인간의 군상들은 어쩔 수 없는 비인간화의 시대를 살면서 많은 회의를 품고 살아가고 있다. 이러한 상황에도 불구하고 한편에서 우리는 아직도 계속 새로운 컴퓨터와 기계 그리고 컴퓨터로봇 즉 컴봇(combot) 그리고 인공지능을 가진 휴머노이드까지 만들어 내면서까지 창조하면서 기꺼이 이들의 노예가 되고 있다. 이미 우리 사회에서는 인간을 노예화하는 기계의 창조는 어쩔 수 없는 필요악(必要惡)이 되어버렸다.

우리 인간은 본질적으로 노예가 되기를 원하지 않는다. 자유(自由)의 본능을 가진 인간에게 비록 자율(自律)로의 자기규제는 가능할지 모르지만, 타율적 노예의 시간들은 인간의 본능이라는 차원에서 볼 때 선택의 대상은 아닐 것이다. 프랑스의 실존주의 철학자 사르트르(Jean-Paul Charles Aymard Sartre, 1905-1980)에게 "인간은 자유의 형벌을 받는 존재"였다. 우리 인간은 스스로 자유롭게 선택한 일에 스스로 책임을 질 수 있는 자율적 존재라는 뜻이다.

자연과학자들도 질서와 형식이란 타율적 통제에 의해서가 아니라 개인의 자유를 표현하는 과정에서 스스로 형성되는 지침이나 원칙에 의해서 만들어진다고 설명한다. 심지어 고등 생태계에서는 작은 미생물 군체에 이르기까지 모든 체계의 생존과 성장은 그 체계 안의 개체가 가지고 있는 고도의 자율성과 함께 그 체계의 총체적 정체성을 표현하는 몇 가지 핵심원리를 기반으로 한다(마가렛 휘틀리, 1999/ 한국리더십학회 옮김, 2001: 35).

사실 죽는 한이 있어도 자유롭게 살고자 하는 것이 인간의 본능인 듯싶다. 간혹 우리가 "노예근성"에 대하여 이야기 할 때도 있다. 맥그리거(A, McGregor)의 X이론에 의하면, 인간이 게으르고 지배받기 좋아하는 등 노예근성을 가지고 태어난다.[69] 물론 Y이론을 감안하면 인간의 양면성은 인정된다. 그러나 본능적으로 자유로우며 본질적으로 자유를 향유하기를 염원하는 인간에게 노예근성이란 국가와 제도 그리고 힘을 가진 헤게모니 세력으로부터 제공되는 비본능적 조어(造語)라고 보는 것이 타당하다. 왜냐하면 인간은 자유롭게 태어나고 자유롭게 살아가고자 하는 것이 본능이기 때문이다.

포스트모던 사회에서는 인간의 본성인 자유를 최대한 허용하고 있다. 그것이 방종으

69) 리더의 차원에서 보면 권위주의적인 리더는 X이론에 해당하는 유형이고, Y이론에 해당되는 리더의 유형은 참여적 리더에 해당된다. 권위주의적 리더란, 첫째, 인습과 관례, 전통에 얽매여 있는 사람이며, 둘째, 자기보다 힘 있는 사람에게는 복종하고 자기보다 약한 사람은 업신여기는 사람이며, 셋째, 자기가 믿는 권위를 따르지 않는 사람들을 그냥 놔두려하지 않는 사람이며, 넷째, 모든 인간관계의 경쟁을 상생의 경쟁으로 보지 않고 전부 아니면 전무의 적대적 투쟁관계로 보는 사람이며, 다섯째, 공과 사를 구분하지 않는 사람이다.<이준형, 2002: 135-136 참고>

로 갈지언정 자유는 포스트모던 사회의 본질이다.[70] 생각은 자유다. 자유로운 생각은 서로 다를 수밖에 없다. 포스트모던의 사회는 차이와 차별(差別, difference)을 전제하고 있다. 인간의 사고방법은 본래부터 차별화 될 수밖에 없다. 오히려 차이, 차연(差延), 차별화가 없는 사고가 이상하다. 내가 옆에 있는 친구가 같은 시간과 같은 공간에서 나와 똑같은 생각을 하고 있다면? 무섭지 않을까? 앞에서 걸어오고 있는 사람이 나와 똑 같은 옷을 입고 있다면? 정말 민망하고 난처하지 않을까? 인간이 서로 다른 생각을 한다는 것은 극히 자연스러운 현상이다. 심지어 반갑기까지 하다. 지구상의 66억 인구의 얼굴과 지문 그리고 정맥이 다르듯이 사고구조와 사고방식도 천양지차로 달리 타고났다. 아담과 이브 이후로 태어나고 죽은 인간들 중에 소위 '복제인간'은 단 한 번도 없었다. 참으로 신기한 일이 아닌가? 이렇게 본다면, 차이, 차별, 차연은 인간에게 극히 당연한 본질임에 틀림없다. 조물주는 인간을 처음부터 "차별적으로" 창조한 셈이다. 특히 사고 방법의 차이는 인간의 차별성을 대표한다. 사고방식과 사고구조의 차이는 인간의 개인차(個人差)에서 연유하고 이것이 개성(個性)을 가능하게 한다.

오늘날 우리는 몰개성(沒個性)의 시대를 살아가고 있다. 사람들은 개성을 찾는다고 하지만 사실 유행에 휩쓸린 개성이다. 이미 대중사회 속에서 대중조작의 대상이 된 우리 인간들에게 개성이 남아 있을 여지는 없다. 살면서 우리는 어떻게든 개성을 찾으려 노력하기도 한다. 그러나 아직도 막강한 힘을 발휘하고 있는 우리의 대중조작사회는 인간이 개성적으로 살아가는 꼴을 내버려두지 않는다. 이미 우리 사회는 획일화(劃一化) 된지 오래이며, 익명화된 그 획일화 속에서 사고 구조와 사고방식 역시 획일화되었다. 물론 일각에서는 개성 찾기의 노력도 부단히 이어지고 있다.

한편, 우주는 어떤 것이든 하나의 원리로 설명하지 못한다는 포스트모던의 사고는 과거 우주는 하나의 원리로 지탱된다는 세계관을 와해시키는 데에 있어서 결정적인 역할을 해 냈다. 인간은 처음부터 역사적 사회시스템을 만들고 그 시스템 속에서 살아남았다. 따라서 시스템은 인간에게 하나의 집(家屋)이었던 셈이다. 그러나 포스트모던의 세기를 접하면서 인간은 집을 가출해 방황하기 시작한다. 인간이 자신이 살던 집을 떠나 방황하기 시작하는 이유는 크게 두 가지다. 하나는 특별한 목적을 가지고 출가(出家)하는 경우가

70) 그럼에도 불구하고 자율의 문제는 여전히 중요한 이슈가 된다. GE의 잭 웰치 회장은 말한다: "자신의 운명을 스스로 통제하지 않으면, 아마 다른 사람이 그를 통제하게 될 것이다."

그것일 것이고, 둘은 어떤 특별한 목적을 가지고 있기보다는 탁 트인 자유롭고 넓은 세계로 무조건 탈출하고자 하는 욕구가 강하다 보니까 일을 저지르는 경우가 될 것이다. 우리는 예수님과 부처님 같은 성인들이 집을 나서서 보다 커다란 세계에서 활동한 것을 가출이라고 하지 않는다. 반대로 우리는 주유소 습격사건에 등장하는 아이들과 노랗게 물들인 머리를 무스로 빳빳이 세우고 철가방 하나를 옆에 차고 오토바이를 쌩쌩 몰고 다니는 번개사나이들을 출가한 사람들이라고 하지 않는다. 결국 집을 나온다는 것은 같은 사건임에도 불구하고 성격에 따라 개념도 의미도 달라진다.

그동안 역사시대 이래로 시스템이라는 튼튼한 집을 지어 놓고 이제 이를 스스로 탈출하여 길거리에서 방황하던 인간들은 새로운 집을 찾아 나서게 된다. 만약 이들이 이대로 길거리 방황으로 살아간다면 아마 우리는 포스트모던이라는 물결 속에서 헤어나지 못할 것이다. 물론 인간이 포스트모던에서 영원히 머물 수도 있다. 이것은 인간의 선택 여하에 달려있다. 그러나 인간의 역사에서 시스템은 인간의 생존 본능에 비추어 볼 때 필요악으로 존재해 왔다. 인간이 동물과의 경쟁을 따돌리고 인간끼리의 경쟁을 통해 구축해 온 문화시스템, 지식시스템, 과학시스템, 기계시스템 속에서 때로는 인간은 시스템에 잘 적응하면서 많은 부와 권력을 얻기도 했지만, 때로는 시스템에 적응하지 못하고 일탈, 부적응아, 문제아로 낙인찍히기도 했다. 집이라는 틀은 우리에게 많은 평화와 안전을 가져다주지만, 때로는 탈출해 보고 싶은 충동을 느낄 정도로 답답한 곳이기도 하다.

시스템 역시 마찬가지이다. 역사적으로 많은 시스템이 구축되었지만 따지고 보면 그 시스템들은 한 울타리에 쳐진 집들이었다. 즉 자연이라는 현실적 공간과 시간 속에서 이루어진 문화시스템, 지식시스템, 과학시스템, 기계시스템은 인간의 역사시대에 자연이라는 범주 속에서 인간이 구축해 온 시스템의 연속이었다. 또한 이러한 시스템의 연속선상에서 인간은 시스템사고를 하고 살아 왔다. 그러나 포스트모던으로 시스템의 연속선이 중단된 느낌이다. 시스템의 중단으로 인간은 방황하기 시작했다. 마치 집을 뛰어 나온 인간이 어디로 가야하는지 어떻게 해야 하는지 잠시 주춤하고 있는 사이에 시간은 계속 흐른다. 포스트모던에서 그대로 영원히 방황할 것인지 아니면 새로운 집을 만들어 그 안으로 다시 들어가야 할 것인지? 그러나 분명한 것은 이미 자신들이 뛰어 나온 바로 그 집으로는 다시 들어갈 수는 없다는 입장이다. 그것이 가출인지 출가인지가 분명하지는 않지만, 하여간 포스트모던의 물결 속에서 우리 현대인들은 잠시 길거리에서 방황하고 있다.

사회와 조직 역시 포스트모던의 물결 속에서 잠시 방황하고 있다. 그러나 분명한 것은 생각의 차이가 사회적 다양성, 다원성, 이질성을 관용하게 하고 있다. 또한 생각의 차이로부터 상상력과 창의성도 풍부해진다. 왜냐하면 획일화 사회에서는 구박을 받던 '다름'이 이제는 오히려 새로움('새로운 창조')으로 인정되기 때문이다.

결국 포스트모던사회에서 새롭게 등장하는 교육과 학습의 패러다임은 '다양화되고 이질화된' 교육목표(철학), 교육내용, 교육방법, 교육평가기준, 교육제도 등을 허용하고 관용하는 교육과정의 전면개편을 허락한다. 따라서 포스트모던으로 치닫고 있는 현대사회에서 교육을 통한 '사회화'는 전혀 새로운 국면을 맞이하고 있다고 할 수 있다.

(4) 정보혁명과 지식사회

① 지식정보사회

오늘날 지식정보사회는 정보혁명으로부터 가능했다. 정보혁명은 개방화(開放化)를 가속화시킨다. 사회가 개방된다는 것은 지금까지의 사회가 폐쇄적이었다는 사실의 고백이다. 21세기 정보사회에서는 정보혁명을 통하여 지구촌 사회가 하나로 통합되었다. 20세기 말 인터넷(internet) 열린 지식정보사회는 개방사회 그 자체였다. 산업혁명으로 형성된 공업화, 기계화, 분업화, 전문화의 산업사회가 역사 속으로 사라지면서 정보혁명, 디지털혁명, 스마트혁명은 이미 우리 사회를 다른 세상으로 만들어 놓고 말았다. 오늘날 우리는 4차 산업혁명을 이야기하고 있다. 4차 산업혁명은 연결, 초연결의 사회이다. 기존의 사물과 사물, 사람과 사람, 사람과 사물을 연결하고 초연결하는 사회이다. 사물인터넷, 플랫폼, 스마트팩토링, 블록체인 그리고 유비쿼터스의 스마트시티 등의 개념을 연결과 초연결이 현실화되는 현실을 반영한다.

이미 1990년대를 기점으로 정치이데올로기 냉전체제도 사라졌다. 2018년 6월 12일 싱가포르에서 개최된 북미(北美) 정상화 회담을 통해서 북한도 개방을 시작했다. 지구상에 마지막 남은 폐쇄정권도 이제 개방화의 물결 앞에서 손을 든 셈이다. 어떻게 보면 동구라파가 무너진 것은 정보사회의 가속화에 의한 개방화의 승리였다. 베일에 가려져 있던 구(舊)소련의 크레믈린 궁전이 붕괴한 것이며, 중국의 사회주의 시장경제는 매일 매일 빠른 속도로 자본주의화 되고 있다. 이미 우리는 오래전부터 컴퓨터, 인터넷, 모바일 이동통신, 디지털의 혁명적 발전으로 인하여 이제 우리는 모든 지식과 정보를 사방팔방에서 자유롭게 개방하고 공유할 수 있는 스마트시대에 살고 있다. 세계정세에 어두웠던 탈북자들이 급격하게 늘어나는 추세나 아프리카나 남미 등 저개발의 조국을 탈출하여 선진국으로 이민을 가는 죽음의 행렬이 늘어나는 것도 정보의 개방과 직결되어 있다.

세계무역경제교류에서도 국가와 국가 간의 장벽이 오래 전에 허물어졌다. 세계화와 국제화의 명목으로 모든 국가와 지역은 무한자유경쟁의 체제로 달려가고 있다. 국가기업, 민족기업도 더 이상은 명맥을 유지하기 어려우며, 모든 기업이 다국적기업이 되는 현실 앞에서 세계 경제는 국경없이 움직이고 있다. 정치적으로는 '국민 모두가 대통령'이라는 민주화의 성숙이 가속화되고 있다. 이러한 경제·사회·문화적 탈장벽화현상이나 정치사회적 민주화의 추세는 모두 정보통신혁명과 엇물려져 있다. 폐쇄된 국경과 무역경로 속으로 지식과 정보의 유통과정이 자유롭게 개방되면서 세상은 모두 활짝 열리고 있다.

이제 열린 패러다임으로의 전환점에 살고 있는 우리 현대인들은 단 한 순간도 열린 사고를 하지 않고서는 세상 살기가 만만치 않다. 숨기면 숨길수록 우리의 삶에서는 '투명성'과 '신뢰성'의 문제가 복병으로 작용한다. 거짓말을 하는 개인은 '왕따'가 되고 사회에서 도태되고 만다. 특히 신뢰의 문제는 일상을 결정하는 관건이 되고 있다. 세계에서 유수한 수준의 자동차를 리콜(recall)하는 사태는 일상이 되었다. 그러나 아직도 많은 기업이나 정부들은 교묘하게 은폐의 축제를 벌이고 있다. 기업의 내부부당거래는 여전하고 일자리 몰아주기 그리고 소위 '갑질' 사건들이 기승을 부리고 있다. 부정직한 사건이나 독직 사건이 발생하면 많은 사람들은 우선 은폐하고 무조건 잡아떼기에 급급하다. 수많은 사건들과 사고들이 처음에는 은폐되는 듯하지만, 결국은 들통이 나고 만다. 정보가 사방팔방에서 거미줄처럼 얽힌 그물망을 타고 자유롭고 개방적으로 급속하게 이동하기 때문이다.

결국 정보혁명은 폐쇄조직도 개방조직으로 해체시키고 있다. 아직도 학연과 지연이 판치고 이를 근거로 살아가는 자들이 많지만, 앞으로는 학연, 지연, 혈연으로 만들어진 폐쇄적 공동체는 한순간에 동반 몰락하게 된다. 힘(勢力)은 또 다른 힘에 의해서 견제받기 때문이다. 또한 원하기만 한다면 개인이라도 모든 지식과 정보를 전방위(全方位)에서 자유롭고 개방적으로 취득할 수 있기 때문이다. 디지털 시사평론가 손형국은 자신의 저서 『디지털 라이프(2001)』에서 "비밀이 없는 열린 공간, 늘 위협받는 사생활, 과잉 공급되는 정보 속에서 생존하는 법을 배우는 길만이 디지털 라이프 시대를 사는 지혜"라고 설명하고 있다.

21세기 정보혁명의 사회에서는 안 보이던 세계가 보이는 세계로 나오고 있다. 물론 이러한 세계는 부정적인 면도 가지고 있다. 사이버 세계에서 벌어지는 개인정보의 유출이라든지 몰래 카메라와 도청이 개인의 사생활을 여과 없이 공개해 놓는다. 특히 매스컴과 인터넷을 통해 발견된 가상의 세계는 모든 세상을 개방시켜 놓았다. 푸코(Michael Foucoult, 1926-1984)가 자신의 저서『감시와 처벌(Naissance de la prison, 1975)』에서 말하듯이, 우리 모두가 이제 서로 서로에 대한 감시가 가능한 판옵티콘(Panopticon) 즉 원형감옥(圓形監獄)에 살고 있다. 그럼에도 불구하고, 정보사회에서는 삶이 가상의 공간으로까지 확대된다. 삶은 훨씬 자유로워진다. 자유로워지는 공간 속에서 인간은 보다 창의적으로 움직인다. 요나스(Hans Jonas)는 자신의 저서 『생명의 현상(1966)』에서 생명의 원리는 다름 아닌 "자유"라고 규정한다.[71] 자유는 인간의 정신이나 의지에 국한된 것이 아니라 가장 원시적인 아메바를 포함하여 모든 생명체가 살아서 움직일 수 있도록 하는 삶의 원동력이다. 자유롭기 위해 우리는 많은 문화와 문명을 창조했으며, 문화(문명)창조로 인하여 우리의 삶은 보다 자유로워졌다. 이런 의미에서 사르트르는 "자유는 창조성의 근본이다"라고 주장했다.

21세기 지식정보사회는 탈텍스트(脫正典)의 사회이다. 오늘날 우리에게 전달되는 모든 지식과 정보는 과거의 텍스트(text)에 갇혀 있지 않다. 지식과 정보는 맥락 즉 콘텍스트(context) 속에서 공유된다. 예를 들어, 컴퓨터의 하이퍼링크 시스템과 윈도우시스템은 대표적이다. 자유롭게 창(Window)을 열고 닫는 것이 가능해짐으로서, 우리는 사고의 영역을 창조적으로 확장시킬 수 있다. 미국의 소설가이며 문화평론가인 더글러스 러슈코프(뉴욕대 교수)는 지난 2천년 동안 가장 위대한 발명은 지우개와 컴퓨터의 "del" 키라고 대답한다(존 브록만, 2000). 그 이유는 우리가 지우개와 del 키로 무엇인가를 지우고 다시 시작할 수 있으며, 이로써 새로운 세계도 창조될 수 있기 때문이다. 정보사회에서 점차 개방되는 우리의 사고 영역은 가상공간에서 새로운 세상을 자유롭게 창조하고 있다. 부정적 측면에서 본다면, 우리 현대인들은 쓰레기 정보의 홍수(스팸메일) 속에서 매일 매일을 시달리고 있다. 『제3의 물결』을 쓴 미래학자 토플러(Alvin Toffler, 1928-2016)가 지적한 것처럼, 지식과 정보를 취득하는 것보다 "쓸모없는 쓰레기 지식(obsoledage)"을 지우는 작업이 더욱 중요

71) 생명을 복잡시스템으로 보는 복잡시스템이론에서도 생명현상에 자유가 결정적이라고 주장한다. 즉 복잡성은 시스템에서 자유의 정도를 의미한다. 예를 들어, 우리가 시스템을 외부에서 조작하려면 자유의 정도로 변화시키면 된다.<Mainizer, 1997: 65 참고>

할 정도로 지식과 정보는 주변에 널렸다. 쓸모있는 지식이나 쓸모없는 지식이나 여과 없이 그대로 개방되는 것이다.

오늘날 세계의 공통된 이슈로 떠오르고 있는 노사분규에서 가장 문제가 되는 것 역시 기업의 투명성 문제이다.[72] 노동자들은 사용자들에게 기업을 공개하라고 외친다. 기업은 재투자를 해야 하기 때문에 잉여자본의 비축은 정당하다는 입장이다. 그러나 기업이 무엇인가를 숨기면서 투명하지 못하면, 결국 신용이 떨어지며 이로써 기업이 문을 닫게 되는 것은 시간문제이다. 회사 간의 암거래로 이루어지는 분식회계는 이제 더 이상 설 자리가 없으며, 주가조작도 결국은 들통이 난다. 국가의 재무구조가 투명하지 못하면 국제적 신용등급이 추락해서 IMF(International Monetary Fund, 국제통화기금)의 관리 사태를 맞게 된다. 개인과 개인의 인간관계에서도 개방은 중요한 변수가 된다. 인간관계 훈련 프로그램에서 대표적으로 활용되는 "조해리의 창(Johari's window)"에 의하면, 자기를 개방하는 정도에 따라 인간관계는 성숙한다(설기문, 2000: 109). 무엇인가를 숨기고 폐쇄적인 행동을 하는 사람은 조직에서 따돌림을 받는다. 오늘날 개방 아닌 것이 없으며 살아남기 위한 최초의 조건은 바로 개방이다. 이제 개인이나 국가나 모두 개방하지 않으면 살아가기에 불리하게 되었다.

사실 신뢰성의 문제는 도덕성의 문제이기도 하다. 따라서 오늘날 기업들은 저마다 생존조건으로서 윤리경영을 외치고 있다. 이렇게 본다면 정보통신혁명을 통한 개방화사회는 과거와는 전혀 새로운 차원에서 '도덕사회', '윤리사회'로 진입하고 있는 셈이다. 21세기는 '개방'이 '도덕'인 것이다. 모든 것을 개방하라! 그러면 도덕군자가 되는 것이다. 이러한 연유에서 21세기 최대의 블루칩은 도덕과 윤리가 된다. 이는 개방사회가 남겨 놓은 삶의 긴 여운이기도 하다.

72) 2004년 설립 이래 33년 동안 단 한 번도 노사분규가 없었던 회사로서 5월 1일 근로자의 날 노동부로부터 상을 수상한 한진피앤씨(주)에서는 월1회 대표이사가 경영실적, 기업환경, 경영계획을 사원들에게 직접 설명하는 시간을 마련함으로써 사원 모두가 경영 마인드를 가지고 회사의 비전을 공유할 수 있게 한 것을 가장 커다란 비결로 꼽았다(매일경제/2004/5/3). 노사가 기업경영의 투명성을 공유한 셈이다.

② 네트워킹 사회

컴퓨터 테크놀로지의 발달과 함께 도래하는 21세기 지식정보사회는 네트워크 거미줄 사회를 만들어 놓았다. 이러한 네트워크사회는 초고속정보통신망을 기초로 하는 종합정보통신망의 시대로 가능해진다. 또한 인터넷의 발달은 사이버 영토 전쟁과도 병행된다. 인터넷 상에서 벌어지는 영토전쟁은 그 자체가 "블루오션"(Blue Ocean/ 김위찬, 르네 마보안, 1995)이다. 또한 네트워크 사회에서 원격 재택근무를 의미하는 텔레코뮨(telecommune), 호텔링(hotelling), 텔레빌리지(televillage)의 개념도 활성화된다. 따라서 우리 개인의 삶도 이제는 네트워크시스템에서 결코 빠져 나올 수 없을 만큼 상호의존적이며 상호 구속적이 되었다. 개인과 개인은 쌍방형 통신으로 지식과 정보를 주고받고 있으며, 고객의 주문에 따라 이루어지는 주문형 방식(On Demand)으로 운영되는 사회가 일반화된다. 또한 우리는 인터넷의 발달로 비록 현실은 아니지만 현실보다 더 현실적인 하이퍼리얼리티(hyper-reality)를 표방하는 사이버 공간에 살고 있으며, 반대로 포르노그래피, 해킹, 개인정보누출 등 사이버 범죄에 노출되어 있다. 이제 우리는 민중의 지팡이로서 사이버 경찰이 더욱 필요하며 지식과 정보의 가치가 높아지면서 '지적 재산권'에 대하여 법적으로 보장받을 필요성을 더욱 갈망한다.

21세기 국부론이라고 풀리는 『지식의 지배』라는 책을 쓴 세계적인 미국 경제학자 사로우(Lester Thurow)는 지식기반사회를 만들기 위해서는 먼저 유효하며 집행 가능한 지적재산권 법체계를 만들어야 한다고 말한다. 지적재산권은 한 세기 전, 아니 불과 25년 전만 해도 그다지 중요하게 취급되지 않았다. 경제적 성공은 소유에 의해 좌우되었기 때문에 법률이 지적 재산권을 지켜주지 않아도 됐다. 그러나 이제 지적 재산권은 경제의 핵심으로 자리를 옮겨 왔다. 명확하고 과학적인 지적재산권 법체계 없이 지식 자본주의는 불가능하다(이준형, 2002: 27).

지식과 정보의 격차로 인하여 '부의 편중 현상'도 가속화되고 있다. 소위 "지식권력"(미셸 푸코)의 세상이 도래하는 것이다.[73] 정보의 양극화는 부의 양극화로 이어지기 때문에, 정보사회에서의 양극화의 문제는 그 속도 면에서도 보다 빨라진다. 울리히 벡(Ulrich Beck)

73) 엘빈 토플러는 그의 저서 『권력의 이동』에서 권력을 세 가지 유형으로 나누고 있다: 가장 저급한 단계의 권력은 '폭력'이고, 중급의 권력은 '부'이고, 고급형태의 권력은 '지식'이다(이준형, 2002: 19). 미국의 저명한 경제학자 Lester Thurow는 21세기 국부론이라는 평가를 받고 있는 그의 저서 『지식의 지배』에서 예언자적 혜안을 가지고 "미래의 부는 지식이 결정한다"는 미래 비전을 제시하고 있다(이준형, 2002: 25).

은 자신의 저서 『지구화의 길(2000)』에서 이제 우리 사회는 국가 간 상호 의존으로 이루어지는 지구화-세계화 현상의 대두로 근대화의 기반이 흔들리고 있다고 주장한다. 즉 전(全)지구적인 생태파괴, 국민국가의 무력화에 의한 초(超)국민국가의 탄생, 초(超)국적기업, 국제적 조직체와 같은 새로운 정치행위자들의 대두, 초국적 커뮤니케이션과 네트워크의 부상, 초(超)국민적 생활문화양식 등은 지구화 현상을 의미한다. 여기서 그는 초국민적이라는 용어를 세계정부가 아닌 사회적 그물망의 개념으로 사용하고 있다.

이제 기업의 생사도 네트워크 사회에 얼마나 익숙한가에 따라 결판나고 있다.[74] 제닝스(Jason Jennings)와 호프톤(Laurence Haughton)은 자신들의 저서인 『큰 것이 작은 것을 잡아먹는 것이 아니라 빠른 것이 느린 것을 잡아먹는다(2001)』에서 기업의 생존법칙을 설명하고 있다. 특히 그는 여기서 이제 공룡 기업들은 과거 공룡들이 멸종한 것과 같은 운명에 처해 있다고 경고한다. 과거 덩치가 큰 공룡은 쥐들의 공격을 감지하는데 너무 시간이 많이 걸렸기 때문에 죽음을 면하기 어려웠다고 추정된다. 공룡이 자신의 살이 썩었음을 알았을 때에는 이미 죽을 수밖에 없다. 한마디로 공룡이나 기업이나 네트워크 체제의 구축은 생존을 결정한다. 네트워크 체제가 잘 구축되어 있는 기업은 그만큼 빠른 속도로 외부 환경을 인지하여 즉각 대응할 수 있는 확률이 높아질 것이다.[75]

오늘날 4차 산업혁명을 맞이하여 우리는 연결, 초연결(connection)을 외치고 있다. 즉 4차 산업혁명의 시대에는 모든 것이 연결, 초연결되는 사회에 살게 된다는 것이다. 이미 우리 사회에서 뿌리를 내리기 시작한 사물인터넷(Internet of Things: IoT), 플랫폼, 스마트 팩토링, 유비쿼터스, 스마트 시티 등의 개념은 모두 세상이 사물과 사물, 사물과 사람, 사람과 사람이 연결되어 살아가는 세상을 알려주고 있다. 따라서 우리의 삶도 연결, 초연결되는 세상에서 살아남기 위해서는 연결, 초연결의 능력을 가져야 한다. 이는 이미 인터넷으로 열린 세상이 하나의 네트워크로 연결되기 시작한 이례로 모든 첨단 테크놀로지의 발전이 이를 가속화시킨 결과이다. 이제 우리는 기존의 것들을 연결, 초연결시키는 과정에서 사회화를 질문해야 한다. 과연 우리는 오늘날의 4차 산업혁명 시대에 무엇인가를 계

74) 고졸출신의 김효준 BMW 코리아 사장은 "앞으로는 글로벌 CEO 시대를 넘어서 초국가(Transnational) CEO 시대가 올 것이며, 앞으로는 국가 대 국가 싸움도, 기업 대 기업 싸움도 아니고 네트워크 대 네트워크 싸움이 일어날 것"이라고 말했다(매경, 2007년 6월 28일자보도).

75) 오늘날 우리는 "스피드경영"을 거론하고 있다. 스피드 경영이란 무조건 빨리 하는 것이 아니라, 중요한 곳에는 시간을 더 투자하고 중요하지 않은 곳에는 상대적으로 시간을 아끼라는 것이다. 그렇게 하면 스피드가 한 곳에 모여지기 때문에 결국은 속도감 있는 효율적인 경영결과가 초래된다.

속 연결시키고 초연결시킨는 일에 몰두하면서 그냥 수동적으로 사회적 기준과 평가에 단순히 적응하기만 하면 되는 것인지, 아니면 과연 나는 왜 지금 여기서 무엇을 어떻게 연결시켜야 하는지에 대해서 고민하면서 비판적이고 창조적으로 사회화되어야 하는 것이 바람직한 것인지? 교육은 이러한 질문에 학생들이 보다 합리적으로 대답할 수 있도록 도와주어야 할 것이다.

③ 지식경제

영국의 정보기술전문가이자 미래경제학자인 앵겔(Ian O. Angell)은 자신의 저서『지식노동자 선언(2001)』에서 지식정보시대의 노동자들은 모두 소위 "새로운 야만인"이라고 정의된다. 여기서 새로운 야만인은 '지식노동자'를 의미한다. 그에 의하면, 구시대의 낡은 야만인은 20세기 권력에 의해 통제되고 관리되었던 대중적 민주주의 아래에서 관습에 근거한 독단적 도덕, 철학, 정치사상을 가진 개인과 사회를 의미한다. 그러나 새로운 야만인은 정부의 간섭이나 규제가 늘어나면 언제든지 다른 곳으로 이주(移住)하기도 한다. 따라서 이들에게는 일정한 거처가 확실하지 않으며 때로는 국적까지도 포기할 수 있는 소위 마음대로 유랑하는 것이 가능하다. 특히 이들은 지식과 기술이 있는 곳을 찾아 계속 유랑한다. 새로운 야만인들은 서비스 분야가 아닌 지식을 생산하는 직업을 갖고 있으며, 종교적 배타주의, 민족주의, 대중주의를 부정하는 소위 자유 사고를 가진 지식인들로 구성된다.

또한 엥겔은 여기서 산업혁명을 통한 생산력 강화가 자본주의체제를 성숙시켜 놓았듯이, 정보화시대의 정보통신기술혁명은 지금까지의 낡은 경제규범을 파괴하면서 20세기의 사회경제시스템 자체를 사멸시키게 될 것이라고 예언한다. 심지어 그는 정보통신기술혁명에 따라 정치·경제·사회의 시스템뿐만 아니라 국가의 시스템까지 본질적 변화를 겪고 있다고 판단하고 있다. 이제 산업혁명 이후 200여 년 동안 세계를 지배해온 대중의 시대가 종말을 고하고 있다는 진단이다. 21세기 정보통신사회의 등장으로 이루어지는 지식기반사회에서는 '지식'이 유일한 자본이며 자산이다.

마이크로소프트(MS)의 빌 게이츠는 사업을 시작할 때 유형 자산인 토지, 금, 석유는 물론 공장, 산업공정, 군대도 없었다. 그가 가진 것은 단지 지식뿐이었다. 지식만 가진 자가 세계 최고의 갑부가 된 것은 빌 게이츠가 인류 역사상 최초의 사람이다. 21세기가 되면서 지식이 부의 새로운 근거가 되었고, 미래의 자본가들은 지식의 장악에 혈투를 벌일 것이다(이준형, 2002: 26).

"지식노동자는 근속연한이 길어질수록 부가가치가 증대되는 반면, 보통 근로자는 근속연한이 길어지면 길어질수록 부가가치가 떨어진다. 지식근로자는 지식을 쌓아감으로써 '평생고용'을 보장받는데, 보통 근로자는 '평생직장'을 생각하다가 조기 퇴출된다."(이준형, 2002: 24)

마자르는 21세기 지식경제사회를 '인적자원경제'라고 부르고, 이는 상품 대신 지식이 거래되고, 물건 대신 아이디어가 거래되는 경제체제라고 보았다(마이클 마자르, 1999/ 김승욱 옮김, 2000: 172). 지식은 토지, 노동, 자본과 달리 유산상속도 되지 않는다.

한편, 21세기 지식경제의 특징은 지식의 동(同)가치화가 이루어진다는 사실에 모아진다. 심지어 지식의 가치전도 현상도 얼마든지 가능하다. 과거의 지식가치 위계관계가 새롭게 재정립되면서 지금까지 사회를 지탱해 온 지식사회의 이데올로기도 함께 와해된다. 이제 의학이나 법학만이 가치가 높은 지식이 아니다. 오히려 과거에는 지식의 대열에 끼지도 못했던 게임이나 애니메이션의 지식들이 고부가가치의 지식 대열에 들게 된다. 춤을 잘 추고 노래를 잘 한다는 것 하나만으로도 움직이는 벤처기업과 같은 위상이 된다.

독일의 과학철학자 마인쩌(Klaus Mainzer)는 21세기 지식경제사회는 "비선형 복잡시스템 사회"로 간주하고 있다. 그는 최근 주식시장의 변화 등 미세한 변화에 의하여 거대변화가 야기되는 산업현장에서 경제인들의 관심은 비선형 복잡시스템으로 간주되는 지식경제에 집중되고 있다고 설명하고 있다(Mainzer, 1997: 11). 이제 우리의 주식시장은 더 이상 한 가지의 원인 때문에 요동치는 주식시장이 아니다. 따라서 우리는 더 이상 오늘날의 주식시장을 선형적(linear, 線型的) 즉 일차원적으로(one dimensional) 해석해 낼 수 없다. 주식시장이 요동치는 원인은 귀신도 모를 정도로 복잡하고 꼬여 있다. 쉽게 원인을 파악할 수 없으며, 설령 원인을 파악했다고 해도 - 물론 그게 불가능하지만 - 이미 또 다른 원인들에 의해서 빠른 속도로 주식시장은 변화의 소용돌이 속으로 들고 있다. 원인은 또 다른 원인을 낳고 그러한 원인들은 서로 엇물려서 어떤 것이 정말 근원인지 알지 못하게 한다. 복잡한 주식시장으로부터 야기되는 21세기 지식경제사회는 복잡계사회의 주역이다.

결국 복잡하게 얽혀 있는 지식경제사회에서 현상하는 결과에 대해서 과연 누가 무엇을 어떻게 책임질 수 있을까? 수많은 돌발 상황이 우리의 삶을 위협하고 하나의 사건에도 수많은 경우의 수가 존재할 수밖에 없는 현대사회에서 과연 우리가 인식하고 해결할 수 있는 삶의 문제는 얼마나 있을 것이며, 과연 어디서부터 실마리를 풀어 낼 수 있을 것인가? 현대인은 불명확한 수많은 복잡한 원인들과 불투명한 상황의 연속에 서 있다. 이렇게 불확실하게 살아가야 할 운명을 가진 현대인들이 조직의 구성원이다. 따라서 이들에 의해 구성되는 조직 역시 항상 불확실하고 불명확하다. 결국 오늘날 우리의 사회와 조직은 과연 어떠한 프로세스 속에서 이렇게 쉴 새 없이 닥치는 각종 상황적 불확실성과 불명확성들을 제대로 인식하고 이로 인해 발생할 제반 문제들을 척척 해결해 낼 수 있을까? 이러한 질문이 바로 오늘날 우리에게 요청되는 새로운 사회화의 과제일 것이다.

한마디로 지식경제사회는 지식이 돈이 되고 권력이 되는 사회로서 그 지식은 과거의 단순한 교과서 지식 아닌 복잡하게 얽힌 지식이다. 과거 선형적인 논리를 통해 얻어지는 지식이 교과서의 지식이 있다면, 복잡계 지식은 역동적으로 움직이고 서로 융복합적으로 얽히면서 기존의 지식이 새로운 지식을 낳고 비선형적으로 인터랙션 되는 복잡한 상황에서 발생되는 상황적 지식이다. 오늘날 학교는 바로 학생들을 상황적 지식에 기초하여 사회화로 이끌 수 있어야 한다. 그럼에도 불구하고 우리의 학교는 여전히 교과서에 고정된 선형적 지식을 가르치고 이를 통한 사회화에 전념할 수밖에 없는 한계에 봉착해 있다.

④ '사회화'의 교육학적 전망

듀르케임의 기능주의 교육관은 [교육=사회화]의 등식을 가지고 시작한다. 이로써 교육은 사회화를 위한 수단과 도구로 작용한다. 마르크스의 사회학 관점을 지지하는 갈등론자들과 해석론자들은 기능주의적 사회화 논리에 거부권을 행사했다. 이들은 마르크스가 사회문제의 뿌리로 간주했던 갈등과 소외의 문제를 교육현장에 도입하면서 교육적 사회화의 문제를 과학적으로 해부했다. 특히 교육이 사회화의 수단과 도구화가 될 경우에 발생할 수 있는 사회문제 즉 경제적-사회적-문화적 '재생산'의 위험성을 알리는데 성과를 내었다. 또한 만하임의 지식사회학 개념을 근거로 시작된 신교육사회학(또는 교육과정의 사회학) 운동은 지식에 내포된 이데올로기의 재생산 문제에 초점을 맞추면서 '상대적 지식관'의 가능성을 제고시켜 놓았다. 이로써 교육현장에서 이루어지는 '사회화'는 사회문제의 온상이 될 수 있음이 밝혀진다. 그러나 이러한 '사회화' 개념에 대한 논쟁도 산업사회라는 시대적 산물로서, 이미 정보사회 내지 지식정보사회로의 사회패러다임 전환을 이루고 있는 우리의 현실에서는 재검토의 여지를 남긴다.

(5) 대중매체와 사회화

① 메스미디어의 사회효과

정보통신혁명은 메스미디어의 발달에 의해서 가속화되었으며, 메스미디어의 첨단적 발달을 기약하고 있다. 메스미디어(mass media)란 '대중 전달' 또는 '대량 의사소통'(mass communication)을 위한 수단과 도구를 말한다. 메스미디어로는 신문, 잡지, 서적, 라디오, TV, PC, 인터넷, VCR, DVD, 핸드폰, 스마트폰, 케이블 즉 인쇄매체, 시청각매체, 방송매체, 통신매체, 교육방송, 온라인사이버매체, 멀티미디어, 모바일매체 등이 대표적이다. 메스미디어의 사회적 효과는 파격적이다. 우선 메스미디어는 메시지를 대량으로 생산하고 유포하며, 이를 표준화하고 보편화하는 데에서도 탁월하다. 또한 메스미디어는 사용가치 이외에도 교환가치로서의 상징성도 가지고 있다. 메스미디어의 수용자는 일상적 관객, 독자, 청취자, 시청자와 같이 메스미디어를 자주 접하게 되는 대중 또는 공중이다. 메스미디어 속에서 이들은 모두 익명성을 가진다. 또한 상업적으로 볼 때, 메스미디어는 문화상품와 각종 광고를 소비시키는데 기여하며, 정치사회적으로는 선동 즉 프로파간다와 데마고지를 강화시키는데 결정적이다. 메스미디어의 대표적인 기능은, 첫째, 오락과 흥미(entertainment), 둘째, 사회통합과 사회통제를 위한 여론 조성 및 조정, 셋째, 사회 환경에 대한 감시, 고발이나 비판, 넷째, 사회교육으로서의 사회화이다.

메스미디어의 사회적 효과에 대한 연구는 20세기 들어 본격화되었다. 우선 1930년부터 나오기 시작한 '총알탄 이론'을 들 수 있다. 이는 메스미디어의 효과가 총탄을 맞은 것처럼 강력하다는 주장이다. 1950년부터 등장한 '한정효과이론'은 메스미디어를 접하는 상황과 조건 즉 상황 변수에 따라서 효과는 달라질 수 있다는 주장이다. 따라서 메스미디어의 효과는 조절이 가능하다. 때에 따라서는 영향력이 거의 없는 경우도 생길 수 있으며, 심지어는 역효과도 발생할 수 있다. 이는 시장에서의 '한계효용체감의 법칙'과도 유사하다. 예를 들면, 지나치게 편파적이거나 식상할 정도의 수준을 가진 정치선동, 상업광고 등 대중전달이 유권자와 소비자의 신뢰를 상실한 경우에 해당된다. 이럴 경우에는 메스미디어의 효과와 영향력은 극히 미미할 수 있으며 심지어는 역효과가 날 수도 있다. 1970년부터 나온 '중효과이론'에 의하면, 수용자들의 활용정도와 방법에 따라서 메스미디어의 효과는 달라진다. 예를들면, 수용자들에 의한 메스미디어의 활용도가 클수록 '중효과이론'의 신빙성은 높아진다. 1990년부터 나온 '강력효과이론'은 소위 '신(新)탄환이론(neo-bullet theory)'으로 불린다. 특히 즉각적 반응, 즉각적 여론형성효과를 노리는 대중소비사회, 그리고 정보부재의 긴박한 상황에서 메스미디어의 효과는 절대적이라고 할 수 있다. 심지어 TV 같은 시청각방송매체를 통한 여가선용의 경우에는 '침묵의 나선현상'(Noell-Neumann E/ Spiral of Silence)에 의한 매체효과가 발생한다. 이러한 상황은 심리적 매체효과와도 무관하지 않는데, 현대인들은 익명으 다중(多衆)으로부터 이탈되는 고독감과 고립감에서 나타나는 심리적 두려움과 허전함을 극복하기 위해 메스미디어의 메시지에 묵시적으로 동조한다. 현대사회에서 '침묵하는 다수'가 발생하게 되는 이유도 비슷하다. 심지어 메스미디어에 동조하는 순간 인간은 카타리시스를 느끼기도 한다.

마지막으로 모방충동가설은 메스미디어로부터 일상의 상당부분을 모방할 수 있다는 주장으로 오늘날 메스미디어의 사회적 효과를 논할 때 가장 보편화된 사항이다. 이는 패션과 유행이 만들어지는 근거이기도 하다. 특히 섹스물 같은 선정적 장면이나 각종 범죄, 비행 등 폭력물의 경우 모방효과는 보다 강하게 나타난다. 특히 소위 '바보상자'라고 불리는 TV의 영상효과는 뇌신경을 마취시키는 효과를 가지고 있다는 연구결과도 일반화된지 오래다. TV 영상이 우리의 뇌리 속에 남겨놓는 잔상은 정상적인 사고능력을 마비시킴으로써, 어떠한 비판의식도 없이 현실과 가상을 구별하지 못하게 함으로써 무의식적 모방으로 유도한다. 이는 일종의 중독현상으로서 마약 효과와도 결코 다르지 않다.

오늘날 매스컴의 발달은 더욱 극심해져서 대중이 선동되고 조작된다는 사실을 눈치채지 못하도록 교묘한 위장 전술을 가동하고 있다. 이들은 소위 대중조작의 불감증 시대를 주도하고 있는 셈이다. 매스컴의 역할이 이렇게 심각함에도 불구하고 매스컴은 자신들이 여론을 대변한다는 식으로 자신들의 존재를 합리화하고 있다. 과연 메스미디어와 매스컴이 정말로 사회의 여론을 대변한다고 자처할 수 있을까? 여론을 호도하고 왜곡하는 선봉에 매스컴이라는 제4의 권력이 우리의 목숨을 노리고 있는지도 모른다. 마치 자신들이 대중을 보호하고 힘없는 대중의 목소리를 대변하는 척 하면서 말이다. 걸핏하면 정치와 경제로부터 공격을 받기라도 한다면 매스컴은 여론(輿論)과 공론(公論)이라는 그럴 듯한 말로 위장하면서 마치 대중의 편에 있는 듯 떠들지만, 이 역시도 대중조작일 뿐이다. 실제로 매스컴의 가면을 벗기면 매스컴은 이미 정치, 경제 그리고 행정 다음으로 또 하나의 권력을 추구하면서 대중과 군중들을 철저히 이용하는 권력투쟁의 곁가지에 불과할지도 모른다. 오늘날 매스컴은 강력한 권력의 핵으로 등장하고 있다. 우리는 매스컴을 대중의 여론을 대변하는 기관으로 단 한번도 인정한 적이 없다. 그럼에도 불구하고 이들은 자신들이 여론과 공론의 대변자임을 자처하고 있다. 히틀러가 매스컴을 철저하게 이용하고 이들과 결탁하면서 대중선동(프로파간다와 데마고지)과 대중조작을 용이하게 하면서 인간의 목숨을 천만 이상 앗아간 역사를 되새긴다면, 아마 매스컴은 항상 반성의 목소리를 외면하기 어려울 것이다.

결국 오늘날 현대인의 삶에서 메스미디어는 필요악이 되어 버렸다. 특히 현대소비사회를 이끄는 주역은 메스미디어이다. 모든 시장은 메스미디어와 함께 한다. 이를테면 오늘날 대부분의 상거래도 인터넷에서 이루어진다. 또한 21세기 최대의 메스미디어로 등장한 인터넷 세상에서는 허구와 가상이 구별되지 않으며 현실과 사이버공간도 구별되지 않는다. 특히 인터넷 중독자들에 의해 자행되는 이상행위들은 심각한 사회문제로 이어지고 있다. 폭발물제조, 묻지마 살인, 모방 범죄, 자살사이트 등은 사이버세계와 현실을 구분하지 않는다. 보들리아르(Jean Baudrillard, 1929-2007)가 지적했던 하이퍼리얼리티(hyper-reality) 즉 '현실보다도 훨씬 더 현실적인 가상'이 현대인의 삶을 파괴하고 있다. 이밖에도 메스미디어는 집단성, 계획성, 의도성, 비인격성, 익명성에 의한 비도덕성, 일방성에 의한 비균형성, 조작성, 지배성이라는 고유한 특성들을 가지고 있다.

② 미디어활용과 교육효과

메스미디어로부터 지식과 정보를 수용하는 과정은, 첫째, 존재에 대한 인지의 단계, 둘째, 관심의 단계, 셋째, 가치판단(평가)의 단계, 넷째, 유용성 평가의 단계, 다섯째, 아이디어 차용의 단계로 전개된다. 톨맨(Edward Chace Tolman, 1886-1959)의 기호형태이론에 의하면, 행동주의 심리학에서 밝혀낸 것과는 달리 인간은 어떤 외부의 자극에도 단순히 반응하지 않는다. 즉 외부에서 주어지는 모든 자극은 개인의 신념, 기대, 목적 등의 매개변인을 통하여 전체적 의미관계의 수용으로부터 반응한다. 그는 연합이론에서 밝혀 놓은 '쥐의 미로실험'(1930)에서 나온 결과마저 수정하였다. 어떠한 생쥐라도 미로에 들어서면서 자기의 머리속에 인지지도(cognitive map)를 그린다는 것이다. 이는 하등동물에게도 반응학습(S-R)보다는 장소학습과 잠재학습(latent learning)이 보다 중요할 수 있다는 점을 시사한다. 정보처리이론가인 밀러(Peterson Miller, 1950 -)는 모든 생명체에게 정보처리는 기억(memory), 절차율(rate of processing), 용량(capacity) 그리고 자기수정(self-modification)의 과정을 통해 이루어진다고 주장한다. 따라서 모든 생명체는 인지조작을 통하여 자신의 정보처리과정을 비약적으로 발전시킬 수 있다. 인지적 자극 즉 인지조작을 통하여 인지적 평형을 깨뜨려 줌으로써 인지적 반응이 일어나는 데, 이로써 학습효과가 발생한다.

토빈(Tobin, 1993)은 고등동물인 인간의 정보처리과정을 다음과 같이 설명한다. 첫째, 외부로부터 각종 데이터를 수집하고, 둘째, 수집된 데이터를 정보로 변환시키고, 셋째, 정보를 지식으로 가공하고, 넷째, 지식을 지혜로 만든다고 주장한다.

메스미디어의 교육적 효과는 크게 순기능적 효과와 역기능적 효과로 구분된다. 순기능적 교육효과로는, 첫째, 학습조력자로서의 역할을 하고, 둘째, 장소, 사건, 인간과의 상호작용을 촉진하고, 셋째, 자기 동일시의 모델을 제공한다. 역기능적 교육효과로는, 첫째, 메스미디어에 전적으로 의존함으로써 수동적 학습이 자행되고, 둘째, 평균적으로 반응하는데 익숙해지기 때문에 획일성에 익숙해질 수 있으며, 셋째, 쌍방형 의사소통 구조가 아니기 때문에 직접적 학습요구 대신 간접적 학습요구의 충족에 만족해야 하고, 넷째, 일방향성의 지배적 의사소통에 의한 탈교육적 대화 내지 반교육적 소통이 이루어질 수 있다.

오늘날 메스미디어는 교육과 학습의 수단이자 도구로 적극 활용되고 있다. 이러한 매체활용의 교육은 오랜 역사를 가지고 있다. 17세기 신학자이며 교육자였던 코메니우스는 교과서 지식교육 대신 실물을 통한 시청각교육을 강조하면서,[76] 대교수학과 세계도회라는 감각교육을 위한 교재를 발간하면서 최초로 매체활용교육을 시작했다. 오늘날 이러한 전통은 매체학습 및 교육공학의 영역에서 가장 충실하게 계승되고 있다. 매체는 학습동기유발 면에서 탁월하며 참여 및 자기 주도 학습의 능력을 제고하기 때문에 교육과 학습에 효과적이라는 관점에서 유용한 교구(教具) 또는 교자재로 활용된다. 즉 매체를 통한 자극이 학습효과의 극대화를 이룰 수 있다는 가정이다. 이는 인간의 생활인지능력의 80%는 시각에 의존하며 나머지는 대부분 청각에 의존한다는 사실과도 무관하지 않

76) 대표적인 시청각 매체로는 흑판, 자석칠판, 화이트보드 융판, 괘도, 게시판, 실물과 표본 및 모형, 사진, 그림, 슬라이드, OHP(overhead projector), 녹음기, 오디오테이프, 영화, VTR, 비디오테이프, PPT 등을 들 수 있으며, 이는 원칙적으로 학습효과 극대화, 간접현장경험의 기회 제공, 효과적인 시간관리, 학습내용의 이해 보조 및 구체성 제공을 목표한다.

다. 이밖에도 매체활용교육은 원칙적으로 학습에의 능동적 참여, 실물학습경험의 기회 확대, 매체라는 도구수단을 활용한 이해력과 통찰력 증대를 목표한다. 물론 임상적으로 매체활용교육이 이러한 목표달성가설에 효과적이라는 실험결과가 모두 일치하는 것은 아니다. 모든 연구의 결과는 매체에 들어가는 콘텐츠에 따라서 그리고 매체를 사용하는 교수자에 따라서 그리고 매체를 접하는 학습자들의 수준 및 학습준비도에 따라 효과는 다를 수 있다. 또한 교수목표, 내용, 학습자의 요구, 특성에 따라 매체의 적합성이 고려되어야 하며, 투입산출비용의 경제효과에 따른 학습효과의 극대화 원리를 고려해야 하고, 활용가능성과 고장장애 등이 매개변수로 작용할 수 있다.

오늘날 교육현장에서 다루어지는 지식의 양이 폭발적으로 증가하는 이 시대에 교육이 대중화되고 대형화된다. 또한 지식전달 일변도의 교육 대신 탐구학습, 경험학습이 요구되는 21세기에는 다양한 교수방법이 요청된다. 이러한 이유에서 매체활용교육의 필요성은 높아지고 있다. 인터넷을 활용하는 사이버원격교육(사이버대학)이나 이-러닝(e-learning) 등이 대표적이다.[77] 매체활용교육이 예상하는 효과로는 교수활동의 표준화, 효과적인 동기유발, 상호작용의 증진, 효율적인 시간관리, 학습의 질 제고, 개별화학습, 열린학습환경의 조성 등을 들 수 있다. 물론 매체를 활용하는 교육에 남는 문제들은 다음과 같이 예상된다.

첫째, 면(面)대 면(面) 교육의 문제, 둘째, 교육학적 분위기(교육적 사랑, 안정감, 라포)의 문제, 셋째, 지지적 의사소통의 문제, 넷째, 쌍방형 의사소통(대화)의 문제, 다섯째, 인격적 만남과 대화의 교육 문제, 여섯째, 매체가 인지적 자극을 극대화한다는 연구결과에 대한 신빙성 문제, 여덟째, 부정적 매체효과의 문제 등이다.

그러나 '교구 또는 교자재로서의 매체활용'과 '매체로부터의 교육'은 별개의 문제이다. 전자는 교육콘텐츠나 교재를 교육하는데 매체를 활용함으로써 효과나 성과를 제고하기 위함이지만, 후자는 매체로부터의 교육은 콘텐츠가 교육적인 것도 있지만 비교육적인 것도 가능하다. 따라서 후자가 교육적으로 되기 위해서는 매체비판교육이 이루어질 필요가 있다. 이미 지적한 것처럼 매체는 문명의 이기로 사용되기도 하지만, 매체 자체가 가지고 있는 문제점도 만만치 않다. 메스미디어중독증 치유라든지 메스미디어로부터의

77) 인터넷 활용교육의 문제점은 접근기회의 불평등성, 교육목적과 인터넷 사용용도의 불일치 가능성, 인터넷 활용에서 체계적인 교육전문가의 부재, 인터넷 윤리의 문제(익명성) 등이 꼽힌다.

격리, 올바른 매체접촉방법에 대한 교육 등은 매체비판교육의 일환이다.

인간은 '언어'를 매개로 소통한다. 의사를 소통하는 것이다. 의사소통(communication)은 두 사람 사이에서 일어나는 상징을 통한 의미의 전달현상을 말한다. 그러나 해석 여하에 따라서 이해가 되기도 하고 오해가 되기도 한다. 상호 소통이 잘 된다는 것은 서로 잘 이해함으로써 삶의 공감대를 보다 확보하는 것이며, 반대로 소통이 서로 잘 안 된다는 것은 오해를 낳음으로서 결국은 갈등과 불신까지 초래할 수 있다. 또한 인간은 의사소통을 통하여 자아의식을 형성하기도 한다.

뉴컴(Horace Newcomb)은 의사소통이 세 가지 효과를 낸다고 보았다. 첫째, 의사소통을 통해서는 당장의 의견일치나 태도일치가 아닌 지식과 정보교환만을 이루어낸다. 둘째, 언어(대화)를 매개로 함으로써 상대방에 대한 이해를 증진시킨다. 물론 이해의 정확도에 따라서 오해의 정도도 달라진다. 셋째, 최선의 경우는 상대와의 공감대 형성을 이룸으로써 주관성으로부터 객관성과 일반성, 보편타당성을 제고시킨다. 이로써 지식, 태도, 행동의 변화를 유발하는 성과를 거둘 수도 있지만, 이는 교육의 영역으로 간주될 수 있다.

의사소통이 교육적으로 이루어지기 위한 조건은, 첫째, 관계형성을 통한 상호신뢰의 장이 만들어져야 하며, 둘째, 인격적 만남과 상호 끌림 또는 라포 형성을 도모할 수 있어야 하고, 셋째, 깨우침(각성)을 통한 변화가 일어나야 한다. 메스미디어의 교육효과를 성취하기 위해서는 '진정한' 의사소통의 도구로서 메스미디어와 상호교섭할 수 있어야 한다.

5) 교육과 도덕윤리

① 듀르케임의 도덕개념과 반론

교육을 통한 사회화의 개념에 대해서 기능론적 접근을 시도한 뒤르케임은 사회를 살아있는 유기체로 보았다. 그의 관점은 경제적 차원이 아니고, 사회의 전반적 집합적 신념, 의식의 공동체적 관점이다. 이로부터 그의 '도덕론'(道德論, The supreme principle of morality)이 탄생한다. 그에게서 도덕은 사회를 안정시키는 중요한 기능이다. 왜냐하면 우리 사회는 이미 '노동의 분화'(division of labor) 이후로 분업사회에 살고 있기 때문에 사회를 통합시키는 결속력이 요청되기 때문이다. 그것이 도덕 개념이다. 그에 의하면, 공정한 경쟁에 입각한 분업체제가 유지되는 가운데서 개인의 이익추구가 이루어질 때 상호의존적인 개인들의 유기적 결속 관계가 형성되고 사회가 안정적으로 유지 존속될 수 있다. 그는 비사회적인 존재로 태어나는 인간을 사회적 존재로 육성하는 것이 교육의 임무라고 보았다. 여기서 사회적 존재는 곧 도덕적 존재이다. 뒤르케임은 교육의 기능을 다음과 같이 제시하고 있다.

첫째, 사회가 그 구성원에게 반드시 요구되는 신체적, 정신적 제기능을 개발 육성하고, 둘째, 특정사회집단(신분, 계급, 가족, 직업 등)에 있어서 그 구성원에게 요구되는 육체적 정신적 제반 능력을 개발한다. 특히 노동의 분화가 증대되면 될수록 공통의 사상과 감정의 기반 위에서 직업적 전문성과 다양성을 개발하는 것이 교육의 과제이다. 그는 분업사회를 통하여 다양한 이익집단이 발생했다고 진단한다. 그런데 여기서 집단이기주의가 발생함으로써 집단적 갈등이 현실화되면서 사회적 분열과 혼란이 나타나게 된다. 결국 분업화된 산업사회에서의 개인들은 통제가 불가능한 이기주의의 만연 속에서 갈등을 가지게 되면서 사회적 위화감을 느끼면서 살아가게 된다. 따라서 교육과 학교의 몫은 사회적 통합이기 때문에 도덕성 함양 개발이 필수적이다.

듀르케임에 의하면, 도덕성은 의무와 선 그리고 규율정신, 사회집단에의 애착, 자율성 등의 요소로 구성된다. 결국 사회통합 및 자기규제를 위한 도덕성 함양이 사회화의 본질이며 교육의 몫이다. 이러한 도덕성은 "집합의식"(conscience collective)에서 나온다. 집합의식은 초월적 개인의식으로 개인을 규제하는 규범적 가치를 가짐으로써 가치판단과 평가의 기준이 된다. 인간은 환경의 산물로서 비이성적 존재로 태어난다. 따라서 교육 또는 사회화를 통하여 이성적 존재가 된다. 구체적으로 도덕적 결단과 선택이 중요하다. 즉 그가 속한 특정 사회에 의해 결정된다. 이는 칸트의 선험주의 윤리학과는 다르다. 결국 듀르케임에게서는 사회적 집합성이 우위로서 도덕적 권위가 인정된다.

그러나 이러한 입장에서는 개인의 도덕적 자율성이 부정된다. 즉 사회적·집단적 권위에 의한 제재(통제, 관리)와 처벌(사회적 규칙, 약속, 규정: 법)을 통해서 개인의 도덕적 행동 및 태도(욕망 억제)가 결정된다. 이는 개인의 양심과도 무관하며 사회의 객관적 기준(적법성)만이 중요하다. 따라서 합리(合理)도 사회적 힘에 의한 효율성의 결과일 뿐이다. 다시 말하면 사회는 인간을 조야하고 미완성 무질서한 자연으로부터 해방시키는 힘과 근거를 가지고 있다. 여기서 인간은 상황의 변화와 외부환경의 지배를 받는 공허한 존재일 뿐이다. 따라서 인간은 교육과 사회의 작품이다. 교육은 개인의 사회화와 사회적 재생산의 수단이다. 즉 교육은 태어날 때 개인적이고 비사회적인 인간 존재를 전혀 새로운 존재로 형성하는 사회적 작용이다. 이로써 듀르케임의 교육은 개인의 발달문제를 다루는 심리학적 의존(교육의 방법)에서 탈피한다. 교육은 사회의 내적 질서가 요구하는 인간 즉 사회가 요구하는 사회적 인간을 양성해야 한다. 즉 이기적이고 비사회적 존재인 신생아에겐 가능한 한 빨리 새로운 도덕적 생활을 영위해 나갈 수 있도록 해 주는 것이 교육의 과업이다. 한마디로 교육은 사회화된 인간 양성이다. 대표적인 사례는 직업교육훈련이다. 직업교육은 직업적 기능을 연마시키면서 동시에 직업도덕 및 직업윤리를 강조함으로써 직업적 안정을 통한 사회적 안정을 도모한다. 도덕은 사회안정, 사회질서, 사회통합의 초석이다.

그러나 도덕의 개념은 결코 고정적이지 않다. 고대 그리스의 소피스트 시대부터 지금까지 전통적인 도덕의 개념은 항상 도전을 받아 왔으며, 오늘날 포스트모던을 지나면서 도덕 개념은 전혀 다르게 해석되기도 한다. 한 예로 계몽주의 시대에 독일의 도덕철학자 칸트는 도덕의 개념을 양심(良心, Gewissen)의 개념으로 환원했다. 즉 그는 자신의 저서 <실천이성비판>에서 우리가 행위를 함에 있어서 도덕적으로 옳으려면, 그 행위에 의한 이익, 성과 등을 따지지 않고 오로지 행위 자체가 옳다는 이유만을 가지고 있어야 하는데, 이 의지를 그는 "선의지"(善意志) 라고 불렀다. 그런데 선의지에 의한 도덕적 행위는 선험적 원리가 부재하다면 결코 가능하지 않다. 따라서 선의지로서의 도덕은 당위명제 혹은 정언명령(正言命令, categorical imperative)이다. 즉 행위의 형식, 목적, 결과에 관계없이 그 자체가 선이기 때문에 무조건 지켜야 할 도덕적 명령이다. 그는 말한다. "네 의지의 준칙이 항상 동시에 보편적인 법칙 수립의 원리로 타당할 수 있도록 그렇게 행하라!" 이미 그 이전에도 소크라테스는 자신에게 존재한다고 믿었던 '양심의 목소리'인 다이모니온(Daimonion)을 언급하는 바람에 독배를 마시게 되었다. 이밖에도 양심의 문제는 도덕을 거론할 때 철학자와 사회학자들에게 가장 많이 회자되는 연구테마가 되어 왔다.

그러나 양심의 문제가 도덕의 문제를 명확하게 해명하지는 못했다. 양심의 목소리를 따르던 소크라테스가 결국 이 때문에 독배를 마시게 된 것은 이러한 난제를 암시해 준다. 이를테면 양심은 있는 사람들에게만 있다. 우리는 양심이 없는 사람들을 '양심에 털 난 사람'이라고 비아냥하기도 한다. 양심의 가책을 느끼면서도 결정적일 때 슬그머니 그 양심을 버리는 사람들도 있다. 칸트 도덕론의 마지막 종착지인 양심은 선험적인 영역이라서 지나치게 해석이 다양할 뿐이다. 물론 그는 자유(의지)와 자율이라는 이율배반(二律背反)이라는 배리(背理)의 논리를 통하여 도덕을 인간의 '의무'(義務)와 '당위'(當爲)로 풀고 있다. 그러나 이런 저런 이유로 도덕을 양심으로 환원시키는 작업은 여전히 명확하지가 않다.

그럼에도 불구하고 도덕의 개념은 우리의 일상에서 대단히 중요하다. 특히 교육의 대상으로서의 도덕과 윤리의 문제는 더욱 중요하다. 왜냐하면 도덕의 와해로 인한 공동체의 운명은 불 보듯이 명약관화(明若觀火)하고, 도덕을 잊고 사는 개인에게도 언젠가 비도덕성의 결과가 부메랑이 되어서 돌아올 수 있기 때문이다. 오늘날 기업경영에서도'윤리경영'을 외치고 있다. 물론 지금까지 승승장구했던 경영의 세계에서도 모든 전략이 이제는 더 이상 통하지 않기 때문이다. 처음부터 윤리경영을 외친 경영자는 세상에 없다. 왜냐하면 기업경영의 목표는 "이윤추구"이기 때문이다. 윤리적으로 경영하다가는 이윤추구에 실패할 확률이 높다. 그래서 처음부터 윤리경영을 추구한 회사들은 이미 다 망해서 세상에 없다.

오늘날 아이러니하게도 경영인들에게 윤리경영은 마지막 보루가 되었다. 지금까지는 윤리와 무관한 경영전략으로 승승장구했지만, 이제는 그것이 부메랑이 되어서 돌아오는 것이다. 버티고 버티다가 이제는 더 버틸 수가 없게 되었다. 윤리경영을 하는 척이라도 해야만 먹고 살 수 있는 신세가 되었다. 도덕적이고 윤리적이지 못하다고 평가되면 그 다음날 비즈니스는 종료된다. 도덕적이고 윤리적이지 못하다고 평가되는 정치인은 그 다음날부터 실업자가 된다. 그가 한 거짓말이 탈로나면 그는 다음 날로 세상에서 매장된다. 그러나 실제로 윤리경영을 하는 회사가 이미지 경영에서 성공적 사례로 드러나면서 너도 나도 윤리경영을 외치면서 호들갑이다. 그러나 잘 안 된다. 이윤추구라는 목표 앞에 윤리경영은 현실화되기 어렵고 인간은 대부분 작은 이득에 눈이 머는 근시안을 가지고 있기 때문이다. 결국 '소탐대실'(小貪大失)하는 꼴이다. 그럼에도 불구하고 이윤추구는 경영의 최고 목표이기 때문에, 윤리경영은 허울만 좋은 대답없는 메아리로 귀결된다. 그러나 실제로 윤리경영을 실천하는 기업이 오랫동안 살아남을 것이며, 윤리경영하는 기업만이 이윤추구에서도 장기적 안목에서 보다 월등해질 수밖에 없는 사회가 되었다.

애초부터 인류는 공동체(community)를 만들어 놓고 그 속에서 살아가기 위한 조건으로 도덕(moral)의 이념을 수립해 왔다. 도덕이 사라진다면 공동체는 무질서하게 된다. 공동체에게 무질서는 일단 위험하다. 공동체의 규범이 사라진 사회에서는 아노미(Anomie) 현상이 발생한다. 사회가 아노미 상태에 들어가면 개인도 자살률이 높아진다. 결국 공동체의 붕괴는 개인의 멸망을 의미한다. 따라서 도덕과 윤리는 사회공동체의 차원에서 중요하다. 그러나 공동체는 곧 개인이기 때문에 개인에게도 도덕은 우리를 살아남게 하는 최후의 교두보가 된다. 물론 질서는 무질서의 과정을 통해 이루어질 때 진정한 질서이다. 따라서 공동체 속의 무질서는 새로운 공동체를 만들어 낼 수 있다. 물론 무질서가 너무 오래 지속된다면 그 와중에 공동체는 새로운 질서가 되기 전에 파멸될 수 있다.

한편, 도덕의 개념은 항상 변한다. 물론 과거의 도덕 윤리가 오늘날에도 그대로 준수되어야 하는 경우가 있다. 그러나 수많은 도덕 개념이 오늘날 우리 사회에서 많이 사라지기도 했다. 이를테면, 과거에는 남녀칠세부동석(男女七歲不同席)이 도덕적이고 윤리적이었다면, 지금은 거의 도외시되는 대목이다. 남편과 아내가 할 일이 다르다는 부부유별(夫婦有別)도 이제는 옛말이다. 우리 주변에는 전업주부가 된 남자들이 기하급수적으로 늘고 있다. 그러나 여전히 과거의 도덕과 윤리를 준수하는 경우도 얼마든지 있다. 사람이 사람을 해(害)하는 것은 예나 지금이나 인간의 도리가 아니다. 그럼에도 불구하고 미국의 도덕과 윤리가 한국의 그것이 반드시 일치하지는 않는다. 고려시대의 도덕윤리가 오늘날도 지켜져야 한다는 법은 없다. 물론 오늘날도 반드시 이를 고수해야 한다고 주장하는 사람들도 있을 것이다. 하여간 도덕과 윤리는 반드시 고정적이고 일치하지는 않는다.

그렇다면 우리는 어떠한 도덕과 윤리를 교육의 내용이자 목표로 삼아야 하는 것일까? 시시각각으로 변화하는 도덕의 개념을 교육할 것인가? 아니면 고전(古典)으로 전승되는 도덕의 관념을 그대로 전수할 것인가?

유교(儒敎)에서는 도덕적 인간을 자신을 성찰할 수 있는 도덕적 능력을 갖춘 존재로 규정하고 있다. 여기서는 도덕적 능력은 성찰할 수 있는 능력이 된다. 즉 도덕은 반성하고 성찰하는 가운데 스스로 알려진다. 아니면 반성하고 성찰하는 구도(求道)의 과정에서 득하는 것이 바로 도덕이다. 한자말로 도덕(道德)은 '덕으로 가는 길'을 말한다. 덕(德)이 무엇인가? 하는 명제는 동서양을 막론하고 오래 된 명제이다. 덕을 얻기 위해 떠난 길이 도덕이다. 따라서 도덕은 과정(科程)의 개념이다. 그래서 우리는 도를 닦는다고 하고 도를 얻는다 즉 득도(得道)한다고 한다. 이렇게 본다면 동양이 도덕 개념은 서구의 그것보다 훨씬 더 현실적이다. 이는 노장사상의 "도가도비상도(道可道非常道)"라는 개념과도 통한다. 도를 도라고 말하는 순간 도가 아니다. 즉 도란 언어로 표현할 수 있는 것이 아니다. 따라서 도란 개념정의(概念定義)도 아니며 고전으로 확고하게 정해진 것도 아니다. 도란 항상 상황

(狀況)과 맥락(context) 속에서 항상 새롭게 스스로 그의 모습을 나타낼 뿐이다.

이렇게 본다면 동양의 도덕 개념은 서양의 윤리(倫理, ethic)개념과 통한다. 왜냐하면 서양의 윤리 개념은 합리주의를 기반으로 하고 있기 때문이다. 사전적으로 윤리란 사람으로서 마땅히 지키거나 행해야할 도리나 규범을 말한다. 상황과 맥락에 따라서 '마땅히' 지켜야 할 도리나 규범이다. 반면, 도덕(道德, moral)은 인간이 지켜야 할 도리나 바람직한 행동규범과 관련된 것을 말한다. 이렇게 본다면 윤리는 '사회적 맥락'에 초점을 둔 개념이고 도덕은 개인의 행위에 초점을 둔 개념이다. 물론 동양에서는 좀 다르다. 도덕 즉 '덕으로 가는 길'로서, 덕을 찾아 가는 여정에서 스스로 드러나는 것이 도덕이다. 반면 윤리(倫理)란 말 그대로 '인간의 삶의 수레바퀴가 돌아가는 이치와 도리'라는 뜻으로, 이미 존재하는 우주질서의 섭리와 이치에 따라서 살아가는 인간의 숙명 같은 도리(道理)의 개념이라고 할 수 있다.

결국 고정된 교과서의 내용만을 기계적으로 외우고 전수하는 방식으로만 이러한 도덕 윤리의 교육적 질문들을 모두 해소할 수는 없다고 할 수 있다. 과연 오늘날 상황과 맥락에 맞는 도덕과 윤리는 과연 무엇이어야 하는가? 아울러 이미 존재하는 우주의 섭리와 이치는 무엇인가? 아니면 덕으로 가는 길은 어떤 길인가? 등등 이러한 질문들에 답하기 위하여 대화와 토론 그리고 이에 대한 비판, 반성 그리고 성찰의 과정을 통하여 우리는 진정한 도덕과 윤리를 내용과 목표로 하는 교육적 과업을 달성할 수 있을 것이다.

② 니체의 도덕론

역사적으로 서구의 도덕론은 크게 두 가지 흐름으로 구분된다. 하나는 선(善)과 악(惡)의 '이분법적 구도'(dichotomy structure)를 상정해 놓고, 선은 가치있는 것이니까 무조건 추구해야 하고 악은 잘 못된 것이니까 삶에서 무조건 추방하여야 할 것 즉 권선징악(勸善懲惡)의 개념을 통하여 '도덕론'(道德論)을 전개하는 방식이다. 플라톤이 이데아의 세계를 찾으면서 추구한 이성주의 도덕론과 기독교가 선악과의 후유증을 언급하면서 원죄설을 유포시킨 기독교 도덕론 그리고 동양에서는 공자가 이상향을 찾은 유교주의 도덕론은 우리 들로 하여금 이분법적 사유 속에서 도덕을 생각하도록 했다.

다른 하나는 이러한 이분법적 도덕개념에 대해서 비판을 하면서 시작된 니체(Friedrich Nietzsche, 1844-1900)의 자연주의적 도덕관이다. 그는 전통도덕의 반자연성(反自然性)을 지적

하면서 자연법에도 맞지 않는 도덕을 어떻게 인간이 지킬 수 있는가에 대해 의문을 가졌다. 그는 반문한다: "도대체 누구를 위한 도덕인가?"그러나 서구의 전통도덕에서는 이기심이 문제이기 때문에 선과 악의 대립구도 속에서 도덕을 실천하는 것은 정당하다는 것이었으며, 동양에서도 개인의 (지나친) 욕심(慾心)은 남을 생각하지 않는 사리사욕(私利私慾)의 이기심(利己心)으로서 이는 결국 사악함을 낳기 때문에 마음을 다스리는 수기(修己)로 시작하여, 마음의 수양, 심신 수련 등의 개념과 도덕개념을 결부시켰다. 이렇게 본다면 타인을 고려하는 '이타심'(利他心)의 영역까지 거론한다는 차원에서 서구의 기독교 사상과 동양의 제반 사상은 통한다.

그러나 니체는 욕심이나 욕망을 인간의 본성으로 보았다. 설령 욕심이나 욕망이 지나치면 문제가 된다고 하더라도 이것이 없다면 인간은 생명조차 시작할 수 없다는 것이다. 니체는 이기적인 것과 이기적이지 않은 것을 구분하지 않는다. 왜냐하면 인간에게 이기적인 것이 없이 이타적인 것만 있다면 극단적일 경우에는 남을 위해서 자신의 삶을 포기하는 것을 의미한다. 이는 지나치게 이상적이며 극단적이다. 그렇다면 인간은 이타적이 되기 위해서 모두 희생해야 한다는 말인데, 그렇다면 결국은 도덕을 위해서 지구상의 인간들은 모두 죽어야 한다는 말이 된다.

이러한 의미에서 니체는 자기애(自己愛)라는 개념을 사용한다. 그런데 이러한 자기애의 개념은 사실 프랑스의 사회 사상가이며 철학자인 루소(Jean-Jacques Rousseau, 1712-1803)의 사상에서 비롯되었다. 즉 욕심과 욕망은 인간의 본능으로서 완전히 억제할 수가 없다. 본능은 자연성으로서 이를 완전히 거세해 버린다는 것은 인간을 더 이상 살아남지 못하게 하는 것과 다름이 없다. 니체는 이기심을 인간의 삶에서 "무제약적인 원칙"이라는 말로 표현했다. 즉 이기심은 없앨 수 있는 것이 아니라 어쩔 수 없이 허용할 수밖에 없는 삶의 원동력이라는 말이다. 따라서 서구전통의 이분법적 선악의 개념은 지나치게 이상적이라는 것이다. 니체는 이러한 이분법적 도덕 개념을 기득권자들이 자신들의 권력을 정당화하고 확장시키기 위한 "지배도덕"이라고 표현하면서, 이를 통하여 권력자들이 인간을 사육(飼育)한다는 강한 표현을 한 바도 있다. 즉 이분법적 도덕개념은 인간이 인위적으로 만들어 낸 것이다. 니체에 의하면, 도덕은 이분법에 의해서 정해지는 것이 아니라, 오로지 '자연성'(自然性)에 입각해서 행사될 수 있어야 한다. 물론 니체도 도덕의 전제조건을 '자기극복'(自己克復)으로 보았다.[78] 이렇게 본다면, 동서양을 공히 대표하는 중용의 개념이 오히려 도덕론에 보편타당한 논리를 제공할지도 모른다. 아리스토텔레스의 중용사상과 맹자의 중용사상과도 통한다고 할 수 있다.

③ 중용사상과 도덕개념

중용(中庸)사상은 동양에서는 공맹(孔孟)사상으로부터 나온다. 여기서 중(中)은 치우치지(偏倚) 않고, 지나침(過)과 모자람(不及)이 없는 것을 말한다. 서양에서도 아리스토텔레스는 중용사상(中庸思想)은 파르테논 신전의 경구(警句, oracle)였던 '더도 말고, 덜도 말고'에서 나온다. 결국 동서양의 중용에서 중(中)은 '과유불급'(過猶不及)이라는 동일한 의미를 가진다. 결국 중은 동서양을 막론하고 '균형과 조화'를 의미한다. 아리스토텔레스에게서 자신을 절제(節制)하는 용기(勇氣)를 가진 자가 바로 지혜(智慧)를 가진 자이고, 이러한 지혜를 구하는 과정에서 중용의 덕이 드러난다.

그러나 동양에서는 용(庸)에 대한 해석이 보다 다양하고 부분하다. 주희의 해석에 의하면, 용은 평상(平常)이라는 뜻으로, 인간이 본분(本分)에 따라 괴이한 일을 하지 않는 것을 말한다(依本分不爲怪異之事). 따라서 중용은 인간은 평소의 삶에서 벗어나지 않을 때 비로소 중(中)을 찾게 된다. 남보다 눈에 띌 만큼 탁월하지도 않고 반대로 더 못나지도 않는 사람이 평상으로 사는 사람들이다. 이들은 평상심(平常心)을 가지고 평범하게 살아간다. 중용의 덕을 실천하면서 사는 것이다. 결코 이들은 남이 볼 때 특별하거나 이상한 짓을 하면서 살지 않는다. 이를테면, 성리학을 집대성한 주희(朱熹)는 백이(伯夷)나 숙제(叔齊)를 괴이한 사람들로 보았다. 즉 백이와 숙제 형제는 은(殷)나라가 주(周)나라 무왕에게 패하자 주나라 곡식을 먹지 않겠다는 의지로 산에 들어가 고사리를 캐먹다가 죽은 사람들이다. 주이에게 백이와 숙제는 역사적으로 충신의 본보기라고는 할지라도 중용의 덕을 지키지는 못한 사람들이다.

그러나 정호(程顥)와 정이(程頤)는 용을 전혀 다르게 해석하였다. 즉 이들에게 용은 '바뀌지 않는 원리'를 뜻한다. 그렇다면 주자의 해석과 표면상으로는 논리적으로 모순이다. 그러나 이러한 해석의 차이가 단순히 모순으로만 간주되지는 않는다. 왜냐하면 중용의 사

78) 니체는 자신의 저서 <자라투스트라는 이렇게 말했다>에서 "그가 바로 자기가 도덕적 행위의 주체가 되는 즉 주인도덕을 가지는 초인(超人) 즉 위버멘쉬(Übermensch)"라고 선언했다.

상은 도(道)와 리(理) 이외에도 성(性), 성(誠), 화(和) 등의 문제와 복잡하게 결부되어 설명되기 때문이다. 사실 중용(中庸)은 한자말로 중(中)을 잘 써먹음 즉 중의 실용화(實用化)를 의미한다. 즉 중을 어떻게 쓰임새 있게 할 것인가? 그것이 중용이다.

우리의 관심은 중용사상과 도덕윤리의 관계이다. 동서양을 막론하고 '중(中)을 잡아서 산다'는 것은 상황판단을 말한다. 즉 중은 수치상의 중간이라기보다는 '적절하게' 또는 '적합하게'절도(節度)있게 살아간다는 뜻이며, 균형있게 조율한다는 과정의 의미가 있다. 따라서 중용의 도를 실천하는 것을 도덕의 일환으로 본다면, 도덕은 인심(人心)과 도심(道心)의 사이에서 도심을 추구하는 노력(수련, 수양)으로 이루어짐을 암시한다. 여기서 인심은 치우치고 모자라기도 하고 때로는 지나치기도 한 성질을 가지고 있으며, 도심은 득도한 사람이 도달하는 성(誠)의 수준이라고 할 수 있다. 따라서 중용은 희노애락애오욕(喜怒愛樂哀烏慾) 같은 사심(私心)으로 대표되는 인심이 도심으로 되려는 노력의 과정을 중시한다.

> "우리는 모두 과정적 자아이며, 그러한 자아는 지속적으로 그 정체성을 탐색하며(즉 , 목표, 행위, 느낌, 분위기, 태도 경험 안에서 스스로를 발견하려고 시도함으로써), 또 동시에 스스로 무엇이 될 것인지에 대한 상상적 이상들에 부합하게 자신을 형성하려고 하는 자아다."(마크 존슨, 1993/ 노양진 옮김, 2008: 308)

또한 중용의 궁극적인 목적은 성(誠)에 의거해 자신의 산만한 감정을 조절하고 조율하는 한편 대립하는 견해들을 해소하여 화합(和合)에까지 이르는 것이다. 이렇게 본다면, 우리 인간에게는 중용을 실천하는 과정에서 도덕윤리가 발생한다고 할 수 있다. 인간이 살면서 치우치지 않고 지나치지도 않고 그렇다고 모자라지도 않는 평상심의 삶을 위해 노력한다는 것은 결국 남들을 해치거나 방해하지 않으며 남들과 함께 잘 어울리며 살아가는 윤리적인 삶으로 드러나는 것이다. 이는 공정(公正)한 삶이기도 하고 지혜(智慧)롭고 정의(正義)로운 삶이기도 하다. 한마디로 수기(修己) 즉 세상 사람들과의 균형과 조화를 조율하기 위해서 자신의 사리사욕을 절제하고 조율하면서 중(中)을 찾아가는 삶이 곧 도덕적 삶이다.

그러나 이러한 동서양에서의 도덕 담론으로부터 별 뚜렷한 해법이 나오지 않게 되자, 마침내 오늘날은 도덕적 절대주의와 도덕적 상대주의 간의 대립만이 생겨났다.

"도덕적 절대주의는 어떤 행위가 옳으며, 어떤 행위가 그른지를 말해주는, 보편적으로 강제적인 절대적 도덕법칙이 존재한다고 주장한다... 대립적 입장인 도덕적 상대주의는 어떤 도덕 법칙도 존재하지 않는다는 주장하거나, 만약 도덕 법칙이 존재한다면 그것은 특정한 문화 집단에 상대적이거나 특정한 역사적 맥락에서만 유효하다고 주장한다. 그러므로 상대주의는 보편적으로 타당한 도덕법칙은 존재하지 않으며, 모든 평가의 기준은 전적으로 우연적이고 문화 의존적이라고 주장한다."(마크 존슨, 1993/ 노양진 옮김, 2008: 30)

그러나 이러한 대립 역시 이분법적인 사유에서 비롯되며 특히 이성중심의 도덕관에서 나온다는 비판이다. 즉 도덕은 이성으로만 파악될 수 있는 것이 아니기에 이성적 사유에서 나온 이분법적 구도 형성도 무의미하다는 평가이다. 이미 로크나 흄 그리고 듀이같은 경험론자들도 도덕 담론에 적극적이었으며, 니체같은 몸이성론을 주장하는 감성철학자들도 도덕의 문제에 집중했다. 칸트 역시 이성과 감각의 합일 속에서 그의 도덕론을 완성할 수 있었다. 따라서 도덕법칙은 절대와 상대를 뛰어넘는 인간의 삶의 본질에 해당되는 개념이라고 할 수 있다. 이렇게 본다면, 도덕을 내용으로 목표하는 교육은 대단히 중요하다. 철학이나 사상으로 풀 수 없는 것은 결국 교육이라는 활동과 행위를 통해서 풀어낼 수 있다.

이를테면 도덕은 우리의 삶에서 어떻게 '체험'(體驗)되고 실천(實踐)될 수 있는가 하는 문제도 하나의 해법이다. 만약 이러한 도덕 담론이 교육의 테마가 된다면, 전달 중심의 교육으로는 해법을 찾기 어렵다. 다시 말하면, 교육방법의 문제이다. 도덕을 체험하는 것은 참여하게 하는 것으로 시작으로 가능하며 도덕실천에 대한 대화, 소통, 비판, 반성, 성찰을 할 수 있는 교육방법이 고안될 필요가 있는 것이다. 즉 개념화에 집중하는 철학적으로는 절대적 도덕법칙이나 상대적 도덕법칙에 대해서 언급할 수 있겠지만, 실천으로서의 교육은 이의 대립을 극복하면서 체득될 수 있게 할 수 있다. 이때 중요한 것은 교육의 내용이나 목적보다는 방법일 것이다.

"규칙들은 실제적이다. 그것들은 행위의 습관적 방식들이다. 그러나 원리들은 지적이다. 그것들은 방향과 행위를 판정하는 데 사용되는 최종적 방법들이 다."(Dewey, 1969: 141)

과연'어떻게 하면' 이들이 그것이 절대적이든 상대적이든 관계없이 도덕법칙을 체험하고 실천할 수 있을 것인가? 아니면 어떻게 도덕법칙은 구성(構成)되는가? 그렇다면 도덕적 구성주의는 절대주의와 상대주의라는 이분법적 도덕성을 극복할 수 있을까? 결국 이는 철학이나 도덕 그 자체의 개념적 문제라기 보다는 교육의 문제일 수밖에 없다. 구체적으로 말하면, 교육방법(educational method, 教育方法)의 문제인 것이다.

④ 듀이의 도덕 개념

듀이(John Dewey, 1857-1952)에 의하면, 동서양을 막론하고 도덕성은 늘 '마음'의 관점과 '행동'의 관점으로 이분법적으로 발전되어 왔다. 마음으로 '아는 도덕'과 행위로 이어지는'실행 도덕'으로 양분되어서 연구되어 온 셈이다. 즉 도덕의 이론을 제시하는 여러 학파들은 내적인 마음의 상태와 외적인 행위나 결과를 서로 분리해 놓고, 도덕성을 그 중의 한쪽과 동일한 것으로 규정하고 있다(존 듀이, 1916/ 이홍우 역, 1996: 519). 듀이는 도랑을 건너는 사람의 마음(의식)과 행위의 관계를 비유하면서 도덕성 내지 도덕적 지식이 어떻게 발생하는지에 대해서 설명한다.

> "만약 이 사람이 도랑을 뛰어 건널 수 있다든가 없다든가 어느 쪽으로든지 확실히 결정을 했다면, 뛰거나 뛰지 않거나 어느 한쪽으로 행동을 하게 될 것이다. 그러나 아직 생각을 하는 동안에는, 그는 의심하는 상태에 있으며 망설이는 상태에 있다. 어느 한쪽으로 행동의 표출이 보류되는 동안 그의 활동은 확정적인 행동의 방향을 준비하기 위하여 그의 유기체내에서 에너지를 재분배하는 것에 국한되어 있다."(존 듀이, 1916/ 이홍우 역, 1996: 519)

여기서 마음(의식)을 '정신적 행위'라고 본다면, 듀이에게서는 모두 '행위' 즉 프래그마에 해당된다. 따라서 듀이에게는 정신과 육체적 행위는 동일한 선상에 있다.

"그러나... 개인에 관련되는 요소들이 의식 속에 용솟움치듯이 떠올라 오른 것은 활동의 전체적 시간계열 중의 한 부분으로서 전체적인 활동과 밀접하게 관련되어 있다. 먼저 순전히 정신적인 과정이 일어나고 난 다음에 갑자기 그것과는 근본적으로 다른 신체적 과정이 따라오는 것이 아니다. 처음에 보다 불확실한 생각이 엇갈리는, 망설이는 상태에서부터, 보다 외현적인 확실한 완전한 상태에 이르기까지 하나의 연속된 행동이 있는 것이다."(존 듀이, 1916/ 이홍우 역, 1996: 520)

이러한 연속된 행동의 근거를 듀이는 유기체의 생리학으로 풀어간다.

"처음의 활동은 주로 유기체 내의 긴장과 조정의 과정으로 구성되어 있으며, 그러다가 그 긴장된 상태가 하나의 통합된 태도로 구성되면 유기체는 하나의 전체로서 행동을 하게 되고 거기서 모종의 분명한 행동이 나타나게 된다. 물론 우리는 연속적인 활동의 과정에서 분명히 의식적인 과정이라고 생각되는 것을 정신적인 활동이라든가 지적인 활동이라고 하여 따로 떼 내어 생각할 수 있을 것이다. 그러나 이 경우에 정신적이라든가 지적이라고 하는 것은 활동이 아직 외부적인 에너지를 발동하여 환경에 변화를 가져오는 완전한 단계에 도달하기 이전의 불확실한 형성기에 있다는 것을 말하는 것에 불과하다."(존 듀이, 1916/ 이홍우 역, 1996: 520)

우리는 '아는 것'과 '행하는 것'이 다르다고 할 때, 그것은 '용기'(勇氣)가 부족해서 그렇다고 말할 것이다. 그러나 듀이는 아는 것과 행동의 불일치의 이유를 유기체에서 의식과 행위의 관계를 통하여 전혀 다르게 설명하고 있다. 왜냐하면 인간도 유기체이기 때문이다.

역사적으로 이론과 실천의 관계도 그렇게 발전되어 왔다. 도덕시간에 배운 지식과 실천은 전혀 다르게 나타나기 때문에 우리는 도덕교육의 무용론을 주장하기도 한다. 이러한 논리 이면에는 '용기가 중요하다'는 학문적 오류가 깔려 있기 때문이다. 왜냐하면 용기에는 '무모한 용기'도 있기 때문이다. 따라서 이는 용기의 문제가 아닌 것이다. 또한 이론과 실천의 문제는 오로지 지식과 지식을 적용하는 것의 문제일 뿐인데, 제3의 요소인 용기를 끌어 들인다면 학문은 더 이상 진전되지 않는다.

이미 2500년 전 플라톤은 용기(기개)란 수호자 계층의 덕(德)으로 보았다. 군인 또는 국가의 수호자들에게 가장 훌륭한 덕은 용기이다. 그러나 아레테를 최고의 이상으로 간주한 플라톤에서 국가수호자들에게서 용기 역시 지식이었다. 즉 용기는 정확한 지식을 가지고 있을 때 발현된다. 국가수호자들은 자신들이 국가를 지키는 사람들이고 국왕에 충성해야 한다는 사실을 잘 알고 있을 때 목숨을 내 놓을 수 있는 용기도 나온다. 결국 용기도 참지식(epistēmē)의 문제인 것이다.

> "지식과 덕(德)을 동일한 것으로 보는 소크라테스-플라톤의 주장이 있다. 이 주장에 의하면, 알면서 악을 행하는 사람은 아무도 없으며 악을 행하는 것은 오직 선(善, good)에 관한 지식이 없기 때문이다.... 아리스토텔레스의 반론은 플라톤의 주장의 골자, 즉 사람은 장기간에 걸친 실제적 관습과 엄격한 훈육을 거치지 않으면 이론적인 통찰에 도달할 수 없다는 점을 도외시하였다."(존 듀이, 1916/ 이홍우 역, 1996: 531)

참지식이 있으면 용기도 나지만 참지식이 없으면 용기도 안 난다. 위에 듀이가 한 '도랑건너기'의 비유에서 망설이는 것은 도랑의 깊이라든지 물살의 속도라든지 아직 도랑의 안전성에 대한 확신이 서지 않았기 때문이다. 도랑에 대한 참지식이 부족하기 때문에 아직 건너뛰기의 용기를 낼 수 없는 것이다. 결국 이론과 실천의 관계는 용기의 관계라기보다는 참지식 내지 지식의 완전성의 문제이다. 이것이 플라톤 이해 인류가 추구해온 지식의 문제이다. 한마디로 확실히 알면 행한다. 확실히 알지 못하기 때문에 행할 '용기'가 안 나는 것이다. 도덕도 마찬가지이다. 확실히 알면 도덕적 실천은 얼마든지 가능하다. 확실히 알지 못하기 때문에 도덕행위도 일어나기 않는 것이다.

이제 문제는 우리가 도덕적 실천을 할 수 있는 용기를 내도록 해주는 참지식을 어떻게 얻을 수 있는가 이다. 듀이에 의하면 도덕은 '반성적 사고'(reflective thinking)에 의해서만 체득할 수 있다.

> "듀이의 이론은 도덕적 사유를 특정한 시점에 우리에게 열려 있는 가능한 행위 방향에 대한 극적인 상상적 연습의 한 형태로 본다. 듀이는 보편적 명령이나 보편적인 도덕적 이성을 우리의 도덕적 탐구나 문제해결의 근거로 작용하는 공유된 도덕적 상상력으로 대체하고 있다. 그는 도덕 원리들을 사람들이 과거의 도덕적

사유 안에서 중요하다고 받아들였던 숙고들의 요약으로 간주하는데, 그것들은 결코 절대적인 도덕 규칙들이 아니다. 듀이는 유일한 실제적 대안이 지각적이고 감수성이 있으며, 자기비판적인 도덕적 상상력을 함양하는 것이라고 본다. 듀이에 따르면 이것은 우리에게 도덕적 원리주의를 포기하고 대신에 도덕적 판단의 적절한 근거로서 품성, 이해, 감정이입, 창조적 전망의 함양에 초점을 맞추도록 요구한다."(마크 존슨, 1993/ 노양진 옮김, 2008: 16)

물론 듀이에게 도덕성은 이론과 실천의 '통합'을 통해서 나타난다. 그럼에도 불구하고 도덕성은 참지식 또는 이론의 문제이다. 이는 플라톤에서 정리된 참지식의 논리에 입각한다. 즉 참지식을 득하면 그것은 바로 행위로 이어진다. 그것이 참지식이 아니기 때문에 망설여지는 것이다. 이는 마치 용기가 없는 것으로 보이지만 사실은 무모한 용기로 이어지는 잘 못된 지식을 반추하고 성찰하는 것이다. 도덕성에 대한 올바른 이론의 핵심은 자아와 그 행위의 본질적 통합성에 관한 인식이다(Dewey, 1960: 151).

"도덕성에 관한 옳은 이론의 핵심이 되는 것은 자아와 그 행위 - 만약 도덕적으로 어떤 의미라도 있다면 - 의 본질적 통합성을 인식하는 일이라고 말하는 것은 결코 지나치지 않다. 반면에 이론의 오류들은 자아와 행위(그리고 그 귀결)가 서로 분리되고, 도덕적 평가가 어느 한쪽으로 치우치는 순간 생겨난다."(Dewey, 1960, 150-151)

따라서 이론은 도덕적 실천을 위한 삶의 목표, 가치, 의미 등을 성찰을 위한 기준으로 작용하게 된다. 즉 도덕성이 구현되기 위해서는 이론으로 끝나거나 실천이나 용기가 강조되는 것이 아니라, 이론과 실천이 마침내 합일될 때까지 끊임없이 반성되고 성찰될 필요가 있는 것이다.

"듀이의 논점은... 우리가 그것을 무엇이라고 부르든 도덕적 숙고와 중요한 관련성을 갖는 지적 원리들이 존재한다는 것이다. 그렇지만 그것들은 행위를 위한 처방으로 간주되어서는 안 된다. 대신에 그것들은 한 전통이 지속적인 경험과 반성이 과정에서, 과거 행위에 대한 반성, 미래의 행위 방향, 또는 실천적 지혜를 가진 것으로 생각되는 사람들의 선택에 대한 성찰을 통해 중요한 고찰들로 받아들인 것들을 환기시켜 주는 장치로 간주되어야 한다."(마크 존슨, 1993/ 노양진 옮김, 2008: 224)

듀이에게 이론은 도덕 원리를 제시하는데, 이는 아직 불확정적인 삶에 대처하는 데 도입하는 추상적인 지적 도구일 뿐이다.

"이러한 듀이적 의미에서 '황금률'은 하나의 규칙이 아니라 우리에게 가능한 행위들 중 어떤 것이 선택될 수 있는지를 성찰하는데 부분적 근거가 되는 일반적 원리다. 이런 종류의 도덕 원리들은 그것들이 잘 합치되는 특정한 종류의 상황에, 특정한 종류의 문제에 적절한 것으로 형성되었다. 그러나 우리 경험이 진화하고 변화하기 때문에 그러한 도구들이 처음 형성되었을 때에는 생각지도 않았던 새로운 문제 상황이 생겨날 것이다. 황금률 같은 원리는 이런 저런 상황에서 정확히 무엇을 해야 하는지를 결정해 주지 않는다."(마크 존슨, 1993/ 노양진 옮김, 2008: 225-226)

다시 말해서, 도덕은 원리를 안다거나 지식으로 안다고 해서 바로 실천될 수는 없는 속성을 가지고 있다.

"외부적인 행동을 하기에 앞서서 우리에게 일어나는 의식적인 고찰과 의욕은 불확실한 사태에서의 활동에 반드시 필요한 면밀한 개인적 재조정이라고 보아야 한다."(존 듀이, 1916/ 이홍우 역, 1996: 521)

결국 듀이에게서 도덕 또는 도덕행위는 교육행위와 결코 다르지 않다. 즉 듀이에게 도덕은 곧 교육이다. 왜냐하면 도덕과 교육은 결국 모두 반성적 성찰의 과정을 통하여 이루어지는데, 궁극적으로 교육의 목표는 도덕이기 때문이다.

"더 나쁜 것과 더 좋은 것에 대한 고려가 문제시될 때마다 도덕이 연관되어 있다는 사실을 고려하면, 우리는 도덕성이 고정된 성취가 아리나 지속적인 과정이라는 사실에 주목하게 된다. 도덕은 유의미한 행위와 성장을 의미한다... 가장 넓은 의미에서 도덕은 교육이다. 그것은 우리가 관심을 갖는 것에 대한 의미를 배우는 것이며, 행위는 그 의미를 사용하는 것이다."(Dewey, 1988: 194)

결국 듀이에게서 교육의 최종 목표가 학습자의 내적인 성장이듯이, 도덕 역시 반성적 성찰과 반성의 과정을 거치면서 마침내 학습자들을 내적으로 또는 인격적으로 성장시킨다는 목표를 가지고 있다는 점에서 '가치론적 차원'에서 교육과 도덕은 동일시될 수 있다.

3. 문화

1) 문화의 탄생

(1) 문화 본능과 상징성

문화의 발생 과정은 '인간의 본질'과 직결된다. 인간학자들(Anthropologist)은 인간의 본질을 규명하기 위해 "인간과 다른 동물의 차이점"을 찾아내는 일부터 시작한다. 일반적으로 우리는 인간을 고등동물이라고 한다. 그만큼 인간은 지능을 비롯한 두뇌 능력이 타 동물에 비해 높다는 말이다. 반대로 인간은 그것 이외에는 동물과 다르지 않다는 뜻이 되기도 한다.

그러나 따지고 보면 인간은 원래 다른 동물에 비하면 열등하게 태어난다. 인간학자들은 인간이 다른 동물에 비하여 열등하게 태어난다는 사실에 주목하면서, 인간과 삶의 본질 규명을 목표로 과학적-학문적 접근을 시도하여 왔다. 인간학자들은 인간의 태생적-선천적 열등함을 우열관계나 주관적 개념으로 오해하지 않도록 인간과 동물의 "차이점 탐구"라는 과학적-객관적 개념을 사용하였다. 즉 이들은 인간과 동물의 차이점을 발견하고 이를 규명하는 작업으로부터 자신들의 과학적 연구를 시작한 것이다.

초기 인간학 연구에 해당하는 과학적 인간학을 시작한 사람들은 주로 생물학자 군이었다. 생물학자들은 처음에 인간을 다른 생물처럼 인과발생학적으로만 관찰하면서 다른 동물들과 인간과의 '공통점'에만 관심을 가지고 학문을 시작했다. 차츰 이들은 제2차 세계 대전의 종료와 함께 종래의 연구방법에서 탈피하여 인간을 현상 그대로 즉 현상학적으로 관찰하면서 구조적 특이성에 관심을 가지는 연구방법으로 전환하기 시작한다(이규호, 1969: 188). 따라서 후기 과학적 인간학은 인간과 다른 동물과의 공통점이나 같은 점에서부터 인간의 본질을 파악하는 대신, '인간과 동물의 차이점'에 보다 주목하기 시작하였다. 과연 인간과 동물의 차이점은 무엇일까? 언어와 불의 사용, 직립보행, 사고능력, 손의 사용, 문화, 도구, 학습능력, 이성 등이 가장 뚜렷한 차이점에 속할 것이다. 그러나 인간학적 결론은 좀 더 포괄적이다. 즉 인간과 동물 간에는 생명현상 즉 "살아남겠다는 본능"[79] 측면에서 공통적이지만, '살아남는 방법'에서는 현저한 차이점이 발견된다. 한마디로 인간은 여타 동물과 다름없이 '살아남겠다'는 본능을 가지고 있지만, '살아남는 방법'에서는 매우 특이한 종(種)인 것이다. 인간이 선택한 대표적인 살아남는 방법은 바로 "공동체"(共同體, community)를 구성하는 것이었다.

세상에서 가장 약한 동물들은 무리를 지어 모여 산다. 아프리카의 꽃사슴이나 산양들이 대표적이다. 이들에게 함께 모여 산다는 것은 최선의 방어책이며 살아남는 최선의 방법이다. 육체적-물리적으로 나약하게 태어나는 인간에게도 이러한 방법은 예외일 수 없다. 즉 인간은 개인이 홀로 험악한 광야에 떨어져 살는 것보다 함께 모여 살 때 생존확률이 높아진다. 프리쵸프 카프라(F. Capra)는 공동체 속에서 발생하는 인간의 성적 본능과 번식 본능을 통해 이루어지는 사회공동체의 결속관계를 다음과 같이 설명하고 있다.

> "갓난아기는 부양해 줄 가족(공동체)을 필요로 하며, 이 가족들이 집단, 유목민 부족 그리고 인간 문명의 기초라 할 수 있는 마을을 형성하게 되었다. 여성들은 자신들이 아이를 기르고 보호하는 동안 아기와 여자들을 보호해 줄 수 있는 남성을 선택했다. 마침내 여자들은 더 이상 특정 시기에 발정할 필요가 없어졌다. 어떤 때든 성적(性的)으로 남성을 받아들일 수 있게 되었기 때문이다. 가족을 부양해야 하는 남자들도 성적 습관을 바꾸게 되었고 점차 난혼(亂婚) 습관을 버리고 새로운 사회적 관계를 받아들이게 되었다."(프리쵸프 카프라, 1996/ 김용정·김동광역, 1998: 340)

인간학자 겔렌(A. Gehlen)은, 자신의 저서 『인간(Der Mensch)』에서 "문화란 인간이 살아남

79) 아리스토텔레스는 인간과 동물의 공통점은 살아남겠다는 본능을 가지고 있다고 했으며, 다만 인간은 이성적이기 때문에 동물과 구분된다고 했다. 한편, 토마스 홉스는 인간이 살아남기 위한 본능을 가지고 있기 때문에 인간의 삶은 만인에 대한 만인의 투쟁으로 진행될 수밖에 없다는 논리를 전개했다. 즉 인간이 자연권으로 가지고 태어나는 삶의 본능은어쩔 수 없이 다른 인간을 범하고 강제하는 욕구로 이어진다. 따라서 홉스 역시 안정되고 평화로운 반성적 인성과 사회질서를 위해 이성과 사회계약(절대적 주권, Leviathan)이 요청된다고 보았다. <Mainzer, 1997: 257 참고>

기 위해 자연을 바꾸어 놓은 제2의 자연"(Gehlen, 1962: 34)이라고 기술하고 있다. 물론 결핍 존재로 태어나는 인간은 결핍을 메꾸려고 하다보니까 "문화"를 창조했다는 것이다. 결핍 존재라는 약점이 오히려 문화창조라는 장점으로 전환된 셈이다. 따라서 인간에게 "살아남기 위한(Überleben)" 행동은 인간의 태생적 나약함 즉 생물학적이고 생리학적 약점에 의해서만 결정되는 것은 아니다. 결국 인간에게 문화창조는 살아남는 최적의 조건이며 방법이 되었다.

그런데 인간은 결국 자신들이 살아남을 수단으로서 "문화"(文化, culture)를 창조하고 문화에 구속되는 '문화적 존재'(키케로)가 된다. 마지막으로 인간은 자신이 경험한 것들을 후세들에게 조직적으로 전달하고 싶어 하고 전달할 수 있는 능력을 가지고 있다. 이는 크게 두 가지 이유에서 비롯된다. 첫째, 유한한 생명을 가진 인간은 다음 세대에게 자신의 유산을 남김으로써 자신의 생명력을 연장시키고 하는 욕망이 있으며, 둘째, 인간은 공동체 속에서 살아가기 때문에 공동체의 안위와 영속성을 위하여 자신의 경험과 지식들을 공동체의 구성원들에게 전수시키고 싶은 욕망을 가지고 있기 때문이다. 이렇게 본다면, 인간의 삶에서 '교육'은 반드시 필요한 활동이라고 할 수 있다.

공동체 능력은 인간의 본능이다. 바로 이러한 공동체 본능이 인간에게 보다 유리한 생존 조건을 만들어 주었다. 결국 살아남아야 한다는 인간의 본능은 자연스럽게 공동체를 형성하도록 한다. 그러나 인간과 인간이 모여 사는 공동체 생활이 그리 순탄하지만은 않다. 외부의 적에 대치할 만큼 강해지기 위해서 공동체는 먼저 내부적으로 안정되어야 한다. 내부적으로 분열되는 공동체는 외부의 침략에 쉽게 함락된다. 씨족 간 그리고 부족 간의 전쟁으로 점철되기 시작한 인간의 역사과정은 수많은 시행착오 속에서도 공동체를 사수해야 한다는 필요성을 인식시켰다. 인간들은 공동체를 방어할 수 있는 개인의 능력 즉 체력 단련이나 기술 연마 그리고 좋은 무기를 만들어 내는 일에 심혈을 기울여야 했다. 내부적으로는 공동체의 질서와 안정을 도모하기 위한 생활 규칙과 규율 등 의사결정과 행동의 기준들을 만들 필요성이 부각되었다. 삶의 기준이 없다면 공동체는 무너진다. 설령 당장 무너지지는 않더라고 항상 무질서한 상태가 지속될 것이다. 내부적으로 무질서하고 불안한 공동체는 외부의 침략에 취약하다. 이렇게 하여 공동체는 붕괴의 확률이 높아지는 것이다.

안정과 질서를 위해 공동체 속에서 수립되는 삶의 기준들은 나중에 법, 제도, 도덕, 윤리 등으로 발전한다. 물론 이들은 처음에 인간이 살아남기에 유리한 생활 조건으로서 작용하던 생활습관, 관습 그리고 풍습들로부터 생성되기 시작했을 것이다. 또한 전통의 계승 그리고 전수의 과정에서 공동체 안에서는 자연스럽게 교육과 학습도 개입된다. 전통이라는 것도 인간이 살아남기 위한 하나의 방편이며, 교육과 학습 과정 역시 인간이 계속 살아남기 위한 수단이며 방편이다. 여기서 사회공동체를 질서와 안정으로 유지 발전시키는 구심점이자 기준은 바로 문화이다. 문화라는 구심점과 기준이 없다면, 공동체의 질서는 금방 무질서로 변한다. 무질서한 공동체는 항상 불안하다. 여기서 문화는 무질서에서 질서로 전환될 수 있는 삶의 기준을 제공한다. 문화를 기준으로 공동체의 질서가 회복될 때 우리는 문화적 결속이 이루어졌다고 한다.

문화인류학자 오그번(Ogburn)은 문화를 '물질적 문화'와 '비물질적 문화'로 구분하고 있다. 그는 물질적 문화로 각종 문화재와 기계문명을 들고 있으며, 비물질적인 문화로서 언어, 법, 제도, 사상, 습관, 도덕, 윤리, 규범 그리고 예술을 들고 있다. 또한 린튼(R. Linton)은 문화를 보편문화, 특수문화 그리고 선택문화로 구분하고 있으며, 비어스태드(R. Bierstedt)는 관념문화, 규범문화 그리고 물질문화로 구분하고 있다. 한마디로 문화는 눈에 보이는 구체적 물질문화와 눈에 보이지 않는 추상적 비물질문화로 존재한다. 인간에게 기술과 문명 같은 형태 문화가 생존에 결정적으로 중요한 것처럼, 공동체의 질서를 규정하고 공동체적 삶을 규율하는 법, 제도, 사상, 철학 등 형태가 없는 문화도 똑 같이 중요하다.

이미 우리는 위에서 인간은 문화 덕분에 지금까지 살아 남을 수 있었다고 했다. 만약 우리 인간들에게 문화를 창조, 계승, 발전, 재창조하는 일련의 문화과정을 영위할 수 있는 능력이 없었다면, 지금 우리 인간들은 이렇게 살아남아 있지 못했을 것이다. 그러나 우리 인간들을 살아 남게 한 문화 과정은 외계의 위협과 도전에 대한 즉각적인 응답으로 이루어진 결과이며 생존본능의 발현이었다. 이런 근거에서 우리는 문화 창조가 생물적-본능적 차원을 벗어날 수 없다고 주장한다. 한마디로 우리는 살아남으려는 생물적-본능적 행위를 통하여 구체적 문화 또는 추상적 문화를 창조한다.

그러나 생물적-본능적 차원에서 이루어진 문화가 바로 '상징성(象徵性)'을 가지면서 문화 과정이 복잡해진다. 인간의 본능으로 창조된 문화는 상징성을 발휘하면서 진정한 문화로 거듭난다. 결국 인간은 본능(本能)과 상징(象徵)으로 살아남는 이중적 차원으로 문화를 수용하게 된 셈이다. 예를 들어, 우리 조상들은 외부의 적이 집안으로 들어오지 못하게 집 근처에 귀신보다 무서운 흉상으로 천하대장군(天下大將軍)과 지하여장군(地下女將軍)을 세워두었다. 이들 흉상들은 마을에서 악귀와 마귀를 쫓아내고 복을 불러들이고 마을을 지켜주는 상징적 수호신으로 작용한다. 이러한 상징 속에서 인간은 그나마 심신의 안정을 찾게 된다. 전통, 관습, 습관 같은 초보 수준의 문화적 창조뿐만 아니라 고도의 문화적 창조인 사회제도나 법들도 상징적 차원에서 우리 인간들을 공동체의 일원으로 결집시킨다. 문화적 결집이다.

실제로 상징 없는 문화는 존재하지 않는다. 상징성을 띄지 못하면 이는 더 이상 문화가 아니다. 예를 들어 양반문화는 양반사회를 상징하며, 민중문화는 민중의 삶을 상징한다. 양반문화가 양반사회를 상징하지 못한다면 이는 더 이상 문화도 아니며, 양반문화의 상징성을 향유하지 못하는 사람은 더 이상 양반이 아니다. 그는 양반사회에서 사는 것도 아니다. 민중문화 역시 마찬가지이다. 이상하고 기묘한 탈바가지를 뒤집어쓰고 추는 민중의 춤이 어떤 것도 상징하는 것이 없다면, 이는 단순한 놀이거나 아니면 유흥이나 여가선용일 뿐이다. 놀이나 유흥은 언젠가 실증이 나면 중단된다.[80] 그러나 문화는 실증이 난다고 중단되는 것이 아니다. 왜냐하면 문화는 항상 인간의 목숨과 직접적으로 결부되어 있기 때문이다.

기능성이 최대로 가치화된 물질 문화의 예로 우리는 미국의 청바지 문화를 꼽을 수 있다. 그러나 청바지 문화는 청바지라는 상품의 경제-교환 가치 이외에도 청교도 이민자들의 개척 정신을 상징하고 있다. 청바지에 경제적 가치를 우선하는 사람들에게 청바지는 그냥 단순한 "질긴" 바지이다. 청바지가 상징하는 것을 이해하지 못하고 그 의미를 알지 못하는 사람들에게는 실제로 청바지 문화가 가지고 있는 삶의 의미를 향유할 수 있는 권한이 없다. 아프리카 토인의 축제와 깃털, 창 등 축제 도구들은 그 민족과 족속들만의 고유한 삶을 상징하고 있다. 그들의 고유한 삶을 상징하지 못하는 토인 춤은 문화로서 이해되지 않는다. 그냥 토인 춤은 원시인 족속들이 궁둥이를 저속하게 마구 흔들어 대는 푸닥거리일 것이며, 미개인 민족의 야만적-저질적 풍습일 것이다. 이러한 문화로 취급되지 못하는 문화는 전달 계승 발전도 불가능하다. 그러나 원시인들의 춤은 분명히 그들 후손에게 문화로서 전달, 계승, 발전되고 있다. 결국 우리가 야만인들의 저속한 몸놀림 정도로 생

80) 물론 중단되지 않는 놀이는 문화로 이어질 수 있으며 문화창조의 원동력이 될 수도 있다. 이러한 의미에서 화란의 인간학자 요한 호이징거(Johan Huizinga)는 "놀이를 문화의 원천"으로 보고 있다(Huizinga, 1938/1956). 본고에서는 이러한 시각에 대하여 더욱 진전시키는 것을 다음 연구의 과제로 간주한다.

각하는 이들의 민속춤은 이미 이들의 고유 문화로서 전달, 계승, 발전되면서 계속 생존하고 있는 것이다. 바로 상징성이 문화를 진정 문화답게 만들기 때문이다. 토인들의 춤에는 자기들만이 표현할 수 있고 이해할 수 있는 문화적 상징성이 숨어 있다. 심지어 이들이 춤을 출 때 치장하는 문신으로부터 장신구 하나 하나에도 모두 무엇인가를 의미하는 다양한 상징이 들어 있다. 이러한 현상은 세계 각지의 모든 민족들이 향유하는 문화 과정에 공통된 현상으로 이해된다. 일반적으로 우리가 문화라고 통칭하는 현상 속에는 무형뿐만 아니라 유형의 문화 즉 물질문명의 이기(利器)들도 얼마든지 등장하고 있다. 예를 들어, 탈바가지, 청바지, 깃털 등 축제도구 등이 그것들이다. 여기서 우리가 주의해야 할 점은 탈춤이라는 무형문화만이 문화가 아니고 탈바가지라는 상품의 유형도 문화라는 점이다. 비물질적인 차원의 문화가 내포하는 상징의 과정에는 물질적 문화 역시 함께 동반되고 있다. 탈춤이 무엇인가를 상징하지만 탈바가지 역시 무엇인가를 상징한다.

그런데 여기서 우리가 간과해서는 안 될 것은, 우리의 조상들이 탈바가지를 만들어 낼 때 경제적 가치를 우선하면서 만들어 내지는 않았을 것이라는 점이다. 우선 양반사회의 문제성을 비꼬고 어지러운 사회상을 풍자하기 위한 수단으로서 만들어진 탈바가지가 춤을 추는데 사용되면서 상징성을 가지게 된 것이다. 아니면 역으로 누구를 상징하는 새긴 가면을 쓰고 춤을 추다 보니까 그 탈춤이 또 무엇인가를 상징하게 되었다. 물론 춤동작 하나 하나가 무엇인가를 상징하기도 한다. 탈바가지가 먼저 만들어졌느냐 아니면 춤동작이 먼저 만들어졌느냐는 닭과 달걀의 논리일 것이다. 오히려 여기서 중요한 것은, 바로 탈과 춤이 어우러져 이루어지는 "탈춤"이라는 문화가 가지는 상징성이 당시의 민중들을 살아남게 했다는 사실이다. 이들은 탐관오리 앞에서 자신의 얼굴을 최대한 가리고 하고 싶은 욕을 마음껏 퍼부어 내면서 엑스터시와 오르가즘을 느꼈으며, 일그러진 인간상과 사회상을 상징하는 모습을 한 탈바가지를 쓰고 무엇인가를 상징하는 몸 동작들을 만들어서 춤동작으로 연결시켜 춤을 추면서, 당시의 일그러진 양반사회를 속이 후련하도록 풍자하고 고발하였다.

결국 인간은 그가 창조한 문화와 그 문화가 내포하는 문화적 상징 속에서 삶의 의미를 수용하면서 살아간다. 인간이 창조한 문화는 문화의 본래적 기능과 동시에 상징성을 가지고 생성된다. 또한 문화적 결집과 결속력은 문화적 상징 때문에 보다 확고해진다. 이러한 의미에서 독일의 심층심리학자 융(Karl Gustav Jung)은, "인간이 가지는 상징적 능력은 문

화창조의 원동력이 된다"(융, 1981)고 주장했다.[81)]

(2) 가치의 현실화

문화인류학자 크뢰버(Alfred Kroeber)에 의하면, 문화는 자체적으로 '질서'와 역사(누적성)를 가지고 있으며, 아울러 '가치의 현실화'를 기준으로 형성 발전되는 속성을 가지고 있다(Bühler, 1974: 43). 물론 이들 문화속성들은 서로 엇물려 있지만 '가치의 현실화'라는 차원에서 종합된다. 한마디로 가치평가에 따라 문화는 역사과정에 편입되어 질서를 구축하기도 하고 도태되기도 한다. 따라서 문화는 과거부터 지금까지 전달·계승·발전되는 문화도 있지만, 그렇지 못한 경우도 많다. 모두가 가치의 현실화가 되는 것은 아니기 때문이다. 즉 문화는 가치의 현실화가 이루어지면 살아남는 것이고, 그렇지 못하면 사멸된다. 당시에는 아무리 우수한 문화였다고 하더라도 가치의 현실화가 안 된다면 더 이상 문화로서의 생명력을 상실한다. 결국 이들은 세대를 넘어 계승되고 발전되지 못한다. 계승되지 못하는 문화는 문화재(文化財)나 유물(遺物) 또는 골동품으로서 박물관이나 유적지에 보관될 것이다.

예를 들어, 구텐베르크가 발견한 활자 인쇄기나 우리나라의 직지심경, 다라니경은 인류가 창조해 낸 위대한 문화유산이다. 이는 당시 인류가 글을 남기는데 매우 탁월한 인쇄기였음에 틀림이 없다. 그러나 지금 같은 디지털 시대에 목판인쇄는 이미 현실적 가치를 상실했다. 따라서 활자 인쇄기가 분명히 위대한 문화유산이었지만, 이제는 박물관에서나 만나 볼 수 있을 뿐이다. 고무신이 만들어지기 전에는 나막신이 최고의 문화(문명) 산물이었다. 그러나 지금 비가 올 때 나막신 신고 밖에 외출하는 사람은 없다. 지금 가죽 구두가 나온 이상 이제 나막신이나 고무신은 역사의 뒷전으로 밀려 날 수밖에 없다. 세종대왕의 걸작 발명품인 해시계, 물시계가 지금 시장의 좌판에서 헐값에 팔리는 사발시계나 손목시계보다 유용하지 않다. 물론 이들은 문화재로서는 의미가 크지만, 가치의 현실화 차원에서 본다면 이제 더 이상 가치 있는 문화현실은 아니다.

---

81) 결국 상징을 못하고 의미를 주지 못하는 문화는 더 이상 문화가 아니며, 이러한 의미에서 Kroeber, Kluckhohn, Ralph Linton, Radcliffe-Brown 등은 문화를 구체적인 실체가 아니라 하나의 추상(abstraction) 또는 행위로부터 추상된 것 아니면 인간의 마음 속에 존재하는 관념들(ideas)로 간주했다. 특히 문화를 관념들로 보는 관점으로부터 문화연구에서 문화적 이데올로기의 문제가 오랫동안 논쟁의 대상이 되었던 것이다.

이러한 사실은 물질문화에만 해당되는 것이 아니다. 비(非)물질문화에 해당하는 법, 제도, 사상, 철학, 과학, 도덕, 윤리, 예술, 언어 등도 '가치의 현실화'라는 차원에서 마찬가지이다. 로마의 만민법 원전은 지금 우리의 삶과 무관하다. 물론 당시에는 매우 중요했으며 가치의 기준이었다. 만민법을 모르고 로마인으로 살 수 없었으며, 법에 무지할수록 살아가는데 불리하다. 그러나 오늘날 우리는 로마법을 몰라도 지장이 없다. 로마법 연구로 박사학위를 취득할 수는 있어도, 로마법 위반으로 단속되지는 않는다. 서구 문화의 원류로 불리는 아테네의 민주주의도 지금 우리에게는 별 도움이 안 된다. 물론 아직도 역사책에서 우리는 아테네를 배우고 있다. 그러나 당시의 법이나 사회제도를 우리가 '지금 여기서' 차용하여 일반화시킬 수는 없다. 특히 오늘날처럼 사회가 고도로 발전되고 복잡하고 다원화된 시대에 그 법과 제도로 사회를 통치하거나 조정할 수는 없는 일이다. 따라서 법이나 제도 같은 사회적 고안물들은 시간의 흐름 속에서 계속 개정되고 개혁될 수밖에 없다. 왜냐하면 세상은 계속 변하기 때문이다. 이러한 사실은 문화의 생명력이 '가치의 현실화'의 여하에 달려 있다는 근거이다. 물론 과거의 전통적 규범, 도덕, 법률, 규칙, 종교 등 과거의 사회제도가 아직도 유효하고 가치가 있다면 그 사회제도는 지금도 살아남을 것이다. 그러나 그것이 이미 가치를 잃었다면 단지 역사책의 한 구절로만 기록되게 될 것이다.

한편, 문화재나 유물들은 전쟁이나 화재 같은 인재나 천재지변으로 인하여 소실되는 경우도 흔하다. 그러나 적어도 아직 우리에게 남아 있는 문화재들은 비록 지금은 가치를 상실했을지 모르지만, 당시로서는 가치의 현실화가 이루어졌던 문화적 유산들임에 분명하다. 우리는 박물관의 문을 열고 벽에 붙어 있는 화살표 방향으로 돌면서 역사적으로 발달되어 온 문화재를 한눈에 관람할 수 있다. 대충 나열해 보면, 돌칼, 돌도끼, 돌 창으로부터 시작해서 청동검, 청동마구, 청동갑옷, 방패, 철창, 거북선, 우마차, 대포, 짚신, 나막신, 고무신, 항아리 등이 눈앞을 스쳐갈 것이다. 이들은 박물관에 보관되어 있는 대표적인 문화유산일 것이다. 이렇게 박물관에 잘 보관되어 있는 유물들은 과거 그 당시에는 가치가 있었던 것들로서 실생활에서도 유용했던 물건들이다. 그러나 오늘날은 그 가치가 소멸되었기 때문에 말없이 박물관에 보관되어 있을 뿐이다.

그렇다면 지금 이 시대에 가치를 상실한 문화재는 전혀 가치가 없는 것일까? 박물관에 보관되는 것조차도 짐이 되지 않을까? 물론 그렇지는 않다. 이미 가치의 현실화가 이루어지지 않기 때문에 박물관에 보관된 문화재들은 과거 우리의 조상들이 '어떻게 창의적으로' 또한 '어떠한 지혜'를 가지고 당시를 살아남았는지에 대한 지혜와 교훈을 알려준다. 즉 문화재의 가치와 의미는 그 민족이 살아 온 역사와 삶의 흔적을 이해하는 데 중요한 단서가 된다. 또한 당시 '삶의 기준이 무엇이었는가' – 문화의 내용 – 에 대한 지식도 전해준다. 옛 문화재를 교과서로 하는 박물관 교육이나 유적지 현장 체험 교육들은 바로 이러한 점에서 의미를 갖는다.

한편, 처음부터 지금까지도 가치가 지속되는 것이야말로 빛나는 문화유산이다. 한글은 세종시대에 창제되었지만 항구적인 가치를 가진 우리 말이다. 서기 150년경에 중국의 한나라의 고위 관리인 채륜에 의해 발명된 종이는 지금도 우리에게 생필품이다. 설날이나 한식날 조상에게 제사를 지내는 일이나, 윗사람 앞에서 담배를 피우지 않고 경어와 존칭을 사용하는 일이나 오랜 문화전통으로서 지금까지 지켜진다. 물론 사라진 전통과 풍습도 많다. 그러나 그것들이 사라지기 전까지는 가치의 현실화가 이루어졌다. 시간의 흐름 속에서 생활개선이나 개혁의 차원에서 많은 전통과 습속들이 사라졌을지 모른다. 그러나 아직도 유효한 전통과 습속들은 현실적 가치를 갖는다. 지역적으로도 문화의 생존 사이클은 다르다. 예를 들어, 삼강오륜(三綱五倫)이 숭상되는 지역이 있는가 하면, 이미 사라진 지역도 있다. 가정의 법도(法道)나 가정문화도 마찬가지이다. 어떤 가정에서는 아직도 유효한 법도와 문화가 다른 가정에서는 지켜지지 않는다. 결국 시간적-공간적 가치의 현실화는 문화가 생존하고 사멸하는 기준이 된다.

가치의 현실화는 문화의 '상징적 차원'에서도 예외가 아니다. 아직도 강강술래를 부르면서 정월 대보름을 맞는 곳이 있는가 하면, 설이나 추석 같은 명절날에는 한복을 차려입고 차례를 지내고 친지를 방문한다. 물론 바쁜 일터에서는 거추장스러운 한복이 사라졌다. 물론 간편한 개량한복으로 대신하기도 한다. 그러나 설빔 옷차림은 예의범절을 상징하기도 한다. 설빔을 차려 입지 않고 조상에게 예를 다했다고 하기는 어렵다. 상(喪)을 당할 때 입는 누런 갈포 배의 상복은 부자가 가난한 자에게나 죽은 사람에 대한 예를 상징한다. 의식과 절차가 예를 상징한다. 물론 지역에 따라서, 개인적 신념에 따라서 편차는 있겠지만, '문화적 상징성'[82] 은 쉽게 거부되지 못한다. 인습, 습관, 관습, 전통의 생명력 때문이다. 또한 상징성은 '주관적 의미부여'와 깊은 연관을 맺고 있기 때문이다. 그럼에도

82) 상징성의 반대는 기능성이다. 따라서 지금까지 위에서 기능성 차원에서 문화를 언급해 왔다고 할 수 있다.

불구하고 문화에서 가치의 현실화 문제는 자연스러운 시간의 흐름과 변화에서 필연이다. 또한 인류가 계속 살아남기 위한 생존의 노력이기도 하다. 가치의 현실화는 살아남기 유리한 생존 조건의 반영이다. 결국 가치의 현실화를 통해 얻어진 새로운 문화가 우리를 지속적으로 살아남게 한다. 아울러 문화의 기능적 차원뿐만 아니라 문화의 상징성 차원에서도 가치의 현실화는 문화의 생사를 가늠해 준다.

2) 문화의 속성

(1) 삶의 구속성

인간에 의해 창조된 문화는 다시 인간에게 영향을 미친다. 인간은 선천적 결핍존재로 태어나서 후천적으로 결핍을 극복하면서 문화를 창조하는 능력으로 살아남는다. 그러나 죽는 날까지 인간은 미완성의 유한(有限) 존재이다. 인간은 완성을 향해서 문화와 상호교섭의 관계에 든다. 즉 문화에 영향을 받으면서 인간은 삶의 완성도를 채워 나간다. 결국 인간은 생물학적인 불완전성으로 인해서 문화를 창조하지만, 역으로 생물학적인 불완전성 때문에 늘 문화에 의해 재창조된다(이규호, 1969: 191-192). 즉 인간의 생물학적 불완전성과 문화적 기능은 동본원적으로 상호제약하고 있는 셈이며(Gehlen, 1962: 37), 인간의 생물학적 특징들은 유전적 과정과 목적론적이고 문화 과정들의 상호 영향으로부터 발생한다(Portmann, 1962: 13). 따라서 생물학적 유전인자만이 인간의 특성을 결정하는 것은 아니다. 인간의 특성은 '문화적 자극'에 의해서도 결정된다. 이렇게 본다면, 인간의 유전인자는 자연적-사회적 환경에 대한 반응을 지배한다고 할 수 있다(오인탁, 1967: 24). 결국 인간은 생물학적 단일성과 문화경험의 다양성이 상호 보충적으로 얽혀져 있는 존재인 것이다(오인탁, 1967: 23). 인간학자들도 '문화적으로 형성되지 않은 인간은 없다'고 할 정도로 문화의 영향력은 지대하다(Rothacker, 1948: 1). 인간은 그가 창조하고 결국은 그로부터 내면화되는 문화적 가치들에 의하여 스스로 형성된다(오인탁, 1969: 51-52).

이렇게 본다면, 문화적 존재로서의 인간은 단순히 생물학의 대상이 될 수 없으며 그 이상이다. 물론 인간의 문화적인 힘은 인간의 생물적 본능으로부터 나온다(William, 1967: 17). 그러나 인간의 생물적 본능은 동물의 그것을 초월하며 정신세계 그리고 심지어 영혼의 세계까지 이어진다. 이를테면, 인간을 생물학적-동물학적 대상으로만 간주한다면, 인간은 생물학적으로 전혀 불가능한 차원의 언어, 기술, 종교, 과학을 창조할 수 없다(Schwidetsky, 1959: 10). 결국 인간은 생물학적 본능으로 문화를 창조하고, 창조된 문화에 지배되는 특수한 생물학적 본능을 가지게 된다. 한마디로 인간은 자연세계에서 유일한 문화(생활)의 창조자이자 영위자이다. 인간은 문화의 일부이다. 즉 인간과 문화의 관계는 동본원적이면서 동시에 변증적이다.

(2) 삶의 기준성

'문화'라는 개념은 후대의 인간들에 의해 명명된 추상적 용어다. 문화란 인간이 '살아남은 흔적'이지만, '삶의 기준(standard of living)'으로 작용한다. 살아남기 위해 인간은 문화를 창조하지만, 계속 살아남기 위해 인간은 그 문화를 다시 수용해야 한다. 간단히 말해서, 문화는 인간의 창조물이지만 창조된 문화는 다시 수용되어야 한다. 만약 그렇지 못하면 우리는 그 문화 영역 속에서 살아남기 힘들다. '지금 이곳에서' 존재하는 문화라는 삶의 기준에 벗어난 사람들은 일탈자 또는 문제아가 된다. '지금 이곳'의 문화에 적응하지 못하는 사람은 부적응아로 지탄받는다. 문화 즉 삶의 기준을 벗어난 개인은 살아가기 힘들다. 설령 살아 남더라도 고독한 자, 낙오된 자로 남게 되며, 심지어 살아 있어도 죽음이다. 낙인 이론에 의하면, 사회에서 일탈로 낙인을 찍는 바람에 그 사람의 삶은 더 어려워진다. 일탈로 낙인찍혔기 때문에 살아남기가 힘들건 아니면 능력부족으로 일탈이 되었건 결과는 모두 (문화적)'부적응'이라는 점에서 마찬가지이다. 하여가 누군가에 의해 또는 무엇인가에 의해 설정되고 규정된 삶의 기준들과 그 기준으로부터 일탈해 버린 삶은 쉽지 않다. 이렇게 하여 인간이 창조한 '문화'는 자연스럽게 삶의 기준이 되고, 그 기준에 따라 인간은 살아갈 수밖에 없게 된다.

가정에 문화가 없으면, 그 가정은 콩가루 집안이다. 가정에 문화가 부재하다는 사실은 그 가정이 지금까지 살아남은 흔적(역사)을 알 수 없다는 말이다. 앞으로도 그 가정의 구성원들(식구)은 어떠한 기준으로 살아가야 하는가에 대한 기준 지표가 없다. 문화적 기준이 부재하는 가정에서는 가족 구성원 모두에게는 혼란만이 존재한다. 문화가 부재 하는 가정에서 삶의 구속력은 없다. 역설적으로 문화라는 삶의 기준이 없는 가정에서는 아무렇게나 살아도 된다. 물론 문화가 없는 가정에서 가족 구성원들은 문제가 되지 않을 수 있다. 그러나 사회적 기준에서 본다면, 그 가정 자체가 일탈이며 부적응이다. 가정의 구성원 역시 일탈이며 부적응이다. 가훈(家訓)이나 가보(家寶)는 가정의 고유문화다. 가훈이 없는 가정에서는 가족 구성원들에게 구속력이 없다.

학교도 마찬가지이다. 학교에 규율이나 규칙 같은 학교문화가 부재한다면, 학교붕괴는 자명하다. 오늘날 거론되는 학교위기는 학교문화의 부재 탓이다. 학교문화가 없거나 정착되지 못했기 때문에 나타나는 문제는 훨씬 더 많다. 예를 들면, 학교의 역사와 전통도 이에 해당한다. 역사와 전통이 빈약한 학교일수록 학교문화의 차원에서는 불안하다. 가정문화와 학교문화가 부재하다는 것은 가정과 학교가 살아가는 기준이 없다는 이야기다. 삶의 기준이 없는 가정과 학교는 사회·문화적 차원에서 일탈이고 부적응이다. 일탈과 부적응이 지배하는 가정과 학교는 오래 가지 못한다.

기업도 마찬가지이다. 문화적 구속력이 약한 기업은 오래가지 못한다. 기업문화는 기업이 지금까지 살아남은 흔적이며 역사다. 기업생존의 흔적은 기업이 살아가는 기준이다. 역사적으로 형성된 기업문화에 대하여 기업 구성원들이 공감할 때 기업은 생명력을 발휘한다. 물론 구시대를 청산하고 완전히 새로운 역사를 창조해서 살아남는 기업들도 많다. 그러나 뿌리가 없는 역사는 없다. 이를테면, 과거의 실패 경험이나 시행착오의 오류도 문화의 흔적이다. 역사는 교훈이다. 설령 새로운 문화 창조로 다시 태어난 기업이 있다고 하더라도 이는 역사적 흔적으로서 – 그것이 긍정적이든 부정적이든 – 기업의 구(舊)문화의 연장이다.

우리 사회에 문화가 부재하다면 우리에게 미래는 없다. 지금까지 이어져 온 삶의 흔적이 없다면 – 또는 그 흔적을 모른다고 한다면 – 우리는 앞으로도 어떻게 살아가야 하는지에 대해서 알 수 없다. 삶의 기준이 없는 것이다. 삶의 기준이 없는 사회에서 우리가 계속 살아남는 것은 불가능하다. 설령 살아남는다고 해도 삶은 방황이다. 이정표가 없는 사회는 늘 혼란이다. 빨간 불이 들어오면 서야 한다는 것과 노란 줄을 침범하면 죽음이라는 것은 교통신호이며 상징적 약속이다. 이는 삶의 기준이다. 자동차가 쉴 사이 없이 오고가는 건널목에서 빨간 불에도 서지 않는 자는 죽음이다. 우리는 신호와 약속을 지키기 위해서 빨간 불 앞에서 서는 것이 아니고, 살아남기 위해서 그 신호와 약속을 지키는 것이다. 그것이 삶의 기준이기 때문이다. 기준을 지키면 살고 지키지 못하면 죽는다. 기준선이 생명선이다.

그러나 기준이 반드시 옳다는 보장은 없다. 기준이 '잘 못된' 경우도 있다. 아니면 지금의 기준이 더 이상 현실적으로 문제가 있는 즉 더 이상은 '가치의 현실화'가 되지 않는 '불합리한 기준'일 수도 있다. 결국 기준이 달라져야 할 필요성이 제기될 수 있다. 이러한 경우에 우리에게 요청되는 것이 바로 '개혁'(개선, 개정, 혁신)이다. 삶의 기준을 인위적으로 바꾸어 버리는 것이다. '사회개혁'이란 엄밀히 말하면 '문화개혁'이다. 또는 살아남는 새로운 기준으로서의 (새로운) 문화창조이다.

오늘날 학교위기, 교실위기는 지금까지의 학교전통, 학교규칙, 학교규율 등 기존의 학교문화에 대한 교육공급자(학교, 교사, 교사)와 교육수요자(학생, 학부모) 간의 입장 차이와 '공감대의 차이'로부터 비롯된다. 즉 현재의 학교문화는'가치의 현실화'를 이루고 있는가? 또한 현재의 학교문화는 학교생활에서 학생들의 '삶의 기준'으로서 합리적이고 타당한가, 아니면 합리적으로 작용하고 적용되고 있는가?

(3) 삶의 객관성

독일의 정신과학자 에듀아르트 슈프랑어(Eduard Spranger, 1882-1963)는 문화란 '정신의 산물'이며 '삶의 객관'으로 현상한다고 주장했다(이상오, 2002: 105). 쉽게 말하면, 인간의 정신이 창조해 낸 모든 것이 문화다. 아울러 그는 삶에 '객관적'으로 작용하는 것만이 문화로서 가치를 가진다고 설명한다. 예를 들어, 세종대왕은 한글, 물시계 그리고 측우기말고도 우리에게 알려지지 않은 다른 많은 것들을 발명해 냈다. 그러나 한글, 물시계 그리고 측우기는 당시 사회적으로 가치의 현실화가 이루어졌고, 사회적 호응도 있었기 때문에 일반화되고 보편화될 수 있었다. 그 나머지는 그렇지 못했다. 객관성을 확보하지 못했기 때문이다. 고대 메소포타미아 지역에서 창안해 사용한 태양력도 마찬가지이다. 태양력이 민간의 일상에서 사용될 정도로 일반화되었다는 사실은 가치의 현실화도 된 것이지만, 동시대인들에게 보편적이고 객관적으로 널리 수용된 문화였기 때문이다. 발명왕 토마스 에디슨(T. E. Edison, 1847-1931)은 생애 동안 2,000가지 이상을 발명했다고 한다. 모두가 우수한 발명품이라고 평가되지만, 그의 발명품 중에 우리의 일상에서 통용된 것은 고작 1/2 정도다. 그렇다면 그가 창조해 낸 것 중에 어떤 것은 문화나 문화재로 계승 발전되고 있으며, 반대로 어떤 것은 전혀 알려지지 않게 되는가? 바로 '객관성' 또는 '보편성'[83] 때문이

83) 장파는 문화정신이 보편성을 가지며 그러한 문화정신 위에서 문화가 형성된다고 한다(장파, 1994/ 유중하외 옮김, 2000: 35).

다. 객관적·보편적으로 가치가 인정되는 것만이 문화적 창조로 남는다.

만약 내가 발명해 낸 물건이 사람들에게 객관적으로 호응을 받고 일반에게 널리 사용된다면 (새로운) 문화를 창조한 것이다. 그러나 내가 발명한 것에 대해서 아무도 그 가치를 인정하지 않고 아무도 사용하지 않는다면 그 창작품은 나 혼자만의 장난감으로 끝나고 말 것이다. 물론 나 혼자 사용하면 된다. 가치의 객관성을 확보하지 못한 물건은 그것이 아무리 우수하고 탁월하다고 해도 문화가 될 수는 없다. 반대로 전혀 세간에 알려지지 않은 누군가에 의해 창조된 물건이라도 사회에서 일반화되어 널리 사용되면서 객관적 가치를 얻게 된다면 이것은 일 순간에 문화가 된다. 아마 그는 대단한 발명가로도 남게 될 것이다. 물론 객관적으로 수용되는 문화라도 위에서 언급한대로 가치의 현실화가 끝나는 순간에는 바로 박물관의 유리관 모퉁이에 문화재라는 꼬리표를 붙이고 처박히게 될 것이다. 에디슨이 만든 최초의 축음기는 당시 많은 사람들의 호응을 받아 널리 보편적으로 사용되었으며, 당시 문화로서의 객관성을 가지기에 충분했다. 그러나 오늘날 그의 축음기는 박물관의 한 모퉁이에 진열되어 있을 뿐이다. 첨단 과학기술에 의해 만들어진 3차원 입체 스테레오가 난무하고 인터넷에서 다운받아 언제 어디서라도 손쉽게 감상할 수 있는 시대에 에디슨의 축음기는 더 이상 현실적 가치를 상실한다. 물론 아직도 에디슨 축음기의 원판은 "문화적 상징성"[84] 을 지니고 있다.

반대로 누군가가 무엇인가를 창조할 당시에는 사회적으로 그리고 객관적으로 그 가치가 인정되지 못했지만 수십 년 후에 발견되어 일반화되는 경우도 있다. 복고풍의 유행(retro menia)도 이에 해당된다. 순수하게 과거에 이런 저런 이유로 가치의 현실화나 객관적 가치가 인정되지 않았기 때문에 제 구실을 못하다가, 시대가 지나면서 오히려 그 쓰임새가 일반에게 객관적으로도 가치 있는 상품으로 인정되어 새로운 문화로 부각되는 경우도 흔하다. 1886년 초여름 미국 미시간주 디트로이트에서 자동차 왕 포드(Henry Ford)가 자신이 개발해 낸 2기통 자동차를 끌고 시내로 나갔을 때 많은 사람들이 이 '말(馬) 없는 마차'에 대해서 관심이 없었다. 가격이 너무 비싸기 때문이다. 훗날 컨베이어시스템을 통한 대량생산으로 가격이 싸지면서 많은 사람들에게 훌륭한 발명품으로 인정받게 되었다. 이는 과거에 만들어졌지만 '지금 이 곳에서' 가치의 현실화와 가치의 객관화가 이루어진 경우이다. 따라서 문화가 가치의 현실화를 통하여 살아남게 된다면, 엄밀하게 말해서 문

84) 이 부분에 대해서는 나중에 다시 언급하게 될 것이다.

화의 '객관적 가치의 현실화'가 삶의 기준이다.

이는 비물질적 문화에서도 마찬가지이다. 우리 사회에 널리 통용되고 일반화된 '법'을 예로 들어 보자. 법은 객관성 때문에 삶의 기준이 된다. 모두들 법을 어기면 형벌을 받는다. 법에 객관성이 없다면 지키지 않아도 된다. 쉽게 말하면, 개인이 자기 멋대로 만들어 놓은 법이나 규칙들은 - 그럴 수도 없지만 - 아무 의미가 없다. 독선적 가부장이나 독재자는 그 자체가 법이다. 이러한 법은 저항을 받는다. 반대로 아무리 훌륭한 법과 규칙이라고 해도 어느 누구도 지키지 않는다면 이미 그 법과 규칙은 객관성을 잃는다. 이럴 경우 법과 규칙은 개정되어야 한다. '악법도 법'이라고 한 소크라테스의 경우에는 일단 법으로 제정된 법은 준수되어야 한다. 왜냐하면 개정될 때까지는 그 법이 삶의 기준이기 때문이다. 특히 오늘날과 같은 법치주의 시대에 법은 반드시 객관적이어야 한다. 직접민주정치 대신 대의민주정치가 지배하는 오늘날 국가와 지역에 따라 좀 다르겠지만 일반적으로 국회의원 1/2 이상의 찬성으로 법은 객관성을 확보한다. 물론 이러한 '다수결 제도'에 문제가 없지 않다. 왜냐하면 직접민주주의는 만장일치가 원칙이기 때문이다. 그러나 법 제정이나 제도 탄생은 원칙적으로 객관성을 전제하고 있다.

객관적인 법적 규정이 존재함에도 불구하고 관습이나 풍토 상 규정을 적용하지 못하는 경우도 존재한다. 이는 법리해석에 유권해석이나 유추해석 등이 필요한 이유이다. 그러나 객관은 반드시 결정적인 순간에 제 몫을 해낸다. 어느 나라 어느 사회든 교통 법규에는 사람이 먼저, 그 다음이 자전거, 그 다음이 오토바이, 그 다음이 소형차 그리고 대형차의 순으로 보호받아야 한다는 조항이 들어있다. 사람이 먼저고 약하고 작은 것이 먼저이다. 그러나 국가마다 지역마다 실제로 법을 적용하는 데에서는 다르다. 독일이나 미국 같은 선진국에서 횡단보도는 물론이고 좁은 골목길에서도 사람이 지나갈 때 자동차는 무조건 서야 한다. 만약 사고가 나면 전적으로 운전자가 책임을 져야 하기 때문이다. 그러나 제3세계로 갈수록 점점 법의 적용 확률이 약해진다. 후진국에서는 큰길이나 작은 골목길에서나 운전자가 보행자와 자전거를 먼저 보내는 일은 거의 드물다. 이렇게 하는 것이 오히려 이상하며 자칫 사고를 내기도 한다. 바쁘다고 생각하는 쪽이 먼저 지나간다. 아니면 보행인은 법조차 있는지도 모르고 그냥 본능적으로 무섭게 지나가는 차량을 먼저 보낼 것이다. 이는 법이라는 객관보다 관습이나 습관이 먼저 작용하는 사례가 된다. 그러나 만약 사고가 난다면 법대로 처리되기 때문에 명백히 자동차운전자의 과실로 판결난다.

객관성을 상실한 문화는 그것이 아무리 훌륭하고 바람직하더라도 문화로서 계속 생존하기는 어렵다. 법이 있다고 해도 지켜지지 않는 법은 이미 객관성을 상실한 것이다. 객관성을 잃은 문화가 많이 존재하는 곳일수록 사회는 어지러울 수밖에 없다. 따라서 법 개정이나 제도 개혁의 요구가 발생하는 것이다. 사회에서 지탄받고 있는 지역적 관습과 습관 또는 관행들은 객관성을 잃었기 때문에 더 이상 문화로서 기능하지 못한다. 왜냐하면 삶의 기준이 곧 객관이기 때문이다. 문화 즉 삶의 객관적 기준이 존재하는데도 불구하고 우리가 기분 나는 대로 그리고 주관의 명령에 따라서 사고하고 행동한다면 사회의 미래는 없다. 소크라테스가 악법도 법이라고 하면서 독배를 마시지 않았다면 준법의식이 사라진 아테네는 보다 빨리 멸망했을 것이다. 문화적 객관성으로 사회는 질서 있게 영위될 수 있으며, 객관적 기준 위에서 삶의 질서도 찾을 수 있다. 결국 문화는 삶의 객관이 된다.

그러나 삶의 객관성으로서의 문화는 고정된 것이 아니다. 소크라테스가 '악법도 법'이라고 했을 때, 악법이 영원히 변하지 않아도 된다는 뜻이 아니다. '악법(惡法)'이라는 용어를 사용한 이상, 악법은 제대로된 법으로 바뀌어야 한다는 것을 전제한다. 다만 악법이라고 해서 너도 나도 지키지 않는다면 사회적 혼란상은 더욱 커질 수 있기 때문에 현재의 법이라서 지킬 수밖에 없지만, 언젠가는 새롭게 개정되는 것이 마땅하다. 이는 포퍼(Karl Popper)가 "모든 지식은 반증이 생겨날 때까지만 지식이고, 반증이 나타나면 더 이상 지식이 아니다"는 주장과 다르지 않다. 법도 문화도 삶의 객관성을 상실한 순간 개정을 필요로 한다. 이러한 논리는 문화의 속성인 '가치의 현실화'의 개념에서도 벗어나지 않는다. 객관성을 잃는 순간 법은 개정되어야 한다. 우리 사회에서 수시로 '법의 개정'이 이루어지는 근거도 여기에 있다. 객관성을 상실하지 않는 법은 만민법으로 계속 유지되겠지만, 객관성을 상실한 법은 폐기처분된다. 그러나 이러한 순환관계가 현실적으로 쉽지 않다. 현재의 법이 객관성을 가지고 있는지 상실했는지에 대한 판단은 누가 할 것이며, 국민적 공감대를 형성하는 것도 쉽지 않다. 또한 현대의 법치국가는 거의 대부분 대의민주주의를 채택하고 있기 때문에 법을 개정하는 사람들은 국민이 아니고 국민의 대표기관인 국회이다. 민생입법이 제대로 이루어지지 않기 때문에 국회가 민생으로부터 외면당하는 이유도 여기에 있다.

문화도 마찬가지이다. 현재 우리의 문화가 삶의 객관성을 유지하는지 아니면 상실했는지에 대한 판단은 과연 누가 하는가? 이는 현재 우리의 문화가 가치의 현실화라는 문화원리를 충족하고 있는가? 하는 질문과도 통한다.

3) 문화산업과 대중문화

(1) 프랑크푸르트 학파와 문화비판

오늘날 우리는 대중사회(大衆社會)에 살고 있다. 대중사회란 대중조작이 가능한 사회다. 대중사회는 비인간화, 인간의 기계화, 몰인간성의 차원에서 성립되지만, 반대로 이를 촉진한다. 지식이데올로기의 대중화를 토대로 성립된 계몽주의 이후 우리 사회는 대중사회를 향해 바쁜 걸음을 내 디뎌왔다. 즉 산업혁명의 대량생산체제는 대중사회의 성숙과 맥을 같이한다.

지금은 대중문화(大衆文化)의 시대다. 20세기 들면서 고급문화(高級文化)[85] 와 저급문화 즉 대중문화와의 경계선이 허물어지기 시작하였다. 물론 이는 신분제귀족사회의 와해와도 맥을 같이 한다. 즉 귀족 소유의 고급문화가 대량시장에서 대중들의 품으로 접근되기 시작했다. 그러나 대중문화로 변질된 우리의 현대문화는 대중조작과 대중선동의 매개체로 등장한다.

제2차 세계대전 중에 유럽과 미국에서 사회비판철학의 주류를 형성했던 프랑크푸르트 학파(Frankfurter Schule)가 시작한 초기 문화비판은 대중문화이론(mass culture theory)으로 요약된다(Strinati, 1998: 52). 이는 대중문화에 대한 후속 연구를 위한 논쟁의 불씨를 남겨 놓았다. 아울러 이는 후속 대중문화분석을 위한 기본 조건이 되기도 한다. 푸랑크푸르트 학파 이후 나타난 구조주의, 기호학파, 알뛰세주의, 그람시적 막시즘, 페미니스트, 포스트모더니스트들이 전개한 대중문화비판은 프랑크푸르트학파를 계승한 대표적인 사회비판 그룹의 작업들이다. 물론 이들과 프랑크푸르트 학파 간에는 격렬한 논쟁도 많았다. 그러

85) 고급문화란 소위 클래식 문화를 의미한다. 과거에 문화는 귀족층의 전유물이었다. 따라서 일반 서민은 엄두도 낼 수 없는 영역이었는데, 특정 계층에게 향유되고 전수되는 문화가 바로 클래식 고급문화였다. 오늘날 신분계급사회의 붕괴로 인하여 사실은 고급문화라는 개념은 적합하지 않다. 문화개념의 변화 속에서 고급문화는 대중문화로 전환되고 있는 추세이다. 특정 귀족층이 없어지면서 문화의 경계선도 흐려지고 있다. 그럼에도 불구하고 아직도 귀족개념의 고급문화의 잔재는 남아있다. 이런 의미에서 프랑크푸르트학파는 일단 고급문화와 저급문화를 구별하여 사용하고 있다. 그러나 프랑크푸르트 학파의 입장은 고급문화가 대중문화로 변화하는 현실에 대해서 개탄하는 보수적 입장을 가지게 됨으로써, 그들의 입장은 오로지 "비판을 위한 비판"이라는 학문적 한계를 가지게 되었다.

나 분명한 것은 프랑크푸르트 학파가 대중문화와 대중사회에 던진 비판적이고 저항적인 화두가 없었다면, 아마 이들 학파간의 교류는 영위되지 못했을 것이다.

따라서 프랑크푸르트 학파가 대중문화와 대중사회에 대한 이해의 이론적 기초를 다치는데 기여한 공은 매우 크다고 할 수 있다.

1923년 사회연구(social studies)를 위해 프랑크푸르트 대학에 모여든 소위 프랑크푸르트 학파의 사회철학자들은 대부분이 좌익 독일인들과 독일사회의 상류 및 중류층에 속한 독일거주 유태인들이었다. 이 학파의 기능과 목표는 비판이론과 비판적 사회연구를 발전시키는 것이었다. 당시 전 세계로 급격하게 파급된 자본주의의 열풍은 그 이면에 '사회적 모순'을 가지고 출발하고 있었다. 바로 이러한 자본주의 사회의 모순을 파 헤쳐 내는 일이 이들에게 주어진 과업이었으며 학문의 목표가 된 것이다. 물론 이러한 전통의 뿌리는 일찍이 칼 마르크스(Karl Marx, 1818-1883)로부터 시작된다. 따라서 프랑크푸르트 학파의 사회비판은 마르크스의 관점을 대변하며 그를 - 부분적으로 또는 일부 수정하여 - 계승 발전시키고 있다. 이들은 자본주의 사회의 모순을 밝혀내고 이에 대한 저항을 위해서는 우선 지적-학문적 이론 작업의 중요성에 공감한다. 이 학파에 가담한 지식인 중에서 핵심인물은 아도르노(Theodor Adorno, 1903-1970), 막스 호르크하이머(Max Horkheimer, 1895-1973), 허버트 마르쿠제(Herbert Marcuse, 1898-1978) 그리고 발터 벤야민(Walter Benjamin, 1892-1940)을 들 수 있다 (Strinati, 1998: 53).

1930년대 독일을 집권한 나치스 당은 좌익에 대한 전체주의(Totalitarism)적 탄압과 유태인 탄압을 강화하였다. 프랑크푸르트 학파는 서부 유럽과 북아메리카로 도망갈 수밖에 없었다. 미국으로 도피한 이 학파는 임시 뉴욕에 자리를 잡았으며, 주로 1940년대를 여기서 보냈다. 일부 회원들은 LA와 할리우드에서 시간을 보내기도 했지만, 전쟁이 끝난 후 다시 독일로 돌아 왔다. 이 학파의 시조 격인 아도르노와 호르크하이머를 비롯하여 함께 많은 사람들이 다시 프랑크푸르트에 모여들었다. 그러나 이들은 지금까지 추구해 온 이론적 전통과 정치적 관점을 포기하고, 이제 새롭게 자유주의와 경험적 사회과학으로 돌아섰다. 왜냐하면 미국 망명 중 이들은 유럽 사회주의 체제에서 겪었던 경험과는 아주 판이한 경험을 했기 때문이다. 즉 풍요로운 자본주의 미국 사회에서 이들이 경험한 세계는 또 다른 세계였다. 특히 마르쿠제 같은 극단주의자는 "전후 미국 자본주의 사회분석"으로 현대사회 연구의 범위를 확장했다. 특히 당시 급진적으로 발전하는 대중문화와 메스미디어에 대한 프랑크푸르트 학파의 분석과 비판은 나치 독일의 파시즘 정권의 프로파간다와 데마고지의 위험을 넘어서 미국의 독점자본주의까지 대상으로 하면서 체제와 이념을 초월하여 전 지구 사회를 지배하게 된 대중조작 및 대중사회에 저항하는 토대를 구축해 놓게 되었다.

원래 프랑크푸르트 학파는 문학적 낭만주의에 뿌리를 둔 역사학파 인문주의자들처럼 계몽주의 사회를 비판하면서 자신의 비판이론을 구축해 나갔다. 이들은 유럽의 계몽주의가 얼마나 허무맹랑한 사건이었는가에 대하여 신랄하게 비판하면서 사회비판을 시작한다. 그동안 계몽주의 사회는 인간에게 과학적-이성적 진보가 가장 중요하며 이로써 황홀한 미래가 보장된다고 선전해 왔다. 계몽주의자들의 선동에 따라 개인과 사회는 열심히 '과학적 사고'와 '이성적 사고'를 하려고 애를 써 왔다. 덕분에 계몽주의 시대의 인간들은 과학과 이성으로 모든 것을 해결할 수 있었다. 그러나 과학과 이성(합리)이 발전하면 할수록 개인과 사회의 삶은 풍요로워지는 것이 아니고 오히려 점점 피폐해지는 것을 목도하게 되면서 프랑크푸르트 사회비판학파의 관점은 보다 저항적이고 대립적으로 변하게 된다. 계몽을 개인과 사회에 있어서 최대의 미덕이라고 강조해 왔던 사회에 염증을 느끼면서, 이들은 새로운 사회인식과 사회평가를 하게 된다. 가장 심각한 문제는 과학적-이성적 진보 덕분에 우리 인간은 오히려 그만큼 자유를 잃게 된다는 사실이었다. 자유를 잃어버리게 되는 인간은 그만큼 왜소해지고 협소해지는 삶을 살게 된다.

계몽에 대한 이러한 비판은 아도르노와 호르크하이머를 정점으로 1930년대와 1940년대에 대중사회의 기반이 되는 "대중문화(大衆文化, mass culture)"와 "문화산업(文化産業, the culture industry)"에 대한 비판이론을 탄생시켰다. 그동안 계몽주의는 과학과 이성을 통해 합리적으로 지금의 삶에서 해방될 것이라는 달콤한 약속을 해 왔다. 또한 과학과 이성을 토대로 하는 계몽사회는 보다 합리적으로 개인이 성숙한 자유인으로 성장할 수 있을 것이며, 앞으로 계몽의 사회는 자유사회가 될 것이라는 환상을 심어주었다. 바로 이러한 사실에 대한 지적 인식과 비판이 프랑크푸르트 학파에 주어진 과제 목표였다. 물론 이들의 비판의식과 관점은 마르크시즘(Marxism)에 의존하고 있다. 다만 이들은 소위 정통 마르크시즘과 약간의 차이를 보이고 있는데, 첫째, 이들은 마르크스의 경제적 차원이라는 비판의 범주를 벗어나 보다 광범위하게 사회와 문화 전반의 관점에서 보려고 했으며, 둘째, 이들은 자본주의 사회에서 가능한 문화적 시스템에 보다 정교하게 접근하고자 했다. 다시 말하면, 자본주의 사회를 무조건 터부시하고 무조건 없애 버려야 한다는 것이 아니고 이왕 자본주의가 우리의 불가피한 선택이라면 자본주의는 본질적인 모순을 제거하면서 발전해야 한다. 이를 위해 우리는 과연 필요한 조처가 무엇인지에 대하여 관심을 가져야 하는 것이었다.

물론 오늘날 프랑크푸르트 학파의 이론은 '대안 없는 비판' 또는 '비판을 위한 비판'이었다는 평가를 받기도 한다. 왜냐하면 이들은 고급문화와 저급문화라는 대립 개념을 사용하면서 고급문화가 저급문화로 변화되는 과정을 비판적으로 보고 대중문화로의 변화에 절대 반대의 입장을 보였기 때문이다. 그러나 이들의 주장대로라면, 과거 귀족층이나 대시민계층(Großbürgertum)의 유산시민 즉 부르주아(bourgeois) 또는 부르주아지(brourgeoisie)에서 향유하던 문화는 그대로 남아있어야 된다는 말이 된다. 심지어 귀족문화가 대중화되는 것을 안타까워하는 것은 고급문화를 향유하는 귀족세력들이 아직도 건재해야만 한다는 의미인데, 이는 자신들의 사회비판입장과도 모순된다. 이렇게 된다면, 이들의 이론은 모순적 비판이 되는 셈이다. 그럼에도 불구하고 이들은 마르크시즘으로서 현실을 인정할 수밖에 없는 부조리 철학에 조금 더 접근한 진일보한 면목이 있었다고 할 수 있다. 이에 비하면 마르크시즘은 현실이 모순이기 때문에 뿌리부터 완전히 뽑아 버려야 한다는 식으로 현실 완전 전복을 위한 플로레타리아(proletariat) 혁명을 역사적 진리로 간주했다. 그러나 프랑크푸르트 학파는 현실을 개혁하는 일을 매우 중요한 과제로 인식하지만, 마르크스가 결코 손을 대지 못했던 자본주의의 또 다른 중요한 그림에 충실하려 했다. 이를테면, 문화와 이데올로기의 위상과 중요성의 문제에 대한 이론이 바로 그것이다. 특히 대중사회에 대하여 분석하면서 프랑크푸르트 학파는 고전적인 마르크시즘과 거의 손을 끊었다고도 할 수 있다. 심지어 프랑크푸르트 학파는 20세기가 한참 진행되면서 초기와는 매우 다르게 서구에서의 사회주의 혁명과 노동 계층의 전망에 대하여 점점 비관적인 입장을 취하게 된다. 오히려 이들은 앞으로 이 사회에서는 더 이상 그러한 혁명이 일어날 수 없으며 일어나지도 않을 것이라는 근거에 대하여도 설명하고 있다. 파시즘의 전체주의(Totalitarism) 체제와 자본주의 체제 모두 다 제2, 제3의 플로레타리아 혁명을 방해하는 또 다른 세력으로 등장하고 있다는 평가도 내린 바 있다. 한마디로 이들은 현실이 마르크스 시대와는 전혀 다르다는 사실을 인식하게 된 셈이다. 실제로 사회개혁이나 혁명을 방해하는 세력은 마르크스가 주장하는 노동력의 소유관계가 아닌 전혀 다른 모습으로 나타나고 있었던 것이다. 바로 문화산업(文化産業, cultural industry)이 그것이었다.

(2) 문화산업의 정체

문화산업의 개념은 복잡하다. 왜냐하면 문화와 산업의 합성어이기 때문이다. '문화'라는 개념 하나도 정의하기 어려운데, 산업이라는 수식어는 개념이해를 어렵게 한다. 그러나 어휘상으로 본다면,'문화산업'이란 '문화를 산업화'하는 것을 말한다. 역으로 '산업을 문화화'하는 것도 가능하다. 물론 이러한 과정에서 메스미디어 첨단테크놀로지의 발전이 함께 한다. 한마디로 문화산업의 현실은 구체적으로 '문화상품(文化商品)'의 생산, 소비, 사용, 교환 등으로 나타난다.

문화산업은 오늘날 우리의 삶에서 중요한 산업영역으로 급부상하여 왔다. 실제로 현장을 살펴보면 문화산업의 영역으로 거론되는 주 영역은 활자미디어, 영상비디오, 컴퓨터그래픽, 사이버 영상매체, 디지털공학 등 21세기 지향의 첨단산업 즉 정보통신 산업영역에서 고도의 테크놀로지(정보테크놀로지)가 발전하면서 함께 융성하는 각종 대중서적류, 대중음악, 영상 뮤직, 영화, 공간 입체 디자인, 영화, 라디오, 텔레비전, 저널리즘, 광고, 애니메이션의 영역들을 꼽고 있다. 물론 이러한 영역에서 파생되는 문화상품도 이에 해당된다. 간단히 말해서, 고도의 과학기술과 예술영역의 만남으로서 이들이 거론하는 문화산업의 영역은 예술과 첨단테크놀로지의 합작 정도로 보인다. 한마디로 오늘날 문화산업의 촉매재는 ME(micro-electronics: 첨단 소립자 반도체)와 VDT(visual display terminal: 화상산업)일 것이다. 이런 의미에서 우리는 문화산업을 기술산업의 용어로 설명하기도 한다.

물론 문화산업은 예술산업을 포함한다. 왜냐하면 문화가 예술을 포함하기 때문이다.[86] 특히 예술은 인류문화발달에 가장 핵심적인 역할을 해낸다. 그러나 문화란 예술보다 훨씬 포괄적 영역이다. 문화는 "인간정신의 산물"(E. Spranger)로서, "인간이 살아남기 위해 창조해 낸 제2의 자연"(A.Gehlen)이다. 또한 문화는 "인간생활의 제도와 역사 전반"(C. Kluckjohn, W. H. Kelley)이며, "학습에 의해 획득된 인간의 모든 활동"(C. Wissler)이며, "지식,

86) 문화인류학자인 오그번(W. Ogburn)의 분류에 따르면, 물질적인 문화로서 각종 문화재와 기계문명을 들 수 있으며, 비물질적인 문화로서 언어, 법, 제도, 사상, 습관, 도덕, 윤리, 규범 그리고 예술을 들 수 있다. 따라서 우리에게 처음부터 관심이 되고 있는 '예술'은 비물질적인 문화이며 선택문화이며 아울러 관념문화에 속하게 된다. 물론 예술과 문화는 때때로 동의어로 사용되기도 하며 이것이 용인되기도 한다. 왜냐하면 예술영역은 과거, 현재, 미래의 인류문화 및 문명을 의미론적으로 해석, 비판, 수용, 거절할 수 있는 독특한 속성을 가지고 있기 때문에 가장 민감한 문화의 영역이기 때문이다.

신앙, 예술, 도덕, 법률, 관습 그리고 사회 구성원으로서 인간이 획득한 모든 능력과 습성의 복합적 총체"(E. B. Tylor)를 말한다.

정리하자면, 문화는 삶의 산물(産物) 모두를 뜻하며, 우리 인류가 살아 온 흔적이다. 이미 언급한 대로 문화가 없었으면 우리 인류는 살아남을 수 없었다. 동물을 본능으로 살아남지만 인간은 자신들이 창조한 문화 덕분으로 살아 남았다.[87] 물론 예술 역시 역사적 삶의 흔적이며 아울러 삶의 기준으로 작용할 수 있는 문화이다. 심지어 예술은 확실한 반성적(reflective) 능력을 가지고 있다. 따라서 문화 중에서 예술은 가장 핵심 부분이 될 수 있다. 그러나 문화는 단지 예술만을 뜻하지 않는다.[88]

한편, 선조들의 문화재 연구에 많은 시간을 보내던 이탈리아의 학자들에 의해 문화산업은 '문화재의 산업화'라는 개념으로 이해되기 시작했다. 당시 이들의 시각이 포괄적이지는 못했지만, 문화재를 상품화할 수 있는 가능성과 이에 따른 교육의 가능성을 처음으로 시사하고 있다. 이러한 전통은 이미 오래 전에 문화와 문화재의 의미성에 대해 인식한 그람시(Gramsci, 1891-1937)에서 비롯된다. 그는 마르크스-네오 마르크스(Marx - Neo Marx) 시대에 문화적 이데올로기와 사회주의 체제의 관계를 교육의 대상으로 다루면서(Gramsci, 1916), 마르크스의 노선을 수정하였고 이른바 상부구조로서의 문화 의식 교육이 노동자의 의식화 교육에 중요한 관건으로 작용하는 계기를 만들었다. 문화의미에 대한 의식전환이라는 새로운 시각 속에서 당시 이탈리아 정부는 그람시의 구안대로 노동자와 수공업자 등 일반 성인들에게 고전문화강좌를 위하여 할당된 150시간의 교육 프로그램에 의무적으로 참여하도록 제도화하였다.

1960년대 문화산업이라는 용어는 미국 대륙으로 건너가면서 이 영역에 대한 이데올로기적이고 교육적 차원의 논의가 사라지게 되었고, 대신 이 개념은 경제학적 차원에서

87) 문화란 초생물적이며 또한 초유기체적인 전통의 작용으로 나타난 것이며, 동물과 곤충들의 도구 사용은 유전학적인 구조에 이미 고정된 본능적인 것이다(White, 1973: 27).

88) 70년대부터 유네스코(UNESCO)에서는 문화산업에 대하여 많은 토론회, 세미나, 발표회 등을 개최하곤 했는데 여기서 문화산업은 예술계통의 산업으로 동일시되었다(유네스코 한국위원회/도정일 역, 1987). 특히 프랑스의 Auguistin Girard는 "예술산업이 곧 문화산업"임을 강변하고 있다(유네스코 한국위원회/도정일 역, 1987). 그러나 첫 번째 질문은, 과연 이들의 주장대로 예술산업과 문화산업이 동일시되는 것이 타당한가? 하는 것이다. 차라리 예술산업이라면 이해도 쉽고 혼동도 없을 터인데도 굳이 문화산업이라고 쓰는 근거는 어디에 있으며 그 이유는 무엇인가? 예를 들어, 지하철 문화는 지하철 예술인가? 또 음주문화는 음주예술이고, 주거문화는 주거예술이고, 박물관에 나란히 전시되고 있는 짚신, 청동검, 한복, 고려청자, 베틀, 거북선 같은 문화재는 예술재인가? 또 청소년문화는 청소년 예술을 의미하고 국가간의 문화적 차이는 국가간의 예술적 차이로 번역해야 하는 것인가? 오늘날 UNESCO에서도 이러한 논의가 일고 있으며, 미국의 Williams, McKendrick, McCracken, Mukerji와 같은 문화인류학자들과 독일의 Cleve같은 역사학자들은 문화의 산업화 즉 문화산업이란 '예술산업'만을 의미하는 것이 아니고 이를 포괄한다는 연구결과를 속속 발표하고 있다.

실용적 가치나 기능적 가치로 탈바꿈되기 시작했다. 경제학자 매크럽(F. Machlup)은 문화산업을 미래의 '지식산업'이라는 표현으로 대신했고(Machlup, 1966: 18), 급기야 미국대륙에서는 문화정보를 산업화한다는 뜻에서 '정보산업'이라는 표현으로 통합하여 사용하기 시작했다. 이러한 개념은 방송기술, 전자매체, 매스컴 등 정보통신혁명으로 인해 야기된 정보화시대를 맞아 여과 없이 그대로 사용되었다.

유럽에서도 문화산업에 대한 뚜렷한 논쟁 없이 특히 독일의 문학철학자 엔젠스베르거(H. M Enzensberger)는 전통적인 문화산업의 뜻을 '예술세계에 대한 의식산업'이라는 표현으로 대신하는 정도였다(Enzensberger, 1974). 그는 1962년 출판된 단행본 『개체』에서 의식산업은 현존하는 지배체제를 견고히 하기 위하여 시멘트로 다지는 과제를 위탁받고 지배체제의 전술적 관점 하에서 의식을 생산하고 관리하고 조직하고 통제하는 이른바 인간의 의식을 드러내는 산업으로 규정하고 있다(이정춘, 2000: 79-80).

프랑크푸르트 학파의 시조 격인 아도르노와 호르크하이머는 자신들의 논문 「계몽의 변증법(1944)」에서 대중사회를 주도하는 주범으로 문화산업을 지목했다.[89] 이때부터 '문화산업'이라는 용어가 인구에 회자되기 시작했으며 이에 대한 논쟁도 시작되었다. 물론 당시 아도르노와 호르크하이머 역시 고급 예술의 대중화 추세와 함께 대중문화의 위험성을 고발하면서 자신들의 문화비판과 사회비판을 시작했다. 고급예술과 저급예술의 구분 속에서 저급예술을 지향하는 대중문화는 대중사회의 가교임에 분명하다. 특히 아도르노의 경우 음악가 출신으로서 클래식 음악의 대중화에 발끈하면서부터 문화산업의 위험성에 항거하는 비판을 시작했다. 그에 의하면, 문화적 권력투쟁의 결과로서 고급 예술 영역의 붕괴로 인하여 문화적 이데올로기가 대중화되었다. 그 결과 대중문화가 탄생하였으며 이러한 대중문화가 바로 대중사회를 선도해 나간다. 특히 오늘날 대중문화의 조종자들은 자신들이 문화를 독점하고 있다는 사실을 숨기려 하지 않는다. 오히려 독점의 힘이 강화될수록 그 힘을 실제적으로 행사하려는 의도가 강해진다. 심지어 이를 전략화하여 산업적 성공을 기도하기도 한다. 따라서 물신숭배가 팽배해지는 자본주의사회에서 상품의 수요와 공급을 직접 매개하는 문화산업은 대중사회를 주도하는 중요한 세력이 된다. 이러한 대중사회의 과정이 고발되면서, 현대 대중사회의 촉매제로서 문화산업의

89) 2차대전 후 독일의 유명한 사회비판 철학자이자 프랑크푸르트 학파를 만들어 이끌었던 두 거장 철학자인 호르크하이머와 아도르노의 저서 『계몽의 변증법(1947)』에서 처음으로 문화산업(Kulturelle Industrie)을 거론하고 있다. Horkheimer, M./Adorno, T.W.(1947). Dialektik der Aufklärung, Amsterdam.

실체가 서서히 드러날 수 있었다.

(3) 문화산업과 소비욕구

프랑크푸르트 학파에 의하면, 문화산업은 물신숭배사상, 교환가치의 지배 그리고 국가독점 자본주의의 지배 이데올로기를 철저하게 반영하면서 성장한다. 이는 대중들의 기호와 선호도를 형성하고 아울러 허위 욕구를 위한 욕망을 가르침으로써 대중의 의식을 오도한다. 과거 전체주의 국가의 프로파간다와 데마고지 등의 정치적 술책에 지겨워진 대중들은 정치적 무관심을 보이면서 대중조작의 악몽을 벗어나고자 한다. 이들은 정치권으로부터 해방하면서 삶의 돌파구를 찾아 나서며 자신들의 욕구를 추구하면서 자유롭고 욕구 충만한 삶을 살아가려고 한다. 이때 이들에게 나타난 세계가 바로 문화상품과 문화산업의 세계였다.

그러나 이번에는 정치적 선동 대신 문화상품을 맹목적으로 추종하는 자신들의 허위욕구에 의해 대중사회가 성장하고 있다는 사실을 인식조차 하지 못한다. 오로지 자신들의 욕구충족을 통해 삶의 자유와 윤택한 삶을 얻는 것이 인생 최대의 꿈이 되고 만다. 구체적으로 대중들은 "소비"를 통해 물질적 풍요를 얻고 이를 통해 풍요로운 삶을 설계한다. 특히 자본주의는 인간에게 소비를 통해 행복을 약속한다. 인간에게 소비욕구는 인간성의 본질이며 본능이기도 하다. 이를테면, 공장에서 생산된 일상용품들은 시장에서 그들의 가치를 현실화하려는 소비자의 욕구에 의해 지배된다. 이는 인간이 살아 남기 위한 매우 정당한 실제의 욕구이며 진정한 욕구이다. 또한 이는 자본주의의 생존 논리에도 완전히 부합된다.

그러나 인간의 소비 욕구가 점차 과소비 욕구로 바뀌면서 문제는 시작된다. 즉 과소비 욕구를 통한 허위 욕구는 실제의 욕구를 초월하고 진정한 욕구를 외면하게 된다. 물론 문화산업의 힘이란 대중의 욕구에 얼마나 일치하는가에 달려 있다. 이것이 문화산업의 전능이며 동시에 무능이기도 하다. 그러나 대중은 소비 욕구를 통제할 수 있는 사고와 행동의 통제 기구를 더 이상 가지지 못한다는 사실에 문제가 있다. 한마디로 이들은 과소비 욕구로 촉발되는 허위 욕구를 통제할 수 없는 상황에 처하게 된다. 물론 후세의 비판처럼 프랑크푸르트 학파의 기준으로 볼 때 '허위 욕구'의 정체성이 애매모호하며, 아울러 진정한 욕구와 허위 욕구의 구분이 불분명한 것은 사실이다. 그러나 보다 심각한 사실은 인간이 자신의 허위 욕구를 충족하기 위해 어쩔 수 없이 대중사회를 주도했던 주체 세력이었지만, 이제는 역으로 대중사회의 대상으로 전락했다는 사실이다. 문화산업은 소비자의 모든 욕구가 실현될 수 있는 것처럼 제시하지만, 그 욕구들은 문화산업에 의해 사전에 결정된 것이다. 소비자는 자신을 영원한 주체로 여기지만 문화산업의 대상으로 전락할 수밖에 없는 것이 문화산업의 메커니즘이다. 문화산업은 소비자로 하여금 오로지 소비행위에 만족하여야 한다는 사실만은 주입시킨다.

만약 인간이 아직도 대중사회의 주체라면 의식개혁이나 허위 욕구의 통제로 대중사회의 위험성을 축소시킬 수 있을 것이다. 그러나 인간이 이미 대중사회의 대상으로 전락해 버렸다. 현대사회에서 인간은 이제 사회가 원하는 대로 조작될 수밖에 없는 대상이며 표적으로서의 기능과 역할만을 수행할 수 있을 뿐이다. 산업혁명을 기점으로 인간이 기계를 만들고 기계화 사회를 만들어 놓고 나서 향유하기 시작했지만, 인간은 산업사회에서 기계의 부품 으로 취급되면서 조작의 대상이 되고 말았다. 이제 문화산업의 활성화를 계기로 인간은 또 한번 조작의 대상으로 전락하는 비운을 안게 되었다. 대중은 이제 싫건 좋건 이 사회에서 살아남기 위해서는 문화산업과 대중사회의 엄연한 현실을 수용할 수밖에 없다. 산업혁명을 통한 기계화와 획일화로 인하여 인간은 가치를 상실한 지 오래지만, 문화산업과 대중사회의 마수 앞에서 인간은 또 다시 인간으로서 가치를 상실하고 있다. 대중은 산업화 기계 사회에서 한번 경험한 것처럼 또 다시 삶 자체에서 철저히 소외되고 있다. 대중사회의 주역이었던 대중들이 사회에서 철저히 밀려나고 있는 것이다. 소외는 곧 죽음이다.

(4) 소비혁명과 문화산업

실제로 우리의 역사를 보면 문화산업은 이미 오래 전부터 우리의 실생활에 파고들어 있었다. 19/20세기 산업혁명을 통한 공업화시대라고는 하지만 이면에서 벌써부터 어떠한 특정 영역에서는 탈공업화사회로의 과정이 진행되고 있었다고도 할 수 있었으며 이 과정에 문화산업의 실체가 현상하고 있었다. 특히 이러한 문화산업은 소비자의 욕구와 소비 행태의 변화에 따라 전개되었다. 물론 소비욕구와 소비 행태의 변화에 편승하여 이루어진 정치-경제적 차원의 전략에 따라 부수적으로 문화산업이 활성화되었다고도 할 수 있다.

16세기 엘리자베스 여왕의 지배시대를 우리는 '소비폭발의 시대'라고 한다. 이러한 뜻에서 유럽의 산업혁명은 "소비혁명"이었다고도 할 수 있다(McKendric, 1982). 즉 대량생산의 시대를 맞아 생산이 소비에 의해 보다 촉진되었다는 것이다. 이런 의미에서 영국의 사회학자 돈 슬레이터(Don Slater)는 자신의 저서 『소비문화와 현대성(1997)』에서 "소비는 소모행위가 아니라 생산행위"라고 주장한 바 있다. 우선 만들어 놓는다고 팔리는 것도 사실이지만, 반대로 구매하려는 사람이 있으니까 만들 수밖에 없었다는 논리가 훨씬 더 타당하다. 이런 논리로 보면, 구매자가 대량으로 늘어나니까 대량생산이 요청되었다고 볼 수 있다. 즉 당시 대량생산체제는 대량소비에 의해 가능했다고 할 수 있다.

이렇게 소비의 역사에는 우리에게 엄청나게 숨겨진 사실이 존재하고 있다. 많은 역사가들은 당시 통치자들이 서민의 소비욕구를 지배와 통치의 전략으로 이용하였던 사실을 지적하고 있다. 사가들은 이를 당시 문화의 전략이었다고 적고 있다. 그 대표적인 예가 바로 영국의 계몽주의와 산업화가 가장 활발하게 진행된 엘리자베스 1세의 시대였던 것이다. 당시 영국에서는 귀족이든 평민 사회에서든 소비의 붐이 이루어진 시대였다. 엘리자베스 1세는 서민들의 소비욕구와 소비행태를 통치와 지배의 수단으로 잘 활용했던 것으로 알려져 있다.

그는 왕실을 가장 화려하게 꾸미고 왕궁 가족의 의복도 행사의 종류에 따라 다르게 그리고 화려하게 치장했다. 이는 서민과 왕실의 차별성을 상징하기 위함이었다. 계속 왕이라는 신분을 새롭게 상징하고 피지배층에게 의미를 부여하기 위해서 왕실의 분위기를 바꾸었으며, 화려하고 독특한 의복을 입고 나타남으로써 서민들에게 왕의 지위를 표현했다. 왕실을 그 화려한 의상과 장식으로 왕과 왕실의 사회적 지위를 상징하려 했으며, 이러한 상징성 앞에서 일반 서민들은 이들을 우러러보게 되었으며 왕실은 점점 화려해졌다. 이는 서민들에 대한 통치를 위해서도 중요한 일이었다.

그러나 시간이 지나면서 왕실의 이러한 분위기들은 귀족들에게 모방되기 시작했고 왕의 신분을 상징하거나 이에 준하는 권위와 지위를 상징하는 귀족들의 삶의 모습은 일반 서민과 대중에게 흠모의 대상이 되었다. 우선 돈 많은 시민 층으로부터 이러한 모습은 모방되기 시작했다. 만약 왕의 의상과 왕실의 물건들을 본 뜬 것이 시중에 나돌면 저마다 이를 구입하려고 애를 썼다. 독일의 사회학자 짐멜(Georg. Simmel)은 이러한 통치/지배의 전략으로 변화하는 역사적 사건을 자신의 트릭클다운(Trickle-down) 이론으로 체계화했다.[90] 또한 역사상 최고의 소비왕으로 알려져 있는 루이 14세도 이러한 소비전략을 통한 상징전략으로서 일반 대중을 지배하고 통치하는 틀을 강화했다(Williams, 1982: 28).

한마디로 당시 소비는 상징성 취득을 통하여 궁극적으로 지위획득을 목적으로 하고 있었으며, 그러한 목적은 정치적-상업적으로 이용되고 있었던 것이다. 물론 상품의 기능성과 사용가치의 측면이 완전히 배제되지는 않았을 것이다. 하여간 소비자는 무엇인가를 구입하고 소비하면서 그 물품과 소비재가 가지고 있는 '상징적 지위'까지 구입하고 향유했다.[91] 이러한 와중에서 소위 문화산업은 활성화된다. 즉 원래 통치자의 정치적 통치전략으로서 문화적-상징적 소유의 관계가 이용된 셈이지만, 국가 산업적-경제적 측면에서도 문화산업이라는 영역이 구축되고 있었던 것이다. 이러한 뜻에서 호르크하이머와 아도르노는, "문화산업은 소비자들의 욕구를 처리하고 그 욕구를 생산, 통제, 훈련시키고 소비자의 흥미와 기호까지를 흡수한다"(Horkheimer & Adorno, 1972: 144)고 주장하면서, 현대사회의 전체적 관리체제로 등장하는 대중문화산업의 모습을 표현한 바 있다.[92]

소비자는 자신들보다 나은 지위에 있는 사람들을 맹종으로 모방하거나, 아니면 그들에게 도전하기도 한다. 즉 소비자들은 소비행위를 통해서 지위를 획득하는 경쟁에 참여하게 되는데, 자신들보다 높은 지위의 사람들을 무조건 추종함으로써 그들의 지위를 따라 잡으려 하거나, 반대로 자신들보다 열등한 자들의 추격을 뿌리치기 위해서 보다 높은 소비행위로 도망가면서 그들과 사회적인 거리를 유지하려고 한다(McKendrick, 1982: 11). 한마디로 지위불안을 떨쳐내기 위하여 소비하고 지위획득을 위해 소비하면서 결국 소비행위는 지위의 의미(status meaning)를 취득하게 된다. 베블린(Veblen)은 이러한 연유로 우리 인간에게는 과시적 소비(Conspicuous Consumption)가 소비본능의 개념으로까지 이해할 수 있다고 주장한다(Th. Veblen, 1912). 즉 과(過) 소비인 또는 사치적 소비인들은 최저의 생존을

90) 그는 1904년 「패션」이라는 논문을 발표하면서 소비행동을 통한 지위획득의 관계를 자세히 분석했다(Simmel, G., "Fashion", International Quarterly, 10). 트리클다운이란 귀족에서 귀족으로 대대로 문화재가 전수되는 과정에서 상징적인 지위가 유지된다. 이를 테면, 세종대왕이 쓰시던 벼루가 우리 집의 가보라고 할 때, 우리집안은 세종대왕의 가문과 동일시되며 왕족을 의미하게 된다. 또한 골동품을 선호하는 것도 이런 맥락에서 해석될 수 있다.

91) 보들리아르(Baudrillard)는 사람들이 상품 그 자체를 소비하는 것이 아니라 상품들의 '시뮬라시옹' 즉 상품들의 매체화된 현시들로서 탈실체화(desubstantiate)된 문화를 소비한다고 주장한다(Agger, 1992: 136).

92) 문화산업의 핵심적인 사명 중 하나는 그렇지 않으면(문화가 산업화되지 않으면) 부자와 권력자에게 쏟아졌을 분노를 누그려뜨리는 것이다(Agger, 1992: 292).

위한 소비보다는 누군가에게 과시하기 위해서 소비하는 것이다.

문화는 상징적 속성을 가지고 있으며 소비재도 상징성을 가지고 있다. 소비자는 상징성을 소유하기 위해 소비하고, 소비행동은 상징성의 추구를 위해 존재한다. 이는 소비자의 개인적-사회적 갈망이기도 하다. 소비자의 욕망, 상상, 꿈과 산업의 새로운 결합이 문화산업으로서 활성화되는 것이다(Williams, 1982: 66). 이러한 뜻에서 프랑스의 계몽주의자 볼테르(Voltaire)는 소비가 인류 문명을 촉진시켰다는 주장했다(McCracken, 1988: 30). 심지어 인류학자 무케르지(Chandra Mukerji)는 소비주의가 자본주의를 태동시키는데 주 역할을 했으며, 이러한 소비주의는 인류가 생겨난 애초부터 있었다고 주장한다(Mukerji, 1983).

한편, 우리는 유럽 산업혁명의 과정에서 가장 커다란 변화 중의 하나는 예술적 모방으로서의 야기된 생산내용의 변화로서 역사에 기억될만한 사건을 기억할 수 있다. 즉 18세기 영국에서 시작된 유럽산업혁명의 주무대를 19세기에 프랑스 땅으로 넘겨주게 된 사건이다. 소비세계의 예술적 차원은 18세기 초부터 왕실문화를 바탕으로 하는 궁정사교문화의 전통을 세우기 시작한 프랑스의 구제도하에서 분명히 나타난다. 이를 계기로 소위 "소비의 궁정모델"(Williams, 1982: 53)이 등장하게 된 것이다.

당시 프랑스의 황실에서는 이미 황제가 사용하는 온갖 물건을 화려하게 치장하면서 황제의 신분적인 상징성을 부여하고 있었다. 또한 여가시간이 풍부한 황제나 귀족층에게 미(美)를 추구하는 욕망이 싹트는 것은 당연했다. 황제는 자신을 둘러싸고 있는 물건들을 가지고 황실을 점점 더 '예술적으로' 꾸미게 되었다. 부르주아들은 귀족을 어떻게 모방할 수 있는가에 관심을 집중하였다(Williams, 1982: 35). 더 나아가 서민생활에서도 일단 상품이 궁정문화를 모방하는 형태로 즉 예술적으로 도안될 때 가치가 상승되었다. 또한 각종 교회 역시 비슷한 상징적 상품들과 건축양식을 사용하면서 이들의 권위와 지위를 상징화하곤 하였다. 실제로 우리 인간은 무엇인가를 소비하면서 그 상품이 상징하는 지위까지를 획득하려고 한다. 우리가 황실에서 사용하는 도자기를 구입하게 되면 – 물론 모조품일수도 있지만 – 자신도 귀족이나 왕족으로 격상되는 착각을 하게 된다.

오늘날 우리가 소위 '명품(名品)'을 선호하는 심리도 마찬가지이다. 반대로 황실에서 사용하는 것보다 더 고급품일지라도 왕실과 무관하면 상대적으로 그 물건은 가격이 하락된다. 왜냐하면 지위상징을 볼모로 상품들은 특정한 이슈에 대한 평가가 보류되거나 방해되기 때문이다(벤 에거, 1992/ 김해식 역, 1996: 137). 아울러 이러한 물건들을 소유하는 것이 이들의 사회적 지위를 결정하였기 때문에, 이제 예술-문화의 상징성이 소비자에게 소유의 대상이 되고 만다. 신분계급사회가 와해되고 돈의 힘이 신분을 규정하게 되는 시점 즉 대중산업사회에서는 높은 상징적 가치의 상품을 소유하는 정도에 따라 인간의 신분적 위상이 재정립되었다.

이러한 메커니즘 하에서 산업혁명/공업화 과정에서 형성된 소비문화, 그러한 소비문화-소비사회에서 대중적-유행적으로 형성된 소비양태가 이미 프랑스에서 "예술-문화"[93] 라는 자기특성을 바탕으로 경제혁명을 이끌고 있었다. 아울러 영국의 선진기술에다가 예술적으로 치장하는 예술모방의 기술 덕분에 프랑스가 유럽 땅에서 산업혁명의 본거지인 영국을 제치고 공업화의 주도권을 쥘 수 있는 기회도 생겼다(Ingeborg, 1994: 72). 이러한 역사는 소비재를 통하여 문화적 상징과 의미를 소비하는 것이 당시 인간의 마음을 지배하고 있었기 때문에 가능했다. 한마디로 예술의 산업화를 통한 문화산업의 활성화 전략을 통하여 프랑스는 영국이 과학기술의 혁명을 터로 어렵게 이룩할 수 있었던 역사적 산업혁명의 현장을 손쉽게 승계할 수 있었던 것이다.

더 나아가 프랑스 궁정모델의 소비문화는 유럽 대중소비사회의 소비스타일, 새로운 시대의 멋쟁이로 등장한 혁명세력의 엘리트주의, 이들의 심미적-예술적 소비스타일 그리고 시민성의 재사회화 사상을 바탕으로 발전하는 장식미술 개혁운동으로 활성화된 민주주의적 소비스타일과 엇물리게 되면서 새로운 산업혁명의 노선을 걷게 된다. 즉 프랑스의 소비문화는 예술-문화를 산업화하는 프랑스식 산업혁명 즉 문화산업의 현장을 확고히 구축해 나갔던 것이다. 이로써 프랑스는 영국의 산업에 커다란 도전세력으로 등장하게 되어, 마침내 1830년도에 문화산업을 핵으로 하는 프랑스 산업현장은 영국 산업의 최대의 경쟁상대로 부각되었다(Ingeborg, 1994: 73).

또한 19-20세기 우리의 역사를 뒤덮은 '문화제국주의'의 열풍도 문화산업의 정치-전략적 차원의 역사였다. 절대주의/제국주의시대의 산물인 상업적 식민주의가 비판의 온상이 되면서 문화제국주의는 강대국이 약소국을 지배하는 가장 중요한 전략이었다. 예를 들어, 강대국의 제국주의자들은 약소국에 문화관, 어학원, 홍보관 등의 건물을 지어 놓고 문화적 차원에서 이들을 노예화하는 일을 추진했다. 즉 상위문화와 하위문화의 구분이나 "중심"과 "주변"이라는 문화우월주의 또는 엘리트 문화론의 논리는 문화적 상징성

93) 이러한 역사적 사실로부터 예술과 문화가 동일시되는 현상이 급진전되었다.

을 매개로 문화적 식민주의를 옹호해 주었다. 이는 문화적 상징성으로 문화적 이데올로기가 재생산되는 과정을 대변한다. 또한 대중문화를 기반으로 발전되는 문화산업에서는 경제적 차원과 이데올로기적 차원의 분리가 불가능해진다(벤 에거, 1992/ 김해식 역, 1996: 129). 이러한 연유로 마틴 카노이(Martin Carnoy), 파울로 프레이리(Paulo Freire), 앙리 지루(Henri Giroux) 등 문화비판 급진론자들 그리고 중남미 및 개발도상국의 민족주의/애국주의자와 자유주의자들은 70년대 중반부터 문화적 식민주의에 대하여 비판하고 나섰던 것이다.

(5) 아도르노의 문화산업론

아도르노의 문화산업론은 마르크스 이론을 저변에 깔고 있다. 이른바 마르크스의 '물신숭배(物神崇拜)이론'이 그것이다. 인간이 물건을 소유하고 지배하는 근거는 그 물건의 기능적-교환적 가치 때문이기도 하지만, 물건의 소유를 통하여 '사회적 관계'가 형성되기 때문이다. 바로 이러한 사실을 밝혀낸 마르크스의 물신숭배이론이 아도르노에게 직접적인 영향을 미친다. 우리들은 콘서트, 연극, 오페라의 입장권을 구입하면서 구경가는 흥미 이외에도 '문화적 지위'를 획득하게 된다.

마르크스는 자본주의 사회에서 유통되는 상품의 '교환가치'와 '사용가치'를 구분했다. 교환가치는 상품이 시장을 지배할 수 있는 재화이며 그것이 매매되는 가격이다. 반면 사용가치는 소비자에게 작용하는 상품의 유용성 즉 실제적 가치를 의미한다. 마르크스에 의하면, 자본주의사회에서는 교환가치가 사용가치를 지배하게 된다. 즉 상품의 생산, 마케팅 그리고 소비로 연결되는 자본주의 교환경제의 사이클은 개인의 실제적 욕구를 조종할 힘을 가지고 있다. 이렇게 하여 자본주의 사회에서 물신숭배는 교환가치의 지배와 직접적으로 관련되어 있다. 즉 자본주의의 출현과 더불어 시작된 상품의 역사 속에서 탈물질성이라는 사물의 특성은 무엇보다도 상품의 사용가치에서 교환가치로의 변화이다(이정춘, 2000: 246). 이제 교환가치 안에서 재화는 인간과 인간간의 사회적 관계가 어떻게 물(돈)에 의해 규정되는지에 대하여 알려준다. 예를 들어, 우리가 오페라 그 자체보다 오페라의 입장권을 구입하기 위해 지불하는 돈을 신(神)으로 받든다. 따라서 마르크스의 물신숭배이론은 자본주의 문화 비판에 대한 아도르노 이론의 중심이 된다.

그러나 아도르노는 마르크스의 물신숭배에 대한 분석을 보다 확장시켜 놓았다. 마르크스는 일상용품에 대한 물신숭배의 사상을 피력했지만, 아도르노는 이를 문화상품의 영역으로 확장하면서 물신숭배와 자본주의의 성장이 동본원적이라는 비판을 보다 구체화시킬 수 있었다. 일상용품에 대한 물신숭배나 문화상품에 대한 숭배나 모두 돈에 의해 매개되며 사용가치와 교환가치가 병행된다는 점에서는 같다. 그러나 문화상품을 매개로 벌어지는 물신숭배의 특징은 결국 상품의 교환가치로 하여금 사용가치까지를 떠맡도록 하여 상품의 본래 성질보다는 상품을 매개로 벌어지는 (문화적)'권력투쟁'을 보다 강화시킨다. 바로 이러한 관점에서 아도르노의 문화산업 이론은 활기를 띠게 된다.

심지어 교환가치는 상품의 성격과 유형과 무관하게 생산과 유통과정을 결정하게 된다. 예를 들어, 초콜릿은 초콜릿의 맛을 알고 초콜릿을 상용하는 사람들에 의한 수요에 따라 생산되고 유통되어야 하는 것이 정상이지만, 2월 14일 발렌타인데이(Valentine day)에 와서는 그 양상이 판이하게 달라진다. 즉 발렌타인데이 때 초콜릿 소비자는 초콜릿의 맛을 음미할 줄 아는 사람들에 의해 수요량이 결정되는 것이 아니고, 평소에는 초콜릿을 먹어 보지도 않은 사람들도 사랑하는 사람에게 줄 선물용으로 구입하게 된다. 남자가 초콜릿에 보답하는 날로 화이트데이(white day)도 생겼다. 이날 여성에게 건네지는 사탕은 일반 사탕이 아니라 사랑의 메시지를 담고 있는 의미 충만한 상징적 사탕이다. 따라서 초콜릿의 생산량이 결정되고 유통구조도 달라지는 것이다. 즉 사용가치보다는 교환가치가 우선되면서, 교환을 통해 얻어지는 산업 효과에 보다 주목된다. 한마디로 기능적 사용가치 대신에 교환가치를 통해서 상품의 유통관계가 형성되는 것이다. 이러한 근거에서 물신숭배사상은 극히 자연스럽게 형성된다. 왜냐하면 물신숭배를 통해 얻어지는 사회적 관계 형성은 물신을 숭배하는 소비자들에게 지위 상승의 기회를 제공하기 때문이다. 예를 들어, 우리가 소형차를 몰고 다닐 때와 대형차를 몰고 다닐 때 인간의 사회적 관계와 사회적 지위는 달라지게 된다. 경제적 측면이나 기능적 사용가치만을 생각한다면 우리는 체면 불구하고 소형차를 타고 다닐 수도 있다. 그러나 물건에 내재된 교환가치를 통해 대형차의 소유주는 사회적 관계와 지위 획득 면에서 소형차의 소유주 보다 유리하다. 이는 사회적 성공 및 출세와도 직결된다. 이러한 근거에서 물신숭배사상은 극히 자연스럽게 발생하는 것이다. 이러한 물신숭배사상의 인간심리를 교묘히 이용하며 번성하는 영역이 바로 문화산업인 셈이다.

프랑스의 비판사회학자 알뛰세(L. Althusser)는 이러한 가치의 전이 현상을 "사회적 지위의 이동"이라고 표현한 바 있다(Althusser, 1977). 즉 우리는 무엇인가를 구입하고 취득하면서 '사회적 지위'까지 함께 취득하게 된다. 물론 이는 실질적 지위가 아니라 '상징적 지위'이다. 그럼에도 불구하고 이러한 지위는 삶에서 매우 중요하다. 우리가 무엇인가를 계속 소비하고 소유하려고 하는 이유가 바로 여기에 있다. 아도르노에 의하면, 이러한 상징적 지위 획득으로 인하여 우리는 사회적 성공의 기회도 얻게 된다. 이러한 의미에서 물신을 숭배하는 것은 단지 하나의 물건을 소유하는 것을 넘어서 사회적 관계에 대한 지향을 의미한다. 따라서 자본주의 사회에서 물신숭배 사상은 극히 자연적인 현상이며 자본주의의 성장과 동본원적인 관계가 된다.

(6) 마르쿠제의 "일차원적 인간"

마르쿠제(Herbert Marcuse, 1898-1979)는 미국 망명 중에 미국의 경제적 번영, 풍요, 극대화되는 소비주의를 직접 목격했다. 아울러 그는 극심한 빈부 격차로 인하여 발생하는 지속적인 사회적 불평등, 빈민가의 절대적 가난 그리고 극단적 인종주의도 목격했다. 그러나 마르쿠제는 마르크스처럼 자본주의의 성숙 과정에서 발생하는 내재적 위험요소와 본질적으로 불안정한 시스템으로서의 자본주의 체제에 대한 비판에만 머무르지 않았다. 자본주의는 분명한 모순을 안고 있다. 그러나 자본주의는 사회주의체제에 비하여 부의 획득 면에서는 월등히 우세한 측면을 가지고 있다. 마르크스주의자들이 노동자 혁명을 통해 부의 평등을 이루고 심지어 노동자에게 삶의 윤택을 보장해야 한다고 주장한다면, 자본주의 체제의 붕괴는 모순이며 어쩌면 불가능한 일이 될지도 모른다. 왜냐하면 자본주의체제는 사회주의체제에 비해서 부의 축적과 이자의 증식이 훨씬 용이하기 때문이다. 자본주의는 오히려 사회주의보다 부의 축적과 삶의 윤택을 추구하는 차원에서는 노동자들에게도 훨씬 구미가 당길 수 있는 요소를 많이 가지고 있다.

프랑크푸르트 학파는 자본주의 사회가 경제적 풍요와 소비주의 이데올로기의 통제를 통해서 이미 노동자 계층까지 완전히 하나의 사회시스템 속으로 병합했다고 판단한다. 노동자들도 이미 자본주의 체제의 구성원들로 거듭하고 있으며, 이러한 체제 속에서 오히려 재정적으로 안정되고 있다. 다시 말하면, 노동자계층들도 이미 사회주의체제 보다는 자본주의체제에서 과거 보다 자신들이 요구하는 것들을 보다 많이 구매할 수 있게 되었다는 것이다. 따라서 이제 이들 노동자 계층들도 이 풍요로운 자본주의를 전복시키고 무산 계층의 사회주의나 무정부사회를 건설하려는 노력을 하지 않을 것이라는 판단이다. 한마디로 노동자 계층들도 이제는 자본주의를 수용하는데 있어서 거부반응을 나타내지 않고 있으며 오히려 사회주의보다는 자본주의 체제에 길들여져 가고 있다는 생각이 프랑크푸르트 학파의 판단이다. 따라서 마르쿠제는 종국적으로 자본주의 체제가 붕괴하고 사회주의 혁명이 성공할 것이라는 마르크스의 견해를 매우 순진한 발상으로 간주했다. 오히려 마르쿠제는 현실적으로 거부할 수 없는 자본주의 체제가 차라리 체제적 모순을 시정하기 위해 사회주의 요소를 받아 들여 보충하고 보완한다면 변증적 발전도 기대할 수 있을 것이라는 견해를 가지게 된다. 대신 그는 자본주의 사회에서 가능한 경제적 부와 윤택한 삶은 바로 대중적 개인에게 책임이 있는 소비주의가 보장한다는 사실을 예리하게 지적해 내었다.

마르쿠제는 자신의 저서 『일차원적 인간(One-Dimensional Man/ 1964)』에서 자본주의사회의 생존과정을 이러한 도식관계를 잘 설명하고 있다. 즉 인간은 처음부터 노동을 좋아하기 때문에 생산에 참여하는 것이 아니고 '소비'를 위해서 생산라인에 참여하게 된다는 것이다. 다시 말하면, 인간은 소비를 위해서 돈을 필요로 하고, 돈을 벌기 위해 공장에 간다. 그런데 공장에서 벌어들인 돈은 다시 더 높은 소비를 위해 탕진한다. 인간은 더 높은 소비를 위해 더 많은 시간을 공장의 생산라인에서 보내야 한다. 이렇게 현대인들은 소비를 위해 노동하고 노동을 통해 보다 높은 소비에 시달리게 되면서 다람쥐 쳇바퀴 도는 일생을 살게 된다. 백만장자 내과의사였지만 나중에 여가를 즐길 수 없는 여건을 비관하여 부인과 동반 자살한 폴 라파르그(Paul Lafargue, 1842-1912)는 100여년 전 자신의 저서 『게으를 수 있는 권리(1902)』에서 당시의 노동자들은 치명적인 일 중독에 빠져 있다고 폭로했다.

이에 반하여 유한계급들은 '강요된' 여가에 시달리고 있으며, 출세라는 미명 하에 아이들은 공부 중독증에 빠져있다. 기계가 발명되면서 인간이 10시간에 하던 일이 1시간으로 줄어들었지만, 여전히 인간은 일에 더 매달려야 하는 현상이 발생하고 있다. 또한 대중문화는 중·하위 계층에게 상층계층과 똑같은 수준의 쾌락과 오락을 허용함으로써 개인주의와 소비주의에 의해 지배되는 공동의 물질주의 사고뿐만 아니라 소비자의 욕구를 계속 발전시키게 된다(Marcuse, 1964: 27). 결국 문화산업은 문화 생산품들을 팔고 또한 특정의 순응성을 강화하기 위한 두 가지 목적으로 표상을 상품화하는 것이다(벤 에거, 1992/ 김해식 역, 1996: 342).

인간을 "생각하는 갈대"로 규정한 파스칼(Pascal)은, 인간의 모든 불행은 고요한 방에 들어앉아 휴식할 줄 모른다는 데서 비롯한다고 했다. 미국의 롱 나우(Long Now)재단은 1998년부터 만년시계를 만드는 프로젝트를 추진하고 있다. 이 시계는 1년에 딱 한번 똑딱거리고 1000년 만에 겨우 한바퀴 돌면서 종을 울리게끔 제작되어 만년동안 가동된다. 지구상에서 가장 느린 시계이다. 이는 일 중독과 바쁨 중독 그리고 "빨리 빨리 증후군"과 조급증 그리고 '시간고갈증'에 시달리고 있는 현대인들에게 느림의 지혜를 선사하기 위함이다.

과거 화이트칼라와 블루칼라가 구분되던 시대가 지나고 소위 '실리콘 칼라'가 지배하는 세상이 되면서, 인간은 실리콘의 속도 즉 빛의 속도로 생각하고 아이디어를 짜내야 한다. 기술 공학의 발전에 따라 인간의 노동 속도와 양은 그만큼 증가하게 되는 셈이다. 결국 이제 우리 현대인들은 "소비-생산-또 소비-또 생산-…"이라는 "일차원의 선상" 위에서 인간은 삶을 의미 없이 탕진하면서 기계화되고 만다. 여기서는 개성도 사라지게 되어 결국 인간은 스스로 대중사회를 만들어 놓고 그 안에서 의식불명으로 대중조작의 대상이 되고 마는 것이다.

한편, 프랑크푸르트 학파의 견해에 의하면, 현대사회에서는 정부와 국가가 부여하는 사회적 통제 보다 오히려 자유시장에서 합리적으로 조정되는 권력관계가 훨씬 위협적이다. 이러한 권력관계를 조장하는 매개체는 바로 메스미디어(메스미디어)와 대중문화이다. 즉 메스미디어와 대중문화가 현대인들을 대중을 조작한다. 그러나 이러한 대중조작과 대중선동으로 몰고 가는 주도 세력은 과거처럼 정부나 국가기관의 정치적 선동이나 사회적 통제에 의한 것이라기보다는 개인의 "소비욕심" 때문이다. 그런데 메스미디어와 대중문화는 바로 이러한 인간의 소비욕구를 "잘못된 욕구 즉 허위 욕구"(H. Marcuse, 1964: 5)로 재창조해 낸다는 사실이다.

잘못된 욕구 즉 허위 욕구(false needs)의 개념은 특별히 마르쿠제의 작업과 동일시되지만, 프랑크푸르트 학파의 일반적인 이론적 틀로부터 도출된다(Strinati, 1998: 60). 정상적인 일반인들은 자신의 목표를 통제하기 위하여 창조적이고 독립적으로 그리고 자율적으로 삶을 결정하고자 하는 의지를 가지고 있다. 아울러 인간은 의미 있고 민주적인 집단의 구성원으로 살아가면서 자율적으로 사회활동에 참여하고 건실한 삶을 영위하고자 하는 진정한 욕구를 가지고 있다. 그러나 인간에게 진정한 욕구 또는 현실적 욕구는 충족이 된다고 해도 항상 불만의 수준을 넘지 못한다. 바로 여기에서 한계 상황이 발생한다. 즉 진정한 욕구 충족만으로 삶에 만족할 수 있는 인간은 거의 드물다는 이야기가 된다.

따라서 현대인들은 자신의 허위 욕구를 잘못된 것으로 인식하고 있으면서도 무의식적으로 계속 소비하면서 허위 욕구를 충족하고자 한다. 삶을 만족시키기 위함이다. 결국 이러한 허위 욕구는 소위 과소비로 이어진다. 현대인들은 마르쿠제의 주장대로 과소비를 부추기는 허위 욕구를 충족하기보다 많은 시간을 노동의 현장에서 시달리게 된다. 물론 소비를 통하여 현대인들의 생활은 겉보기에 풍요로우며 이로써 윤택한 삶도 보장되는 듯하다. 그러나 문화산업이 제공하는 낙원은 똑같은 일상생활의 반복일 뿐이다. 어느 순간 자신이 꼭두각시의 삶 같은 일차원적 삶의 순환 도식에 빠져 든 것을 알게 되어 삶을 반성해 보지만, 이미 삶은 체념적 수준으로 전락하게 된다. 결국 문화산업에 의해 산출된 가치는 실제적 가치나 "의미"와는 아무런 관계가 없게 되는 것이다.

따라서 애초에 허위 욕구에 사로 잡혀 악순환 되는 자신의 삶을 반성하지만, 인간은 역시 어쩔 수 없이 자본주의의 모순 속에서 살 수 밖에 없는 운명임을 인식하게 된다. 한마디로 대중조작이 가능한 대중사회는 개인의 허위 욕구에서 출발하는 셈이다. 현대인들은 자신의 허위 욕구를 충족시키기 위해 열심히 노동하면서 돈을 벌고 이를 다시 소비에 지출하면서 스스로 대중사회의 올가미에 걸려든다. 과거 대중사회를 조종하는 세력이 정치 세력이었다고 한다면, 현대의 대중사회는 소비 개인의 허위 욕구에서 탄생하고 성장하게 되는 셈이다. 물론 여기서 메스미디어는 개인의 소비욕을 자극하여 급기야는 허위 욕구로 둔갑시켜 과소비를 부추기는 결정적 인자임에 분명하다. 또한 문화상품 역시 다른 일상용품과 달리 개인의 소비욕을 최대한 부추겨 허위 욕구로 둔갑시키는 또 다른 중요한 인자이다. 이미 언급한대로 문화상품의 소유와 획득을 통하여 인간은 문화적 지위를 획득하게 된다. 문화상품의 취득을 통해 얻어진 문화적 지위는 상징적 지위로 이어지면서 문화상품에 대한 소비를 통해 우리는 사회적 성공을 보장받게 된다.

결국 문화상품의 소비 또는 과소비는 개인의 허위 욕구를 만족시켜 주면서 또 사회적 지위마저 보장해 주면서 자본주의 사회를 대중사회로 전환시켜 준다. 이렇게 탄생하는 대중사회 속에서 일상생활을 영위하는 개인은 모두 대중조작의 대상이 되고 대중조작에 휘말린다. 이제 사람들은 무의식적으로 자본주의 시스템을 안정과 영속성을 보장시키면서 대중사회를 체념적으로 받아들이게 된다. 이러한 의미에서 '허위 욕구'의 개념은 '문화산업'의 개념과 직접적으로 연계된다.

한마디로 현대인들은 몰개성의 사회로 돌진하면서 개인의 자유마저 통제하는 대중조작과 대중사회를 표면적으로는 거부하지만, 문화산업에 의해 촉발되는 허위 욕구를 충족시키기 위해 개인은 소비하고 또 과소비하면서 대중사회를 부추기게 되는 일상의 모순 속에서 살아가게 된다. 이러한 모순이 고발이나 비판의 대상을 벗어나 체념의 일상으로 변모하게 되면서 현대인들은 [허위 욕구=대중사회]라는 도식 속에서 꼭두각시로 전락하고 기계의 부품처럼 살아갈 수밖에 없는 무기력한 존재가 되고 만다. 여기서 대중 조작은 너무도 쉽게 이루어지게 된다.

(7) 문화산업과 예술

아도르노는 1975년「문화산업에 대한 재고」라는 자신의 논문을 통해 대중의 허위 욕구와 문화산업 그리고 대중사회의 순환적 도식을 다시 한번 확인했다(Strinati, 1998: 79). 그러나 아도르노는 여기서 문화산업의 이념을 대중문화와 구별했다. 즉 대중문화는 대중이 소비하는 문화에 대한 어떤 책임을 지고 있다는 것이었다. 다시 말해서 대중문화는 대중 자신들의 선호에 의하여 결정되기 때문에 대중들은 자신들이 선택한 문화에 대해 책임을 진다는 뜻이다. 그러나 인간의 허위 욕구로 촉발되는 문화산업은 공허감, 진부성 그리고 순응성을 강조하면서 인간의 삶에 치명적이고 파괴적인 힘으로 등장한다. 즉 문화산업은 우리 일상에서 강력한 삶의 이데올로기로서 등장하는 것이다. 특히 자본주의 사회에서 이러한 문화산업의 이데올로기 전략이 상업적으로 이용될 때 그 파급효과는 심각하다.

좌파 문화비평가이며 교육학자인 지루(Henry Giroux)는 자신의 저서『디즈니 순수함과 거짓말(2000)』에서 문화 상품을 빙자해서 이데올로기 지배와 상업적 이익을 결합시킨 전형적인 예로 디즈니랜드의 문화산업을 꼽고 있다. 그는 즐거움, 순수함, 깨끗함이라는 명목으로 기업의 야심을 신비화하고 '미녀와 야수', '알라딘', '라이언 킹' 등 각종 에니메이션 영화와 캐릭터 영상을 통한 신식민주의, 인종차별 백인지상주의로 대변되는 디즈니의 문화산업전략을 혹독하게 비판하면서, 디즈니랜드 기업에 종사하는 사람들은 쥐(미키 마우스)를 위하여 인간을 희생시키고 있다고 조롱한 바 있다.

그러나 우리는 무기력하게도 일상에서 문화산업에 의해 연습된 이데올로기의 지배를 그대로 수용할 수밖에 없다. 결국 현대 대중사회의 주역은 대중문화의 확산에서 유발되지만, 자본주의 대중사회의 주역은 시장경제를 중심으로 하는 근거 때문에 단연 문화산업에 집중된다. 아도르노는 말년에 문화산업에 대한 비판에 주력함으로써, 종전에 대중문화비판에서 나타난 그의 엘리트주의적 입장의 한계성을 극복하고자 했다. 물론 아도르노의 엘리트주의 예술 구분론은 벤야민(Walter Benjamin, 1892-1940)에 의해 보완되고 극복된다. 고급예술과 대중예술 간의 관계 규명을 토대로 하는 대중문화, 문화산업, 대중사회의 비판은 프랑크푸르트 학파의 막내둥이 격인 발터 벤야민으로까지 이어질 정도로 오랜 과제였다.

1930년대 나치 정권에 의해 독일로부터 추방되기 전에 벤야민은 이 기관의 멤버였다. 비록 그는 이 학파의 변두리에서 참여하였지만, 1936년「기계적 복재의 시대에 있어서 예술 작업」(Jay, 1973, 원전 1936)이라는 에세이 논문을 발표하면서, 소위 "아우라(Aura)"의 개념을 일반화시킨다. 그가 주장하는 아우라는 "유일무이한 권위성"을 의미하며, 이는 시·공의 통합을 포괄하고 있다(Strinati, 1998: 82). 원래 아우라는 종교적 개념으로 예수의 "후광"을 의미한다. 즉 뒤에서 비추는 빛이다. 벤야민에게는 이러한 종교적 차원의 아우라에 보다 커다란 의미 부여가 된다. 한마디로 그에게서 아우라는 인간의 말로는 표현할 수 없는 종교적 차원의 '강력한 카리스마적 힘'이 되는 것이다. 예를 들면, 클래식을 위시한 고급의 예술 작품들은 기존 질서를 문화적으로 합법화하고 사회적으로 통합하는 종교적 실제의 중심에 위치되었기 때문에 당시 최대의 권력이었던 종교적 권위와 결부된 아우라를 획득할 수 있다. 그러나 종교적 권위가 점차 약화되고 산업혁명 이후 종교적 권위의 자리에 기계의 권위가 대치되고 또한 예술은 기계화의 권위와 결탁하면서 새로운 아우라를 형성하게 된다. 역사적으로 아우라가 전이되는 셈이다.

특히 예술세계에서 이러한 아우라의 이동과 전이는 뚜렷하게 나타난다. 원래 예술은 자율성을 찾아 움직이는 속성을 가지고 있다. 인류 역사상 예술가가 예술적 자율성을 찾아 크게 움직인 시대는 르네상스 시대였다. 당시 다빈치, 미켈란젤로, 라파엘로 같은 천재 예술가들은 종교의 권위를 벗어나 세속적인 세계로 진출하면서 개성을 분출시키고 독립하려는 시도를 했다. 그러나 종교적 권위에서 나오는 아우라를 벗어나는 일이 그리 쉽지 않음을 알게 된다.

그럼에도 불구하고 예술과 예술가 자체의 본능은 자유를 찾아 언제든지 개성을 분출하고 독립 세계를 구축하고자 하는 욕구로 구성된다. 결국 이러한 자유와 개성 추구의 예술적 본성은 산업혁명을 계기로 시작된 구 시대의 종교적 권위에 의한 아우라를 떠나 새로운 아우라를 찾아 나서게 된다. 이로써 대중예술과 대중문화가 시작되는 것이다. 벤야민의 주장에 의하면, 19세기말 '순수 예술을 위한 예술'운동이 활기차게 전개되었음에도 불구하고, 예술은 기계적 재생산을 통한 대중문화의 양상으로 급진전되면서 가장 커다란 예술적 아우라를 발견하게 된다. 이를테면, 당시 사진술의 발견은 예술 세계에서의 획기적인 변화를 일으켰다. 그는 네가티브 현상기술로부터 많은 복사판이 가능해 졌으며, 이제 '진정한' 원판에 대한 질문은 의미가 없어졌다고 기술한 바 있다(Jay, 1973: 226).

결국 벤야민의 관심은 기계적 재생산의 시대에 쏠리게 된다(Benjamin, 1973: 223). 예술 작품의 기계적 재생산은 대중예술과 대중문화를 가능하게 한 장본인이다. 네가티브 사진 복제술이나 유성영화는 이제 새로운 예술 작업의 아우라를 형성하였고 대중들이 이에 쉽게 몰려들었다. 그러나 새롭게 형성된 예술적 아우라는 복제품의 난립으로 인하여 예술적 자율성이라는 예술적 본질을 상실하는 결과를 초래하고 말았다. 예술이 기계화와 산업화의 물결 속에서 소위 문화상품으로 다시 태어나면서 이제 예술은 하나의 상품으로 기능과 역할을 해 낼 뿐이다. 즉 기계와 테크놀로지의 덕분으로 예술성의 본질을 잃게 된 현대의 대중예술은 단지 대중 앞에 선을 보이는 전시예술 정도로 전락하게 되었다. 예술은 더 이상 어떤 의미도 가질 수 없게 된 것이다. 이제 문화산업은 예술을 대중의 소비로 전환시키는 작업을 하게 되며, 예술 역시 물신숭배사상에 따라 단지 소비의 대상으로 전락하게 된 셈이다.

예술이 예술성을 상실하고 더 이상 예술적 아우라의 의미를 상실한 판국에 우리에게 문화적 비전은 더 이상 존재할 수 없다. 예술은 그동안 삶의 흔적으로서 그리고 삶의 비판적 기능을 수행했던 가장 강력한 문화비판세력이었지만 이제 그 세력이 상실됨과 동시에 인간의 문화와 삶의 반성적 능력은 결여될 수밖에 없다. 이렇게 하여 인간은 대중사회에 대중조작의 대상으로 자기 스스로를 그냥 방치할 수밖에 없는 지경으로 내 몰리게 된다. 결국 벤야민은 아도르노의 엘리트주의적 예술구분의 한계를 극복하면서, 자신의 대중예술 비판을 시작할 수 있었으며 이로써 대중사회에 대한 저항을 시작할 수 있었다.

정리하자면, 문화산업이 야기하는 이데올로기는 시장과 일상용품 물신숭배의 지배를 지지하면서 부패적이고 조작적으로 작용한다. 동시에 이는 인간이 자본주의 사회의 질서에 순응하고 수용하도록 강요하면서 인간의 의식을 마비시키는 역할을 한다. 따라서 아도르노에게서 문화산업의 문화적 마약이었다. 그는 문화산업이 인간에게 주입시키는 질서의 개념은 항상 "현상(status quo)" 뿐이라고 강변한다(Adorno, 1991: 90). 또한 문화산업이 가지는 이데올로기의 힘은 순응성의 의식을 강화시킨다. 순응성으로의 강요는 기존의 사회질서로부터의 어떠한 일탈도 용납하지 않는다. 반대로 대안으로서의 새로운 비전을 향한 발걸음도 용납하지 않는다. 따라서 아도르노는 문화산업이 대중들로 하여금 행복을 대리 만족하도록 강요함으로써 기만하는 것이 매우 자연스럽게 진행되고 있다고 주장한다. 이렇게 하여 문화산업은 의식적으로 자신을 위해 판단하고 결정하는 자발적이고 독립적인 개인의 발달을 방해하고 있는 것이다(Adorno, 1991: 92).

(8) 유행과 문화산업

문화산업 즉 문화의 상품화 속도는 제2차 세계 대전 이후의 자본주의에서 급속하게 가속화되고 있다(벤 에거, 1992/ 김해식 역, 1996: 126f.). 특히 오늘날 문화산업은 '유행'의 대물결 속에서 다시 한 번 산업현장의 패러다임을 변화시키고 있다.[94] 역사를 살펴보면, 유행이라는 것은 과거 상층계층에 대한 하층계층의 모방이 지방화시대가 되면서 그 라이프스타일을 변화시키면서 활성화되었다. 즉 중앙을 모방하다가 교통과 원거리 무역이 발전하면서 "지방화시대"가 열리고 "대중사회"가 형성되면서 이제 모방의 대상은 중앙의 상층계층만이 아니고 서로 서로가 그 대상이었다. 이러한 현상은 대량생산으로 인하여 상품의 사용가치가 상실되고 그 자리에 교환, 기호 혹은 유행가치가 들어서게 되었음을 설명해 주는 것이다(이정춘, 2000: 251). 모방의 소비를 하면서 보다 높은 사회적 지위를 획득하기도 하지만, 역으로는 상징성 즉 '동일시'와 '소속감' 그리고 '정체감'을 확인하기 위해서 모방하게 된다. 아울러 상품 생산자들은 소비자들의 상품화된 삶을 시뮬레이트함으로써 소비자들의 집단 귀속을 통해 소비자들을 위치짓는다(벤 에거, 1992/ 김해식 역, 1996: 341). 결국 대중사회로 들어서면서 모방과 소비는 불가분의 관계로 결부되며 이는 생산으로 이어진다. 달리 말하면, 익명의 대중사회를 살아가는 서민들은 타인으로부터 소외되고 뒤떨어지는 것이 항상 불안하다. 소외되고 뒤떨어지지 않으려고 또 불안을 떨쳐 버리기 위해 우리는 의도적으로 모방하고 소비한다. 이들의 유행은 개성의 표현이라기보다는 소외당하지 않기 위한 사교의 필수품으로 보인다(이정춘, 2000: 261). 이러한 현상을 매크레켄(McCracken)은 소비의 "전이된 의미"라고 부른다(McCracken, 1988: 190). 즉 문화가 가지고 있는 본래의 속성으로서의 상징적 의미가 상품을 소비하고 문화를 모방함으로 얻어지는 소속감의 확인 등 지위적 의미로 전이되고 있는 것이다.

2002 한일월드컵의 현장에서 붉은 악마의 "Be the Reds" T-셔츠를 사 입으면서 그들은 서로 서로에게 일체감과 연대감을 느끼며 온 세상을 하나로 묶을 수 있었다. 청소년들은 BTS(방탄소년단) 같은 연예인이나 호나우도, 메시, 손흥민 같은 스포츠 스타의 사진과 브로마이드를 침대 머리맡에 걸어 놓고 이상과 현실의 괴리를 극복하려 한다. 「친구」라는 영화를 보면서 청소년들은 영화 속의 배역과 자신들을 동일시하고, 그들의 행동을 모

94) 문화현상들 중에서 가장 가시적으로 드러나는 것 중의 하나가 바로 유행이다. 그리고 현대사회의 급변성을 문화영역에서 유행의 생성-발전-소멸-생성이란 순환과정으로 설명하는 방식은 현대사회를 이해하고 분석하는데 용이성을 제공해준다. <이정춘, 2000: 237>

방하며 자신들의 삶에 희열감을 느낀다. 또한 이들은 농구장, 야구장, 공연장에 오빠부대로 몰려다니면서 소속감을 확인하려 하고 무리들로부터 따돌림을 당하지 않으려고 애쓴다. 고래고래 소리지르며 목청에 병이 난다고 해도, 소외와 따돌림의 불안과 공포에서 탈출하기 위함이 먼저이다.

만화책을 읽으면서 아이들은 마냥 즐거워하면서, 만화의 주인공처럼 예쁘게 또 하늘을 마음대로 날라 가는 희망적인 의미를 얻는 반면, 만화를 읽는 아이들에게 각종 애니메이션 산업은 재빨리 접근한다. 만화의 주인공들은 상품으로 생산되어 캐릭터 산업으로 발전한다. 또한 월드컵 출전 태극 전사들의 유니폼은 사용가치로서가 아니라 상징적 가치와 의미로 판매된다. 한국에서 최초로 월드컵 4강 신화를 만들어낸 네덜란드의 히딩크 감독의 넥타이 역시 사용가치나 경제적 가치보다는 히딩크와 자신을 동일시하고 싶은 사람들에게 상징과 의미로서 소유된다. 결국 "상징성의 소유"는 곧바로 생산자와 상인들에 의해 돈버는 산업으로서 전략화 되고 만다. 물론 정보통신혁명의 시대를 맞아 산업전략은 테크놀로지의 발전과 함께 사이버 영상매체, 뮤직비디오, 컴퓨터 그래픽으로 전개된다.

한마디로 21세기 정보화시대에는 "매체가 곧 메시지"(McLuhan)이다. 이러한 구호에 걸맞게 정보매체로 대변되는 정보테크놀로지는 문화산업을 가속화시키게 된다. 물론 그러나 여기서 우리가 주의해야 할 것은 – 일반적으로 알려져 있는 것처럼 – 정보테크놀로지가 만들어 내는 기술과학산업이 곧 문화산업의 핵심은 아니라는 사실이다.

4) 문화와 교육

(1) 문화전달과 문화성찰

문화교육학파에 의하면, 교육은 문화를 전달, 계승, 발전시키는 것이다. 즉 선조들이 창조한 문화가 후세대에게 교육을 통해서 계승될 때 비로소 인류의 발전은 기약될 수 있다는 논리이다. 그러나 이때 문화는 어떤 흠도 없는 '이상적 문화'또는 '완전한 문화'를 뜻한다.

이러한 의미에서 대표적인 문화교육학자인 슈프랑어(Eduard Spranger, 1882-1963)는 교육을 '문화의 이식(Kulturpflanzen)'이라고 했다. 물론 그에게서 문화는 절대적으로 이상적인 문화 즉 – 그의 개념으로는 –'규범문화(normative Kultur)'이다. 결국 교육이란 문화의 이식작용이지만, 이식되고 계승되어야 할 문화의 전제 조건은 '이상문화(理想文化)'로서의 "규범문화"이다. 이러한 의미에서 학교교육의 중요한 매개체인 '교과' 또는 교과서(敎科書)는 이상문화 즉 규범문화로서 '선택된 문화내용'을 담고 있다. 왜냐하면 교과란 '선택된 문화'이기 때문이다. 그러나 현실에서 규범문화를 만나는 것도 쉽지는 않으며, 심지어 이를 선택하는 것은 보다 더 어렵다.

우리가 지금까지 위에서 살펴 본 것처럼 오래 전부터 우리 사회에서는 -'문화비판'(또는 문명비판)이 이어져 왔으며 점점 심화되고 있다. 이러한 현실을 감안한다면 우리가 규범문화를 수립하고 규범문화를 선택해서 이를 교과서에 담아 후대에 문화를 전달, 계승, 발전시킨다는 것은 항구적 과제일지 모른다.

그럼에도 불구하고 우리의 교육현장에서는 특정한 교과서가 존재하고 있으며 교과과정도 정형화되어 답습되고 있다. 그렇다면 현재 교육현장에서 사용되는 모든 교과서들은 이상문화로서의 규범문화내용이며 교과과정은 완성된 규범문화가 전수되는 과정이라고 장담할 수 있는 것인가? 따라서 교육적으로 전달될 문화는 우선 스스로 비판될 필요가 있다. 소위 '문화비판교육'이 우선적으로 요청된다.[95)]

한편, 문화철학자이며 문화교육학자인 슈프랑어(Eduard Spranger)는 문화를 "객관적 정신의 소산"으로 보았으며, 여기서의 '객관'(Das Objekte)은 '초개인적인 것'(Das Überindividuelle)이라고 규정했다. 즉 개인은 주관이고 객관은 초개인적 차원이다: "객관정신은 철학, 예술, 경제, 법 그리고 종교 등의 문화를 의미하는 것으로, 그것은 개인의 정신에 있어서 주관적 가치체험을 객관화한 초개인적인 것이다."(Spranger, 1950: 43)

"문화의 세계는 통상 객관적 정신(objektiver Geist)으로 표현하기도 한다. 객관적 정신이라는 말을 철학적 개념으로 사용하기 시작한 사람은 물론 헤겔이다. 헤겔의 객관적 정신은 주관적 정신과 절대적 정신 사이에 존재하는 영역이었고, 예술, 종교, 철학은 객관적 정신이 아니라 절대적 정신의 영역에 속하는 것이었다. 그렇지만 딜타이 이후 객관적 정신은 예술과 종교 및 철학까지도 포함하는 문화의 전

95) '문화비판교육'에 대해서는 지금까지 본 책에서 처음부터 다루어져 온 '문화비판의 내용들'에 대한 교육으로 대신하기에 여기서는 더 이상 다루지 않는다. 다만 문화교육론자들에 의한 문화비판교육은 인식론적 차원에서의 문화비판이라기 보다는 문화반성, 문화성찰(cultural reflection)의 개념에 더 가깝다. 따라서 문화반성, 문화성찰의 개념은 그 자체가 문화교육의 과정이며 문화교육의 목적이 된다.

영역을 가리키기에 이르렀다."(이한구, 1995: 229)

물론 슈프랑어는 더 나아가 역사적으로 주어진 문화를 객관적 정신 내지 객관화 정신으로 간주하고 그것의 영원한 법칙을 찾아내는 데 주력했다(Eisermann, 1983: 494). 이렇게 본다면, 문화는 역사 속에서 발생하기 때문에 삶을 이해하기 위해서는 정신의 객관물인 문화를 역사적으로 해석해 내는 일은 필연적이다. 즉 객관적 산물인 문화를 연구한다면 아마도 인간을 '객관적으로' 들여다 볼 수 있는 가능성이 높아진다는 생각이었다.

"문화는 실증적으로 주어진 것의 총체로서 이해될 수 있다. 다시 말해 문화는 사물의 법칙과 규칙의 일정한 영역 - 이것들이 생활형식을 구체화하고, 이 생활형식에 정보를 준다 - 으로서 이해될 수 있다. 문화는 그 전체가 외적으로 지각되는 것이 아님에도 불구하고 '객관화된' 어떤 것으로 나타난다."(랄프 콘너스만, 2003/ 이상엽 옮김, 2006: 23)

이제 문화는 인간을 연구하기 위한 '객관'으로서 철학의 대상이 된다. 문화철학은 이렇게 탄생했다.

"동물의 행동이 이미 프로그램화되어 있고 생물학적으로 유전된다면, 인간의 활동은 유전된 본능뿐 아니라 인간 외부에 존재하는 정신적·물질적 대상의 습득 및 타인과의 의사소통을 통해 이루어진다는 면에서 그 차이가 있다. 즉 인간 활동의 산물은 인간 외부의 존재로 대상화되고, 그 산물은 세대에서 세대로 전달되며, 인간은 그 대상물에 담긴 '문화'를 습득하는 동시에 창조하는 주체로 거듭난다. 다시 말해서, 문화는 대상화와 의사소통 활동에서 드러나는 인간의 자질, 인간의 활동 방식, 그리고 인간의 외부에 존재하는 인간의 모든 창조물을 아우르며, 인간을 창조의 주체로 만드는 동시에, 역으로 그 창조물을 통해 인간을 형성하는 사회적 유전 기제인 것이다."(모이세이 카간, 1996/ 이혜승 옮김, 2009: 9-10)

그러나 문화에 대한 철학적 접근은 시간이 가면서 오히려 소수 연구자의 손으로 넘어가게 되었다.

"철학에서는 비교적 늦은 17~18세기에 문화의 본질을 다루기 시작했다. 푸펜도르프(1632-1694), 비코(1668-1744), 홀바흐(1723-1780-), 헤르더(1744-1830), 칸트(1724-1803)의 저작이 이에 해당된다. 인간은 이성과 의지, 창조력이 있는 존재, '도구를 만드는 동물'로 정의되었으며, 인류의 역사는 대상 활동의 다양한 형태 - 수작업과 언어부터 시와 유희에 이르기까지 - 에 의거한 자가 발전으로 간주되었다. 이후 유럽 철학에서 문화론의 향방을 결정한 것은 존재, 세계, 현실이 자연과 문화의 이원적 구성체라는 의식이었다. 그래서 철학은 자연 철학 부류의 존재론, 그리고 정신의 왕국, 인간 세계, 윤리, 종교, 미 등 다양한 의식형태 전반을 아우르는 문화론으로 나뉠 수밖에 없었다. 그러나 분석 정신(철학)이 19세기 학계를 주도함에 따라 문화는 총체적으로도, 복잡계로도 고찰되지 않았다. 문화는 다수의 구체적이고 독자적인 현상들로 연구되었고, 문화철학은 종교 철학, 윤리학, 미학, 언어철학, 인식론, 가치론, 인류학과 같은 개별 분과로 와해되었다. 실증주의의 영향 아래서 문화학은 더욱 협소해지고, 경험과 역사를 다루는 분야는 변화했다. 그로 인해 문화철학은 철학적 성찰의 영역에서 완전히 벗어나 민족지학, 고고학, 예술학, 기술의 역사 등과 유착되며넛 세부 학문으로 갈라져 나갔다. 헤겔 이후 문화를 단일한 관점에서 아우르고, 문화의 구조와 기능, 발전 법칙을 파악하려는 시도는 점차 드물어지는 것으로 보인다. 문화의 본질 자체와 불변하는 특질은 무수한 현상으로 분해되고 그 형태는 더욱 모호해지며, 포착할 수 없게 되었다."(모이세이 카간, 1996/ 이혜승 옮김, 2009: 18-19)

급기야 1983년 토론토에서 "철학과 문화"라는 주제로 열린 제17차 세계철학자대회에서는 "문화에 대한 통일된 견해가 없다"는 선언을 하게 되었는데, 그 이유로는 '문화에 접근하는 통일된 방법론'이 부재하기 때문이라는 결론이었다.

그러나 문화철학이 일반철학계로부터 외면을 받게 된 보다 근본적인 이유는 '객관성'을 추구한다는 사실 때문이다: "문화는 개인과 사회세계 사이의 관계를 결정한다."(랄프 콘너스만, 2003/ 이상엽 옮김, 2006: 24) 사실 당시에 객관성이라는 개념은 자연과학의 전유물이었다. 즉 과학의 생명은 객관성이다. 그런데 철학이 과학이 추구하는 객관성을 연구의 대상으로 한다는 것은 어불성설이었다. 심지어 자연과학의 사회적 지배에 대해서도 강한 거부감을 가지고 있었던 철학계에서 객관성을 철학의 대상으로 한다는 것은 용납되는 일도 아니었다. 물론 철학에서도 객관의 문제를 도외시하는 것은 아니다. 삶은 '객관적'일 때 가장 바람직할 수 있다는 점은, 자연과학의 세계에서나 철학 심지어 문학의 세계에서도 거부하지 못할 영역이다. 왜냐하면 객관적이지 못한 삶은 항상 불안하고 시행착오의 연속일 뿐이기 때문이다. 특히 철학자들에게는 객관성만을 추구하다보면 주관은 과연 어디에 위치해야 하는지가 항상 의문이었다. 결국 이들은 '주관과 주관의 사이' 즉 간주관(間主觀, inter-subjectivity) 또는 상호주관(相互主觀)이라는 개념을 사용하게 된다. 그럼에도 불구하고 문화를 (삶)의 객관으로 상정하고 이러한 객관을 연구의 대상으로 하는 문화철학은 이단으로 몰릴 수밖에 없었다. 물론 문화철학이 철학의 세계에서 외면을 받게 된 보다 근본적인 이유는 또 있다. 즉 문화철학은 인식론적이 아니라 존재론적이라는 사실이다.

> "문화철학은 대상을 지각할 때, 마치 대상이 말을 걸어오고 있는 것처럼, 마치 대상이 하나의 증인인 것처럼, 마치 대상이 어떤 알고 있는 것을 말하는 것처럼 대상을 지각한다. 물론 이것은 문화의 전체 영역이 은유의 모델을 따라 작동할 경우에만 가능할 것이다."(랄프 콘너스만, 2003/ 이상엽 옮김, 2006: 18)

결국 문화에 대한 철학이나 교육의 개념은 존재론적-사변적 차원으로 넘겨짐으로써 더 이상의 뚜렷한 연구성과는 더해지지 않았다. 다만 남은 것이 있다면, 그것은 문화는 단순한 전달에서 종료되는 것이 아니라 끊임없는 해석(interpret)의 대상이며 반성과 성찰(reflection)을 통해 그 본질이 이해될 수 있을 뿐이라는 사실이었다.

(2) 문화산업과 교육

'문화산업'은 '문화'라는 개념 포괄적이다. 문화인류학자인 크뢰버(Alfred Kröber)에 의하면, 문화에 대한 정의는 문화인류학자의 수만큼 존재한다. 이렇게 문화에 대한 통합적인 이해도 부재 하는 상황에서 '산업'이 첨가된 복합개념으로서의 문화산업을 이해하는 일은 그리 쉽지 않다. 그럼에도 불구하고, 오늘날 문화산업의 실체는 학문적으로 분석해 볼 만한 대상이 되고 있다. 왜냐하면, 문화산업은 과거 산업사회에도 분명히 존재하여 왔으며, 21세기 정보통신혁명의 시대에는 대표적인 산업영역으로 급부상하고 있기 때문이다. 따라서 우리의 교육현장에서도 문화산업을 결코 도외시할 수는 없다.

교육학은 사회과학이다. 지금까지 위에서 살펴본 것처럼, 대중사회, 대중조작의 촉매로 작용해 온 문화산업은 분명히 문화비판과 문화반성의 대상이다. 사회현상을 연구하는 사회과학은 문화비판의 학을 최대의 과제로 실천하여 왔다. 따라서 교육학 역시 문화산업 비판을 위한 교육이론과 실천에서 예외일 수는 없다. 그러나 교육학은 '비판교육'에서 자신의 역할을 마감하지 못한다. 왜냐하면 교육은 어떤 분야이든 인력자원양성이라는 과제도 주어지기 때문이다. 즉 21세기 우리의 교육은 새로운 산업영역으로서 급부상하고 있는 문화산업을 담당하고 이를 주도해 나가야 할 인력자원을 육성하는 과제를 다른 영역에게 떠넘길 수 없는 상황에 있다. 문화산업에 대한 비판도 없이, 또한 교육학적 관점에서 문화산업에 종사할 인적자원개발에 대한 이해도 없이 즉 무비판적이며 무교육(학)적인 관심으로 문화산업에 종사하는 인적자원개발이 이루어지지 않는다면, 21세기 산업에서 가장 폭발적인 영역을 형성하게 될 것으로 전망되는 문화산업의 종사자들은 '망망대해에서 등대도 없이, 노련한 선장도, 갑판장도 없이 항해의 목적도 모르면서 그냥 아무 곳에나 표류할 수도 있는 선원의 운명'이나 다름이 없다.

① 문화산업 비판교육

오늘날 문화산업이라는 새로운 산업 영역은 끊을 수 없는 마약과도 같이 찾아든 지 오래이다. 이는 산업사회를 주도한 대중사회, 대중조작의 연장이기도 하다. 어쩌면 21세기 정보통신혁명의 주역이기도 하다. 이미 우리는 이러한 문화산업에 대하여 무감각하며 무기력하기까지 하다. 오늘날 문화산업은 우리의 일상(日常)이다. 산업현장은 현대인의 라이프사이클 변화에 편승하는 문화산업의 극대화 전략을 계속 강구하면서 영리를 극대화하고 있다. 소비가 생산을 촉발하고 소비재의 '상징적 의미'가 계속해서 산업화되는 현실에서, 결국 문화산업은 생성, 전개, 발달, 소멸, 재생하는 순환의 과정을 지속하게 될 것이다.

이제 누가 어떻게 소비자의 욕구심리와 소비재의 상징적 속성을 어떻게 파악해 낼 수 있는가 하는 것이 관건이다. 한마디로 소비자의 욕구창출의 과정에 대한 추적이 중요하다. 자산의 소비욕구를 유감없이 발휘하고 개성을 표출해 내고자 하는 소비자들에게는 '과연 무엇이 나의 삶에 의미가 있으며 어떤 소비를 했을 때 나의 상징적 지위가 상승할 수 있을까?'하는 것이 최대의 관심이다. 레이스(Leiss)는 이를 누구에게나 공통적인"욕구의 자의성"(Leiss, 1976: 10) 때문이라고 설명한다. 결국 개인의 창조적인 개성 분출로 시작되는 소비의 패턴 역시 여전히 문화산업의 발전에 중요한 조타수가 된다. 결국 문화산업은 노동력의 소유관계에서 나타나는 갈등과 모순의 사회체제와는 달리 인간 개개인의 소비욕구 – 더 정확하게 표현하면 "헛된 소비욕구"(H, Marcuse; J. Baudrillard) – 가 살아 숨쉬는 곳에서는 산업기술의 수준이 어느 정도 발전된 곳이라면 어디서라도 언제든지 현상할 수 있는 일상의 영역이다.

자본주의 사회체제 전반에 대한 사회비판, 문화비판이 마르크스주의자들의 일과였다면, 프랑크푸르트 학파의 일상은 – 물론 이들 역시 마르크스주의에 뿌리를 두고 있지만 – 대중사회, 대중조작의 구체적 촉매인 문화산업에 대한 비판으로 초점이 모아졌다고 할 수 있다. 즉 마르크스가 노동조건의 소유권과 생산관계에 대해서 집착했다면, 프랑크푸르트학파는 대중조작과 대중사회를 촉발시키는 대중문화와 문화산업의 확장에 주력했다. 시대가 변하면서 관점도 변한 것이다. 만약 우리가 시대가 바뀌었음에도 불구하고 고전적 마르크스 시대처럼 노사 및 생산관계에만 기초하여 사회혁명을 수행한다면, 이는 파시즘이나 전체주의(Totalitarism)의 진로와 다르지 않을 것이다. 이들에게 보다 중요한 사실은 사회개혁이나 사회혁명을 위해서는 먼저 대중(군중)을 움직이게 하는 또 다른 사회적 변수에 대해 면밀한 분석을 해야 한다는 것이었다.

결국 프랑크푸르트 학파는 대중사회와 문화산업을 비판하는 전제 조건으로서 계몽주의에 대한 비판과 마르크시즘에 대한 비판을 동시적으로 추구하게 된 셈이다. 특히 과학과 이성에 의해 촉발된 광범위한 대량 사회 통제의 잠재력은 계몽주의에 대한 비판이었다. 그런데 이러한 비판의 시각은 초기에 마르크시즘에 의하여 제기된 정치적 낙관주의를 함께 비판하는 것이었다. 또한 이 학파는 노동 계층으로부터 가능한 혁명에의 동기 부여가 파시즘이 융성하는 바람에 오히려 소멸되어 버렸다고 비판한다. 즉 이들에게 파시즘은 계몽주의로부터 해방된 합리적 지배의 정치적 논리를 재현한 것일 뿐이었다.

이를테면, 프로파간다(Propaganda: 선전)나 데마고지(Demagogy: 선동정치)가 바로 그것들이다. 정치적 선동과 광고를 매개로 사회주의나 자본주의 사회는 체제에 무관하게 모두 전체주의적 힘을 확장함으로써 대중사회로 돌진하게 된다. 반면 이에 항거하는 급진 세력의 힘은 어쩔 수 없이 왜소한 세력으로 축소될 수밖에 없는 것이다. 왜냐하면 사회현상을 촉발하는 원인은 하나의 원인이 아니며 특히 개인의 심상에 따라 움직이는 사회변화이기 때문이다. 따라서 프랑크푸르트 학파는 현실을 분석하여 예리한 시각으로 고발하고는 있지만, 마르크시즘의 플로레타리아 혁명 같은 급진 세력의 부활을 부축일 수는 없었다.

자본주의가 성숙하는 과정에서 대중조작이나 대중사회는 피치 못할 사실이었다. 따라서 이를 인위적으로 거부할 수 있는 것은 불가항력일 것이라는 지적 판단이다. 그러나 더욱 중요한 사실은 마르크스가 지적한 사회적 모순이 노사관계의 단순한 도식으로만 해결될 수 없다는 점이다. 물론 프랑크푸르트 학파가 다의적 원인 분석에만 매달리고 있는 것을 보면서 소위 정통 마르크스주의자들은 현학적 이론에 치우친 무기력한 자들이라고 공격한다. 또한 이들이 제시한 비판이론은 '오로지 비판을 위한 비판'으로 '대안 없는 이론'으로 비난받게 된다. 그러나 이들은 현대 자본주의사회가 대중사회로 진행되는 과정에서 발생하는 최대의 적은 바로 '문화산업'이라는 점을 밝혀냄으로써, 후학들에게 새로운 사회(문화)비판과 공격의 목표를 분명히 해 주었다.

특히 계몽주의 비판은 포스트모던 학자들에 의해 '계몽주의 이성의 해체'라는 도발적 주제로 계승된다. 대표적인 학자가 바로 푸코(Michael Foucault)다. 그는 자신의 저서 『광기와 문명(Madness and Civilization, 1961)』에서 서양 사람의 경험과 인식 세계에서 이성과 비이성의 구별이 어떻게 형성되었는가를 면밀히 추적함으로써, 서양의 근대와 현대를 지배하고 있는 이성과 합리성의 이념을 해체(dèconstruire)하려고 한다(윤평중, 1997: 162). 뿐만 아니라 그는 이성과 비이성, 합리와 비합리, 정상과 비정상이라는 이분법적 흑백논리를 해체하고자 했다.

구체적으로 푸코는 현대성 자체로 표현되는 계몽적 이성의 문제성을 파헤치고 이를 해체하고자 했다. 왜냐하면 그는 계몽적 이성을 특정한 권력 및 지식과 연계된 산물로 파악했기 때문이다(윤평중, 1997: 179) 또한 그는 보편적 이성에 대한 신뢰와 함께 이성적 사회를 건설한다는 서양 현대성(modernity)의 이념은 이성이 도구화되고 부식됨으로써 배반당했고, 현대 산업사회에 특유한 이성의 일차원성이 오늘날의 위기를 초래했다고 판단했다(윤평중, 1997: 172). 즉 이성에 대한 신뢰로 표상되는 계몽사상은 다른 담론 체계를 비정상적인 것으로 보고 억압하는 하나의 특수한 담론 체계에 지나지 않는다(윤평중, 1997: 178). 아울러 라캉(Jacque Lacan) 역시 정신분석학적 입장에서 서양 근대성의 대표적 이념 가운데 하나인 자율적이고 이성적인 주체의 개념을 해체하고자 했으며(윤평중, 1997: 20), 푸코의 해체적 독해를 이어받은 리요타르(J. F. Lyotard)는 인식론적으로 계몽의 이성을 해체하고 있다(윤평중, 1997: 242). 그러나 하버마스는 모더니티의 철저한 해부와 계몽적 이성에 대한 극단적 비판으로 상징되는 해체주의자들의 작업이 서양의 진정한 모더니티의 이념을 전적으로 방기하는 것이라고 비판한다(Habermas, 1987: 336).

오늘날 문화산업은 개인의 사고와 행동에서 일탈과 반대 그리고 대안을 허용하지 않고 있다. 또한 문화산업은 인간의 허위 욕구를 시정하도록 하지 않고 오히려 진정한 욕구와 대결을 하여 승리하도록 유도한다. 이로써 대중은 자신의 허위 욕구를 실제의 욕구로 착각하게 된다. 실제의 욕구로 착각된 허위 욕구는 과소비를 가능하게 하고 과소비 욕구의 충족을 통하여 문화산업은 보다 강화된다. 문화산업의 위치가 확고해지면 질수록 문화산업은 소비자의 욕구를 더욱 더 능수능란하게 다룰 수 있게 된다. 결국 문화산업은 소비자의 욕구를 만들어내고 조종하고 교육시키며 심지어는 재미를 몰수하기도 한다. 이로써 문화산업은 대중의 의식을 선도하고 조작하게 되는 것이다. 대중이 살아남는 방안으로 선택한 문화산업이 이제 역으로 대중의 의식까지 선도해 내면서 의식을 조작해 낸다. 이로써 대중조작과 대중사회는 보다 수월해지게 진행될 수 있다.

이제 대중은 완전히 힘을 잃게 되며 - 개성적 삶에서 이탈되며 - 모든 삶의 힘과 에너지는 문화산업에 소속된다. 문화산업이 만들어 내는 문화상품은 이제 우리의 모든 삶의 권위를 회수하게 되고 문화산업이 활성화되는 자본주의 시스템 속에서 안정과 순종을 약속하는 여론을 대중화시킨다. 즉 자본주의의 지배와 지속성을 보장하는 문화산업의 힘은 이제 매사에 의존적이고 수동적인 노예 같은 대중과 오로지 '소비만하는 서민'을 만들어 낼 수 있을 정도이며 또한 이를 영속화시킬 수 있는 역량을 가지게 된다. 프랑크푸르트 학파들의 분석에 의하면, 현대인들이 문화산업의 영역에서 빠져 나올 수 있는 삶은 거의 불가능하다.

특히 자본주의 대중사회에서는 문화산업의 마수로부터 개인이 해방될 수 있는 길은 없다. 개인이 이 사회에서 살아남으려고 한다면 문화산업에 보다 밀착되는 수밖에 없다. 왜냐하면 그렇지 못하면 남들보다 뒤지는 것 같아서 또는 고립되는 것 같아서 즉 '심리적으로 불안'하기 때문이다. 상대적 박탈감 역시 이에 한 몫한다. 또한 우리는 문화산업에 보다 밀착하면서 사회적 인간관계와 사회적 지위를 획득하게 된다. 이로써 생존에 보다 유리한 고지를 점령하게 된다고 착각하게 된다. 소비는 상징적으로 지위를 주고, 이렇게 얻어진 지위는 더 많은 소비를 강요한다. 이로써 문화산업은 보다 활성화되면서 문화산업의 위력과 권력은 보다 강화된다. 한마디로 산업자본주의 모든 세계는 문화산업이라는 필터를 통해 걸러지게 된다.

프랑크푸르트 학파의 진단에 의하면, 문화산업을 이렇게 권력으로 등장하게 하는 주무기는 '규격화'와 '사이비 개성화'이다. 문화산업은 규격화를 통하여 개인에게 따돌림과 불안의식을 주입시키며 개성적 삶을 핑계로 활성화되는 유행의 물결 속에서 몰개성의 사회를 창출해 낸다. 물론 문화산업에서 개인이라는 개념이 환상인 것은 생산방식의 규격화 때문만이 아니다. 즉 대중사회에서 개인이라는 개념은 개인과 보편성이 완전히 일치할 때에만 용납된다. 따라서 이를 우리는 '사이비 개성'이라고 한다. 마치 개성인 것 같지만 실제로는 대중적 보편성에 용해된 대중성에 불과하다.

다시 말해서, 대중은 문화상품을 소유하면서 개성을 창출하는 것 같지만 곧 바로 유행의 물결 속에서 몰개성(沒個性)으로 전락한다. 그러면 또 다른 개성을 추구하면서 새로운 문화상품을 소비하게 되지만 또 다시 생겨나는 새로운 유행의 물결 속에서 계속 소비할 수밖에 없게 된다. 유행의 물결은 규격화를 만들어 내면서 사이비 개성을 앞세워 따돌림과 소외의식을 부추기게 된다.

결국 문화산업의 규격화는 사이비 개성과 함께 발생한다. 사이비 개성의 분출과 함께 이면에서는 몰래 문화산업이 철저하게 규격화되고 있는 셈이다. 또한 유행이라는 틀 속에서 규격화된 소비는 규격화된 생산을 촉발하면서 문화산업은 보다 규격화된다. 즉 산업사회와 대중사회는 문화를 관리대상으로 하여 카탈로그로 분류하면서 문화를 규격화한다. 이렇게 하여 문화산업은 사회를 획일화하는 주역으로 위상을 정립한다. 한마디로 문화산업은 대중에게 소비주권자로서의 권한과 정체감을 부여하는 것처럼 이들의 개성을 인정하는 듯 하지만 실제로는 그 반대이다. 즉 문화상품을 소유하는 사람들은 언제든지 익명의 대중으로 대체될 수 있으며, 상품 자체도 '복제품(copy)'으로 언제든지 교환과 대체 그리고 대량복사전달이 가능하다.

이로써 문화상품을 소비하는 개인은 주관과 결단의 주체로 인정될 수 없게 된다. 대중사회에서 개성 즉 '개별성·개체성·차별성'이라는 삶의 원리는 처음부터 모순이다. 그러나 문화산업은 대중의 개성을 가지고 마음대로 농락할 수 있다. 그 이유는 본질적으로 언제든지 와해될 수 있는 공동체의 성격이 개인에게서 재생산되기 때문이다.

규격화되고 획일화된 대중사회의 문화산업 현장에서 개인이 멀어지게 되는 현상은 일탈이며 소외이다. 따라서 개인은 소외되지 않고 일탈자로 낙인찍히지 않기 위해 문화산업에 시멘트처럼 보다 확실히 밀착될 수밖에 없다. 결국 사이비 개성 창출이라는 허위 욕구 앞에서 대중은 문화산업의 세력만을 키워주게 되는 셈이다. 때에 따라 대중은 이렇게 자신들의 삶이 점점 무기력해진다는 사실을 인식할 수도 있다. 그러나 문화산업에 적응하고 순응하는 길을 선택할 수밖에 없는 현실적 한계를 알게 되면서 대중의 삶은 모두 체념으로 일관된다. 대중의 체념한 삶 속에서 문화산업은 보다 기승을 하게 되며 개인과 사회의 삶은 모두 조작되고 만다. 대중은 일시적으로 문화상품을 소비하고 소유하고 향유하면서 즐거움을 느낀다.

대중문화와 문화산업은 비극을 모른다. 오히려 문화산업의 즐거움은 대중에게 체념적 삶을 부축이며 대중은 체념을 통하여 즐거움 속으로 탈출하기를 원한다. 그러나 탈출은 가출과 마찬가지로 출발점으로 다시 돌아올 것을 기약한다. 따라서 인간은 계속적으로 체념하지만 본질적으로 현상하는 삶의 번민은 숨길 수 없게 된다. 문화를 창조하고 문화를 재생산하며 문화를 소유하고 문화를 향유할 줄 아는 인간들은 문화와 산업을 융합시키면서 문화산업을 창조하고 발전시켜 왔다. 애초에 문화본능으로 살아남은 인간은 이제 문화산업의 능력으로 살아남고자 한다. 그러나 문화산업에의 욕구는 우리 인간을 계속해서 살아남지 못하는 불구덩이로 몰아 넣고 있다. 이런 의미에서 프랑스 파리5대학의 민속인류학자인 장 피에르 바르니에 교수는 "문화산업과 문화를 혼동하는 것은 부분을 전체로 착각하는 것이며, 문화산업의 세계 속에 갇힌 사람들만이 그걸 알아채지 못하고 있다"고 개탄한 바 있다.

기술 미래학자인 제임스 켄턴(James Canton)은 자신의 저서 『테크노퓨처(2001)』에서 21세기 현대인들 역시 컴퓨터, 네트워크, 생명공학, 나토테크 등 소위 4대 파워툴(power tool)로 대변되는 첨단과학의 손에 맡겨진 채 이리저리 끌려 다니는 신세를 벗어날 수 없기에 역시 대중조작의 대상일 것이라고 진단했다. 이미 장기밀매(臟器密賣)가 일상화되고 DNA를 상품권처럼 팔고 사게 되는 시장에서 우리 현대인들은 이제 무엇인가에 의해 쉴 사이 없이 조종당하는 영원한 대중조작의 대상이다. 심지어 우리 현대인들은 먹거리 문화에 의한 조작의 대상이기도 하다. 『패스트푸드의 제국(2001)』을 쓴 에릭 슐로서(Eric Schlosser)는 햄버거로 대표되는 패스트푸드 문화는 정치적이고 상업적 그리고 매스 미디어의 권력을 등에 업고 무소불위(無所不爲)로 인간을 조작하고 있다고 보고한다. 그는 대안으로서는 오로지 '의식 있는 소비자'들이 패스트푸드 앞에서 모래알같이 흩어져서는 안 되고 콘크리트처럼 단단하게 뭉쳐야 한다고 주장한다.

결국 이렇게 본다면, 교육의 과제와 역할은 자명하다. 사회비판, 문화비판이라는 소명은 구체적으로 '문화산업'이 어떻게 탄생하고 전개되고 있으며 우리의 삶에 어떻게 작용하게 되는가에 대해서 집중적으로 추적하는 일을 단 한순간도 게을리 할 수 없다. 이에 대해서는 프랑크푸르트학파에서 남겨놓은 유산과 그의 후학들에 의해 이루어진 성과와 업적들이 '교육학적 유산'이기도 하다. 그러나 보다 중요한 교육학적 과제는 결국 '의식있는 소비자'를 양성해 내는 길이다. 왜냐하면 문화산업은 소비자의 (허위적) 소비욕구로부터 가속되고 있기 때문이다.

21세기는 소비자 주권시대 즉 소비자중심의 시대라고 한다. 만약 21세기 소비자중심의 시대가 '의식없는 소비자들'에 의해 주도된다면, 과연 이 사회는 어떻게 되는 것인가? 따라서 교육을 통해'의식있는 소비자' 즉 '늘 깨어 있는 소비자'가 양성된다면, 21세기를 주도하는 문화산업의 방향과 목표가 달라질 소지도 보인다. 어차피 문화산업이 우리의 일상이 되었다는 것이 기정사실이라면, 이에 대해서 무조건 저항만 하고 비판만 한다고 해서 - 물론 저항과 비판은 필수적 과업이지만 - 모두 해결될 수 있는 사회문제는 아니다. 지금까지 사회과학은 문화산업의 정체성을 학문적으로 파악해 놓았다. 이제 교육학에 넘겨진 과제는 이들이 해 놓은 문화산업의 정체성에 대한 비판적 이해의 토대 위에서, 이를 교육(학)적으로 - 즉 가치있게 - 실천해 나가는 일이다. 왜냐하면 교육학은 - 가치 배제된(value free) - 이론학(理論學)이면서, 동시에 - 가치 개입된(value unfree) - 실천학(實踐學)이기 때문이다.

② 문화산업의 인적자원개발(HRD)

인간이 기계화되고 획일화되고 급기야 무작위로 대중선동과 대중조작의 대상으로 전락하면서 결국은 비인간으로 모순적 삶을 살게 된 이면에는 문화산업이라는 무시무시한 세력이 기생하고 있었다. 특히 자본주의사회가 무르익으면서 사회가 종교-정치의 패러다임에서 "정치-경제"(polit-eco)의 패러다임으로 전환되면서 산업의 영역에서 몰고 가는 대중사회의 위력은 보다 강대하다. 특히 문화산업은 인간의 사고영역까지 깊숙이 파고든다는 점에서 일반 산업의 영역보다 그 파급효과가 크다. 많은 지식인들은 특히 자본주의사회에서 벌어지는 대중조작과 대중사회의 유력한 배후 세력으로 문화산업을 지목한 지 오래이다.

대중사회는 문화산업의 융성과 함께 급성장한다. 이미 우리는 인간 정신의 산물이 모두 문화라고 했다. 그러나 오늘날 시간이 흐름 속에서 문화는 그 영역이 축소되어 이해되고 있다. 애초에 우리는 문화가 물질문화와 비물질문화로 분업화되었다고 했다. 즉 물질문화가 기술과 문명 그리고 문화재로 발전되었고, 비물질문화는 사회규범, 제도, 법, 도덕, 윤리 등 사회 공동체를 유지 발전시키는 이념적 사고의 틀로 발전하였다. 이러한 문화가 산업화되면서 문화산업도 탄생하고 있는 것이다. 이렇게 본다면 문화산업은 문화영역 전체에서 이루어지는 모든 산업이라고 할 수 있다. 더 나아가서 현대인들에게 문화산업은 이미 일상이다.

문화산업에 대한 이해는 시대와 지역에 따라 변화하고 달라져 왔다. 어쩌면 이는 앞으로 시대 변화에 따라 모든 문화는 산업화될 수 있다는 사실을 입증하는지도 모른다. 아니면 모든 산업이 문화산업과는 무관하게 발전될지도 모른다는 것도 사실이다. 그러나 개념사적(槪念史的)으로 문화산업을 의미해 왔던 예술산업이 지식산업, 정보산업 그리고 의식산업으로까지 변모하는 과정에서 우리는 중요한 사실을 알아야 한다. 즉 문화산업이라는 개념은 시대 상황적으로 어떤 '문화의 내용'을 산업의 대상으로 하는 것에만 관심을 두어서는 안 되고, '어떠한 문화적 속성'을 산업의 대상으로 했는가에 대하여서도 관심이 모아져야 한다. 분명한 사실은 문화산업의 등장과 함께 우리 사회에서는 특별한 변화가 이루어졌다는 사실이다. 산업혁명을 기점으로 문화산업의 열기가 고조되면서 특히 오늘날 자본주의 경제체제에서 문화산업은 대중사회와 대중조작의 기수로 위상을 정립하고 있는 것이다. 문화와 산업이 결합하면서 경제의 세계화에 이어 문화의 세계화도 시작됐다(바르니에, 2001).

오늘날 급속도로 물질문화와 문명의 이기를 산업화하고 생산하던 시대가 지나가고 있다. 19/20세기 공업화 시대에는 산업현장에서 단지 사용가치가 생산으로 환원되었다. 그러나 오늘날은 문화적 상징과 의미를 산업화하는 작업으로 대치되고 있다. 21세기 탈공업화 시대의 새로운 산업은 문화산업이 핵심으로 등장한다. 폐쇄적 이데올로기의 대립이 끝나고 개방적 자유시장경제체제 속에서 상호 개개인의 존재의 의미가 개성과 다양성으로 인정되는 민주주의와 다원주의가 성장하고 있다. 이제 신세대들은 문화상품의 소비를 통하여 자기 자신들을 표현하려고 한다. 상품의 '상징적 메시지'가 자유롭게 전달될 수 있도록 하는 정보테크놀로지의 발전이 가속화된다.

또한 지구촌을 거미줄처럼 연결하는 유무선 초고속 인터넷 망과 이동통신으로 가능한 탈국경화-탈장벽화된 지구촌 시대를 맞아 개성과 본능의 분출이 최대한 허용되는 포스트모던의 현상이 지배하는 상황에서 문화산업은 계속 폭발적으로 강화된다. 달리 보면, 현대인의 만족을 모르는 소비 욕구가 탈공업화사회의 새로운 산업혁명 즉 문화산업의 확충을 강요하고 있는 것이다. 결국 포스트모던의 시대에는 문화적 경계 즉 고급문화와 저급문화의 구분이 해체되어(Derrida, 1978), 대중문화의 형태로 환원되는 현상이 나타나고 있다. 바로 이러한 현상을 촉발하는 근저에는 일반 소비자의 욕구 분출이 중대한 역할을 하고 있다는 사실이 밝혀지고 있다.

새로운 21세기는 또 다른 차원의 문화적 식민주의 즉 문화산업을 중심으로 하는 경제-산업전략으로 지구촌이 또 다시 홍역을 치를 가능성이 존재한다. 그러나 문화산업은 얼마든지 긍정적으로도 작용할 수 있는 충분한 소지도 가지고 있다. 왜냐하면 상품과 소비재의 상징적 의미는 우리에게 산업의 원동력이 될 수 있기 때문이다. 이러한 사실이 바로 문화산업을 가능하게 하는 본질과 속성이 된다. 그런데 이러한 상징적 의미를 사려는 인간의 마음은 무엇일까? 푸코(Fouchoult), 리오타르(Lyotard), 데리다(Derrida), 라캉(Lacan) 같은 포스트모던의 학자들은 '심미적 감각' 때문이라고 주장한다. 즉 인간은 누구나 아름다움을 보고는 가만히 있을 수 없으며, 매사에 아름다움을 추구하려는 본능이 심오하게 내장되어 있다는 말이다. 이들은 심미적 감각을 우리가 부인할 수 없는 원초적 본능으로 파악하고 있으며, 이것이 바로 우리 문화발달의 원동력으로 작용한다고 보고 있는 것이다. 보들리아르(J. Jean Baudrillard)에 의하면, 문화산업은 선(Good)과 상품(goods)을 동등화시키는 이미지를 창출하는데, 이러한 이미지들은 소비를 자극한다(Baudrillard, 1983). 이러한 속성에 따라 '삶의 아름다움(善)'과 '경제적 가치' 모두를 상징할 수 있는 모든 상품 역시 문화산업의 중추가 될 것이다.

우리 집에 할아버지 때부터 전해 내려온 낡은 "안락의자" 하나가 있다고 해 보자. 낡았지만 아직 폐기 처분하지 않는 이유는 많이 있을 것이다. 아직도 앉을 수 있기 때문에 내다 버리지 않을 수 있다. 또한 새 것을 구입하자니 돈이 들기 때문일 수도 있다. 이럴 경우 의자는 언젠가 수명이 다하여 폐기 처분될 것이다. 그 이유는 분명하다. 즉 물건들은 예외 없이 "기능성"이라는 속성을 가지고 있다. 물건은 기능성이 없어지면 폐기 처분되고 만다.

그런데 만약 우리가 이 안락의자에 앉거나 쳐다할 때 무엇인가가 떠오른다고 해 보자. 즉 안락의자에 앉아 있을 때마다 할아버지의 숨결이나 호흡을 느낀다거나 아니면 의자를 볼 때마다 할아버지의 얼굴이 떠오른다고 해 보자. 이럴 경우 의자의 수명이 다 해도 내다 버리거나 처분하거나 아니면 누군가에게 줘 버리는 일이 그리 쉽지 않다. 특히 가보나 골동품이라고 한다면 더욱 더 그럴 것이다. 또는 더 나아가 만약에 세종대왕 같은 귀한 분께서 주신 하사품이라면 두말할 여지도 없다. 그러나 그것이 특별한 가보나 아끼는 골동품이 아니더라도 폐기 처분할 때 적어도 한 번쯤은 망설이게 된다. 그러면 왜 우리 인간들에게는 이런 마음이 생기는 것인가? 대답은 명확하다. 이 안락의자라는 물건이 위에서 말한 기능성 이외에 또 다른 차원의 속성 즉 "상징성"을 가지고 있기 때문이다.

결국 의자라는 상품은 두 가지의 속성 즉 기능성과 상징성 때문에 삶의 흔적으로서 문화가 된다. 여기서 물건 또는 상품의 기능성은 대개 사용가치로 환원될 수 있는 반면 상징성은 대개 상징적 가치로 환원될 수 있다. 그러나 물건의 소유자와 사용자의 가치 인식의 차이 때문에 사용가치와 상징적 가치는 다른 차원의 문화적 가치를 만들어 낸다. 즉 같은 의자를 가지고 있다고 하더라도 어떤 사람에게는 사용가치가 중요할 것이고, 어떤 사람에게는 반대로 상징적 가치가 중요할 것이다. 물론 어떤 사람에게는 둘 다 중요할 수도 있다. 이는 한 개인의 차원이 아니고 가정에서도 마찬가지이고 사회적/ 국가적 차원에서도 마찬가지이다. 또한 의자라는 물건만이 그런 것이 아니다. 한마디로, 모든 물건에는 적어도 이 두 가지의 가치가 반드시 병존하고 있다. 물론 소유자가 가치를 매기는 비중이나 가치 인식은 모두 다를 것이다.

우리가 문화산업의 실체를 정확히 이해하기 위해서는, 바로 문화란 '사용 가치' 이외에 '상징적 가치'를 내포하고 있다는 사실에 주목해야 한다. 물론 문화는 항상 두 가지의 가치를 동반한다. 그런데 이 두 가지 가치는 소유자의 가치 평가에 의해서도 달라지지만 역사적으로도 다르게 평가되었다. 즉 문화의 기능성을 가치화 하는 일 즉 사용가치를 극대화시키기 위한 산업화에 성공한 시대가 과거 19/20세기 산업사회 즉 공업화사회였다고 한다면, 21세기 문화주의 시대에는 문화의 상징성 즉 상징적 가치가 산업화될 것이다. 이를테면, 예술 분야는 대표적인 상징적 가치가 충만한 문화 영역이다. 이러한 이유 때문에 특히 예술분야가 산업화되는 상황이 문화산업으로 착각될 여지는 얼마든지 있다.

여기서 중요한 것은 문화란 물질문화이건 비물질문화이건 모두 경제적으로 가치화될 수 있다는 사실이다. 그러나 보다 중요한 사실은 19~20세기 공업화시대의 문화 창출은 사용가치에 우선을 두었지만, 21세기 탈공업화시대의 중추가 될 문화산업은 상징적 가치에 우선을 두고 있다는 점이다.

정리하자면, 문화산업은 총체적 문화(물질/ 비물질문화)가 가지고 있는 상징적 속성과 의미성을 경제적 가치로 만들어 내고 있다. 여기서 주의할 것은 경제적 가치나 사용가치를 창출하기 위해 문화를 산업화하는 것이 아니고 문화가 내포하는 상징성이 가치화되다 보니까 산업이 되는 것이다. 따라서 문화산업이란 문화의 상징성을 산업화하는 것을 말한다. 한마디로 문화산업은 물건이나 사상의 사용가치보다는 상징적 속성을 경제적으로 가치화할 수 있다는 데에 비중을 두고 상품을 생산하는 산업활동을 지칭한다. 물론 문화산업이란 여느 산업의 영역과 마찬가지로 경제적 가치 창출에 최종 목표를 두고 있다. 그러나 문화산업의 시작은 문화의 상징성과 의미성에 대한 분명한 이해로부터 가능하다.

③ 문화산업의 교육

우리가 21세기 정보통신혁명의 시대에 문화산업이 활성화되는 근거와 과정을 밝히기 위해서는, 첫째 '산업(產業, industry)'이라는 개념에 대한 분명한 이해가 있어야 한다. 지금까지 우리의 산업현장은 생산(生産) 작업의 현장으로서 즉 '생산'의 측면만을 강조하면서 전개되었다. 그러나 '생산'은 '소비'와 연결되어 있다는 사실을 간과할 수 없다. 생산을 소비라는 개념 없이 이해할 때 오류가 생겨난다. 왜냐하면 경제활동에서 생산과 소비는 동전의 앞뒷면과 같이 개념이기 때문이다. 생산 없는 소비는 없으며, 소비 없이 생산은 불가능하다. 경제학적으로 생산과 소비는 바로 공급과 수요의 개념과 같다. 그런데 산업사회에서 우리 사회과학자들은 여지까지 생산의 문제에만 심혈을 기울이면서 생각하고 연구해 온 반면, 소비에 대하여는 소홀했던 것이 사실이다. 그런데 특히 소비에 대한 관심은 바로 우리가 지금 다루고 있는 탈공업화시대의 문화산업을 이해하는 데에 결정적인 방향타를 준다. 특히 오늘날은 소비자주권시대 즉 '소비자가 왕'인 소비중심의 시대이다. 예술세계를 산업화하는 것만을 문화산업이라고 고집하는 사람들도 바로 이점을 간과하고 있는 셈이 된다. 간단히 말하면, 이러한 현상은 전체와 부분간의 관계를 이해하기 이전에 구조기능주의적 사고방식으로 각각의 부분을 기능별로 먼저 분석하는 오류를 범하고 있기 때문이다. 산업현장의 현실은 "생산-소비"라는 전체적 관계에서 이루어짐에도 불구하고 산업혁명/산업사회를 야기한 대량생산체제는 생산의 영역 즉 부분만을 기능적으로 설명하려고 했다.

여기서 우리는 생산-소비라는 산업의 전체적 관계와 맥락을 이해하기 위해 다시 위의'안락의자의 이야기'로 돌아가 보자. 특히 이해의 편의상 우리는 여기서 그 동안 상대적으로 소홀히 다루어졌던 '소비'의 문제를 염두에 두고 서술할 필요가 있다.[96)]

우선 산업사회의 대량생산/분업체제에서 의자는 사용가치를 창출하기 위해 생산되고 사용가치를 기준으로 평가된다. 사용가치가 높게 평가되면 우수한 상품이고, 사용가치가 높은 의자를 생산하는 산업은 우수한 의자산업이 된다. 그러나 "잘 따져보면"[97)] 어떤 의자가 사용가치 또는 상품가치는 약하지만 상징적 가치를 갖고 있기 때문에 계속 소비자의 요구가 줄지 않고 이 때문에 계속 생산되어 팔려나갈 수 있다. 이럴 경우에도 의자 만드는 일은 산업으로서 성공할 수 있다. 예를 들어 세종대왕이 앉았던 의자와 같은 모양의 의자는 의자의 기능성과 사용가치 보다도 왕이 사용했던 의자와 같은 상품이라는 상품성 때문에 더 잘 팔릴 수 있다. 이는 상품의 상징성에 대하여 소비자가 부여하는 의미 때문에 의자가 팔려나가는 것이다. 이때 사용가치나 생산자의 측면에서 볼 때 경제적 가치가 없다고 하더라도 상품에 어떤 의미를 부여하는 수요자 즉 소비자의 요구에 의해 만

96) 이러한 해석의 방법은 니이체의 방법이라고 할 수 있다. 그는 삶의 전체를 해석할 때 아폴론신과 디오니소스신라는 양신성을 통하여 나타나는 문화양태와 삶의 전체와의 관계성을 이해하려고 하고 있다. 이러한 해석과정에서 그는 삶의 온전성을 규명하기 위해 우선 일그러진 문화를 고발하고 있는데 즉 당시 상대적으로 외면 당하고 있던 디오니소스신의 속성을 중심으로 반성적 사고를 펼쳐가고 있다.

97) 구조-기능주의적 사고 이외에 해석학적 사고를 동반하는 것을 의미한다.

들어지고 팔리는 상황이 계속 이어진다면 물건은 상품가치가 있는 것이며 이로써 산업은 활성화되는 것이다.

이상에서 우리는 산업이란 두 가지 가치 즉 기능성 측면의 사용가치 뿐만 아니라 상징적 가치를 생산해 내는 일과 모두 관련된다는 점을 밝혀냈다. 특히 사용가치를 창출하지 못해도 거대 산업이 되는 경우는 얼마든지 많다. 예를 들어, 매년 2월 14일은 발렌타인데이라고 한다. 여성이 평소 사모하는 남성에게 이날만은 과감하게 사랑의 마음을 표현해도 된다. 그런데 이날 우리는 초콜릿이라는 상품이 사랑의 메신저로 작용하는데, 이때 바로 초콜릿이 문화상품이 되며 초콜릿 산업이 문화산업이 되는 것이다. 왜냐하면, 이날 주고받는 초콜릿은 바로 '상징성'으로 거래되기 때문이다. 발렌타인 초콜릿이 상징하는 사랑의 의미는 생산자와는 무관하다. 초콜릿을 만드는 사람의 입장에서는 이것이 발렌타인데이에 팔리든 아니면 크리스마스에 팔리든 상관이 없다. 그냥 아무 때나 잘 팔리기만 하면 된다. 그러나 소비자의 입장에서는 전혀 다르다. 초콜릿이 연인간의 '사랑의 마음'을 상징하기 때문에 이를 구입하는 것이다.

예술의 영역도 마찬가지이다. 예술성을 소유하고자 하는 소비자들에게 예술상품이 팔리면 그것이 문화산업이다. 거래의 이면에는 예술문화의 상징성이 자리잡고 있다. 피카소의 작품은 탁월한 예술성 때문에 소유하고 싶겠지만, 소유하려는 소비자가 피카소 작품이 상징하는 것에 의미를 부여하기 때문에 팔려 나간다고도 할 수 있다. 후자의 경우가 바로 문화산업이다. 물론 전자의 경우 즉 상품이 오로지 예술성 때문에만 팔려나간다면 예술산업이다. 즉 이는 예술작품의 거래일 뿐이다. 그러나 상징적 속성 때문에 작품이 거래되는 곳이 바로 문화산업의 현장이다. 피카소의 작품이 중간상인들에게 상품가치나 사용가치로만 팔려나갈 때 이는 문화산업이 아니다. 같은 물건이라도 상징적 속성에 근거하여 거래될 때, 우리는 이를 문화산업이라고 할 수 있다.

이렇게 본다면 21세기 탈공업화사회에서는 모든 산업세계가 문화산업계가 될 수 있다. 또한 그 반대도 마찬가지이다. 아무리 예술성이 풍부한 것을 상품화하고 산업생산해도 그것이 팔리지 않는다면 이는 문화산업과 무관하다. 이미 언급한 것처럼 예술가의 작품거래는 개인적인 일로서 이는 이미 오래 전부터 흔히 있어 왔던 개인적 거래일 뿐이다. 물론 예술영역에서는 예술성과 상징성의 혼합으로 문화산업이 활성화될 가능성도 높다. 그러나 원칙적으로 문화산업은 문화가 지니는 상징성을 바탕으로만 가능하다.

결국 산업이란 이렇게 상징성을 가치화시키는 과정에서도 이루어진다. 아울러 이러한 상황에서는 소비가 오히려 생산을 부추긴다. 특히 문화산업의 영역에서는 생산보다 소비행위 또는 소비자와 보다 깊은 관계를 맺고 성장한다. 다시 말해서, 문화산업은 소비자의 소비욕구로부터 촉발된다. 물론 문화산업 역시 산업이기 때문에 생산행위 및 생산자와 결부되지만, 소비가 생산을 촉진하게 된다는 사실이다. 즉 문화의 상징성에 특별한 의미부여를 하는 주체로서의 소비자의 욕구는 문화산업의 활성화에 중요한 촉매임이다.

결국 19세기 산업혁명을 기화로 활성화된 산업사회는 물질문화를 문명의 이기로 바꾸어 놓는 역할을 했다. 산업혁명기에 활성화된 우리의 학교제도는 바로 이러한 산업역군을 길러내고 활용하는 일에 모든 역량을 경주했다. 이러한 관점에서 학교교육은 나름대로 19/20세기 공업화·산업화시대에 크게 기여하였다. 한마디로 산업사회에서 학교는 국가인적자원개발의 효자였다.

이제 우리는 새로운 시대를 살아가고 있다. 후기산업사회를 거쳐 탈공업화사회를 살아가면서 새로운 산업혁명 즉 정보통신혁명의 시대를 맞고 있다. 또한 성공적인 정보통신혁명에는 문화주의(culturalism)가 동반된다. 산업사회에서 상품은 사용가치가 중요했지만, 정보통신혁명의 시대의 산업은 문화주의 즉 문화상품과 무형문화현장의 '상징적 가치'와 '의미성'이 중요하게 되었다. 이제 물질문화건 비물질문화건 상징적 가치와 의미성이 핵심이 되고 있다.

21세기 정보통신혁명의 시대에 문화산업은 문화주의를 토대로 하면서 교육적 성과에 큰 기대를 하고 있다. 21세기 문화산업은 문화주의를 토대로 하지만, 개성을 존중하고 다양성과 다원성 그리고 이질성을 모두 허용하는 포스트모던의 사회적 분위기와 엇물리면서 폭발적으로 발전해 나가고 있다. 이제 교육의 영역에서도 패러다임을 바꾸는 것은 기정사실이 되고 있다.

오늘날은 창의성의 시대이다. 물론 과거에도 창의성은 중요했다.[98] 그러나 지금까지는 누군가에 의해 일단 새롭게 창조된 상품은 대량생산체제 속에서 오랜 시간동안 다시 창조될 필요가 없었다. 왜냐하면 일단 창조된 상품의 생명력과 생존기간은 지금처럼 짧지

98) 동물은 본능으로 살아남고 인간은 문화창조로 살아남았다. 애초에 아무 것도 가지고 태어나지 못하는 인간은 문화를 창조하지 못하고는 살아남지 못한다. 특히 위기를 극복하고 문제를 해결하기 위해 인간은 항상 무엇인가를 생각하고(homo sapiens) 만들어 내야(homo fabor) 한다. 결국 창조하는 일은 인간의 본성이며 생존 능력이다. 창조하지 못한다면 죽는 것이다. 일 예로, 화살, 총, 칼, 덫을 만들어 내지 못하면 인간은 호랑이에게 잡혀 먹힌다. 이러한 의미에서 선천적으로는 아무 것도 할 수 없는 인간의 속성을 보고 Gehlen은 인간이란 "결핍존재"라고 주장할 수 있었던 것이다.

않았기 때문이다. 다시 새로운 것을 창조하는 것보다 이미 창조된 상품을 가능한 한 빨리 그리고 대량으로 생산하는 것이 이득이다. 예를 들어, 한번 창조된 자동차의 모양이 새롭게 디자인할 수 있는 역량이 부족했던 측면도 없지 않지만, 모양을 바꾸기 위해 새로운 주물비용을 투자하는 것보다는 계속 같은 것은 사용하는 것이 경제적으로 이득이다. 새로운 주물 비용이 들지 않았기 때문에 굳이 새 것을 창조할 필요가 없었다. 그래도 잘 팔려나갔다. 굳이 잘 팔리고 있는 물건을 돈 들여 바꿀 이유가 없었던 것이다.

그러나 오늘날은 신상품의 수명이 극도로 짧아졌다. 포디즘(Fordism)이 종말을 고하고 도요타이즘(Toyotaism)으로 대변되는 다품종 소량화 시대를 맞으면서 우리는 빠른 속도와 다양한 범위로 소비자의 요구에 부응하여야 한다. 즉 소비자의 기호와 구미에 맞게 이들의 요구대로 그리고 주문대로 새로운 모델을 욕구속도에 맞추어 계속 창조 개발해야 한다. 그래야만 산업현장은 수지타산을 맞출 수 있다. 결국 오늘날에는 새로운 창조의 행위가 과거보다 훨씬 빈번히 그리고 더 많이 요청된다. 한마디로 창조의 중요성이 몇 배로 부각되고 있다.

오늘날 우리의 교육현실이 새로운 시대를 따라가고 더 나아가 새로운 시대를 이끌어 가려는 의도를 포기하지 않는다면 이러한 상황변화를 고려할 수밖에 없다. 우리는 이를 환경변화에 따른 교육의 변화 요청이라고 한다. 하여간 21세기 교육은 문화산업의 현장에서 시대적으로 요청되는 문화상품을 창조할 수 있는 인재를 길러내야 할 것이다. 이를 위해서는 오늘날 시대가 요청하는 문화와 문화적 상징성의 실체가 무엇인가를 알아내는 것이 중요하다. 물론 문화적 상징성을 알아냈다고 하여 그것이 곧 바로 문화산업이 되는 것은 아니다. 소비 주체인 소비자의 의미부여에 따라 상품은 팔려나가는 정도가 달라진다. 따라서 교육은 소비자가 무엇에 어떠한 의미를 부여하고 있는지에 주목할 필요가 있다.

한마디로, 문화산업의 역군을 길러내기 위한 교육은 문화소비자의 욕구를 잘 파악하고 분석하여 이를 산업화할 수 있는 인력자원개발을 서둘러야 할 것이다. 또한 문화산업의 인력자원개발을 위한 교육은 한편으로는 '깨어 있는 소비자 교육'에 주력해야 할 것이다. 물론 교육이란 속성 상 '생산자 양성 교육'을 중단할 수는 없다. 왜냐하면 후기산업사회이건, 탈공업화사회건, 아니면 정보통신사회건 할 것 없이 자본주의 사회에서 그리고 자유시장경제의 원리가 지배하는 미래 사회에서 모두 다 '산업사회'라는 속성은 영원히 버릴 수 없기 때문이다. 그럼에도 불구하고 21세기 문화주의 시대에는 '문화교육'에 보다 많은 투자가 이루어져야 한다.

특히 소비자에게 문화가 가지고 있는 상징성과 문화가 부여하는 의미에 대한 과학적 지식을 가르치고 배우는 일은 문화교육의 핵심으로 자리 매김 해야 한다. 이러한 새로운 교육적 노력은 문화산업의 활성화에도 도움이 되지만, 더 나아가 문화산업의 육성을 통한 인간교육의 모습도 회복할 수 있을 것이다. 왜냐하면 (진정한)'문화적 의미'를 찾아내는 교육은 전체로서의 삶의 의미를 찾는 일에 게을리 하지 않을 것이기 때문이다.

문화는 사회화를 통하여 개인의 일부가 되지만, 개인적 주체의 주관화를 통하여 하나의 '의미'(meaning, Sinn)로 수용된다. 즉 문화가 자체적으로 내포하는 상징적 가치는 개인의 의식 과정을 통하여 의미 있는 사고 가치와 행동 가치로 변한다. 또한 문화의 학습과정에는 인간의 주체적인 선택이 개입된다. 결국 21세기 문화주의 시대의 교육은 개인의 문화의 학습과정을 매개해야 할 것이다. 물론 문화비판에 여지를 주지 않고 파고드는 획일화된 대중문화는 우리가 언급하는 문화교육에 항상 위협으로 다가설 것이다.

정리하자면, 생산자들은 사용가치를 경제적 가치로 환원하기 위해 물건을 만들어 내다. 반면 소비자들은 물건의 사용가치 때문에 구매하기도 있지만, 물건의 상징성을 의미화하면서 소비도 한다. 생산이 먼저냐 아니면 소비가 먼저냐를 따지는 일은 아마 닭이 먼저냐 달걀이 먼저냐를 따지는 일과 같을 것이다. 그러나 분명한 것은 생산과 소비는 항상 결부되어 있다는 사실이다. 따라서 생산과 소비의 관련성과 전체적인 맥락을 알지 못하고는 산업현장을 이해할 수 없다.

그럼에도 불구하고 우리는 '문화적 권력'(Kulturale Macht: Habermas)이 존재하는 곳으로부터 역사를 해석해 왔다. 즉 초기 산업화시대에는 생산이 산업현장의 주도세력이었다. 그러나 생산의 이면에는 소비의 행태가 반드시 존재하고 있었다. 따라서 상품의 사용가치보다는 상징적 가치와 의미부여로 활성화되는 문화산업의 속성을 파악하는 것은 중요하다. 또한 문화의 상징적 가치와 의미 부여는 아마 물질문화 보다는 비물질문화의 속성에 보다 밀착될 것이다. 물질문화라고 하더라도 사용가치와 상징적 가치를 함께 가지고 있다. 그러나 문화상품으로 만들어지는 물질문화는 사용가치 보다는 상징적 가치가 우선이다. 물론 문화상품이나 문화현장에 대한 개인의 의미부여가 최대의 변수가 될 것이다.

문화산업의 현장에 서서 문화산업의 미래를 주도해야 할 문화교육의 가능성은 바로 이러한 '의미부여의 가능성'을 창출하느냐 못하느냐의 기로에서 결정될 것이다. 교육의 현장에서 우리가'누가 어디서 무엇에 의미(임의적 의미)를 두고 있는가를 밝혀내고, 과연 그러한 임의적 의미가 삶의 전체적 맥락 어떠한 상징을 어떠한 의미로 수용하고 어떻게 작용하고 있는가를 해석해 낼 수만 있다면', 교육의 가능성은 존재한다. 결국 문화산업을 위한 인적자원개발의 가능성은 '(진정한) 문화교육의 전망'과 결부되어 있다.

4. 도야

1) 도야의 개념

사전적 정의에 의하면, 도야(陶冶, Bildung)란 도기를 만드는 일과 쇠를 주조하는 일 또는 그런 일을 하는 사람을 의미한다. 그러나 역사적 사용을 겪으면서, 훌륭한 사람이 되도록 몸과 마음을 닦아 기름을 비유하는 말이 되었다. 비슷한 개념으로는 몸과 마음을 닦는 수양, 수련, 참선 등이 있다. 특히 종교적 개념으로서의 도야는 각성(覺醒, Erweckung)의 개념과 이어진다. 즉 몸과 마음을 닦는 도야는 각성을 통해서 완성된다. 시간이 흐르면서 내용적으로 도야는 '학문의 도야'와 '품성 즉 인격의 도야'로 대별된다. 이러한 개념들이 교육학적으로 전용될 수 있었다. 교육학적으로 본다면, 전자는 '지식교육'의 개념으로 발전했으며, 후자는 인격교육, 인성교육, 인간교육의 개념의 범주에 머물고 있다.

결국 동서고금(東西古今)을 막론하고 교육은 '도야'의 개념에 빚을 지고 있다. 역사적으로 도야는 종교에서 중요한 위상을 가지고 있으며, 철학과 문학에서도 중요한 개념으로 사용되어 왔다. 과거에는 동양에서는 몸과 마음을 닦는 일과 득도(得道)하는 것과 동일시했다. 유가교육의 중심사상인 '마음공부' 역시 이러한 범주를 벗어나지 않는다. 특히 공자(孔子)의 인(仁) 사상을 4단(端) 즉 측은지심(惻隱之心: 仁), 수오지심(羞惡之心: 義), 겸양지심(謙讓之心: 禮), 시비지심(是非之心: 智)으로 풀어낸 맹자는 7정(情) 즉 희노애락애오욕(喜怒哀樂(懼)愛惡慾)이라는 감정과 환경에 영향을 받음으로써 마음이 선으로부터 벗어나서 악의 구렁텅이를 벗어나지 못다고 하면서 호연지기(浩然之氣)를 통한 마음공부를 통해서 선(善)을 회복해야 한다고 가르쳤다.

서양에서는 문화인(文化人)이 되는 과정에 도야개념을 핵심으로 사용하여 왔다. 괴테(Wolfgang von Goethe)와 실러(Friedrich Schiller)의 작품에서 도야의 개념은 전통적인 문학적 사유를 대변하고 있으며, 헤겔(Friedrich Hegel)과 니체(Friedrich Nietzsche)의 철학에서도 도야의 개념은 이들 철학의 핵심으로 작용하였다. 훔볼트(Whilhelm von Humboldt)에 의하면, 도야는 인간이 자신의 여러 능력들을 균형있고 조화롭게 계발하여 인류라는 이념 속에서 하나의 자율적이고 고유한 개인으로 성장해 나가는 과정을 의미한다. 여기서는 일단 사회가 배제된다. 그러나 개인의 도야를 통해 사회발전도 가능하다.

그러나 20세기 실존주의 철학에서 도야는 구체적으로 '인격(人格)'의 개념과 결부되었다. 인격이 도야의 핵심 개념이 되면서 도야는 교육에서도 중요한 위상을 차지하게 된다. 도야의 대상이자 목표인 인격 또는 인격형성이 교육의 과제가 되면서 인격교육, 인성교육 또는 전인격적 인간교육 등의 개념이 교육개념으로 정립되었다. 결국 학교에서도 인격형성은 중요한 교육의 몫이 되었다.

물론 동양의 마음공부나 서양의 주지주의교육 전통에서도 지식을 쌓고 공부를 하는 것은 궁극적으로 몸과 마음을 닦는 도야 즉 인격수양이나 인격형성과 무관하지 않다. 고대 그리스의 소크라테스, 플라톤 그리고 아리스토텔레스에게서 지식은 곧 윤리적 지식을 의미했다. 도덕과 윤리 즉 선(善)과 무관한 지식은 지식이 아니다. 이러한 점에서 지식은 진리와 통한다. 심지어 지식교육과 진과 선을 배우고 가르치는 인성교육도 같은 것이었다. 따라서 로크에게서 전인교육(全人教育)이라는 개념도 출현했다. 그러나 계몽주의 시대 이후 (과학)지식이 절대지식 즉 진리가 구별되기 시작하면서, 지식교육과 진리(또는 선)는 점차 결별하기 시작한다. 따라서 오늘날 지식중심의 교육을 통하여 인격수양이나 인격형성이라는 목표달성을 이루는 것은 난제가 되고 말았다. 전인교육도 분지적으로 전(全)학과목(지식)을 다 가르치고 배우면 되는 개념으로 달라진다. 이는 코메니우스의 팜파데이아(Pampadeia) 즉 '범지식(凡知識)'의 개념이 계몽주의시대를 통하여 일반화되면서 나타난 현상이기도 한데, 사실 코메니우스의 범지식이라는 개념은 '분지적 지식의 합'이 아니라, '전인(격)적 지식'을 의미한다.

한편, 산업혁명 이후 노동의 분화가 일어나고 분업이 일상화되면서 교육의 영역에도 분업이 이루어진다. 가정교육, 사회교육, 학교교육이 분화되기 시작했다. 결국 전문교육기관으로서 학교가 '교육분업'을 떠맡으면서, 학교가 교육의 전당이 된다. 그러나 문제는 학교가 '지식교육의 전당으로만' 거듭나게 된다는 사실이다. 산업혁명을 통해 급격하게 변화된 분업화·전문화사회에서 학교는 산업현장에서 요구하는 전문지식과 전문기술로 무장된 인적자원을 양성하는 임무를 도맡게 된다. 즉 인성교육의 영역이 학교교육에서 슬그머니 삭제된 다. 즉 이제 진리와 선의 개념에 보다 접근되어 있는 인격, 인성 등의 전통적인 도야의 개념은 학교교육현장에서 지식교육의 변두리에 머무르는 상황이 연출되기 시작하였다. 구체적으로 인격, 인성을 교육의 대상으로 하는 교과과정(커리큘럼)이 별도로 편성되면서, 지식교육과 인성교육은 이분화되기 시작했다. 급변하는 산업현장에서는 인성, 인격보다는 전문지식, 전문기술이 우선적이었다. 학교는 이러한 산업현장의 요구를 충족시킬 수 있을 때에 존재의 근거를 가질 수 있었다. 결국 도야의 전통 속에서 이어져 온 인성, 인격교육의 문제는 학교현장에서 지금도 어려운 난제가 되고 말았다.

그러나 오래전부터 인성교육, 인격교육의 문제는 각종 사회문제의 온상으로 지목되고 있기도 하다. 특히 유괴, 살인 등 대형 사회문제가 발생하면, 너도 나도 인성부재니 인성교육의 강화니 등 한마디씩 잠시 하다가 사라지는 개념이 바로 인성교육, 인격교육의 개념이다. 결국 종교적 차원, 문학적 차원에서 자기수련, 자기수양의 개념으로 전승되어 왔던 즉 도야의 개념은 교육의 영역에 자리매김하지 못하고 결국 다시 원점으로 돌아가고 말았다. 이제 도야는 원래대로 종교적 차원과 문학적 차원에서 또는 예술적 차원에서만 찾을 수 있다.

한편, 교육의 영역에서도 도야의 개념을 구현해 보려는 역사가 있었다. 바로 중세이후 독일에서 발달한 '빌둥'(Bildung)의 개념이 그것이었다. 독일어의 빌둥(도야)은 영어의 빌딩(building)으로서 '정신을 쌓은 것' 즉 '정신형성'을 의미한다. 중세시대에 귀족계급들은 자신들의 교육개념과 서민들의 교육개념을 구분하고자 했다. 즉 감옥의 간수(看守)를 의미했던 '페다고그수스'(Pedagogusus)로부터 유래한 '페다고지'(Pädagogie)의 개념을 사용했던 서민의 교육과 자신들의 고급교육을 구분하기 위해 이들이 사용한 개념이 바로 빌둥이었던 것이다. 실제로 빌둥이라는 용어는 14세기 독일의 신비주의 신학자였던 에크하르트(Mystiker Meister Eckhart)에 의해서 처음 사용되었다. 그에 의하면, 인간은 빌둥을 통해서 인간적인 것을 극복하여 신과 하나가 될 수 있다. 즉 신의 경지에 오르는 과정이 빌둥의 과정으로서 이는 성직자들의 수련과정으로 특히 고행의 과정을 통해 이루어질 수 있다. 이러한 빌둥의 개념은 훗날 종교적이고 신비주의적인 색체가 지워지면서 일상적으로 세속화되기도 했다. 그럼에도 불구하고 이는 서민들의 교육(Erziehung)과 구별되어 사용되었다. 특히 이루소의 에밀에서 아동이 스스로 자신을 형성해 나가는 것과 동일한 의미로 해석되면서 소극적 교육의 개념으로 사용되기도 했으며, 19세기 훔볼트로 이어지면서 빌둥은 독특한 교육개념으로 정착하기에 이르렀다. 물론 이는 아리스토텔레스의 '엔텔레키(Entelechy)'의 개념에도 뿌리를 두고 있다.

엄밀하게 말하면, 빌둥은 '자기도야(Selbstbildnug)'이다. 즉 남을 도야하도록 하는 것이 아니라 자기 스스로를 도야하는 것이다. 이렇게 본다면'자기교육(Selbsterziehing)'이다. 그런데 자기도야나 자기교육이나 모두 자기 스스로 몸과 마음을 갈고 닦으면서 자기수양, 자기수련, 득도를 이루어내는 것이다. 따라서 귀족들은 자신들은 빌둥의 능력을 가진 자들이기 때문에 서민들이 받는 교육(Erziehing)과는 다르다는 주장이었다. 간단히 말하면, 서민들의 교육에서는 누군가가 끌어주는 사람이 있어야 하며 또한 이들의 교육은 수동적이고 피동적이라는 점에서 자신들의 빌둥과는 차이가 난다. 이에 비하면 빌둥은 자기 스스로 하는 능동적이고 자율적인 자기교육이라는 것이다. 결국 (진정한) 교육은 학생들로 하여금 교육과정 동안 학생 스스로 자기도야, 자기교육을 할 수 있도록 도와줄 수 있어야 한다.

2) 도야와 교육

(1) 인격교육: '잠재적 교육과정'으로서의 도야

오늘날 우리는 도야의 개념을 다시 교육의 핵심개념으로 도입할 필요가 있다. 도야의 영역이 학교교육에서 소외된 결정적 동기는 - 산업화, 분업화, 전문화의 추세 이외에도 - 학교교육이 이미 성적평가중심의 교육으로 전락했다는 점 때문이다. 즉 도야의 영역은 성적평가의 대상이 될 수 없으며 기준설정이 불가능하다. 학생이 교육을 통해서 자신의 몸과 마음을 얼마나 닦았는지 성적으로 환산할 수가 없다. 따라서 학교교육에서 도야의 문제는 필요에 대해서는 모두가 인식하지만 어쩔 수 없이 학교교육현장에서 차용하기는 불가능하다. 따라서 이는 종교적-문학적 차원에서 또는 예술적 차원에 머물 수밖에 없다.

오늘날 학교교육의 문제점으로 가장 심각한 것은 인성교육이다. 모두들 인성이 사라진 사회에서 살기를 원하지 않기 때문이다. 따라서 어떻게든 대표적인 교육전문기관인 학교에서 이를 책임져 주기를 원하고 있다. 이미 도야의 전통은 사라졌지만 그래도 인성문제를 학교에서 맡지 못한다면 과연 누가 이를 대신할 수 있을까? 하는 걱정도 한 몫하고 있다. 오늘날 공교육의 위기, 학교 붕괴의 목소리도 점점 거세지고 있다. 교권이 추락했다는 소리도 사실로 확인되고 있기도 하다. 이러한 심각한 상황에는 무엇보다도 인성교육의 문제가 중심에 놓여 있다.

그러나 학교교육에서 분명히 인성교육이 반드시 필요는 하지만, 어떻게 실천해 낼 수 있는지에 대한 공감대도 형성되지 못하고 있는 실정이다. 아마 태생적으로 어려울지도 모른다. 왜냐하면 이미 언급한대로 학교에서는 반드시 성적으로 평가를 할 수 있는 것들로만 교육과정이 편성 운영되고 있다. 이미 학부모들도 - 심지어 학생 본인들조차도 - 학교에서 성적평가가 되지 않는 것 즉 대입성적평가와 무관한 것을 교육하는 것에 대해서 결사적으로 반대하고 있다. 학교가 학생, 학부모, 학생들이 원하지 않는 교육을 할 필요가 있을까? 바로 여기에 학교교육의 딜레마가 발생하는 것이다. 사회적으로 볼 때 인성교육은 반드시 필요한데 - 심지어 인성교육의 부재로 학교위기는 갈수록 커지고 있는데도 불구하고 - 학교는 결코 인성교육을 구현해 낼 수 없는 것이 현실이다. 만약 인성이 성적으로 환산될 수 있다면, 학교에서 얼마든지 할 수 있을지 모르지만, 도야를 성적평가하지 못하는 것과 마찬가지로 인성이 성적으로 환산되고 평가되지 못하는 이상 현재의 학교제도로서는 '잠재적 교육과정'에 의존할 수밖에 없다. 물론 오늘날 인성교육, 인격교육 등을 강화하기 위한 조처로서 다양한 방법 들이 등장하고 있다. 심지어 인성차원의 교육활동을 점수로 환산하는 작업도 진화 중이다. 이를테면, 자원봉사활동을 점수화한다거나 리더십능력, 체험학습활동, 특성화프로그램참여활동 등을 대입성적에 반영한다거나 하는 것들이다.

그러나 인성교육 또는 인격교육 등을 점수화하는 과정에서는 늘 공정성, 객관성, 신뢰성의 문제가 따른다. 결국 현재의 학교교육시스템은 지식교육의 전당으로서의 역할과 기능에 충실할 수밖에 없기에, 학교교육에서는 '잠재적 교육과정'으로 인격수양, 인격교육이 이루어질 수밖에 없다.

구체적으로 교사가 학생들에게 감화(感化)를 줌으로써, 학생 개개인이 학업 중 스스로 몸과 마음을 닦을 수 있는 도야할 수 있도록 자극하는 것이 유효하다. 이를 위해서는 교사가 먼저 인격자가 되어야 한다는 것이 전제조건이다. 그러나 오늘날 학교에서는 지식이 탁월한 전문가가 훌륭한 교사로 인정받는 세상이다. 인격적으로 탁월한 교사는 훌륭한 교사의 대열에서 제외된다. 물론 전문지식도 탁월하고 인격도 출중한 교사는 최고 교사이다. 그렇다면 인격적으로 감화를 줄 수 있는 교사는 두 영역에서 탁월한 교사일 것이다. 이러한 교사는 지식습득에 매진하는 학생들에게 오직 '잠재적 교육과정을 통하여' 궁극적으로 - 또는 이상적으로 - 학생 스스로 도야하고 각성하는 기회를 제공할 수 있다.

(2) 도야 개념의 복원: 인격교육의 구현

오늘날 우리가 도야개념을 교육의 영역에 복권시키기 위해서는 전통적으로 체계화되어 온 인격교육의 내용과 방식이 (재)검토될 필요가 있다. 우선 동양에서 도야와 각성(또는 득도)은 명상, 참선, 공부(쿵후), 무술(무슈), 요가 등 개인수양의 방식으로 수행되어 왔다. 서양에서는 도야는 개인수양 대신 대화의 방식으로 수행되어 왔다. 플라톤의 대화로부터 시작하여 변증법적 대화를 통해 실존적 대화 등의 방식은 대표적인 도야의 실천방법이었다.

도야 개념의 전통에 뿌리를 두고 있는 인격교육은 인격적 차원에서 교육을 실천함으로서 인(간)성교육 - 또는 전인(또는 전인격적) 교육 - 을 구현하는 구체적이며 방법이다. 서구의 대표적인 인격교육은 실존주의 철학에 근거하는 실존주의 교육의 핵심영역으로서 경험주의 교육관으로부터의 탈피이기도 하다.

실존주의 철학에서 인간은 자유와 선택 그리고 결단과 책임의 존재이다. 실존주의 철학자 사르트르(Jean Paul Sartre)에 의하면, "인간은 자유의 형벌을 받는 존재"이다. 인간은 자유롭게 태어나서 자유롭게 선택하고 결단하면서 살아가지만, 결국은 자신이 한 일에 대해서 스스로 책임질 수밖에 자율적인 존재라는 뜻이다. 이렇게 본다면, 인간은 단순한 사회화(또는 교화)의 수동적 교육만을 받는 대상만은 아니다. 인간은 사회공동체의 일원일 뿐만 아니라 개성(個性)을 가진 개인이다. 따라서 인간은 비물질적이며 비조작적이며 비제작적인 존재이다. 또한 인간은 과학 초월적인 존재이며 경험적·과학적·실증적으로 검증될 수 없는 복잡한 존재로서 역사적으로도 유일무이한 존재이다. 결국 인간은 스스로 자유롭게 형성하는 힘을 지닌 존재이며 동시에 자발성과 책임성을 가진 존재이기 때문에 인격적 존재가 되는 것이다. 따라서 인간(개인)의 도덕성 역시 집단의식(듀르케임)이나 사회적 기준에 따르는 것이 아니라, 전적으로 개인의 자유의지에 근거하고 있다. 실존주의 철학에 뿌리를 두고 있는 인본주의 심리학(C. Rogers: 비지시적 상담, A. Maslow: 자아실현)에서도 교육은 개인이 자기결정을 통해 스스로를 실현시켜 가는 일과 관련된다고 보았다.

실존주의 교육론자들에 의하면, 교육은 '인격적 상호관계'속에서 이루어질 때 자기 목표를 달성할 수 있다. 대표적인 실존주의 교육론자인 부버(Martin Buber)는 '만남'을 인격적 관계형성의 전제조건으로 보았다. 인격은 인간과 인간의 진정한 만남과 관계형성을 통해 형성된다. 또한 사람과 사람의 만남은 '인격적 만남'으로서, '인격적 만남'을 통하여 비로소 우리는 교육을 실현할 수 있다. 반대로 교육의 목표는 인격적 만남이다. 즉 교육의 목표는 인격적 만남을 주선하는 것이다. 무니에(Munie)는 이를 교육자의 소명으로 보았다. 따라서 인격적 만남과 교육의 관계는 변증법적 관계 속에 들어 있다.

그런데 실존주의에서 교육의 전제조건은 인격성의 이해와 인격성의 인정이다. 아울러 부버에게 인격적 만남은 '대화'로 구현된다. 교사는 학생과 나(I)와 그것(it)이 아닌 나(I)와 너(You)의 관계로 만난다. 이를 부버는 '실존적 만남'이라고 한다. 결국 교사와 학생 간에는 진정한 대화로 만남으로써 대화적 관계, 인격적 만남, 실존적 만남이 가능해진다. 반대로 (진정한) 교육은 실존적 만남을 가능하게 한다. 이로써 학생은 인격적 삶을 실천할 수 있게 된다. 이때 교육의 목표가 달성되는 것이다. 부버의 만남의 교육관은 생텍쥐베리에게서는 어린왕자와 꽃, 여우, 뱀 등과의 만남, 김춘수의 나와 꽃의 만남을 통한 관계형성에도 작용한다. 또한 슈프랑어의 문화교육은 인간(개인)과 문화의 '만남'을 통하여 '문화양심(Kulturgewissen)'을 각성함으로써 '문화책임(Kulturverantwortung)'을 행할 수 있도록 함으로써 궁극적으로 인격형성을 돕는 것을 목표한다.

(3) 인격의 조건과 인격교육의 방법

대표적인 인격심리학자인 올포트(G. Allport)는 성격(personality)과 인격(character)을 구분하고, 인격을 가치규정을 포함하는 윤리적 개념으로 보았다. 이를테면 태어나면서부터 인격자가 존재하는 것이 아니라 후천적 인격자만이 존재할 뿐이며, 개인에게는 누구에게나 인격의 정도차가 인정된다. 즉 인격은 고유한 형성력으로서 잠재성으로 존재한다. 훔볼트(Wilhelm von Humboldt)에 의하면, 인격(Individuality)은 인간존재의 본질로서 고유한 자아를 형성하는 원초적 힘이다. 그에 의하면, 인간은 누구나 인격을 가지고 태어난다. 따라서 인간에게 서로 다른 인격을 가진 존재는 불가능하다. 인격의 잠재성은 동일하다는 의미이다. 이러한 의미에서 훔볼트에게 인격은 선천적이며 본래의 자아가 된다. 이러한 인격은 후천적 덕성으로 발현되면서 도덕적 성인군자도 가능해진다. 이렇게 선천적으로 인격이 존재한다는 사실 때문에 우리는 인권(人權)에 대해서도 언급할 수 있게 된다. 여기서 선천적 인격성이란 바로 잠재력으로서의 인격적 싹을 의미한다. 따라서 훔볼트에게 인격교육은 교사가 이러한 인격의 선천적 잠재성을 총체성(Totalität)으로 활짝 펼쳐주는 것이다. 이는 아리스토텔레스에게서 잠재적 전체성으로 선천적으로 인간의 심성에 잠재하는 '엔텔레키(Entelechy)'를 활짝 펼쳐주는 것과 다르지 않다.

그러나 실존주의 교육에서는 인격교육의 방법을 '대화'로 구체화시켰다. 즉 인간은 인간과 대화를 통해서 선천적 잠재력으로 존재하는 인격성을 드러나게 한다. 따라서 실존주의 교육은 대화, 만남을 통하여 인격적 잠재성이 현실로 나타나게 하는 것을 인격교육으로 보았다. 아리스토텔레스는 이미 '존재(우시아)'를 가능태(Dynamis)와 현실태(Energia)로 구분했다. 즉 모든 존재는 가능태 즉 잠재적인 씨앗을 가지고 태어나지만 현실태로 탈바꿈할 때 비로소 우리는 존재를 인식하게 된다. 결국 인격교육에서 추구하는 인격완성도 – 실존주의자들에 의하면 – 대화와 만남을 통해 자극을 받게 됨으로써 인격은 후천적으로 성숙하게 되는 것이다. 결국 아리스토텔레스부터 훔볼트까지의 인격은 잠재능력으로서의 인격이 강조되었다면, 실존주의자들에게서 인격은 현실태로 나타나기 위해서는 만남과 대화라는 구체적인 방법을 통해 실현된다는 사실이 강조된다. 그러나 아리스토텔레스부터 지금까지 인격은 잠재적 씨앗으로서 인간 누구에게나 선천적이며 태생적이다. 다만 후천적으로 인격적 만남, 실존적 만남 또는 인격적 관계, 실존적 관계, 인격적 대화, 실존적 대화를 통해서 (보다 성숙한) 인격으로 드러나는 것이다. 따라서 교육의 목적도 여기에 있다. 즉 잠재적 인격체끼리의 만남과 대화 그리고 관계형성을 통해서 인격이 형성된다. 그러나 인격적 만남, 실존적 만남이 없으면 인격형성은 불가능하다. 인격은 영원히 잠재성으로만 존재하다가 사라지는 것이다. 따라서 실존적 만남, 실존적 대화, 실존적 관계형성은 바로 인격형성의 전제조건이 된다. 실존주의자들은 이로써 형성(완성)되는 인격을 '실존적 인격'이라고 한다.

실존적 인격은 도덕적으로 일치되는 사람이다. 이러한 인격은 자연성과 사회성을 포괄한다. 즉 이러한 인격은 스스로 자유롭게 결단하고 선택하는 개인이 시공간을 초월하여 보여주는 자기정체성으로 결정된다. 그러나 도덕적 존재인 나는 언제든지 이기주의나 동물적 본능으로 추락할 수 있다. 그러나 실존적 인격은 인격적 주체로서 유일성, 반복불가능성, 대체불가능성을 특성으로 가지고 있기 때문에 다른 타인과 구별되는 고유한 인격체의 전제조건이다.

실존주의자들에 의하면 인격형성을 위한 가장 근본적인 전제조건은 '자유(自由)'이다. 즉 자유는 인격성의 본질이다. 인간은 본질상 생물학적, 사회적, 문화적으로 제약된 존재다. 그러나 정신적으로는 자유로운 존재이다. 따라서 인간교육은 자유를 획득하고 자유를 행하는 과정에서 시작된다. 아울러 실존주의자들에게 교육적 개인은 스스로 삶의 방향을 정하고, 역사적 삶에서 매순간 자기결정과 자기선택 하는 존재로서 자신이 하는 모든 일에 자기 스스로 책임을 진다.

심지어 이들에게 자유는 '자율'의 전제조건이다. 즉 인간에게 선천적인 자오는 자기결정과 이에 따른 책임을 가능하게 한다. 인간에게 자유는 이미 주어져 있다. 따라서 책임의식도 동시에 주어져 있다. 결국 자유는 책임을 전제로 존재한다. 이렇게 본다면, 자유의 교육은 자기결단과 책임의식을 형성시킴으로써 자율적 도덕성의 발현을 가능하게 하여 마침내 양심의 실천을 통한 인격의 실현을 완성한다. 또한 자유의 교육은 인격적 행위를 가능하게 하는 도덕교육을 목표한다. 이는 칸트(Immanuel Kant)의 도덕률에 근거한 도덕교육과는 다르다. 칸트는 자유가 활동할 수 있는 공간에 제약이 따르기 때문에 보편적 요청으로서의 '보편적 도덕률'에 내재된 행위의 당위성을 요한다고 하면서, 정언명법에 따라서 사유하고 행동할 것을 주문한다. 그러나 낭만주의와 실존주의에서는 도덕심은 개별적 인간의 일회적이고 구체적인 상황에서 고유하게 결단하고 실천함으로써 나온다. 이를테면 양심이나 책임의식이 이에 해당된다. 이러한 인간을 '인격적 인간'(homo personatus)이라고 하며, 이들은 관계적 인간으로 익명성이 아닌 고유한 이름을 가진 인간이다. 이는 대화적 삶의 현실을 위한 교육을 통해 이루어진다. 실존주의자들은 이러한 교육은 만남과 대화를 통해 구현된다고 보았다. 대화(Dialog)는 인격적 실체로서의 상대방을 전제하며, 상대방이란 관계를 전제한다. 대화는 인간의 인격적 현실이며 본질이다. 따라서 인격교육과 전인교육의 본질이 된다. 반면 독백(Monolog)은 상대방이 없다. 따라서 독백에서는 인격도 존재하지 않으며 관계도 형성되지 않는다. 이러한 맥락에서 부버는 대화, 관계, 만남, 사이에 의미를 두면서 대화의 교육, 인격적 만남의 교육을 진정한 교육으로 간주했다. 그에게 모든 실제적인 삶은 만남이며 교육적 관계는 진정한 대화적 관계이다. 그러나 그가 추구하는 궁극적인 교육목표는 위대한 인격자 즉 인격적 책임이었다. 부버에게 이는 "나-너" 관계에서 나타나는 응답이기도 하다. 결국 교육은 현실태로서의 인격을 인격체로 존재하게 하기 위한 도야의 과정에 개입할 수 있어야 한다. 실존주의자의 관점에서 본다면 교육은 인격적 만남, 대화, 관계형성을 주선함으로써, 학생들이 스스로 인격형성을 위한 자기도야하고 자기교육할 수 있는 환경과 분위기를 제공해야 한다.

교육학자 콤즈(A. Combs, 1970)는 오늘날 학교에서 인성교육, 인간교육, 인격교육을 방해하는 요인을 다음과 같이 들고 있다. 과도한 성적경쟁, 체벌허용, 학생-교사관계의 열악성, 진로에 따른 계급형성, 엄격한 시간표 중심 교과과정, 단일하고 획일적인 교과서, 학년제, 지능검사·학력검사·적성검사의 결과 오용, 시험을 위한 시험, 평가기준의 모호성, 점수별 차별제도, 객관화의 오용, 피드백의 생략, 정답주의, 누가기록의 오용, 개별화 수업의 부족, 교육행정의 관료화, 교권추락, 교사에 대한 사회적 경시풍조 등이 그것들이다.

코르착에 의하면 인격교육은 대화적 분위기를 형성하고 이해하려는 마음으로 아동을 관찰하면서 아동의 삶에 함께 참여할 때 이루어진다.

교육현상은 원칙적으로 교육공급자인 교수자와 교육수요자인 학습자 간의 관계에서 발생한다. 그러나 실재로는 그렇게 간단하지 않다. 교육공급자 측에는 정부, 교육부, 교장, 교감 그리고 행정지원을 위한 교직원 등이 관여되어 있으며, 교육수요자 측에는 이해당사자인 보호자, 학부모 그리고 교육관련 학부모단체 등이 관여된다. 이러한 교육공급자-교육수요자의 양자관계에 제3의 세력으로 등장하는 세력이 바로 전국교직원노동조합(이하: 전교조)이다. 이들은 신분상으로는 교육공급자에 속하지만, 활동영역은 교육제도 전반에 걸쳐 있기 때문에 이들의 활동은 교육수요자의 입장에도 관여된다. 또한 교육학은 연구대상으로 학교와 교실 중심으로 이루어지는 학교교육이다. 따라서 교육현상을 온전히 이해하기 위해서 우리는 교사, 학생, 학교, 교육행정, 교실 그리고 교육민주화운동 등에 대한 지식을 필요로 한다. 구체적으로 학생은 배움의 주체이고, 교사는 가르침의 주체이다. 그러나 학생과 교사는 '학교-내-존재'라는 점에서 삶을 공유한다. 또한 교육행정제도는 교사와 학생간의 교육행위가 잘 이루어질 수 있도록 관리 감독 지원하는 교육정책 및 교육체계이며, 교실에서는 미시적 교육행위가 이루어진다. 마지막으로 현행 학교교육제도의 문제점은 전국교직원노동자조합 및 교육시민단체나 기관들이 주도하는 교육민주화운동에 대한 이해는 사회적 현안으로서의 교육문제해결에 기여할 수 있을 것이다.

제Ⅱ부
교육현상의 이해
– 교육의 학문적 기초에 근거하여

제4장 학생과 배움

1. 학생의 본질

학생은 누구인가? 우선 학생은 배움 즉 학습(學習, learning)의 주체이다. 학생은 자발성을 가지고 자기학습을 할 수 있는 존재이다. 배움은 자발적 배움과 비자발적 배움으로 나뉜다. 학생들은 학교 내에서 배운다. 학교 내에서 배운 것을 학교 밖에서 써먹기도 하지만, 학교 내로 제한되기도 한다. 이를테면 학교성적을 올리기 위해서만 배운다. 오늘날 성적중심교육이 강화될수록 학생의 배움은 학교 내로 제한되며 심지어 비자발적인 배움이 지배적이다. 한편, 학생은 인간이면서 동시에 '학교-내-존재'이다. 즉 학교라는 '특정한 삶의 조건' 안에서의 인간으로서 학교라는 환경에 제약된 인간이다. 즉 학생은 학교 내에서 상호관계형성을 하며 살아간다. 또한 학생에게 부여된 사회적 조건은 의무학교제도이다. 의무학교 내에서의 학생의 본질은 그만큼 독특하다.

1) 학생의 본질

(1) 철학적 관점

첫째, 인식론적 접근이다. 학생은 일차적으로 교사에게 인식의 대상이 된다. 인식주체로서 교사는 학생을 외모, 언행, 태도, 가치관 등을 통하여 인간성 전체를 통해서 판단한다. 그러나 현실적으로는 인식론적으로 유한자인 교사가 학생을 전체적 인간으로 인식하기는 불가능하다. 따라서 교사는 자신의 한계 내에서 또는 자의적으로 학생을 인식하고 판단하게 된다. 특히 오늘날같이 치열한 성적경쟁의 학교현실에서 교사는 학생을 오직 성적으로만 인식하고 판단하기 십상이다. 이를테면 성적이 높은 학생은 모두 잘하는 것으로 인식되며, 성적이 낮은 학생은 모두가 못마땅하게 인식된다. 교사의 학생인식에는 태생적으로 불가피한 인식론적 한계가 존재한다. 이는 교사의 선입견과 편견이 된다. 따라서 교사는 인식른적 한계의 현실을 인식하는 것이 중요하다. 반대로 학생 역시 교사를 인식한다. 이때는 학생이 인식주체가 되고 교사는 인식대상이 된다. 인식주체로서의 학생에게도 동일한 인식론적 한계가 발생한다. 학생의 교사인식에서도 선입견이나 편견이 작용한다. 이를테면 학생들은 교사가 성적이 높은 학생이나 외모가 출중한 학생을 좋아한다는 편견을 가질 수 있다. 이밖에도 학부모와 학생의 인식관계, 사회와 학생의 인식관계에서도 반드시 인식론적 한계가 발생한다. 이러한 사실에 대한 인식을 우리는 인식론적 반성이라고 한다. 따라서 우리가 학생의 본질을 제대로 파악하기 위해서는 끊임없는 인식론적 반성이 요청된다. 인식론적 반성을 통해서 학생을 '전체적 인간'으로 파악하려는 노력이 중요하다.

둘째, 존재론적 접근이다. 존재론적으로 학생은 교사나 학부모와 마찬가지로 '존재'이다. 존재는 스스로 드러나는 속성을 가진다. 부버에 의하면 만남과 대화를 통해서 학생은 스스로의 실존성을 드러낸다. 가다머에 의하면, 대화는 존재에 대한 편견을 불식시키기 위한 상호 존재성을 드러내게 해 주는 유일한 방식이며 상호간의 지평과 지평이 만나는 지평융합을 통하여 상호존재성이 확인된다.

> "우리의 존재성을 구성하는 데에는 판단들보다도 편견들이 더 큰 비중을 차지하고 있다. … 편견이 불가피하게 진리를 왜곡하는 것이기에 반드시 부당하고 잘못된 것이어야 할 이유는 없다. … 편견은 단순히 우리가 무엇인가를 경험하기 위한 조건들, 즉 우리가 마주치는 것들이 우리에게 무엇인가를 말해 주기 우한 조건들이다."(Gadamer, 1976: 9)

이렇게 본다면 학생의 본질은 교사, 학부모 등과의 끊임없는 대화와 진정한 만남 즉 인격적 만남을 통해 밝혀질 수 있다.

셋째, 가치론적 접근이다. 학생은 학생이기 이전에 인간이다. 원칙적으로 인간의 가치는 모두 동일하다. 가치론적 접근은 인간평등사상의 기반이다. 그러나 인간은 사회적 존재이다. 사회가 인간의 가치를 규정하고 제한한다. 이는 미국에서의 인간가치와 한국에서의 인간가치 아프리카에서의 인간가치가 현실적으로 다르게 평가되는 이유이기도 하다. 즉 사회의 성숙도에 따라서 인간가치와 인권의 제한과 구속 정도가 다르다. 학생은 학교사회의 일원이다. 따라서 학생의 인간적 가치는 학교규정과 학교규범에 의해 구속되고 제한된다. 학생의 인간적 가치는 학교, 교사, 학부모 등 교육환경의 성숙도에 비례하여 다르게 적용된다. 따라서 학생의 본질 이해를 위한 가치론적 접근은 주변교육환경의 성숙도에 따라 달라진다.

(2) 심리학적 관점

첫째, 발달심리학적 접근이다. 일반적으로 학생은 행동능력, 인지능력, 인성 및 도덕성의 차원에서 발달한다. 다른 말로 하면, 개인의 심리적 자아(ego)는 시간의 흐름 속에서 발달한다. 따라서 학생의 본질을 이해하기 위해서는 행동발달, 인지발달, 인성 및 도덕성 발달의 차원에서 자아의 발달에 접근해 볼 필요가 있다. 우선 학생의 행동은 외부환경과의 자극(S)과 반응(R)의 과정을 통해 발달한다. 따라서 학생에게 어떠한 외부자극이 주어지는가? 그가 이에 대하여 어떻게 반응하면서 행동하는가? 이는 인지능력의 발달에서도 자극-반응의 과정은 동일하다. 외부환경에서 주어지는 자극(인지적 자극)에 대하여 학생은 어떻게 인지적으로 반응하는가? 또한 인성 및 도덕성 발달에서도 자극-반응의 과정은 동일하다. 학생이 외부환경의 자극에 대하여 어떻게 인성적-도덕적으로 반응하는가? 따라서 학생의 본질 이해를 위해서는 어떠한 자극이 어떻게 반응하는가에 대한 객관적 분석이 전제된다.

둘째, 사회심리학적 관점이다. 사회심리학적으로 학생 개인의 심리 또는 심리적 자아는 사회환경의 구조, 변화, 변동에 의해 영향을 받으면서 발전한다. 이때 형성되는 자아는 개인적 자아가 아닌 '사회적 자아(social ego)'이다. 결국 학생은 개인적 자아로서의 학생이면서 동시에 '사회적 자아'로서의 학생이다. 따라서 학교에서는 학생이 사회적 자아로서의 학생으로 자라날 수 있도록 무엇을 도와주어야 하는가에 대해서 고민해야 한다. 학생은 스스로 사회적 자아로서 거듭날 수 있기 위해서 자신이 무엇을 어떻게 해야 하는지를 학습해야 한다.

셋째, 학습심리학적 관점이다. 학습심리학은 인간발달과 제반 학습현상 즉 학습동기, 학습조건, 학습과정 등과의 관계를 파악한다. 여기서는 학습원리와 학습법칙을 발견하여 학습효과의 극대화(효율성)를 추구하면, 아울러 학습현상과 관련된 문제들 즉 학습현상, 학습조건, 학습자의 정의적 특성인 학습동기 및 성취동기, 학습자의 인지적 특성인 학습전이, 기억, 망각 등을 이해한다. 이러한 연구에서 밝혀진 학생의 본질은 성장하고 학습하는 존재이다.

이렇게 본다면, 학습은 학생에게 본능이다. 우선 학생은 본능적으로 행동을 학습하며 학습하면서 행동한다. 행동주의적 학습이다. 아울러 학생은 누군가의 행동을 모방하면서 학습한다. 모방학습이다. 또한 학생은 인지학습을 통해 성장한다. 인지능력이란 '아하(aha) 경험'을 말한다. 우리가 '아하 그렇구나' 하면서 무엇인가를 느낄 수 있다고 하는 것은 선천적으로 인간이 인지능력을 가지고 태어난다는 증거이다. 인지능력은 인간과 동물의 경계기준이다. 물론 동물학자나 곤충학자들 또는 생태학자들은 미생물도 인지능력을 가지고 태어난다고 한다. 이렇게 본다면 인간에게 부여된 인지능력은 고등인지능력이라고 할 수 있다. 고등인지능력은 무엇인가를 발견하고 발명할 수 있는 능력이다. 학생은 선천적으로 스스로 발견학습을 할 수 있는 발견학습의 능력과 스스로 무엇인가를 발명할 수 있는 창의력을 잠재능력으로 가지고 태어난다. 따라서 학교에서 학생은 스스로 발견학습과 창의학습을 할 수 있는 존재로 이해될 필요가 있다. 아울러 학생은 스스로 지식을 구성하고 재구성할 수 있다. 이는 구성주의적 접근을 통한 학생이해이다. 따라서 학교는 학생이 스스로 지식을 구성하고 재구성하는 것을 허용해야 한다. 이는 창의성 개발, 창의학습의 원동력이다. 아울러 학교는 학생을 인본주의적으로 인식할 필요가 있다. 학생은 '학교'라는 제한된 영역에서의 존재 이전에 인간이라는 전체로서의 존재이다. 따라서 학교는 전체로서의 인간으로 학생을 인정할 필요가 있다.

넷째, 교육심리학적 관점이다. 교육심리학은 학생의 신체·심리적 성장 및 발달로부터 시작하여 이들이 사용하는 언어, 사회성, 성격발달 등 제반 교육현상을 다룬다. 이를 위해 우리는 관찰과 실험을 통해 심리학적 보편성을 발견하는 경험과학적 방법을 차용한다. 여기서 우리는 학생의 개인차를 확인할 수 있다. 즉 학생의 연령에 따른 욕구 및 흥미를 분석해 냄으로써 학생 개개인의 행동양식 및 인지양식을 파악하는 것이다. 이러한 연구에서 밝혀진 학생의 본질은 복잡한 상호작용을 통해 성장하고 발달하는 조직된 전체로서의 존재이다. 왜냐하면 학생의 나이는 인생에서 가장 호기심이 강하며 무모할 정도로 좌충우돌 시행착오가 가장 많은 시기이기 때문이다.

그러나 학생본질이해를 위한 심리학적 관점의 한계는 객관적(과학적)으로 확인된 보편성과 일반성 도출에만 기준을 둠으로써, 학생의 주관성, 내면성, 정신세계(역사-문화적 상황성)에 대한 이해가 결여될 수 있다.

(3) 사회학적 관점

사회학적 관점에서 학생은 사회에서의 역할과 기능을 담당해야 할 사명을 가지고 태어난 존재이다. 따라서 학교에서는 학생을 사회역할과 기능에 따라 양성하는 대상으로 간주할 수 있다. 학생의 사회적 역할과 기능이 조화롭게 이루어질 때 사회질서와 사회통합의 목적도 달성할 수 있다. 이는 학생에 대한 기능론적 접근이다. 따라서 교사는 사회의 대리인으로서 학생을 교육할 필요가 있다. 반면, 학생은 사회적 역할과 기능을 하는 과정에서 발생하는 다양한 갈등을 경험하는 존재이다. 특히 학생 자신이 사회역할과 기능을 수행하는 과정에서 '소외'될 때 사회생활에서 학생의 갈등은 극대화된다. 따라서 학교는 학생의 갈등을 해소하는데 도와줄 필요가 있다. 학생이 사회적으로 경험하는 (인간적) 갈등이 해소되지 못한다면, 사회구성원들에 의한 사회통합이나 사회공동체도 불가능하다. 이러한 논리는 갈등론적 접근이다. 따라서 학교는 구체적으로 학생 본질의 이해를 위해서 현상학적, 상호교섭론적, 민속지적 방법으로 접근함으로써 학생 간의 인간관계 회복을 통한 상호갈등 및 소외의 문제를 극복할 수 있는 역량을 제고시킬 필요가 있다. 마지막으로 인류학적 접근을 통하여 학생의 근본적인 인성본질에도 접근할 필요가 있다. 발생론적-역사주의적으로 학생은 문화를 창조하면서 문화에 구속받는 존재로서 이해될 수 있어야 한다. 특히 문화의 원천으로서의 놀이, 그리고 그러한 놀이의 본성을 가지고 태어나는 인간으로서의 학생에 대한 심도깊은 이해가 필요하다.

사회학적 관점에서는 교육은 '사회화'와 동일시한다. 따라서 학생 역시 사회화의 대상이다. 그러나 학생은 사회화의 주체이기도 하다. 즉 학생은 교육을 통하여 사회적응의 능력을 배양한다. 이를테면, 학교 또는 교육을 통해서 학생은 사회적으로 요구되는 기능, 역할, 태도, 지식을 습득하면서 사회적 소속감을 얻음으로써 사회구성원으로 성장한다. 또한 학생은 교육을 통하여 사회적 접촉과 상호작용을 통하여 사회적 관계형성의 능력도 배양한다. 마지막으로 학생은 교육을 통하여 제반 사회문제에 대한 비판, 반성, 성찰 및 반성 그리고 사회고발 등을 통하여 사회적 주장과 사회개혁운동 등에 주체적으로 참여할 수 있는 민주주의 능력을 터득하게 된다. 그러나 교육을 통한 학생들의 사회비판 등 사회참여능력의 배양은 쉽지 않다. 특히 우리 사회에서 이를 저해하는 가장 커다란 원인은 입시중심의 교육시스템이다. 입시몰입의 교육시스템 하에서 학교는 학생들의 사회참여능력 배양에 주력할 수 없다. 그럴 경우에 학교는 입시성과내기를 양보해야 한다. 또한 교과서에 정답이 있는 관계로 이를 비판한다는 것은 답을 외면하는 것과 다름이 없다.

교육은 사회적 삶의 현상을 다룬다. 학교는 자체적으로 일종의 사회제도이다. 교육학적으로 보면, 학교는 학생들의 사회적 성장(사회화와 사회비판 등)을 위한 준비기관이다. 따라서 학생은 특정한 사회체제의 구성원으로서, 사회적 강제에 의한 법률적 의무 즉 취학의무, 의무출석 등의 학교규정을 수행하는 자이기도 하다. 이럴 경우 학생은 강제적 사회화의 대상이 된다. 왜냐하면 학생들은 강제적 학교커리큘럼, 학교규칙 및 규정을 준수해야 하며 교육목표의 대상이기 때문이다. 그러나 학생은 교사와 학부모 그리고 사회의 역할 기대로 인하여 늘 갈등요인을 안고 있는 존재이다. 이를테면, 사회 및 부모에 의한 기대치와 자아만족 및 자아실현의 자기 기대가 상충하는 경우에 학생들은 갈등하고 방황하는 존재가 된다.

학생본질이해를 위한 사회학적 관점의 한계는 학생의 개별정신(개성)과 인격에 대하여 소홀히 다룬다는 사실이다. 즉 사회체제와 개별성의 대립구도를 경험 과학적 객관성과 인격적 측면으로 나눈다.

(4) 교육인간학적 관점

학생의 본질이 무엇인가?에 대답할 수 있을 때, 교육의 가능성은 높아진다. 왜냐하면 대상도 잘 모르면서 교육할 수는 없기 때문이다. 학생의 본질을 파악하기 위해서 가장 포괄적으로 접근할 수 있는 방법이 '인간학적으로' 접근하는 길이다. 인간학(Anthropologie)이란 '인간에 관한 학문'으로서 인간의 본질규명을 전체적으로 접근하는 기초학문이며 종합학문이다. 따라서 학생의 본질규명 역시 인간학의 범주에 든다. 왜냐하면 학생은 분명 인간이기 때문이다. 그러나 학생은 동시에 학교라는 특정한 환경 속에 제약된 인간이다. 또한 주로 청소년기에 해당되는 학생은 성인이 되어가는 '과도기의 존재'이다.

랑에벨트(M. J. Langeveld)는 『아동의 길로서의 학교(1968)』라는 저서에서 학생존재에 대하여 인간학적 접근을 하고 있다. 학생은 학교에서 인간존재의 역사적 형상이 재생산되며 갱신된다. 학생 특성에 대한 랑에벨트의 인간학적 이해에 근거하여 접근해 보면 보편적인 학생의 본질은 다음과 같이 파악될 수 있다.

첫째, 학생들은 미성숙하다. 이는 학생들이 배우는 근거이기도 하다. 학생들은 아직 모르고 미숙하니까 좀 더 배워서 성숙하려고 학교에 오는 것이다. 학생들이 이미 다 알고 있다면 더 이상 배울 필요도 없으며 학교에 올 이유도 없다. 따라서 교사는 학생들이 아직 미성숙하다는 사실을 '비정상'으로 보면 안 된다. 학생들에게는 오히려 미성숙함이 정상이다. 따라서 교사는 학생의 눈높이에서 매사를 이해할 필요가 있다. 미성숙하지만 성숙해지고 싶어서 학교에 오는 학생들에게 '이것도 모르냐'라고 구박하고 처벌하는 것은 잘 못이다. (진정한) 교육을 위해서 교사들은 교사중심적 사고를 배제해야 한다. 이는 아동을 발견한 루소사상의 연장으로 아동중심적 사고를 가능하게 한다. 학생이 배우는 과정에 있는 미성숙한 존재라는 의미를 제대로 파악하고 교육을 실천할 때 비로소 학생들의 인권도 보장된다.

둘째, 학생들은 발달과정에 있다. 학생들은 아동기에서 성인기로 넘어가는 청소년기 즉 과도기의 발달과정에 서 있다. 즉 이들은 자신의 성장과 성숙을 위해서 부모와 교사의 도움을 필요로 한다. 심리학적으로 학생들은 도식적으로 즉 발달단계별 또는 자연적으로 발달하지만, 실존주의 철학자들은 학생들이 '비약적으로' 발달한다고 보았다. 생태학적으로 보면, 학생 역시 자기제작(Autopoiesis) 또는 자기창조를 통해서 발달한다. 모든 생명체는 자기창조를 통하여 생명을 유지하고 발달시킨다. 이 세상에서 자기창조하지 못하는 생명체는자신의 생명유지와 생명발달에서 실패한다. 이렇게 본다면 학생들도 자기창조를 통하여 자신의 생명을 유지 발전시킬 수 있을 때 생명성을 잃지 않는다. 그러나 학교라는 제약된 환경이나 교사는 학생들로 하여금 자기제작이나 자기창조의 기회를 통제할 수 있다.

셋째, 학생은 이성적 존재라기보다는 감각적 존재이다. 학생은 이성적 사유에 앞서 감각적으로 사유한다. 루소 역시 에밀에서 인간에게 최초의 삶의 능력은 신체적 감각기관에서 나온다고 했다. 즉 신체감각에 의해 체험하면서 지식을 터득해 나간다. 이러한 맥락에서 루소는 최소한 이성이 발달하기 이전인 12세까지는 이성교육을 하지 말 것을 주장한다. 이러한 의미에서 루소의 교육을 '소극적 교육(negative education)'이라고 한다. 즉 소극적 교육이란 '부정적 교육'을 의미하는데, 이는 교육에 소극적이어야 한다는 뜻이 아니라, 당시 계몽주의 하에서 일방적으로 강조된 이성교육에 대하여 '부정적(negative)'이라는 뜻을 가지고 있다. 따라서 루소는 12세 이후 이성이 발달하는 나이에 든 에밀에게는 서서히 과학교육 등 이성교육을 권장하고 있다.

넷째, 학생은 활동적이다. 학생은 신체활동을 통하여 자신을 표현하고 자신의 능력을 과시하면서 시간을 즐긴다. 또한 학생은 최초로 신체활동을 통해서 자신의 능력과 무능력을 판단한다. 이로써 운동능력도 생성된다. 이러한 사실은 인류최초의 학과목이 체육(Gymnastic)이었다는 사실과 무관하지 않으며, 인문학을 의미하는 김나지움(Gymnasium)이 체육관에서 시작했다는 것과도 무관하지 않다. 루소는 에밀에서 체력이 어른이 되면, 이성에서도 어른이 된다고 하였다. 고대 그리스지식의 상징인 플라톤이 아테네의 레슬링 선수였다. 또한 고대 그리스의 교육은 육체, 영혼, 정신의 조화를 통하여 전인교육(Kalokkagatie)을 이룰 수 있다고 되어 있으며, 오늘날 올림픽의 구호가 된 로크의 "건전한 신체에 건전한 정신"이라는 신조는 모든 교육에서 신체활동이 근본이라는 점을 암시한다.

다섯째, 학생은 탐구하는 존재이다. 인간의 지식은 호기심에서 나온다. 태초에 인간은 주변세계를 탐색하면서 지식욕이 싹튼다. 호기심으로부터 지식탐구가 시작되는 것이다. 이는 학습의 시작이다. 인생에서 가장 호기심이 왕성할 때는 학생 즉 청소년기이다. 주로 학생기에 해당하는 청소년기는 호기심천국이다. 따라서 교사는 학생들에게 탐구의 세계로 인도할 때 교육이 가능하다. 호기심으로 시작한 탐구생활은 직접 만져보고, 먹어보고, 던져 보면서 경험학습, 체험학습으로 이어지기도 한다. 이러한 학습은 더 나아가 의미부여작업, 창조작업 그리고 인격형성 및 자기세계형성까지 이어진다. 지식탐구는 학생들에게 모든 학습의 시발점이 된다. 일반적으로 탐구심은 자발성과 자기주도성을 강화시켜 줌으로써 스스로 능동적이고 자립적으로 살아가는 용기까지 얻게 해준다. 반대로 탐구심이 결여된 학생은 자신의 세계를 구성하려는 용기를 잃게 된다. 심지어 그는 대부분을 타인에게 의존함으로써 수동적이고 무능력한 삶을 살아가게 된다. 따라서 자기 자신에 대한 신뢰까지 상실하게 된다. 심리학적으로 학생은 '학습의 주체'이다. 따라서 학생에게 학습은 자율성을 전제한다. 오늘날 타율적인 학습으로 강요되는 학생은 스스로 탐구하는 존재가 되기 어렵다.

여섯째, 학생은 교육을 필요로 하는 존재이다. 칸트는 '인간이란 교육을 받을 수 있는 유일한 존재'라고 했다. 이 말은 특히 '학생시기'에 해당된다. 왜냐하면 학생 시기는 인생에서 '가소성'이 가장 높은 시기이기 때문이다. 태초에 결핍존재(겔렌), 조산아(포르트만)로 태어나는 인간은 교육으로 인간됨을 이룬다. 학생은 특별히 이러한 결핍을 메움으로써 성장하려는 위치에 있는 존재이기 때문에 반드시 교육을 필요로 하는 시기가 된다. 따라서 부모와 교사는 교육을 필요로 하는 이들에게 교육으로 결핍을 메워주어야 할 의무가 있다. 루소는 모든 사람은 신(神) 앞에 평등하다고 했다. 과연 어떤 근거에서 평등하다고 했을까? 만약 이미 나타난 개인의 능력이나 성과로 본다면 결코 만인이 평등하다고 할 수 없다. 그러나 '잠재능력'(potential)에서 본다면 모든 사람은 평등하다고 할 수밖에 없다. 그 학생이 나중에 무엇이 될지는 아무도 모른다는 말이다. 잠재능력이 지금 발현될 것인지 좀 더 있다가 발현될 것인지에 대해서는 개인차가 존재한다. 따라서 진정한 교육은 학생들의 잠재능력의 개발을 목표로 이루어질 필요가 있다.

결국 교육인간학적으로 볼 때 학생은 인격적 전체이다. 따라서 교육학적 관심은 학생이 전체적으로 어떻게 발달하는가?에 있다. 학생에 대한 연구방법으로는 '이해'이다. 그러나 지금의 학교는 학생을 '설명'하는데 치중되어 있다. 성적이 좋은 아이, 염색을 한 아이, 지각하는 아이 등등 마치 자연과학에서 사물을 설명하는 것과 마찬가지이다. 또한 교육인간학적 관점에서 학생은 인격적 상대이며 대화의 관계이다. 따라서 학교는 학생들에게 개성, 자유의지, 자아실현, 자기결정, 내재된 자발성, 호기심, 욕구(ex: 질문욕구), 생동적 힘(교육적 상호관계로 고양됨)을 허용해야 한다. 한마디로 이 관점에서는 학생이 자유로운 인격체로서 의미와 가치를 인식하는 존재이다.

(5) 존재론적 관점

학생은 개인이면서 동시에 '학교-내-존재'이다. 학교는 일종의 '사회제도'(社會制度)이다. 따라서 학생은 사회구성원으로서의 일원이면서 동시에 학교라는 '특수한 사회'의 일원이다. 학생은 여느 인간들처럼 태어나는 순간 인권(人權)이 있다. 그러나 학교라는 제한된 사회의 일원 즉 '학교-내-존재'로서의 인권만이 인정될 뿐이다. 만약 학생이 '학교-내-존재'로서의 인권만 인정받는 것이 부당하다고 생각한다면, 학교를 떠나면 된다. 절이 싫으면 스님이 떠나면 된다. 학교를 떠난 사람은 더 이상 학교-내-존재가 아니지만, 그렇다고 인간으로서의 권리 즉 인권은 제약되지 않는다. 그러나 '학교-내-존재'로서의 학생은 학교라는 공간 안에서 인권을 제약받는 동시에 특별히 보호된다. 즉 학생이라는 신분이기에 누릴 수 있는 권한이 특별히 보호받을 수 있다. 이를테면 학생훈방, 학생할인 등이 그것이다. 그러나 학생은 성인과 아동의 과도기에서 고민하고 갈등하는 존재이다. 따라서 학생은 '심리적 위기'를 살아가야 하는 특수한 존재다. 그런데 학생 시기는 사춘기(思春期)와 일치한다. 인간에게 사춘기가 왜 찾아오는가에 대해서는 아직 어떤 과학(학문)의 세계에서도 해명하지 못하고 있다. 그럼에도 불구하고 사춘기는 인간에게 불가피한 성장통의 시기이며 혼란의 시기이다.

그러나 삶의 혼란을 가중시키는 가장 커다란 이유는 학생이 처한 학교의 사회적 조건이 '의무학교제도'라는 사실이다. 즉 의무학교제도 하에서는 학생이 자발적인 자기학습의 주체가 되고 관계형성 및 제반교육활동의 주체가 되는 데 있어서 제약이 뒤따를 수 있다. 이를테면, 학생이 학교에 가기 싫어도 의무적-강제적으로 학교출석을 해야 할 경우도 있고, 정해진 학교규칙과 규정이 의무적-일률적으로 강요되기도 하기 때문에 학생이 수업 및 학습을 중심으로 하는 모든 학교활동 및 학교생활에서 자발적 학습자가 되기 어려운 경우도 발생한다. 이렇게 본다면, '학교-내-존재'로서의 학생은 '의무학교제도-내-존재'로 된다. 학생의 인권은 의무학교제도 내에서의 인권이며, 의무학교제도의 한도 내에서만 보호된다.

원칙적으로 학생의 사회적 위치와 권리는 신체적-심리적으로 불안한 위치인 아동에서 성인으로 성장하고 성숙하는 과정에 있다. 따라서 법적-제도적 제약 및 규제의 대상이 된다. 이를테면, 지위비행(地位非行)이라는 법적 용어는 청소년들에게 해당되는 특정 개념이라고 할 수 있다. 즉 학생이라는 신분(지위)이 아니라면 비행이나 범법이 아니지만, 학생이라는 신분 때문에 비행이며 범법이 되는 경우가 있다. 두발 및 복장자유에 대한 논쟁이 대표적이다. 학생이 아니라면 머리를 어떻게 하고 옷을 어떻게 입어도 상관이 없지만, 학생이기 때문에 학교규칙에 어긋나지 않는 두발과 복장규정을 준수해야 한다. 그렇지 않으면 벌을 받거나 제제를 받는다. 만약 학생이 두발규제가 불만스러우면 학교를 떠나면 비행이나 범법행위가 되지 않는다.

이러한 지위비행에 관한 입장은 크게 보수적-제도적 관점과 진보적-제도적 관점으로 나눈다. 전자는 학생의 권리 부분적으로 제약하여 훈육과 체벌을 내린다. 이는 극기능력 배양을 위한 교육적 합리화로 간주될 수 있다. 즉 학교라는 사회의 구성원으로서 학생에게 학교는 연대책임, 사회공동체의식을 갖도록 하기 위해 제한된 의미의 자유만을 허용한다. 물론 학생의 자발적 동기와 동기부여가 관건이다.

그러나 현실적으로는 학교에서 항상 학생과 학교, 교사 측간에는 항상 갈등이 발생한다. 이는 학교와 학교 간에도 규정과 규칙이 상이할 수 있고, 또한 이를 적용하는 교사 개개인의 척도 간에도 차이가 발생하기 때문이다. 반면 후자는 개인적-사회적 책임이 요청되는 예비성원인 학생에게 경험되는 지배구조의 민주화에 주목한다. 따라서 교사와 학생 간의 민주적 관계형성이 중요하다. 이는 첫째, 학교, 교사와 학생 간에 발생하는 갈등문제를 해결하고, 둘째, 학생에 대한 이해와 관심을 제고시키고, 셋째, 교사의 교육학적 자유를 보장하고 학생들로 하여금 자율적 책임의식을 제고시키며, 넷째, 학생들의 자기결정권과 학교운영에의 자발적 참여를 독려함으로써 궁극적으로는 학생 개개인에게 문제해결능력을 제고시키고 책임성을 학습할 수 있도록 하기 위함이다. 그러나 현행 우리의 입시주의 획일적 학교교육이 장애물이다. 이는 학교에서 발생하는 학생인권의 제약에 대한 논쟁의 핵심근거이기도 하다.

학생에게 촉발되는 또 다른 갈등유발요인으로는 교육소외로부터의 갈등, 존재론적 차원의 갈등 즉 존재적 갈등을 들 수 있다. 슈프랑어는 청소년기 최고의 갈등은 사춘기시기에 나타나는데, 이는 인간학적으로 '놀이세계로부터의 이별'로 인한 갈등으로 풀어 낸 바 있다. 왜냐하면 학교는 학생들에게 놀이를 금지하고 터부시하고 있다. 그러나 아이들을 유아 때처럼 놀고 싶다. 따라서 이들은 사춘기 시절부터 금지된 놀이 즉 사행성 게임에 빠져들게 되는 것이다. 또한 학생기에 최고조에 달하는 인지적 갈등은 인지학습, 발견학습, 구성학습, 창의학습을 가능하게 하는 긍정적 갈등현상이다. 물론 인지적 갈등현상은 사회비판적, 자기반성적 관점으로 이어질 수 있는 가능태이기도 하다.

3) 학습내용과 교과

학교는 학생에게 과연 무엇을 가르치고 배우게 할 것인가? 일반적으로 교수(가르침)는 학습(배움)을 동반한다. 과거에는 학생을 피교육자라고 했다. 교육자가 가르치면 피교육자는 무조건 배워야 했던 것이다. 물론, 가르침이 모두 배움으로 이어진다면 교육의 목적을 달성되는 것이다. 그러나 교사가 가르쳤다고 학생이 반드시 배우는 것은 아니다. 교사가 가르쳐도 배우지 않을 수 있으며, 교사가 가르치지 않아도 학생이 스스로 배울 수도 있다. 가르침과 배움의 동일시는 이상일 뿐이다. 현실은 얼마든지 엇박자일 수 있다. 이 때문에 학교사회에서 발생하는 교사와 학생 간의 불협화음이나 갈등도 불가항력이다.

학생으로 하여금 무엇을 배우게 할 것인가? 교사는 무엇을 학생에게 가르쳐야 할 것인가? 즉 학습내용에 대한 결정문제이다. 이로써 교과서(教科書)와 교과과정(curriculum)도 결정된다. 학교에서는 교과(서)를 정하여 교과과정에 맞추어 가르치고 배운다.

교과(教科)란 '선택된 문화'이다. 교육이 인류의 문화유산을 전달, 계승, 발전시키는 일을 맡았다면, 선택된 문화로서의 교과는 교육의 핵심이다. 왜냐하면 인류의 모든 문화를 교육할 수는 없다. 따라서 문화를 선택하여 교과로 정하고 교과서에 담아야 한다. 그렇다면 문화선택의 기준은 무엇인가? 가치(價值, value)이다. 과연 어떠한 문화가 교육적으로 전달, 계승, 발전되어야 할 문화유산인가? 그것이 교과로 선택되고 구성되고 가르쳐진다. 따라서 학생은 선택된 문화를 배우게 된다. 이렇게 본다면 학생은 시대적으로 지역적으로 다른 선택된 문화를 교과로 배울 수도 있다. 미국의 교과서와 교육과정이 우리와 다르며 20세기 교과서와 교과과정이 오늘날 교과서와 교육과정과 다른 이유이기도 하다. 문제는 누가 왜 무슨 목표 때문에 특정한 문화를 선택하여 교과(서)에 수록하고 교과과정으로 운영하는가? 하는 것이다. 이를테면 독재정부가 선택한 문화로서의 교과(서)와 교과과정은 독재정부의 가치관을 반영한 것이며, 민주정부가 선택한 문화로서의 교과서와 교과과정은 민주정부의 가치관을 반영한 것이다. 따라서 이러한 선택기준에는 가치문제가 반드시 수반되기 때문에 위험할 수 있다. 가치를 소유하는 주체 또는 권력에 의해서 교육도 결정된다. 즉 주관적 가치배제를 통한 객관적 가치중립의 원칙이 보장되지 않는다. 이는 객관적 교육행위 역시 불가능하게 한다.

원칙적으로 교과로 선택되는 문화는 '욕구분석(needs analysis)'를 기반으로 이루어진다. 욕구는 크게 가르치는 입장에서의 욕구(교육욕구)와 배우는 입장에서의 욕구(학습욕구)로 나뉜다. 즉 무엇을 가르칠 것인가? 그리고 무엇을 배울 것인가? 하는 욕구가 문화를 선택하여 교과(서)와 교과과정에 반영되지 못한다면 교육과 학습 즉 교육행위는 효율적이거나 생산적이지 못하다. 물론 교육욕구와 학습욕구에 불일치 상태로 이루어지는 교육현실도 얼마든지 목격된다. 그럼에도 불구하고 교육욕구와 학습욕구는 교과(서)와 교과과정의 결정기준이다.

학습내용은 학생들의 욕구로서 '학습욕구'를 기반으로 한다. 이렇게 본다면, 학생들이 무엇을 배우고 싶어 하는가의 욕구를 파악하는 것이 문화선택의 기준이며 학습내용 선정의 기준이다. 이것이 교과이다.

그러나 교육은 학생의 학습요구만을 기반으로 정해지는 학습내용만을 다루지 않는다. 이것이 학습자 또는 교육수요자의 학습욕구라고 한다면, 교육은 교육공급자 즉 학교, 정부 그리고 교사의 욕구를 반영할 수밖에 없다. 학생이 원하는 것만을 교육하고 교육공급자가 추구하는 욕구를 반영하지 못한다면 이 역시 교육이라고 할 수 없다. 오로지 학습이다. 특히 학교에서의 교육은 학습을 포괄하고 관장한다. 따라서 학습욕구를 기반으로 하는 학습내용이 교과가 되기 위해서는 교육욕구와 조화롭게 합일되어야 한다. 따라서 학교에서의 학습내용이 결정되기 위해서는 학습자의 학습욕구와 교육공급자의 교육욕구가 일치될 필요가 있다.

파머(Farmer, 1974)는 학습내용을 세 가지로 구분하고 있다. 첫째, 주입내용 중심형이다. 이는 단원학습, 완전학습 등 위로부터 아래로 수직형으로 정해지는 대표적인 학교커리큘럼이다. 여기서는 학습자의 학습욕구는 거의 반영되지 않는다. 이를테면 학교교육에서 중요한 국민공통과목은 학습자의 욕구와는 거의 무관하게 교육공급자의 욕구가 중심이 된다.

둘째, 요구중심형이다. 이는 학습자의 욕구가 반영된 학습자중심 프로그램에서 볼 수 있다. 해외교환학생 프로그램이 대표적이다. 셋째, 문제중심형이다. 이는 문제해결 교육프로그램으로서 기업체교육, 퇴직자 준비교육, 전직교육훈련 프로그램 등이 대표적이다.

브래니(Blaney, 1974)는 개인형, 기관형, 공유형 학습내용으로 분류하였다. 개인형은 개인의 학습요구를, 기관형은 기관의 교육요구를 그리고 공유형은 개인과 기관의 교육 및 학습요구를 반영한다. 윌슨(1994)과 서베로(2000)는 학습내용의 결정요인을 학습자, 프로그램 또는 커리큘럼의 진행자 그리고 조직 간의 상호작용 및 권력관계로 보았다.

2. '학습자'로서의 삶

인간은 학습하는 동물이다. 인간에게 학습은 본능이다. 따라서 학생에게 학습은 본능이다. 즉 학생들은 우리 인류가 그렇게 했듯이 세상에서 살아남기 위하여 학습을 한다. 그럼에도 불구하고 학생들에게 학습(또는 공부)에 대한 기억은 대부분 좋지 않다. 왜냐하면 학습이 자발적으로 일어나지 않고 강제적으로 일어나기 때문이다. 논어(論語)에 "학이시습지 불역열호"(學而時習之 不亦說乎)라는 공자의 말씀이 있다. 이에 의하면, 공부는 즐거워야 한다. 그럼에도 불구하고 공부는 우리의 교실현장에서 몇몇 사람들을 제외하고는 거의 즐겁지 않다.

서구에서 1980년대부터 "학습권사상"이 부각되면서 "학습"이라는 개념이 다시 검토되기 시작했다. 학습권은 교육권의 반립이다. 그런데 우리는 지금까지 교육하면 학습은 그림자처럼 따라 다니는 것으로 인식했다. 즉 누군가가 교육하면 학생들은 당연히 학습을 하는 것으로 여겼다. 그래서 100점을 맞지 못하면 1대당 1대씩 맞았다. 왜냐하면 100점 맞으라고 가르쳤으니 100점을 맞지 못하면 죄인이다. 그러나 오늘날은 교육권 즉 교육하는 사람들의 권리와 학습권 즉 학습하는 사람들의 권리는 별도로 분리되어 생각되어야 한다는 인식이 팽배해지고 있다.

교육권을 행사하는 사람들은 교사가 중심이고 교육당국과 교육정책이라고 할 수 있다. 반면 학습권은 학생 - 또는 학부모 - 에게 있다. 학습권 즉 학생들은 학습권을 행사할 수 있다. 오늘날 학습권을 행사하는 학생들의 수가 급격하게 늘고 있다. 심지어 학습권을 학생인권과 동일시하는 경향도 높아지고 있다. 그러나 이들이 학습권을 제대로 사용하는지는 여전히 의문이다.

학습이라는 개념은 원칙적으로 교육학적 개념의 전유물이 아니다. 엄밀히 말하면 학습은 심리학적인 개념에 가깝다. 인간은 누구나 - 학생이 아니라고 해도 - 학습한다. 세상에 아무 것도 배우지 않고 사는 사람은 없다. 밥을 먹는 것으로부터 시작해서 사실은 배움을 통해서 점점 인간의 모습이 되어가는 것이다. 배움을 통해서 인간은 보다 잘 살아가는 법을 배우기도 한다. 반대로 배움이 없는 인생은 퇴보할 수밖에 없다.

우리 말에 "알아야 면장을 하지"라는 말이 있다. "배워서 남주나"라는 말도 있다. 베이컨은"아는 것이 힘"이라는 주제로 서구 계몽주의의 선봉에 섰다. 배움은 본능을 넘어서 사는데 있어서 힘마저 안겨준다. 안다는 것, 배운다는 것, 학습한다는 것은 인간이 살아남기 위한 최소한이며 동시에 최대한이다. 결국 인간은 살아남기 위해서 그리고 더 잘 살기 위해서 학습할 수밖에 없다.

그런데 문제는 학습 즉 배움이 지겹고 힘들다는 데 있다. 만약 학습 즉 배움이 즐겁다면 금상첨화가 아닐까? 어차피 배움이 우리의 삶을 결정한다고 한다면, 이왕 배우는 것을 즐겁게 배운다면 얼마나 좋을까? 우리는 어렸을 때 놀이터에서 뛰어 놀면서 많은 것들을 배웠다. 내가 얼마나 달릴 수 있는가?부터 시작하여 저 아이는 어떻게 저렇게 철봉에 오랫동안 배달려 있을 수 있을까? 나도 해보자? 그리고 아이들과 놀면서 자기는 몰랐던 것을 물으면서 자연스럽게 많은 것들을 배우기도 했다. 배움이 즐거웠던 유일한 시기였다.

나이를 먹으면서 즐거움과 배움은 점점 거리가 멀어지기 시작했다. 특히 학교에 입학하여 공교육의 혜택을 받으면서 우리의 배움은 즐거움은커녕 지겨움 심지어는 고통과 동일시되기 시작하였다. 그래도 배우는 것이 살길이라는 인식을 한 아이들과 부모들은 고통과 지겨움을 인내하면서 억지로 배움을 이어간다. 소위 가방끈이 긴 학습자들일수록 배움과 인내는 동일시되기도 한다.

배움이 즐거움으로 바뀌기 위한 처방이 내려졌다. 소위 자기주도학습(Self-Directed-Learning)이라는 개념이었다. 그러나 이 역시 몇몇 상위권자들에게만 해당되는 개념이 되면서 그의 의미가 퇴색되었다. 사실 자기주도학습은 자발적으로 학습에 참여하는 것은 원칙으로 하는 데 현실은 그렇지 않다. 모든 것을 인내하고 심지어는 사춘기도 반납하고 지연시키면서 마치 스님이 도(道)를 닦듯이 우리는 억지로 학습하면서 열매를 기다리기도 한다. 그러나 대부분의 학습자들에게 자기주도학습의 추억 역시 씁쓸하다.

그렇다면 왜 우리의 학교는 이렇게 배움을 변질시켜 놓은 것일까? 아이들이 놀이터에서 자연스럽게 배우고 가르칠 때에는 가르치고 배우는 것이 즐거운데 공교육이라는 제도권 교육에 들면서 오히려 배움이 보다 즐거워야 될 것 같은데 그렇지 못한 이유 아니 정반대로 가는 이유는 무엇일까?

바로 공교육이 인간의 본능으로서의 학습을 수용하지 못하기 때문이다. 아니다. 보다 정확하게 말하면 서구에서 파급된 현재 우리의 공교육제도는 본능으로서의 학습을 거부한다. 그 이유는 공교육제도가 처음부터 인간의 본능인 배움보다는 가르침 중심으로 디자인되었기 때문이다. 즉 교육권 중심의 교육체제는 오늘날 학습권 사상이 부각되는 이 시대에는 더 이상 의미를 잃을 수밖에 없다. 그래서 학교는 재미가 없다. 또한 배움도 없다. 다만 가르침만 있을 뿐이다. 선생님은 열심히 가르치지만 학생들은 안 배운다. 그래서 교실에서는 자는 아이들이 점점 더 늘어나는 것이다. 앞으로 지금보다 더 심해질 것이다. 이유는 설령 가르침은 있다고 해도 배움이 없기 때문이다.

두 번째 이유는 시간의 흐름 속에서 서구의 공교육체제는 엄청난 교육학적 왜곡이 있었기 때문이다. 대표적인 왜곡은 바로 제국주의자들이 공교육을 장악하면서 시작되었다. 서구의 종교개혁과 계몽주의를 계기로 근대국가의 성립과 함께 정립되기 시작된 공교육체제는 제국주의자들에게 장악되면서 나폴레옹 전위대, 히틀러 유겐트(Jugend)를 양성해 내는 수단이 되었다. 교육을 제국주의의 후계자 양성수단으로 이용한 셈이다. 우리의 교실도 일본제국주의자들에 의해 황국신민을 만들어 내는 수단으로 전락하면서 공교육의 왜곡은 우리에게도 직접적으로 영향을 미쳤다. 이들은 정치를 위해 교육을 수단화한 것이다. 이러한 정치수단으로서의 교육은 지금도 여전히 지속되고 있다. 셋째, 산업혁명도 공교육을 왜곡시킨 주범이다. 대량생산체제를 위해 공교육을 대량교육체제로 전환시킴으로써 학습은 획일화, 표준화, 규격화의 온상이 되었으며 학습자들은 공장의 부품처럼 취급되고 로봇처럼 움직이게 하는 일방적인 가르침만을 수용해야 했다. 본능으로서의 학습은 이미 현장에서 사라졌다. 지금도 이러한 상황은 지속되고 있으며 공교육체제 역시 이러한 범주를 그대로 답습하고 있다. 앞으로도 제국주의적 발상, 산업혁명적 발상이 지속되는 한 공교육체제도 전혀 변할 기미는 없다. 더 심화될 소지도 다분하다. 이러한 상황에서 어떻게 배움이 즐거울 수 있을까? 나의 삶과 연관된 배움이 어떻게 가능할 수 있을까?

그렇다면 배움이 즐겁고 배움이 나의 삶과 직결될 수 있는 진정한 교육현장으로 회복되기 위해서는 어떻게 되어야 할까? 그렇다. 이제 교육권자들은 학습권을 수용하여야 한다. 수용하지 않는 이상 교실에서는 무언의 항거로서 잠자는 학생들은 점점 더 늘어 날 것이다. 또한 교권과 학생인권은 계속해서 대립하그 마찰과 갈등할 것이며 교실은 결코 행복한 공간이 될 수 없을 것이다.

그러나 반대로 우리의 교실에서 지금이라도 학습권을 인정한다면, 교육의 개념, 과정, 평가방식 등이 점차 개선될 것이다. 이는 우리의 교실이 본능으로서의 학습에 점차 접근할 수 있게 할 것이며, 마침내 우리의 교실은 즐겁그 행복한 교실로 거듭날 수 있을 것이다. 다만 전제조건은 학습권과 교육권의 바람직한 조화가 될 것이다.

제5장 교사와 가르침

1. 교사의 본질

교육은 교사의 질을 넘어 설 수 없다는 말이 있다. 그만큼 교육에서 교사의 역할이 중요하다는 뜻이다. 학교가 세워지기 이전에는 가정에서는 부모가 사회에서는 이웃 또는 성직자 등 사회적 지도자가 국민교사의 역할을 함께 담당했다. 그러나 학교가 모든 교육을 떠맡게 된 교육 분업 이후 교사가 학교교육을 주도한다. 따라서 오늘날 교사라고 하면 학교교사를 지칭한다. 교사는 시간의 흐름 속에서 특성적 변화를 경험하게 된다. 교사에 대한 이해는 인격자에서 전문가로 그리고 노동자로 발전한다.

1) '스승' 또는 '성직자'로서의 교사

스승으로서의 교사는 학생들에게 모범(模範)이나 본(本)을 보임으로써 가르치는 어른으로서 소위 '인격적 감화'를 주는 '인격자(人格者)'로서의 교사를 말한다. 그는 학생에게 학교울타리의 생활을 넘어서 인생 전반으로까지 영향을 미친다. 일종의 멘토(Mentor)이다. 역사적으로 스승으로서의 교사관은 성직자(聖職者)로서의 교사관에서 비롯된다. 동서양을 막론하고 종교의 시대에는 성직자가 교사를 겸하였다.

> "교직은 세속적인 직업과는 달리 교사를 신부나 목사, 승려와 같은 성직자로 보는 입장이다. 교직은 성직과 같이 특별한 소명 의식(mission or calling)을 가진 사람들이 감당할 수 있는 직업이다. … 교사의 권위를 중요시하였고 엄숙한 몸가짐과 태도, 성직자와 같은 사랑과 헌신, 희생과 봉사를 강조하였다. 우리나라의 경우 스승의 그림자는 밟지도 않는다든가 군사부일체라는 말은 아마 이와 같은 성직자로서

의 교사관과 통한다고 보아도 좋을 것이다."(남정걸, 2002: 64)

교사의 다른 말인 '선생(先生)'의 의미는 '생(生)을 먼저 살았다'는 의미이다. 물론 '먼저 살았다'는 사실 그 자체가 스승이나 인격자의 근거는 아니다. 그러나 만약 윗세대가 아랫세대에 인격적 감화를 주고 긍정적인 영향을 미칠 수 있다면, 그러한 교사는 스승으로서의 교사이다. 특히 스승으로서의 교사는 인성교육 차원에서의 역할이 탁월하다.

스승으로서의 교사는 인간적 내지 인격적 교사라는 개념과 통한다. 부버(Martin Buber)에 의하면, 인간적 교사는 학생과 인간적 관계를 맺는 교사이다. 즉 교사가 학생과 맺는 인간적 관계란 대화와 만남의 관계, 상호 인격적 친교의 관계, 구도적 동반자 관계, 상호 포용적 관계, 상호 개방적 신뢰의 관계, 상호 개성의 조화적 관계로서의 '나-너'의 관계, 서로 다름을 인정하는 관용적 관계를 말한다. 이러한 관계를 노올(Hermamm Nohl)은 '교육적 관계'라고 한다. 이러한 교육적 관계를 잘 형성하는 교사가 인간적 교사이다. 베니거(Jerich Weniger)에 의하면, 인간적 교사는 아동의 고유권리를 인정하고, 이해의 교육을 수행하며, 아동의 과거 현재 미래의 보호자를 자처하며, 문지기로서 성인세계로부터 보호하고 성인세계로 인도하는 임무를 수행한다.

고돈(1986)은 교사가 인격적 교사가 되기 위해서는 우선 비교육적인 말투부터 고쳐야 한다고 주장했다. 구체적으로 명령하고 지시하는 말투, 경고하고 위협하는 말투, 도덕적 훈계와 설교의 말투, 충고나 해결책을 제시하는 말투, 강의와 논리적 설득, 부정적 평가와 판단의 말투, 비웃음과 조롱의 말투, 분석하고 진단하는 말투, 지나친 칭찬과 긍정적 평가의 말투, 동정과 위로의 말투, 심문과 탐색의 말투, 회피와 교란의 말투를 꼽고 있는데, 이는 공통적으로 비수용적인 분위기를 연출하는 말투로서, 그렇다고 교사의 이런 말투가 교육적으로도 비효과적라고 지적한다. 대신 늘 경청하는 자세, 정말 너를 돕고 싶다는 감정이 전달될 수 있는 말투를 사용한다면 교사를 인격자로 비추이게 되며, 사랑하는 마음이 우러나는 말투는 교사로서 가장 효과적인 말투가 된다. 또한 고돈(Th. Gordon)은 교사가 훌륭한 교사상의 신화에 사로잡혀 있는 한 인격적 교사가 되기 어렵다고 한다.

교사는 조용하고 과묵해야 한다.
교사는 침착하고 냉정해야 한다.

교사는 감정 표현을 함부로 하면 안 된다.
교사는 자신의 감정을 은폐해야 한다.
교사는 정돈을 잘 해야 한다.
교사는 실수가 없어야 한다.
교사는 모두 다 알고 있어야 한다.

이러한 교사는 한마디로 인간이라기보다는 성직자로서의 교사를 연상하게 한다.

> "성직관은 서양 중세사회에서 유래한 교직관이다. … 성직관에서 교사는 하나님의 말씀을 전파하는 소명의식을 가진 종교가이었다. 이들은 소명의식에 의해 희생하며 봉사하며 근검 절약하는 생활을 모범적으로 보이는 종교가들이다. … 성직관에서 교사들은 교사로서 적합한 인격만 갖추고 교수하는 내용을 구성하는 학문에 관한 지식을 갖고 있으면, 누구나 교사가 될 수 있다는 인식을 가지고 있다. 교사의 교직 기술을 매우 경시한다."(조승제, 2002: 375)

그러나 고돈은 이러한 성자 내지 스승으로서의 교사관은 교사로 하여금 전지전능한 수퍼맨이 되어야 한다는 강박관념을 초래하여 오히려 교사직 활동에 부담을 가지게 한다고 지적한다.

2) '교육전문가'로서의 교사

교사는 전문가의 시대에 교육 분업 즉 교육의 임무를 수행하는 자이다. 그는 학생들에게 필요한 지식, 기술, 태도를 전문적으로 교육할 수 있는 능력의 소유자이다. 그는 '전문직업인으로서의 교사'로서 가르치는 자(teacher)이다. 즉 그는 전문지식의 권위자로서 학생들을 가르치는 자격을 국가로부터 인정받은 자이다. 국민교육제도 및 의무학교제도는 이의 관련제도이다. 아는 것과 가르치는 것은 다르다. 이렇게 본다면, 교육전문가로서의 교사는 교과지식의 전문가 또는 전문지식의 소유자일 뿐만 아니라 지식교수(전달, 전수)의 전문가도 포함된다. 오늘날 지식교육이 학교교육의 중심이 되었다. 따라서 교육전문가라고 하면 지식교육의 전문가, 교과교육의 전문가 또는 "수업의 전문가"(Johann Friedrich Herbart, 1776-1841)를 말한다. 오늘날 교사는 구체적으로 학교에서 수업설계, 학급경영, 리더십, 특별활동지도, 진로생활지도, 업무분장, 학부모관련업무, 교육부 관련업무(보고서 작성), 수행평가, 시험의 감독, 시험의 평가 등에서 전문가로서의 역할을 성실히 수행해야 하며, 개인적으로도 교육적 안목과 반성적 사고를 할 수 있다는 차원에서 교육전문가라고 할 수 있다.

> "교원에게 요구되는 것은 우선 자기가 가르치는 교과에 대한 전문지식이 필요하고, 다음에는 그것을 가르치는 교육방법, 가르친 바를 평가하는 방법, 교육내용의 선정과 구성, 학생에 대한 이해, 생활지도의 방법 등이 필요하다."(남정걸, 2002: 65)

그러나 엄밀히 말하면 교육전문가는 오로지 지식교육의 전문가만을 의미하지 않는다. 왜냐하면 교육은 지식교육만을 의미하는 것은 아니기 때문이다. 교육전문가로서의 교사는 교과교육 뿐만 아니라 학생과의 인격적 만남, 진정한 대화, 상담을 통한 인격교육에서도 전문가가 되어야 한다.

또한 학생에 대한 이해, 교육적 관계형성력, 교육적 판단력, 교육적 혁신성, 교육적 창의성, 교육적 협력성 등도 교사가 전문적으로 갖추어야 할 개인적 자질과 덕목이다.

> "전문직은 고도의 지적 능력을 요하며 이를 위하여 장기간의 교육을 받는다. 전문직은 봉사 지향적이다. 저무직은 자율권을 가지고 이에 따르는 책임을 강조한 다. 전문직은 직업윤리를 가진다. 전문직은 사회적 책임을 강조한다."(김종서외 1996:381)

그러나 오늘날 지식교육중심의 학교교육에서는 많은 요소들이 그의 중요성과 의미를 상실하고 있다.

3) '교육공무원'으로서의 교사

교육공무원은 줄여서 교원(敎員)이라고 한다. 교원은 국가의 공적 임무를 수행하기 위해 법적-제도적으로 지위가 보장된 공무원이다.[99] 특히 '교원'으로서의 교사는 『헌법』, 『교육기본법』, 『교육공무원법』, 『사립학교법』 등에 의해 법적 신분과 지위가 보장된 직책의 소유자를 말한다. 구체적으로 교원으로서의 교사는 학교교사, 대학교수, 각급학교의 교직원 또는 교육공무원, 사립학교교직원 등을 말한다. 또한 지위와 권한이 법적으로 보장된 이상 교원으로서의 교사는 법의 범주 내에서의 교육자율권을 가진다. 이를 위해 법은 교원양성, 교원연수, 교원단체, 교원인사, 교원지위를 규정하고 있으며, 교원을 양성하는 전문교육기관에는 사범대학, 교육대학, 교원대학, 교육대학원 또는 일반대학의 교육과정 등을 두고 있다. 따라서 교원으로 임용되기 위해서는 국가에서 인정하는 교원자격증이 필수조건이다. 오늘날 교사양성교육의 시스템은 각국의 실정과 상황에 따라서 제도변화의 과정을 경험하고 있다. 그러나 교사는 국가에서 인정하는 특정한 전문시스템에 의해 양성되어야 한다는 원칙에는 변함이 없다. 법이 규정하고 있는 교사교육에는 교사양성교육 이외에 교사재교육이 있다. 교사교육으로는 훌륭한 교사를 양성하고 이들이 교사로 재직하는 동안 재교육, 계속교육의 혜택을 부여함으로써 교육의 질을 높이기 위함이다. 천부적인 교사로서의 소질과 재능 그리고 적성을 타고 나는 사람도 있다. 그러나 후천적으로 훌륭한 교사가 되는 경우도 있다. 물론 이것도 저것도 아닌 경우도 있다. 따라서 교사들을 위한 재교육, 계속교육은 필수적이다.

교육공무원으로서의 교사에게는 헌법과 교육기본법 등에 의해 교사의 권리와 의무가 명시되어 있다.

> "우리나라 헌법에 의하면, 교육의 자주성, 전문성 및 정치적 중립성을 법률이 정하는 바에 의하며 보장된다고 하며(제31조 제4항) 교육의 주체인 교원으로 하여금 교육활동에 전념할 수 있는 기본 조건을 마련함으로써 교원의 권위와 위상을 정립하고 있다. 또한 교육제도와 교육재정과 더불어 교원의 지위에 관한 기본적 사항은 법률로 정하고 규정하여(동조 제6항) 교육법과 교육공무원법 및 관계법령에 교원의 권리와 신분에 관한 법과 제도적 장치가 마련되어 있다. 교육기본법에서는 교원의 전문성은 존중되며, 교원의 경제적, 사회적 지위는 우대되고 그 신분은 보장된다고 하였다(제14조 제1항). 이는 교육을 담당하는 교직이 사회적으로 매우 중요

99) 엄밀히 말하면, 사립학교 교원은 국가공무원이라고 할 수는 없지만, 이들에 대한 법적-제도적 지위는 교육공무원에 준한다.

하기 때문이며 전문직 종사자로서의 교원의 자격에 상응하는, 그리고 그에 적절한 생활의 질을 확보하기 위해서 필요한 법적 장치이다. 그리하여 교육공무원법에서는 교육공무원의 보수는 우대되어야 한다는 원칙을 규정하고 있으며(제34조) 교원지위 향상을 위한 특별법이 제정되어(1991년 5월 31일) 교원에 대한 예우 및 처우를 개선하고 신분보장을 강화하였다. … 교원은 국가공무원법 상의 의무를 여타 공무원과 같이 지면서 교육공무원법 상의 의무도 아울러 져야 한다. … (1) 성실의 의무: 공무원은 직무를 수행함에 있어서 성실히 직무를 수행한다(제56조), (2) 복종의 의무: 공무원은 직무를 수행함에 있어서 소속 상관의 명령에 복종하여야 한다(제57조). (3) 직장이탈 금지: 공무원은 소속 상관의 허가 또는 정당한 이유없이 직장을 이탈하지 못한다(제58조), (4) 친절 공정의 의무: 공무원은 국민 전체의 봉사자로서 친절 공정히 집무하여야 한다(제59조), (5) 비밀엄수의 의무: 공무원은 재직중은 물론 퇴직 후에도 직무상 알게 된 비밀을 엄수하여야 한다(제60조), (6) 청렴의 의무: 공무원은 직무와 관련하여 직접 또는 간접을 불문하고 사례, 증여, 또는 향응을 접수할 수 없다. 또한 공무원은 직무상의 관계 여하를 불문하고, 그 소속 상관에 증여하거나 소속 공무원으로부터 증여를 받아서는 아니된다(제61조), (7) 품위유지의 의무: 공무원은 직무의 내외를 불문하고 그 품위를 손상하는 행위를 하여서는 아니된다(제63조), (8) 열리업무 및 겸직금지: 공무원은 공무 이외의 영리를 목적으로 하는 업무에 종사하지 못하며, 소속 기관장의 허기 없이 다른 직무를 겸할 수 없다(제64조), (9) 정치활동의 금지: 공무원은 정당 기타 정치 단체의 결성에 관여하거나 이에 가입할 수 없다, (10) 집단행위의 금지: 공무원은 도옹중돈 기타 공무 이외의 일을 위한 집단행위를 해서는 안된다(제66조), (11) 연수의 의무: 일반공무원과는 달리 교원에게 과해지는 의무는 연구 또는 연수의 의무이다."(남정걸, 2002: 73-76)

마지막으로 교육공무원인 국공립학교의 교원은 물론 신분상 교육공무원법에 준용을 받고 있는 사립학교의 교원도 노동3권의 제한을 받고 있다(남정걸, 2002: 64).

4) '노동자'로서의 교사

전국교직원노동조합(이하: 전교조)이 합법화된 이후 교사는 전교조에 가입할 수 있다. 따라서 교사도 일반 직장인처럼 노동자로 분류된다. 특히 전교조가 합법화되고 조합원이 생겨나면서, 교사는 '노동자로서의 교사'가 된다. 노조조합원으로서의 교사는 자신들은 교직자(教職者)이기 전에 노동자로서의 제반 권리를 가지고 있다는 신념을 가지고 있다.

> "이 입장은 교원도 여타의 노동자나 근로자와 마찬가지로 학교라는 장에 고용되어 정신적 노동이나 근로를 제공한 대가로 생계를 유지할 수 있는 보수를 받는다는 점에서 노동자나 근로자에 불과하다는 견해이다. 국공립학교의 경우 국가나 공동단체가, 사립학교의 경우 사학재단인 학교법인이 사용자 또는 고용주이고, 교원은 피고용인인 노동자 또는 근로자이며, 학교의 고객과 소비자는 아동과 학생이라는 생각이다."(남정걸, 2002: 64)

이미 세계노동기구(International Labor Organization: ILO)에서는 교직을 전문직으로 분류한 바 있다. 그러나 시간의 흐름 속에서 교직은 전문직이면서 노동직으로서의 이중적 특성 '전문직 노동'으로 간주되었다. 결국 역사적 추세에 따라서 성직으로 시작된 교직은 전문직으로 그리고 노동직으로 변하고 있다고 볼 수 있다.

> "노동직관은 교사도 학교라는 직장에 고용되어 노동을 제공한 대가로 보수를 받아 생계를 유지한다는 점에서 일반 노동자와 같다는 입장이다. 국공립 학교의 경우 국가나 교육청, 사립학교의 경우 사학재단이나 학교법인이 사용자 또는 고용주이고, 교사는 피고용인인 노동자 또는 근로자가 된다. 이런 생각을 확대하여 보면 학생은 학교의 고객 또는 소비자가 된다.... 교사는 교육노동자라는 관점에서 노동조건에 관심을 갖는다. 따라서 교직의 경제적 측면이 강조되며, 성직관에서 강조되는 교사의 소명의식, 헌신, 사랑, 희생, 봉사, 도덕 등의 규범은 절대적이지 않다. 교직은 세속적이고 실리적이어서 단체 행동의 대상이 되기도 한다."(성태제, 2007: 449)

그러나 전교조는 일반노동조합과 동일시되지 않는다. 왜냐하면 교사는 단순노동자가 아니기 때문이다. 이렇게 본다면 전교조 교사는 '교육자'이며 동시에 '노동자'가 되어야 하는 이중적 특성을 가지게 된다. 결국 전교조는 교육자의 일원이면서 동시에 노동단체의 구성원이 되는 특수한 노동조합이라고 할 수 있다.

2. 교사관

1) 철학적 관점

첫째, 인식론적 접근이다. 인식론적으로 교사는 인식의 주체이자 대상이다. 우선 교사는 학생을 인식하는 주체이다. 교사의 인식은 확장된다. 학부모, 학교, 교실, 교육당국, 전교조, 교육행정체제, 교육관련 학부모단체, 교육적 관계 등이 그에게 확장된 인식대상이며 인식범위이다. 과연 인식주체로서의 교사는 과연 이들에게서 무엇을 어떻게 인식하고 있을까? 반대로 교사는 이들에게 인식의 대상이 된다. 우선 학생이 가장 직접적이다. 아울러 학생과 얽혀있는 모두가 교사를 인식의 대상으로 하고 있다. 이들은 과연 교사에게서 무엇을 어떻게 인식하고 있을까?

인간은 편견(偏見)과 선입견(先入見)의 동물이다. 편견과 선입견은 인식의 한계나 왜곡에서 나온다. 인식하는 수준과 정도에 따라서 편견의 양과 폭도 달라진다. 편견과 선입견은 오해(誤解)를 낳는다. 편견과 선입견을 낳는 인식이 오해의 원인이다. 편견과 선입견을 교정하는 것은 오해를 피하고 이해하기 위함이다. 올바른 이해를 위해서는 편견과 선입견이 교정되어야 한다. 편견과 선입견의 교정은 객관적 인식으로 가능하다. 학생의 단면만을 인식하는 교사는 편견과 선입견을 가질 수 있다. 교사의 인식은 객관적 인식을 위해 늘 교정될 필요가 있다. 교사를 인식하는 타인의 인식 역시 마찬가지이다. 인간은 천자만별(千差萬別)이다. 인간이 천차만별이 아니고 인간에 대한 인식이 천차만별인 것이다. 학생을 인식하는 교사나 교사를 인식하는 타인의 시선은 늘 객관적 인식을 위해 교정될 필요가 있다.

둘째, 존재론적 접근이다. 존재론적으로 교사는 스스로 드러나는 존재이다. 교사의 누군가의 인식에 의해서 결정되고 평가되는 것이 아니고 스스로 본질이 드러남으로써 존재감을 얻는다. 존재론자 가다머에 의하면, 존재는 스스로 말을 하며 스스로 표현된다. 교사의 인간관, 세계관, 교육관 등은 그의 존재로서 스스로 드러난다. 교사의 본질이 스스로 드러날 때 교사는 존재가 된다. 교사는 학생을 편견이나 선입견을 가지고 대한다. 인식론에서는 편견과 선입견은 배척의 대상이지만, 존재론에서는 편견과 선입견은 오히려 이해의 원천이다. 따라서 존재론적 교사는 학생과 지속적인 만남과 대화를 통하여 학생에 대한 자신의 편견과 선입견을 수정해 보고자 한다. 마침내 교사는 학생과의 대화를 통하여 학생의 전통(삶의 역사)을 파악하면서 마침내 지평융합(地平融合)을 이룸으로써 학생을 온전히 이해하는 단계에 들어선다. 현상학(現象學)에서는 에포크(epoché) 즉 '판단중지'를 통하여 교사는 학생에 대한 편견과 선입견을 일소하고자 한다. 즉 교사는 일단 학생에 대한 자신의 순간적인 사견에 의한 판단을 보류하고 백지상태에서 학생을 대함으로써 학생의 진면목 즉 본질을 직관하고자 한다.

셋째, 가치론적 접근이다. 인간의 가치관은 모두 다르다. 무엇에 가치를 두고 사는가에 따라서 직업도 달라진다. 교사의 가치관은 '교육적 가치'에서 결정된다. 교사가 가지고 있는 '교육적 가치'가 무엇인가에 따라서 교사의 교육행위는 달라진다. 좋은 교육, 바람직한 교사로서의 역할을 수행하기 위해서는 과연 '교육적 가치'가 무엇일까? 하는 질문에 대하여 교사에게 늘 반성적 성찰이 요청된다.

2) 심리학적 관점

첫째, 발달심리학적 접근이다. 인간은 미완성(未完成)이다. 인간은 누구나 미완성으로 시작하지만 완성을 향해 가는 존재이다. 학생처럼 교사도 미완성이다. 따라서 교사의 심리 역시 발달과정에 있다. 다만 학생들의 발달심리과정을 경험했기 때문에 이들의 교사가 될 수 있다는 가정이다. 역사를 알면 미래가 보인다. 반면교사(反面教師)의 논리가 교사를 이해하는 발달심리학적 접근이다. 이렇게 본다면, 교사는 학생의 멘토(Mento)가 될 수 있다.

둘째, 사회심리학적 접근이다. 인간은 사회적 관계의 형성을 통해서 성장한다. 실존주의에 의하면, 개인의 인격도 '나-너'의 상호관계 속에서 성숙한다. 교사의 인격은 학생과의 관계형성을 매개로 성숙한다. 교사가 학생에게 일방적으로 영향을 미치는 것이 아니라, 교사도 학생에게 영향을 받는다. 좋은 교사와 좋은 학생 간에 이루어지는 상호관계는 서로의 인격형성과 인격성숙에 도움을 준다. 교사에 의한 인격적 감화(感化)나 영향력(影響力) 같은 개념은 이에 해당된다.

셋째, 학습심리학적 접근이다. 인간은 학습동물이다. 학습은 인간의 본능이다. 학생만 학습하는 것이 아니라, 교사도 학습한다. 학습을 통해 교사도 성장하고 성숙한다. 교사는 학생과 상호학습(co-learning)한다. 수업시간에 교사는 학생에게 배울 수도 있다. 수업에서는 교사와 학생이 상호학습을 할 때 시너지 효과도 발생한다. 이러한 수업을 시너고지(synergogy)라고도 한다. 시너고지란 상호학습을 통한 시너지효과를 얻는다는 의미를 지닌 조어(造語, synergy+pedagogy)이다.

3) 사회학적 관점

첫째, 기능주의적 접근이다. 아리스토텔레스에 의하면, 인간은 '사회적 동물(homo politicus)'이다. 인간은 사회의 구성원으로서 사회적 기능과 역할에 충실하여야 한다. 기능주의적으로 교사 역시 가르치는 기능과 역할을 한다. 교사가 가르치는 내용도 앞으로 학생이 사회에 나가서 해야 할 '사회적 기능과 역할'이다. 한마디로 그에게는 학생의 사회화(社會化)가 교육의 전부이다. 여기서 '사회화'는 사회적응과 사회순응을 의미한다. 사회에 적응하고 순응하면서 살아갈 수 있는 지식과 기능을 길러주는 것이 교사의 임무이다. 이러한 관점에서 교사는 학생의 '사회적 대리인'이다.

둘째, 갈등론적 접근이다. 사회화는 사회적응, 사회순응만을 의미하지 않는다. 사회비판과 사회개선, 사회개혁, 신(新)사회창조도 포함된다. 갈등론적 접근은 사회구성원으로서 개인의 삶에는 반드시 갈등이 발생할 수밖에 없다는 관점이다. 갈등이 방치되는 세상에서 개인은 소외된다. 또한 이러한 갈등과 소외가 극복되어야만 개인도 사회도 성숙 발전한다. 교사는 이러한 역할과 기능을 수행해야 한다. 대표적인 갈등론자들인 마르크스주의자와 네오마르크스주의자들은 교사의 교육행위에서 발견되는 이데올로기 재생산의 문제로부터 갈등과 소외가 발생한다고 보았다. 알튀세에 의하면 국가기구는 억압적 국가기구(정부, 행정기관, 군대, 경찰, 법정, 감옥 등 공적 영역)와 이데올로기적 국가기구(종교, 교육, 가족, 법, 정치, 노동조합, 메스미디어, 문화)로 나뉜다. 국가의 지배가 정당화되기 위해 비판과 성찰이 전제된다. 따라서 교육의 현장에서 이데올로기 비판교육이 요청되는 이유이다. 왜냐하면 학교교육에서 교과서를 매개로 가르쳐지는 이데올로기는 여과되지 않은 국가지배이데올로기를 그대로 반영하고 있기 때문이다. 이는 교육을 통한 잘못된 이데올로기의 재생산을 방지하기 위함이다. 결국 지식이데올로기, 문화이데올로기의 비판교육은 전반적인 사회비판교육으로 확대되어야 한다.

셋째, 해석학적 접근이다. 기능주의 접근과 갈등론적 접근이 사회제도로서의 교육제도를 비판하는 거시적 차원이라면, 해석학적 접근은 '교육현장' 특히 '교실' 내부에서 벌어지는 '교육현상' 또는 '교육과정'을 현미경으로 세밀히 들여다보듯이 잘 해석해 보자는 의미이다. 교실 내부에서 벌어지는 교육현상과 교육과정은 결코 획일적이지 않으며 매우 다양하고 천차만별이다. 대표적인 것이 교사와 학생간의 만남과 대화이다. 어떻게 서로 만나고 있느냐 – 인격적 만남이냐 아니면 비인격적 만남이냐 – 서로 무엇을 가지고 어떻게 대화하고 있느냐? 하는 것을 파악하는 일이 중요하다. 또한 교실(학교)에서 교사와 학생간의 관계 역시 매우 역동적으로 움직이고 있다. 해석학적 접근을 위한 세 가지 방법 즉 현상학적 방법, 상호교섭적 방법, 민속지적 방법을 통한 교육현장의 이해는 교사본질에 대한 객관적 이해에 기여한다. 현상학적으로 본다면, 교사의 한계는 학생에 대한 선입견과 편견에서 비롯된다. 따라서 교사는 학생에 대해 가지고 있는 선입견과 편견을 제거할 필요가 있다. 일예로 학교성적이 낮은 학생이 반드시 비행을 저지른다는 법은 없다. 상호교섭론적으로 본다면, 교사와 학생은 끊임없이 상호작용하고 상호영향을 미치는 관계이다. 따라서 교사가 학생에게 일방적으로 명령하는 수직적 상하관계나 일방적 관계형성(또는 일방적 가르침)은 서로에게 무의미하다. 학생들이 행복하면 교사도 행복하고 학생이 불행하면 교사도 불행해진다. 교사와 학생에게는 상호 동반자적 관계형성이 중요하다. 민속지적으로 본다면, 교사와 학생은 '민속(民俗)'이라는 동일한 상징체계와 의미체계 속에 함께 참여하고 있다. 따라서 교사와 학생의 관계가 원만하게 이루어지기 위해서는 교육활동 중에 서로가 상징하고 의미하는 것이 무엇인지를 잘 파악하고 해석하는 것이 중요하다. 왜냐하면 교사와 학생 상호간의 진정한 이해는 교육의 목표달성을 위한 전제조건이기 때문이다.

3. 교사의 역할

역할이란 지위에 기대되는 행동을 말한다(남정걸, 2002: 76). 따라서 교사의 역할이란 교사라는 지위에 기대되는 행동을 말한다. 교사의 역할은 공식적 역할과 비공식적 역할로 구별된다. 전자는 교사로서의 법적-제도적 지위가 요구하는 역할이고, 비공식적 역할을 교사라는 직업이 학생과 함께 해야 하는 특수한 상황에서 요구되는 역할이다. 또한 전문직 교사로서의 역할과 일반직 교사로서의 역할로 구분된다. 우선 미국의 국립교사활동 관찰도구 개발위원회(National IOTA Council, IOTA-Instrument for the Observation of Teaching Activities, 1970)에서 제시한 전문직 교사로서의 역할을 다음과 같다(남정걸, 2002: 84-86).

1) 학습지도자로서의 역할

"교육은 교사의 질을 넘어서지 못한다"는 말이 있다. 교사(敎師)란 가르치는 사부(師父)로서 집안의 가장인 아버지와 다름이 없었다. 아버지는 아들에게 인생에서 최고의 멘토이기도 하다. 따라서 애초에 사부는 인생의 멘토(Mentor)이기도 했다. 고대 그리스 시대에 트로이 전쟁에 출정하는 오디세우스 왕이 비장한 마음으로 자신의 아들을 친구인 멘토라는 사람에게 맡아달라고 부탁하면서 멘토는 서구문헌상 최초의 사부를 상징하는 대명사가 되었다. 이때부터 교사는 멘토와 결코 다르지 않았다.

오늘날 멘토/멘티 프로그램이 교육현장에 도입되고 있다. 교육에서 학생의 삶을 이끌어주는 멘토의 역할이 중요하다는 인식 때문이다. 물론 오늘날 멘토는 교사만의 역할을 아니다. 또래 맨토도 얼마든지 가능하고 선배 멘토도 역할이 대단하다.

오늘날 학교에서는 가르침과 배움이 일상사가 되었다. 교육의 전당인 학교에서 가르침과 배움은 핵심과제가 되었다. 교사는 가르치고 학생은 배운다. 그런데 시간이 흐르면서 가르침과 배움 사이에는 간극이 발생하기 시작한다. 교사는 열심히 가르치지만 학생은 배우지 않는다. 이유는 다양하고 복잡하겠지만 학생들이 수업시간에 엎어져 자는 꼴을 보면 가르침과 배움 사이의 간극이 존재한다는 사실을 실감하게 된다. 교수자로서는 난감한 일이 아닐 수 없다. 오늘날 교실에서는 학생들의 학습권이 우선이 되고 있다. 그만큼 교육현장에서 학생들에 대한 통제가 어렵게 된 것이다. 특히 포스트모던의 사회는 학생들의 욕망분출도 점차 빠른 속도로 허용한다. 따라서 포스트모던의 교실에서도 학생들의 욕구, 욕망의 분출을 교육적 차원이라는 전제 하에 허용할 수밖에 없다. 그것은 바로 학습권이다. 오늘날 우리는 학습권 중심의 교육시대에 살고 있다. 따라서 이 시대의 교사는 학생들의 학습권(right to learn)이 제대로 펼쳐질 수 있도록 도와주어야 한다. 교사들의 교육권도 중요하지만 학생들의 학습권 역시 교육의 중요한 변수가 되고 있다. 이렇게 본다면 교사는 학생들로 하여금 자기주도학습을 촉진시켜주는(facilitating) 도우미 또는 코칭의 역할을 수행할 수 있다. 과거에 교사들은 학생들의 일거수 일투족까지 교육적으로 이끌어야 한다는 사명감을 가지고 교사의 역할을 수행했다. 그러나 포스트모던의 시대가 무르익으면서 오늘날의 교사는 학습하는 학생들을 교육적으로 도와주는 역할을 해야 한다.

2) 연구자로서의 역할

교사는 교수자와 연구자로서의 삶을 살아갈 수 있도록 법적으로 보장된다. 독일의 실존주의 철학자 야스퍼스(Karl Jaspers)에 의하면, 연구와 가르침(교수)은 동일하다. 연구하지 않고 가르칠 수 없으며 가르침은 연구를 자극한다. 따라서 교사의 가르침은 교재연구와 병행될 필요가 있다. 그러나 치외법권(治外法權)적 교원지위보장은 교사들로 하여금 매너리즘에 빠지게 함으로써 연구함을 게으르게 할 수 있다. 교사들의 연구회피 또는 연구능력의 상실은 가르침의 질적 수준을 저하시킬 수 있다. 문제는 연구의 환경과 조건이다. 왜냐하면 이들 제반 요소들이 연구의 질을 결정하기 때문이다.

교사는 교과서를 연구한다. 이를 '교재연구'(教材研究)라고 한다. 먼저(先) 학생(生) 또는 먼저(先) 살았다(生)이라는 의미를 가진 선생 즉 교사는 학생들을 가르치기 위해서 먼저 교재를 학습해야 한다. 그런데 교사에게 중요한 것은 "아는 것과 가르치는 것은 다르다"는 사실이다. 자신이 잘 알아도 가르치는 방법에 따라서 결과는 천차만별일 수 있다. 즉 아무리 잘 알아도 못 가르칠 수 있다. 이를테면 수학 실력이 출중한 교사가 반드시 잘 가르치는 것은 아니다. 또한 어떤 학생을 가르치냐에 따라서 같은 내용을 가르쳐도 결과는 달라질 수 있다. 잘 따라오는 학생, 못 따라오는 학생, 수월성을 가진 학생, 학습지진 등에 따라서 판도는 달라진다. 오늘날 대부분의 학교에서 교사는 '가르치지만, 학생은 안 배운다'. 그러나 학생이 배우지 않으면 교사가 아무리 열심히 가르쳐도 교육행위는 일어난 것이 아니다. 오늘날 전 세계의 학교에서는 '교육방법'(敎育方法)의 혁신을 추구하고 있다. 가르침과 배움의 간격을 줄여보기 위함이다. 거꾸로 교실(Flipped learning), 이-러닝, 스마트러닝 , 협동학습(協同學習) 등이 대표적이다. 따라서 오늘날 교사는 교재연구를 토대로 효과적인 '교육의 방법'까지도 연구를 해야 한다. 연구를 게을리 하면 할수록 교사로서의 위상은 낮아질 수밖에 없다. 이는 소위 교권추락(敎權墜落)과도 무관하지 않다. 교사는 교권을 스스로도 지킬 줄 알아야 한다. 한 때는 학생들에 대한 체벌(體罰)이 금지됨으로써 교권이 추락한다는 비정상적인 논리가 지배한 적도 있다. 교권은 교사가 자신의 역할과 임무를 충실히 할 때 비로소 지켜진다. 교사에게는 권리만 있고 의무는 없는 것이 아니다. 교사로서의 권리와 의무가 조화롭게 실천될 때 비로소 교권도 지켜질 수 있다.

4. 교육의 자율성과 교원평가제도

오늘날 교육의 자율성에 대한 담론은 본질적으로 근대국가의 탄생과 함께 공교육제도가 시작되었다는 사실과 관련이 있다. 2500년전 플라톤은 이미 정치와 교육을 하나로 보았다. 그는 자신의 대화집 『국가론』에서는 이상적인 정치를 위해서 교육은 가장 중요한 변수가 되며, 철학적 차원의 교육을 통해서만이 진정한 지도자를 양성할 수 있다는 논리를 주장했다. 이때부터 우리는 정치와 교육을 분리해서 볼 생각을 하지 못했다. 왜냐하면 그의 논리가 너무도 명백했으며 아울러 <동굴의 우화> 같은 예시에서는 "상기"(想起, recollection)라는 그의 독특한 교육방법까지 제시할 수 있었기 때문이다. 따라서 이때부터 교육과 정치는 한 몸으로 인식되었다. 그런데 바로 이러한 논리는 오늘날 우리에게 딜레마로 남게 되었다.즉 교육과 정치가 한 몸이라는 논리는 장점도 있지만 단점도 가지고 있다. 2500년이라는 엄청난 시간의 흐름 속에서 오늘날 장점보다는 단점으로 작용하게 되었다. 왜냐하면 플라톤의 머리 속에서 상상한 이상국가는 결코 단 한 번도 현실화된 적이 없다. 만약 이상국가와 이상교육이 선순환의 관계가 된다면 이는 분명 교육과 정치의 관계는 장점을 가질 수밖에 없다. 그러나 역사적으로 단 한 번도 이상국가가 실현된 적이 없다는 사실은 교육-정치의 논리는 단점으로 남게 되었다. 즉 지금까지의 정치는 교육을 수단화시키면서 권모술수의 정치체제를 만들어 놓는데 성공했다. 종교나 경제 역시 마찬가지이다. 정치, 종교, 경제체제라는 거대한 세력들은 교육과의 선순환관계를 유지하기는커녕 오히려 교육을 도구화하고 수단화하면서 보다 커다란 세력이 될 수 있었으며 지금처럼 왜곡된 사회를 만드는데 주역이 될 수 있었다. 이에 교육은 이들의 거대세력화에 수단으로서 최선의 봉사를 해 온 결과가 되고 말았다. 교육의 자율성이 완전히 훼손된 것이다. 교육은 피교육자로 하여금 타고난 잠재능력을 계발하게 하여 마침내 그가 진정한 - 또는 온전한 - 인간으로 성장하도록 돕는 일이다. 따라서 이러한 교육과정에서는 정치, 종교, 경제 같은 거대한 세력이 들어 올 이유가 없다. 그러나 역사적으로 이러한 거대세력들은 자신들의 세력을 확장하고 굳건히 하게 위해서 자라나는 세대를 키우는 교육을 철저히 수단화하면서 소기의 목적을 달성해 왔다. 이러한 이유들로 인하여, 우리의 교육은 교육의 자율성을 항구적인 과제로 남겨 놓고 있는 것이다.

한편, 오늘날 우리는 자본주의 시장경제의 논리에 따라서 교사도 평가의 대상이 되어야 한다는 논리를 앞세우고 있다. 교사도 경쟁을 하야만 시대적 흐름에서 도태되지 않고 세계화라는 시대에 국가적으로도 경쟁력 있는 교육을 주도할 수 있다는 논리이다. 이는 우리 사회가 모두 경쟁체제로 들어서 있는데 교사집단만 예외가 될 수가 없다는 논리이기도 하다.

그러나 원칙적으로 교사의 지위와 권한은 법적으로 보장되어 있다. 이러한 이유로 우리는 교사라는 직업을 "철밥통"이라고까지 비아냥하고 있을 정도이다. 속칭 사람을 죽이기 전에는 절대 본인의 의사와 무관하게 교사를 함부로 해고하지 못한다. 이러한 교사에 대한 법적 지위보장은 대표적인 교육의 자율성의 영역이라고 할 수 있다. 따라서 법적 임의조항으로서 특별법적 성격으로 도입되었다고 할 수 있는 교육평가제도는 매너리즘으로부터 교사들을 독려함으로써 교사들도 경쟁의 논리에 들게 하는 전략이며 국가정책이기도 하다. 이러한 차원에서 우리 사회에서도 교원평가제도가 도입되고 있지만, 나라마다 국가마다 지역마다 내용과 방법은 상이하다. 그러나 어느 나라든지 교원평가를 제도화하기 위해서는 많은 우여곡절을 경험한다. 교사, 학생, 학부모 등 이해당사자간 최적의 의견조율이 쉽지 않기 때문이다.

우리나라의 교원평가제는 [교원능력개발평가제]로 명칭과 내용이 조정되어 2010년 3월부터 전면 시행되었다.평가의 범위는 동료교원평가, 학생만족도조사, 학부모만족도조사로 구성된다. 평가의 영역은 교장과 교감의 경우에는 학교교육계획, 교내장학, 교원인사, 시설관리 및 예산운용 등이며, 교사의 경우에는 학습지도의 차원에서는 수업준비, 수업실행, 평가 및 활용 등이며, 생활지도의 차원에서는 개인생활지도, 사회생활지도, 학생지원 등이다. 평가결과의 활용에서는, 첫째, 능력개발 지원을 위한 맞춤형 연수 등의 자료로 활용하며, 둘째, 우수 교원에 대한 별도의 프로그램을 제공하며, 셋째, 미흡 교원에 대해서는 단계별 연수 과제를 부과한다. 평가관리기구로는 교육청 및 학교에 교원능력개발평가관리위원회 설치(5~11인)하고, 교원 이외 학부모 등 외부인사 비율 50%이상으로 구성한다.

그러나 원칙적으로 교사는 교육의 자율성을 가지고 있다. 즉 평가에도 무관하게 교사는 자신의 교육적 신념이나 철학 그리고 방법 등을 자율적으로 수행할 수 있도록 법이 규정하고 있다. 따라서 교사는 어떠한 외부의 입김이나 권력으로부터 벗어나 스스로 교육을 꾸려나갈 수 있는 권한을 법적으로 부여받았다. 예를 들면, 학교교사의 자격은 국가에서 관리하고 있으며 교사자격증이 없는 사람은 학생들을 대상으로 교육을 할 수 없다. 심지어 학부모라고 해도 학교에 방문할 때에는 허락을 받아야 한다. 또한 수업 중에는 어느 누구도 교사의 허락 없이 교실에 들어 올 수 없다. 물론 이런 제도적 규제들도 교육의 자율성에 해당된다. 한 예로 지금 전 세계의 학교가 학교폭력의 울타리에 들어있다. 미국에서는 학교폴리스(school police) 즉 학교에 경찰관을 투입했다. 학교폴리스 제도의 장단점을 논하기 이전에 우리나라에서는 불법이다. 경찰은 교사자격증이 없기 때문이다. 학교 식당에서 일하는 요리사와 조리사도 교사자격증이 있어야만 정규직으로 근무할 수 있다. 아이러니하지만 교육의 자율성에 해당된다.

이러한 이유로 교원평가제도는 표류하는 것이다. 앞으로도 정권이 바뀔 때마다 양상은 다르게 전개될 것이다. 물론 이러한 사실 자체가 교육의 자율성을 훼손하는 것이다. 교육은 정치와 무관한대도 불구하고 정권의 입맛에 따라서 교원평가제도의 양상이 좌지우지된다는 사실 자체가 교육의 자율성이 무시되는 처사라고 할 수 없다. 또한 시장경제의 논리 즉 경재의 논리에 따라 교육도 경쟁시스템으로 개편되어야 한다는 논리도 교육의 자율성이 무시되는 처사이다. 이렇게 교육은 알게 모르게 정치, 경제의 논리에 예속되어 있다. 과거 종교의 시대에도 미션스쿨은 종교의 예속권이었다. 그럼에도 불구하고 교육의 자율성에 대한 담론은 여전히 지속될 것이다. 이상사회, 이상국가가 교육과 연관성을 가지지 못하는 한 교육의 자율성 문제는 인류에게 항구적인 과제로 남게 될 것이다.

제6장 학교와 교육행정

1. 학교 : 지역사회의 축소판

1) 학교의 출현과 발전

학교 출현의 동기는, 첫째, 문화의 내용이 복잡해졌기 때문이다. 교육은 문화를 전달, 계승, 발전시키는 역할과 기능을 한다. 교육의 전당으로 간주되는 학교는 이를 의도적이고 체계적으로 수행하였다. 둘째, 전문인력의 필요가 급증했기 때문이다. 서기, 관리인 등을 육성해내는 기관이 요청되었다. 이를테면, 기원전 3000년 경 메소포타미아 시대에 "서판의 집"에서 행정서기와 관리가 양성되었다는 기록이 있다. 셋째, 문자의 발명이다. 즉 글을 읽고 쓰는 일은 전문가들에 의해 가르쳐질 수밖에 없었다. 이러한 학교는 개인, 공동체, 교회, 조합 등에 의해 지엽적으로 운영되다가, 18세기 이후 – 특히 프랑스 대혁명을 기점으로 – 국가관리체제로 들어가면서 모든 국민을 대상으로 하는 공교육제도의 핵심에 서게 된다.

고대 그리스 시대에 학교는 이성을 훈련시키는 곳이었다. 아테네인들은 주로 체육학교와 음악학교에 다녔다. 물론 체육과 음악을 함께 배우는 곳도 있었다. 오늘날 교사로 번역되는 파이다고고스(Paidagogos)는 감옥에서 죄수를 감독하는 간수(看守)로서 신분적으로는 최하위 수준이었다. 이들의 임무는 죄수들에게 사회화와 재활을 위해서 이들의 교육을 책임지는 것이었다. 아테네에 비해 무사양성을 최우선하는 스파르타의 교육은 엄밀히 말하면 학교라기보다는 병영공동체에서의 집체생활이었다. 중세유럽의 학교는 소위 미션스쿨(missio school)로서 교회에 부속되어 운영되었다. 이때부터 학교의 공용어로서 라틴어가 가르쳐졌는데, 이는 당시 교회의 공식어(성서어)가 라틴어였기 때문이다.

중세 말 십자군 전쟁과 르네상스 그리고 종교개혁은 시장과 도시의 활성화를 통한 상공시민계층을 탄생시켰다. 이로써 많은 상업 자본으로 부(富)를 획득하여 세력을 얻은 시민계층은 새로운 교육적 요구를 하게 된다. 즉 상공업 활동에 필요한 읽기와 셈하기의 전용학교가 탄생한다. 상공시민들은 수공업자들은 자신의 후계자를 길러내기 위해 공장 부설학교를 운영하였던 전통을 이어받아서 동업조합의 관리체제로 지역학교를 운영하였으며, 선교와 포교의 목표를 달성하기 위해 설립 운영되는 교회부설학교는 기하급수적으로 늘었다. 이로써 미션스쿨(mission school)과 르네상스 이후의 인문주의 고전어학교(Gymnasium)을 기반으로 하는 귀족교육과, 시민교육은 주로 읽기, 셈하기, 말하기를 가르쳐 상공업자들의 후계자를 양성하는 실과학교로 양분되면서 유럽 복선형 학교제도로 정착되기에 이르렀다.

17/18세기 갈릴레이로부터 뉴턴까지 이어진 근대 과학혁명의 시대에는 계몽과 교육이 동일시되면서 학교는 보다 체계적으로 교육의 전당으로 등장하게 되었다. 학교에서의 계몽교육은 인간의 이성을 종교적 지배로부터 해방시키는데 중점을 두었다. 코메니우스, 로크, 루소의 계몽교육사상은 교육내용을 종교로부터 해방시켜 세속적 관점으로 전환시키는데 앞장섰다. 특히 루소의 교육사상은 그의 계승자들인 바제도우, 잘츠만, 구츠무츠 등의 박애주의자들에 의해서 새로운 학교개혁운동으로 실천되었다. 가장 커다란 특징은 놀이중심의 학교건설이었다.

19세기 들면서 유럽에서는 본격적인 교육개혁운동이 시작되었다. 교육사상 및 교육실천은 사회개혁운동과 병행되었다. 페스탈로치, 훔볼트, 헤르바르트, 프뢰벨(신인문주의자)이 주축이 된 교육개혁운동은 20세기 초에 덴마크의 그룬트비히와 그의 제자들에 의해 시작된 전원기숙사학교, 통합학교, 노작학교(케르센슈타인) 등 특수한 형태의 사립학교들이 탄생하는 계기가 되었다.

2) 학교 이해의 관점

(1) 철학적 관점

학교는 체계적, 합리적, 조직적으로 배우는 곳이며, 자격화된 전문교사가 가르치는 곳이다. 또한 학교는 학생의 생활공간이며 축소된 사회로서 장래의 사회생활과 직업생활을 준비하는 곳이기도 하다. 과거에 학교가 없었을 때 교육은 가정과 사회에서 이루어졌다. 그러나 점차 분업과 전문화의 시대가 도래하면서 교육은 학교에 위임되었다. 교육의 세계에서도 분업이 이루어진 것이다. 그러나 철학적으로 볼 때 학교에 교육이 위임된 것에 대한 이해는 상이하다. 왜냐하면 학교는 처음에 자연적으로 발생하였을지도 모르지만, 시간이 흐르면서 인위적-유목적적으로 제도화되었기 때문이다.

첫째, 인식론적 접근이다. 인식론적으로 교육이 학교에 위임된 이상 학교 밖에서 이루어지는 교육은 교육으로 간주되지 않는다. 그러나 교육과 인간의 삶을 동본원적으로 간주하는 교육인간학자(pädagogische Anthropologen)들에 의하면 학교 밖의 교육도 교육이다. 즉 사회교육, 가정교육을 포함하는 평생교육의 개념과도 통한다. 교육인간학의 형성에 철학적 토대를 제공한 칸트(Immanuel Kant, 1724-1804)에 의하면, 인간은 교육을 받을 수 있는 유일한 피조물이다. 생물학자이며 인간학자인 겔렌(Arnold Gehlen, 1904-1976)에 의하면, 인간은 '결핍존재'로서 태어나기 때문에 교육을 통해서 선천적 결핍을 후천적으로 보완해야 한다. 인간학자 포르트만(Adolf Portman, 1897-1982)에 의하면, 인간은 조산아(早產兒)로 너무 일찍 태어나는 바람에 후천적 교육을 통해 생활능력을 배양해야 한다. 이렇게 본다면. 교육은 인간의 삶에 늘 동반될 수밖에 없다. 따라서 교육이 학교 울타리에서만 이루어지는 것으로 제한되는 것은 부당하다. 따라서 인식론적 반성이 요청된다. 인식론적 반성은 인식론적 왜곡을 교정한다. 인간의 인식은 인식하는 순간 왜곡될 수밖에 없다. 이는 인간의 인식능력의 본질적 한계성과 맥을 같이 한다. 다라서 인간의 인식은 늘 반성될 수밖에 없으며 인식론은 인식론적 반성과 함께 종결된다.

또한 교육이 전문지식과 분업화된 기술영역에서의 교수-학습으로 국한된다면, 교육은 교육전문기관으로 수립된 학교에 위임되는 것은 정당하다. 왜냐하면 역사적으로 학교는 전문지식기관으로 발전되었기 때문이다. 그러나 전문지식만을 가르치고 배우는 것만이 교육의 전부인가 하는 문제는 항구적인 논정거리이다. 한 예로, 그렇다면 인성교육은 가정의 몫인가? 아니면 학교의 몫인가? 하는 논쟁은 종결되기 어렵다.

둘째, 존재론적 접근이다. 학교는 우리 사회에 이미 '존재'하고 있는 존재이다. 존재는 누군가의 인식여하에 따라서 결정되고 판단되는 것이 아니라, 그의 본질 즉 존재성은 스스로 드러난다. 오늘날 학교는 인위적 성격을 띠고 성장하고 있다. 애초에 다양한 개인적-사회적 필요에 의해 만들어진 학교는 절대국가의 형성과 함께 국가가 획일적으로 관리하게 되었다. 소위 학교는 국가관리체제에 들어 있다. 지구상 어느 국가도 교육을 관장하지 않는 나라는 없다. 사립학교나 사교육기관도 모두 국가의 관리 하에 있으며 국가의 책임이다. 한마디로 인간의 교육은 모두 국가의 몫이다.

그러나 학교는 그 자체가 존재로서 스스로 말을 하고 있다. 교육분업의 시대 이후에 학교가 교육을 위임한 것은 결코 자연스러운 삶의 반영이 아니다. 이미 국가의 관리와 통제 하에 있는 사회제도가 되어 버린 학교는 사회제도로서의 역할과 기능을 해야 한다. '사회화'는 대표적이다. 국가의 관리와 통제를 받는 학교에서 이루어지는 사회화는 국가가 원하는 사회화이다. 원칙적으로 '사회화'란 사회적응 및 사회순응 뿐만 아니라 사회비판, 사회개혁, 신사회창조를 포괄한다고 했다. 그러나 국가가 학교교육을 통한 사회화를 관장하는 이상, 학교에서의 사회화는 사회비판, 사회개혁, 신사회창조를 위한 사회화는 사회적응과 사회순응을 위한 사회화에 비해 약화된다. 심지어 학교교육에서 개성과 인성의 문제는 축소된다. 이럴 경우 학교는 교육의 본질에서 벗어난다. 이러한 의미에서 갈등론자들은 국가이데올로기 재생산의 도구로서 작용하는 학교는 폐기되어야 한다고 주장했다. 또한 오늘날 학교에서는 비교육적인 현상도 발생하고 있다. 이를테면 낙인(labelling), 성적에 따른 차별대우, 학교폭력 등이 그것이다. 따라서 오늘날 학교는 교육과 지식 또는 지식전달을 매개로 양립하고 있을 뿐이다. 지식을 매개하고 순응적 사회화의 소임만을 수행한다고 해서 학교가 모든 교육을 대변할 수는 없다. 이미 학교는 역사적으로 절대국가의 형성과 함께 국가관리체제로 들어서면서 국가이데올로기로서의 도구로 전락되어 왔다. 존재론적 접근은 이러한 존재문제를 스스로 드러나게 한다.

셋째, 가치론적 접근이다. 슈프랑거(Eduart Spranger, 1882-1963)에 의하면, 인간은 누구나 가치를 지향한다. 인간은 가치가 있는 곳으로 모이며, 가치가 있는 곳에 의미를 부여한다. 학교는 그 자체적으로 가치를 가지고 있다. 인간이 학교에 가는 이유는 학교가 가치를 가지고 있기 때문이다. 학교는 교육전문교육기관으로서 가치를 가지고 있다. 역사적으로 학교의 가치는 점점 커져 왔다. 교육분업으로 학교에 교육이 위임되면서 보다 많은 가치가 학교에 주어졌다. 특히 학력사회에서 학교의 가치는 극대화된다. 학력사회에서 학력은 능력과 동일시된다. 이를테면, 고졸자와 대졸자에 부여하는 사회적 가치는 달라진다. 졸업장과 학위수준이 인간을 결정한다. 그러나 고졸자보다 대졸자가 능력자라는 것은 여전히 의문이다. 가치의 객관성 때문이다. 그렇다면 객관적으로 입증될 수 있는 가치는 무엇일까? 학교의 객관적 가치는 무엇일까? 학교는 교육본질을 다 완수할 때 비로소 진정한 가치를 가진다. 오늘날 학교는 교육본질을 다 완수하고 있는가? 그럼에도 불구하고 학교의 가치가 극대화되어 있다는 사실은 무엇을 의미하는지? 따라서 가치론적 접근으로 학교의 본질에 대한 논쟁은 중단되지 않는다.

(2) 사회학적 관점

원칙적으로 학교는 사회의 유지, 계승, 발전을 위한 기능 수행을 위한 교육을 하는 곳이다. 또한 교사는 자라나는 세대에게 영향을 줌으로써 미래의 사회구성원으로 양성함을 목표한다. 사회학적 인간관에 의하면 인간은 태어날 때 이기적이고 비사회적 존재이다. 따라서 교육의 목표는 개인의 사회화 및 도덕규범화이다. 즉 개인을 사회적 존재(homo soziologikus/ Ralf Dahrendorf, 1929-2009)로 다시 태어나게 하는 것이다. 사회화(社會化)란 사회성의 원성질을 획득하는 것으로 학습의 과정을 통하여 퍼스넬러티를 사회체계에 결속시키는 과정을 말한다. 이는 사회체제의 유지와 존속에 관련된 기능적 요건이기도 하다(Emile Durkeim). 이러한 관점에서 보면, 학교에서 교육되는 지식은 산업사회의 필요와 특정이익집단의 목적 그리고 기존문화의 내면화에 의해 조직된다. 그러나 이러한 학교를 바라보는 사회학적 관점에 대한 비판적 관점이 있다. 이러한 관점은 주로 신교육사회학자, 탈학교론자, 문화저항론자, 실존주의 교육학자 등에 의해 주창된다.

첫째, 번스타인, 영 등에 의해 대표되는 신교육사회학자의 관점이다. 이는 만하임(Karl Manheim)의 지식사회학의 영향이다. 만하임은 학교지식에 내포된 이데올로기를 비판하였다. 그에 의하면, 교과란 선택된 문화로서 교과서에 수록된 지식은 선택된 지식으로서 기득권, 기득문화, 기득세력의 지식을 반영하고 있다. 결국 학교는 계급의 재생산 기관이다. 둘째, 일리치, 라이머, 보울스, 긴티스, 지루 등에 의해 대표되는 탈학교론자의 관점이다. 이들에 의하면, 학교는 학생 소외의 기관이다. 왜냐하면 학교교육은 기존의 정치체제에 길들임의 수단으로 전락하였기 때문이다. 따라서 학교 교육을 통해 사회적 불평등이 재생산된다. 특히 『탈학교사회(The Deschooling Society)』의 저자인 일리치(Ivan Illich, 1926-2002)에 의하면, 학교는 과거 종교의 시녀에서 오늘날 정치와 경제의 시녀 기관이 되었다. 또한 보들리아르, 마르쿠제에 의하면 소비교육을 통한 학생의 소외현상도 만연하여, 오늘날 우리의 학생은 허위의식을 통한 무기력한 존재로 전락했다. 따라서 이들은 기존의 교사-학생의 범주를 벗어나는 탈학교운동이 문제해결의 열쇠라고 보았다. 라이머(Evert Reimer,)는 『학교사망론(School is Dead)』을 통하여 학교교육을 통하여 사회불평등이 재생산된다는 사실을 다시 한번 확인해 주면서, 교육분배의 필연성을 역설하였다.

셋째, 애플과 프레이리에 의해 대표되는 문화적 저항론자의 관점이다. 이들에 의하면 학교는 헤게모니 창출의 온상이다. 따라서 문제극복을 위해서는 반헤게모니 운동이 필요하다.이들은 우리 사회에서 권력, 지식, 이데올로기, 학교, 교육은 상호순환적 관련 속에 있다고 보았다. 특히 학교는 사회적, 정치적, 역사적 산물이며 과정이다. 따라서 학교(또는 교사)의 특정 신념, 개념, 규범의 내면화는 문화자본의 내면화로서 여기서 사회제도의 목표와 규범이 여과없이 내면화된다. 바로 이러한 이유에서 학교가 문화적 재생산의 기관이 되며 결국 여기서 학생은 인격적 소외와 문화적 소외를 경험하게 된다. 『억압받는 자의 교육학』의 저자인 프레이리는 학교에서 자행되는 전통적 교육은 은행저축식 교육이라고 비판하였다. 또한 그에 의하면 학생은 빈그릇이며 교사는 빈그릇 채워주는 사람이다. 이는 수동적 학생관에 대한 그의 비판이다.

(3) 교육학적 관점

학교(Schule, School)의 어원은 여가와 여유(Schola: Musse)이다. 즉 원래 시간적으로 한가하고 경제적으로 여유로운 사람들(귀족계층)만 학교에 다녔다. 특히 정신적으로 자유로운 자기시간과 공간을 향유할 수 있는 자가 학교에 다녔다. 따라서 학교는 외적 구속과 속박 또는 외부의 영향력이 배제되었다. 즉 학교에서는 자유와 자율이 보장되었던 것이다. 중세대학의 이념은 자유(Freiheit)와 고독(Einsamkeit)이었다. 이는 대학이 상아탑과 동일시되는 근거이기도 했다. 물론 중세대학의 목표는 연구(지식창출)와 가르침(지식전달)이었다. 이는 학교의 유희적 차원(여가와 여유)이 자율적이고 창의적 사고의 뿌리라는 사실의 반영이기도 했다.

사회학적 관점에서 학교의 과제는 자질부여(자격화), 선발과 분배의 기능, 정당화 기능(사회질서유지기능)이다. 그러나 교육학적 관점은 덕, 관용, 미덕, 배려, 민주적 태도 등으로 실용주의적 위험성으로부터 방어하는 것이다. 특히 학교의 교육학적 과제로는 개인적 발달 과 사회적 요구를 조화롭게 하는 것이다. 교육학적 관점과 사회학적 관점의 공통점은 학교가 사회체제 유지기능을 수행한다는 점이다. 그러나 교육학적 관점에서 개인은 자발성, 개성, 잠재능력의 소유 주체이다. 따라서 학교는 단순한 사회순응이 아닌 개인의 전인격발달을 도와야 한다. 즉 학교는 인간 성숙의 장소이다. 따라서 교육의 독자성과 독립성에 대한 요청은 교육이 교육이외의 관점이나 목적에 수단화되고 시녀화되는 것을 방지하기 위한 것이다. 교육이 수단화되고 시녀화된 학교의 역사는 인류역사의 범죄이다. 왜냐하면 교육은 인간을 직접 대상으로 하고 직접 영향을 주기 때문이다.

2. 학교효율성

오늘날 학교교육은 '효율성'(效率性)을 추구하는 사회패러다임과 함께 급격하게 번성한다. 산업혁명과 이로 인한 산업사회 패러다임은 학교번성의 견인차였다. 물론 그 역도 성립한다. 산업혁명 이전에도 학교는 있었다. 그러나 학교가 정치적으로는 절대국가의 형성 및 시민혁명과 함께 국가가 관장하는 공교육기관으로 자리매김을 하게 되었다. 사회적으로는 계몽주의의 성숙과 맥을 같이하면서 발달하였으며, 학교는 산업혁명의 도화선이 되었다. 역으로 산업혁명을 통하여 학교는 명실공이 교육의 전당으로 자리매김을 하게 되었다. 이렇게 본다면 오늘날 학교의 모습은 산업혁명의 역사과정을 그대로 닮고 있다.

산업혁명은 농사의 터전 위에 공장을 세우면서 농사꾼을 몰아내면서 우리 사회를 농경사회로부터 공업사회로 모습을 바꾸어 놓았다. 공업사회는 공장에서 기계를 돌릴 줄 알고 이에 대한 기술과 지식을 아는 학생을 전문적으로 가르칠 수 있는 학교를 요청했다. 공장에서 기능과 기술을 배우기 위해 몰려드는 학생들을 수용하기 위해서 학교는 보다 조직적이고 체계적으로 운용될 필요가 있었다. 학교에서 배출되는 인력자원은 공장에서 일할 수 있는 능력으로 무장되었다. 학교의 발달은 공장의 발달과 맥을 같이한다.

공장에서는 효율성과 생산성을 목표한다. 효율적이지 못하고 생산성이 낮은 방식은 공장에서 과감히 정리되었으며 체계적이고 조직적인 공장운영방식만이 살아 남는다. 학교에서의 교육 역시 이러한 공장의 효율적이고 생산적인 운영방식에 지향되었다. 결국 학교 역시 공장의 패러다임 즉 효율성과 생산성의 패러다임을 따를 수 밖에 없었다.

오늘날 우리는 탈산업사회를 살고 있다. 특히 정보통신혁명, 디지털혁명, 모바일혁명, 스마트폰혁명 등으로 대변되는 탈산업사회에서의 사회패러다임은 효율성 패러다임이 아니라 창의성 패러다임이다. 창의상품, 아이디어상품만이 살아남고 창조기업, 블루칩 기업만이 살아남는 21세기 포스트모던의 다양성 사회에서는 학교교육도 사회패러다임을 거부할 수 없다. 이는 오늘날 학교가 효율성패러다임 대신 창의성패러다임에 들어서야 하는 이유이다.

3. 학교리더십

과거에는 남들보다 탁월한 신체조건을 가진 사람들이 리더로 군림했다. 비교적 눈이 부리부리하고, 등치가 크고 힘이 좋으며, 목소리가 우렁찬 사람이 훌륭한 리더였다. 그의 말 한마디에 모든 구성원들이 숨을 죽이고 따른다. 그러나 점차 신체적 우월성만으로 사회와 조직을 이끌어 갈 수 없다는 한계가 발견되기 시작하면서 리더에게 요청되는 자질과 역량은 수정된다. 수많은 영역에서 보다 정교한 기계들이 발명되고 이들이 인간의 신체노동을 대신하게 되면서, 현장에서 발생하는 문제와 문제해결능력은 양상을 달리하게 된다. 기계들의 사용방법이 점점 복잡해지고 고장도 자주 일으키게 되면서, 리더에게 요청되는 자질과 역량은 새로운 국면을 맞게 된다. 다양한 기계조작법과 잦은 고장은 오로지 신체적 능력으로만 해결되는 것이 아니다. 새로운 기계가 도입되어 새로운 작동방법을 알아야 하고 고장이 난 기계를 제대로 수리하기 위해서는 – 물론 강한 힘도 필요하지만 – 기계의 작동원리와 고장의 원인규명을 위한 '전문지식'이 필요하고 심지어 '현명한 지혜'마저도 요청된다. 한마디로 머리를 쓸 줄 아는 소위 '두뇌형 리더'가 새롭게 요청되기 시작한 것이다. 물론 신체적 능력에다가 두뇌능력을 겸비한 리더라면 금상첨화로 군림할 수 있다. 그럼에도 불구하고 이제 신체형 리더의 시대는 가고'두뇌형 리더'또는 '전문가형 리더'의 시대가 된 것이다.[100] 이것이 바로 산업혁명기의 진행과 함께 찾아 온 리더의 변천사이다.

한편, 전문가형 리더에의 요청은 급기야 전문가를 양성하는 '학교설립' 및 '학교교육'의 전성기를 맞이하게 된다. '전문가형 리더의 양성'이라는 모토(motto) 하에서, 사회적으로는 엘리트중심 학력사회가 성숙되기 시작하였으며, 개인적으로는 너도 나도 학교에 가서 전문지식을 배우는 자기교육에 투자하게 된다. 그 어느 때보다도 학교가 융성해지고 교육이 세력화 되는 세상이 온 것이다. 누구나 리더가 될 수만 있다면 부와 명예와 권력을 모두 잡을 수 있다는 사실은 곧 바로 사회적 신념이 되었다. 사회가 급격하게 전문화되고 세분화되면서 이에 적합한 자질과 능력을 겸비한 리더에의 요청은 보다 절실해진다. 세분화되고 전문화되는 사회는 목표도 보다 세분화되고 전문화될 수밖에 없다. 조직도 마찬가지이다. 사회조직, 기업조직의 차원에서나 교육행정조직 또는 학교행정조직의 차원에서나 조직은 세분화되고 전문화된 – 요즘 말로는 소위 특성화되고 차별화된 – 목표설정과 목표달성의 위업 아래에서 리더에의 요청은 보다 다양해지고 정교해진다.[101]

1) 특성론적 관점

신체적-육체적 차원의 리더와 두뇌형 전문가 리더십은 소위 "특성이론(trait theory)"으로 정리되었다.[102] 최초의 현대리더십이론으로서 대략 1890년대부터 등장하기 시작하여 1940년까지 득세한 특성이론은, 크게 초인이론(great man)과 인성특성이론(personality traits)으로 구분된다. 전자는 타의 추종을 초월하는 소위 초능력자를 말한다. 반면 후자는 모

100) 리더십 이론가인 우리스(A.Uris)는 리더의 유형을, 전문가형, 조정가형, 문제해결형, 인간주의형, 목표추구형으로 구분하였다(이준형, 2002: 213-215 참고).

101) 리더십에 관한 초기 과학적 연구는 "집단과 사회에서 누가 리더로 부각되는가? 또는 누가 리더로 출현(leader emergence)하는가?" 하는 질문에 대해서 대답하기 시작하였다(Stogdill, 1948/ 1974).

102) 리더십에 대한 초기 과학적 연구의 발전은 20세기 들면서 심리학의 발달과 더불어, 특히 태도나 성격, 지능 등을 측정하는 기법이 가용되면서 본격적으로 이루어질 수 있었다. 19세기 등장한 위인이론은 심리측정기법의 발달과 결합되어 '특성론'이라는 이론적 접근으로 발전하게 된다. 이것은 리더가 보유하고 있는 정신 능력이나 성격 특성이 보통 사람들과 어떻게 다른가를 각종 심리 검사나 태도 척도를 사용하여 측정하여 알아보는 방법이다. 이 특성론은 리더십 연구에 대한 최초의 과학적 접근이라고 불 수 있다.<신응섭 외, 2000: 13> 특성이론에 따르면, 리더의 성취욕, 에너지, 의지, 리더십 모티베이션, 정직, 자신감의 6가지 특성들이 리더십 에센스에 속한다(차동옥 외, 2007: 13).

든 리더에게는 존재하는 공통적인 인성적 특성들을 찾아낸다. 따라서 리더가 될 수 있는 자는 – 특히 신체적으로 – 태생적으로 초능력자이거나 아니면 리더가 될 수 있는 인성적 특성은 일반적 인성들과 다르다는 것이다.

> "특성이론은 리더의 특성(traits)을 그 이론적 근거로 하고 있다. 이 이론은 1920-1940년대에 리더십에 큰 영향을 미친 체계적이고 과학적인 연구의 결과이다. 스톡딜(Stogdill)은 1904년에서 1948년 사이의 124편에 이르는 논문의 특성 연구 결과를 종합 검토하여 발표하였는데, 이것이 전기특성이론의 집대성이었다. 현대 특성연구의 시기는 스톡딜이 중심적 역할을 한 시기를 기점으로 하여 1948년 이전까지의 전기와 그 이후의 후기로 구분된다. … 초기의 특성론(1904-1948)은 리더의 특성으로 신체적 특징(연령, 신장, 체중, 외모), 성격특성(자본심, 지배성, 정서 안정성), 정신적 능력(일반지능, 언어유창성, 창조성, 사회적 통찰력) 등을 중요시하였다. 초기의 연구는 리더는 보통 사람들과 다른 자질이나 특성을 타고났다는 가정 하에서 이것들을 찾아내는 데 연구의 초점이 맞추어졌던 것이다."(이준형, 2002: 93-94)

특성이론은 '리더는 태어난다'는 신념에 기초를 두고 있다. 즉 리더는 남들과 다른 특성을 타고 난다. 이러한 특성은 이미 태어날 때부터 결정된다. 원시사회를 한 평생 조사 연구한 인류학자 레비스트로스 역시 리더는 선천적이라고 결론지었다(이준형, 2002: 90). 역사적으로 특성이론은 유사 이래로 존재해 온 메시아사상 및 건국신화 등에서 힌트를 얻고 있다. 구세주로서 누군가가 리더로서 탄생한다. 아니면 올림포스의 신화, 박혁거세, 김수로왕 등의 출생신화는 리더의 자질과 특성이 태생부터 걸출하다. 심지어 특이한 출생, 엄청나게 화려한 태몽 등은 리더십의 특성이론의 분석에 많은 자극을 주었다. 고대 중국의 유명한 병서(兵書)인 『삼략(三略)』이나 법가(法家)의 사상서인 『한비자(韓非子)』라든가, 서구의 플라톤의 『국가론』, 마키아벨리의 『군주론』 등은 고전적 의미에서 대표적인 리더십 이론이라고 할 수 있는데, 이는 리더가 어떠한 덕성을 갖추어야 하며 어떤 식의 행동을 해야 한다는 식의 당위론적 입장을 가진 특성이론이라고 할 수 있다(신응섭 외, 2000: 12). 또한 리더는 무엇보다도 신체적-물리적으로 생김새가 타인을 압도할 만큼 위력적이어야 하며, 지력, 지식, 유창한 언변 등이 특성 이론에서 들고 있는 대표적인 리더의 조건이다.

인성특성으로는 성취욕구, 권력욕구, 친교욕구, 외향성, 자신감 등이 강하고, 사회적 특성으로서는 대인관계 기술이 탁월하고 사회성이 풍부하며 매사에 자발적이고 적극적으로 행동하는 유형이다.

특성이론의 리더십 분석은 심리학적 분석에도 의존하고 있다. 왜냐하면 특성이란 한 개인이 보유하고 있는 성격, 기질, 욕구, 동기, 가치관, 능력, 기술 등과 같은 속성을 통칭하는 심리학적 용어이기 때문이다(이준형,2002: 94). 즉 심리학적으로 개인은 일생을 통해서 비교적 안정적인 성격적 특성을 가지고 있으며 동일한 자극에 대해서 성격적 특성에 따라 다르게 반응한다. 인간의 특성(본질) 중 과연 어떤 특성들이 그를 리더가 될 수 있게 하는가? 특성이론에서는 이러한 심리학적 관심이 리더의 일반 조건으로 간주되었다. 이를 테면, 특성이론에서 말하는 리더는 수동적이기 보다는 능동적이고, 우울하기 보다는 쾌활하고, 고립적이기 보다는 사교적이고, 소극적이기 보다는 적극적인 것으로 분석되었다.

> "리더십 연구에 대한 진일보된 시각의 접근은 19세기 중반의 칼라일(Carlyle, 1841)의 『영웅과 영웅숭배』라는 저서에서 나타나기 시작했다. 그는 이 저서에서 역사는 소수의 뛰어난 위인들에 의해서 만들어지며, 그러한 위인들은 보통 사람들과는 다른 훌륭한 자질이나 특성을 타고 난다고 보았다. 그리하여 그는 유럽의 과거 역사에서 뛰어난 인물들이 지녔던 특성을 찾으려는 시도를 하였다. 이러한 위인(偉人) 이론은 그 후 영국의 우행학자인 Galton(1869)의 '뛰어난 자질과 능력은 유전학으로 결정된다'는 유전론에 힘입어 더욱 발전하게 된다."(신응섭 외, 2000: 13)

특성이론은 20세기 전환기까지 유효했다. 왜냐하면 당시 우리의 사회와 조직은 가부장적 위계조직사회로서 남보다 탁월한 특성들을 가진 리더가 탁월한'성과(成果)'를 낼 수 있었다. 그러나 후학들에 의해 지적되듯이 특성이론의 한계는 연구결과들에게서 거의 일관성이 나타나지 않았다는 사실이다. 즉 집단과 조직 그리고 개인에 따라서 항상성과 보편타당성을 유지시킬 수 있을만한 변수가 고정적이지 못하며, 개별 연구마다 리더의 특성들이 서로 달리 조사되고 있기 때문에 연구의 결과를 일반화시키는 데에는 무리가 있다고 평가되고 있다. 그럼에도 불구하고 리더의 특성이론은 리더의 개인의 능력을 측정하는 데 공헌하였으며, 인력의 선발, 개발, 관리에 많은 공헌을 했다(이준형, 2002: 96).

2) 행동론적 관점

리더십 이론의 행동론적 관점은 1940년대부터 시작된 "행태연구"의 영향이다. 행태 이론은 '리더란 타고나는 것이 아니라 개발되는 것'이라는 신념에 기초하고 있는데, 이는 행동과학(behaviour science)의 발전과 맥을 같이하고 있다. 행동과학은 인간의 행동을 과학적으로 분석하고 설명하는 것을 목표한다.

리더십의 행동론적 접근은 리더의 '특성(trait)'보다는 대상과 목표가 비교적 뚜렷한 리더의 '행동' 또는 '행태'에 주목한다. 즉 리더의 행동(또는 행태)이 과학적으로 관찰되고 분석되며 설명되는 것이다. 우리는 이를 리더십의 행동 이론 또는 행태 이론이라고 한다. 특히 심리학의 행동주의(또는 행동주의 심리학)의 영향을 받은 리더십의 행태 이론은 '학습 이론'에 접근하고 있다. 왜냐하면 행동주의 심리학은 그 자체가 학습이론이라고 해도 과언이 아니기 때문이다. 학습이론은 모든 동물(인간 포함)은 학습을 통하여 개발(개선과 발전)될 수 있다는 것을 전제한다. 따라서 리더십 역시 학습의 대상이며 학습이 가능한 영역이다. 이들은 특성 이론에서 주장한 것처럼 리더가 타고난다는 것을 인정하지 않다. 즉 훌륭한 리더는 특별히 어떤 행동 양식을 가지고 있는데, 우리는 그것을 배움으로써 누구나 훌륭한 리더가 될 수 있다고 본다.

행동주의적 접근법을 연구한 사람들은 리더의 행동을 크게 세 부류로 나눈다. 우선 리피트(Lippitt), 화이트(White) 레빈(Lewin) 등에 의한 아이오와 대학팀의 연구(Iowa studies)가 있으며, 스테그딜(Stagdill), 홀핀(Halpin) 등에 의한 오하이오 대학팀의 연구(Ohio studies), 그리고 카츠(Katz)와 리커트(Likert) 등에 의한 미시간 대학팀의 연구(Michigan studies)를 들 수 있다. 이들 행태 이론의 주관심사는 리더의 행태나 리더십 유형 즉 리더가 보여주는 다른 사람들과의 대인관계나 행태이다.

인류 초기에는 - 적어도 산업혁명 전까지는 - 리더와 리더십이 조직과 사회를 결정했지만, 산업혁명이 무르익고 산업화가 정착되기 시작하면서부터는 관료주의체제와 하이어라키 조직구조가 리더의 유형과 리더십을 결정하게 되었다. 이제 리더가 조직을 만드는 것이 아니라, 조직이 리더를 결정하고 선택하는 것이다. 물론 지금도 리더가 조직을 만

(업무, 성과) 지향형 상황'을 창출할 것인가, 아니면 '(인간)관계지향형 상황'을 창출할 것인가 하는 문제는 여전히 리더십의 최대 관건이다. 즉 과업을 효과적으로 달성하는 것과 바람직한 인간관계를 형성하는 것은 리더십에 있어서 서로 떨어질 수 없이 영원히 엇물려 있는 관계이다. 특히 보다 중요해진 것은 바람직하지 못한 인간관계가 결코 과업성취(업무성과)를 이룰 수 없게 한다는 상황에 대한 인식이다. 물론 그 역도 무관하지는 않다.

> "1960년대 이전까지는 리더십 유형 분류에서 1차원적 유형 분류가 지배적이었으나 1960년대 이후부터 접근법이 달라졌다. 리더십이란 주어진 상황 속에서 목표 달성을 향하여 노력하고자 할 때 개인과 집단에 영향을 미치고 있음이 사실이므로 리더십에는 다른 사람과 더불어, 그리고 다른 사람을 통하여 목표를 달성하는 일이 포함되어 있다. 따라서 과업(task)과 인간관계(human relation)라는 두 가지 측면에 관심을 갖지 않을 수 없게 되었다. 이 두 가지 축의 농도에 따라 리더십 유형이 결정된다는 것이다. 1차원적 유형의 권위주의형과 민주주의형을 2차원적 유형의 관점에서 분석하면, 전자는 과업, 후자는 인간관계의 성향을 띠고 있는 것으로 나타나 있다."(이준형, 2002: 236)

그럼에도 일을 하는 주체는 사람(종업원)이기 때문에 아무리 업무의 능력이 탁월한 리더라도 종업원들과의 또는 종업원들 간의 인간관계형성에 무기력하다면 훌륭한 업무성과를 내지 못한다는 사실에 대한 인식은 상황이론에서 핵심으로 부각되었다.

> "리커트(Likert, 1961, 1967)가 초기의 이러한 연구결과와 이후에 나온 미시간 대학의 연구결과들을 정리하였다. 미시간 대학의 연구의 초점은 집단성과를 높이는 데 가장효과적인 리더의 행동이 무엇인가를 밝히는 데 있었다. 미시간 대학 연구팀은 리더의 성공(효과성) 여부를 분류하기 위하여 집단생산성이라는 개관적 측정치를 사용하여 성공적인 리더와 비성공적인 리더의 구분 요인들을 과업 지향적(job-centered) 행동과 관계 지향적(employee-centered) 행동으로 구분하였다. … 이 이론은 과업 지향적 행동을 낮게 평가하는 것이 아니라 과업 지향적 행동을 할 때 그 속에 관계 지향적 행동 요소를 가미하는 것이 효과적이라는 것을 강조했다. 이 이론

은 리더나 관리자의 성공(효과성) 여부를 분류하기 위하여 집단생산성이라는 객관적 측정치를 사용하였고, 효과적인 리더와 비효과적인 리더를 비교한 결과 리더 행동에서 흥미 있는 차이점이 나왔다는 것을 밝혀주고 있으며, 성공적인 리더와 비성공적인 리더의 구분 요인들을 발견해 주었다."(이준형, 2002: 181-182)

결국 훌륭한 리더는 - 메이어의 연구결과가 시사(示唆)를 한 이래로 - 시시각각으로 변할 수 있는 조직구성원 개개인의 심리상황이 변수로 작용할 수 있다는 사실을 통감하게 된다. 이는 현대이론물리학의 주역인 카오스 이론에서 말하는 소위 "나비효과"(butterfly)[108] 가 아닐까?

달리 말하면, 과업성취와 인간관계지향은 이분법적으로 설명될 수 없다. 둘은 한 몸이다. 하나만 잘 못 어긋나도 결과는 모두 망친다. 특히 인간관계의 문제는 눈에 보이지 않는 핵폭탄과 같은 것으로 모든 일을 한 번에 그르칠 수도 모든 일을 한 번에 달성할 수도 있게 하는 핵심적 변수가 된다. 그렇다면 과거와는 달리 왜 이러한 현상이 급격하게 전개되는 것일까? 바로 '사회의 민주화가 지속적으로 발전'하기 때문이며, 동시에 포스트모던 즉'이성 및 합리 중심사회의 급격한 붕괴' 때문이다. 민주화와 자유화의 물결 속에서 개인은 엄격한 통제와 감독 본위의 하이어라키 조직구조 앞에서 한편으로는 이 조직구조에 편입하기 위해서 발버둥도 치지만 다른 한편으로는 어떻게든 이로부터 멀리 탈출하고자 한다.

실제로 민주주의의 성숙과 포스트모던사회의 출현은 여기저기의 삶의 영역에서 많은 패러다임의 변화를 속출하고 있다. 특히 이는 지금까지 오로지 고(高)생산성 추구를 향한 관리구조의 효율성을 빌미로 - 막스 베버의 말대로 - 탈인격화(impersonal)의 상황까지 조장하면서 리더십을 공식화해 온 당시의 산업현장에 경종을 울린 것이다. 그럼에도 불구하고 아직도 우리의 산업현장들은 사회민주화의 속도라든지 개인의 감성분출을 막을 수 없는 지경이 되어 버린 포스트모던 사회에 대해서 애써 외면하고자 한다. 아마 이해조차도 하기 싫다고 하는 것이 더 옳을 것이다. 또한 이러한 일들이 과연 미래 기업경영과 어

108) '나비효과'는 1961년 기상학자인 에듀아드 로렌츠(E. Lorenz) 경에 의해 발표된 이론의 테마였다. 뻬이징 상공에 나비 한 마리가 펄럭이면, 10일 후에는 미국의 멕시코 만에 허리케인(태풍)이 분다. 한마디로 지구생태계에서는 아무리 작은 변화라도 이는 마침내 엄청난 결과를 초래하고 만다. 왜냐하면 지구생태계에서 모든 삶(생명)은 한 치의 오차도 없이 서로 개방적으로 연결되어 있기 때문이다.

떤 관련이 있는지에 대해서도 별 의심을 하지 않고 있다.

이미 과학계에서는 카오스이론(chaos theory)과 복잡계이론(complexity theory)이 등장하면서, 우주의 모든 삶은 카오스로 촉발되고 결국은 거의 풀 수 없을 정도로 복잡하게 얽혀버리고 만다는 사실을 밝혀준 바 있다. 이러한 삶의 원리는 지구생태계의 모든 생물체에게 공유된다. 따라서 인간의 삶도 예외가 아니다. 결코 작은 카오스로 시작하지만 결국은 도저히 풀어내기 어려운 복잡한 결과로 나타난다. 따라서 우리는 복잡한 결과에 대해서는 무기력해 질 수밖에 없다. 즉 하나의 문제를 해결 하고 다음 문제를 해결한다는 일차원적 생각이 더 이상 먹힐 곳이 없다. 아인슈타인은 말한다: "문제를 유발한 의식으로는 그 문제를 절대 해결할 수 없다."(마가렛 휘틀리, 1999/ 한국리더십학회 옮김, 2001: 28)

문제는 항상 동시다발적으로 발생하며, 문제가 해결과는 무관하게 또 다른 문제를 낳는다. 그럼에도 불구하고 우리는 현장에서 개인의 문제해결능력을 무척 중요시한다. 과연 우리가 이 사회에서 벌어지는 이 모든 복잡한 문제를 이러한 일차원적 방식으로 모두 풀어낼 수 있을까? 복잡계이론 상에서 본다면, 복잡한 문제를 풀어낸다는 것은 하나를 해결하고 다음을 해결하는 차원이 아니다. 원칙적으로 문제를 해결한다는 것은 결과를 잘 봉합하면 되는 것으로 알려졌었다. 그러나 결과가 완전히 봉합될 수 없는 문제는 임시방편으로 해결되기 일쑤이다. 특히 지금까지의 "업적 사회"에서는 임시방편으로 문제를 해결하는 것이나 완전히 해결하는 것이나 결과는 마찬가지로 간주되었다. 따라서 문제는 대충 임시방편으로 마무리되는 경향이 관습화되고 말았다. 그런데 사실 문제는 완전 해결이 쉽지 않다. 감기약을 먹음으로써 지금 감기로부터 해방될 수는 있을지 몰라도 - 사실 감기에는 쉬는 것 이외에는 별 약도 없다고는 하지만 - , 아직 근본적인 치료제는 개발되지 않았다. 잠시 그의 열기를 진정할 수 있을 뿐이지, 근본적인 감기대책은 완전하지 않다. 알고 보면 이 세상에서 약물이나 수술로서 완벽하게 고칠 수 있는 질병은 그리 많지 않다. 이는 질병치료에만 해당되는 것이 아니다. 우리 인간사에 벌어지는 모든 문제는 완전한 해결책이 존재하지 않는다. 따라서 임시방편이 일반적인 문제해결이나 대책으로 자연스럽게 관습화되었는지도 모른다. 그나마 질병을 완전히 고치려면 진단이 완전해야 한다고 한다. 즉 원인을 잘 알아야만 정확한 치료도 가능하다는 말이다. 기침을 몇 번 했다고 폐렴이라고 진단할 수는 없지 않은가? 결국 문제해결을 위해서는 원인을 정확히 파악하고 진단할 수 있어야 한다. 기침의 원인이 가지각색이듯, 문제의 원인도 다양하고 복잡하기 이를 데 없다. 따라서 문제 해결을 위해서는 원인을 제거하는데 주력해야 한다.

그런데 문제는 항상 하나의 분명한 원인에 기인하지 않는다는 사실이다. 과거에는 잘못 먹으면 폐병에 걸리는 것으로 알고 있었지만, 의학이 점차 발전하면서 폐병의 원인은 무척 복잡하고 다양하다는 사실을 알게 되었다. 암(cancer)의 원인은 아직도 잘 모른다. 결국 인간사에서 발생하는 문제는 하나의 원인으로 환원될 수 없다. 문제는 수많은 다양한 원인들의 결합이며 영향으로 발생한다. 결국, 가능한 원인들을 완벽히 규명하고 이를 제거해야만 완벽한 처방이 나올 터인데, 원인이 복합적이고 복잡하게 얽혀 작용한다면 과연 우리는 원인규명을 통한 문제해결을 해 낼 수조차 있는 것일까?

실제로 오늘날 하나의 작은 사건도 항상 일파만파(一波萬波)로 번져 결국은 미궁(迷宮)에 빠지는 일이 다반사가 되었다. 점점 더 카오스 이론에서 이야기하는 복잡계이론이 우리의 일상 속으로 적용되고 있는 것이다. 왜냐하면 억압된 인간의 본성이 점차 해방되면서 – 그동안 인위적이고 작위적으로 만들어져 온 – 사회가 자연의 원리에 점차 가까이 가기 때문이다. 물론 우리 사회가 완전히 자연의 원리대로 움직일 날은 아직도 요원하다. 이미 150 여 년 전 쯤 장자크 루소(J. Rousseau)가 '자연으로 돌아가라'고 외쳤고, 동양에서는 그보다 수천년 이전에 자연과 더불어 사는 삶을 가르쳤다. 그러나 '사회'라는 위대한 권력은 인간(개인)의 삶을 완벽하게 조종하고 작위적으로 처리해 왔다. 따라서 사회라는 작위적-인위적 세력화의 모습이 쉽게 자연의 힘에 굴복할 것 같지는 않다. 물론 사회의 실정법이 자연법으로 바뀌는 날이 그날이 될 것이다. 그러나 이는 거의 불가능에 가까운 요원한 일이다. 복잡계이론은 인위나 작위가 개입되지 않은 그야말로 이상적인 자연의 원리를 그대로 해명해주는 과학의 세계이다. 어쩌면 이는 현실이라기보다는 이상이다. 그럼에도 불구하고 우리 인간의 삶도 방향은 점차 그쪽으로 진행되고 있다는 느낌이다. 이러한 사실을 인식하는 것은 대단히 중요하다. 모든 것이 계속 복잡해지고 다양해지고 있다.

결국 복잡계이론의 주역이며 핵심인 카오스 이론에 의하면 우리가 보다 현명한 삶을 살기 위해서는 지금부터라도 카오스로 발생하는 삶의 원리를 잘 파악하고 이를 일상에 잘 활용할 수 있어야 한다. 즉 카오스 현상에 대한 파악이 관건인 셈이다. 점점 더 시간이 흐름에 따라 우리는 카오스이론의 일상에의 적용을 확대할 필요가 있다. 왜냐하면 우리의 사회는 인위적이고 작위적인 것으로부터 가능하면 자연스럽고 자유로운 삶으로 해방되기를 갈구하는 구성원들이 점차 늘어나고 있기 때문이다. 시인 윌리암 워즈워즈는 말했다: "자연은 그것을 사랑하는 사람을 배반하는 일이 없다."

어떻게 보면 – 포스트모던의 주장에서처럼 – 사회가 해체되고 있는 것인지도 모른다. 더 정확히 말하면 이성과 합리의 세계 – 더 정확히 말하면 "도구적 이성"의 세계 – 가 해체되면서 감성과 본능 그리고 직관의 세계가 중요한 삶으로 부상하고 있다.[109] 일단 가치판단과 평가의 차원을 배제하고 본다면, 욕구분출과 욕망이라는 전차가 이성과 합리라는 모던의 굴속을 급하게 빠져나오고 있는 꼴이다.

하여간 어차피 모든 사건의 결과들은 다시는 원상대로 풀어 낼 수 없을 만큼 복잡해진다. 이미 일파·만파로 번지는 사건들은 해명도 해결이 쉽지 않다. 일단 결과가 나온 후에 우리 인간은 이제 더 이상 아무 것도 할 수 없는 세상이 된 것이다. 한마디로 이미 고전에서도 훈계를 준 것이지만, 이제는 더 이상 어떠한 사후약방문(死後藥方文)도 무의미해 졌다. 그나마 땜질이라도 했던 시절이 더 이상은 오지 않는다. 좀 더 쉽게 말하면, 일단 발병한 병의 치료는 점점 더 복잡해지고 어려워진다. 물론 의료기술의 발달로 치료가 결코 안된다는 뜻은 아니지만 – 하여간 '예방'이 중요한 시대가 된 것이다. 그래서 의술이 과거보다 훨씬 더 발달한 이 시대에도 예방 건강을 위해서 너 나 할 것 없다 전 보다 더 열심히 운동을 하는 것이며, 섭생(攝生)에 보다 신경을 쓰게 되는 것이다. 그럼에도 불구하고 우리 산업 현장에서는 아직 이러한 삶의 원리에 대한 이해에 아주 미숙하다. 이미 우리의 일상에서는 웰빙(well-being) 문화가 전 사회적 이슈로 떠 오른 지 오래인데도 말이다. 예방으로서 섭생과 건강에 주목하는 웰빙 문화가 자연스러운 일상이 되고 있다. 이제 우리의 기업조직이나 사회조직에도 탁월해지기 위해서 이러한 일상의 원리가 그대로 적용되어야 한다. 훌륭한 리더는 바로 이러한 상황 변화에 크게 주목해야 한다.[110]

---

109) 고교출신이자 난독증환자인 버진 그룹의 리처드 브랜슨 회장은 동물적인 감각과 직관으로 의사결정을 내리고 실천하는 CEO로 유명하다. 오늘날 혁신 경영에서도 감성경영이 대세이다. PCB 제조업체 중 삼성전자 하이닉스 마이크론 인피니온 난야테크놀로지 등 세계 5대 D램 업체에 공급권을 확보한 기업은 심텍이 유일한데, 이 회사는 직원들과의 신뢰를 바탕으로 위기를 타개할 수 있었던 '감성경영' 으로 유명하다(매일경제/2004/5/11). 짐 데이토 세계 미래학회 회장은 말한다: "최근 20년간 이성과학이 중요했지만 미래에는 감성적인 상상력에 기반으로 하는 창조적 산물들이 세상을 움직일 것이다. 상상력, 창조, 감성의 의미를 깨닫는 기업은 계속 살아남을 것이고, 그렇지 못한 기업은 이내 도태하고 말 것이다." 애플사의 스티브 잡스 회장도 이성보다는 직관을 매우 중시했다. 그는 "직관을 따라야 창의성이 발현된다", "직관을 따르는 일이야말로 가장 중요하다. 당신의 가슴과 직관이야말로 당신이 진정 원하는 것을 잘 알고 있다. 다른 것은 부차원적이다"라고 말한다(차동옥 외, 2007: 36).

110) 마케팅의 대가 필립 코틀러는 "소비자의 욕구는 엄청난 속도로 변화하기 때문에, 작년의 성공전략은 오늘의 실패전략이 될 수 있다. 이러한 환경 속에서 기업은 변화하는 기업과 사라지는 기업으로 나뉜다"라고 하면서 오늘날 기업의 생존전략은 중단없는 변화임을 역설한 바 있다. 예를 들면, 90년대 초반 미니밴과 SUV의 강자로 군림했던 Chrysler는 차종이 갈수록 고급화, 대형화되는 세계적인 추세에 적응하지 못함으로써, 경쟁사에 뒤지는 위기를 자초하면서 결국 Benz 사에 합병되고 말았다.

토마스 쿤(Th. Kuhn)이 패러다임의 전환(paradigm shift)을 선언한 것이 1960년대 중반의 일이다. 그러나 그 이전부터 이미 우리 인간의 삶의 패러다임은 소리 없이 계속 스스로 변화를 하고 있었다. 얼마나 다급했으면 쿤은 삶의 패러다임을 – 강제적으로 – 전환시켜야 한다고 강변했을까? 아니면 패러다임의 전환을 '선언'이라고 해야 한다고 했을까? 마치 과학의 세계에서 패러다임의 전환이 단속(斷續)적으로 일어나는 것을 비유하면서, 우리로 하여금 강제적으로라도 패러다임을 전환시키라고 한 것은 당황의 소치라고 아니할 수 없다. 패러다임은 계속 변화하고 있는데도 불구하고, 하이어라키 관료주의체제라는 옹벽 갑옷 속에서 효율성과 생산성을 만끽하고 있는 우리의 사회조직과 기업조직은 여전히 요지부동이다.

그러나 우리의 삶은 과학의 세계에서처럼 아니면 이론적인 차원에서처럼 단속적(斷續的)인 것도 아니며 인위적인 것도 아니다. 삶은 항상 유유히 물 흐르듯이 계속 변화해 갈 뿐이다. 판타 레이(Pantha Rai)! 모든 것은 계속 흐른다(헤라클레이토스). 삶에서 패러다임의 변화(paradigm change)는 – 쿤이 말하지 않아도 – 늘 있어 왔으며 앞으로도 영원히 지속될 것이다. 따라서 쿤은 언명은 하도 답답하니까 – 삶은 늘 변하고 있는데 그저 조직의 생각과 행동은 결코 변화하지 않으려고 하니까 – 자신의 삶에서 패러다임의 전환을 강제적으로 선언하라고 하는 인생메시지라고 보면 족할 것이다. 결국 끊임없이 흘러가고 변화하는 상황 앞에서 리더십이 발휘될 수 있는 상황을 창출하는 일은 진정한 리더가 사회패러다임의 변화를 읽어 내는 것이다.

피들러의 "상황 이론"은 오늘날 우리가 어떻게 리더가 될 수 있을까에 대한 궁금증에 직접 대답하기 위해 시도된 중요한 연구라고 할 수 있다. 상황의 논리! 특히 이는 산업현장에서 현대이론물리학의 획기적인 개가로 인정되는 카오스이론과 복잡계이론에서 밝혀준 생명에의 원리에 대한 암시를 반영한 최초의 리더십 연구라고도 할 수 있다. 즉 오늘날 피들러의 상황이론은 리더십 연구에서 "상황"의 중요성을 선구적으로 도입하였으며 여러 다양한 상황들을 상황 변수로 수치화하여 분석의 대상을 세분화할 수 있었다는 점에서 획기적 이론이다.

그럼에도 불구하고 피들러의 상황이론에서는 중요한 허점도 발견되고 있다. 이를테면, 첫째, 그가 분석의 틀로 제시한 "LPC(Least Preferred Co-worker, 함께 일하기 가장 싫은 동료) 측정도구(설문)"[111]의 신뢰성과 타당성에 의문이 제기되고 있으며, 둘째, 리더가 선택하는 환경 선호도를 측정하는 문제가 일반화될 수 없으며, 마지막으로 LPC와 환경 선호성의 상호작용이 반드시 부합되는 것은 아니라는 비판이 가능하다. 또한 피들러가 제시한 리더십의 스타일도 그가 주장한 것처럼 항상 고정적일 수 있을까 하는 의문점도 항상 논란이 되고 있다.

그러나 피들러의 상황이론은 과거의 특성이론이나 행태이론과 달리 모든 상황에 적합한 최적의 리더와 리더십은 존재하지 않으며, 집단 및 조직의 구성원, 업무조건 및 환경 등으로 구성된 각 상황에 따라서 리더나 리더십의 성과와 효율성도 달라질 수밖에 없다는 점을 알게 해 주었다. 한마디로 A 조직에서 최고의 리더가 반드시 B 조직에서도 최고의 리더가 될 것이라는 보장이 없다. 만약 A 조직에서의 리더가 B 조직에서도 통한다면, 이는 우연이거나 아니면 A 조직과 B 조직의 조건이 완벽하게 같을 경우이다. 그러나 후자의 경우는 불가능하다. 왜냐하면 시간의 흐름 속에서 상황은 끊임없이 변화하기 때문이다. 결국 조직의 구성원이 다르고 조직의 상황(환경조건)이 다른데도 불구하고 같은 사람이 다른 곳에서 똑같이 탁월한 리더가 된다는 것은 불가능한 일이다. 물론 비슷한 상황이 연출된다면 A조직의 리더가 B조직에서 완전히 기진맥진하지는 않을 것이다. 그러나 똑 같은 성취는 원칙적으로 불가능하다. 즉 조건이 완벽하게 일치할 수 없다. 이미 조건과 환경 즉 – 선수자질과 특성, 지원방식, 일상생활, 분위기 등에서 – '상황'이 달라졌다. 그렇다면 A조직의 리더가 B 조직의 리더로서도 성공적이라는 사실은 우연일 가능성이 높다는 것이 된다. 한마디로 상황은 '우연'이다.

그렇다면 상황이론은 오로지 '우연'에 모든 것을 맡기라는 메시지를 준 것일까? 우연! 그렇다면 팔자소관(八字所關)이라는 말인가? 결코 그렇지는 않을 것이다. 그래도 상황이론이 학문적 이론인데, 결코 그럴 리는 없을 것이다. 오히려 우연을 창출하라는 메시지가 아닐까? 그러나 그렇게까지 비약할 수도 없겠지만, 상황이론은 오히려 우연을 결코 우연으로 방치 않는다는 사실에 커다란 의미가 있을 것이다. 즉 우연마저도 철저하게 수용해야 한다. 이는 상황이론이 제시하는 최후의 메시지인 것이다.

한마디로, 상황이론에서는 '리더란 타고나는 것' 또는 '리더란 개발되는 것'이라는 "특

111) 피들러는 각각의 리더들에게 LPC(Least Preferred Co-Worker) 즉 "자신이 가장 함께 일하고 싶지 않은 사람"을 8척도 20문항으로 제시하였다. 이 연구는 과연 어떠한 리더에게 어떤 사람들이 함께 일하고 싶지 않은 유형인가를 밝혀낸다면, 특정한 리더와 궁합이 맞는 종업원과 일하는 상황을 선택할 수 있다는 발상에서 비롯되었다. 즉 상황부합이론의 3요소는 리더(Leader), 추종자(Followers) 그리고 상황요소(Situation factor)이다. 결국 이 연구는 리더의 스타일을 알아내고 동시에 이러한 리더와 가장 부합되는 상황을 만들어 냄으로써 궁극적으로 조직의 효율성과 생산성을 제고하기 위한 목적을 가지고 있다.

성이론"이나 "행태이론"의 전제에 원칙적으로 동의하지 않는다. 오히려 상황이론은 '상황이 리더를 만들어낸다'또는 '리더는 상황에서 태어난다"는 논리에 가깝다. 결국 상황이론에서는 언제 어디서라도 누구나 리더가 될 수 있으며, 상황에 따라서 리더의 역할과 기능도 완전히 달라질 수 있다는 논리이다.

그러나 중요한 사실은 리더가 상황이 될 때까지 기다리는 것 보다는 스스로 리더로서 역할을 수행할 수 있는 상황을 스스로 창출하는 일이다. 왜냐하면 어차피 그로 하여금 제대로 된 리더십을 발휘할 수 있는 상황이 발생하는 것을 기다리는 것은 무모한 일이며 또한 이러한 기우는 흔치 않기 때문이다. 결국 리더로서의 본인이 자신의 리더십 스타일에 적합한 상황을 연출해야 하는 것이다. 이렇게 본다면, 리더는 끊임없이 스스로 연구하고 자기개발을 서둘러야 한다는 것이 분명해진다. 즉 상황이론이 나오면서부터, 리더는 자기 조직에서 늘 새롭게 변화되는 상황변수들에 대해서 유심히 관찰하고 자신만의 효과적인 리더십을 발휘할 수 있는 조직의 상황이 과연 언제 어떻게 창출될 수 있을 것인가에 대해서 객관적이고 과학적인 연구를 시작하게 된 셈이다.

4) 허쉬 & 브랜차드의 상황리더십적 관점

우리는 허쉬(Hersey)와 브랜챠드(Blanchard)의 리더십을 본격적인"상황적 리더십 이론(SLT: Situational Leadership Theory)"이라고 한다.[112] 이는 일련의 상황리더십을 위한 이론화 준비에 역점을 둔 피들러의 "리더십의 상황적합이론(CTL: Contingency Theory of Leadership)"을 한 단계 확장시켰다. 이들은 2단계를 통하여 바람직한 리더십의 모형(model)을 제시했다. 우선 첫 번째 단계로 이들은 피들러의 경우와 마찬가지로 리더십의 스타일을 찾아냈다. 피들러가 리더십의 스타일을 업무 지향형(task-oriented)과 관계 지향형(relationship-oriented)으로 단순 이분한 것과는 달리, 이들은 리더십의 스타일을 '업무 지향형-관계 지향형의 관계 정도(高-底)'로 리더십을 4가지 스타일로 세분화하였다. 지시형 리더십, 판매형 리더십, 참여형 리더십 그리고 위임형 리더십이 그것들이다.

우선 지시형 리더십(telling leadership)은 '고(高)업무지향형-저(低)관계지향형(high task-low relationship)'의 리더십 유형으로서, 리더가 업무 시간, 방법, 내용 등을 일일이 지시하고 규

112) 이들의 "Lead" 프로그램은 유명한 리더십 훈련 프로그램이다(이준형, 2002: 61).

정하는 스타일을 말한다. 그리고 판매형 리더십(selling leadership)은 '고(高)업무지향형-고(高)관계지향형(high task-high relationship)'의 리더십 유형으로서, 매사를 지시하지만 동시에 구성원들로 하여금 정서적으로 지원하는 역할을 수행하는 스타일이다. 참여형 리더십(participating leadership)은 '저(低)업무지향형-고(高)관계지향형(low task-high relationship)'의 리더십 유형으로서, 리더는 의사결정의 과정에서도 조직구성원 즉 멤버들(members)을 참여시키는 스타일이다.[113] 이로써 리더는 구성원들이 작업을 원활하게 수행할 수 있는 여건과 환경을 조성하는 역할에 치중하게 된다.

마지막으로 위임형 리더십(delegating leadership)은'저(低)과업지향형-저(底)관계지향형(low task-low relationship)'으로서 리더는 결코 지시도 하지 않으며, 정서적 지원도 하지 않는 완전 방임형 스타일이다. 다시 말하면, 리더는 멤버들에게 모든 것을 다 위임하는 자유분방형의 스타일로서 멤버들의 자율성을 극히 존중하거나 아니면 극히 무관심한 스타일이다. 이를 도식화 하면 다음 <그림6-1>과 같다.

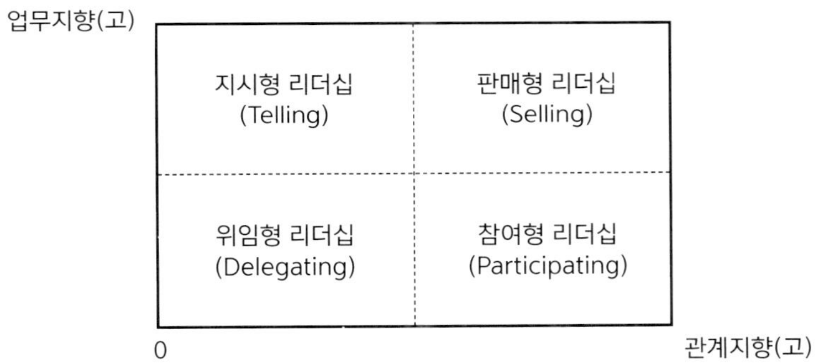

그림 6-1 리더십 4가지 유형

113) 크리스 아지리스는 의사결정의 과정에서 조직구성원들이 참여할 때 주의할 것을 지적한다: "의사결정 과정에서 인간관계를 무시하게 되면 의사결정에 참여한 사람들은 감정적으로 불만을 갖게 된다. 서로에게 나쁜 감정을 품게 되면 의사결정에 협력하지 않을 뿐만 아니라 의사결정 사항을 실행할 때, 위험 감수(Risk taking)에 대한 두려움도 증가한다." 오늘날 빌 게이츠의 리더십은 참여형 리더십의 전형이라고 할 수 있다. 그는 회의 때 간부들의 의견에 벌컥 화를 내기가 일쑤일 정도로 다혈질이지만, 나중에 곰곰이 생각하다가 대부분 조직원들의 의견을 반영하는 결정을 내린다고 한다. 이러한 빌 게이츠의 성향과 장점을 익히 알고 있는 마이크로소프트의 직원들은 결코 참여를 두려워하는 법이 없으며 이들의 참여는 회사의 발전을 이끄는 원동력이 되고 있다(차동옥 외, 2007: 34). 이러한 리더십은 관계지향형 리더십으로 간주될 수 있다. 이런 연유로 오늘날 의사결정은 점점 협상의 형태를 택해가고 있다(마셜 골드스미스 외, 2003/ 연호택·박종호 옮김, 2006: 105).

그러나 리더십은 멤버들의 자발적 참여 의지(readiness)가 어느 정도 존재하느냐 하는 것에 따라서 성과가 결정된다. 따라서 리더는 리더십의 스타일을 구성원들의 자발적 참여의지(또는 준비도)에 맞춰 가야만 좋은 성과를 얻을 수 있다. 즉 리더에 의해서 멤버들이 얼마나 동기유발이 되느냐, 아니면 멤버들의 작업 수행능력에 따라서 리더십의 성과가 좌우된다. 또한 멤버들의 자발성(readiness)은 성숙한 상황, 중간 상황, 그리고 미성숙의 상황으로 세분되며 이들 각 상황에 적합한 리더십 스타일을 찾아 이를 짝짓기 하는 방식으로 연구는 진행되었다.[114] 여기서 멤버들의 자발성과 업무수행능력이 바로 '상황'이다. 이러한 상황은 다음과 같이 4가지 유형으로 나뉜다.

첫째, R1의 상황이다. 이 상황은 조직구성원들이 별로 자발적이지 않고, 책임을 떠맡는 것에 대해 부담스러워 하고 있는 상황이다. 아울러 업무의 수행 능력도 거의 없고, 자신감도 부족한 상황이다.

둘째, R2의 상황이다. 이 상황은 조직구성원들의 업무 능력은 좀 부족하지만, 의욕은 넘치고 있는 경우이다. 그러나 열심히 하려는 마음은 있지만 적절한 기술과 능력을 갖고 있지는 못한 상황이다.

셋째, R3의 상황이다. 이 상황은 조직구성원들이 업무 수행 능력은 가지고 있지만, 리더가 바라는 것을 수행하고자 하는 의욕이 별로 없는 경우이다.

넷째, R4의 상황이다. 이 상황은 조직구성원들이 업무 수행 능력도 갖추고 있고, 사기 또한 충천한 경우이다.

허시와 브랜챠드는 두 번째 단계로서 리더십 스타일과 위의 4가지 상황들을 서로 짝짓기 하는 것으로서 바람직한 리더십 모형을 제시하였다. 예를 들면, R1의 상황에서는 구성원들에게 리더가 목표를 명확히 알려주어야 하기 때문에 각각의 작업을 자세히 지시해줄

114) 허쉬와 블랜챠드의 상황이론에 따르면 효과적인 리더십은 종업원들의 성숙도와 상황적 요구라는 두 가지 요소에 달려 있으며, 리더는 상황에 맞는 리더십 스타일을 발휘해야 하다. 예컨대, 종업원들의 능력과 의지가 부족하면 '지시적 리더십'이 유용하고, 보통의 능력과 의지를 가진 종업원들에게는 '참여적 리더십'이 가능 효과적이다(차동옥 외, 2007: 40).

수 있는 "지시형(Telling)" 리더가 적합하며, R2의 상황에서는 정서적 지원과 업무 추진력을 동시에 발휘할 수 있는 "판매형(Selling)" 리더가 적합하다. R3의 상황에서는 지시하는 것보다 멤버들을 참여시키면서 일을 추진해 나가는 "참여형(Participating)" 리더가 적하며, R4의 상황에서는 "위임형(Delegating)" 리더처럼 특별하게 간섭하지 않는 유형이 적합하다.

R1 → 지시형 리더	R2 → 판매형 리더
R3 → 참여형 리더	R4 → 위임형 리더

그림 6-2 리더십 스타일과 리더십 모형

허쉬와 브랜챠드는 R1에서 R4로 갈수록 성숙한 상황(mature situation)으로 간주한다. 결국 이 이론은 피들러의 상황 이론을 한 단계 업그레이드 했지만, 상황을 멤버들의 동기부여 정도와 능력에 따라 세분해 놓았다는 점에서 피들러의 그것과 대비된다.

5) 리더-멤버 교류이론적 관점

리더-멤버 교류이론(LMX: Leader-Member Exchange Theory)은 상기 상황이론들이 '리더란 모든 멤버들(조직구성원)에 대해서 항상 동일하고 객관적인 태도를 가지고 있다'는 전제를 깔고 있다는 사실에 의문을 품고 있다. 리더도 사람인데, 과연 그에게는 선입견(先入見)도 가지지 않는 무감정의 인간일 것이며 인간적인 실수나 오판도 없는 것일까? 그렇다면 리더는 전지전능한 신(神)인가? 아니면 신(神)이 되어야 하는 것일까? 이는 슈퍼맨보다도 더한 것은 아닌지? 불가능한 이야기를 현실화해야 한다는 중압감으로부터 과연 리더십의 연구는 자유로울까?

실제로 과거의 모든 리더십 이론에서는 - 특성이론과 행태이론은 물론이고 상황이론에서도 - 리더의 특징이나 스타일(유형) 그리고 상황과의 부합성에 주목해 왔다. 또한 과거의 이론들은 리더가 멤버들과 맺는 관계 역시 똑같기 때문에 결코 차별화될 필요가 없다는 것을 전제했다. 그러나 리더-멤버 교류이론(LMX) 이론은 리더와 특정 멤버들 사이의 '관계'는 일종의 쌍 즉 다이애드(dyad)를 형성하며, 이 다이애드는 멤버의 속성에 따라서 전혀 다른 성격을 갖는다는 점을 밝혀냈다.[115)]

리더가 맨 처음 조직구성원들과 관계를 맺을 때에는 개개인별로 역할형성과정(role-making process)을 거친다. 이 과정에서 리더는 어떤 구성원과는 공식적인 관계만 맺는데 반해서 어떤 구성원과는 매우 긴밀한, 때로는 개인적인 신뢰가 형성된 관계를 맺기도 한다. 결국 리더와 멤버는 상호교류하면서 LMX를 이룬다. 이때 생성되는 쌍이 다이애드인데, 이는 크게 두 가지로 대별된다. 첫 번째는 내집단(ingroup)이다. 즉 이들은 리더와 유사한 인격적-성격적-신체적 특징을 가지고 있거나 아니면 리더가 바라는 수준의 업무 성과가 특별히 탁월한 구성원들이다. 이들은 리더와 높은 수준의 관계를 맺으며, 때로는 리더로부터 비공식적으로도 많은 권한을 위임받기도 한다. 반면, 외집단(outgroup)은 내집단에 속하지 못한 멤버들로 이루어져 있으며. 주로 공식적으로 규정된 권한과 의무만을 이행하는 상태에 머문다.

결국 LMX 연구 결과에 의하면, 내집단 멤버는 리더와 공식적인 관계만을 맺게 되는 외집단멤버들보다 훨씬 더 높은 성과를 내며, 이직율도 낮고, 높은 직업만족도를 나타내는 것으로 나타났다. 이는 현장에서 상당히 신빙성 있는 결과로 나타났으며, 이를 계승하는 많은 후속 연구에서도 그 유효성이 수없이 검증된 바 있다. 이런 의미에서 이 이론은 "수직이원연결이론"(게리 에이 유클, 김대운 옮김, 1996: 63)이라고도 부른다. 즉 내집단 속에서 상관과 부하간의 수직적 이원연결조직은 외집단의 그것과는 판이한 성격을 가지고 있다.

> "'수직 이원'이라는 용어는 리더와 한 부하간의 관계를 의미하는 것이다. 이 이론의 기본 전제는 리더가 항상 조수, 보좌역 또는 조언자로 기능하는 소수의 믿을 만한 부하들(내집단)과 특수한 과계를 형성한다는 것이다. 그 외 타 부하들(외집단)과는 이와는 다른 교환관계를 형성한다. … 외집단 부하들과의 교환관계에서는 비교적 낮은 수준의 상호적 영향력 과정이 발생한다. … (그러나) 내집단 관계로

115) 이는 A와 B 사이에 '관계'의 영역이 개입되어 있기 때문인데, 관계로 인하여 전체는 전혀 다른 속성을 가지게 된다. 이는 나중에 시스템 이론에서 정리된다. 전체는 부분과 부분의 합 이상으로 전체는 부분이 가지고 있었던 속성과는 전혀 다른 속성을 가지게 된다. 또한 전제를 다시 부분으로 분해한다고 해서 그 부분 역시 전체의 속성으로 환원되지 않는다.

부터 리더가 얻을 수 있는 이득은 분명하다. 집단이 몇 몇 구성원들의 상당한 솔선과 노력이 있어야만 성공적으로 수행할 수 있는 과업을 갖게 되었을 때, 그 부하들의 적극적 참여는 중요한 역할을 한다. 헌신적인 부하들의 도움은, 책임지고 있는 모든 관리 의무들을 혼자서 수행하기에는 시간과 정력이 부족한 관리자에게 특히 절실하다. 그러나 내집단 부하들과의 특별한 관계는 리더에게 어떤 의무와 구속을 요구한다. 그 관계를 유지하기 위해 리더는 내집단 부하들에게 계속 주의를 기울여야 하고, 그들의 요구와 감정에 항상 반응을 보여주어야 한다. … (정리하자면) 수직이원연결이론은 리더가 상이한 부하들과 시간이 경과함에 따라 어떻게 상이한 교환관계를 발전시켜 나가는가를 서술한다. 이 이론에서 리더는 몇 몇 부하에게 관리 임무를 수행하는 데 보다 많은 충성, 참여 및 도움을 제공해 준 대가로, 보다 많은 영향력, 자율성 및 혜택을 제공해준다. 리더의 상향 영향력은 부하들과 특수한 교환관계를 확립하기 위한 잠재력의 중요한 결정요인이다. 그러나 이것이 리더십 효과에 대해 갖는 의미는 아직 분명치 않다."(게리 에이 유클, 김대운 옮김, 1996: 63-81)

그러나 LMX 이론은 리더에만 집중하던 종래의 리더십 이론에서 탈피하여,[116] 리더-멤버, 그리고 양자가 맺는 관계를 통합함으로써 종합적인 시각을 제공했다. 즉 LMX는 위의 상황이론들이 볼 수 없었던 또 다른 상황 즉 '리더와 멤버들과의 관계'에 따라서 리더의 행태와 리더십의 상황이 달라져야 한다는 중요한 메시지를 주기에 충분했으며, 특히 리더십 연구에서 '멤버의 중요성'과 '멤버의 우상'을 새롭게 제시했다는 점은 커다란 업적이라고 할 수 있다. 특히 여러 상황 리더십 이론 중에서 오직 LMX 이론만이 리더와 멤버 사이의 관계(다이애드: dyad)에 집중하고 있다. 또한 LMX는 리더와 멤버간의 커뮤니케이션(의사소통)이 왜 리더십을 발휘하는 데에 있어서 중요한 역할을 하는지에 대해서

116) 특히 지금까지의 리더십 연구는 오로지 리더의 관점에서 이루어졌다. 리더는 이래야 한다. 리더는 저래야 한다. 리더는 이런 상황에서는 이래야 하고 저런 상황에서는 이래야 한다. 그러나 과연 오르지 리더만 잘 한다고 성과를 낼 수 있을까? 따르는 자(추종자, follower)가 없는 상황에서 리더만 애를 쓴다고 과연 리더십은 발휘될 수 있는 것이며 성과가 날까? 리더도 중요하지만 추종세력도 중요한 것이다. 아니 더 중요할 수도 있다. 일반적으로 리더의 특권은 추종자 세력을 거느리고 있다는 점이다.

잘 설명해 준다.[117] 즉 LMX 이론은 리더와 멤버 사이의 교환관계와 교류관계를 분석하는 데에 있어서 비록 선형적(linear)이며 쌍(dyad)이라는 개념으로 일차원적 도식관계만을 그려낼 수 있었다. 결국 이로써 LMX는 리더의 관점에서만 리더십을 바라보던 시각을 리더를 추종하고 리드의 대상인 멤버 즉 추종자들에게로 연구의 초점을 이동시켰다. 이로써 리더십 연구는 소위'멤버십 연구'로의 첫 단추를 끼는 획기적인 계기가 만들어 진다.

오늘날 "고객이 왕"이라는 말이 있다.[118] GAMMA(Ludwig Kapfer: "Das ganzheitliche Marketing Management-Modell) 컨설팅의 분류에 의하면, 고객은 내부고객과 외부고객으로 나뉜다. 후자는 말 그대로 시장의 고객(Customer)이고, 전자는 자기 조직의 구성원 즉 "직원"을 말한다. 고객이 왕이라면 내부고객인 직원도 왕이다.[119] 리더십에서는 추종자의 의미와 가치가 중요하며 이들이 결국 리더십 결과의 관건이라는 사실을 인식하게 한 리더-멤버이론은 내부고객 역시 외부고객 못지않게 왕이라는 사실 역시 각인시켜 주는 계기가 되었다고 할 수 있다.

6) 경로-목표이론적 관점

1970년대 이후 상황이론은 하우스(Robert House)와 에반스(M. Evans)의 경로-목표 이론(path-goal theory)에 의해 계승 발전된다. 이 이론에 의하면, 리더의 행동은 멤버들이 추구하는 만족, 행복, 목표를 달성해 줄 수 있을 것으로 인식될 때 수용된다. 즉 리더십은 -

117) 이러한 리더십의 이론적 관점은 오늘날 현실에서도 통한다. 연매출 160조원이 넘는 GE의 위력은 탁월한 커뮤니케이션 조직이라는 점에서 찾을 수 있다. GE는 2~3일 동안 타 부서의 직원들을 합숙시키면서 문제의 해결을 찾는 방법으로 타운 미팅(town meeting)을 실천하고 있다. 여기서는 한 사람의 아이디어와 다른 사람의 아이디어를 인위적으로 충돌시키고 결합시키면서 새로운 제3의 아이디어를 수립하는 방식으로 프로그램을 전개한다. 이는 평소 개방적 커뮤니케이션을 중시했던 잭 웰치 전 회장의 덕택이다. 그는 회장 재임기간동안 커뮤니케이션을 통해 수립되는 '벽 없는 조직'을 이상적 조직으로 간주했다. 그는 말한다: "만일 어떤 아이디어가 철저히 자유롭게 이루어지는 열린 토론에서 살아남지 못한다면 그것은 아마 시장에서도 살아남지 못할 것이다." 김영세 이노디자인 대표는 말한다: " 기업에서 침묵은 금(gold)이 아니라 '싸늘함(Cold)이다. 세계적 기업 3M은 토크(talk), 토크(talk), 토크(talk)라는 원칙으로 조직 내부의 벽을 없애고 있다." 경영의 귀재라고 불리는 피터 드러커는 21세기 최고의 리더는 커뮤니케이션을 잘하는 리더가 될 것으로 예언했다. 일본의 세계적인 자동차 회사 도요타의 와타나베 가쓰아키(Katsuaki Watanabe) 회장은 말한다: "문제는 드러나야 한다. 그래야만 해결책도 나온다." 서로 커뮤니케이션을 하지 않는 한 문제는 계속 깊게 사장되고 말 것이며, 그렇게 되면 회사와 조직은 문제해결책도 마련하지 못하게 되어서 결국은 물속으로 가라앉고 말 것이다. 그런데 커뮤니케이션에서 가장 중요한 사실은 발신자보다는 수신자에게 주도권이 있다는 것이다. 즉 커뮤니케이션에서는 발신자의 의도가 무엇이건, 수신자가 듣지 않으면 허사이다(이케가야 유지, 이토이 시게사토/ 박선무, 고선윤 옮김, 2003: 257). 커뮤니케이션의 능력은 이 시대의 가장 강력한 경쟁력이다(이준형, 2002: 162-163).

118) 피터 드러커에 의하면, 기업은 고객을 창조하는 곳이다.

119) 맥도날드의 창립자인 레이 크록 회장은 "내가 여기 있는 이유는 여러분의 업무를 돕기 위함입니다. 왜냐하면 여러분이 성공해야 내가 성공하기 때문입니다"라고 하면서 직원들을 독려했다.

내용과 방법이 어떻든지 - 멤버들의 욕구에 부합이 된다면 언제 어디서라도 쉽게 수용될 수 있다는 논리이다. 그러나 여기서 목표달성이란 일방적인 리더의 입장만을 의미하는 것은 아니다. 리더의 목표와 멤버의 목표가 일치하는 것을 말한다. 일종의 공유비전(shared vision/ P. Senge)이라고나 할까?

경로-목표 이론에서는 리더의 스타일을 다음과 같이 크게 네 가지로 구분하고 있다. 이는 리더십의 스타일을 고정적으로 보고 있는 피들러의 상황(부합)이론에서와는 달리, 리더십의 스타일은 결코 고정적이지 않고 항상 유연하게 바뀔 수 있다. 이는 전적으로 리더-멤버이론(LMX)의 상호영향력의 역학관계에 의해 결정된다.

첫째, 지시적 리더(directive leader)이다. 그는 추진하는 일의 목표가 무엇인지, 목표 달성의 일정과 범위는 어떻게 되어야 하는지 그리고 특정한 업무를 어떠한 방식으로 실천해야 하는지에 대하여 분명히 지시하고 통제하는 리더이다.

둘째, 지원적 리더(supportive leader)이다. 그는 멤버 개개인에 관심을 쏟으며 가능한 한 이들의 욕구충족을 위해 지원해주고 지지해 주는 리더이다.

셋째, 참여적 리더(participative leader)이다. 그는 의사수렴 및 의사결정과정에서도 멤버들의 의견을 적극적으로 반영하는 리더이다.

넷째, 성취 지향적 리더(achievement oriented leader)이다. 그는 도전적 목표를 설정하고 멤버들의 능력이 최대치를 발휘할 수 있도록 격려하고 독려하며 나름대로 비전을 끌고 가는 리더이다.

여기서 상황변수는 크게 두 가지로 나타난다. 즉 멤버의 영향력이 미치지 않는 환경적 상황요소(Environmental contingency factors)와 멤버 개개인의 성격적 특성에서 비롯되는 멤버의 상황요소(Subordinate contingency factors)가 그것들이다. 여기서 환경적 상황요소에는 업무구조(task structure), 공식 권한(formal authority system), 그리고 작업그룹(work group) 등이 해당된다. 반면, 멤버의 상황요소에는 통제의 소재(locus of control), 경험, 자각된 능력

(perceived ability) 등이 해당된다. 결국 경로-목표 이론은 리더의 스타일과 두 겹의 상황요소를 조합해서 과연 어떠한 경우에 어떠한 리더가 더 좋은 성과와 더 높은 작업만족도를 가져오.는가에 대해서 분석한다. 즉 과연 어떠한 경로 상에서 어떠한 리더가 목표성취에 더 적합할까?

구체적으로 리더-멤버간의 목표 일치를 목표로 하는 리더의 행동을 동기화하는 요인들은, 첫째, 리더가 성과를 통하여 부하들의 욕구를 만족시켜 줄 수 있을 것으로 생각되는 정도(instrumentality)이며, 둘째, 효율적으로 목표 성과를 달성할 수 있도록 리더가 부하들에게 조언, 지도, 지원, 보상할 수 있는 정도(expectancy)가 된다. 첫 번째의 경우, 하우스와 에반스는 리더의 말과 행동이 지시적으로 작용하든, 아니면 지원적, 참여적, 성취 중심적으로 작용하든 중요한 것은 '멤버(수용자, 추종자)들의 반응'이었다. 즉 리더의 행동들이 어떠하게 나타나든지 궁극적으로 목표를 성취하여 만족한 결과를 내면 리더십은 성공하는 것인데, 이의 경로에서는 '추종자(수용자)들의 반응'즉 팔로워십(Followership 또는 Fellowship)이 중요한 관건이다.

헤드십(Headship) → 파트너십(Partnership) → 멤버십(menbership), 관계십(Relationship)

↑ ↑

추종자의 반응(Followership or Fellowship)

그림 6-3 리더십의 과정

한마디로 목표달성을 위한 효과적 리더십은 리더의 특정한 행동과 행태에서 비롯된다기보다는 오히려 목표달성의 매개변수로 작용하는 두 가지의 경로들(path) 즉 환경적 상황요소(직무구조, 공식권한시스템, 작업집단)와 부하의 상황요소(통제의 위치, 경험, 지각된 능력)가 목표달성의 관건이다. 따라서 리더의 목표달성의 과정을 '경로에 서 있는 제반 상황들'이 어떻게 리더의 제반행동을 수용하고 있는가를 파악하는 것이 효과적인 리더십 연구에서 급선무가 된다. 우선 환경적 상황요소로서 자신에게 주어진 직무의 구조, 공식적 권한(역할, 기능, 책임, 의무 등) 그리고 작업집단(팀 단위)이 어떻게 리더의 제반행동을 수용하고 있는가? 아울러 부하의 상황요소로서 통제됨에 대한 반응, 경험상의 지식 그리고 리더능력에 대한 이해 등이 리더로 하여금 목표달성을 용이하게 하거나 방해하거나 할 수 있다는 것이다.

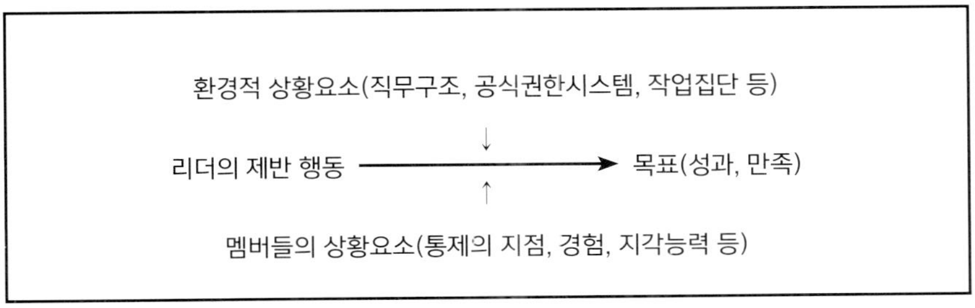

그림 6-4 경로-목표 이론의 모형

반대로 이들이 제시하는 리더십의 유형들 즉 지시적 리더십, 지원적 리더십, 참여적 리더십 그리고 성취 지향적 리더십이 효과적으로 발휘되기 위해서는 과연 어떠한 환경이 요구되는가 하는 것에 대해서 부분적이나마 - 모든 상황변수들을 대입·적용시켜 볼 수 없었기 때문에 오로지 일부의 사례에서만 - 규명될 수 있었다. 즉 지시적 리더십은, 첫째, 모호하여 업무 스트레스가 높은 상황에서, 둘째, 작업 그룹 내에 상당한 갈등이 존재하는 경우에, 셋째, 부하들의 통제위치가 외부인 경우에 효과적인 것으로 나타났다. 그러나 부하들이 업무 수행의 경험과 능력이 있는 경우에 지시적 리더십은 비효과적인 것으로 나타났다. 반면, 지원적 리더십은 업무가 구조화된 경우와 명확히 정형화된 권력구조가 존재하고 관료적인 경우에 효과적인 것으로 나타났으며, 참여적 리더십은 부하들이 스스로 자신을 통제할 수 있다고 믿는 경우에, 마지막으로 성취 지향적 리더십은 업무가 모호하게 구조화되어 있는 경우에 효과적인 것으로 나타났다.

> "우리는 모호함과 놀라움을 생의 일부로 받아들이기를 거부하는 데, 이는 우리가 예측과 통제가 가능한 신화에 사로잡혀 있기 때문이다. 우리는 아직도 기계처럼 모든 부분의 통제가 가능하다고 믿을 뿐 아니라 모든 장소에서 무엇이 작동하는지를 알 수 있다고 (또 그래야 한다고) 믿는다. 심지어는 계가 우리의 지도력과 함께 한다고 믿는다. 그러나. … 사물의 혼돈이나 모호함을 느끼기 시작할 때 우리는 걱정하지 않는다. (왜냐하면) 모호함은 우리들이 더 가치 있는 것에 대해 심사숙고하게 해주며, 혼돈은 우리에게 모르는 것을 말해주기 때문이다. … 정보의 부유함과 모호한 환경은 신상품 개발의 놀라운 근원이 된다."(마가렛 휘틀리, 1999/ 한국리더십학회 옮김, 2001: 154-156)

이러한 경로-목표 이론은 처음 하우스와 에반스에 의해 주창되었지만 지속적으로 많은 후속 연구를 통해 실증적 효과가 입증된 이론이기도 하다. 이 이론은 "리더의 스타일의 분류 + 조직구성원의 특성에 따른 상황 요소 + 환경적 상황 요소"를 함께 고려해서 어떤 경우에 구성원들의 만족도가 올라가고 성과가 늘어나는지에 대해서 해명하고 있다. 피들러의 상황부합이론이 최초로 상황이라는 변수를 발굴했지만 그래도 결국은 상황보다는 리더의 특성에 보다 커라단 주안점을 두었다고 할 수 있다. 이에 비한다면, 하우스와 에반스의 경로-목표 이론은 리더보다는 다양하고 복잡하게 분석될 수 있는 '상황'(환경적 상황+멤버들의 상황) 쪽에 더 큰 무게 중심을 실었다고 할 수 있다.

경로-목표 이론은 동기부여 이론 중 기대이론(Expectancy Theory)과 높은 관련성을 가지고 있다.[120] 기대이론에 멤버들은 자신이 투입할 노력이 분명한 성과로 이어질 것으로 믿을 때, 즉 그 성과가 자신의 목표와 잘 부합될 때 높은 동기유발이 발생한다. 그러므로 리더가 조직이 처한 상황 변수를 고려해서 노력-성과(Expectancy), 성과-개인적 목표(Valency) 사이의 관계를 얼마나 명확히 해줄 수 있느냐에 따라서 조직구성원의 직업만족도와 조직의 성과가 달라진다고 보았다. 다시 말하면 이 이론은 이름이 그대로 알려주는 것처럼 멤버(조직구성원, 추종자, 수용자)들에게 목표(goal)로 가는 경로(path = expectancy, valency)를 명확히 해줄 수 있는 리더십이 훌륭한 리더십이라는 주장이다. 그리고 이러한 경로는 결국 상황에 따라 달라질 수밖에 없으며, 반대로 경로는 상황을 창출할 수밖에 없는 것이다.

경로-목표 리더십 이론이 다음의 가설들을 입증함으로써 긍정적인 결과를 낸 상황들을 정리해 보면 다음과 같다.

첫째, 업무가 불분명하고 불확실한 상황에서는 지시적 리더십이 유리하다. 유리하다는 것은 직업만족도와 성과를 달성하는 관점이다.

둘째, 매우 조직적이고 체계화된 업무를 수행할 수 있는 상황에서는 지원적 리더십이 유리하다.

셋째, 멤버(조직구성원, 추종자, 수용자, 종업원)들이 자신들의 능력을 우수하게 생각하고 있

120) 빅터 블룸(V. H. Vroom)의 기대이론(1964)에 의하면, 동기부여=기대치(expectancy)×도구치(instrumentality)×선호치(valency)이다. 실제로 경영자의 입장에서 보면, 기대이론은 다음과 같은 두 가지 교훈을 준다: 첫째, 팀이나 개인이 스스로 원하는 결과에 이르기 위해서는 그 경로가 가능한 한 분명하고 명료해야 한다는 것이다. 둘째, 기대이론에서 무엇보다 중요하게 받아들여야 할 것은 똑같은 상황에 있는 두 사람이라 하더라도 각자의 가치관과 그 가능성에 대한 평가가 다르므로 상벌에 대해 다르게 반응할 수 있다는 사실이다(이준형, 2002: 311).

고 실제로 그 분야에서 전문적인 경험을 많이 가지고 있는 상황에서는 지시적 리더십이 사족(蛇足)이다. 오히려 멤버들에게 이것이 불필요한 간섭이라는 인식을 주게 될 경우에는 결과적으로 역효과가 날 수도 있다.

넷째, 조직체계 내에서 리더와 멤버들의 공식적인 권한 관계가 명확할수록, 리더는 지시적 행동보다 지원적 행동을 하는 편이 유리하다.

다섯째, 멤버들에게 내적 통제가 선호되는 상황(internal locus of control)에서는 참여적 리더십이 유리하다.

여섯째, 멤버들에게 외적인 통제가 선호되는 상황(external locus of control)에서는 지시적 리더가 유리하다.

일곱째, 주어진 업무과제가 애매모호하고 불분명한 상황이지만, 리더의 역량으로도 주어진 업무를 구체화시킬 수 없는 암중모색의 상황에서는 성취 지향적 리더십이 유리하다. 특히 미지의 개척분야로서 멤버들에게 비전과 전망을 제시할 필요가 있는 상황에서 보다 유리하다. 물론 이러한 상황에서는 리더가 명확한 지식이나 기술을 가지고 있다면 지시적 리더십도 한 몫을 해 낼 수 있을 것이다.

이를 종합해 보면, 환경적 변수와 멤버들의 성격적 변수를 감안한다면 이러한 상황을 가장 잘 보강해 줌으로써 높은 성과와 만족도를 충족시켜 줄 수 있는 리더십이 가장 훌륭한 리더십이다. 이미 언급한대로 피들러의 이론과 달리 경로-목표 이론은 리더십 스타일은 얼마든지 유연하게 바꿀 수 있다는 전제를 가지고 있다. 즉 경로만 잘 설정되면 리더십의 스타일은 - 리더 개인의 인성적 특성과도 무관하게 - 거기에 맞추어서 유동적으로 변화될 수 있다는 것이다. 따라서 이 이론은 오히려 정확한 상황 변수의 분석만으로도 훌륭한 리더십의 효과를 거둘 수 있는 리더십 스타일을 찾아 낼 수 있다는 결론이다. 결국 위의 다른 상황이론들은 리더십의 스타일을 분석할 때 비교적 단순한 방법을 사용하고 있지만, 경로-목표 이론은 다양한 환경적 요소들과 멤버들(Follower or Fellow)에게 동기를 부여할 수 있는 제반 상황들을 포괄하는 변수들을 적용한다. 이로써 경로-목표 이론은 보다 포괄적인 상황이론으로 이해되고 있다. 또한 이는 현장적용도의 차원에서도 용이하고 탁월한 것으로 평가되는 편이다. 심지어 거의 같은 결과를 내고 있는 후속연구들의 도움으로 유효한 실증적 연구로서의 강점도 가지고 있다.

그러나 경로를 결정하는 환경적 상황요소와 멤버의 상황요소가 어떻게 모든 상황을 포괄할 수 있을 것인지가 관건이다. 이렇게 상황에 따라 리더십의 적용이 달라져야 한다면, 각각의 상황에 부합하는 각각의 리더십의 스타일을 찾아내야 한다. 그렇다면 소위 특정 상황에 부합되는 특정 리더십의 유형 즉 소위 1:1 맞춤형 리더십을 찾아내어야 하는데, 이러한 연구는 노력과 투자에 비해서 소득이 낮아질 가능성이 높다. 왜냐하면 현재 자기 조직의 상황에 대한 조사 분석의 결과를 실제 현장에 적용할 즈음에는 이미 상황이 변화할 수 있기 때문이다. 또한 상황분석에 대한 결과를 적용함에 있어서 외부로부터의 또 다른 세력들이나 환경변화가 새로운 변수로 개입하게 됨으로써 리더십의 적용 자체가 불가능해질 수도 있다. 물론 소위 1:1의 맞춤형 리더십을 연구하여 특정 상황에 부합되는 특정 리더십의 유형을 찾아내는 일은 계속되어야 할 리더십의 과제임에 틀림없다. 그럼에도 불구하고 투입과 노력에 비해 얻을 수 있는 결과가 제한될 수 있다는 한계가 상존한다. 특히 경로-목표이론에서는 지나치게 상황분석에 초점을 두는 바람에 리더 자신이 발휘할 수 있는 권한은 대폭 축소된다. 이를테면 리더로서 스스로 조직 환경의 경로를 자기 주도적으로 창출한다거나 아니면 조직의 구성원에게 발휘하는 인간적인 리더십 즉 카리스마를 행사할 수 있는 리더십의 고유성이 저하될 우려가 없지 않다. 또한 리더-멤버 교류이론(LMX)에서 보다 더 낮은 리더와 멤버(추종자 등)와의 교류관계 형성이 이루어질 가능성도 배제되지 않는다.

7) 참여리더적 관점

리더 참여 모델(Leader-Participation Model)은 1973년 빅토르 브룸(Victor Vroom)과 필립 예톤(Phillip Yetton)에 의해서 창안된 모형 이론으로서 경로-목표이론의 확장이다. 즉 현재 조직이 처한 수많은 상황변수들과 수많은 경우의 수들에 대한 가능한 접근을 통해서, 이에 부합되는 리더십의 유형들을 최대한 찾아내고 이를 현장에 구체화하는 것을 목표한다. 이는 나중에 보다 복잡한 형태로 보충되어 재설계되었다. 이들은 경로-목표이론의 보다 효율적인 적용을 위해 멤버들의 상황(추종자들의 반응)에 대한 분석 보다는 리더의 행동 양식을 결정하는 환경적 상황요소 중에서 특히 직무(업무)구조에 주목하였다. 따라서 리더 참여 모델이란 일종의 LMX이론 가운데에서 리더가 조직의 업무구조를 파악하는데 보다 적극 참여하는 리더십 이론을 말한다. 리더는 우선적으로 현재의 업무구조를 보다 정확히 파악해 냄으로써, 업무구조의 설계, 변경, 재배치, 삭제를 위한 권한을 강하게 발휘할 필요가 있다.

간단히 말하면, 조직의 직무구조에 따라서 리더의 의사 결정 참여도가 달라져야 한다. 구체적으로 이들은 우선 12가지의 상황 변수를 이용해서 상황을 구분한 다음, 각 상황에 맞는 5가지의 리더 행동 양식을 제시했다. 여기서 상황 변수는 리더가 어느 정도 의사 결정에 참여해야 하는지에 대한 질문을 통하여 파악된다. 물론 질문의 각 문항은 5점 척도로 대답되어진다. 이를테면, 리더 참여 모형에서 상황 변수를 파악하기 위해 구성된 질문의 항목들에 대하여 응답자들은 5개의 응답 중 하나를 선택하여야 한다. 즉 각 설문에 대해서 응답자는 [그렇지 않다-약간 그렇다-보통이다-매우 그렇다-절대적으로 그렇다]의 5점 척도로 대답하여야 한다.

리더 참여 모델 이론은 경로-목표 이론처럼 리더의 스타일이 상황변화에 따라 항상 유연하게 바뀔 수 있음을 전제하고 있다. 또한 이 이론은 어떤 특정한 상황에서 어떠한 리더가 어떤 특정 행동을 취해야 효과적인가를 결정한다. 그러나 이 이론은 다른 상황이론들과 달리 업무(직무)구조에 따라 '의사결정의 양식'이 달라져야 한다는 점을 초점을 두고 있기 때문에 업무구조라는 환경상황을 벗어나면 적용가능성이 낮아진다. 따라서 이는 모든 상황에 맞는 일반화된 리더십 유형으로 간주될 수는 없으며 멤버들의 상황 분석과 환경적 상황분석에 동등한 비중을 두고 경로를 분석 제시하는 일반 경로-목표이론과도 차별화된다. 심지어 이 이론은 오늘날도 대부분의 조직들이 멤버들의 반응 보다는 아직도 업무구조에 의해서 조직의 성과가 결정되고 있다는 현실을 반영해 주고 있다. 그럼에도 불구하고 이 이론은 후속연구들에 의해서 효율성이 높은 것으로 평가되고 있다. 왜냐하면 우리의 현행 조직시스템에서는 멤버들의 반응(멤버 환경) 보다는 조직의 업무구조가 조직의 효율성과 생산성을 거의 결정하고 있기 때문이다. 이는 전형적인 하이어라키 조직구조의 특성이다. 여기서는 리더들은 업무구조를 어떻게 조정하느냐에 관하여 집중적인 관심을 둘 필요가 있다. 그러나 미래 조직이 점차 전혀 다른 조직구조로 - 우리는 이를 홀라키 조직이라고 명명하는데 - 전환되고 있다는 사실을 인정한다면, 이러한 리더십 유형은 편향조직의 리더십으로 앞으로 그 영향력이 대폭 축소될 가능성도 없지 않다.

정리하자면, 위의 모든 상황이론들은 - LMX 이론만 제외한다면 - 공히 리더의 스타일과 상황 변수를 세분화함으로써 A 상황의 경우에는 A 스타일의 리더십이 적격이라는 것을 밝혀 놓은 셈이다. 또한 모든 상황이론들은 공히 상황이 혼란스럽고 덜 체계화되어 있을수록 지시적 리더십이나 성취 지향적 리더십을 유효한 것으로 제시하고 있었지만, 상황이 비교적 잘 정돈되어 있고 멤버들의 동기부여가 잘 조성되어 있는 경우에는 지원적 리더십을 가장 유효한 리더십으로 꼽고 있다. 그럼에도 불구하고 상황이란 '판타레이(Panta Rai, Herakleistos) 즉 속성상 시간의 흐름에 따라 계속 변화할 수밖에 없는 것이기 때문에, 이러한 상황 리더십의 이론들은 흐르는 물속에 떠내려가지 않는 교각을 세워야 하는 난관이 항상 남아 있다고 할 수 있다. 이러한 난공사는 결코 불가능한 것은 아니다. 그러나 엄청 힘이 들고 항상 불안하며 위험하기 이를 데 없다.

> "1950년대 초부터 30년 동안 리더행동의 연구는 주로 과업 및 관계지향 행동에 초점이 맞추어졌다. 이 기간 동안 많은 리더십 연구들이 설문지를 사용하여 "배려"와 "조직주도(업무구조선도)"를 연구하였다. … 배려적인 리더들이 항상 부하들을 만족시켰다는 것 외에는 일정치 않았다. 참여적 리더십은 과업 및 관계지향 리더십 이후 세 번째로 많이 연구된 리더 행동이다. 그 연구의 결과들도 일정치 않았다. … 배려적, 과업 지향적 및 참여적 리더십에 관한 연구 결과들이 일관성이 약한 주된 이유는 부정확한 측정, 설문조사 연구들의 인과관계 결정상의 문제, 실험연구들의 설계상 취약점 및 상황적 조절변인에 대한 무관심 때문이었다. 과업 및 관계 지향 행동에 관한 보편적 이론들은 高-高 유형이 모든 상황에서 최적이라고 가정한다. 상호작용적 모델에 대한 연구는 확정적인 것은 아니나, 미국이나 일본에서의 광범한 연구를 고려하면, 효과적인 리더들은 최소한 두 가지 유형의 행동 모두 다에서 적절한 수준을 유지함을 지지해 주는 것으로 보인다. 대부분의 설문지-상관 조사 연구들은 수수한 과업지향 행동과 순수한 관계지향 행동의 총체적 빈도로만 측정했기 때문에, 상호작용 모델을 적절히 검증해 주지 못했다. … (한편) 허쉬와 브랜챠드의 상황적 리더십이론은 과업 및 관계 행동의 효과가 부하의 성숙도에 따라 어떻게 달라지는가를 연구하였다. … 이 이론은 변화하는 여건에 반응적인 융통성 있고 적응력 있는 리더십을 강조한다. … 리더십 경로-목표 이론은 리더행동의 네 측면이 부하의 만족 및 동기에 어떻게 영향을 미치는가를 연구하였다. … 리더십 이론은 계층적 리더들에 의한 리더십 행동을 불필요하거나 중복되는 것으로 만들어 버리는 상황측면들을 확인하였다. … Vroom과 Yetton의 참여에 대한 규범적 모델은 연합해서 집단 수행에 영향을 주는 두 개의 중개변인 - 결정의 질과 결정의 수

용 – 에 대한 상이한 결정절차들의 효과를 연구하였다. … 리더들은 어떤 특수한 상황에 적합한 의사결정절차를 사용한다면, 더 효과적이 될 것이다. 이 모델은 최근 Vroom과 Jago에 의해서 확정되었다. 상황이론들은 리더십 효과의 추론에 어떤 통찰을 제공해 주긴 하나, 그것들 모두는 그것들의 유용성을 제한하는 개념적 약점들을 갖고 있다. 이러한 상황이론들의 많은 단점들을 극복하고 장점들만을 견지한 통합모델들이 만들어졌는데….”(게리 에이 유클, 김대운 옮김, 1996: 139-176)

8) 리더십이론의 새로운 동향

상황이론을 기점으로 리더와 리더십 연구자는 한 몸이 되다시피 했으며, 리더 스스로도 연구자가 되었다. 왜냐하면 조직의 "상황을 창조"해 내는 문제는 어렵고 난해한 과제이기 때문이다. 그럼에도 불구하고 훌륭한 리더가 되기 위해서는 어떻게든 바람직한 상황분석 및 상황창출의 과제를 넘어서야 했다. 리더들은 서둘러서 리더십연구의 결과들을 현장에 적용하기 시작했으며, 반대로 리더십연구는 현장연구로 진행됨으로써 현장개선에 기여할 수 있는 계기를 확보하게 되었다. 이로써 이제 리더는 스스로 연구가가 됨과 동시에 학자들의 과학적-객관적 연구결과물을 현장에서 적절하게 적용하는 풍조가 일게 된다. 리더십에서 이론과 실천 간에 어쩔 수 없이 발생하는 괴리를 좁혀 보려는 일종의 산학협력이라고나 할까?

그러나 리더가 스스로 연구하고 연구결과를 적용하고자 하는 소위 '연구하는 리더'또는 '리더십 연구의 현장적용'이라는 소위'이론과 실천 간의 간격을 연구하는 분위기'는 반드시 긍정적으로 작용하는 것만은 아니다. 오히려 연구의 한계와 부실한 결과는 곧장 현장적용의 한계로 이어졌으며, 역으로 현장파악의 부실과 제한은 이론연구의 한계로 반영되었다. 왜냐하면 연구의 결과로 나타나는 지식이란 어차피 '조건의 지식'만을 산출할 수밖에 없기 때문이다. 이는 마치 실험실에서 실험의 결과는 실험을 설계하는 조건에 좌우되기 것과 같은 이치이다. 실험은 조건이다. 따라서 실험실에서 나온 결과는 조건의 지식 이상도 이하도 아니다. 즉 A라는 조건 하에서 이루어진 실험과 연구의 결과는 A라는 조건에서만 맞는다. 즉 조건이 달라지면 결과도 달라진다. 이는 실험실에서 실험의 조건이 달라지면 결과가 달라지는 것과 같은 이치이다. 결국 우리는 이러한 조건의 지식만을 가지고는 일반화된 지식을 얻을 수는 없다. 만약 실험실의 조건의 지식으로 일반화된 지식을 얻기 위해서는 삶의 모든 조건을 충족할 수 있는 조건의 지식들을 모두 모아 놓아야 할 것이다. 이는 불가능한 일이다. 왜냐하면 설령 우리가 모든 조건을 한 자리에 모두 모아 놓았다고 하더라고, 시간의 흐름 속에서 그 조건들은 또다시 변하기 때문이다.

결국 기껏해야 우리의 연구란 다양한 매개변수들(또는 상황변수들)과 '다양한 경우의 수'를 최대한 적용해 봄으로써, 최고 다양한 조건에서도 부합될 수 있는 연구의 결과를 얻어낼 수 있을 뿐이다. 즉 가능하면 연구의 결과가 '일반화'에 근접할 수 있게끔 가능한 한 다양한 조건들과 변수들을 복합적으로 반영하는 복잡한 연구 설계가 요구된다. 특히 산업현장에서는 조직의 생사가 직접 결정되기 때문에, 일반화의 오류나 시행착오가 반복되는 연구결과가 계속 적용될 수는 없다. 일반화나 일반화의 가능성이 전혀 불가능한 채 오로지 단순한 조건의 지식으로만 그친다면, 그 지식은 아무리 연구결과가 훌륭하더라도 현장에서는 무의미하고 무가치한 지식이 될 뿐이다.

최근의 리더십 이론은 기존 이론들이 점점 더 복잡한 상황 변수 및 리더십 스타일의 분석에 초점을 맞추는 현상에 대한 일종의 반작용으로 나타난다. 대표적인 이론으로는 리더십 귀인이론(Attribution theory of leadership), 카리스마 리더십 이론(Charismatic leadership theory), 거래 리더십 이론(Transactional Leadership Theory), 변혁 리더십 이론(Transitional Leadership Theory), 리더십 대체 이론 (Leadership substitution theory), 비전 리더십 이론(Visionary leadership theory) 등이 그것들이다.

(1) 리더십 귀인이론

리더십 귀인이론(Attribution theory of leadership)은 인지주의 심리학에 기초한 새로운 리더십 접근법으로 탄생했다. 과거의 리더십 이론들이 대부분 행동주의 심리학이나 정신분석학적 심리학에 기반을 두었다면, 리더십 귀인이론은 인간의 정신세계에서 발생하는 '인지적 변화'에 대해서 관심을 가진다.

> "모든 리더들이 부하들의 빈약한 수행에 똑같이 반응하는 것은 아니다. 귀인이론은 상이한 반응들을 상황요인과 리더의 인지과정으로 설명한다. … (이를테면) 부

가적으로 관리자들은 각 부하의 지각된 능력과 수행실적에 따라 부하들을 다르게 대한다. 한 부하의 실수나 수행 상의 문제에 대한 관리자의 반응은 부분적으로는 그것의 이유에 대한 관리자의 귀인에 의존한다. 수행문제가 부하의 탓으로 돌아갈지, 주변 여건의 탓으로 돌아갈지는 귀인이론의 주제이다."(게리 에이 유클, 김대운 옮김, 1996: 241-247)

위에서 인용한 일반 귀인이론의 원리를 리더십에 그대로 적용한 이론이 바로 리더십 귀인이론이다. 따라서 리더십 귀인이론은 리더십이 왜, 그리고 어떻게 되어야 한다는 것을 알려주거나 대안을 제시하는 이론이 아니라, 모든 리더십 이론은 환상(선입견, 편견, 착각, 신화 등)일 수 있다는 사실을 각성시켜 주는 일종의 리더십비판 이론 또는 심지어 리더십이론의 무용론(無用論)이라고 할 수 있다. 이에 의하면, 리더십이란 결과를 리더에게 귀인(歸因)시키는 것일 뿐이다. 한마디로 종래의 리더십 이론은 리더의 자질이나 특성 보다는 단지 결과(성과)를 오로지 리더의 책임으로 돌리는 일에 불과하다. 심지어 결코 설명될 수 없는 현상까지도 모두 리더십의 탓으로 돌리려는 경향이 있다. 예를 들면, 일반적으로 조직 속에는 성과가 좋은 경우 리더를 지나치게 높게 평가하지만, 반대로 성과가 나쁜 경우에는 리더를 지나치게 나쁘게 평가하는 경향이 있다. 즉 조직이 큰 성공을 이루거나 반대로 큰 어려움에 봉착하게 되면, 사람들은 그 원인을 주로 리더십에서 찾게 된다. 다시 말하면, 리더십이 발휘되는 상황에 대한 고려는 거의 없이 오로지 리더의 어떤 특성(traits)과 자질이 그러한 결과를 만들었다고 믿게 되는 것이다. 일반적으로 우리는 특성이론에서 제시하는 것처럼 '훌륭한 리더'는 머리가 좋고, 쾌활하며, 외향적이고, 말도 잘하고, 사려 깊고, 듬직하고, 근면할 것이라는 선입견을 가지고 있다. 그러나 리더의 특성과 자질이 작업성과나 만족도를 결정지을 수 없다는 사실은 이미 '상황이론'이 나오면서부터 해명된 바 있다.

리더십 귀인 이론의 연구 결과에 의하면, 일반적으로 사람들은 일관성(consistent) 있는 사고와 행동을 하는 리더가 훌륭한 리더라고 생각하는 경향이 농후한 것으로 나타난다. 설령 같은 결과가 나오더라도, 사람들은 초지일관하는 리더보다 자주 의사결정을 바꾸거나 성향을 바꾸는 리더를 좋아하지 않는다. 왜냐하면 결과에 관계없이, 또 일방성의 방향과도 무관하게 오로지 한 가지 입장을 일관적으로 견지해 나가는 리더는 변덕이 심한 리더보다 일단 좋은 이미지로 수용되기 때문이다. 그러나 이러한 결과는 모든 것을 정당화할 수 없는 한계에 봉착한다. 초지일관함으로써 성과를 낼 수 있는 리더도 있겠지만, 초지일관할 수 없는 상황에서도 초지일관함으로써 성과를 내지 못하는 리더도 있을 것이다. 이는 이미 조직이 처한 상황 자체가 관건이라는 상황이론의 연구결과에도 부합될 수 없지만, 직원들은 그러한 리더십에 점수를 주는 것이 아니라, 자신들에게 보다 유리하고 편한 리더십에 점수를 준 결과이다.

또한 결과에 대한 책임은 모두 리더가 져야 한다는 것이 바로 지금까지 리더십이론의 결론이었다.[121] 이는 우리 사회에 만연된 결과지상주의의 한 단면이기도 하다. 즉 종래의 리더십 이론에서는 리더십이 발휘되는 과정 절차에 대한 피드백이나 원리수정절차(prototyping)를 결코 무시하고 있지는 않지만, 결국 리더십의 결과가 곧 조직 효율성 및 생산성이라는 성과의 결과라는 인식만을 주입시키고 있다. 즉 지금까지의 리더십 이론은 리더십이 수정, 보완되어 보다 성숙한 리더십으로 성숙하는 피드백의 과정 보다는, 결과지향의 리더십으로서 성과를 내지 못하는 리더에게 모든 탓을 돌려 버리는 - 또는 그 반대로 모로 가도 성과만 좋으면 훌륭한 리더라는 - 합리화 및 정당화의 이론 이외에는 아무 것도 아닌 셈이다.

121) 이병철 삼성창업회장은 생전에 무조건 책임은 리더가 져야 한다는 경영철학을 가지고 있었다. 이를 업계에서는 "책임불변의 법칙"이라고 부른다. 줄 오르몽(Jules Ormont)은 말한다:"위대한 리더는 책임을 질 때를 제외하고는 어떤 경우에도 그의 추종자들보다 자신을 더 높은 곳에 두지 않는다." 그렇다면 권한부여에 따른 무책임한 일들을 책임지는 것이 리더의 역할이 되어야 하는 것인가? 이렇게 보면 임파우어먼트의 과정에서 리더의 역할은 애매하기 이를 데 없다. 그럼에도 불구하고 리더가 부하들의 실수까지 책임질 수 있는 포용력과 아량은 권한위임의 의미를 한층 새롭게 할 수 있다. 이탈리아 정치인 주세페 마니치는 "어리석은 지도자는 자신의 책임도 부하에게 돌리지만, 훌륭한 지도자는 부하의 책임도 자신의 책임으로 간주한다."고 주장한 바 있다. 존 맥스웰은 "가장 훌륭한 리더는 자신의 몫보다 더 많은 책임을 지며, 가장 적은 댓가를 바란다"고 했다. 남북전쟁 당시 링컨 대통령도 마이어 장군에게 이런 편지를 쓴 적이 있다." 존경하는 마이어 장군님, 이 작전이 성공하면 모두 당신의 공적이오. 그러나 실패하면 그 책임은 모두 내게 있소."폴 베어 블라이언트 앨라배머대학교의 미식축구 코치는 "모든 것이 잘 못되면'모든 것이 내 탓이오'라고 말 할 수 있는 리더, 모든 것이 잘되면'모든 것이 여러분들의 덕이오'라고 말 할 수 있는 리더가 미식 축구에서 승리한다"고 술회한 바 있다. 초등학교 출신이 다나카 가쿠에이가 동경제대출신의 관료가 득실거리는 대장성의 장관으로 임명받았을 때 모든 관료들에게 시기와 질투 그리고 노골적인 불만의 타켓이 되었을 때, 그는 단 1분간의 취임연설에서 "저는 초등학교만 나왔습니다. 대장성의 일을 깜깜합니다. 일은 여러분들이 하십시오. 나는 책임만 지겠습니다"라고 함으로써 이들의 우려를 한 순간에 말끔히 씻었다고 한다. BMW KOREA 김효준 사장 은 말한다: "모든 업무에 있어 '내가 최종 의사결정권자이다. 결과는 내가 책임진다'라는 자세로 임하는 사람은 직급에 관계없이 그가 경영자요 리더이다. 그러나 관리자나 경영자의 지위에 있다 하더라도 '나보다 더 높은 사람이 최종 결정권자이다. 아마 그 사람이 책임질 것이다'라는 자세로 업무를 대하는 사람은 그 지위와 관계없이 일반 직원에 불과하다."창녀 500명을 대상으로 설문조사를 해 보았는데, 자기가 지금의 처지가 된 것이 누구에게 원인이 있다고 생각하느냐의 질문에 모두 다른 사람이나 환경에 원인을 돌리고 한 사람도 자기 자신의 책임이라고 대답하지 않았다.(이준형, 2002: 261) 공자왈, "군자는 제 잘못을 생각하고 소인은 남을 탓 한다." - 이탈리아의 정치인 주세페 마치니(Giuseppe Mazzini)는 말한다: "부하의 잘못을 자신의 책임으로 돌리는 사람은 훌륭한 지도자이다. 어리석은 지도자는 자신의 잘못까지도 부하의 책임으로 돌린다." 프랑스 격언 'Noblesse oblege'는 귀족(noble)은 평민보다 더 큰 의무(obligation)가 있다는 뜻이다(이준형, 2002: 124).

"물론 리더의 책임에는 한계가 있다. 항상 모든 것을 리더가 책임지는 것이 반드시 바람직한 것은 아니다. 부하에게 일을 맡길 때는 부하가 할 일과 책임을 져야 할 범위를 분명히 정해야 한다. 을을 잘 하면 칭찬을 하고 잘못하면 야단을 쳐야 한다. 리더는 자기만이 책임을 지는 것이 아니라, 부하들에게도 책임을 지게 만들어 책임감을 가지고 일을 하게 해야 한다. 코비(Covey)는 '사람들에게 책임지도록 하는 것은 인격을 무시하는 것이 아니라 존재하는 것'이라고 말하고 있다."(이준형, 2002: 123)

(2) 카리스마 리더십

막스 베버(Max Weber, 1864-1920)는 일찍이 권위에 근거한 리더의 유형을 전통적 지배자, 카리스마적 지배자, 합리적 지배자 등 3가지로 구분하여 제시한 바 있다(Weber, 1947: 328-329; 이준형 2002: 211에서 재인용). 그 중 카리스마 리더에 대해서 그는 다음과 같이 말하고 있다.

"카리스마(Charisma)란 개인이 지닌 영웅적 자질, 비범한 능력, 마술적 힘(예언자, 제사장, 무당 등의 능력)을 의미한다. 카리스마적 리더는 추종자들에게 신비한 권력의 소유자(신과 동일시되며 신으로부터 지배의 권력을 위임받은 사람)로 간주되기 때문에 추종자들은 그의 권력에 정당성을 부여하게 된다."(이준형, 2002: 212)

즉 베버는 카리스마를 '한 개인이 보통 사람들과 구별되는 어떤 자질 또는 초자연적이거나 초인간적인 힘, 어떤 예외적인 특별한 자질'이라고 이야기한다(진재혁, 2002: 19).

카리스마 리더십(charismatic leadership)은 일종의 리더십 귀인이론이다. 즉 카리스마를 가진 리더는 무슨 일이든지 강력하게 추진할 수 있기 때문에 잘 되어도 그의 탓이며 못 되어도 그의 탓으로 돌아간다. 카리스마 리더십 이론은 리더십 귀인이론 중에서 특히 리더의 영웅적 면모, 특출한 점을 부각시키고 있다. 다시 말하면, 리더십귀인이론에서처럼 카리스마 리더십 이론은 조직의 높은 성과와 만족도를 오로지 리더의 카리스마적 특성 때문이라고 생각한다. 특히 리더십귀인은 훌륭한 성과를 냈을 경우에 시너지 효과를 냄으로써 리더는 급격하게 영웅시된다. 물론 결과가 잘못되었을 때에는 리더의 카리스마에는 분명 손상을 입는다. 그럼에도 불구하고 한번 주어졌던 카리스마는 금방 식어버리지 않는 것이 통상적이다. 심지어 실패했음에도 불구하고 일부 추종자들에게는 그의 카리스마가 영원히 남는 경우도 있다.

> "카리스마는 리더와 추종자간의 상호적 과정에서 결과된 한 귀인(歸因)인 것으로 나타났다. 자신감, 강한 확신, 몸가짐, 언어능력 및 극적인 직감과 같은 몇 가지 속성이 카리스마의 귀인 가능성을 증대시키나, 보다 중요한 것은 그 리더의 속성 및 비전을 특별히 추종자들의 욕구와 관련시켜주는 어떤 맥락이다."(게리 에이 유클, 김대운 옮김, 1996: 33)

카리스마 리더십을 발휘하는 리더는 자신을 추종하는 조직구성원(followers)들에게 강력한 메시지를 부여함으로써 이들이 리더의 생각이나 행동을 추종하게 하는 마력(魔力)을 가지고 있다. 이를테면 리더 특유의 자신감(self-confidency), 비범한 행동, 비전을 제시하는 능력, 비전에 대한 확고한 신념 등이 카리스마적 메시지가 될 수 있으며 이들은 추종세력에게 거의 절대적인 지지를 받는다. 심지어 오늘날처럼 급변하는 사회 환경 속에서도 카리스마를 가진 리더는 얼마든지 변화의 촉진자(change agent)로 군림할 수 있다. 변화의 부침이 심한 이 시대에는 자칫 잘 못 변화하면 모두가 공멸하는 상황이 쉽게 연출될 수 있는데도 불구하고 그에 대한 의존심은 매우 강하다. 왜냐하면 그는 추종자들을 카리스마로 압도할 수 있기 때문이다.

로버트 하우스(Robert House)에 의하면, 카리스마는, 첫째, 압도적 신뢰, 둘째, 강력한 지배력(dominance), 셋째, 강한 확신으로부터 나오는 아우라(aura)와 같은 것이다. 여러 조사에서 보면 실제로 카리스마 리더십은 '어떠한 상황에서도' 비교적 유효한 것으로 나타났다. 물론 카리스마 리더십이 발휘될 수 있는 최적의 상황은 '리더에 대한 추종자들에 의한 극단적 신뢰'에서 비롯된다.[122] 이러한 추종자들의 강력한 지지를 기반으로 카리스마 리더는 강력하게 조직을 장악할 수 있으며 강력한 확신을 가지고 조직을 이끌어 갈 수 있다. 따라서 강력한 리더십을 요청하는 상황에서 카리스마 리더십은 보다 유리하다. 이

122) 세계적인 마케팅 전문가인 지그 지글러(Geeg Gygler)는 "상대방이 당신을 신뢰한다면 당신과 비즈니스를 시작할 것"이라고 말한다. 신뢰와 믿음이 깨지만 진리도 거짓이 된다. 정주영 현대그룹 창립자 역시 "신뢰가 전부다"라고 말했다.

를테면, 조직이 위기상황에 처했을 때 카리스마 리더십은 그 진가를 발휘한다. 또한 그는 비전(vision)을 제시할 수 있음으로써, 이를 공유비전(shared vision)으로 만들 수 있는 능력을 가지고 있다.[123] 카리스마 리더는 추종자들에게 자신감과 신념을 가지도록 할 수 있다. 난세에 영웅이 나온다고 하는데, 카리스마 리더의 경우가 이에 해당될 수 있다. 즉 위기의 조직을 절대적으로 위임받고 이를 끌고 가는 카리스마 리더는 난세의 영웅에 비교될 수 있다. 예를 들어, 부도 위기에 처했던 애플컴퓨터를 살려낸 스티브 잡스나 GE를 수렁에서 건진 젝 웰치는 대표적인 카리스마 리더로 간주된다. 그러나 조직의 위기가 극복되고 일단 안정권에 들어가게 되면 카리스마 리더십은 오히려 조직에서 부담으로 작용할 수 있다. 조직이 안정되었는데도 리더가 여전히 강력하게만 끌고 갈 필요가 있을까? 『Good to great(좋은 기업을 넘어 위대한 기업으로/ 이무열 옮김, 2002)』의 저자인 짐 콜린스(Jim Collins)의 조사에서는 예상과 달리 소위 잘 나가는 기업에는 카리스마 리더십이 거의 존재하지 않았다. 오히려 얌전하고 겸손하며 심지어는 남들 앞에서 수줍음을 타는 리더들도 상당 수 존재하는 것으로 나타났다.[124] 그럼에도 불구하고 그들은 "끈질기다"는 공통점이 있었다. 집념! 즉 장기 전략을 가능하게 하는 집념이 비교적 안정된 조직에서의 리더들의 특징으로 나타났다.

> "콜린스는 1965년부터 95년까지 30년 동안 포춘(The Fortune) 500대 기업에 올랐던 기업을 대상으로 실시한 연구에 의하면, 기업 성과를 획기적으로 개선하고 이 성과를 30년 이상 지속시킨 기업으로 GE 버금가는 실적을 올린 기업은 1,435개 중 11개 사에 불과하다는 사실을 발견했다. … 이들 11개사의 공통점은 이들의 리더가 강력한 추진력을 가지면서도, 겸손(humility)하고 자기 반성 성향을 강하게 가지는 인물이었다는 데 있다."(이준형, 2002: 194)

물론 조직에서는 항상 일로매진할 수 있는 리더십도 중요하겠지만, 대부분의 연구결

123) "예로부터 '어떻게'를 아는 사람은 언제나 일자리를 얻겠지만, '왜'를 아는 사람을 언제나 그의 사장이 될 것이라는 말이 있다. 비전은 '왜'라는 질문에 대한 대답에서 시작되어야 한다. … '왜'에 대한 질문은 목적에 대한 질문이다."(이준형, 2002: 266)

124) 이러한 유형의 리더로서는 빌 게이츠나 안철수가 대표적이다. 『타임』지가 선정한 '가장 영향력 있는 미국인'이자 리엔지니어링의 창시자인 마이클 해머 교수는 말한다: "자신이 잘한다고 생각하는 순간 여러분은 죽은 사람이다. 성공으로 가는 것의 요체는 겸손이다."

과를 통해 보면 조용하고 안정된 조직에서는 조용하고 안정된 리더가 유효한 것으로 나타났다. 결국 강력한 리더 또는 카리스마 리더십이란 '위기의 상황'에서 요청되는 '상황특수한 리더십'이라고 할 수 있다.

그러나 카리스마 리더십에서는 카리스마가 위기의 상황에서 유효하다고 하는 논리에 대해서는 잘 해석할 필요가 있다. 이미 위에서 계속 언급해 온 것처럼 - 카리스마 리더십에서만 그런 것이 아니고 - 카리스마란 리더의 원초적 본질이다. 즉 리더에게 카리스마란 비록 정도 차는 있겠지만, 리더에게는 항상 후광(aura)처럼 붙어 다니는 광채와 같은 것이다. 따라서 우리는 카리스마 리더십과 '리더의 본질로서의 카리스마'는 구분할 필요가 있다. 예를 들어, 위기의 상황이 극복된 조직에서도 리더는 여전히 카리스마를 가지고 있는 것이다. 다만 정도가 약해졌을지 모르지만 잠재력의 차원에서도 리더의 카리스마는 대단히 중요한 문제이다. 즉 카리스마 리더십은 리더의 본질인 카리스마가 위기의 상황에서 특히 부각되어 나오는 본질적 측면이 강조될 뿐이다. 바로 하이어라키 관료주의 조직구조에서 발휘되는 리더십과 리더십연구의 맹점이 리더의 본질로서의 카리스마에 대한 이해가 부족하기 때문에 발생한다. 리더의 카리스마는 위에서 잠시 언급한대로 추종자(follower)와의 관계 즉 리더-추종자 상호신뢰의 끈(유대감)으로 결정된다. 특히 리더의 본질로서의 카리스마는 리더십을 헤드십(headship)으로부터 파트너십(partnership)으로 변하게 하기도 한다.[125] 즉 카리스마를 가능하게 하는 추종자 세력에 의해서 리더가 발휘하는 리더십이 헤드십인가 아니면 파트너십인가 하는 것이 결정된다.

> "카리스마적 리더가 추종자들의 열성과 헌신적 참여를 유발해 내는 과정은 아직은 분명치는 않으나, 한 가지 중요한 요소는 추종자들의 의식적 또는 무의식적 욕구, 가치 및 감정을 일깨우는 리더의 호소력있는 비전 제시이다. 정서적 호소는 상징, 은유 및 극적으로 연출된 이벤트에 의해서 고양되며, 추종자들에게 공유 이념 목표달성을 위한 리더의 전략이 실행 가능한 것임을 확신시켜주는 합리적 설득에 의해서 보완된다. … 이때 리더의 전략이 혁신적이고 관습에 얽매지이 않은 것일수록, 그리고 그것이 리더에게 큰 개인적 위험부담을 안겨주는 것일수록, 리

125) 빌 게이츠는 스티브 발머를 자신의 파트너로 삼게 된 것을 가장 커다란 행운이었다고 술회한다. 유비가 제갈공명을 만났고, 제환공이 관중을 만났으며, 부처가 가섭을 만났듯이 위대한 파트너십은 리더십을 결정한다.

더가 카리스마로 지각될 가능성은 더 커진다."(게리 에이 유클, 김대운 옮김, 1996: 330-331)

특히 파트너십의 성격을 가진 카리스마 리더십으로는 긍정적 차원의 카리스마 리더십이라고 할 수 있는데, 마하트마 간디(Mohandas Karamchand Gandhi), 마틴루터 킹(Martin Luther King Jr.) 목사의 리더십을 꼽을 수 있다. 물론 반대로 헤드십의 성격이 강했던 카리스마 리더십 중에는 부정적 측면으로 발전된 경우(Adolf Hitler, Chareles Manson, Reverend Jim Jones)도 부인할 수 없다.

> "카리스마적 리더들은 조직에 막대한 영향을 미칠 수 있으나, 그 결과가 항상 이로운 것만은 아니다. 역사는 대제국을 건설하거나, 혁명을 일으키거나, 또는 새로운 종교를 창설해 나가는 과정에서 말할 수 없는 고통, 파괴 및 죽음을 야기시킨 카리스마적 리더의 이야기들로 가득 차 있다. 번창한 회사를 설립했던 많은 기업가들은 폭군들이었고, 극단적으로 자기중심적인 인물이었다. 부적인 카리스마적 리더들은 대개 자아도취적 인성 및 개인화 권력관심을 가진 사람들이다. 그들은 추종자들에게 이념적 목표보다는 그들 자신에게 헌신해 줄 것을 강요하며, 이념적 목표는 추종자들을 조작하기위한 수단으로만 사용한다."(게리 에이 유클, 김대운 옮김, 1996: 332)

(3) 변환적 리더십

제임스 맥그리거 번스(J. M. Burns, 1978)는 종전의 리더십을 거래적 리더십(transactional leadership)이라고 명명하고 자신이 제안한 변환적 리더십과 대비시키면서 그의 이론을 전개하고 있다(신응섭 외, 2000: 33).

> "번스는 변환적 리더십을 거래적 리더십과 대비시켰다. 거래적 리더십은 추종자들을 그들의 이익에 호소하여 동기화시킨다. 정치지도자들은 운동원들의 투표 및 선거에 대한 공헌을 취업, 보조금 지급 및 정부와의 유리한 계약보장 같은 것들과 교환한다. 기업의 리더들은 종업원들의 업무에 대한 노력을 급여 및 신분직위의 상승과 교환한다. 거래적 리더십은 가치를 포함한다. 그러나 그것들은 정직, 공

> 정, 책임 및 호혜주의와 같은, 교환에 적절한 가치들이다. … (한편) 변환적 리더십은 개인들 간 미시수준의 영향력 과정으로도 볼 수 있고, 사회적 체계를 변화시키고 제도를 개편하기 위하여 권력을 동원하는 거시수준의 과정으로도 볼 수 있다. 거시수준의 분석에서는 변환적 리더십이 개인들을 동기화시키는 것에 부가해서 집단 간의 갈등을 정리, 표현 및 중재하는 것을 포함한다. 파벌간의 갈등은 리더의 생활을 더욱 어렵게 만들지만, 그러나 동시에 공유 이념목표 달성을 향한 활력의 동원과 전파에 유용하게 이용될 수도 있다."(게리 에이 유클, 김대운 옮김, 1996: 302)

변환적 리더십은 성격 상 변혁적 리더십(transformational leadership)으로 간주된다.[126] 또한 이는 리더에 의해 구성원들의 형질이 변화된다고 하여 "변형리더십"이라고도 번역되기도 한다.

> "변환적 리더십은 지휘자가 부하가 서로 동기부여와 도덕성을 보다 더 높은 수준으로 높일 수 있도록 상호작용할 때 발생하는 반면에, 거래적 리더십은 지휘가자 개인적인 가치나 교환 과정과 연관된 가치(정직성, 공정성, 책임감, 상호성 등)를 포함한다. 거래적 리더십은 부하들의 개인적 관심에 호소함으로써 동기화를 시도한다는 점에서 변환적 리더십과는 분명히 구분된다고 번은 보고 있다."(신응섭 외, 2000: 215)

즉 과거의 리더십은 모두 거래적 관계였다는 것이다.[127] 이는 실용주의적 가치관과 호혜주의적 가치관에 입각한 리더십이다. Give and Take! 주는 것이 있으면 받는 것이 있다. 다시 말하면, 거래(적) 리더십이란 리더가 원하는 것과 조직구성원들이 원하는 것을 교환하는 거래를 성사시킴으로써 리더십을 발휘하는 것이다. 거래하는 리더는 조직구

126) 변혁적 리더십(Transformational Leadership)은 조직의 성공을 위해 환경변화에 대응하는 조직의 변화를 강조하는 리더십니다. 이러한 변화를 위한 방법으로서 변혁적 리더십에서는 리더의 카리스마, 영감, 지적 자극, 부하들에 대한 개별적 고려를 강조한다. 잭 웰치, 람세스 2세, 체 게바라 등의 리더십이 여기에 해당된다. 한편 변혁적 리더십은 카리스마 리더십과 같은 의미로 쓰이는 경우도 있다. 이럴 때에는 스티브 잡스, 콘돌리자 라이스, 나가시마, 조조 등의 리더십이 이에 해당된다. <차동옥 외, 2007: 17 참고> Bruce Avolio(1999)의 변혁적 리더십 육성을 위한 "Full Rage Leadership Development 프로그램"은 유명한 리더십 훈련 프로그램이다(이준형, 2002: 61).

127) 거래(적) 리더십은 부하와 리더와의 관계를 거래관계로 보고 부하가 정해진 목표를 달성했을 때 합당한 보상을 통해 부하들의 동기를 부여하는 리더십을 말한다(차동옥 외, 2007: 17). 오늘날도 거래적 리더십은 유효할 수 있는데, 이를테면 잭 웰치, 윌리엄 맥나이트, 나가시마 시게오, 오 사다하루 등의 리더십이 여기에 속한다고 볼 수 있다(차동옥 외, 2007: 17 참고).

성원들에게 역할을 명시하고 분명한 업무를 요구한다. 대신 그는 조직구성원에게 철저한 보상을 한다. 한마디로 합리적인 거래를 통해 거래가 이루어지는 것처럼 리더십이 발생하는 것이다. 이러한 거래 리더십은, 첫째, 상황적 보상을 통한 거래, 둘째, 예외적 관리(management by exception)에 의한 특별한 거래, 셋째, 자유방임(laissez-faire)적 거래 즉 시장의 원칙에 따른 거래의 형태로 나타난다.

이미 우리는 오래전부터 계약사회에 살고 있다. 홉스와 루소에 의하면, 사회계약은 사회적 존재로서의 인간의 삶에서 본능으로 작용한다. 즉 계약이 없는 사회적 관계는 존재하지 않으며, 사회계약을 통하여 인간관계가 이루어진다. 정치적-사회적 차원의 사회계약은 개인적 차원에서는 약속이며, 경제적-상업적 차원에서는 거래(business)가 된다. 따라서 인간관계로서 시작하는 리더십은 사회계약에 기반을 둔 거래관계가 될 수 있다. 이렇게 본다면, 거래 리더십에서는 어떠한 거래가 어디서 얼마나 왜 발생했는가 하는 것을 파악하고 더 나아가서 이를 전략화하는 것이 중요하다. 언제, 어디서, 어떻게, 무슨 목적으로 거래할 것인가? 그것이 거래 리더십의 관심이자 목표이다.

이를테면, 거래 리더십에서는 리더는 부하가 한 행동에 대해서 상과 벌을 주면서 그의 행동을 부추기고, 부하는 그러한 상과 벌 체제에서 자기상승하기 위해 리더의 요구를 수용한다. 한마디로 리더는 부하의 이기적 심리를 잘 이용하여 성과를 내도록 유도하는 것이었다. 그러나 이러한 상벌체제 중심의 리더십의 한계는 "상 안 받으면 되고, 진급 안하면 된다"는 부하들의 극단적 결정에 의해 무기력해진다. 결국 오늘날 그 이상의 리더십이 요청된 것이다.

"번스는 변환적 리더십을 '리더와 부화가 상호간 더 높은 도덕적 및 동기적 수준을 갖도록 만드는 과정'이라고 정의하고 있다. 변환적 리더는 공포, 탐욕, 질투, 미움 등과 같은 하등 수준의 감정을 이용하는 것이 아니라, 자유, 정의, 평등, 인본주의 등과 같은 고등 수준의 이상과 도덕적 가치에 호소함으로써 부하의 의식을 고양하여 집단의 목표 달성을 추진한다. 매슬로우의 욕구단계설에 비추어 본다면 변환적 리더는 부하들에게서 고차원적 동기를 불러일으키는 사람이다."(신응섭 외, 2000: 33-34)

베스(Bass, 1995)는 번스의 이론과 카리스마적 이론을 종합하여 새로운 이론을 제시하였다.

> "변환적 리더십 아래에서 부하는 리더를 신뢰하고, 숭배하고, 충성으로 모시고, 존경하며, 자신들에게 기대되는 것 이상의 일을 하도록 동기화된다. 리더가 부하를 이렇게 변환시키는 방법은 부하들로 하여금 그들이 과업 완수에 중요하고 가치로운 존재라는 것을 인식하게 만들고, 그들로 하여금 이기적인 관심을 초월하여 집단 이익을 위해 관심을 갖게 만들며, 그들의 욕구를 활성화시키는 것이다."(신응섭 외, 2000: 34)

결국 변혁적 리더십, 또는 변형리더십이라고도 하는 변환적 리더십(transfor-mational leadership)은 인본주의 심리학에 기초하고 있다. 이는 네 가지 차원 즉, 첫째, 리더십의 본질로 간주되는 카리스마의 차원, 둘째, 격려(inspiration)의 차원, 셋째, 지적 자극(intellectual stimulation)의 차원, 넷째, 개별적 고려(individual consideration)의 차원에서 발휘되는 리더의 특성을 기반으로 한다.

첫째, 카리스마의 차원 - 비전을 제시하고 긍지를 심어줌으로써 추종자들로부터 존경과 신뢰를 획득한다. 그러나 베스(Bass)는 변환적 리더십을 카르사마에 대한 별칭 이상으로 보았다,

> "유명 가수, 배우 또는 운동선수들과 같은 어떤 카리스마적 인물들은 추종자들이 그들에게 동일시해서 그들의 행동이나 외모를 모방한다고 해도, 추종자들에게 어떤 체계적인 변형(변환) 효과를 갖지는 않는다. 베스(1985)에 의하면, '카리스마는 변형 리더십에 필수요소이긴 하지만, 그것만으로 변형과정을 충분히 설명할 수는 없다.' 변형리더들은 강력한 정서와 리더 동일시를 유발하여 추종자들에게 영향을 주기도 하지만, 또한 코치, 교사 및 조언자 역할을 하여 추종자들을 변형시키기도 한다."(게리 에이 유클, 김대운 옮김, 1996: 303)

둘째, 격려의 차원 - 구성원들의 모든 기대치를 의사소통과 의사결정에 반영하며, 목

표 달성을 위해서 동기를 부여하며, 목표달성의 상징과 은유를 사용하면서 격려하고 독려한다.

셋째, 지적 자극의 차원 – 인지적 자극을 줌으로써 인지적 평형을 깨고 "인지적 갈등"[128] 을 유발시킴으로써 오히려 이러한 과정을 통해서 문제접근능력을 제고하고 창의적인 사고를 할 수 있도록 조력한다.[129]

128) 대인 의사소통에서 갈등이 필연적이고 생각한 것은 비교적 최근의 일이다. … 갈수록 많은 학자들이 갈등에 대하여 새로운 생각들을 기술하고 있다. 이러한 새로운 접근들은 갈등은 필연적이고, 조직이나 집단의 구조적 요인에 의해 규정되며, 보통 예견될 수 있으며 변화의 과정에 필수적이라는 개념에 기초하고 있다. … 갈등은 모든 의사소통 관계에 있어 필연적인 부분이며, 상호 교섭적이다. … 긴장과 갈등은 때로 사람들에게 에너지를 주고 동기를 부여한다. … (적절한) 갈등은 개혁, 창조, 변화를 이끈다(이준형, 2002: 318–323)

129) 예로부터 인지적 갈등 또는 인지적 카오스를 초래하는 대표적인 방법은 "질문(Befragung)"이다. 2천 수백 년 전 소크라테스는 "자신은 모른다는 사실만을 안다"고 하면서 왜 남들에게 집요하게 질문하느냐는 질문에 "모르기 때문에 묻는다"고 했다. 모르기 때문에 묻고 물어 보아야 알게 된다. 안다는 것은 산다는 것이다. 또한 질문으로 문제도 해결되기 시작한다. 우리가 살아가는 삶을 잘 따 져보면 문제투성이가 아닌 것이 없으며, 문제는 또 다른 문제를 낳는다. 문제를 해결하기 위해서 우리는 누군가에게 물어 보지 않을 수 없다. 묻지 않는 자에게는 가르치는 자도 없다. 앎이란 질문을 던짐으로서 무지에서부터 모습을 드러낸다(데이비드 호킨스, 1997/ 이종수 옮김, 2000: 215). 따라서 우리는 남에게도 항상 질문할 수 있어야 하며, 심지어 자기 자신에게도 항상 질문을 해야 한다. 자기 스스로에게 질문함으로써 비로소 우리는 자기 성찰의 기회를 얻을 수 있다(마샤 시네타, 1991/ 김창동 옮김, 1995: 121). 이미 소크라테스는 가르치는 것이 중요한 것이 아니라 질문하는 것이 중요하다고 가르쳤다. 또한 답을 외우고 아는 것도 중요한 것이 아니라고 가르쳤다. 그는 진정한 교사는 잘 가르치는 사람이 아니고 질문을 잘 할 수 있는 학생을 길러내는 사람이라고 했다. 저작거리에서 지나가는 사람들과 대화를 하면서 그가 대화자들과 진리탐구의 동반 여행을 했던 것은 잘 알려진 일이다. 그의 유명한 대화법(對話法)이 이를 가능하게 했다. 그러나 그의 대화법은 사실 질문법(Befragung, 質問法)이었다. 소크라테스는 스스로도 대화의 상대방에서 집요한 질문을 함으로써 상대방의 양심에 마치 소잔등에 붙은 등애(gotfly)처럼 "전기적 쇼크(electric shock)"를 주어 마음을 카오스 상태로 뒤흔들어 놓았다. 진리가 무엇인지에 대한 정답은 알려주지 않고 항상 스스로 자신이 현재 알고 있는 지식 – 소피스트들이 가르쳐준 지식 – 이 잘못되었음을 각성(覺性)하고 결국 자신의 무지(無知)를 고백(告白)할 때까지 대화 상대방의 마음과 생각을 교란시키는 일을 자처했다. "너 자신을 알라"의 철학이 탄생한 순간이다. 바로 이것이 민주의 교사로서 그가 하여야 했던 일과였다. 마음이 흔들리면서 다시 한번 생각하고 성찰하는 과정 속에 삶의 진리는 제대로 터득될 수 있다. 현대의 과학이론가이자 실증주의 사회비판철학자인 칼 포퍼(K. W. Popper)는 어렸을 때부터 "왜 학교에서는 기대되지 않는 질문은 금지되는지"에 대해 항시 의문을 품었으며, 이다음에 커서는 질문만하고 토론만 하는 학교를 만들 구상을 하였다고 한다(Volkamer/ Streicher/ Walton, 1996: 132). 동양에서 질문은 애초부터 매우 중요한 교육의 방법이었으며 삶의 양식이었다. 특히 서당에서의 학습은 주로 질문–대답 중심으로 이루어졌다. 노자와 장자는 "도(道)가 무엇이냐"고 묻는 제자들에게 결코 정답을 가르쳐주지 않았다. 도가도비상도(道可道非常道)! 도를 도라고 말하는 순간 도가 아니다. 진리는 남에게 그리고 스스로에게 물으면서 결국 스스로 깨우쳐야 한다. 진리는 스스로 낳은 것이다. 실제로 질문은 아이디어를 창출하도록 한다. 소크라테스와 동양에서는 질문을 통한 각성을 목표한다. 각성을 통하여 우리는 "유레카, 유레카"를 외칠 수 있으며 이는 아이디어가 된다. 물론 각성되기 이전에 마음은 끊임없는 질문을 통해서 카오스의 상태가 된다. 누군가에게 끊임없이 질문을 받으면서 또는 자신에게 끊임없이 질문을 해 대면서 상대의 마음상태와 우리 자신의 마음상태는 일대 카오스로 변하게 된다. 그 카오스를 지나면서 새로운 아이디어와 지식이 산출된다. 카오스의 흔들림 속에서 또 다른 세계를 발견하게 되는 것이다. 액션 러닝'의 대가인 마이클 J. 마쿼트는 자신의 저서 『질문 리더십(최요한 옮김, 2006)』에서 직원을 움직이게 하는 힘은 질문에서 나온다고 말하면서, 리더와 평범한 관리자의 차이는 바로 '질문'에 있다고 주장했다. 이 책 속에서 이든 몰트 아메리카 회장은"내가 처음 부임했을 때 몰트아메리카스는 적자를 내고 있었다. 나는 모험을 감수하고, 자신감 넘치고, 새로운 비전을 좇는 데 만반의 준비를 갖춘 직원이 필요했다. 결국 4년 뒤 우리는 성공을 거두었다. 나는 질문하는 능력 덕분에 성공했다고 믿는다."(마이클 J. 마쿼트/ 최요한 옮김, 2006: 218)라고 질문하는 리더의 중요성을 회고하고 있다. 마쿼트는 말한다: "답이 아니라 질문을 통해 사고를 촉진하고 인도한다. … 내일의 리더는 대답보다 질문을 더 능숙하게 한다. 질문을 능숙하게 하려면 정직하고 권한을 위임할 수 있는 능력이 상당해야 한다. 오늘의 리더는 그런 능력이 없다. 리더에게 이런 능력이 있어야 직원과 리더십을 공유할 수 있다. 조직의 역량과 성과가 거기에서 나온다."(마이클 J. 마쿼트, 2006: 240) 그는 또 말한다: "성공하는 리더는 질문하는 것에서 그치지 않는다. 그들은 모든 직원이 질문을 주고받는 환경을 만든다. 이 말은 무엇보다 직원들이 편하게 질문할 수 있는 분위기를 만들고 조직과 사람의 신뢰를 회복한다는 뜻이다."(마이클 J. 마쿼트/ 최요한 옮김, 2006: 143)

넷째, 개별적 고려의 차원 – 조직구성원 개개인에 접근함으로써 개인에 대한 관심, 상담, 조언, 코칭 등을 통하여 구성원 개인과의 라포(rapport, 유대감) 형성에 주력한다.

"이순신 장군은 위험을 무릅쓰고 적탄이 날라 오는 진두에 서서 지휘를 함으로써 부하들의 전의를 북돋웠다. 중국의 명장 오기(吳起)는 부하의 등에 난 종기를 자신의 입으로 빨아서 치료해 줌으로써 그 부하의 목숨을 건 충성심을 이끌어 내었다고 한다. 그는 또 부하들이 식사를 시작하지 않았으면 자신도 식사를 하지 않았고, 부하들의 숙영시설이 준비되지 않았으면 자신도 숙소에 들지 않았다고 한다. 이처럼 리더십이란 자신의 권한이나 권력을 단순히 휘두르는 것이 아니라, 부하들의 신념, 가치, 욕구를 변화시키고, 그들을 일치 단결시켜서 목표를 향해 매진하게 만드는 것이다. 즉 리더는 부하를 동기화시키고, 자신감을 갖게 만들고, 만족감을 갖도록 해 주어야 한다. 나아가서 부하의 고차원적 욕구, 즉 자아 실현적 욕구를 자극하여 스스로 일을 찾아서 하면서 보람을 느끼도록 만들어야 한다."(신응섭 외, 2000: 16-17)

베스와 번스의 변환적 리더십 개념은 여러 가지 면에서 유사한 점도 있지만 차이점도 있다.

"첫째, 번스는 변환적 리더십을 추종자들의 높은 윤리적 가치 및 높은 위계수준의 욕구에 호소하는 보다 진보된 리더들에 국한한다. 이에 비하여 베스는 변형리더를 그 효과가 궁극적으로 추종자들을 이롭게 하는 것인지는 고려함이 없이, 추종자들의 동기를 자극하고 참여를 증대시키는 사람으로 정의한다. 베스는 안전, 생존 및 경제적 욕구와 같은 낮은 위계수준의 욕구에 호소하는 리더들도 배제하지 않는다. 따라서 아돌프 히틀러 및 Reverend Jim Jones(Jenestowm 대량학살사건)와 같은 부정적 결과를 초래한 리더들도 변형리더로 간주되었다."(게리 에이 유클, 김대운 옮김, 1996: 303)

그럼에도 불구하고 변환적 리더십의 일반적인 특징과 의의는 다음과 같이 정리될 수 있다: 변환적 리더십은 추종자들의 높은 수준의 욕구들을 활성화시킴으로써, 도덕적 이상에 호소함으로써, 그리고 '추종자들에게 권한을 많이 부여해줌으로써' 추종자들의 동기를 고양시킨다(게리 에이 유클, 김대운 옮김, 1996: 331).

(4) 리더십 대체이론

리더십 대체이론(leadership substitution theory)에 의하면, 이미 집단과 조직 속에는 우리가 알게 모르게 반드시 리더십이 작용하고 있다. 즉 집단과 조직이 발생과 함께 리더십은 발생한다. 만약 리더십이 없다면 집단과 조직도 발생하지 않을 것이다. 따라서 리더십은 특별히 거론하거나 역할을 부여하지 않아도 언제나 집단과 조직과 함께 생성하고 소멸하는 것이다. 이렇게 본다면, 특정 리더십에 대해서 언급하고 적용 여부에 주력하는 것은 결코 자연스럽지 못하다. 즉 리더십은 있거나 없거나 존재의 유무를 따지거나, 리더십의 유형을 분류하여 적용하는 것은 의미가 없다. 리더십이 발생하고 소멸하는 것은 주변 환경의 분위기와 함께 한다. 예를 들면, 이미 구조화된 업구 속에서는 업무 지향적 리더십은 필요가 없으며, 가족적으로 지원적인 분위기가 형성되어 있는 집단과 조직에서는 별도의 지원적 리더십이 필요하지 않다. 따라서 특정한 리더십의 발휘는 오히려 집단과 조직 형성에 방해가 될 것이며, 심지어는 간섭 또는 힘의 남용 및 오용이 될 수도 있다. 오히려 리더십의 역할을 대신하는 자연스러운 조직의 분위기를 조성하고 유지 발전시키는 것이 중요하다. 한마디로 조직에서는 리더십보다는 '자연스러운 조직분위기의 조성'이 관건이다. 다시 말하면, 조직의 리더는 분위기 메이커 정도면 충분하다. 특히 리더가 열린 마음의 소유자라면, 이렇게 자연스러운 분위기를 조정하는 데 커다란 역할을 해 낼 것이다.

(5) 기타 변형 이론들

첫째, 위대한 리더십(Great leadership) - 변혁적 리더십과 거래 리더십을 혼합하여 사용할 필요가 있을 때 적용된다. 이는 리더와 추종자간의 바람직한 거래 관계 형성을 통하여 획득된 카리스마 또는 합리적 헤게모니(Hegemony)를 바탕으로 강력한 변혁을 이끌어 내는 리더십이다.

둘째, 평균적 리더십(average leadership) - 모든 조직구성원들에게 동일한 리더십을 발휘해야 한다. 즉 이러한 리더십에는 형평성의 원리가 적용된다.

셋째, 개인화된 리더십(individualized leadership) – 모든 리더십은 개인적으로 달리 적용되어야 한다. 간단히 말하면, 소위 1:1 맞춤형 리더십이라고 할 수 있다. 리더에게는 모든 종업원의 상황이 고려된다. 이는 일종의 리더-멤버 리더십(LMX) 이론에 속한다. 또한 이러한 개인화된 리더십은 오늘날 멘토-멘티(Mento-Mentee)의 관계형성도 가능하게 한다. 마지막으로 최소한 조직의 내집단과 외집단에 대해서 리더십은 차별화되어야 한다.

넷째, 슈퍼리더십(super leadership) – 이는 강자형(지시형) 리더십과 대조적인 리더십으로, 권한과 책임을 위임함으로써 부하들 스스로 목표를 설정하고 업무를 처리할 줄 아는 셀프 리더(self-leader)로 만들어 주는 리더십(윌리엄 맥나이트, 오 사다하루, 유비 등)을 의미한다(차동옥 외, 2007: 17-18). 즉 슈퍼리더십에서는 셀프리더십이 관건이다.

> "슈퍼리더십 – 다른 사람들이 스스로 자신들을 지휘(리드)하도록 지도하는 리더십 – 의 핵심은 셀프리더십이다. 셀프리더십은 보다 더 우수한 업무수행을 위해 자기 자신에게 영향을 미치는 것이다. 슈퍼리더십은 다른 사람에게 셀프리더십을 고무하고 다른 사람의 내면에 잠재된 셀프리더십을 이끌어 내는 것이다."(맨츠 & 심즈 주니어, 2001/ 김남현 옮김, 2002: 102)

슈퍼리더는 조직구성원들 각자가 스스로를 지휘(리드)할 수 있는 셀프리더십을 성취할 수 있도록 만들어 줄 때 가능하다.

> "슈퍼리더십이 가능해지려면 우선 슈퍼리더가 셀프리더십이 생존하고 성장할 수 있는, 통합적인 토양을 만들어가야 한다. 그래야만이 셀프리더십이 고무되고 동기를 유발시키며 셀프리더십이 수용되는 생활방식으로 정착될 것이다."(맨츠 & 심즈 주니어, 2001/ 김남현 옮김, 2002: 261)

즉 리더가 슈퍼리더십을 발휘할 경우 부하들은 주인의식과 동기가 높아지는 효과가 있을 수 있다(차동옥 외, 2007: 18). 또한 슈퍼리더십의 발휘로 조성되는 셀프리더십 문화는 안정성과 노력의 통합은 물론 인간의 잠재력을 충분히 발휘할 수 있는 환경을 함으로써, 이러한 시스템 내에서 사람들의 주도적인 노력, 창의력, 결단력 그리고 창조적 영감 등이 가시화될 수 있게 한다(맨츠 & 심즈 주니어, 2001/ 김남현 옮김, 2002: 257). 이렇게 본다면, 이는 구성원 각자가 자기의 역할을 충분히 하게 하는 일종의 민주적 리더십이라고 할 수 있다(이준형, 2002: 208 참고).

다섯째, 리더십 믹스(Leadership Mix)(차동옥 외, 2007: 13) – 이 리더십 이론은 한 리더에게는 반드시 한 가지 유형만이 해당되는 것이 아니라 2-3개 또는 그 이상의 유형이 복합적으로 나타난다는 주장이다.

"예를 들면 GE의 전 최고 경영자 잭 웰치의 리더십은 벽혁적 리더십에 강자형(지시형)리더십과, 철저하게 능력과 성과만큼 부하들에게 보상해 주는 거래적 리더십을 가미한 복합적인 유형이다. 또 다른 예로는, 3M의 전 최고 경영자 윌리엄 맥나이트는 부하들에게 많은 재량권을 주는 수퍼 리더십과 부하들에게 모험과 도전 정신을 강조하는 변혁적 리더십 및 성과에 대한 보상을 중시하는 거래적 리더십을 적절히 혼합한 리더십 스타일을 보였다. 애플사의 스티브 잡스는 미래의 변화에 대한 대비를 강조하는 변혁적 리더십과 부하들에게 명확하게 지시를 내리는 강자형 리더십을 혼용한 리더십 스타일을 발휘하고 있다. 또한 빌 게이츠는 강자형 리더십과 수퍼 리더십의 중감에 해당되는 참여형 리더십을 보인다."(차동옥 외, 2007: 18)

정리하자면 학교리더십은 위에서 제시된 일반 경영조직의 리더십과 다름이 없다. 왜냐하면 학교도 사회조직이며 동시에 경영의 대상이기 때문이다. 다만 고려해야 할 점은 학교는 경영조직이면서 동시에 '교육기관'이라는 점이다 따라서 학교리더십은 조직리더십을 '교육적 차원'에서 발휘될 필요가 있다. 즉 일반조직에서 리더(Leader)와 팔로우어(Follower)의 관계는 경영자와 근로자라는 단순한 관계로 종료될 수도 있지만, 학교조직은 리더와 팔로우어의 관계는 학교 내에서는 교장, 교감이라는 행정라인과 일반 교사라는 팔로우어들로 구성되지만 이로써 종료되지는 않는다. 학교 외부의 교육행정라인으로는 교육당국인 교육부가 있으며 궁극적으로 교육의 목적은 조직 자체가 아니라 학생들과 학부모들의 교육권에 있다. 일반 교사 역시 학급의 경영자로서 학급내에서는 리더가 된다. 그러나 오늘날 일반조직의 리더십은 팔로우어의 영역에 '시장' 내지는 '소비자'를 참여시킴으로써 지속적으로 변역되어 왔다. 이렇게 본다면 학생과 학부모는 교육소비자 내지 교육수요자로 간주 될 수 있다. 결국 시장에서 소비자들과 수요자들에게 조직에서 산출된 제품이나 서비스를 제공하고 이윤을 극대화하면서 조직의 성과를 달성하려는 일반 리더십이론은 교육수요자이며, 교육소비자들인 학생과 학부모에게 교육성과를 달성하고자 하는 목표를 가진 학교리더십으로 적용도리 수 있을 것이다. 그럼에도 불구하고 학교리더십이 '교육적 차원'에서 보다 확장된 의미의 '교육리더십'으로 적용되기 위해서는 보다 고유한 연구결과가 창출될 수 있어야 한다.

4. 학교제도

1) 서구의 학교제도

학교(school)를 의미하는 라틴어 스콜라(schola)는 '여가' 또는 '여유'를 의미한다. 즉 여가와 여유가 있는 사람들만이 학교에 다녔다는 의미이다. 반대로 학교에서 여유와 여가를 찾았다고 할 수도 있다. 하여간 고대 그리스 시대에 학교는 자유민(自由民)에게만 허용된 셈이다. 엄밀한 의미에서 학교는 '대학'(Universitas)에서 시작되었다고 할 수 있다.[130] 왜냐하면 대학은 어떤 학교의 유형보다도 가장 자유로운 학문의 전당으로서 '여가와 여유의 상징'이었기 때문이다. 또한 서민보다는 귀족계층, 여성보다는 남성, 그리고 아이들보다는 성인들이 여가와 여유가 많은 자유민이었기 때문에 엄밀한 의미의 교육은 남성귀족성인계층에 의해 독점되었다고 할 수 있었다. 일반적으로 중세대학에서 활성화된 강단철학을 '스콜라철학'이라고 한다. 스콜라(schola)란 학파(學派) 또는 학단(學團)이라는 의미도 가지고 있다. 우리는 아리스토텔레스가 운영했던 학교였던 리케이온(Lyceion)에서 공부했던 제자들을 모두 '소요학파'라고 한다. 주변의 산천을 여기저기 돌아다니면서 가르

130) 문헌에 보면 고대 스파르타, 아테네 그리고 메소포타미아 문명권에서의 서판학교 등 학교의 흔적을 볼 수 있다. 그러나 이때의 학교는 가르치고 배우는 형식을 띠고 있었지만 엄밀하게 말하면 스파르타나 아테네는 병영생활 - 오늘날 군대에서는 나름의 교육훈련을 한다 - 이라고 하는 것이 적합하고, 서판학교의 경우는 직업상 매뉴얼을 익히는 직장내훈련(on the job training) 장소였다고 해야 한다.

치고 배웠기 때문이다. 여가와 여유를 가진 자유로운 학생들의 모습이었다. 아리스토텔레스의 스승인 플라톤도 아카데미아(Akademia)라는 학교를 운영했다. 플라톤의 제자였던 이소크라테스도 리케이온이라는 학교를 운영했다. 아리스토텔레스의 제자였던 프톨레마이오스 II세도 무세이온(Museion)이라는 학교를 운영했다. 나중에 이들 학교들은 중세대학의 원형으로 작용했다.

애초에 귀족 남성들이 독점했던 중세대학이 점차 '세력화'되면서 후계자교육제도가 생겨났다. 대학의 문턱이 높아지면서 대학진학의 경쟁이 생겨났다. 따라서 대학진학을 준비하기 위한 특별학교가 생겨났다. 그것이 김나지움(Gymnasium)이다. 김나지움의 졸업생들은 대학진학이 보장된다. 결국 김나지움으로의 진학경쟁이 치열해지면서 근대학교제도의 윤곽이 만들어진다.

한편, 비자유민(非自由民)에 대한 학교도 생겨났다. 비자유민에는 주로 죄수, 노예 그리고 수공업자들이 해당되었다. 죄수와 노예들을 위한 학교는 감옥에 설치되어 있었는데, 사회화 또는 재(再)사회화를 목표했다. 이때 이들의 교육을 맡은 간수(看守)를 페다고구수스(pedagogusus)라고 불렀는데, 오늘날 교사(pedagogue)의 어원이 되었다. 비자유민을 위한 학교는 수공업자들이 개설한 공장부설학교가 대표적이다. 당시 수공업자들은 대부분 관노(官奴)출신이었다. 이들은 수많은 반란을 통하여 관(官)의 통제로부터 탈출하고 해방되었다. 따라서 자유를 찾은 이들은 주로 관의 감시가 적은 산 속이나 외지에다 작은 공장을 차려 놓고 자신이 배운 기술을 사용하여 스스로 물건을 만들어 팔면서 생계를 유지했다. 나이가 들면서 죽음을 대비하여 이들은 자식들을 중심으로 후계자양성교육을 시작했다. 이것이 유럽형 장인교육(匠人敎育, meister education)의 시작이다. 결국 서구 유럽의 학교제도는 복선형(復膳型)교육제도로 정착되었다. 귀족계층은 김나지움을 통해서 대학에 진학하는 노선에서 교육을 받았고, 노예 등 천민계층은 공장부설학교에서 생계형 기술전수교육을 받았다. 서로 신분계층이 다른 관계로 교육노선의 이동은 불가능했으며 공장학교에서의 생계형 기술전수교육은 공장교육의 속성에 따라 달랐지만 대부분 어린 나이에 단기(短期)로 행해졌다. 여기서는 주로 기술전수와 함께 3Rs 즉 읽기, 쓰기, 셈하기 공부가 이루어졌는데, 이는 생계유지를 위한 기초능력을 쌓아 주기 위한 목적이었다. 이렇게 하여 서민계층의 교육노선과 귀족계층의 교육노선은 분리되기에 이르렀다.

12세기 십자군원정을 계기로 시민계급이 형성되기 시작하였다. 중세사회가 길드조합

중심의 사회로 변모하면서 중세대학이 설립되기 시작했다. 대학은 길드조직이면서 동시에 우주의 전체(universitas)를 탐구하는 지식의 전당으로 자리매김을 하면서 점차 상공시민계급에게도 대학교육의 기회(generale studium)가 확장되었다. 16세기 들면서 대중교육의 중요성에 대한 인식이 확대되었다. 이러한 풍조는 절대국가주의와 계몽주의 시대와 함께 가속화되었다. 1517년 종교개혁을 주도한 마틴 루터(M. Luther) 목사는 공교육제도를 주창하기에 이른다. 루터의 제자 멜랑히톤을 앞세워 본격화한 교육개혁은 급기야 유럽 전역에 의무교육사상을 대두시키는 결과를 낳았다. 물론 그들의 교육개혁은 성공적인 종교개혁을 위한 독일어 성서보급을 위한 문맹퇴치의 일환으로 시작되었다. 이러한 공교육제도의 요청은 고타공화국에서 최초로 현실화되었다. 1642년 고타(Gotha) 교육령은 의무교육령으로서 고타(Gotha 초등학교를 탄생시켰다. 같은 해에 미국에서도 매사추세츠 교육령이 선포됨으로써 공교육제도와 의무교육제도가 탄생했다. 이러한 공교육제도의 분위기는 18세기 국민대중교육으로 전개되었으며 1717년 프로이센의 프리드리히 1세에 의해 국민의무교육령의 선포로 이어졌다. 이러한 국가 차원에서의 의무교육제도의 채택은 국민교육의 기회균등을 국가가 보장한다는 의미에서 절대국가의 성숙에 중요한 기여를 하게 된다.

18세기 프랑스 시민대혁명(1789년)과 영국에서 촉발된 산업혁명은 국가의 정치체제 수호를 위한 교육의 통제를 노골화시켰다. 이로부터 야기된 교육의 대중화와 공교육화는 교육기회균등을 통한 사회평등에 기여하였지만 교육의 정치적 수단화의 시작이기도 했다. 19세기 중반 플로레타리아 혁명으로 신분계급사회가 급격하게 와해되면서 합리적 사회진출과 사회이동은 학교교육을 통하여 이루어지게 되었다. 즉 학교는 과거 신분계급 대신 사회적 선발과 사회적 배치를 위한 합리적-합법적 기재로 작용하였다. 이로써 민주화를 추구하는 서구에서는 학교(교육)의 중요성과 가치는 폭발적으로 제고되기 시작했다.

그러나 유럽형 복선형 교육제도는 훗날 미국으로 건너간 이민자들에 의해서 단선형 교육제도로 전환되었다. 미국식 단선형 교육제도는 유럽식 복선제가 신분차별을 기초로 하고 있기 때문에 만민평등사상으로 학제를 단일화하는 것을 목표했다. 결국 민주주의 제도 하에서 '모든 국민을 위한 교육(Education for All)'의 이상이 현실화된 것이다. 미국에서 시작된 민주교육제도의 이상은 유럽의 교육개혁운동에 자극을 주었다. 19세기 말부터 시작된 청소년운동(Jugendbewegung), 개혁교육운동(Reformpadagogikbewegung)은 남녀공학제도, 무상의무교육제도를 낳았으며, 특히 오랜 이념적 전통을 가지고 있었던 소위 유럽식 단선형 교육제도라고 할 수 있는 유럽의 통합학교제도(Einheitsschulsystem)는 비록 이념에 완전히 일치하지는 않지만 1970년대를 기점으로 유럽 전역에 종합학교제도(comprehensive school system, Gesamtschulsystem)로 자리를 잡기 시작했다. 오늘날 종합학교 제도는 유럽대륙을 넘어 영국, 미국에서도 대세가 되고 있다.

2) 한국의 학교제도

문헌상 한국최초의 대학은 고구려의 태학(372년 도입)이다. 이는 대학 급의 성인교육기관으로서 성인귀족들만 다닐 수 있었다. 태학에 진학하기 위한 준비기관으로 경당 등이 설치되었다. 이때부터 한반도에 도입되기 시작한 유교는 교육제도와 깊은 관계를 맺게 된다. 유교경전은 주로 국가통치체제의 이데올로기로서 국가지배자 및 후계자를 양성하기 위한 관학제도(官學制度)를 정당화한다. 따라서 우리나라는 애초부터 학교는 국가기관으로서 국가가 통제하고 관리하게 되었다. 관학어 대한 반발로 소수의 서당이나 사학기관 및 서당도 존재하였다. 유교를 기반으로 하는 관학제도는 조선시대까지 이어졌다. 반면 불교는 법당에서 주로 자기도야, 수련, 수양, 참선의 방식으로 사람을 교육함으로써 학교라는 정형화된 교육기관을 관이 운영 관리하는 관학과는 거리가 멀었다.

1876년 강화도조약으로 서구문호개방되면서 우리 나라에도 근대적 서구교육제도가 도입되었다. 1883년 원산학사는 우리나라 최초의 근대식 민간사학으로 기록된다. 1893년 설립된 동문학은 통변학교로서 통역관을 양성하던 학교다. 1886년 설립된 육영공원은 지도자 양성학교이며, 1886년 설립된 배재학당과 이화학당은 선교사에 의해 세워진 미션스쿨로서 기독교정신과 교육평등사상의 상징이 되었다. 1895년 갑오개혁으로 신학제가 도입 실시되었는데 이때부터 교사양성을 위한 한성사범학교 관제도 제정되었으며, 외국어학교 관제, 소학교령 이 제정 공포되기도 했다. 이로써 1900년에는 공립초등학교가 50여개 설립 운영되기에 이르렀다. 일제식민지 시대를 거치고 해방 이후에는 미국식의 새 학교제도가 도입되었다. 특히 존 듀이의 '민주주의와 교육' 이념을 기반으로 하는 미국식 민주주의 교육제도가 도입되면서 우리나라의 현더교육제도가 시작되었다.

3) 학교제도의 유형

(1) 단선형 학교제도

학제에는 단선형(single ladder system)과 복선형(dual ladder system)의 2종이 있는데 우리나라 학제는 단선형을 채택하고 있다. 초등학교(6년), 중학교(3년), 고등학교(3년), 대학(4년)의 6-3-3-4제가 우리나라의 기본학제가 된다. 단선형 학제는 지배계급과 서민 사이의 교육적 차이를 없애고 모든 국민에게 골고루 그들의 능력에 따라 교육의 기회를 제공하는 제도이다. 따라서 단선형 학제는 '보다 많은 사람에게 보다 값싸고 보다 좋은 교육'을 시키는 제도라고 할 수 있다. 단선형 학제의 대표적인 나라는 미국이고 일본, 한국, 중화민국이 등이 이를 따르고 있다.

사전적으로 단선형 학교제도란 상류계층의 자녀가 다니는 학교와 일반 대중의 자녀가 다니는 학교를 분리하지 않은 단일조직의 학교체계를 말한다. 이는 '모든 국민을 위한 학교제도'로서 즉 신앙, 성별, 사회적 신분, 경제적 지위 등에 관계없이 개인의 능력에 따라서 교육받을 수 있다는 '교육의 기회균등' 정신에 입각한 민주적 교육제도를 말한다. 단선형 학제는 미국형이라고 불리며 모든 국민에게 개방된 단일계통의 학교제도라는 점에서 민주적 학교계통(democratic school system)을 의미한다. 다시 말하면, 단선형 학교제도는 민주주의 학교제도를 추구한다. 이러한 학교제도의 성립은 교육의 기회균등원리와 만민평등사상에 기초하고 있다. 아메리칸 드림을 꿈꾸고 미국으로 이민 온 유럽인들은 유럽 전통의 신분제 복선형 학교제도 대신 '모든 국민을 위한 교육(education for all)' 즉 신분, 성별, 인종, 종교 등에 차별없이 모든 국민들에게 동등하게 기초학교(초등학교, 또는 초등학교, elementary school)에 입학할 수 있는 권리를 부여한다. 또한 상급학교로의 진학조건 역시 동일하다. 해방 후 우리나라에도 단선형 학교제도가 도입되었다. 단선형 학제는 자본주의 시장질서 학벌주의라는 부정적인 결과를 초래한다는 비판을 받기도 한다.

(2) 복선형 학교제도

학교제도가 사회적 지위에 따라, 나뉘어있는 형태이다. 상류계층을 위한 학교와 서민계층을 위한 학교로 구분되고, 그 사이에는 원칙적으로 이동이 없는 것이다. 복선형 학교제도는 일명 유럽식 학교제도이다. 이는 과거 신분제 사회에서 이루어진 유럽의 전통적 학교제도로서 신분의 차이에 따라 교육계통이 서로 다르다. 이 학제는 신분차별을 기반으로 하는 비민주적 학교제도라는 비판을 받는다. 그러나 오늘날 이러한 학교제도는 학생 개개인의 적성과 재능에 따라 차별화된 학교제도로도 발전되었다. 즉 복선형 학교제도는 세계 제2차 대전 전까지는 유효하였지만 이후 많은 학제의 변화가 있었고 특히 구라파와 독일에서 종래의 복선제의 단점을 보완하여, 이를 계급적, 신분적 계통이 아닌 개인의 능력과 적성에 기초를 둔 교육목적별 계통성으로 바꾸었다. 이를테면, 독일에서는 기초학교를 마친 후 아이들은 각자의 능력과 소질, 적성에 따라 대학 준비학교인 김나지움(Gymnasium)이나 실업계 학교라 할 수 있는 주요학교(Hauptschule) 혹은 실업학교(Realschule)에 진학한다.

(3) 통합학교제도

20세기 초 영국을 비롯한 유럽 각국에서 미국식 단일화 학교제도를 본떠서 통합학교운동(Einheitsschulebewegung)이 일어나면서 1960년대 후반부터 유럽의 종합학교제도(comprehensive school)가 수립되었다. 전에 비해 달라진 가장 큰 특징은 "진로지도과정"Orientierungs – Förderungsstufe, 1년 또는 2년)이 교육과정에 정식으로 채택되었다는 점이다. 따라서 이러한 종합학교제도가 도입되면서 분기형 또는 포크형 학교제도로 발전되었다. 그런데 종합학교제도에서는 학생들이 상급학급으로 진학할 때 인문계 또는 직업계로의 진로변경도 가능하다. 종합학교라는 명칭은 7세-15세에 이르는 초등학교, 중학교 학생들을 한 캠퍼스에서 함께 공부하기 때문에 붙여졌다. 동일한 캠퍼스에서 교육이 이루어지는 것뿐만 아니라, 때로는 학급도 무학년제(none-graded system, mixed age group)로 구성되기도 한다. 이들은 주로 공통된 주제로 수업을 하는데 이때 담임교사로부터 프로젝트 학습 주제를 부여받아 수행한다. 또한 영재 학생과 보통 학생, 장애 학생과 비장애 학생이 같은 교실에서 함께 공부한다. 즉 이질집단(heterogeneous group)이 동일한 공간에서 함께 교육을 받는 것이다. 북유럽의 대표적인 종합학교는 스웨덴의 푸투룸, 핀란드의 비이끼, 라또까르따노 등을 꼽을 수 있다.

이질집단의 강점은 '경쟁보다 협력', '의미 있는 타인과의 도움을 주고받기' 등 학습과 사회화를 동시에 노리는 방식이라 볼 수 있다. 1970년부터 독일은 기초학교(4년)를 졸업하고 Hauptschule(하우프트슐레), Realschule(레알슐레), Gymnasium(김나지움)로 진학하는 전통의 복선형 학교제도를 폐지하고 종합학교(Gesamtschule) 제도로 바꾸었다. 독일의 종합학교는 학교종류가 하나의 학교복합체 안에 집약되어 있는 내재적 종합학교(Integrierte Gesamtschule)와 공간적 통합을 통하여 교사와 학부모 그리고 학교장 사이의 협력 가능성을 제공하며, 이를 통하여 최대한의 융통성과 학생 개개인에 대한 지원을 하는 협력적 종합학교(Kooperative Gesamtschule)로 나뉜다. 종합학교에서 수업은 핵심(Kern)그룹과 과정(Kurs)그룹으로 나뉘어 진행된다. 종합학교의 교육목표는 부모의 사회적 지위에 따른 학교선택을 지양하고, 다양한 사회계층의 아동들이 함께 학습과 체험을 공유함으로써 사회적 경험을 쌓는 전체성(Ganzheitlichkeit)을 추구한다. 또한 학생의 능력에 따른 차별화가 아닌 학생의 다양한 재능과 적성 그리고 취향을 존중하면서 공동수업을 통해 학습과정의 개인화와 단체 안에서의 개별화를 추구한다. 종합학교의 교육과정은 진로탐색과정(5학년부터 7학년까지), 진로 선택과정(8학년), 졸업과정(9, 10학년)으로 나뉜다.

5. 교육복지

(1) 교육과 사회복지의 관계

유럽 사회복지제도는 중세 시대의 빈민보호사업에서 뿌리를 찾을 수 있다. 국가 및 민족간의 잦은 전쟁과 기아 그리고 각종 전염병 등으로 인한 사회적 무질서와 혼란에 대한 대책으로서 빈민 구제책이 사회정책으로 등장하는가 하면 구걸 규칙이라는 것도 제정되었다. 드디어 16세기말부터 유럽 여러 지역에서 "보호 및 노동의 집들"(Zucht- und Arbeitshäuser)이 세워지기 시작하면서 빈민 구제책은 점차 제도화되기 시작했다(Thiersch, 1992: 6).

그러나 유럽에서 본격적인 사회복지사업의 시작은 19세기 중엽이라고 할 수 있다. 특히 1852년 독일에서 결성된 "에버펠트 시스템"(Eberfelder System)은 사회복지사업단체들의 연합으로서 전 유럽대륙에 사회복지사업을 대중화하기 시작했다(Erler, 1993: 10). 이 시스템은 사회복지사업의 스텝들을 상시 고용인이 아닌 자원봉사세력들로 구성하면서, 주로 자발적인 참여 의지를 가진 명예직 빈민구호사업의 희망자들을 결집시켰다. 즉 빈민 구호 사업을 위하여 자선사업가 또는 자원봉사자들을 모집하여 이들의 인적자원을 하나의 통합된 연합체제로 묶어주었던 네트워크 체계가 바로 에버펠트 시스템이었다.

이 시스템을 통하여 그 동안 사방팔방에 흩어져 있는 빈민들을 통제 및 관리하면서 사회복지사업은 보다 조직적-체계적으로 실천될 수 있는 계기가 만들어졌다(Sachbe/Tennstedt, 1980: 23). 뜻 있는 유휴 노동력을 자원봉사세력으로 활용하면서 사회복지사업을 펴 나갈 수 있도록 조건과 환경을 만들어 주는 이 시스템에 따라 유럽의 사회복지사업은 제도화의 발판을 마련하게 된 셈이다.

이렇게 민간 자원봉사로 시작된 사회복지사업은 점차 국가가 주도하는 후생복지사업을 위한 토대가 되었다. 즉 시간이 지나면서 명예직으로 자원봉사를 하던 사람들이 정규 국가공무원으로 임명되면서, 결국은 이들이 유럽에서 국가 주도의 초기 사회복지사업 및 복지정책을 이끄는 핵심세력이 되었다(Erler, 1993: 11).

한편, 민간차원의 사회복지사업은 교육 사업과 병행 발전되면서 많은 영향력을 얻게 된다. 1840년 프뢰벨(Friedrich Wilhelm August Fröbel, 1782-1852)은 루돌프슈타트(Rudolfstadt)에 최초의 유치원을 세웠다. 그는 전쟁, 기아 그리고 질병 때문에 여기 저기서 죽어 가는 어린아이들을 모아다 놓고 우선 먹여 주고 보살펴 주는 양육사업을 시작했다. 그러다가 그는 어린이들이 모인 이 집에 이름을 붙이게 된다. 일명 킨더가르텐(Kindergarten)이 그것이다.

프뢰벨에 의해서 최초로 명명된 유치원 즉 킨더가르텐은 "어린이의 정원"이라는 뜻으로 말 그대로 어린이들의 놀이터를 의미한다. 이러한 전통에 따라 지금도 유럽에서 유치원은 무엇인가를 가르치고 배우는 곳이라기보다는 어린이들이 마음 놓고 뛰어 노는 곳이다. 여기서는 "놀이가 교육"이었다(이상오 외, 1996). 지금과는 달리 초기 유치원은 위기에 처한 어린이들이 단순히 보호받고 노는 곳이었다. 페스탈로찌의 고아원도 이와 비슷하다. 다만 그는 전쟁 고아들을 모아 놓고 그냥 놀게 내버려 둔 것이 아니고 베틀 짜는 기술을 가르쳤다.

그러나 분명한 것은 이들이 시작한 유치원이나 고아원은 사회적 도움이나 구제가 요청되는 어려운 처지의 유아 및 아동들에게 우선 사회사업의 혜택을 주는 기관으로 출발했다(Erler, 1993: 11). 즉 이들을 보호하고 양육하는 일로 시작된 유치원이나 고아원은 사회사업기관이었다. 그러나 사회사업의 실천 방법에서 문제가 지적되기 시작했다. 즉 어린아이들을 잘 돌봐 줄 능력이 있는 어머니 같은 보모들 없이 이러한 사회 사업은 불가능하였다. 이러한 사업을 담당할 유치원 보모들이 전문적으로 양성되어야 했기 때문에 보모 교육을 담당하는 교육기관이 생겨나게 되었다. 아울러 고아들과 유아들도 자라면서 무엇인가 교육을 받기 시작했다. 놀이를 통한 교육이 그것이고 베틀 짜는 직업 기술 교육이 그것이었다. 점점 사회사업가들은 페스탈로찌와 프뢰벨처럼 유아 및 고아들을 교육하기 시작했다. 결국 이들의 시설에 수용된 아동 및 청소년을 대상으로 하는 사회사업은 교육 사업 즉 보모교육과 고아교육을 동시에 수행하는 양상으로 변화하게 되었다.

정리하자면, 유럽에서 뿌리내리기 시작한 사회사업은 국가 정책적 차원에서는 법적, 행정적 측면에서 사회제도로 발전했으며, 고아원, 유치원 같은 민간기관에서는 교육의 측면을 새로운 사회 사업의 방법으로 활용하면서 발전되었다(Erler, 1993: 11-12). 그러나 점차 이러한 사회사업과 교육사업의 협력적 관계는 민간 차원뿐만 아니라 국가 사회복지사업에서도 자연스럽게 조우하게 된다. 즉 교육사업과 사회복지사업은 불가분의 관계로 현상하게 된 것이다. 심지어 사회복지사업기관이 훗날 일반 교육 사업의 정규 학교 기관으로 발전된 경우도 많다. 일 예로, 영국의 「리플라이 성 토마스 호스피탈(Ripley St. Thomas Hospital) 학교」를 들 수 있다.

이 학교는 랭카스터(Lancaster)의 원주민이며 리버플(Liverpool)의 상인이었던 리플라이 부부(Thomas Ripley와 그의 부인 Julia Ripley)가 1864년 11월 3일 설립한 「Ripley 호스피탈(병원 겸 요양원)」로 시작했다. 개원 초기에 이 호스피탈은 300명(남자 150명, 여아 150명)의 고아 소년 소녀를 보호 양육하기 시작했다. 1888년 11월 3일, 이 호스피탈에서는 리버풀(Liverpool)의 주교인 리플라이(Rypley) 박사에 의해 채플이 처음 열렸다. 여기서 모든 고아들은 기독교 교리에 따라 공동체 생활을 하면서 실용 위주의 교육을 받기 시작했다. 이 호스피탈의 고아 학생들은 여기서 떠날 때까지 적성에 맞는 직업 혹은 영업과 무역 부문에서 특별한 훈련도 받았다. 또한 호스피탈에서는 일정한 나이가 되면 이들을 배운 능력에 따라 알맞은 곳에 고용을 알선하였다. 상대적으로 공부에 재능이 있는 학생들은 학업을 계속하도록 장려되었다. 이들은 지역에서 보다 높은 단계의 학교로 진학하여 나중에는 지역의 사업가, 저널리스트, 교사, 간호사, 사회 사업가, 그리고 영업 분야에서 숙련된 노동자가 되기도 했다.

1-2차 세계 대전을 겪으면서 많은 환경 변화는 이 병원-요양기관이 공교육의 학교기관으로 탈바꿈하는 계기를 가져다주었다. 1966년부터 이 호스피탈은 Ripley St. Thomas

Church of England 학교로 운영되기 시작했다. 즉 일련의 교회 미션 스쿨로의 탈바꿈이었는데, 이후 학교는 전도의 차원에서 지역간-국제간 학생 교류에 주력하게 되었다. 드디어 1987년부터 이 학교는 유럽 학교간의 학생 교환 사업인 코베니우스(Commenius) 프로그램에 본격적으로 참가하면서 외국어 전문 학교로 변신하기 시작한다. 즉 1996년 9월부터 독일어, 프랑스어, 스페인어, 일본어를 가르치는 외국어 전문 2년제 교육 칼리지가 되었다. 1998년 현재 이 학교에는 약 1,400명의 소년들과 소녀들이 재학하고 있는데, 졸업자 중 다수가 4년제 대학교의 정규 학위 코스로 진학하고 있다. 물론 이 학교에서는 전통에 따라 지금도 경제적-교육적으로 어려운 학생들을 우선적으로 선발하여 이들에게 각종 사회복지의 혜택과 의료혜택을 부여하고 있다.

결국 유럽 사회에서 사회복지사업과 교육이라는 개념을 완전히 분리하는 것은 가능하지도 않고 중요하지도 않다(Erler, 1993: 12). 즉 페스탈로찌, 프뢰벨 그리고 리플라이를 사회복지사업가로 볼 것이냐 아니면 교육자로 볼 것이냐 하는 문제에 대하여 논쟁하는 것은 별 의미가 없다(Thiersch, 1992: 17). 어떻게 보면, 사회복지사업은 자본주의 사회가 발전하는 과정에서 필연적으로 요청되는 과제였으며, 교육은 이러한 사회복지를 구현하는 또 다른 실천 방법으로서 기여하여 왔다는 사실을 알 수 있다(Bittner, 1985: 623-624). 따라서 교육은 이미 처음부터 사회복지의 이념을 내포하고 있으며, 아울러 효과적인 복지사업의 실천을 위하여 교육과 훈련은 중요한 방법론으로서 이해될 수 있는 것이다. 왜냐하면 우리는 자본주의 사회에 살고 있기 때문이다.

(2) 『교육복지법』의 출현

미국, 캐나다, 호주 그리고 뉴질랜드 등지에서는 유럽 사회복지사업의 전통을 계승 발전시키면서 약 100여 년 전부터 구체적으로 학교현장에서의 학교복지(school welfare), 학생복지(pupil welfare), 학교사회사업(school social work) 그리고 장애 학생 복지사업 등을 중심으로 교육복지(educational welfare)의 개념을 발전시키고 있다.

교육복지는 학교복지에서 출발한다. 왜냐하면 교육은 학교에서 이루어져 왔기 때문이다. 즉 산업혁명 이후 교육은 모두 학교에서 이루어졌다. 산업혁명에 따른 분업의 시대에 학교는 가정과 사회에서 모든 교육을 위임받았다. 따라서 [학교=교육]이라는 등식이 성립된 계기는 산업혁명이다. 결국 오늘날 제도화되고 있는 교육복지의 뿌리는 학교기관에서의 복지사업에서 비롯되었다고 할 수 있다. 이른바 학교사회사업(School Social Work)이 그것이다.

애초에 사회복지사업가들이 학교의 학생들에 제한된 범위에서 관여하는 정도로 시작된 학교 사회사업은 1980년대 들어 지금도 가장 유력한 시스템으로 평가받는 학교중심의 통합 복지 서비스 체제로 발전하게 되었다(Constable/ Flynn/ McDonald, 1996). 이는 최근에 이슈화되고 있는 학교 현장에서의 교육 개혁에 중요한 방향타의 역할도 하고 있다. 즉 학교교육의 정상화를 중핵 과제로 하는 학교복지, 학생복지, 학교복지사업 및 청소년 복지사업의 영역 등은 이제 학교현장이 어떠한 방향으로 개혁되어야 하는가에 대하여 중요한 시사점을 던져 주고 있다(Wulfers, 1996).

미국의 으하이오(Ohio) 주는 1994년-1996년 3년간 복지수혜자로서 학교 부적응자 및 학교 낙오자로 낙인된 자들을 대상으로 학습조건의 변화에 따른 학교 성과를 알아보기 위한 「학습, 소득 그리고 부모 역할(LEAP: Learning, Earning, and Parenting)」 프로그램을 실시했다. 으하이오(Ohio)주 정부에 의해 위임된 「인력 모델 연구 재단(MDRC: Manpower Demonstration Research Corporation)」에서 나온 평가의 결과는, 학교 부적응자 및 낙오자들에게 특별한 지원과 서비스를 제공하는 것, 사례들을 관리하는 것 그리고 높은 출석생에 대하여 재정적인 보너스를 제공하는 것 같은 행동들이 이들의 학교출석률을 높이고 학업성취도를 높여 준 것으로 나타났다(Manpower Demonstration Research Corporation, 1997: 48). 반면, 처벌 위주 및 규제 중심으로 진행된 Winsconsin 주의 「학습촉진(Learnfare) 프로그램」은 이들에게 출석률과 학교 성취 면에서 모두 별 커다란 발전이 없었던 것으로 평가되었다.

또한 이 평가 보고서는 이러한 프로그램이 보다 어린 나이에 실시되고 학생들이 아직 학교에 남아 있을 때 실시될 경우에 보다 커다란 효과를 얻을 수 있다는 사실을 보여 주었으며, 「Big Brothers/Big Sisters 프로그램」이나 「양자역학의 프로그램(The Quantum Opportunities)」은 청소년들과 책임 있는 성인들 간의 지속적인 접촉이 이루어질 때 성공률이 높다는 사실을 보여주었다Manpower Demonstration Research Corporation, 1997: 49).

이러한 논점은 점점 더 양적-질적으로 확대되고 발전되었다. 정학, 퇴학, 자퇴하는 학생들이 급증하고 이들에 의한 사회문제가 확대되고 심각해지면서, 이제 사회는 학교 이탈자들을 어떻게 할 것인가에 대한 대책을 요구하게 되었다. 특히 학생들의 학교 탈락 및 학교 이탈의 가장 커다란 원인은 학교에서의 무단 이탈에서 비롯된다는 사실이 밝혀졌다. 그래서 무단 이탈을 방지하고 예방하기 위한 조처가 취해지면서, 이들에게 벌칙을 부여하는 대신 이들의 무단 결석과 연계된 이슈를 해결하는 방안이 주 과제로 검토되었다.

이러한 맥락에서 1998년 드디어 아일랜드 정부에서는 개혁교육법안으로서 『교육복지법(Education Welfare Bill)』을 제정하기에 이르렀다. 1998년 4월 28일 제정되고 1999년 시행 원년을 맞은 이 나라의 교육복지법은 교육과학부 장관인 Michael Martin에 의해 제안되었다. 법안의 주요 내용은, 첫째, 학생들의 학교 졸업 연한을 연장하는 규정과, 둘째, 학교 시스템 내에서 문제를 가진 학생들을 위하여 특별히 학교 서비스를 수행하는 「국립교육복지위원회(National Educational Welfare Board)」를 설립하는 규정으로 대별된다(Ranson, 1994).

이 교육복지법은 1926년 제정된 미국의 『학교출석법(School Attendance Act)』에 근거를 두고 있다. 그러나 이는 애초에 순수한 학교교육법의 차원이 아닌 사회복지사업의 일환으로 도입된 것이었다. 당시 아일랜드의 사회 문제는 크게 두 가지로 요약될 수 있다. 첫째, 법적으로 어린이 노동이 금지되어 있음에도 불구하고 어린 청소년들은 노동현장에서 착취를 당하고 있었으며, 둘째, 학교 청소년에 비하여 학교에서 이탈된 청소년들의 비행과 범죄가 현저하게 늘고 있었다. 결국 국가는 법적 규정으로 이들에게 학교 다니는 시간을 늘려 놓아야 했다. 이로써, 첫째, 아동 및 청소년들에 대한 노동 착취가 완화될 수 있으며, 둘째, 청소년 비행과 범죄가 줄어든다. 이것이 이 법의 제정 공포의 목적이었다.

특히 이 법은 주로 사회복지혜택 수혜자의 자녀들이 대상이었다. 따라서 보다 중요한 목표는 그 이면에 숨어 있었다. 즉 복지 수혜자의 자녀들에게 교육의 혜택을 주어서 가난의 세습 고리를 파괴하는 것이 궁극적인 목표였다.

오늘날 우리의 많은 젊은이들이 학교로부터 직장 및 일터 그리고 성인 사회 생활로 나아가는 데에서 어려운 전이를 경험하고 있다. 왜냐하면 이들 대부분이 학교를 자격미달로 떠나고 있기 때문이다. 일 예로 OECD 회원국에서 15-20%의 젊은 사람들은 바람직한 자격 수준도 없이 학교를 떠난다(OECD, 1996: 20). 즉 이들은 지식과 기술면에서 적합한 기초 수준에 도달한 것도 아니고 미래 학습을 위한 긍정적 자세를 갖추는 것도 아니다. 많은 OECD 국가의 성인 중 약 1/3 가량은 문해(literacy)와 수해(numeracy)의 최하 수준에 머물고 있는 것으로 추산된다. 또한 OECD 국가에서 성인 3사람 중에 1사람 정도가 문해와 수해에서 최저 상태 수준에 머물고 있는데, 이들은 상대적으로 장기 실업이라는 특별한 위험에 처해 있다(OECD, 1996: 22).

결국 이들을 의무적으로 학교에 출석하게 하고 학교에 머무르는 시간을 연장시킴으로써 국가는 사회복지 수혜자들에게 수혜와 지원의 양과 질을 높여 줄 수 있다. 그러나 이러한 정책은 일종의 강제적 유인책으로 한동안 비판을 받기도 했다. 즉 의무적인 학교 출석은 학교교육의 질적 차원을 강구하기보다는 그저 이들에게 졸업장을 취득하는데 초점을 두고 있다는 비판이다. 물론 당시에는 졸업장이 없는 복지 수혜자들보다는 졸업장이 있는 수혜자들이 보다 나은 사회활동을 할 수 있는 조건은 된다. 따라서 이 역시 사회복지의 차원에서는 어느 정도 이들에게 사회적 상승의 기회를 만들어 줄 수 있다. 물론 학교에서는 양질의 교육이 보다 중요하다. 그럼에도 불구하고 학교출석법은 이들 복지수혜자들에게 질적인 교육과 학습의 동기를 부여하는 최선의 방책은 아닐지라도 차선의 방안은 된다는 긍정적인 평가도 늘어났다(Ranson, 1994).

결국 교육복지법은 학교 아동과 청소년들에게 교육 복지와 관련된 이슈들에 대한 해결책으로서 무단결석의 원인과 이에 대한 대처 방안을 오래 연구한 결과의 차원에서 만들어졌다고 할 수 있다. 즉 법안은 학교 출석에 대한 학생들의 정체화 문제와 이들 및 가족에 대한 지원을 목표로 디자인되어 있다. 우선 법안은 학교 출석의 의무 연령을 현행 15세에서 16세로 또는 기초교육 후 3년까지로 연장하는 것을 규정했다. 이는 부모의 기본 권리이기도 하며 학생들에게는 국가로부터 의무적으로 교육을 받을 수 있는 최소한의 교육권이기도 하다. 또한 법안은 이미 학교를 떠난 18세 이하의 청소년들에 관하여도 규정하고 있다. 즉 이들에게 국가는 이들이 원할 경우에는 직업적 계속교육 및 훈련을 지원해야 한다. 이는 『교육복지법』에 의거하여 설립되는 「국립교육복지위원회」에서 책임을 지도록 되어 있다.

물론 「국립교육복지위원회」의 주요 역할과 기능은 학생들의 학교 출석을 강화하고 학생들의 교육 복지를 증진시키기 위하여 직접 개입하고, 연구, 기안, 자문하는 것들이다. 이 위원회의 운영은 교육복지를 통한 교육개혁에 당위성을 부여하고 이로써 교육과 복지에 관한 국가적 권위의 회복을 목표하고 있으며, 실시 주체로서는 학교-지역사회 연계 수준에서 책임을 지고 수행할 「교육복지사무소(eductaional welfare office)」를 설립 운영할 수 있도록 되어 있다.

또한 위원회는 학교가 학생들에게 내린 정학, 퇴학 처분을 거부할 수 있는 학부모들의 권한을 인정하고 있다. 만약 학부모들이 학교의 임의적 제적 처분에 항소해 오면 항소위원회를 구성하여 학부모들의 의견과 항소문을 접수하여 법원은 학교의 결정을 재심할 수 있다.

이 법안의 중요한 목적은 경제적 이유로 인하여 조기에 학교를 이탈해야 하는 학생을 최소화하는 것이다. 즉 조기 학교 이탈은 낮은 지식, 낮은 기술 수준 그리고 무자격을 양산하며, 이는 직업에서 낮은 직급, 낮은 성취, 낮은 봉급으로 이어져 빈곤의 세습 사이클이 지속된다. 따라서 교육복지법은 강제 규정이기는 하지만, 종국적으로는 빈곤의 세습 사이클을 파괴하는 적극적인 방법으로 이해된다. 또한 이 법은 조기에 학교를 떠나 고용 현장으로 들어가는 청소년들의 노동력 착취와 투쟁하는 데에도 기여할 것으로 기대하고 있다.

그러나 이러한 교육복지에 대한 법적-제도적 장치 역시 아직은 학교교육의 현장에 국한되어 있다. 즉 이 교육복지법은 아직 학교의 범위를 크게 벗어나지 못하는 "학교복지법"이라고 할 수 있다.

제7장 교실과 교육행위

1. 수업과 학습

1) 수업

인류의 역사에서 학교가 탄생하면서 학교에서는 누군가가 가르치고 배우면 교육은 일어나는 것으로 인식했다. 그렇다면 언제, 어디서, 왜, 무엇을, 어떻게 가르치고 배워야 하는가?에 대한 고민을 시작하면서부터 '수업'(修業, Class, Unterricht)이라는 개념에 대해서 연구하기 시작했다.

사전적으로 수업이란 정해진 과정을 따라 정해진 시간과 장소에서 지식과 기능을 가르쳐 주는 행위이다. 부연하면 수업이란 영어로 반(Class)을 뜻하는데, 일정한 시간동안 어떠한 장소에서 정해진 인원을 대상으로 가르치고 배우는 행위를 말한다. 수업의 특징은 다음과 같다.

첫째, 수업은 교육의 최소단위이다. 이를테면 50분간 수업을 하고 10분간 휴식을 취한다는 것은 연구의 결과이다. 심리학적으로 50분을 초과하면 학습의 집중도나 효율성이 오히려 낮아진다는 연구결과는 수업시간을 50분으로 제한시켰다. 게이지(N. L. Gage)는 "수업이란 학습자의 학습을 돕는 기술 내지 기예이며, 학습을 촉진하기 위한 지식 정보의 제공과 적절한 장면, 조건 또는 활동을 포함하는 것"으로 정의하고 있다(김창걸 외, 2010: 285). 그는 수업을 학습(學習)과 연계하여 조작적으로 정의하였다. 이런 맥락에서 본다면, 수업은 효율적인 학습을 위해 주변 환경 즉 제반 교육조건을 계획적이고 체계적으로 조작하는 행위를 포함한다. 그러나 이러한 주변 환경 내지 교육조건에는 교사의 가르침도 포함될 것이며 친구들과의 관계도 매개체가 될 것이다.

둘째, 수업은 수립된 계획에 따라서 체계적으로 이루어지는 활동으로서 교과과정

(curriculum)과 연관된다. 수업은 학습현상이 일어날 수 있도록 학습자의 내적 및 외적 조건을 체계적으로 조정하는 과정이다. 이는 학습자에게 계획적인 영향력을 행사하는 것이 목적으로 수업의 진행자의 자발적으로 학습할 수 있도록 의도적으로 간섭하는 기재라고 할 수 있다. 이러한 수업은 교육과 학습을 효율적으로 발생하도록 하는 목표를 가진다.

셋째, 수업은 교육적 가치를 부여한다. 교육과학론(Educational Sicence Theory) 즉 교육을 과학적으로 수행해야 한다는 주장 하에 교육의 목표는 윤리학(Ethic)에 두고 교육의 방법은 심리학(Psychology)에 의존해야 한다는 취지에서, 교육은 '과학'(Wissenschaft) 즉 대학의 전공학과(academic discipline)가 되어야 한다고 주창한 헤르바르트(Johann Friedrich Herbart, 1776-1941)는 특히 수업은 "교육적 수업"이 되어야 한다고 강조했다. 그에 의하면, 수업은 학습자의 행동변화를 궁극적으로는 교육적 의도에서 추구하기 때문에 교육의 한 형태라고 할 수 있다. 즉 수업은 교육실천의 기본형식이기 때문에 수업 없이는 교육이 절대 불가능하다. 다시 말하면, 교육적인 효과를 가져다주지 못하는 수업은 단순한 지식전달행위에 불과하다.

> "헤르바르트는 교육의 목적을 연역적이고 분석적으로 설명한 다음 그것의 실현 가능성을 물으며 교수학적 원칙들을 연역한다. 그는 교육의 기본 형식을 '교육적 수업'으로 제시하고 교육적 수업의 두 가지 구성요소인 수업과 교육(훈육)의 의미를 분석한다. … 교육적 수업에서 수업이 지식 전달 등의 가르침(instruction)과 관련을 맺고 있다면, 훈육(Zucht, discipline)은 행도의 변화, 즉 도덕적 성격을 강화하는 것을 목적으로 하는 교육과 관련을 맺고 있다."(김창환, 2006: 28-29)

즉 헤르바르트에게서 교육적 수업이란 지식전달교육과 도덕교육을 함께 하는 것을 말한다. 그런데 여기서 중요한 것은 교육방법이다. 교육방법은 우선 학생으로 하여금 다면적 흥미를 발견하도록 하기 위하여 직관적, 지속적, 참여적, 실제적으로 관심을 가지고 보여주기(Zeigen), 연결하기(Verknüpfen), 가르치기(Lehren) 그리고 성찰하기(Phlosophieren)를 통하여 수업과 훈육의 영역을 통합시키고, 정제된 훈육, 정서적 훈육, 규제적 훈육 그리고 지원적 훈육의 방법을 활용한다.

따라서 수업은 교실이라는 특정한 공간에서 제한된 시간에 다양한 교육적 환경과 조건(유능한 교사, 교재, 교구, 도야재, 보조기자재 등)을 마련하고 제공함으로써 효과적으로 이루어진다.

그러나 오늘날과 같은 평생학습의 시대에는 수업의 개념이 확장되었다. 즉 시간과 공간을 초월하여 '언제, 어디서나, 누구에게나' 일어날 수 있는 것이 평생교육이고 평생학습이다. 즉 어떤 형태든 학습이 이루어질 수 있다면, 그것은 수업이 행해졌다고 할 수 있다. 왜냐하면 수업은 학습을 전제하기 때문이다. 학습자가 한 사람도 없다면 수업은 불가능하다. 따라서 가르치는 자는 수업의 핵심 요소이지만, 배우는 자가 없다면 수업은 의미가 없다. 우리가 교사가 수업준비를 한다고 한다. 이때 수업준비는 학습자를 전제하는 것이다.

수업은 항상 학습과 학습자를 고려한 상황에서 연구 개발된다. 그러나 가르침을 중심으로 수업이 체계화한다고 해도 학습자가 학습하지 않는다면 아무리 체계화되고 조직화된 수업설계라도 의미는 없다. 대표적으로 교사의 일방적인 수업을 들 수 있다. 그러나 이러한 일방적인 수업 즉 학습자는 있어도 학습으로 이어지지 않는 수업은 의미를 상실한다. 교사는 수업을 하지만 학생은 수업을 하지 않는다. 교사의 가르침과 학생의 배움이 간격이 클수록 수업은 적게 이루어지는 것이다. 교사의 가르침과 학습자의 배움 간에 간격이 없을 때 수업은 충실해진다. 결국 수업은 교사와 학생이 함께 만들어가는 것이다.

2) 학습

인간은 학습하는 동물이다. 즉 학습은 인간에게 본능이다. 즉 인간은 학습본능을 가지고 태어난다. 물론 학습은 인간에게만 가능한 것이 아니다. (하등)동물들도 학습을 한다. 물론 기계적인 학습이다. 파블로프의 개 실험에서는 개에게 먹이를 줄 때 종을 울려 주었더니 종말 울려도 개는 침을 흘렸다. 종소리와 먹이가 함께 나온다는 것이 학습된 것이다. 이는 학습심리학을 태동시키는 계기도 되었다. 학습심리학에서는 학습을 연습이나 경험의 결과 일어나는 행동의 지속적 변화로 정의하고 있다. 물론 자연적이거나 일시적인 변화는 학습의 범주에서 제외된다.

학습심리학은 자극(Stimulation)과 반응(Response, Reaction) 즉 S-R 이론이다. 외부의 자극에 어떻게 반응하는가에 따라서 어떠한 학습이 이루어졌는가를 알아내는 것이다. 반대로 R-S 이론이라고도 한다. 즉 반응을 보고 자극을 주면서 학습시킨다. S-R 이론은 행동주의 심리학의 토대가 되는데, 여기서 학습은 끊임없이 변화하는 환경에 대한 적응과정으로 정의된다. 모건(C. T. Morgan)과 킹(R. A. King)은 "학습이란 경험이나 연습의 결과로서 일어나는 비교적 지속적인 행동의 변화"라고 정의했다(김창걸 외, 2010: 286). 이는 자극과 반응의 도식을 "자극과 행동변화"의 도식으로 바꾼 셈이다.

인지심리학(cognitive psychology)의 관점에서 본다면, 학습현상은 인지적 자극(CS)에 따른 인지적 반응(CR)이 일어나는 것을 말한다. 형태심리학(Gestaltpsychologie)의 창시자인 레빈(Kurt Lewin, 1890-1947)에 의하면, '학습이란 인지구조의 변화'를 말한다. 보다 구체적으로 말하면, 인지적 자극에 의해 인지적 평형이 깨지면서 인지적 반응이 일어나는 것인데, 인지적 평형(cognitive equilibrium)이 깨지면서 학습현상이 일어나는 것이다. 다시 말하면, 외부환경의 자극에 의해서 스키마(schema)가 흔들리면서 끊임없이'동화와 조절'이 반복되는 가운데에서 적응하게 되는데 이 과정에서 인지적 학습이 일어나는 것이다. 이는 인지적 자극에 의한 인지적 행동변화라고도 할 수 있다.

인본주의 심리학의 관점에서 본다면, 인간적 자극(HS)에 의해서 인간적 반응(HR)이 일어나는 과정에서 학습현상이 일어나는 것이다. 교사가 인간적으로 자극을 주면 학생은 인간적으로 반응하게 된다. 반대로 교사가 학생에게 비인간적인 자극을 주면 학생 역시 비인간적으로 반응할 수밖에 없다. 이럴 경우에도 학습현상을 일어난다. 따라서 학습은 가치중립적이며 가치배제적이다. 이렇게 본다면 학습이론은 과학이론이다. 다시 말하면 학습은 교육학의 전유물이 아니다. 학습이란 교육을 통해 가능한 것이 아니고 인간이나 다른 동물들도 가지고 태어나는 삶의 본능이다. 즉 살아남기 위해서 학습본능을 발휘한다. 따라서 교육심리학은 이러한 학습심리에 어떻게 교육적으로 개입할 때 비로소 교육적 인간이 될 수 있는가를 연구하는 학문이 된다. 즉 인본주의 학습은 인간적 자극에 의한 인본적 행동변화를 말한다.

그러나 남는 의문은, 행동주의 교육은 과연 인간이라는 고등동물에게도 적용이 되는 교육이라고 할 수 있을까? 즉 선천적으로 학습본능을 가지고 태어나는 인간에게 열심히 상벌체제를 적용한 자극을 줌으로써 결과적으로 목표 즉 행동변화를 달성했을 때 과연 그것을 우리는 교육이라고 할 수 있는 것인지? 이를테면 조직폭력배 왕초가 학생을 잘 가르쳐서 조폭세계에서 성공하도록 했다면 그것은 교육을 잘 한 것인지? 조직폭력배에 의한 자극을 통하여 조폭세계에 발을 디딘 연습생은 지속적인 행동변화를 한 결과 원하는 조폭이 되었다. 그렇다면 교육이 제대로 이루어진 것 아닌가? 왜냐하면 교육은 지속적인 행동변화를 목표하기 때문이다. 그러나 조직폭력배의 교육이 아무리 성공적이라고 해도 그것은 전혀 교육적이라고 할 수는 없다. 왜냐하면 교육은 피치못하게 가치론적이기 때문이다. 그렇다면 행동주의 교육관은 교육의 범주에서 폐기처분해야 하는 것은 아닐까? 이렇게 본다면, 행동주의 교육은 하등동물에게나 가능한 교육일 수 있다. 물론 이를 교육과 차별화하여 훈련 또는 기계적 연습이라고 해야 할지도 모른다. 사실 유인원 같은 고등동물부터 가능한 교육은 인지주의 심리학에 토대를 둔 교육이라고 할 수 있다. 왜냐하면 인지(cognitive) 능력은 하등동물과 고등동물을 구분하는 분기점이기 때문이다. 마지막으로 인본주의 교육 역시 인간이라는 고등동물의 전유물이다. 특히 오늘날 인구에 회자되는 인성교육은 인본주의 교육의 범주이다.

그런데 오늘날 우리의 학교현장에서 일어나는 학습현상은 지속적인 행동변화를 통하여 목표를 달성하는 행동주의에서 크게 벗어나지 못하고 있다는 사실이다. 원하는 대로 잘하는 것 같으면 상(賞)을 주고 잘 못하면 벌(罰)을 하는 소위 상벌(賞罰)체제는 행동주의의 중요한 수단이다. 상벌이라는 자극을 통하여 행동변화를 강화시키는 것이다. 물론 교실에서는 인지심리학적 지식을 적용하여 학생들에게 인지적으로 자극함으로써 성적과 점수를 높여주는 일도 있다. 그러나 인지적 자극을 통한 인지적 반응의 과정에서 발생하는 학습에서는 의심, 비판, 반성, 성찰, 창의성, 이해를 통한 학습이 보다 중요하다. 마지막으로 인간적 자극을 통한 인간적 반응의 과정에서 발생하는 인본주의 교육은 인성교육, 인격교육의 가능성을 확인시켜 줄 것이다. 오늘날 학교에서 인성교육이 부재하다는 지적은 인본주의 교육의 실종에 관한 이야기가 된다.

매드닉(S. A. Mednick)은 학습의 특징을 다음과 같이 기술하고 있다(김창걸 외, 2010: 286).

첫째, 학습은 그 결과로서 행동의 변화를 일으킨다.

둘째, 학습은 연습이나 훈련의 결과로 일어난다. 따라서 성숙을 통하여 자연적으로 일어나는 행동변화는 제외된다.

셋째, 환경의 영향이라도 질병이나 피로 또는 약물에 의하여 일어나는 일시적인 행동상의 변화는 학습이라고 하지 않는다. 학습이란 비교적 영속적인 변화로 규정되기 때문에 이러한 요인(질병, 피로, 약물)에 의한 변화는 그런 조건이 사라짐에 따라서 그 변화도 없어지기 때문이다.

넷째, 학습은 직접 관찰할 수가 없으며, 수행(performance)과 구별된다. 학습은 수행의 배후에 있는 행동경향성의 변화이다. 학습과 수행의 관계는 말하자면 전기와 전기가 작용해서 나타나는 관찰 가능한 결과의 관계에 비유될 수 있다. 학습을 교육과의 관계에서 보면, 교육은 의도적, 계획적 가치추구의 목적성을 가진 활동인데 반하여 학습은 의도성이나 목적성이 없이 행동변화에 사용된다.

3) 수업 패러다임의 전환

오늘날 수업 패러다임은 급격하게 전환되고 있다. 이는 교육이 교수자 중심의 패러다임에서 학습자 중심의 패러다임으로 전환되는 것과 보조를 같이한다. 즉 전통학교에서는 교수자가 수업을 주도하였다. 교수자가 수업을 진행하면 학습자는 단지 수업을 수동적으로 쫓아가는 형태였다. 그러나 오늘날의 교실에서 수업은 학습 또는 학습자의 개념을 무시할 수 없는 상황이 되었다. '학습자'란 학습을 하는 '능동적 주체'를 말한다. 전통교실에서 수업에 참여하는 학생들은 능동적이든 수동적이든 상관이 없었다. 그냥 일정한 시간에 일정한 장소에서 교사에 의한 수업행위가 이루어졌다면, 그 수업은 진행된 것이었다. 그러나 오늘날 교실에서는 학습이 수업의 성패를 결정한다. 진정한 학습이 이루어지지 않는 수업은 더 이상 의미가 없다.

교수자 중심의 수업에서는 수동적인 학습자도 존재한다. 그러나 수동적인 학습이 이루어지는 수업은 생명력이 짧다. 따라서 오늘날의 교실에서 반드시 수업과 학습은 동전의 앞뒤처럼 붙어 다닐 수밖에 없다.

수업이 학습자 중심의 교육패러다임을 수용하기 위해서 중요한 것은 학생의 요구

(Needs)를 수업에 반영하는 일이다. 지금까지 전통학교에서는 교수자 내지 교육공급자인 정부, 학교의 요구만을 반영하는 수업을 실시해 왔다. 따라서 오늘날의 교실에서는 학생 또는 교육수요자인 학부모의 요구가 반영된 수업이 요청된다. 그러나 이는 지금의 공교육 시스템에서는 원칙적으로 불가능한 일이다. 왜냐하면 '공교육'(公敎育)이란 '공공의 가치 내지 공적 가치'를 교육하는 것을 목표하기 때문이다. 공적 가치를 추구하는 학교의 '수업'에서 교육수요자인 학생 및 학부모의 '사적 가치'를 반영한다는 것은 논리적으로도 모순이기 때문이다. 따라서 학습자의 요구 즉 사적 가치를 반영하는 수업을 하기 위해서는 제도 자체를 완전히 바꾸어야 한다. 현재의 공교육 시스템을 완전히 폐지하고 사교육 시스템으로 바꾸어야 한다. 그러나 이는 현실적으로 불가능한 이야기이다. 물론 의도가 확실하다면 점진적으로 바꾸어나갈 수는 있을지 모른다. 그러나 전통학교의 시스템은 시대적으로 변화추이에 맞지 않는다. 이런 이유로 학교나 교실에서는 크고 작은 갈등과 대립 그리고 수많은 혼란과 불상사가 발생하고 있는 것이다. 세상은 변하는데 제도는 불변하기 때문에 발생하는 피치못할 사건들이다.

그러나 원천적으로 전통적인 공교육 시스템을 바꿀 수 없다는 이유로 그냥 방치한다면 문제는 계속해서 쌓일 것이며 언젠가는 엄청난 폭발력으로 나타날 것이다. 오늘날 전 세계적으로 사회적 위협으로 발생하고 있는 학교폭력, 청소년 자살, 학생인권문제, 교권추락 등 수많은 학교문제들은 이미 학교의 엔트로피(entropy)가 최대치에 접근하고 있다고 할 수 있다. 따라서 대안(代案) 또는 차선책(次善策)으로 학교를 '개혁'하든지 '혁신' 아니면 '개선'이라도 해야 한다는 목소리가 늘 나오는 이유도 여기에 있다.

현실적인 대안을 제시한다면 다음과 같다. 즉 수업을 설계하고 실행할 때 학습자의 요구를 반영할 수가 없다면, 수업의 방식을 바꾸어 보는 방안이 가능하다. 즉 지금까지 전통학교에서의 수업은 교육공급자들에 의해 만들어진 교과서(敎科書)를 매개로 교수자 주도로 이루어져 왔다. 따라서 학습자의 요구반영이 원칙적으로 불가능했지만 시대적 추세가 학습자의 요구를 반영해야 한다면, 수업의 방식을 바꾸어서 이들의 요구를 반영할 수 있는 방안을 모색해 보아야 한다.

첫째, 경험중심, 체험중심, 활동중심의 수업방식이다. 이는 전통학교의 수업방식인 교과서 암기 중심의 지식전달의 수업방식에서 제외된 학습자의 요구를 수업하는 과정에서 반영해 보고자 하는 것이다. 그런데 역사적으로 이러한 수업방식은 루소, 페스탈로치, 듀이에 의해 주장된 수업방식이다. 루소의 사상을 이어받아서 최초의 실험학교를 운영한 바제도우의 데사우 기숙학교와 구츠무츠의 체조학교, 페스탈로치의 노작학교 그리고 듀이의 시카고 대학교 부설 실험학교는 이러한 수업방식으로 운영되었다. 오늘날은 세계에 널리 퍼져 있는 대안학교(alternative school), 자유학교(free school) 등에서 이러한 수업방식을 운영하고 있으며 심지어 수업계획부터 학습자의 요구를 반영하고 있다.

둘째, 질문토론 중심의 수업방식이다. 역사적으로 초창기 학교는 질문토론의 방식으로 수업하는 학교로 출발했다. 2500년 전 플라톤은 세운 최초의 학교인 아카데미에서는 그가 집필한 <대화편>을 교재로 하여 이를 읽고 쓰고 낭송하고 또한 이에 대해서 질문하고 토론하고 피드백하는 방식으로 수업을 진행했다. 또한 공자와 예수 그리고 부처는 제자들과 대화를 하면서 가르쳤으며, 대화집은 모두 나중에 <논어>, <성경>, <불경> 등 종교경전으로 편찬되었다.

특히 유태인들의 전통적인 교육방식은 하브루타는 질문토론방식 수업의 대표적 사례이다. 학생들은 유대교의 경전인 <코라>를 무조건 암송하고 암송한 것을 가장 가까이 있는 친구들에게 물어보고 이에 대해서 토론하고 논쟁하다가 잘 이해가 되지 않으면 랍비를 찾아가 묻고 또 묻다가 토론하고 논쟁도 하면서 배운다. 우리나라에서도 서당의 수업방식이 이와 유사했다. 학동은 천자문을 뜻도 모른 채 무조건 암송하고 나서 나중에 웃사람이나 훈장에게 묻기도 하며서 대화하고 토론하는 방식으로 배웠다.

과학철학자이며 사회비판가인 칼 포퍼(Karl Popper)는 평소 '질문하는 학교'를 설립하고 이를 운영하는 것을 꿈꿨다고 한다. 그만큼 질문하는 것은 배움(學習)의 시작이다. 2500년 전 소크라테스는 '무조건 질문하라'고 가르쳤다. 그는 "세상에서 가장 훌륭한 학생은 질문을 잘하는 학생"이고, "세상에서 가장 훌륭한 교사는 가장 질문을 잘하는 학생을 길러내는 사람"이라고 말했다. 그런데 "사람들은 답을 잘 가르쳐주는 사람을 훌륭한 교사라고 하니 이 세상이 참 개탄스럽다"고도 했다. 물론 그는 답을 알려주면서 귀족의 자제가 빨리 세상에 나갈 수 있도록 독려하면서 당시 최고의 교사를 자칭하고 다녔던 소피스트들을 비아냥한 대목이다. 하여간 오늘날의 사정과 별로 다르지 않다. 소크라테스에게는 답을 하는 것보다 질문이 훨씬 중요했다. 그 이유는 답이란 정권 즉 권력이 바뀌거나 세상인심이 변하면 늘 바뀔 수 있기 때문이었다. 그러나 촌철살인 즉 예리한 질문을 할 수 있는 능력을 가진 학생만 있다면 세상은 결코 이상한 대로 가지 않을 것이기 때문이다. 그는 예리한 매의 눈으로 세상의 어지러움을 늘 질문할 것이기 때문이다.

온고지신(溫故知新)이라는 말이 있다. 만약 현재의 시스템을 전복시킬 수 없다면, 옛것을 새롭게 하는 일에서 대안(代案) 내지 차선책을 찾아내는 지혜(智慧)가 요청된다.

2. 교실공동체

힐러리(Hillery, 1955)와 윌리스(Willis, 1977)에 의하면, 공동체(community, 共同體)의 4요소로 사람, 장소, 사회적 상호작용, 애착심을 들었다. 이를 교실공동체에 적용시켜 본다면, 사람은 가깝게는 학생과 교사라고 할 수 있겠지만, 학생의 뒤에서 학부모가 있고 교사의 뒤에는 교장, 교육장, 교육감, 교육장관 등이 있다고 할 수 있다. 장소는 가깝게는 학교라는 울타리에 있는 교실이겠지만 운동장, 칠판, 교탁, 책상 등 교실 내의 시설들, 주변환경 등이 해당될 것이다. 사회적 상호작용은 가깝게는 친구들과의 관계, 교사와 학생 간의 상호작용 그리고 학생과 학부모, 교사와 학부모 간의 상호작용이 대표적이다. 마지막으로 애착심은 학교와 교실에 대한 학생들의 애착심이 교실공동체를 구성하는 중심요소들일 것이다.

그러나 교실공동체를 지탱하는 가장 원천적인 힘은 교사와 학생 간의 상호작용일 것이다. 수많은 연구결과들은 교실에서 일어나는 교사와 학생 간의 일거수일투족은 앞으로 학생들의 인생관에도 결정적인 영향을 미친다는 사실을 알려주고 있다. 특히 사춘기 시절을 교실이라는 제한된 공간에서 제한된 사람들과의 교제와 관계를 하면서 보내야 하는 학생들에게 교실공동체의 의미는 거의 결정적이라고 할 수 있다. 또한 학생과 학생 간의 교우관계는 평생동안 지속된다. 우리가 사회생활을 하면서 죽는 날까지 동창생, 동문, 졸업학교 등의 이름에 얽혀서 산다는 사실은 학창시절 특히 운명처럼 주어졌던 교실공동체에서 보낸 나날들이 우리의 인생에서 얼마나 중요한가를 보여준다.

그러나 교실공동체의 추억이 좋을 수도 있지만 나쁠 수도 있다. 또한 단지 추억 즉 기억으로만 끝날 수도 있겠지만, 교실공동체에서의 일들이 현실에서도 지속적으로 구속과

압박으로 여전히 작용할 수도 있다. 우리 말에 "친구따라 강남간다"는 말이 있다. 그만큼 사춘기 때에는 친구관계, 교우관계는 대단히 중요하다.

오늘날 학교폭력의 문제는 이미 인구에 회자된 지가 오래이다. 학교에서 폭력이 발생한다는 것은 이미 학교가 죽은 것이다. 가장 교육적이어야 할 장소인 학교에서 가장 비교육적인 폭력이 난무한다는 것은 더 이상 학교가 교육의 전당이 아니라는 사실을 반증하고도 남는다. 학교 내지 교실공동체가 부정적으로 작용된 사례이다. 학교폭력은 주로 친구들 사이에서 벌어진다. 물론 교사와 학생 간의 폭력도 학교폭력에 해당된다. 바람직한 교실공동체 아니면 가장 교육적인 교실공동체가 재생되고 복원되어야 하는 이유도 바로 여기에 있다. 역사적으로 교실공동체는 인류가 고안해 낸 공동체의 역사와 맥을 같이 한다.

세상에서 가장 나약한 "결핍존재"(Mängelwesen/ Arnold Gehlen)로 태어나는 인간은 생각하는 능력(호모 사피엔스)과 손을 사용하는 능력(호모 파베르)을 통하여 세상에서 가장 강한자로 살아남았다. 특히 인간은 '공동체'(共同體) 즉 '함께 뭉쳐서 사는 방법'을 터득하면서 맹수들의 공격으로부터 살아남을 수 있는 확률을 높일 수 있었다. 이때부터 공동체는 인간이 살아남는 최적의 수단이 된다. 공동방어를 통해서 공동체를 수호하면 함께 살아남는 것이고, 공동체가 무너지면 개인도 모두 죽는다. 타 부족에 의해 함몰된 공동체의 성원들은 모두 노예가 된다. 결국 공동체의 사수는 나의 목숨을 살리는 길이었다. 고대 그리스 시대를 인간답게 살게 한 원동력이 바로 폴리스(Polis)라는 공동체였다. 또한 이 과정에서 교육과 학습이 개입하면서 인간은 만물의 영장이 될 수 있었다. 교육과 학습으로 다음 세대에 "문화"(Kultura)를 이식시키면서 인간은 만물 중에서 가장 유리한 조건으로 살아남을 수 있었다. 고대 그리스 시대에 다용도의 공동 공간이었던 아고라(Agora)는 교육공동체의 효시이기도 하다. 로마시대의 포럼(Forum) 역시 교육공동체의 발전상이었다. 특히 플라톤의 아카데미아에서 클라세(Klasse)의 개념이 생기면서 교실공동체가 탄생하기 시작했다. 이때 교실공동체는 예비 지식인들이라는 사람들이 한 공간에 모여서 스승과 제자 사이의 상호적 유대관계 속에서 '학파'의 일원이라는 자부심과 애착심을 가지고 모였다. 소크라테스의 제자 플라톤, 그의 학교 아카데미아(Akademia)와 그의 제자 아리스토텔레스, 또한 아리스토텔레스의 학교 리세움(Lyceeum)과 그의 제자 알렉산더 대왕과 프톨레마이오스 II세, 프톨레마이오스 II세의 학교인 무세이온(Museion)과 그의 제자들인 기하학원 창지사 유클리드, 유레카 유레카의 알키메데스가 그들이었는데 이들의 유대관계는 역사적 사건들이었다. 그 이전에 영혼불멸, 영혼정화를 외치면서 기하학을 전파한 피타고라스를 추종했던 피타고라스학파도 이에 해당된다. 이것에 교실공동체의 원래 모습이었다고 할 수 있다. 지금 우리의 교실에서 벌어지는 학교폭력 같은 상상하기 어려운 사건들은 원시 교실공동체에서는 전혀 볼 수 없었던 일이었다고 할 수 있다. 이러한 의미에서 교실공동체의 복원 내지 재생이 요청된다고 할 수 있다.

공동체는 영어로 커뮤니티(community) 이다. 커뮤니티는 소통(疏通) 즉 커뮤니케이션(communication)를 통해서 이루어지는 집단을 말한다. 커뮤니티에 문제가 있다면 커뮤니케이션에 문제가 생긴 것이다. 교실공동체가 와해되는 것은 교실에서 소통이 문제시되는 것이다. 학생들 간의 소통, 교사와 학생 간의 소통이 사라지고 있으며, 멀리는 학생과 학부모, 교사와 학부모 더 멀리는 학생과 교내외 교육전문가 행정가와의 소통에 장애가 발생한 것이다.

오늘날 학교나 교실뿐만 아니라 모든 세상에서 '의사소통'의 필요성을 호소하고 있다. 실제로 대화 내지 의사소통의 필요성은 충분히 인식되었지만 실천이 어려운 것이 사실이다. 의사소통의 방법도 문제이다. 도대체 소통이 어떻게 되어야 제대로 되는 것인지? 소통하는 방법은 무엇인지? 소통이 쉽지 않은 가장 큰 이유는 언어가 가지는 '상징성'(象徵性) 때문이다.

언어는 다의적(多義的)이다. 즉 언어가 의미하는 것은 하나가 아니다. 왜냐하면 의미는 상징에서 나오기 때문이다. 상징(象徵, symbol)은 그야말로 상상(想像, imagination)이다. 일반적으로 우리는 대화에서 우리는 화자(話者)가 말하는 언어를 자기의 관점에서 해석하고 이해한다. 즉 화자의 말이 상징하는 것을 우리는 우리의 상상이 동(動)하는 대로 받아들이는 것이다. 따라서 그 말의 상징이 우리의 상상과 꼭 일치할 때에는 서로 의미가 통하는 것 즉 소통이 되는 것이다. 그러나 그의 말이 상징하는 것과 우리가 상상하는 것이 일치가 되지 않는다면 소통이 되지 않는 것이다. 따라서 제대로된 소통을 하기 위해서는 상징과 상상이 불일치되는 오류를 최소화시키려는 노력을 해야 한다. 해석학적 차원에서 언급한다면, '해석학적 순환'을 통하여 그의 의미를 해석하고 이해해야 한다. 그럼에도 불구하고 이러한 지속적인 해석 작업을 도외시하면서도 소통의 오류를 인식하지 못한다면 소통은 매우 어려운 국면으로 치달을 것이며 끝내는 대화는 하지만 소통을 일어나지 않는 상태가 된다. 아니면 아예 대화조차도 중단되면서 소통의 불씨도 꺼지게 된다.

앞에서 쉬엄쉬엄 농사를 지면서 아이들을 돌보는 것이 아니라, 아침 일찍 공장에 제 시간에 맞추어 출근을 해야 했으며, 퇴근시간까지 공장에서 일을 해야 했다. 자녀를 돌볼 수가 없었던 것이다. 공장에서 일을 할 능력을 기르기 위해서 그리고 자신들이 돌 볼 수 없었기 때문에 부모들은 자녀를 학교에 보낼 수밖에 없었다. 이때부터 우리의 '부모들'은 '학부모'가 된 것이다.

20세기 공교육의 대중화와 함께 학교는 작은 사회로서 세상의 유일한 사회화 기구가 되었다. 이제 학생들은 학교에 무조건 적응해야 했다. 학교에서의 낙오는 사회적 일탈로 간주되었다. 누가 얼마나 학교를 오래 다녔는가는 사회화의 척도가 되었으며 점차 학교의 순위가 정해졌다. 역사와 전통을 중심으로 소위 명문학교(名門學校)가 생겨나면서 모두들 학교를 선택하는 일에 몰두했다. 치열한 경쟁 속에서 명문학교는 점점 더 좁은문이 되어갔다.

학부모는 자녀를 학교에 위탁하는 대신 정해진 등록금과 수업료를 부담했다. 오늘날은 학부모가 사교육에까지 지원하는 것이 당연지사가 된 지 오래이다. 사교육을 위해서 일부 학부모는 자신의 온몸을 던지는 것도 마다하지 않는다. 모두가 과열경쟁 탓으로만 돌리기는 야박하다. 하여간 오늘날 우리의 학부모들은 자녀교육을 위해서 무엇이라고 해야 하는 것을 당연시하는 상황으로 치닫고 있다. 못해지는 부모는 못난이가 된 세상이다.

그렇다면 우리의 학부모는 위대하다고 할 것이다. 물론 한편에서는 안타깝기도 하다. 그런데 문제는 이렇게 자녀교육에 헌신적인 학부모들의 위상은 어떨 것인가? 하는 질문이다.

이미 우리의 학부모들은 교육으로부터 소외(疏外)된 지가 오래이다. 왜냐하면 자녀교육에서 모든 것을 바친 학부모들은 교육정상화의 일원으로 추앙받는 것이 아니라, 교육현실에서는 어떤 역할도 하지 못한다. 이유는 크게 두 가지이다. 첫째, 이미 학교는 교육전문가라고 불리는 계층이나 학교행정가들에 의해 점령당했다. 따라서 교육전문가가 아닌 학부모는 교육에 대한 목소리를 낼 수가 없다. 사회가 점점 더 전문화, 초전문화되면 되면서 우리의 학부모들은 점점 더 빨리 소외되어 가고 있다. 둘째, 우리의 학부모들은 자녀교육을 위해서 가족이기주의의 테두리 내에서 움직여 왔다. 즉 내 자식만 잘되면 그만이다.

결국 우리의 학부모는 자녀교육을 위해서 모든 경제적 부담을 자처하고 심지어는 모든 심정적인 노력을 다 해 왔음에도 불구하고 정착 자녀교육의 절차와 내용 그리고 방법 등에서는 소외되었다. 그냥 눈치만 보다가 자신의 자녀에게 유리하다고 하면 그곳으로 움직이면 된다. 한국의 교육은 커피숍과 빵집에서 다 이루어진다는 말이 있다. 학부모들이 모여서 어느 학원이 좋은가, 어떤 학교에 좋은 선생님이 계신가? 이런 저런 정보교환은 모두 자기 자녀을 위한 학부모들의 교육활동이다. 국가의 백년대계는 그다지 관심거리가 아니다. 그냥 자신의 자녀가 출세한다면 그쪽으로 안테나가 펼쳐진다. 결국 우리의 학부모는 공교육이라고 하지만 비용을 부담했고 사교육 비용도 부담하면서 자녀뒷바라지에 우골탑이 되도록 헌신하였지만 결국은 교육에서는 소외된 것이다. 우리의 학부모가 지출하는 교육비는 세계최고 수준이다. 즉 우리의 학부모는 공교육비와 사교육비를 모두 지불하고 있다. 이런 사례는 전 세계적으로도 유례가 없다.

인간이 만들어 놓은 공장으로부터 소외되었다고 해서, 세상을 뒤 흔들어 놓은 사건이 바로 프롤레타리아 혁명이었다. 그러나 오늘날 우리의 학부모들은 자신들이 열심히 뒷바라지 한 교육으로부터 소외되었다는 사실 조차 인식하지 못하고 있다.

(2) 교육주체로서의 학부모권리

학부모는 교사, 학생과 함께 교육의 주체이다. 따라서 자녀교육의 제대로 이루어지기 위해서는 학생과 교사 그리고 미성년인 학생의 보호자인 학부모가 교육적 공동체(educationa community)를 형성할 수 있어야 한다.

아프리카와 유태인의 격언에는 "한 아이를 키우려면 하나의 마을이 필요하다"는 말이 있다. 학교에서 한 아이가 교육받는 것으로 성장했다고 믿는 것은 오해이다. 단적인 증거는 "인성교육의 문제"에서 볼 수 있다. 아이들의 온갖 비행 및 폭력사태를 위시하여 크고 작은 도덕윤리의식 부재 심지어 에티켓 부족 등을 보고 성인들은 인성교육의 부재를 원망하면서 학교의 실종 등을 거론한다. 심지어 이러한 원망은 이제 학교불신으로 이어진지 오래이다. 그럼에도 불구하고 학교는 요지부동이다. 오히려 학교는 가정교육을 탓한다. 가정교육의 부재가 인성교육의 부재로 이어진다는 것이다.

언젠가 학교가 생겨나면서 학생과 학부모 그리고 교사와 학교 간에서 안 보이는 계약관계 속에 들게 된다. 오늘날 근대학교 이후에는 학부모와 학교 간에는 자녀를 학교서 가르침을 받는 대신 등록금과 수업료를 지불하겠다는 암묵적인 상호계약을 이행하고 있다. 그런데 학교의 항변은 교과서의 지식을 가르치는 대가를 받는 것이지 인성교육까지는 위임을 받지 않았다는 것이다. 물론 학부모는 이내 반발한다. 즉 지식교육뿐 아니라 인성교육도 포함해서 대가를 지불했다는 주장이다. 그러나 학교는 반박한다. 학교에서는 교과서 지식을 잘 교육시킴으로써 명문대학에 보내는 것이 우선이다. 실업계 학교에서도 양질의 지식으로 무장하여 사회에 배치되도록 하는 것이 학교의 목표이다. 다시 말하면, 인성교육은 시험에 안 나오기 때문에 학교수업에서 배제될 수밖에 없으며, 또한 배제해야 한다는 주장이다. 실제로 영어, 수업 시간에 인성교육을 하면 학부모들이 항의한다. 금쪽같은 시간에 뭐하는 것이냐고. 자기 자녀가 다니는 학교에 지식보다는 인성교육에 치중하는 교사는 학부모들이 가만두지 않는다. 결국 학교는 시험에 나오는 것만 가르쳐야 하기 때문에 인성교육은 교재 밖이 된다. 이렇게 하여 인성교육은 가정과 학교 사이의 빈 공간에 머무르는 신세가 되고 말았다. 한마디로 학부모는 자녀의 인성교육도 학교에 위임했다는 주장이고, 학교는 지식교육도 벅찬데 시험에 안 나오는 인성교육은 학교의 몫이 아니라는 주장이다. 절충적 입장은 학교와 가정이 협력하고 합심하여 인성교육을 해야 한다는 주장이다. 그러나 현실적으로는 가능한 주장이 아니라는 사실을 모두들 알고 있다. 이로써 인성교육은 그냥 공중에 붕 떠 있는 상태가 된다.

그러나 오늘날 조금씩 학부모들이 각성하기 시작했다. 한 예로, 오로지 대입시를 위한 지식교육에 치우친 제도권 학교교육에 못마땅해 하는 몇몇 뜻있는 학부모들부터 자신의 자식들을 자퇴시키고 대안학교에 보내기 시작했다. 내 자식은 내가 교육해 보겠다는 생각으로 홈스쿨링을 시작하기도 했다. 이들은 대안학교나 홈스쿨링이 아직 우리 사회에서 어떤 위상인지에 대해서도 잘 알고 있다. 대안학교를 졸업한 학생들의 사회진출도 불확실하고 심지어 또 다른 사회적응에도 어려움을 겪을 것이 뻔한데도 불구하고 이들은 교육의 명분을 찾기 시작한 것이다. 물론 이 경우는 대안학교에 자녀들을 보내는 이유가 학교부적응 때문만은 아니고 대안학교의 교육철학이 학부모에게 공감을 얻었기에 이에 호응하는 경우이다. 그러나 오늘날 일부 대안학교도 파행을 걷기도 한다. 소위 '귀족 대안학교' 사건들은 이를 반영하고 있다. 그럼에도 불구하고 대안학교의 교육철학은 매우 다양하지만 일반적으로 제도권 학교의 교육철학과는 본질적으로 다르다는 사실이다. 다시 말하면 일반적으로 대안학교의 교육철학은 기존의 제도권 학교의 교육철학에 부합되지 않는다.

드디어 이들을 중심으로 지금까지 수많은 학부모운동이 이어지고 있다. 이러한 운동은 바로 학부모로서의 권리를 되찾자고 하는 운동이라고 할 수 있다. 지금까지 자녀들을 위해서 모든 지원을 아끼지 않았음에도 불구하고 결국은 교육으로부터 소외를 경험한 이들 학부모들은 마침내 학부모로서의 교육권을 되찾음으로써 교육소외로부터 탈출하고자 하는 몸부림이라고 할 수 있다.

이들은 학부모들의 참여를 독려하기 위해서 수많은 방법을 고안하고 이를 활용하면서 교육의 권리를 찾는 학부모 모임을 지속시키고 있다. 이들에게는 교육소외로부터의 탈출하는 것이 곧 교육권을 되찾는 것이다. 이들은 학부모가 어떻게 학교교육에 참여할 수 있도록 하는가에 주목한다. 지금까지 이들이 고안해 낸 참여유형은 크게 다음과 같이 6가지로 구분된다.

첫째, 학부모의 교육모형이다.
둘째, 협력모형이다.
셋째, 비자발적 참여모형 (ex: 학운위 등)
넷째, 부분적 참여모형
다섯째, 정치적 활동모형
여섯째, 소비자중심 모형

이러한 일련의 교육 참여 모형들은 교육소외된 학부모들로 하여금 진정한 교육참여를 독려함으로써 교육소외로부터 탈출하여 교육주체로의 복권을 이루도록 하고 궁극적으로는 교육개혁에 일익을 하는 교육공동체의 형성을 목표로 하는 시민교육운동의 전략적 방법론이라고 할 수 있다.

2. 교육과 민주화

1) 시민의 탄생

인간은 본능적으로 자유를 갈구한다. 따라서 호모사피언스 이래로 자유민이 되기 위한 인간의 노력을 계속되어 왔다. 고대 그리스의 폴리스 공동체들은 자유민과 비자유민을 법적-제도적으로 명확하게 구분해 놓았다. 우선 전쟁에서 이기면 자유민(自由民)이 되는 것이고, 패배하면 모두 비자유민이 된다. 자유민 사이에서도 계층은 점차 세분화되기 시작하면서 자유의 정도에 따라서 자유민의 권한 행사도 달랐다. 교육에서도 자유민은 7자유학과(문법, 수사학, 변증법, 기하, 대수, 천문학, 음악)를 이수하는 것을 교양이라고 했다. 자유민은 7자유학과에 능숙해야 하며, 7자유학과는 자유민의 조건이었다.

귀족과 천민계급 사이에서 탄생한 시민계급은 천민계급 중 무엇인가를 만들 수 있는 기술을 가지고 있었던 관노(官奴) 출신이 중심으로 형성되었다. 특히 역사적으로 관노의 탈출사건은 시민계급이 탄생하는데 결정적인 역할을 했다. 관에서 탈출한 노비들은 산속으로 숨어서 움막 같은 공장을 짓고 그 곳에서 남들의 눈을 피해가면서 혼자 낫, 호미, 망치, 도끼 등을 제작하여서 밤에 몰래 민가에 내려와서 식량과 자기들이 제작한 도구들을 맞바꾸면서 근근이 살아갔다. 그렇게 숨어 살다가 이들은 나이를 먹게 되면서 후계자들을 키우려고 공장 내에 학교를 개설한다. 중요한 것은 이들이 자본력을 가지게 되었다는 사실이다. 낫과 호미를 팔아서 부를 획득하기 시작한 이들은 자본주의가 탄생하는 데에도 결정적이었다.

이들이 주축이 된 시민계급(Bourgeoisie)은 결국 자본력을 확보하면서 급성장하게 된다. 그때까지 돈은 왕, 귀족, 영주의 곳간이나 이들이 소유한 영토에 있었지만 관노들이 축적한 자본은 성격이 좀 달랐다. 직접 손으로 무엇인가를 만들어 내면서 즉 수공업(手工業)을 통하여 창출해 내는 자본은 전혀 새로운 부의 축적의 방법이었다. 이들은 보다 많은 부를 축적하기 위해서 시장(市場)을 만들어 내게 되고 먼 거리까지 이동하여 팔고 사는 원거리 무역이라는 새로운 용어를 창조해 내기도 했다. 무역을 위해서는 바라를 건너가는 일도 마다하지 않았다. 해상무역(海上貿易)이 발달이 그것이다. 원거리 무역, 해상무역의 발달은 교통의 발달과 맥을 같이 했다. 급기야 증기기관을 발명으로 세상은 빠른 속도로 그리고 하나의 길로 연결되면서 산업혁명이 이루어질 수 있었다. 이와 함께 이미 세상은 자본주의(資本主義)라는 신조어를 탄생시키고 있었다. 아울러 시민들은 자유를 얻어내기 위해서 우선 평등(平等)을 추구했다. 왕권과 교황권이 지배세력이었던 구시대에는 평등하지 않았다. 계급상의 불평등은 정치권력적으로도 불평등했고 경제적으로도 평등하지 않았다. 따라서 이들이 자유를 얻기 위한 첫 번째 과제는 '평등한 사회'의 건설이었다. 이른바 이들은 귀족도 천민도 아닌 제3계급으로서 급기야 이들의 움직임은 1789년 프랑스시민대혁명을 발발시키는 도화선이 되었다. 제3계급으로 역사에 등장한 이들 시민들은 이제 자유, 평등, 박애에 입각한 새로운 사회를 추구했다. 또한 이들은 시민권(市民權)을 주장하기 시작했다. 이러한 시민권에 입각한 새로운 사회는 우선 박애를 통해서 빈부격차를 해소함으로써 계급간의 차별이 없는 평등사회를 구축하여야 하고, 모든 사람은 자유로운 존재로서 법 앞에 평등해야만 했다. 한마디로 시민대혁명은 계급간의 차별을 제거하고 소유의 균등을 원했다. 한마디로 평등사회는 시민대혁명의 최종 목표였다.

평등사회의 전제조건은 기회의 평등이었다. 우선 기회가 불평등한 사회에서는 평등사회를 기약할 수 없다. 왕권과 교황권에 편중된 기회로서는 평등사회가 불가능했다. 평등사회를 위해서는 왕이나 교황이 주인인 왕정이나 교황정의 사회를 폐지하고 민주사회 즉 시민이 주인이 되는 사회를 만드는 것이 중요했다. 드디어 프랑스시민대혁명을 기화로 시민사회는 민주시민사회를 지향하게 된다.

2) 시민교육운동과 교육민주화

이제 민주시민사회에서는 신분세습으로 인한 사회진출이 불가능하다. 그렇다면 공정한 기회평등을 이루기 위해서는 어떻게 해야 하나? 이러한 역할을 바로 '학교'(學校)가 떠맡게 된 것이다. 당시 세상 여기저기에 학교는 많았다. 그러나 가르치고 배운다는 것 이외에 학교의 역할을 더 이상 없었다. 이제 학교의 역할이 새롭게 부가된 것이다. 공정한 선발(選拔)과 배분(配分)이라는 특명(特命)이 학교에 위임되었다. 공정한 선발과 배분은 기회균등이며 기회균등은 사회평등에 기여할 것이라는 판단이다. 이제 학교를 국가가 관장하면서 학교라는 공교육체계는 거대한 선발장치가 되었으며, 학교를 마친 후에 학생자원을 사회에 배치하는 기능까지 맡게 되었다.

그러나 이렇게 탄생한 공교육체제는 맡은 바 제 구실을 하기에는 역부족이었다. 일단 가르침과 배움에서도 급변하는 사회변화의 속도를 쫓아가기 급급했고 공정한 선발과 배분이 오로지 학교교육의 성과로만 이루어지는 것은 아니었다. 학교가 제 역할을 충분히 소화해 내지 못하는 일이 누적되면서 학교는 비판을 받게 된다. 우선 학교지식이 사회에서는 쓸모없는 지식 즉 상아탑지식이라는 비판은 결국 죽은 지식의 창고라는 오명을 벗어나지 못하게 했다. 또한 학교 내에서 학생, 교사, 학부모 등 교육주체들 간의 갈등문제 그리고 학교가 오히려 국가와 사회의 하수인으로서 기득권의 이데올로기와 문화를 재생산하는 기구로 전락했다는 고발들은 학교에서 오히려 교육주체들이 교육소외의 경험을 하도록 했다. 또한 오늘날은 결코 해결하기 어려운 정도로 치닫고 있는 학교폭력의 문제나 사교육의 문제 등은 결코 쉽게 해결할 수 있는 소지의 학교문제가 아니다. 이러한 차원에서 크고 작은 시민교육운동이 나타나고 있다. 나라사랑, 인간실현, 평등교육실현 등 수많은 종류의 전국 학부모 연대가 결성되어 활동하고 있으며, 참교육학부모회, 평등학부모회 두레방 같은 수많은 교육공동체가 전국 각지에서 결성되어 정부교육정책에 대한 조언과 비판 및 교육감시활동 등을 전개하기 시작했다.

시민교육운동의 궁극적인 목표는 교육민주화(教育民主化)이다. 세상에 '시민'(citizen)이라는 사회계층이 등장하면서 이들이 추구한 것은 민주사회였다. 즉 귀족과 천민이라는 계층이 양분된 사회에서 중간 계급으로 등장한 시민계급은 오랜 투쟁 끝에 민주시민이 되었다. 따라서 시민들이 교육운동을 한다면, 그것의 목표는 교육을 민주화하는 것이다.

교육민주화에 대한 염원은 교육만능론(教育萬能論)의 입장을 취하고 있다. 즉 교육을 통해서 사회도 개혁할 수 있기에 교육민주화는 곧 사회민주화라는 주장이다. 그러나 민주화(Democratization)란 개념은 그렇게 명확한 개념이 아니다. 아직도 지구촌 여기저기서 민주화 운동이 일어나고 있으며 이미 민주사회의 전범이라고 자처하는 국가들도 많지만 민주화(Demokratizierung, 民主化)란 개념은 말 그대로 현재 진행형으로서 과정의 개념이다. 따라서 교육민주화란 개념은 보다 더 모호하다. 굳이 말하자면 교육민주화란 교육주체들의 민의를 충분히 반영하여 교육활동을 하도록 함으로써 궁극적으로는 교육을 정상하는데 모든 시민이 합심함으로써 궁극적으로는 사회민주화에 기여하고자 함이다.

교육민주화를 이루기 위해서는 교육기회의 공정한 분배가 가장 중요하다. 왜냐하면 시민사회에서 민주화를 주장할 때 가장 중요한 문제는 기회균등이었다. 왕과 귀족이 통치하던 시대에는 이들에게만 기회가 보장되었다. 천민계급이나 하층계급에게는 기회가 제한되어 있었기에 이들의 민의도 국정에 반영될 수 없었다. 기득권층에서 기회를 모두 독점하고 있었던 것이다. 이러한 기회를 뺏기 시작하면서 시민운동은 본격화된다. 즉 기회독점을 기회균등으로 바꿈으로써 모든 시민들이 공정하게 참여할 수 있다.

선발과 배분은 학교의 고유기능이다. 그러나 학교가 이 기능을 맡기 전에는 사회적 선발과 배분 대신 신분은 혈통으로 세습되었다. 태어날 때 귀족이었으면 죽는 날까지 귀족이고 태어날 때 천민이었으면 아무리 똑똑해도 죽는 날까지 천민이었으며, 노예의 자식은 죽을 때까지 노예였다. 이러한 혈통에 의한 신분세습은 결국 사회공동체를 유지 발전시키는 데 장애이고 한계라는 사실을 인식한 시민계급은 이러한 구시대의 적폐 즉 앙시앙레즘(ancien regime)을 철폐하는 데 앞장선다. 1789년 바스티유감옥의 죄수(노예)들을 해방시키면서 시작된 프랑스시민대혁명이 그것이었다. 이후 사회는 급속하게 시민계층이 주도하는 시민사회로 변모하면서 자유, 평등, 박애를 외치게 된다. 이를 토대로 시민사회는 민주사회로 발걸음을 내딛게 된다.

평등사회를 건설하는데 일조를 한다는 취지에서 교육의 기회균등 및 공정한 배분을 세부목표로 출발한 교육민주화 운동은 모든 시민들에게 자발적이고 능동적인 교육참여를 호소하기 시작했다. 이들이 목표달성을 위해 선정한 테마들은. 첫째, 민주주의의 주권재민의 원리. 둘째, 시민의 발언권의 문제, 셋째, 교육제도의 수행능력평가, 넷째, 교육의 풀뿌리 민주화를 위한 단위학교의 민주화였다. 이러한 교육민주화 운동은 오늘날 학교운영위원회를 탄생시킨 동력이라고 할 수 있다.

처음 시민운동차원에서 시작된 교육민주화운동은 이제 학교에서의 교육과정에 대한 참여로 이어졌다. 교육민주화운동은 교육과정의 민주화를 위해서 학교는, 첫째, 민주적 원리를 위한 지적 경험을 제공할 것, 둘째, 민주주의를 위한 교육내용을 재구성할 것, 셋째, 민주주의 건설을 위한 교육방법을 적용할 것을 주분하고 있다. 결국 지금까지 교육민주화 운동이 남긴 결산이라고 한다면, 첫째, 교육기회의 균등 및 공정한 분배, 둘째, 자유로운 의사소통에 기초한 교육과정 설계 및 학교의 민주적 운영 그리고 교육내용 및 수업에의 민주적 참여라고 할 수 있다.

교육민주화란 동적인 개념이다. 일반적으로 운동(運動)이란 한 사회가 요구하는 과제를 해결하기 위해 사람들이 집단적이고 계획적으로 움직이는 것을 말한다. 사실 우리 사회에서 교육민주화 운동의 뿌리는 시민단체로부터 시작되었다고 할 수 있다. 흥사단과 YMCA, YWCA 등이 대표적이다. 이러한 시민단체운동은 급기야 학부모연대, 참교육연대로 발전되면서 교육민주화운동으로 번지게 되었다. 특히 학부모연대나 참교육연대는 입시중심 교육의 철폐를 주장하면서 인간교육실현을 교육의 목표로 내세웠다.

한편, 80년대 이후 일어난 대학에서의 시위문화는 민주화를 외치는 학생들 소위 '운동권학생'들의 절규에 가까운 목소리들과 함께 하면서 교육민주화운동은 보다 성숙해 갔다. 또한 교사들의 목소리도 집단적으로 반영되면서 마침내 1989년 전국교직원노동조합(전교조)이 결성되기에 이르렀다. 이후 1999년 전교조가 합법화되기까지 수많은 일들이 있었는데, 전교조 태동의 밑걸음이 된 민중교육사건(1985)이나 참교육 사건 등이 이에 해당된다. 사실 전교조의 외침은 교육민주화운동과 맥을 같이 하고 있었다.

우선 전국교직원노동조합이 결성된 배경에는 민족, 민주, 인간화교육 즉 참교육을 하자는 취지였다. 그러나 전교조는 당시 국정교과서를 그대로 전달하는 주입식 교육을 문제시하고 입시교육을 철폐하라고 주장하면서 문교부 교육정책을 전면 혁신하라고 요구하자 문교부는 이들과 즉각 대립관계에 들게 되었다. 전교조로서는 문교부와의 전면 대응이 점차 어려워짐을 인식하면서 정치권과 결탁하면서 힘을 얻고자 했다. 이때부터 제도권에서는 오히려 전교조가 교육의 문제를 떠나서 국민의 의식화, 좌경화를 주도하는 이적단체로 규정하면서 대립양상은 점차 커져가게 되었다. 이러한 대립구조에서 제도권 언론이 합류하면서 대립과 반목은 점점 더 깊은 수렁으로 들어가게 되었다. 이제 교육 갈등은 국민갈등 국가갈등으로 번지면서 해직교사들이 늘어나고 전교조는 일반 노조와 별 구분이 되지 않을 정도로 대립의 각과 폭은 보다 넓어지게 되었다. 교직이 전문직이냐 노동직이냐는 논쟁도 보다 활발해졌다. 이로써 교육부와 전교조 사이에 노골화된 교육 갈등은 미시적 차원에서 전교조는 단순한 "지식전달자"로서의 교사관을 탈피하자고 하면서 입시문제, 성적경쟁, 평가문제에 대해서 교육부와 대치되는 주장을 하게 되었고, 거시적 차원에서는 교육민주화의 문제를 체제비판과 연계하여 논리를 펴 나갔으며 마침내 정치-경제적 차원에서의 민주화운동과 교육민주화를 동일시하게 되었다.

그러나 이러한 급속히 광범위해지고 힘의 싸움을 위해 정치권과 결탁한 전교조의 활동은 점차 학부모들의 교육민주화 운동과 거리를 두게 되었다. 심지어 일반 학부모들은 전교조의 교육민주화운동에 보다 적은 관심을 가지게 되었다. 순수한 교육민주화운동에 국한하자는 의도를 가진 교사들은 점차 전교조의 교육민주화운동으로부터 발을 빼기 시작했다. 전교조 회원의 수가 가장 높았을 때는 전국의 교사 50만여 명 중에서 10만 명 정도에 육박할 때가 있었지만 지금은 그 세력이 약화된 상태이다. 그럼에도 불구하고 조금 시각을 달리하는 전교조 출신 교사들에 의해 대안학교 운동은 상당히 진전되었다고 할 수 있으며 여전히 시민교육운동에서 전교조 출신 교사들의 입지는 여전히 중요하다고 할 수 있다.

3. 혁신학교운동

1) 자유학기제의 도입과 전망

2013년 교육부에서 발표된 <자유학기제 실천계획>에 의하면, 이의 취지는 과도한 학업 및 시험부담에서 벗어나 학생이 자신의 적성과 소질을 찾고 미래를 설계할 수 있도록 중학교 한 학기를 '자유학기'로 운영하는 것이라고 되어 있다. 여기서는 대상 학기를 1학년 2학기 내지 2학년 1학기로 규정하고 있는데, 이는 학생의 발달단계, 학습의 연속성 등을 종합적으로 고려하여 1개 학기 선택하도록 하고자 하는 목표를 가지고 있다. 교육과정의 운영으로는 현행 교육과정 내에서 학생중심 수업과 학생의 흥미와 적성을 고려한 다양한 문화·예술·체육·진로 프로그램 등의 운영이 가능하도록 하여 학교교육의 자율성을 확대하는 것을 목표한다고도 되어 있다. 또한 수업 방식으로는 일방적인 주입식교육이나 암기교육을 지양하고 블록(Block) 수업 등 탄력적인 시간 운영을 통해서 학생 주도의 조사, 발표, 토론, 실습, 프로젝트 수행 활성화하도록 한다고도 명시되어 있다. 마지막으로 평가는 필기시험은 지양하고, 다양한 학습활동의 과정과 결과 등을 학교생활기록부에 기록하도록 하고 있다. 이러한 취지로 정부는 자유학기제를 지난 3년간 시범·연구학교를 운영하면서, 사실상 계획대로 2016년 전면실시를 위한 정책실행의 준비과정을 모두 마쳤다고 할 수 있다.

그러나 중학교 과정 중 한 학기만 자유학기제를 실시한다는 것은 '전체적인 학교교육과정에서의 고립화 문제'가 발생할 수 있다. 오래 전부터 독일, 핀란드, 덴마크, 영국, 미국, 프랑스 등 교육선진국의 경우를 보더라도 학교에서의 진로교육(자유학기제의 일환)은 고등학교까지의 전 학교과정에 걸쳐서 이루어지고 있다. 심지어 우리에게 자유학기제의 모델로 작용하고 있는 아일랜드의 전환학기제(transition year)나 덴마크의 '애프터스쿨'(after school)은 고등학교 과정이 끝난 다음에 대학으로 진학할 것인가 아니면 직업진로를 선택할 것인지에 대해서 자기진로를 스스로 결정할 수 있도록 기회를 제공한다는 의미에서 현재 우리의 경우 중학교 초입단계에서 한 학기만 실시하는 자유학기제의 경우와는 다소 차이가 있다.

원칙적으로 학교란 아동을 유아의 세계(놀이의 세계)로부터 성인의 세계(사회적 역할)로 연착륙시킴을 목표한다. 여기서 유아의 세계는 놀이의 세계이며, 성인의 세계는 일과 직업의 세계이다(Jeangros, 1951). 이는 학교 철학이면서 학교의 사명이자 과제이다. 이를 도식화하면 [그림 8-1]과 같다.

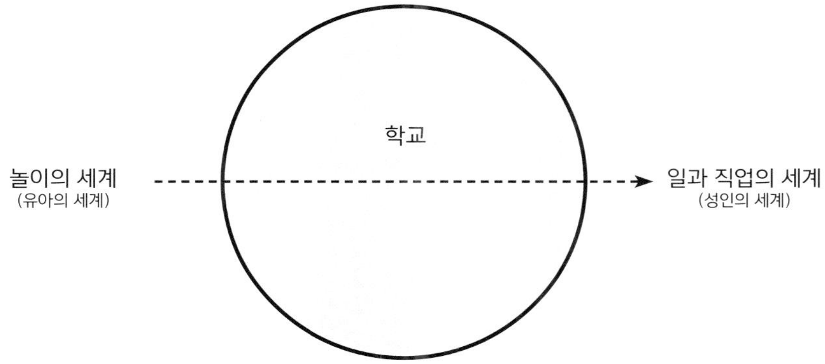

그림 8-1 학교철학: 학교의 사명

따라서 학령 전 아동 즉 유아기에 유치원에서는 놀이교육이 교육의 핵심 역할을 할 수밖에 없다. 유치원의 이론적 창시자격인 Fröbel이 유치원이라고 지칭한 킨더가르텐(Kindergarten)은 "어린이들이 뛰어 노는 놀이동산"이라는 뜻을 가지고 있다. 즉 유아들은 놀이하면서 자라고, 놀이를 통해 배운다는 의미이다(Scheuerl, 1959, 205; Becker, 1978: 21; Flitner, 1986: 120). 유르겐 울프는 말한다: "아이들이 갖고 있는 창의적인 상태로 돌아가기 위해선 아이들처럼 행동해야 한다. 바로 그것은 노는 것이다"(Wolff, 2015: 9).

이렇게 본다면, 유아들에게 놀이는 삶이라고 해도 무방하다(Elkonin, 1978: 462). 즉 놀이 속에서 어린이들은 자기를 실현한다(Zietz, 1965: 90). 결국 놀이 속에서 삶을 영위하고 놀이와 함께 살아가고 배우는 유아들이 점차 나이를 먹게 되면서 학교에 입학하게 된다. 이렇게 놀이에 익숙한 아이들로 하여금 이제 성인의 세계(사회적 역할)를 향해 나아가도록 돕는 과제가 바로 '학교'에 위임됨으로써 교육은 일과 직업 지향으로 바뀌게 되었다.

그런데 바로 이 과정에서 문화적 쇼크가 발생하게 된다. 즉 매일 매일 마당에서 들판에서 뛰어만 놀던 아이가 갑자기 성인이 되는 준비 즉 일과 직업의 세계를 준비해야 한다는 사실은 삶의 과정 중에서 쇼크이고 중요한 전환점임이 분명한다. 따라서 원칙적으로 학교는 놀이의 세계로부터 일과 직업의 세계로 들어가야 하는 아이들에게 서서히 준비를 할 수 있도록 즉 "연착륙"을 할 수 있도록 도와주어야 하는 과제를 부여받게 되는 것이다. 바로 이러한 논리가 19세기 독일의 박애주의 시대부터 학교의 기본 과제로 채택되었던 것이다. 오늘날 독일을 위시한 대부분의 교육선진국들은 이러한 학교교육의 철학을 준수하는 교육제도를 운영하고 있다. 특히 놀이의 세계로부터 성인의 세계(일, 직업, 사회적 역할)로의 연착륙을 위한 학교의 단계 과정에서 볼 때, 초등학교는 유아의 세계 즉 놀이의 세계에 보다 밀착될 것이며, 고등학교는 성인의 세계에 보다 밀착될 것이다. 이를 이상적으로 도식화하면 [그림 8-2]와 같이 나타날 수 있다

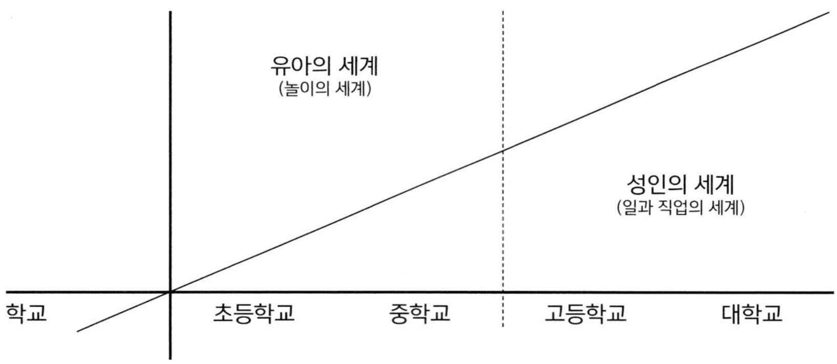

그림 8-2 학교단계별 과제 영역의 이상적 도식화

결국 위의 도식에서 보면, 한국의 중학교 교육은 말 그대로 중앙의 단계에 위치하게 된다. 즉 중학교 교육단계에서는 유아의 세계에서 성인의 세계로 나아가는 중간 단계 학교

로서의 위치에 걸맞게 역할과 기능을 해 줄 필요가 있게 됨을 알 수 있다. 이러한 연유에서 우리는 중학교 단계를 중심으로 교육이 개선되어야 한다는 필요성과 근거도 확보된다고 할 수 있다. 특히 이상적인 도식으로 본다면, 중학교는 학생들이 놀이의 세계로부터 성인의 세계의 중간에 있게 되는 셈이다. 다른 말로 바꾸자면, 중학교에서는 학생들을 학교 일과 중에서 반 정도는 놀게 하고, 반 정도는 공부하게 해야 한다는 말이 된다. 이러한 사실은 중학교 단계에서 실시되는 자유학기제가 놀이 중심 내지 '체험놀이학습 중심', 진로체험, 특기적성찾기 중심의 교육과정을 시작점으로 실시될 수밖에 없다는 논리와 결코 다르지 않다. 결국 자유학기제나 혁신학교에서의 커리큘럼에서는 원칙적으로 놀이중심으로 편성된 학과들 즉 체육, 음악, 미술, 연극, 체험활동 등이 중심이 되어 시작될 필요가 있다.

그러나 자유학기제나 혁신학교가 전체의 교육과정에서 본다면 고립화의 문제가 항상 장애물로 남아 있을 수 있다. 따라서 이러한 문제를 해소하기 위한 방안은 자유학기제와 혁신학교는 중학교 단계를 중심으로 다른 학교단계에도 연계성을 가지도록 설계 운영될 필요가 있다. 이를 도식화해 보면 [그림 8-3]과 같이 나타난다.

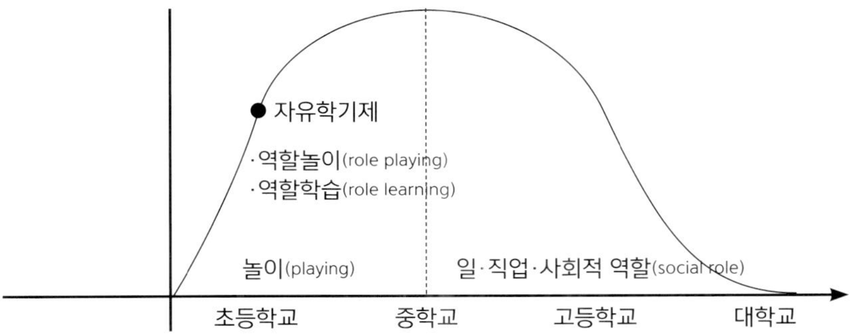

그림 8-3 중학교의 자유학기제 중심 커리큐럼

그렇다면 놀이하던 아이들에게 직업세계로 안내하기 위해서 현실적으로 우리 교육이 할 수 있는 구체적인 것은 무엇일까? 사실 학생들이 학교를 졸업하고 진출하는 일의 세계(직업포함)에서 이들은 '사회적 역할'(social role)을 하면서 사회인으로 일상 생활인으로 살아가게 된다. 따라서 학교는 학생들이 훗날 일의 세계에 진출하여'사회적 역할'을 잘 할 수 있도록 교육하는 곳이다.

결국 학교는 학생들로 하여금 사회적 역할을 잘 수행할 수 있는 역량을 길러준다는 목표로 교육할 것이다. 물론 사회적 역할이 단순한 기능(function)으로만 그치지 않도록 하기 위해서는 전인격적 교육, 전인교육 등이 수반되어야 할 것이다. 사회적 역할이라고 한다면, 사회인으로서 할 수 있는 포괄적 역할이 될 것이다. 하여간 성인세계에서 성인들의 삶은 사회적 역할이 중심이 된다.

한편, 유아들의 놀이세계에서도 우리는 이들이 맡은 역할을 해 내고 있다는 사실을 알 수 있다. 이를테면 병원놀이, 군대놀이, 아빠엄마놀이 등이 그것들이다. 놀이 속에서 맡은 역할이 있는 것이다. 아빠역할, 장교역할, 쫄병역할, 의사역할, 소방관 역할, 비행사 역할, 건축사 역할 등은 놀면서도 역할이 중심이라는 사실을 반증한다고 할 수 있다. 이렇게 본다면 중학교 단계는 놀이와 (사회적) 역할이 바로 교육의 핵심과제가 된다. 물론 중학교는 초등학교로부터 고등학교로 이행되는 중간단계에 서서 연착륙을 도와야 하는 관계로 놀이로부터 즉 사회역할, 직업역할이 아닌 역할놀이(role playing)로부터 시작할 수밖에 없다. 그러나 사회적 역할을 수행하기 위해서 우리는 역할을 학습하는 즉 역할학습을 하게 된다. 결국 학교 특히 놀이의 세계에서 일의 세계로 사회화를 위한 연착륙을 시켜주는 중학교 과정에서는 '역할놀이'(role playing)와 '역할학습'(role learning)이 중요한 사명이 되는 셈이다. 이를테면, 병원놀이를 할 때 병원에서 의사와 간호사 그리고 보조원과 환자의 역할을 하면서 학생들은 마침내 의사와 간호사로서 갖추어야 할 지식 즉 '전문 지식'까지 터득하게 되면서 역할놀이는 역할학습으로 전환된다. 이때 결국은 역할놀이는 역할학습을 위한 '동기부여'를 하는 셈이다. 한편, 자유학기제의 도입실시를 계기로 입시중심 주지주의 일변도의 전통적인 교육방식에서 탈피함으로써 궁극적으로는 교육제도 전반에 영향력을 발휘함으로써 교육개혁의 교두부를 확보해보고자 하는 의도를 가진 본 연구에서는 <역할놀이와 역할학습 공간으로서의 중학교 단계 개편>을 구체적 방안으로 제시하고자 하는 목표를 가지고 있다. 왜냐하면 만약 학생들로 하여금 놀이공간으로부터 미래 사회적 역할(성인세계의 직업인 내지 직업관련 역할)을 학습할 수 있도록 전이하는 것을 도와주는 곳이 학교라면, 결국 학교에서 이들을 교육할 수 있는 영역은 바로 학생들로 하여금 역할놀이와 역할학습을 통해서 스스로 성장하도록 돕는 일이 될 것이기 때문이다. 즉 학교에서 학생들은 앞으로 사회에 나아가서 할 역할들(social role) 이를테면 직업인으로서의 역할, 어머니로서의 역할, 아버지로서의 역할, 민주시민으로서의 역할, 경제인으로서의 역할, 정치인으로서의 역할, 문화인으로서의 역할 등을 학습하게 함으로써 건전한 사회인으로 양성될 수 있도록 학교는 교육해야 한다. 이러한 학교교육의 중심에 바로 중학교 과정이 제 기능과 역할을 해 준다면, 명실공이 중학교는 자기만의 고유성도 확보할 수 있게 될 것이다. 이렇게 된다면, 우리는 세계 최초로 '한국형 중학교의 고유모델'을 수립하게 되는 셈이기도 하다.

이제 남은 것은 중학교 단계에서 핵심적으로 운영될 "역할놀이와 역할학습 중심의 커리큘럼"을 입시중심 내지 사회준비중심의 고등학교 과정에서도 어느 정도 전이시킬 수 있는 방안과 전략을 제시하는 것이며, 반대로 초등학교와 유치원 단계에서도 아직은 미숙하지만 어느 정도 역할놀이중심의 커리큘럼을 도입 실시하는 방안과 전략을 제시하는 것이다.

경기도 교육청은 2017년 1학기부터 자유학기제를 1학기 연장하여 '자유학년제'(自由學年制)로 확대 실시한다는 방침을 내 놓았다.

> "경기도교육청이 내년부터 중학교 1학년 전 과정에서 '자유학년제'를 전면 실시한다. 지금까지는 중학교의 99%가 1학년 2학기에 한해 '자유학기제'를 실시해 왔다. 12월 1일 경기도교육청에 따르면 2017학년부터 도내 중학교 1학년 학생들이 1년 간 시험 부담에서 벗어나 꿈과 끼를 찾을 수 있도록 토론. 실습 위주로 수업을 개선하고, 진로탐색 활동 등 다양한 체험 활동이 가능하도록 자유학년제를 실시한다. 자유학년제는 현재 서울시 강원도 충남도가 실시 중이며 내년 경기도가 도입한다. 자유학년제는 '자유학기'와 '연계자유학기'로 구분되며 지필시험 형태의 총괄평가를 폐지하고 과정중심 수행평가를 실시한다. 고입 내신 성적에는 반영되지 않는다. 자유학기는 교과시간과 창의적 체험학습 시간 중 170시간을 할애해 4가지 영역의 자유학기 활동을 하던 기존 방식 그대로며, 연계자유학기는 교육과정은 그대로 유지하면서 토론, 실습 등 학생참여형 수업을 위주로 진행하게 된다. 다만 주제탐구영역을 필수로 해야 하고 내신 반영은 않지만 수행평가로 성취도도 산출한다. 구성은 학교장이 교원 및 학부모의 의견을 수렴해 자율적으로 결정할 수 있다. 경기교육청은 1일 화성 라비돌리조트에서 교육지원청 업무 담당자 및 자유학기제 선도교원 연수를 시작으로 5~7일 교장연수, 8~9일 교감 연수, 12~14일

담당 교사 연수를 실시한다. ○○○ 교육과정정책과장은 '경기 자유학년제는 학생들이 시험 부담을 벗고 마음껏 꿈과 끼를 가꾸는 기회'라며 '수업과 평가의 혁신 및 학생 선택권을 존중하는 자유학기 활동으로 중학교 교육과정의 개선은 물론 미래 역량 중심의 교육을 실현할 것'이라고 말했다."(한국일보, 2016/12/01)

급기야 교육부에서도 2017년 1학기부터 자유학기제를 시범·연구적으로 일반학기와 연계 운영하여 내년부터는 자유학년제로 확대 실시하기로 결정했다.

"교육부 장관은 9일 황교안 대통령 권한대행 국무총리에게 이런 내용을 포함한 새해 업무계획을 보고했다. 자유학기제는 중학교 1학년의 한 학기 동안 교과 시간을 줄이는 대신 학생들이 예술·체육 활동이나 동아리 활동을 하면서 적성과 진로를 찾을 수 있도록 한 제도다. 발표·토론 등 학생 참여형 수업이 중심이 되고, 지필고사 대신 수행평가로 성취도를 따진다. 교육부가 2015년 자유학기제를 시범·연구 운영한 학교의 학생·교사·학부모를 대상으로 지난해 조사를 벌였더니 학생들의 전반적인 학교생활 만족도(5점 만점)는 자유학기 전 3.98점에서 자유학기 이후 4.15점으로 0.16점 올랐다. 교육부는 자유학기제의 효과가 나타나고 있다고 보고, 올해 3월부터 400개의 연구·시범·연구학교를 선정해 일반학기에도 자유학기제의 성과를 극대화할 수 있는 프로그램을 진행하도록 할 계획이다. 예를 들면 1학년 2학기에 자유학기제를 시행한 뒤 2학년 1학기는 연계학기를 시행하면서 학생들이 토론 같은 참여형 수업을 받도록 하는 식이다. 지난해 중학교에서 전면 시행한 자유학기제가 내년에는 '자유학년제'로 확대될 수 있게끔 관련 법령도 정비할 예정이다. 교육부는 또, 자유학기제·연계학기의 성과를 분석하고, 운영방식에 대한 전문가의 의견도 수렴한다. (또한) 교육부는 지난해 일반고 55곳에서 시범·연구 운영했던 '진로교육 집중학기제'를 올해 초등학교와 중학교로 확대해 모두 200곳에서 운영할 계획이다. 진로교육 집중학기는 특정 학기를 정해 진로교육 과정을 중점적으로 운영하는 제도다. 자유학기제와 비슷하지만 지필고사를 본다는 점이 다르다. 교육부는 지난해 장애학생과 탈북가정·다문화가정을 대상으로 했던 취약계층 진로상담을 올해 학교 밖 청소년 대상으로도 확대하기로 했다."(연합뉴스, 2017/01/09)

또한 신철균 외(2016: 174)의 연구에서는, 교수-학습 활동 수준(평균 3.86)과 평가 활동 수준(평균 3.90)이 일반학기(평균 3.45, 3.56) 보다 높은 것으로 나타났고, 이러 한 차이는 통계적으로 유의미하였다.

따라서 교육부는 2016년 중학교에서 시행한 '자유학기제'를 '자유학년제'로 확대하는 방침을 발표한 것인데, 2017년 3월 학기부터 일부 학교에 시범·연구 적용되어 운영될 예정이다. 즉 교육부는 2013년 가을학기부터 3년간 시범·연구 실시되고 2016년부터 중학교 1학년 과정에서 전면 실시된 자유학기제에 대한 운영 성과가 긍정적인 평가를 받게 됨으로써,[134] 2017년 3월 학기부터 연구·시범·연구학교를 시범·연구 선정하여 일반학기에 자유학기제를 연계 실시할 계획이다. 따라서 2017년에는 시범·연구 실시와 함께 2018년 '자유학년제'로 확대 실시될 수 있도록 관련 법령을 정비할 예정이다.

> "한 학기동안 중간, 기말고사를 보지 않고 체험 및 진로교육에 힘쓰는 자유학기제가 지난 해 전 중학교에 도입된 데 이어, 1년 내내 자유학기제를 운영하는 '자유학년제'도입이 검토된다. 교육부는 12월 9일 2017년 업무계획을 발표하며 '자유학기제의 성과가 다른 학기와 다른 학년으로 확산될 수 있도록 자유학기-일반학기 연계 시범·연구·연구학교를 기존 80곳에서 400곳으로 확대하기로 했다'며 '이 시범·연구·연구학교 운영 결과를 바탕으로 향후 1년 내낸 자유학기로 운영할 수 있는 자유학년제를 도입할 수 있도록 관련 법령을 개정하겠다'고 밝혔다. 자유학년제 도입 시점은 아직 결정되지 않았다."(한겨레신문, 2017/01/10)

또한 교육부는 일반고 중심으로 운영했던 '진로교육 집중학기제'를 초등학교와 중학교에 까지 확대 추진하는 방안도 검토하고 있다.

> "기존에는 진로교육이 고등학교 위주로 실시되었지만, 앞으로는 초등학교 고학년 때부터 다양한 직업세계를 인식할 수 있도록 진로교육 집중학년제 및 학기제

134) 한국교육개발원(KEDI)이 2015년 전국 중학교(3213개교)의 학생·교사·학부모 15만2440명을 대상으로 자유학기제에 대한 만족도(0~5점) 조사를 한 결과, '학교생활에 대한 행복감'과 '전반적 만족도'가 모두 향상된 것으로 나타났다. 또한 학생의 학교생활 행복감은 3.96(사전조사)에서 4.10(사후조사)로 상승했다. 전반적인 만족도 역시 3.95에서 4.09로 높게 나타났으며, 교사의 경우에도 각각 3.99에서 4.21, 3.9에서 4.10로 상승된 것으로 나타났다. "대표적으로, 2013년도 2학기부터 2015년도까지 매학기별로 진행된 자유학기제 운영 만족도 조사(최상덕·이상은 2014a, 2014b, 2015a, 2015b)를 통해 자유학기의 긍정적 효과 가 학생과 교사에게 나타나고 있음이 밝혀지고 있다. 여러 지표들이 증가했지만 교육적으로 가장 주목할 바는, 학생들의 '수업 참여 및 스스로 학습'과 '학습에 대한 재미', 교사들의 '수업에 대한 자신감과 보람'이 통계적으로 유의미하게 높아졌다는 점이다."

를 초등학교까지 확대할 예정이다. 이후 학생들이 중학교에 진학해 자유학기제를 통해 진로탐색을 충분히 한 뒤 고등학교 때 진학과 직업 결정을 할 수 있도록 지원하는 것이 교육부의 목표다."(한겨레신문, 2017/01/10)

2) 혁신학교제도

혁신학교란 공교육의 획일적인 교육 커리큘럼에서 벗어나 창의적이고 주도적인 학습능력을 배양히기 위해 시도되고 있는 새로운 학교형태로서 학급당 21~30명, 학년당 5학급 이내의 작은학교(농촌형, 도시형, 미래형) 운영을 통해 교사와 학생들이 맞춤형 교육을 하는 새로운 학교의 틀이다(노순규, 2013; 3)

혁신학교란 2006년부터 '전인교육'을 표방하며 만든 자율학교로서 학급 인원은 25명 이하로 제한된 소규모 학교이다. 즉 혁신학교는 입시주위주로 획일화된 현행 우리의 교육체계에서 탈피하여 주도적이고 창의적인 학습능력을 배양하기 위한 새로운 학교 형태를 말한다.

"혁신학교는 학교혁신의 모델로써 학교 체제의 전환을 꿈꾸고 공교육의 새로운 표준을 만들어 가는, 즉 기존의 관행을 벗어나 새로운 교육철학과 비전을 바탕으로 학교운영 시스템을 바꾸어 나가는 학교다. 혁신학교가 처음 등장한 것은 노무현 정부 때였다. 대통령 자문기구로 교육혁신위원회를 두어 거기서 다양한 학교개혁 정책을 마련하고 추진했는데, 그 중 하나가 혁신학교였다. 2005~2006년에 기초연구와 운영방안을 마련하고 2007년에는 전국에 200개의 혁신학교를 운영할 계획을 세웠으나, 2008년 이명박 정부의 등장과 함께 무산되었다. 2009년 5월 김상곤 경기도교육감이 당선되면서 혁신학교는 새로운 전기를 맞는다. 그해 9월에 13개의 경기도 혁신학교가 지정 운영된 것을 시작으로, 이듬해 지방선거에서 전북을 비롯한 6개 지역에서 새로운 교육감이 탄생하면서 혁신학교 정책이 확대되었다. 이 6개 지역이 혁신학교를 통해 공통적으로 꿈꾼 것은 공교육의 새로운 표준을 만드는 일이었다. 입시주의, 경쟁주의, 개인주의, 관료주의가 만연한 학교를 한 아이로 뒤처짐이 없는 평등한 배움과 돌봄의 공동체로, 자발적인 의지와 열정으로 모두가 성장하는 학습공동체로, 인간 존중과 민주주의 가치가 실현되는 행복한 교육공동체로 전환하는 것이었다."(박일관, 2014: 28-29)

특히 혁신학교 중에서 소위 '서울형 혁신학교'는 혁신학교의 모델을 만들어보자는 취지에서 서울시의 집중적인 지원으로 운영되고 있다. 서울형 혁신학교의 목표는 첫째, 배움과 돌봄, 둘째, 소통과 협력, 셋째, 창의적 민주시민 양성, 넷째, 행복한 서울교육으로 공교육에 대한 신뢰회복 및 서울교육의 만족도를 제고하는 것으로 하고 있다. 한마디로 혁신학교는 학교를 민주적으로 운영하는 것을 핵심목표로 하고 있으며, 교육과정의 자율성을 보장하는 것을 주요한 전략이자 방법으로 채택하고 있다. 또한 교장 및 교사초빙제 도입으로 인하여 훌륭한 교사를 학교운영회를 통해서 선택할 수 있도록 하고 있으며, 모든 교육과정을 최대한 다양화하도록 하고 있다. 마지막으로 체험활동중심의 교육은 혁신학교의 핵심콘텐츠이며 평가 역시 수행평가 중심으로 결과평가 대신 과정평가를 하도록 규정하고 있다.

그러나 혁신학교의 한계로는 우리 사회에 학벌지상주의가 여전하고 입시교육이 엄연한 현실에서 과연 혁신학교만이 잘 된다고 한국의 교육이 바뀔 것인가 하는 의문이 팽배하다는 점이다. 따라서 혁신학교가 성공하려면 가장 중요한 것은 학부모들의 의식구조가 변화해야 하며 궁극적으로는 학벌사회가 약화되어야 한다는 사실이다. 이렇게 본다면, 우리 사회에서 어떤 새로운 교육제도, 교육혁신방안이 나온다고 해도 학벌지상주의나 입시교육 앞에서는 속수무책이 될 것이라는 판단이다. 따라서 최선은 입시교육제도를 철폐하는 것이다. 그러나 현실적으로 제도철폐는 불가능하다. 하나만 든다면, 지금까지 입시교육제도를 통하여 수많은 인적자원이 개발되어 왔으며 이들이 사회의 주역으로서 사회를 이끌고 있다는 엄연한 현실은 제외하더라도 입시교육과 관련하여 먹고살던 경제구조가 하루아침에 무엇인가로 대치되어야 하는데, 이는 당분간 사회적 혼란으로 이어질 것이다. 그러나 그 당분간이라는 기간을 예측하기는 어렵다.

따라서 입시폐단을 단죄하기 위해서는 최선은 아니지만 차선책으로 점진적 개선이나 개혁을 할 수밖에 없다. 그것이 바로 중학교 자유학기제의 도입과 실시가 될 수 있다는 전망이다. 즉 자유학기제의 실시 및 확산은 한계와 문제점을 조금이나마 완화시켜 줄 수 있는 방안이 될 수 있다. 결국 중학교 단계의 개선이나 개혁은 - 비록 차선책이라고 하더라도 – 자유학기제와 혁신학교로부터 찾을 가능성이 높다고 할 수 있는데, 만약 이렇게 새롭게 도입된 제도가 장점이나 강점 중심으로 조화롭게 상호 교호적으로 운영된다면 교육개선이나 교육개혁에서 시너지 효과가 날 수 있을 것이라는 가설을 세울 수 있다. 즉 혁신학교의 목표와 자유학기제의 목표가 서로 공유할 수 있는 영역을 찾아서 연계 실시한다면, 궁극적인 한국의 교육혁신을 위한 시너지 효과를 창출해 낼 수 있을 것이라는 가설을 세우고 이를 입증해 보고자 하는 것은 의미있는 연구테마가 될 수 있다.

제Ⅲ부
교육과정 및 성과

제9장 교수-학습이론

1. 교수이론

교수이론은 학습목표를 최대한 성취하도록 최적의 절차를 마련해 주고 수업활동과 관련된 여러 변인들의 관계를 체계적으로 제시해 줌으로써 수업의 질을 개선하는데 목적이 있다. 전통학교에서는 교수이론이 교수-학습이론을 대신해 왔다.

1) 오수벨의 교수이론

오수벨(David Paul Ausubel, 1918-2008)의 교수이론은 학습자로 하여금 "유의미한 학습"(meaningful learning)을 가능하게 하기 위한 교수이론이다. 만약 그렇지 못하면 학생들은 기계적 암기(rote memory)로 학습을 마감한다. 오수벨에 의하면, 학습자에게 유의미한 학습은 학습자의 새로운 학습내용이 학습자의 삶과 선행지식이 인지과정으로 연결될 때 가능하다. 그에게서 인지과정이란 기존의 지식이 새로운 지식을 포섭하는 과정이다. 그러나 오수벨의 유의미 교수이론은 일종의 강의법이다. 따라서 체계적이고 경제적으로 가르칠 수 있다는 장점은 있지만, 학습자가 학습내용을 무비판적으로 수용하거나 수동적인 태도가 길러질 수 있으며, 개별화된 고육과정도 불가능하다는 단점이 있다.

2) 브루너의 교수이론

인지주의 교육심리학자인 브루너(Jerome S. Bruner, 1915-2016)의 교수이론은 학습자가 스스로 발견학습(發見學習)을 할 수 있도록 하는 교수이론이다. 교수자는 학습내용의 기본 원리가 되는 내용을 토대로 '지식의 구조'를 만들어서 이를 학습자료로 제시하고, 학습자가 스스로 '지식의 구조'를 발견해 내도록 지도하는 것이다. 이때 교수자는 선행조직자가 된다. 이 교수법은 학습자를 내적으로 동기화하여 점차 나선형으로 발견학습을 하도록 돕는 것을 원칙으로 한다.

그의 교수이론에서 학습의 준거와 학습의 조건은 학습성향, 지식의 구조 이해, 학습계열의 확정, 강화(强化)이다. 학습성향은 학습의욕을 고취하기 위함이고, 지식의 구조 이해는 하위지식과 상위지식의 관계를 이해하는 것이다. 학습계열의 확정은 학습내용을 이해하기 위한 조직 계열을 해명하는 것으로서 학습의 전이 및 학습변형을 하는데 도움을 준다. 또한 학습계열성의 조건은 선행학습의 여부, 발달단계 확인, 자료의 성격 파악, 개인차 확인 등이다.

한편, 학습자들에게 발견학습의 조건은 학습태세(학습에 대한 내적 경향), 요구상태(학습자의 동기수준), 관련정보의 학습(구체적 정보소유의 정도), 연습의 다양성이다. 학습자로 하여금 지식의 구조를 발견할 수 있도록 교수자는 다음의 절차를 따라야 한다. 첫째, 학습목표를 설정하고 이를 제시한다. 둘째, 학습자의 인지구조를 재구성하는 흥미 요소를 계획한다. 셋째, 학습자에게 예리한 질문을 하면서 갈등과 호기심을 유발한다.

3) 가네 교수이론

가네(Robert Mills Gagné, 1916-2002)의 교수이론은 수업목표 교수이론이라고 한다. 그에게 학습은 학습의 내적조건과 외적조건 간의 상호작용의 결과이다. 그가 말하는 학습의 내적 조건은 선행학습, 학습동기, 자아개념, 주의력이고, 학습의 외적 조건은 접근의 원리, 반복의 원리, 강화의 원리이다. 즉 내적조건은 학습자의 선수학습과 머릿속에서 일어나는 인지과정을 뜻하며, 외적조건은 학습자가 존재하는 환경으로부터의 자극과 9가지 수업단계가 된다. 9가지의 수업단계는 다음과 같다.

첫째, 주의력을 획득하기(Gain attention)

둘째, 수업목표를 제시하기

셋째, 선수학습(prior learning)을 회상하도록 자극하기

넷째, 자극내용을 표시하기

다섯째, 학습지도 제공

여섯째, 성과 끌어내기

일곱째, 피드백 제공하기

여덟째, 수행평가

아홉째, 성과유지 및 다양한 상황에 적용하기

가네는 학습목표에 따라서 학습조건도 달라진다고 주장한다. 이런 의미에서 가네의 교수이론은 '개인차 교수이론' 또는 '학습조건(conditions of learning)의 교수이론'이라고도 한다. 그가 제시하는 5가지 목표별 수업원리는, 첫째, 언어정보영역, 둘째, 지적기능영역으로 신호학습, 자극-반응 연결학습, 운동연쇄-언어적 연결학습, 식별학습, 개념학습, 원리학습, 문제해결학습(아이디어 학습), 셋째, 인지적 전략영역학습(학습, 기억, 사고, 행위), 넷째, 태도영역, 다섯째, 운동기능영역이다.

4) 켈러의 교수이론

켈러(John M. Keller)의 교수이론(ARCS)은 일종의 학습동기이론이다. 즉 학습자들에게 학습동기를 부여하기 위하여 교수자는 주위끌기(Attention), 연관 짓기(Relation), 자신감 고취(Confidency), 그리고 만족감(Satisfaction)을 줄 수 있어야 한다. 여기서 주의끌기는 교수자가 다양한 수업방식을 도입하여 학습자들의 주의를 환기시키는 것이고, 연관 짓기는 학습자들과 관련된 내용 또는 사전지식과 관련된 내용을 가르치는 것이다. 또한 자신감은 지각된 능력, 지각된 통제감, 성공 기대감 등으로 구성된다. 지각된 능력은 학생들이 자신의 능력으로 이 학습과제를 해결할 수 있다는 자신감이고, 지각된 통제감은 이미 제시된 과제가 이를 위한 하위단계라는 인식을 함으로써 자신감을 갖도록 하는 것이다. 성공 기대감은 할 수 있다는 자신감을 불러일으키는 것을 말한다. 만족감은 과제성취에 따른 만

족감을 학습자가 스스로 예상할 수 있도록 도와주는 것이다.

2. 학습이론

1) 행동주의 학습이론

학습이라는 개념은 원래 교육학적 용어가 아니고, 심리학적 전문용어이다. 즉 인간은 학습하려는 심리를 선천적으로 가지고 태어난다. 다시 말하면, 인간이 산다는 것은 배운다는 것이고, 배우는 만큼 인간은 살아간다. 이렇게 본다면, 학습은 본능이며 선천적인 개념이다. 반면 교육은 후천적인 개념이다. 즉 교육을 통해 인간은 보다 성숙될 수 있다는 가정이다. 그러나 교육은 학습이라는 본능적 개념을 전제한다. 학습하려는 본능을 일깨우지 못한다면 교육은 아예 시작부터 할 수 없다.

따라서 행동주의 학습이론은 행동주의 심리학에 기초를 두고 있다. 행동주의 심리학에서 '학습'은 행동의 변화를 통하여 얻어지는 성과를 목표한다. 즉 어떠한 자극(S)을 주었을 때 어떠한 행동변화가 나타나면서 어떠한 성과가 발생하는가를 관찰하는 것이 행동주의 심리학이라면, 행동주의 학습이론은 반응(R)으로서의 학습성과를 내기 위해서는 행동변화를 유발하는 자극(S)이 무엇인가를 심리학의 도움을 통해 얻어내고자 하는 목표를 가진다.

행동주의 학습이론은 행동주의의 가정(Assumption of behaviorism)을 가지고 있는데, 여기서 학습원리는 자극과 반응의 관계dp 기초하기 때문에 S-R 심리학이라고도 한다(심봉섭 외, 1997: 231). 학습현상에 대한 연구의 시발점은 고전적 조건반사설을 밝혀낸 러시아의 생리학자인 파블로브(Ivan Pavlov(1849-1936)이다. 이렇게 본다면, 학습심리와 고전적 심리학 연구는 맥을 같이하고 있다. 개에게 먹이를 줄 때마다 종을 쳐주는 일을 계속하면, 개는 종소리를 들으면 무엇인가를 먹을 준비를 하게 된다. 먹이가 없는데도 침을 흘리는 것이다. 침을 흘린다는 행동변화가 일어난 것이며 침을 흘린다는 행동변화는 먹이를 먹어내는 성과를 낸다. 이를 인간의 학습현상에 적용해 보면, 수업을 시작할 때 종을 울리는 것을 반복하면 학생은 종소리를 듣는 순간 이제부터 학습시간을 시작해야 한다는 것을 무의식적으로도 감지하게 된다.

스키너는 이러한 학습행위를 보다 구체화하였다. 일명 '스키너 박스'라는 실험인데, 비둘기나 다람쥐를 박스(Box) 즉 철망으로 둘러쳐진 우리 속에 넣고는 비둘기가 지나가다가 무엇인가를 밟으면 먹이가 쏟아지도록 하는 장치를 고안하였다. 우연히 먹이가 쏟아지는 레버를 밟은 비둘기는 언젠가는 먹이를 받아먹기 위해서는 그 레버를 밟으면 된다는 사실을 알게 된다. 스키너는 다람쥐나 쥐의 실험을 통해서 학습효과에 대한 연구를 지속하면서 보다 확실한 결과를 얻게 된다.

> "스키너는 비둘기가 이러한 행동을 환경에 스스로 작용하여 어떤 결과를 생성해낸다고 해서, 작동(operant)이라고 하고 이러한 절차로 학습되는 과정을 작동조건형성(operant conditioning)이라고 말했다. … 인간의 대부분의 복잡한 행동은 작동조건형성에 의해서 학습된다. 학습자가 다양한 자극이 있는 복잡한 상황에 있을 때, 그 중의 어떤 특수한 자극이 반응을 일으키게 하는 것이 아니라 학습자가 반응을 스스로 (그래서 목적 지향적) 방출하게 된다. 그 반응이 보상되면, 다시 일어날 확률이 높아지고, 보상되지 않으면 그 확률이 낮아진다. 여기에 보상(강화)이 행동변화에 핵심적인 변수가 된다."(심봉섭 외, 1997: 234)

결국 스키너의 학습이론은 강화이론(Theory of reinforcement)이다. 물론 강화 이외에도 소멸, 자극일반화, 자극변별 등이 중요한 과정인데 이들 모두가 강화(强化)에 해당된다. 이른바 상벌체제가 대표적인데, 학습성과를 내기 위해서 우리는 아이들에게 상(賞)을 주기도 하고 반면 벌(罰)을 주기도 한다. 강화는 정적 강화(positive reinforcement)와 부적 강화(negative reinforcement)로 구분된다.

> "강화물에는 정적 강화물과 부적 강화물이 있다. 정적 강화물은 어떤 행동이 일어난 직후에 주어졌을 때, 또는 그 상황에 가해졌을 때, 그 행동이 장차 일어날 확률을 높이는 자극으로서, 때로는 정적 강화 자극이라고도 한다. 정적 강화는 우리는 우리의 일상생활에서 항상 사용되고 있는 것이다. 부적 강화물은 어떤 행동이 일어난 직후에 제거했을 때, 또는 감해졌을 때, 그 행동이 장차 일어날 확률을 높이는 자극으로서 때로는 부적 강화자극이라고도 한다. 부적 강화의 경우, 유기체

는 어떤 나쁜 상태에서 도피하기 위하여 학습하는 것이다.”(심봉섭 외, 1997: 235)

하여간 강화의 목표는 반응을 ‘증가’(增加)시키는 것으로서 행동변화의 확률을 제고하고자 하는 것이다. 그러나 벌(punishment)은 정적 강화나 부적 강화에 속하지 않는다. 왜냐하면 벌은 반드시 반응의 증가를 보장하지는 않기 때문이다. 이를테면, 벌은 행동변화를 위해 행사되지만 소기의 성과를 이룰 수도 있지만 반대로 역효과나 역작용으로 끝날 수도 있다.

> “학교 현장에서나 가정에서 벌은 빈번히 사용되고 있다. 올바르게 사용될 때는 교육적인 효과로 행동을 수정할 수 있다. 벌은 반응을 강화시키는 절차로서 반응을 증강시키는 정적, 부적 강화와 다르다. 강화에서는 반응의 빈도가 올라가고 벌에서는 반응의 빈도가 내려간다. 흔히 벌과 부적 강화를 혼동하는 경우가 많은데, 두 개념 모두 행동에 미치는 효과로서 정의된다. 즉 벌은 반응빈도의 감소의 효과를 나타내고 부적 강화는 반응빈도의 증가의 효과를 나타낸다. 벌과 부적 강화의 차이는 똑같은 혐오자극이 반응 전에 오른 경우를 부적 강화라고 반응 후에 오는 경우를 벌이라고 한다.”(신봉섭 외, 1997: 236)

결국 행동주의 학습이론은 강화이론에 기초하여 실제 학습현장에 많이 적용되고 있다. 이를테면, 프로그램 교수(programmed instruction), 개별화교수체계(PSI: Personalized System of Instruction), 컴퓨터보조학습(CAI: Computer-Assisted Instruction), 프리마크학습(Premark) 등이 이에 해당된다.

2) 관찰학습이론

관찰학습(observational learning)이란 말 그대로 관찰을 통한 학습이다. 인간은 태어나면서부터 부모를 위시하여 주변 사람들의 일거수일투족을 보면서 즉 관찰하면서 모방(模倣, imitation)하기도 하면서 배운다. 따라서 관찰학습을 모방학습이라고도 한다. 아이들은 모방하면서 사회인이 되어가고 사회적으로 성숙하게 된다. 이러한 의미에서 관찰학습이론은 사회학습이론(social learning theory)의 범주에 들어간다. 그러나 엄밀히 관찰은 하지만 모방을 하지 않을 수도 있다는 점에서 같은 개념은 아니다. 물론 어릴수록 관찰은 모방으로 이어질 가능성은 높아진다. 우리 말에 "아이들 앞에서는 물도 못 마신다"는 말이 있다. 아이들 앞에서는 모든 일거수일투족이 조심스러운 것이다. 그러나 성인이 되 가면서 인간은 관찰도 하지만 이를 그대로 모방하지 않고 오히려 이에 해해서 한번 더 사고해 보고 때로는 비판도 하고 반성 내지 성찰도 한다. 이때 관찰은 곧 모방으로 반드시 이어지는 것은 아니라고 할 수 있다.

관찰학습은 행동주의에서 시작하여 인지주의 학습이론으로 이어지는 중간단계에 위치한다. 왜냐하면 관찰이 모방이라는 행동으로 이어지기도 하지만 비판, 반성, 성찰 등의 수준으로까지 이어지면 이는 인지주의의 수준이 되기 때문이다. 관찰학습의 효시라고 할 수 있는 반두라(Bandura)에 의하면 관찰학습은 행동주의와 인지주의의 원리를 공유하고 있다(Bandura, 1977). 그럼에도 불구하고 관찰학습은 '모방'에서 시작된다. 그대로 단순하게 모방을 할 것이냐, 아니면 단순한 모방 대신 반대로 이를 비판, 반성, 성찰할 것인가? 그럼에도 불구하고 관찰학습에서 모방은 기본개념이 된다. 사회학습이론을 대표하는 반두라(1986)에 의하면, 사람이 모델의 행동을 관찰하고 모방하는 정도는 4단계, 즉 주의집중(attention), 파지(retention), 재생산(reproduction), 동기유발(motivation)에 의해 진행된다.

주의집중은 관찰학습에서 최초 단계는 주의집중이다. 주의집중은 의존성, 자존심, 자신의 능력에 대한 지각 등 성격적 특성에 영향을 받는다. 파지는 관찰된 내용이 기억으로 남는 단계를 말한다. 주의집중으로 남은 기억은 파지로 남을 확률이 가장 높다. 재생산은 파지로 남은 기억을 실제 생활에서 재생해 보는 단계를 말한다. 마지막으로 동기유발의 단계인데, 파지에 남은 기억이 행동으로 재생되고 그 재생된 행동은 반드시'강화'되었을 때 동기유발이 이루어진다. 결국 4단계가 순환되는 과정에서 학습현상이 발생하는데, 이때 우리는 관찰학습이 일어났다고 한다.

3) 인지주의 학습이론

인간은 선천적으로 인지능력(cognitive capability)을 타고난다. 다시 말하면, 인지능력은 동물과 인간을 구분하는 기준이다. 따라서 인간은 고등동물로 분류된다. 하등동물에게는 인지능력이 있다고 해도 미미하다. 물론 동물학자들은 그렇게 주장하지 않을 수도 있다. 아니면 전생에 동물이었던 사람도 그럴 수도 있다. 그러나 인지능력이란 과학의 약속이다. 예를 들면, 내가 태어났더니 인간이더라 하면 인지능력이 (잠재적이든) 존재하는 것이고, 태어났더니 개구리더라 하면 인지능력에 대해서는 크게 거론할 것이 없다.

인지능력은 간단히 '아하, 그렇구나'하는 것으로부터 출발한다. 우리가 무엇을 보고 아니면 무엇을 들으면서 '아하 그렇구나' 하는 생각이 들면 그때부터 (잠재하던) 인지능력이 발동(또는 발생)하는 것이다. 개나 고양이 또는 개구리도 '아하 그렇구나'하는 인지능력이 발동할 수는 있을지 모른다. 하여간 하등동물들에게도 인지능력이 있다고 할지언정, 거기까지일 것이다. 심리학의 많은 연구결과들은 고등동물인 인간에게 메타인지(meta-cognition)의 능력도 존재한다는 사실을 밝혀내고 있다. 이는 이미 오래 전에 철학의 영역에서도 동일한 발견들이 지속되어 왔다. 물론 전문용어는 다르다. 이를테면, 우리는 철학에서 소크라테스를 메타인지의 발견자로 간주하고 있다.

메타인지란 말 그대로 '인지를 다시 인지하는 것'을 의미한다. 우리가 일차적으로 인지한 것을 다시 인지한다는 것은 철학적으로는 반성과 성찰(reflection)이라고 한다. 철학적 해석학에서는 '해석'(interpretation)이라고 한다. 해석의 목표는 이해(understand)이다. '나는 생각한다. 고로 존재한다'는 명제로도 유명한 데카르트의 '의심의 방법'역시 인간에게 존재하는 메타인지의 당위성을 설명해 준 것이다. 결국 일차적으로 인지된 것은 '내가 인지한 이게 정말로 맞는가'라는 의심 속에서 우리는 다시 한번 해석해 보고 이에 대해서 끊임없이 반성하고 성찰하면서 진실과 진리 그리고 참지식의 세계로 들어가고자 애를 쓴다. 이러한 과정이 바로 인지-메타인지의 과정이라고 할 수 있는데, 이는 인간이라는 고등동물의 수준에서나 가능하다는 것이다. 이러한 의미에서 인간이 지구상에서 가장 똑똑한 생명체라고 말을 하는 것이다.

고등동물로서의 우리 인간은 이러한 잠재적 인지능력을 발휘하면서 공부도 하고 특정 행동도 하고 일상생활을 영위해 가는 것이다. 이를테면, 공부도 못하고 성적이 제대로 나지 않는 학생들은 선천적인 잠재능력인 인지능력을 잘 활용하지 못하고 있다거나 아니면 인지능력이 선천적으로 낮게 태어난 것이다. 한마디로'머리가 좋다, 나쁘다'는 말은 단순히 IQ 지수가 아니고, 인지능력의 수준을 말하는 것이다.

이렇게 본다면, 고등동물인 우리 인간에게 학습은 행동주의 학습에서 그쳐서는 안 되고 인지주의 학습으로까지 발전된다. 만약 우리 인간의 학습이 행동주의 학습으로 종료된다면, 이는 낮은 수준의 학습으로 종결되는 것이다. 따라서 낮은 수준의 학습으로 만족하게 되면 그만큼 낮은 수준의 공부, 낮은 수준의 점수로 족하게 되는 셈이다. 즉 인지능력의 여하, 수준에 따라 학교점수나 성적도 결정된다. 따라서 우리가 학교에서 성적을 잘 받거나 입시에서 좋은 성적으로 성취하려면 선천적인 잠재적 인지능력을 최대한 활용하여 학습할 수 있어야 한다.

인지주의 학습이론은 '이해학습'과도 통한다. 예를 들면, 문제를 풀 때, '아하, 그렇구나' 하면서 답을 풀어내는 것은 이해학습의 결과라고 볼 수 있다. 이해하지도 못하면서 그냥 달달 외워서 답을 써서 점수만 내려고 하는 공부는 이해학습도 인지주의 학습도 아니고 기계적인 학습으로 이른 행동주의 학습 수준에 머문 것을 의미한다. 고동동물로서의 공부를 한 것이 아니고 하등동물 수준의 학습에서 종료된 것이다. 더 정확히 말하면 그러한 학습은 '기계적 암기학습'이다. 기계적 암기학습의 결과와 이해학습의 결과는 서로 동일한 점수를 얻을 수도 있다. 아니면 전자가 훨씬 더 높은 점수를 받을 수 있다. 그러나 학습의 질적 수준은 전혀 다르다. 전자는 행동주의 학습으로 하등동물의 수준이고, 후자는 인지주의 학습으로 고등동물의 학습이다.

인지주의 학습이론은 인지주의 심리학(cognitive psychology)에 근거하며, 게슈탈트 심리학(형태심리학, Gestalt Psychologie)이 그의 뿌리이다.

> "학습에 대한 인지적 견해의 기초라고 볼 수 있는 형태심리학(형태심리학, Gestalt Psychology)은 1912년 독일의 철학자이며 심리학자였던 Wertheimer에 의해 처음 주장되었다. 그의 견해의 핵심은 독일어의 Gestalt로 표현되는데, 이는 조직된 형태, 윤곽 또는 부분의 집합과는 대조되는 조직된 전체를 뜻하는 것이다. 즉 학습은 사물의 부분들을 개별적으로 공부하는 것만으로는 부족한 것이며, 그것이 기능하는 전체를 이해할 때 비로소 가능하다는 것이다"(심붕섭 외, 1997: 249).

이후 형태심리학은 쾰러(Wolfgang Köller), 코프카(Kofka) 그리고 레빈(Kurt Lewin) 등에 의해서 이론은 더욱 구체화되고 발전해 나갔다.

"형태심리학은 전체는 그 부분들 이상이라는 점을 강조했다. 형태심리학은 부분적으로는 정신생활에 대한 과학적 연구에 인본주의적 차원을 덧붙이려는 시도였다. 형태심리학은 행태·의미·가치라는 속성들을 포괄하고자 노력했다. 베르트하이머가 1912년에 발표한 논문은 형태심리학 학파의 토대가 되었다. 초기 형태심리학파는 착각이라는 현상으로 설명되는 시각적 지각구조에 대해 관심을 가져 관찰자의 경험은 지각 경험만이 아니라 신경조직화가 분화한 부분들을 가진 하나의 완전한 영역으로 생성됨을 보였다. … 베르트하이머·쾰러·코프카 및 그들의 제자들은 형태심리학 접근방식을 지각의 다른 영역과 문제 해결, 학습 및 사고 작용 같은 문제에 확대 적용했다. 특히 쿠르트 레빈은 그후 게슈탈트의 원리를 동기부여와 사회심리학 및 성격 연구에 적용했으며, 미학과 경제적 행동에도 이 원리가 적용되었다. 베르트하이머는 윤리학과 정치적 행동 및 진리의 본질 같은 문제를 해명하는 데에도 게슈탈트 개념을 이용할 수 있다는 것을 보여주었다."(다음백과)

쾰러의 침팬지 실험 또한 형태심리학을 이해하는데 큰 기여를 했다. 유리관 속에 배고픈 침팬지 6마리를 가두었다. 그리고는 천장에 바나나를 매달아 높았다. 그랬더니 이들은 닿을 수 없는 천장을 향해 손을 들고 펄쩍펄쩍 띠었다. 먹이를 따 먹으로는 행동이었지만, 천장 높이는 워낙 높았다. 그런데 술탄이라는 이름을 가진 침팬지는 갑자기 두리번거리더니 옆에 실험자들이 쌓아 놓은 상자들을 포개놓고 그 위로 올라가서 바나나를 가볍게 따먹었다. 이때부터 다른 침팬지들도 술탄을 따라 상자 위로 올라가서 먹이를 따 먹었다. 이후 모든 침팬지들은 펄쩍펄쩍 뛰지 않고 상자를 쌓아 놓고 그 위로 올라가서 바나나를 따 먹었다. 이들에게 인지능력이 발생한 것이다. 인지능력은 고등동물과 하등동물의 경계선이라고 했다. 유인원에 해당되는 침팬지는 바로 그 경계선에 있는 것이다. 이는 침팬지에게 잠재된 인지능력이 발동한 것이며, 침팬지는 유인원으로서 즉 고등동물의 시작이라는 사실을 알려주는 대목이기도 하다. 펄쩍펄쩍 뛰지 않고 처음부터 상자를 쌓아 놓고 여기에 올라가서 바나나를 따 먹은 술탄은 처음부터 인지능력이 발동한 것이며, 다른 침팬지들은 잠재된 인지능력이 관찰을 통해 모방되면서 발동되기 시작한 셈이다. 이를 쾰러는 '통찰'(insight)이라고 명명했다. 결국 고등동물은 통찰능력을 통해서 전체를 파악하게 되는데, 이때 인지능력이 발동되면서 학습현상이 발생하게 되는 것이다. 따라서 고등동물인 인간의 인지학습은 이러한 절차가 진행되면서 가능하게 되는 것이다. 이렇게 본다면, 학생에게 인지학습을 할 수 있도록 돕기 위해서 교사는 학생들이 우선 부분보다는 '전체'(全體, Gestalt)를 통찰할 수 있도록 하는 공부를 시켜주어야 할 필요가 있다.

베르트하이머가 제시한 '전체와 부분'의 관계에 대한 이해는 대표적이다. 아래는 어떻게 보면 가운데 꽃병이 존재하는데 어떻게 보면 두 사람이 서로 마주보고 있는 그림 <전경과 배경>이다.

그림 9-1 전경과 배경

따라서 우리가 전경으로서 술잔을 인식하든, 아니면 배경으로서 두 사람의 얼굴을 인식하든 '전체'는 이미 존재하고 있다. 우리의 인식초점이 어디에 있든지 두 사람의 얼굴과 술잔을 포함하는 '전체'는 우리의 인지능력과 무관하게 이미 존재하고 있었다는 사실이다. 다시 말하면, 전체는 우리가 인지할 수 있는 '부분'보다 항상 먼저 있었다. 따라서 전체가 무엇인지를 모르면서 부분을 아는 것은 안다고 할 수 없으며, 부분을 모두 안다고 해서 전체를 다 아는 것은 아니다. 결국 전체는 부분의 합이 아니고 그 이상이다. 이는 철학에서 해석학의 명제와 일치한다. 얼굴에 눈, 코, 입 주변 근육의 움직임을 잘 설명해 낸다고 해도 우리는 미소짓는 얼굴의 전체 이미지를 알 수는 없다. 부분의 합으로 전체를 설명할 수 없다는 말이다. 결국 전체는 항상 먼저이며 전체는 부분의 합 이상인 것이다.

여기서 학습은 바로 이러한 전경과 배경이 교차하는 가운데에서 이루어진다. 전경과 배경 즉"아, 술잔인가, 아니면 두 사람의 얼굴인가"하는 생각이 계속 교차하면서 학습이 이루어진다. 이러한 원리는 인지발달이론을 완성한 삐아제(Jean Piajet, 1896-1980)의 '스키마 이론'으로 발전된다. 환경에 노출된 스키마(Schema) 즉 인지의 도식은 우리 머리 속에서 계속 변화하면서 사물의 본질을 점점 찾아가게 된다. 이것이 바로 인지주의 학습이다. 달리 말하면, 인지적 평형이 깨지는 것은 학습의 시작인데, 다시 인지적 평형이 이루어지는 순간 우리는 학습이 이루어졌다고 한다. 결국 인지구조가 흔들리면서 학습은 시작되고 다시 평형을 맞는 순간 학습은 완성된다. 그러나 또 다시 인지구조가 흔들리면서 인지도식이 재구조화되면서 학습은 지속된다. 메타인지는 바로 학습한 것을 다시 검토하면서 진정한 학습 또는 - 철학적으로 말하면 - 참지식으로의 학습으로 나아가게 한다.

결국 인지주의 학습을 촉진시키기 위해서 교사는 학생들에게 많은 경험을 하고 많은 질문과 대화를 할 수 있도록 환경을 조성함으로써 즉 '인지적 자극'을 줌으로써 학생의 인지구조 즉 인지도식(Schema)을 계속 흔들어 대면서 '스스로' 학습할 수 있도록 촉진해 주어야 한다. 따라서 인지주의 학습은 진정한 자기주도학습의 개념과도 연결된다.

4) 인본주의 학습이론

인본주의 학습이론은 "실존(existence)이 본질(essence)에 앞선다"는 명제를 가진 실존주의 철학에 근거하여 발달된 인본주의 심리학에 근거한다. 삶 즉 지금 여기서 내가 살고 있다는 그 자체가 그 무엇보다도 먼저이다. 본질을 그 다음이다. 이런 면에서 실존주의 철학은 인간의 본질을 탐구하고 진리를 추구하는 여타 철학과는 괘를 달리한다.

인본주의 학습의 원리는 말 그대로 인본(人本) 즉 인간본위로서 인간전체 내지 인간의 현실적 삶이 먼저이다. 따라서 인본주의 학습이론은 행동주의 심리학이나 인지주의 심리학처럼 인간의 행동이나 인지 같은 부분적인 삶의 영역을 관찰, 실험, 측정하여 경험적 데이터를 얻은 후 이를 토대로 학생의 학습을 촉진하고 지도하는 것이 아니라, 인간의 삶 전체를 자극함으로써 스스로 학습할 수 있도록 하는 것이다. 자극(S)과 반응(R)의 원리가 공통인 심리학적으로 본다면, 현실적 삶 전체를 자극함으로써 반응으로서의 학습을 유도하는 것이다. 인본주의 심리학자 매슬로우(Abraham Maslow)와 로저스(Carl Rogers)가 대표적이다.

<욕구 5단계설>로 유명한 매슬로우에 의하면, 인간은 원초적 욕구를 충족시키지 못하

면 결코 그 다음 단계로 자극될 수 없다. 물론 이 도식은 나중에 센포드(Sanford) 등 제자들에 의해 비판, 수정 보완된다.

그림 9-2 매슬로우의 욕구 5단계설

즉 <생리적-물리적 욕구>가 만족되지 못한다면 이를테면, 배가 고프다든지 배가 아프다든지 아니면 용변이 급하다든지 등이 해결되거나 충족되지 못한다면 <안전의 욕구> 단계로 올라가지 못한다. 물론 나중에 두 욕구는 제자들에 의해서 어느 정도 어느 시간까지 서로 병존할 수도 있거나 아니면 아래 욕구가 생략되거나 억제되기도 한다고 수정된다. 예를 들어, 인간은 배가 무척 고프다는 욕구를 충족하기 위해서는 빵가게에 들어가서 빵을 훔칠 수도 있다. 빵을 훔치는 범죄를 저지르면 자신의 삶이 안전하지 못하다는 사실은 안중에도 없다. 아침에 식사를 거르고 학교에 가면 공부가 잘 안 된다. 배고프다는 생각으로 공부는 뒷전이다. 결국 인간은 누구나 생리적-물리적 욕구가 충족되지 못하면, 더 이상 다음 단계 즉 안전의 욕구 단계로 올라가지 못한다. 안전의 욕구란 말그대로 안전한 삶을 살고 싶은 충동이다. 일단 배고픔이 해결되면 위험을 무릅쓰고 더 이상 빵을 훔치지는 않을 것이다. 안전하게 살고 싶은 욕망이 작용한 것이다. 이제 안전한 삶이 보장되면 인간은 남들에게 눈을 돌려 사회적으로 살고 싶은 욕망을 가지게 한다. 사회적 욕구 즉 남들과의 교류나 사회적 관계 만들기 또는 친구와 우정을 쌓는다거나 이성과 사랑을 나눈다거나 하는 욕구 단계를 말한다. 내가 지금 배가 고프고 배가 아프고 나의 삶이 안전하지 않은데 어떻게 남들과 교류를 제대로 할 수 있을까? 학교폭력이 난무한 교실에서 내가 안전하지 못한데, 어느 누구와도 사귀거나 교류하고 누구와도 진정한 대화를 할 수 없다. 결국 매슬로우의 입장에 의하면, 학생들의 우정이나 사랑이 존재하려면 학교폭력 같은 안전하지 못한 환경이 제거되어야 한다.

다음으로 사회적 욕구가 충족된다면, 친구와도 진심으로 사귀고 서로 사랑하고 우정을 돈독히 할 수 있는 상태가 되면 이제 서로 존경하고 인정받고 싶은 욕구가 생겨난다. 한마디로 친구한테 선생님한테 자신이 인정받고 싶은 욕망이다. 그러나 우리의 학교에서는 학생들을 좀처럼 인정하지 않는다. 오로지 학교성적 1등 한 명만 인정받는 곳이 바로 우리 학교사회이다. 오직 점수로만 인간이 평가되고 점수로만 인간이 되는 우리의 학교에서는 더 이상 자아실현을 할 수 있는 기회가 없다. 인정이 인색한 우리의 학교현장에서 – 매슬로우의 이론에 의하면 – 오로지 1등 한명만이 자아실현을 할 수 있다. 학습은 자아실현의 일환이다. 그렇다면 진정한 학습은 1등 한명만이 하는 것이며, 1등 한명만 자아실현을 하는 것이다.

결국 인본주의 학습이론에 의하면, 인간은 어느 부분만을 자극하면서 자아실현을 추구하게 할 수는 없다는 논리이다. 인간은 오로지 지적인 측면만으로만 학습을 촉진할 수 없으며 정서적이고 정의적인 측면을 포괄하는 인간본성 전체에 대한 자극이 학습촉진제가 되어야 한다는 것이 인본주의 학습이론의 원리이다.

비지시적 상담이론을 완성한 로저스(Carl Rogers, 1902-1987) 역시 실존주의 철학과 인본주의 심리학에 기반을 두고 학습이론을 전개했다. 그의 학습이론은 비지시적 상담이론과도 통한다. 인간은 누군가의 지시(direction)로 살아가는 수동적 존재가 아니다. 예전에 노예들은 주인의 지시에 따라서 살아갔다. 로저스에게 지시(指示)는 노예들이나 하인들에게 하는 비인간적 처사이다. 인간은 능동적 존재로서 학습도 스스로 하도록 유도하는 것이 정상이다. 억지로 시켜서 하는 공부는 자아실현하고도 거리가 멀다. 비지시적 상담의 최종 목표는 <자기결정의 원리>이다. 지시적 상담은 상담자가 내담자에게 지시를 함으로써 답을 제시하는 것이지만, 비지시적 상담은 상담자가 내담자에게 모든 자료와 정보를 제공하고 결정은 스스로 내리도록 유도하는 것이다. 그의 인본주의 학습이론 역시 <자기결정의 원리>를 준수한다. 자기 스스로 왜 내가 공부를 해야 하는지, 그렇다면 어떻게 해야 하는지를 스스로 결정할 수 있도록 모든 자료와 정보 그리고 지식을 제공한다. 물론 그럼에도 불구하고 학생 스스로 학습을 결정하지 않거나 못하는 것은 이 이론의 한계이기도 하다.

<자기결정의 원리>는 실존주의 철학의 핵심 개념이기도 하다. 인간은 자기가 결정해

야지만 마침내 책임을 지게 된다. 실존주의 철학에서는 선택은 자유이다. 그러나 그 선택으로 인한 결정은 마침내 자기책임으로 이어질 확률이 높다. 엄마가 하라고 해서 실패를 했다면, 엄마 책임이다. "엄마가 하래며", "아빠가 하래며", "선생님이 하래며" 등은 남에게 책임전가를 하는 말들이다. 지시적 상담의 한계점이다. 지시한 사람에게 책임을 전가하면서 자기는 책임을 회피하게 된다. 우리 사회가 책임지지 않는 사회가 된 것이 이러한 지시위주의 교육이 한 몫을 한다.

결국 인본주의 학습이론은 실존철학의 원리에 근거한다. 실존주의 철학은 무엇보다도 인간을 '자유'(自由)의 존재로 규정한다. 즉 인간에게 자유는 거부할 수 없는 본성이다. 따라서 인간은 자유롭게 살 수 있는 권한이 있고 자유롭게 살 수 있을 때 인간이다. 실존주의 철학에서는 자유를 침해하는 사회는 비인간적 사회이며 이는 삶의 본성과도 어긋나는 사회로서 비정상적인 사회이다. 따라서 인간에게는 자유가 보장되어야 한다. 선천적으로 자유롭게 태어나는 인간은 자유롭게 살아갈 수밖에 없다.

실존주의 대표적인 실존주의 철학자인 사르트르(Sartre)는 "인간은 자유의 형벌을 받는 존재"라고 선언했다. 자유롭게 태어나는 인간은 모든 것을 '자유롭게 선택하면서' 살아간다. 자유로운 선택은 자유로운 결정을 하게 하고 마침내 자유로운 결정과 판단에 따라는 결과에 대해서 책임을 지게 한다. 결국 인간은 자신의 본성인 자유의지에 따라 살게 하지만 그 자유로운 선택과 판단의 결과에 대해서 스스로 책임을 져야 하는 운명이다. 책임은 결국 자유의 형벌인 셈이다. '자유와 자율'이라는 칸트의 이율배반철학도 이와 동일한 논리를 가지고 있다.

학생도 인간이다. 실존주의 철학에 의하면, 자유롭게 태어나는 학생들에게 자유롭지 못하게 통제하거나 일반적으로 지시나 규제를 하면서 학습을 하도록 강요하는 것은 맞지 않다. 따라서 학교와 교사는 학생 개인들이 스스로가 자유롭게 선택하고 판단하여 자발적으로 학습할 수 있도록 교육적 환경과 분위기를 조성함으로써 자기주도로 학습을 할 수 있도록 해야 한다. 물론 이에 따른 결과는 학생 스스로가 책임질 수 있도록 교육하는 것도 교육자의 몫이다.

5) 블룸의 완전학습이론

블룸(Benjamin Samuel Bloom, 1913-1999)은 95% 이상의 학생이 학습과제 90% 이상을 완전히 학습하는 것을 완전학습(完全學習)이라고 말한다. 완전학습을 결정하는 기준은 학습의 최소단위인 단원학습(unit learning)이며 단원별 평가에 의한다. 그에 의하면, 학습에 영향을 주는 세 변인은 선행학습, 학습동기화 정도 그리고 과제의 적절성이다. 이는 학습자의 특성인 인지적 특성과 정의적 특성을 반영한 것으로 수업의 질을 결정한다. 여기서 인지적 특성은 사전학습의 성취 정도, 적성, 일반 지능, 독서이해력이 해당되며, 정의적 특성은 교과에 대한 흥미와 애착심, 학교에 대한 애착심 그리고 학업에 대한 자아개념이 속한다.

또한 학습성과 결정의 주요요인은 단서, 강화, 참여, 피드백, 교정절차이며, 학습작용변인은 지적 출발행동 50%, 정의적 출발행동 25% 그리고 수업의 질 25%이다. 구체적으로 지적 출발행동은 사전학습, 적성, 독서력, 일반지능이 결정하며, 정의적 출발행동은 교과나 학교에 대한 태도 및 자기효능감 같은 자아 개념에 의해 좌우된다. 아울러 수업의 질은 교사가 학생들에게 이해를 위한 적절한 단어를 사용하는 정도 그리고 강화와 피드백, 동기유발, 참여정도가 결정하다.

완전학습의 수업전개 절차는 총 10단계로 이루어지는데, 1~2단계는 수업 전 단계에 해당되며 3~9단계까지가 본 수업 단계 그리고 마지막 10단계가 수업 후 단계로 이루어진다. 우선 수업 전 단계에서는 진단평가(1단계)와 프로그램 학습을 통한 학습결손의 보충지도(2단계)가 이루어진다. 본 수업의 단계는 3단계부터 시작되는데 여기서는 수업목표를 명확히 정하고 이를 학생들에게 구체적으로 인식시킨다. 4단계에서 부터는 실제로 교수·학습이 진행되며, 5단계는 수업의 보조 활동 단계로서 학생들의 흥미 및 동기유발 그리고 수업내용을 위한 다양한 자료를 제시한다. 6단계에서는 형성평가를 실시하고 위계목표가 달성되고 있는지에 대해서 지속적으로 확인하면서 보충학습과 심화학습이 필요한 학생군을 구별해 낸다. 7단계는 보충학습의 단계로서 형성평가의 결과에 따라 학습부진아의 보충지도가 이루어지며, 8단계는 심화학습의 단계로 정상으로 판정된 학생들에 대해서 심화학습을 실시한다. 9단계는 제2차 학습기회의 단계로서 학생들에게 자율적인 협력 학습의 기회를 제공함으로써 인터랙션을 통한 자기학습을 촉진시킨다. 마지막으로 10단계는 수업 후 단계인데, 이 단계에서는 학생들에 대한 총괄평가가 이루어지며 이에 근거한 학습성과를 피드백함으로써 다음 수업의 정책 자료를 수립한다.

3. 교수-학습 이론

1) 객관주의 교수-학습 이론

(1) 교수 중심 강의법

① 강의법의 특징

일방적으로 전문가가 학습자나 청중을 대상으로 강연을 하는 방식의 수업을 말한다. 이는 세상에서 가장 많이 활용되는 수업기법이며 역사도 가장 오래된 수업방식 중의 하나이다. 그러나 강의법은 장점과 단점을 함께 가지고 있다. 우선 장점은 다음과 같다.

첫째, 짧은 시간에 많은 지식과 정보를 전달함으로써 효과적인 교수-학습을 추구할 수 있다. 둘째, 교수자의 개인 능력에 의존하기 때문에 특별히 교수 설계가 불필요하다. 셋째, 동시 대형 강의가 가능하기 때문에 특별한 교실 환경이 불필요하다.

반대로 강의법의 단점은 다음과 같다. 첫째, 교수자와 학습자간의 상호작용이 없다. 둘째, 상호자극이 미약하기 때문에 수업의 시너지 효과를 내기가 어렵다. 셋째, 학습자는 수동적인 학습자가 될 소지가 높다. 넷째, 적극적이고 자발적인 학습동기가 저하될 수 있다.

② 강의식 교수법의 설계

강의법을 중심으로 하는 대표적인 강의식 교수법으로는 가네(Gagne)의 교수-학습이론을 들 수 있다. 이는 행동주의와 인지주의의 절충 이론으로서 학습자가 어떤 방식으로 교수자가 전하는 정보를 받아들이고 해석하고 이해하는지에 주목한다. 행동주의에서는 강의를 통한 자극은 학습자들에게 즉각적인 반응으로 나타날 것이라는 가설이다. 소위 명강의(名講義)는 학습자나 청중들에게 즉각적인 반응을 받는다. 반응 정도에 따라서 학습정도나 학습성과가 판명된다. 따라서 이럴 경우 자극과 반응이라는 행동주의 도식을 토대로 학습현상을 설명한다.

그러나 모든 강의가 명강의로 끝날 수는 없다. 때로는 지루하기도 하고 별로 의미도 없고 시시하기도 하고 반대로 어렵기도 하고 쉽기도 하다. 가네는 바로 이러한 학습결과에 착안하여 효과적인 교수-학습을 설계하고자 했다. 즉 학습자의 학습동기를 유발시킬 수 있다면 동일한 강의라도 받아들이는 정도가 달라질 수 있을 것이라는 가정이다. 이를테면 강의 내용이 지루하거나 어렵더라도 학습해야 하는 이유나 필요성 그리고 목적이 하나의 '자극제'가 될 수 있다면, 학습결과는 달라질 수 있다. 따라서 그는 교수자의 강의내용을 받아들이는 학습자의 '인지구조'(cognitive structure)를 잘 이해하고 그의 학습을 촉진하기 위하여 학습동기의 유발전략으로 특정한 외적 자극을 제공하는 것을 목표한다.

행동주의는 자극-반응 도식을 가장 명확하게 설명해 준다. 행동주의는 환경통제나 변화를 통하여 행동변화를 유발하는 것을 말한다. 즉 어떠한 자극을 주면 어떠한 반응이 유발시키는가를 살펴보면서 외적 자극의 양과 질을 결정함으로써 학습행위를 개선시키고자 한다. 이때 외적 자극을 '강화 기재'라고 하며 이를 통해서 행동조절을 기대한다. 강화(强化)에는 정적 강화(positive strengthening)와 부적 강화(negative strengthening)가 있다. 여기서 정적 강화는 보상(報償)을 말하고, 부적 강화에는 처벌(處罰)이 해당된다.

한편, 가네의 교수-학습이론은 인지주의 학습심리를 토대로 인지구조의 변화 즉 사고의 변화에 주목한다. 인지주의에 의하면 학습현상이란 인지적 자극에 의해 인지적 평형이 파괴되면서 스키마(Schema) 즉 인지구조의 변화 내지 재구조화가 일어나는 현상을 말한다. 달리 말하면 스키마의 동화와 조절의 과정을 통하여 학습현상이 일어난다. 이는 주변환경과 인지주의와의 관계 변화 속에서 학습이 일어나는 현상을 말하는데, 피아제의 경우는 주변 환경과 개인의 인지구조 사이에서, 비고츠키의 경우는 나의 인지구조와 상대방의 인지구조 사이에서 인주구조가 변화되고 재구조화되면서 학습현상이 발생하는 것이다.

가네는 이러한 점에 착안하여 인지적 학습과정에 주목하게 되는데, 인지자극에 의한 주의(Attention), 동기화(motivation), 선택적 지각, 의미적 부호화, 장기기억저장, 탐색과 회상, 수행, 환류(feedback)을 통해서 학습현상이 일어난다는 사실을 밝혀냈다. 이로써 가네의 교수-학습 이론은 행동주의와 인지주의의 토대 위에서 수립된다.

구체적으로 주의(Attention)은 주의를 획득하기로서 이를테면, 프레젠테이션(ppt), 동영상, 애니메이션 등을 통하여 주의를 집중시킨다. 동기화는 학습목표를 알리는 것으로 이를테면 멀티미디어 등의 효과를 활용한다. 가네의 교수-학습이론은 '목표이론'이라고 할 정도로 교수가의 목표제시가 수업의 수준을 결정하는 주요한 요소가 된다. 선택적 자각은 선수학습(先守學習)의 회상과 학습내용 제시하기로 구성된다. 전자에는 하이퍼링크, 프로젝터, 개념도 제시를 통한 복습 확인의 기회 제공이 해당되며, 후자는 학습매뉴얼의 제시이다. 의미적 부호화와 장기기억 저장은 시범, 도표, 학습 맵 또는 학습 내비게이션 같은 안내서, 아이콘의, 동영상 등을 활용하는 '학습안내'로서 촉진된다. 탐색과 회상 및 수행과정은 학습자로 하여금 반복 연습하도록 하는 것이다. 이로써 기억을 도와주기, 질문하도록 유도하기, 실험과 탐구하도록 하기, 연습문제 풀기, 사례의 제시, 학습자간의 상호작용을 통한 그룹 다이나믹스(Group Dynamics) 즉 집단동학을가능하게 한다. 마지막으로 환류는 피드백 제공하기로서 학습목표를 상기하도록 하고 상황학습과 가상현실을 제공하여 파지와 전이 효과를 증진시키고, 수행평가를 실시함으로써 강화(보상과 처벌)함으로서 후속 학습을 독려 자극한다.

(2) 학습자 중심 교수법

이는 '동기유발전략이론'이라고도 한다. 켈러(Keller, 1987)의 학습동기유발모형(ARCS 모형)이 대표적이다. ARSC는 주의집중(Attention), 관련성(Relevance), 자신감(confidence), 만족감(satisfaction)의 약자로서 이를 조사하여 학습자의 동기수준을 파악하면서 다음 수업을 계획하는 교수-학습이론이다. 이러한 동기수준의 분석은 학습자의 과거 학습습관을 파악하는 것으로부터 시작된다. 즉 학습자가 가지고 있는 학습 내지 공부에 대한 태도나 의견 내지 편견(선입견)이 무엇인지?를 규명해 냄으로써 어떻게 하면 학습자의 동기를 유발시킬 수 있을까에 대해서 전략을 짜는 것이다.

① 주의집중(Attention)

주의집중은 구체적으로 호기심 끌기, 주의환기, 학습감각의 추구에 해당된다. 주의환기는 지각적 주의환기, 탐구적 주의환기, 산만함으로부터의 주의환기가 해당된다. 지각적 주의 환기는 학습자의 관심을 끌기 위해 무엇을 할 수 있는가? 하는 질문으로부터 나온다. 이를 위해서는 시청각 효과 활용하기, 돌발상황을 연출함으로써 일상적이지 않은 내용과 사건을 활용하기가 해당된다. 물론 이러한 방법이 남용되면 효과는 반감되기 때문에 적절한 활용이 중요하다. 탐구적 주의환기는 어떻게 학습자의 호기심을 자극할 수 있는가? 하는 질문으로부터 나온다. 이를 위해서는 학습자에게 직접 질문하기, 문제해결을 위한 구체적인 활동을 구상하기, 필요한 지식을 부분적으로만 제시하기 등이 해당된다. 산만함으로부터의 주의환기는 어떻게 학습자의 다양하고 산만한 관심과 호기심으로부터 주의를 유지할 수 있는가에 대한 질문으로부터 나온다. 이를 위해서는 간결한 강의가 관건인데, 정보 제시, 연습 주제, 퀴즈 같은 간단한 테스트 등 다양한 형태를 활용한다. 또는 학습자에게 일방적으로 정보를 제시하고 이를 서로 토론하여 해결하게 하여 토론식 수업과 연계시킨다. 또한 교수자료의 여백에 그림, 표, 다른 부호 등을 사용하여 교재피로감과 지루함에 적절한 변화를 모색한다. 그밖에 주의환기를 위한 다양한 방식의 강의방법을 모색한다. 이를테면, 아이스 브레이킹(Ice Breaking)이나 중간휴식, 안마, 스트레칭, 노래 부르기, 춤추기 등도 이에 해당된다.

② 관련성

관련성은 개인적 흥미와 목적과의 관련성을 말한다. 또한 결과의 측면과 과정의 측면과의 관련성을 유지하는 것도 관건이다. 이를 위해서는 교수자와 학습자간의 친밀성, 목표지향성 그리고 필요성 및 동기와의 부합성이 확보되어야 한다.

우선 친밀성은 어떻게 수업을 학습자의 경험과 연결할 수 있을까? 하는 질문으로부터 나온다. 친밀성을 키우기 위해서는 구체적 용어, 사례, 개념을 사용하는 것이 바람직하다. 이를테면, 개인적으로 친밀한 이름이나 구체적인 그림을 사용하고, 친밀성을 가진 예문이나 배경지식을 사용한다.

목표지향성은 어떻게 하면 학습자들의 요구를 최대한 충족시킬 수 있을까? 하는 질문으로부터 나온다. 목표지향성을 제고하기 위해서는 실용적인 목표를 수립하고, 중요한 학습과제를 선정한다. 또한 학습활동 자체의 목적을 제시한다(게임, 시뮬레이션 방식 활용). 학습목표를 달성하기 위한 구체적이고 실천적인 학습방법, 과정, 순서를 제시하면서 학습자의 경험과 지식과 관련을 짓도록 한다.

필요나 동기와의 부합성을 확보하기 위해서는 어떻게 학습자들의 학습 유형이나 개인적 관심과 수업을 연결시킬 수 있을까? 하는 질문으로부터 나온다. 이를 위해서는 눈높이 학습목표를 수립하고(다양한 학습목표), 수준별 학습과제의 활동에 대해서 피드백을 제공하고, 안전한 학습상황을 조성하고 학습상황선택의 기회를 제공하고, 상호학습의 상황을 제공한다.

③ 자신감

자신감은 도전정신 내지 도전감을 고취시켜서 성공예감을 하도록 하여 마침내 성공감각을 제고시킬 수 있다. 자신감에서는 지각된 능력, 지각된 조절감 그리고 성공에의 기대가 변수이다. 이를 위해서는 학습의 필요조건을 알려주며, 성공의 기회를 제시함으로서 학습자들이 자신의 능력에 대한 확신을 갖도록 도와주기 위해서는 어떤 학습경험을 제공할 것인가?에 대해서 고민할 필요가 있다. 이를테면, 우리에게 일상이 되어 버린 지독한 입시 지옥이나 공부와 학습에 대한 부정적 이미지는 자신감에 가장 큰 장애 요인이다. 이에 대한 중압감을 해소시키는 방안의 실천은 동기유발전략과 통한다. 마지막으로 개인적 통제감 즉 학습자들이 자신의 성공이 노력과 능력에 기초한다는 것을 어떻게 확신할 수 있도록 할 것인가?에 대해서 고민할 필요가 있다. 무절제한 자기욕망을 스스로 억제하는 자발적인 자기통제는 오히려 자신감을 불러일으킬 수 있다.

④ 만족감

만족감에서 가장 핵심적인 것은 학습자들의 내적 만족도를 어떻게 격려하고 보조할 수 있을까? 하는 질문으로부터 나온다. 따라서 외적 보상은 대단히 중요한데, 학습자의 성공에 대한 결과로 어떻게 보상할 것인가? 하는 질문에 대해서 고민해야 한다. 또한 만족도를 결정하는 것에는 공정성도 포함되는데 어떻게 하면 학습자들이 결과가 공정했다고 생각할 수 있겠는가? 하는 질문이다. 즉 공정한 결과에 대해서 인정하고 승복하는 가운데에서 만족감은 유지될 수 있다.

2) 구성주의 교수-학습 이론

대표적인 구성주의 교수-학습 이론에는 문제중심학습(PBL), 목표기반 시나리오(GBS) 그리고 액션러닝(Action Learning)이 있다.

(1) 문제중심학습

① 문제중심학습의 개념

문제중심학습 즉 PBL(Problem-based-Learning)은 1969년 캐나다의 맥매스터(McMaster) 의과대학의 바로우 교수(Barrow)가 개발한 학습방법이다. 그는 의과대학 수업에서 암기식,

주입식 교육이 맞지 않음을 인식하면서, 의사와 인턴 및 레지던트들이 정기적으로 침대에 누워있는 환자를 회진하는 인베드(in Bed) 토론 방식을 수업에 접목할 수 없는가를 고민하였다. 의사는 환자의 상태를 정확하게 진단해야 하는데, 일방적으로 가르치는 것만으로는 부족하다. 이렇게 하여 PBL이라는 새로운 학습방법이 탄생하는데, 이는 듀이(John Dewey)의 경험중심교육, 참여중심교육의 계승으로서 학습자 중심, 자기주도학습, 상황학습 등의 속성을 내포하고 있다.

② PBL의 특징

PBL의 특징은 환자의 증상을 진단하면서부터 치료가 시작진다는 원리에서 나온다. 즉 기초부터 교과서를 가르치고 배운 다음 문제에 다가가는 것이 아니라, 문제가 발생한 곳에서부터 학습이 시작되는 원리이다. 즉 문제를 인식하고 진단하고 나면 문제해결을 위한 자기주도학습으로 진입하고 자기학습평가로 종료된다. 그런데 이는 5-7명의 소그룹이 팀을 이루어 진행되는 일종의 협력학습(co-learning)이다. 협력학습과 자기주도학습은 상호 모순적인 것 같지만 PBL에서는 동일하다. 왜냐하면 PBL에서의 학습은 상호작용(interaction)을 통한 상호학습이기 때문에 팀의 구성원들이 서로 서로 협력학습을 하는 가운데 학습자 개인은 스스로 자기학습으로 자극을 받게 된다. 이렇게 하여 결국은 학습자 개인의 차원에서 보면 타인으로부터의 자극에 의해 자기주도적으로 자기학습을 수행하게 된다. 부수적으로 협력학습을 통해 협력작업(co-work)의 능력과 의사소통기술(communication skill)도 함양한다.

PBL에서는 지식 그 차제보다는 문제해결을 위한 지식의 활용능력이나 미래대처능력의 함양을 목표하며 이는 체계화된 교과서 지식 상황변화에 적합한 비구조적-비체계적인 학습이 이루어진다. 여기서는 가설을 세우고 실험을 통해 검증하는 자연과학적 방법이 활용되지만, 입증과 검증을 위해서는 팀원 간의 토론과 해석을 하는 상호작용의 방법이 학습방식으로 활용된다.

③ PBL의 절차

첫 번째 단계, 문제제기 단계이다. 이 단계는 아이디어 제시 즉 가설의 단계인데, 문제의 원인과 결과 예측 그리고 실현 가능한 해결안에 관한 학습자의 추측이 포함되어 제시된다. 따라서 학습자들은 모든 사실을 종합하는데, 이때 자료와 정보들은 질문을 통해서 수집된다. 이에 따라서 학습과제가 설정되고 향후 계획이 수립된다.

두 번째 단계, 문제의 재확인 단계이다. 이는 문제제기 단계에 대한 재평가와 재조정의 단계이다.

세 번째 단계, 발표 및 피드백 단계이다. 이 단계에서는 공동학습 내지 협력학습의 결과를 다른 학습자들 앞에서 각자 돌아가면서 발표하고 서로의 결과를 비교 분석한다. 그리고 피드백을 받는다.

네 번째 단, 문제결론의 단계이다. 이 단계에서는 학습결과를 정리하고 스스로 학습하고 수행한 것에 대해 자기 평가한다.

(2) 목표기반 시나리오(GBS)

목표기반 시나리오(Goal-based Scenario)는 1930년 노스 웨스턴 대학교와 아서 엔더슨 컨설팅 그룹이 개발한 구성주의 교수-학습이론이다. 교수-학습은 특정한 목적 달성을 위해 인위적으로 구성된 시나리오에 근거하여 진행된다. 여기서 특정한 목적은 성취 가능한 목적이며 이는 학습자의 흥미를 유발할 수 있어야 한다. 실제 상황을 중심으로 교수-학습이 진행되기 때문에 일종의 상황학습을 위한 교수법으로 특정한 상황에 따르는 기능을 훈련시키고 연마시키는 방식이다. 따라서 교수자는 학습자에게 충분한 연습의 기회를 확보하는데 주력한다. 특히 교수자는 학습자(개인, 그룹)에게 직접 시나리오를 쓰게 하면서 학습하도록 한다.

① GBS 구성요소와 시나리오

GBS는 구성요소들을 구성해 나가는 것으로 설계가 완료된다. 구성요소는 임무(역할), 임무(맥락)개발, 커버스토리, 임무초점, 임무구조, 시나리오 구성 등으로 이루어져 있다. 이러한 구성요소의 설계를 통하여 시나리오가 완성된다. 이때 주의해야 할 점은 다음과 같다.

첫째, 구성요소들은 시나리오의 주제와 일관성을 가져야 함(꾸준한 퇴고)

둘째, 구성요소들은 사실적이고 충분한 조건을 갖추어야 함

셋째, 학습자에게 통제감을 줄 것

넷째, 도전감을 지속시킬 것

다섯째, 학습자의 행동에 반응할 것

여섯째, 교육목적을 보조할 것

일곱째, 제공되는 자원은 교육적일 것

② GBS 설계 절차

제1단계는 목표 기술(target skill)의 확인 단계이다. 이 단계에서는 목표를 달성하기 위해 요구하는 기술을 조사 확인하여 투입 우선순위를 결정한다. 이를 체계적으로 연결하면서 시나리오는 작성된다. 이는 프로듀서(PD), 앵커 등 총감독의 과제이다.

제2단계는 임무 개발의 단계이다. 이 단계에서는 목표 기술이 요구하는 임무를 개발한다. 또한 임무수행을 위한 기능과 역할의 관계를 설정한다. 예를 들면, 기사편집, 비디오 촬영 등이 이에 해당된다.

제3단계는 임무초점 선정 단계이다. 이 단계에서는 임무수행의 접근수단을 모색한다.

제4단계는 커버스토리 개발의 단계이다. 이 단계에서는 역할, 조직, 무대 결정이 이루어진다. 즉 구체적 역할이 배정되고, 수행을 위한 구체적 상황이 제시되며 제반 물리적 상황들이 결정된다.

제5단계는 시나리오 운영계획의 단계이다. 이 단계에서는 학습자와 GBS 간의 상호작용이 무엇인지에 대해서 계획하게 되며, 일대일 학습인제 아니면 집단학습인지에 따라서 운영계획은 달라진다.

제6단계는 보조자료개발의 단계이다. 이 단계에서는 사례 발굴, 피드백, 정보전달 매체 자료 개발 등이 이루어진다. 즉 확정된 마스터 시나리오에 따라 이를 세분화하고 구체화하기 위해서 서브 시나리오(sub scenario)가 작성된다. 이러한 서브 시나리오를 구현하기 위해 보조자료개발이 필요하다.

(3) 액션 러닝

① 액션 러닝의 개념

액션 러닝(Action Learning)은 물리학자이며 경영컨설턴트였던 레반스(Reginald "Reg" William Revans, 1907-2003)에 의해 기업의 조직 경영상의 문제해결 및 혁신을 위한 특별한 교수학습 프로그램으로 최초로 고안되었다. 그러나 오늘날 공공조직, 학교조직 등 다른 학습의 장(場)에서도 활용되고 있다. 이는 문제중심의 교수-학습모델로서 당면한 현안을 교수-학습적 개입을 통하여 해결하는 것을 목표한다. 이때 문제는 인위적으로 설정하는 것이 아니며 현안이며 실제로 발생한 상황이다. 따라서 현장에서 전략적 기획을 중심으로 실제의 문제해결과정을 프로그램화한다. 대표적인 액션 러닝의 저자인 마쿼트(Michel Marqardt, 2004)에 의하면, 액션러닝이란 소규모로 구성된 한 집단이 기업이 직면하고 있는 실질적인 문제를 해결하는 과정에서 학습이 일어나고 그 학습을 통해서 각 그룹 구성원은 물론 조직 전체에게 해택이 돌아간다. 액션 러닝은 성공적인 리더와 팀, 조직을 개발하는 능력을 가진 문재해결 도구이다. GBS가 과거의 사건 또는 미래 가상의 문제를 시나리오 방식으로 전개해 가는 교수-학습 과정이라고 한다면, 액션러닝은 현안에 직접 참여하여 문제해결을 하는 과정에 개입되는 교수-학습이라고 할 수 있다. 액션 러닝에서 교수자는 팀조언자(Set Adviser)의 역할을 한다.

② 액션 러닝의 특징

첫째, 인위적이거나 조작적이거나 가상의 프로그램이 아니다.

둘째, 학습경험은 문제해결능력(학습=경영)과 직결된다.

셋째, 성과와 직결되는 교수-학습 과정으로 개발된다.

넷째, 소그룹 팀학습(팀빌딩)의 방식이 중심이며 개인과 조직이 동시에 변화하는 것을 목표한다. 즉 액션러닝은 개인개발과 조직개발을 동시에 목표한다.

다섯째, 핵심현안과 현장문제 중심으로 이루어지는 관계로 현장즉시성 교수-학습이라고 할 수 있다.

여섯째, 현장중심, 참여중심의 행동학습을 목표한다.

일곱째, 실천학습이기 때문에 실행결과와 성과가 곧바로 측정된다. 특히 타스크 포스에게 도전적 과제나 모험적 실행이 맡겨진다.

③ 액션 러닝의 절차(Rothwell, 2002)

단계 1 : 액션 러닝을 위한 상황파악

단계 2 : 액션 러닝 팀선정 및 조직 – 지식, 기술 능력 확인

단계 3 : 브리핑 및 제한범위 설정 – 액션 러닝 설계

단계 4 : 팀의 상호작용 촉진 – 팀빌딩

단계 5 : 해결 방안 규명 및 검증 권한 부여

단계 6 : 결과 평가 –타스크 포스팀 해체

단계 7 : 향후 방향 설정

④ 액션 러닝의 구성요소와 순환과정

액션 러닝의 구성요소는 문제(프로젝트, 과제, 이슈), 학습팀(Set), 질문과 성찰과정, 실행, 학습, 조언자 내지 학습코치(Set Adviser) 등 6가지로 구성된다.

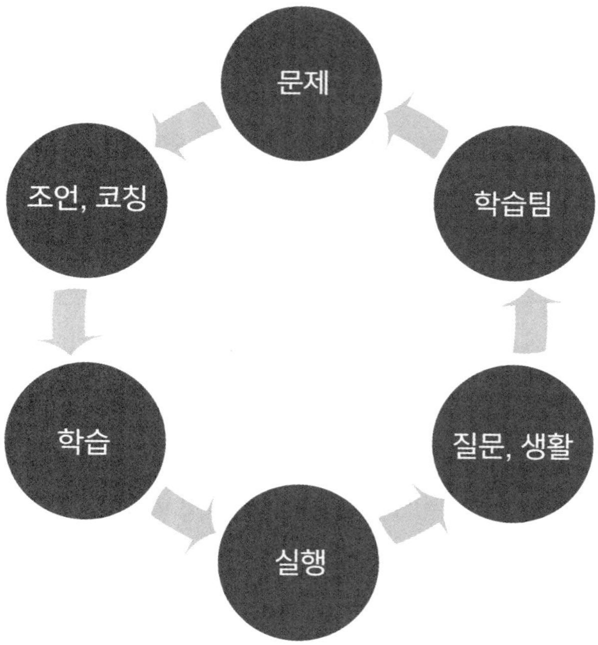

그림 9-3 액션 러닝의 구성요소와 순환과정

우선 문제(problem)는 액션 러닝에서 해결해야 할 과제(task)나 프로젝트(project)을 말한다. 당장 액션 러닝에서 해결되어야 할 이슈이다. 학습 팀은 팀빌딩(team building)을 통하여 조직된 학습그룹으로서, 이는 액션 러닝의 과정에서 학습조직(Learning Organization)으로 발전하기도 한다. 질문과 성찰과정은 액션 러닝에 참여한 자들은 소그룹(4-8명이 한조)으로 나뉘어 팀을 구성한 후 이들이 문제해결을 위해서 서로 질문하고 토론, 논의하면서 팀과제를 해결하기 위해 서로 피드백받는 성찰의 시간이다. 실행은 지금까지 논의된 내용을 실행할 것인지 아닌지, 실행한다면 어떻게 접근하고 무엇을 할 것인가 등등 팀원들의 실행의지를 확인하고 준비하는 과정이다. 학습은 문제해결에 참여하는 과정에서 상호학습하는 것을 말한다. 팀 조언자 내지 학습코치(set adviser)는 팀의 학습을 조언하고 코칭하는 교수자로서 액션 러닝에 참가하고 있는 팀원들을 진정한 '학습자'로 거듭나도록 조력한다. 이러한 액션러닝은 과제를 중심으로 계속 순환되면서 학습을 통한 문제해결(solution)을 완성한다.

제10장 교육방법과 교육공학

1. 교육방법과 교수설계

사전적으로 교육방법이란 교수 및 학습활동을 효과적이고 능률적으로 수행하기 위한 방법을 말한다. 그러나 과거에는 잘 가르치면 잘 배울 것이라는 신념으로 교육방법은 가르치는 일 즉 교수(教授) 행위가 중심이었다. 학생들을 어떻게 가르치면 잘 배울 것인가? 이렇게 하여 역사적으로 발전되어 온 것이 바로 교수법(教授法)이다. 이러한 교수법은 교육방법(教育方法)의 뿌리가 된다.

1) 교수법

(1) 전통적 교수법

한국의 전통적 교수법으로는 강독(講讀), 습자(習字), 제술(製述)를 꼽을 수 있다. 강(講)이란 배운 글을 큰 소리로 읽으면서 무조건 암기하고 나서(암송), 나중에 뜻과 이치를 훈장이나 부모님 등 누군가에게 물어보면서 깨치는 방식이다. <천자문>, <동문선습> 등의 학습이 대표적이다. 하늘 천, 따 지 검을 현 누루 황…. 일단 무조건 암기한다. 그리고 나서 질문을 통하여 문리(文理)를 터득한다. 그런데 강은 1:1 면대면 학습이기 때문에 개인차에 따른 학습진도나 학습의 양을 조절할 수 있기 때문에 오늘날 수준별 학습이라고 할 수 있으며 가르치는 사람과 배우는 사람 사이의 인간적 교제나 감화도 일어날 수 있다. 이상수(李象秀)가 <발몽정궤 發蒙正軌> 에서 서당에서의 교수법으로 제시한 갱신고(更辛苦)와 순승척(循繩尺), 그리고 이덕무(李德懋)가 <사소절 士小節> 에서 제시한 아동교수법은 대표적이다.

습자(習字)는 말 그대로 글씨를 쓰는 것으로, 처음에는 글자를 익히는 것이 목표가 되지만 점차 서체를 의식해서 남의 서체를 본뜨기도 하고, 유명서체를 익히기도 하면서 마침내 자신만의 독특한 필체라는 경지에 도달하기도 한다. 제술(製述)은 강독과 습자의 능력을 바탕으로 시나 글을 짓는 것을 말한다. 이는 단순한 기초학습을 넘어 고차원의 학습으로 이어지는 것인데, 과거(科擧) 시험에 응시할 수 있는 능력까지 가능하다. 그런데 이러한 강독, 습자, 제술은 주로 개인지도에 해당된다고 할 수 있다. 즉 교수자인 훈장이 학동에게 과제나 문제를 내주고 이를 점검하는 방식이었다.

그러다가 고려시대에 들면서 국자감이 설치되고 박사(博士), 교수(敎授), 조교(助敎) 등 교수자의 체계가 만들어지면서, 교수자들이 일경(一經 : 책)을 가르친 다음에 학동들은 강을 받아야 했다. 이제 무조건 읽고 나서 나중에 뜻이나 문지를 깨우치는 것이 아니라, 반대로 뜻과 문지에 대해서 가르침을 받고 난 다음에 자꾸 읽어서 책을 다 외우도록 했다. 조선시대에 들면서 교수내용은 강독, 제술, 서법으로 구분되었다. 강독은 중국을 본 따서 사서오경(四書五經)이 정해졌다. 그런데 강독은 고려시대와 달리 학생이 먼저 암기하고 나서 질문과 토론을 통하여 뜻과 문리를 터득하는 예전 방식으로 돌아갔다. 그 다음 제술로는 의(疑), 논(論), 부(賦 : 감상을 느낀 그대로 읊은 글), 표(表 : 마음에 품은 생각을 기록하여 임금에게 올리는 글), 송(頌), 명(銘), 잠(箴 : 훈계하는 뜻을 적은 글), 기(記)가 교수되었으며, 서법(敍法)으로는 해서, 행서, 초서를 가르쳤다. 평가는 보다 체계화되어서 지금의 수, 우, 미, 양, 가에 해당하는 대통(大通), 통(通), 약(略), 조(粗), 불(不)의 5단계로 나누었으며, 일고(日考), 순고(旬考), 월고(月考), 연고(年考) 등으로 낙제기간을 부여하였다.

(2) 근대적 교수법

우리나라의 전통적 교수법은 해방 후 서구로브터 근대학교가 도입되면서 완전히 끊겼고 서양의 교수법을 대체되고 말았다. 오늘날 전 세계를 지배하고 있는 서양의 교수법은 근대이후에 체계화되었다. 근대적 교수법의 효시는 교육학을 최초의 대학전공으로 도입해 낸 독일의 심리학자 헤르바르트(Johann Friedrich Herbart, 1776-1841)의 형식도야설(型式陶冶設) 또는 형식단계설로부터 시작되었다. 우리는 그의 교수법을 계승한 사람들을 헤르바르트 학파라고 부른다. 헤르바르트는 교육의 목적을 도덕적 품성을 기르는 데 두고, 이를 달성하기 위한 교수의 과정을 심리학적 발견을 토대로 명료, 연합, 계통, 방법의 4단계로 나누어서 제시했다. 그의 교수4단계설을 살펴보면 다음과 같다(손인수, 2007: 266).

① 명료(clearness) : 이것은 아동이 첫째 문제를 분명하게 보는 것을 의미하며, 또한 새로운 문제를 동화하기 위한 전제조건이 된다.

② 연합(association) : 아동의 정신적인 통각군 가운데 이미 포함되어 있는 관념에 대하여 새로운 관념을 결합할 때 작용한다.

③ 조직(system) : 새로이 연합된 관념의 여러 가지 구성요소를 명료하게 판별하는 것이다.

④ 방법(method) : 새로 얻은 지식을 장래의 문제에 적당히 응용하는 것이다.

헤르바르트는 위의 교수4단계설 이외에도 관리와 훈련의 필요성을 주장했다. 관리는 본래 교육의 전 단계로서 아동의 자연적, 맹목적 욕망과 행동을 통제하고, 교수나 훈련을 효과있게 하기 위한 소지를 마련하는 것을 목적으로 한다(손인수, 2007: 268). 이로써 헤르바르트는 교수, 관리, 훈련을 적절하게 조직함으로써 교육은 소기의 목적을 달성할 수 있을 것으로 확신했다.

그러나 이러한 헤르바르트의 교수4단계설은 제자인 질러(Tuiskon Ziller)와 그의 제자 라인(W. Rein)에 의해서 예비, 제시, 비교, 총괄, 응용의 5단계로 수정되었다(손인수, 2007: 267).

① 예비(준비)는 새로운 학습주제에 학생들의 흥미를 유발시키기 위해 새로운 교육자료를 예전의 관념과 기억에 연관시키는 과정이다.

② 제시는 구체적인 대상 또는 실제 경험을 통해서 새로운 교육자료를 제시하는 과정이다.

③ 비교(연합)는 새로운 관념을 심어주기 위해 이전의 관념과 비교하여 유사점과 차이점을 밝혀 새로운 과념을 완전히 동화시키는 것이다.

④ 총괄(일반화)은 특히 청소년교육에서 중요한 단계로 구체적인 것과 인식수준을 넘어서 정신능력을 계발시키는 과정이다.

⑤ 응용은 학습한 지식을 실용적인 방법으로 사용하는 것이 아니라 정신능력의 일부분으로 만들어 인생에 대해 명확하고 근본적인 해석을 할 수 있도록 하는 단계로서 학생이 자신의 것으로 만든 새로운 지식을 즉각 적용하려고 할 때 가능하게 된다.

그러나 이러한 헤르바르트학파에 의해 전승된 교수법은 독일에서는 학습자의 '체험'을 중심으로 하는 정신과학적 교육학을 주장하는 딜타이학파들에 의해 신랄한 비판을 받았고, 미국에서는 듀이(John Dewey, 1859-1952)의 아동중심, 경험중심 교육학이 득세하기 시작하면서 헤르바르트학파의 교수자중심의 교수법은 영향력을 잃게 되었다.

우리나라에서도 19세기말 개화기에는 신교육제도의 도입으로 공교육제도가 실시됨에 따라 각종 신학교가 설립되면서 학년별, 학급별 수업의 시작과 함께 교탁과 칠판 그리고 공책이 등장하였다. 교수자는 교탁에 올라가서 칠판에 판서를 하면서 가르쳤고 학생들은 공책에다 칠판에 적히는 내용들을 모두 따라 적었다. 한마디로 우리나라에서도 개화기에는 강의와 필기 중심의 교수-학습이 이루어진 것이다.

그러나 1945년 광복 이후 정부는 서구라파의 교육제도를 모방하기에 급급하였다. 미군정기에 본격적으로 도입된 미국식 민주주의 교육제도에서는 교육목적, 교육내용 뿐만 아니라 교육방법의 민주화를 위한 이론과 실천이 이루어지게 되었다. 우선 교육의 이론 정립을 위해서는 유럽의 페스탈로치가 소개되었으며, 미국에서는 듀이의 민주주의 교육이 소개되었다. 특히 교육방법에서는 종래의 주입식 교육방법에서 탈피하여 아동의 개성을 존중하는 경험학습을 중심으로 하는 민주적 방식의 교육원리를 도입하였다. 이른바 '새교육 운동'의 시작이었다. 정부는 『새교육』이라는 교육전문저널을 발간하면서 서양에서 19세기와 20세기에 걸쳐 발전되어온 아동중심교육사상을 본격적으로 소개하고 도입하고자 했다.

물론 광복 후 최소 10여년 정도 지속된 우리나라의 '새교육운동'은 소기의 목적을 달성한 것은 아니지만, 원칙적으로 광복 이후 한국은 교사중심의 교수법 대신 학생중심의 교수-학습법으로 출발했다는 사실을 알리고 있다고 할 수 있다.

실제로 많은 교실에서는 주입식 강의법을 지양하고 경험 및 체험학습을 위시하여 토론법, 문답법, 문제법, 구안법 등 개별학습, 분단학습 같은 다양한 수업방법도 성행하였다. 1970년대에는 미국에서 지배적이던 <완전학습이론>이 도입되어 프로그램 학습이나 팀티칭 등이 실시되기도 했지만 큰 성과를 보지 못함에 따라서 아동중심 교육방식은 여전히 지속될 수 있었다. 이러한 여파로 사실상 초등학교 수업에서는 우리도 아동중심 교육방법이 많이 정착되었다고 할 수 있다. 문제는 상급학교로 진학하면서 교수중심의 교육방법으로 회귀한다는데에 있다. 그 이유는 바로 중학교 단계부터 입시교육에 지향될 수밖에 없기 때문이다. 물론 입시교육이 핑계가 될 수는 없다. 그럼에도 불구하고 아동중심 교육방법은 마치 공부를 하지 않고 수업시간에 아이들을 방치하거나 아니면 그냥 놀게 하는 것으로 오해되고 있다는 점도 큰 몫을 한다.

한편, 강의법(instructio)과 질문토론법(disputatio)은 중세시대에 완성된 가장 오래된 전통적 교수법이다. 아울러 토의법, 문제법, 구안법(project method), 문제중심학습(PBL), 프로그램 기법, 팀 티칭 등은 근래에 와서 활용되기 시작한 방법이다.

또한 오늘날의 교수법은 학습조직의 차원에서 본다면, 개별학습, 분단학습, 공동학습, 일제학습, 그리고 학습활동의 차원에서 본다면, 독서학습, 청취학습, 문답학습, 토의학습, 보고학습, 실험 및 실습학습 등으로 분류된다.

한마디로 오늘날의 교수법은 교사의 일방적인 강의에 의한 전달 방식에서 교사와 학생 간의 상호 작용에 의한 학습 방식으로 변화되고 있다고 할 수 있다. 또한 교수-학습 운영의 차원에서도 교수-학습 매체(learning media)가 주로 교재와 칠판을 중심으로 교사가 일방적으로 전달하는 방식 대신, 이제는 비디오와 오디오 매체가 보편화되었을 뿐만 아니라 컴퓨터, 인터넷, 각종 스마트 기기 등 다양하고 첨단화된 정보 매체를 활용하는 방식으로 대체되어 가고 있다. 이로써 교수공학(敎授工學, teaching technology)은 급격하게 발전하게 된다.

(3) 현대의 교수법

오늘날의 교수법은 과거처럼 교사가 일방적으로 수업을 계획하고 통제 관리하면서 학생을 지도하는 것이 아니라, 학생의 학습활동 내지 자기주도성의 학습을 도와준다는 차원에서 교수학습의 주체를 교사로부터 학생으로 옮겨가도록 요구하고 있다.

동일한 교수학습의 과정에서도 누가 중심이 되는가에 따라서 교수법의 유형은 크게 세 가지로 달라진다.

① 교사 중심의 교수-학습 : 여기서는 교사가 교과의 전문가로서 국가의 교육목표에 따른 교육내용을 선정하고 교육방법을 채택하는 권한을 가진다. 따라서 학생은 능동적인 참여자가 아니고 수동적인 수요자가 된다. 그러나 이러한 경우 교사의 일방적인 강의나 주입식 전달식 교육이 일어날 소지가 높아진다.

② 학습자 중심의 교수-학습 : 여기에서는 교수학습과정에서 학습자의 흥미, 욕구, 능

법을 차용한다(김선희 외, 2004: 134). 이런 의미에서 RCP 모형은 교수자와 학습자 또는 교수설계 전문가 내지 프로그램의 의뢰자들이 모여서 즉석에서 상호평가, 비판, 보완, 수정 등을 상호협력하여 최단시간에 교수-학습의 현장에 적용할 수 있는 모형을 상황에 맞도록 융통성있게 제작해내는 것이라고 할 수 있다. 물론 이러한 RCP 모형은 상황에 맞도록 계속 수정되고 보완되는 피드백의 과정을 전제함으로써 지속적으로 새로운 RCP 모형의 제작을 예고한다. 그러나 이러한 모형은 기업체교육이나 조직개발에서는 적용 가능하지만, 제도권에 들어 있는 학교교육 현장에의 적용에는 무리가 따른다. 물론 학교에서의 특별교육과정이나 대안학교의 교과과정을 위한 교수설계에 도입 활용될 여지는 있다.

③ DACUM 모형과 CBC 모형

1950년대에 개발된 ISD는 진화를 거듭하면서 역량분석을 통한 역량모델에 기반을 둔 CBC(Competency-based Curriculum) 모형과 직무분석을 기반으로 하는 DACUM(Developing A Curriculum) 모형으로 발전하였다.

우선 CBC 모형은 학습자나 훈련생 전반의 역량을 분석하는 것이 아니라, 최고의 성과를 낸 최우수 훈련생의 역량을 분석하여 과제 목표를 설정한다. 즉 CBC 모형은 우수한 역량을 기준으로 하는 역량모델을 수립하고 이러한 역량분석을 기반으로 교수체제를 설계함으로서 훈련생이나 학습자들 간의 경쟁을 유도하는 교수설계이다.

CBC 모형은 사회심리학자 McClelland(1973)가 지능검사의 한계점을 지적하면서 실제 수행을 예측할 수 있는 능력을 개념화하였는데, 역량(competency)의 개념이 등장하면서 교수설계에 도입되었다. 즉 심리학의 영역에서 점차 교육과 훈련에서의 성과 예측을 위한 개념으로 발전되면서 마침내 역량모델 개발의 방법론이 보다 구체화되기 시작했다.

교육과 훈련에서는 훈련생이나 학습자 개개인의 역량이 중요하다. 또한 CBC 모형은 경쟁사회에서 경쟁우위에 도달하기 위한 전략으로서의 교수설계가 요청되는 시점에서 발전되었다. 따라서 CBC 모형에서는 경쟁의 목표를 수립하고 이를 기준으로 교수설계가 이루어져야 하는 관계로 하향식(Top-down) 접근 방식으로 이루어진다. 여기서는 목표 달성의 비전, 과업, 그리고 경쟁우위를 달성하려는 전략적 교수설계가 중요하다. 즉 CBC 모형에서는 바람직한 수준(Should-Be)이 역량모델로서 적용되기 때문에 교수설계는 학습자나 훈련생에 초점을 맞출 수밖에 없다.

Dubois가 제시한 역량기반 교육과정은 대표적인 CBC 모형이라고 할 수 있는데, 절차는 다음과 같다(Dubois, 1993).

1단계 : 학습자의 특성 분석
2단계 : 역량을 분석하여 우선순위를 결정
3단계 : 주요 역량과 하위 역량들에 대한 우선순위 결정
4단계 : 역량을 학습자에게 요구되는 목적의 형태로 표현
5단계 : 해당 교육과정을 설계하고 개발
6단계 : 해당 교육과정에 대한 브리핑
7단계 : 파일럿 테스트 실행 및 평가하고 전체 프로그램 실시

반면, DACUM 모형은 우수한 수행자들의 직무를 분석하여 이러한 직무를 수행해낼 수 있는 훈련생의 역량을 분석하면서 이를 교수설계에 반영하는 것으로서 이 역시 훈련생이나 학습자들 간의 경쟁을 유도하는 교수설계이다. DACUM 모형은 1966년 Iowa Job Corp에서 교육훈련과정개발 방법론으로 처음 고안되었으며, 미국의 Ohio State Univ.에서 DACUM 촉진자(Facilitator) 과정이 운영된 이후 지속적으로 전 세계로 확산되었다.

우선 DACUM 모형을 설계하기 위해서는 직무전문가가 해당 직무(Job/Occupation)를 정확히 기술하는 것이 중요하다. 직무(Job/Occupation)를 효과적으로 기술하는 방식은 과제(Task)를 세분화하여 기술하는 것으로부터 출발한다. 이는 모든 과제를 수행하는 데에 적합한 지식, 기술, 도구, 자세 즉 직무를 수행할 수 있는 역량을 과학적으로 분석해 내기 위함이다. 이러한 DACUM 모형을 설계하기 위해서는 종전의 방식인 하향식(Top-Down) 접근방식으로는 안되고 상향식(Bottom-up) 접근방식으로만 가능하다. 따라서 이는 현장의 요구에 가장 적합한 교수설계이며, 일(직무)의 단계와 절차분석을 통하여 실무 지식, 스킬 그리고 바람직한 자세와 태도를 파악해 내는 방식이다.

④ ASSURE 모형

ASSURE 모형은 교수매체를 활용하여 교수설계를 하는 전략적 모델로서 Heinich와

그의 동료들이(1996) 교수-학습 과정에서의 효과적인 교수 매체 활용을 위해 고안해낸 모형이다. ASSURE 모형은 교수매체를 활용하여 바람직한 수업 지도안을 설계하기 위해 고안된 모형으로서 교수체제개발모형으로도 활용될 수 있다. 즉 매체를 활용하기 위한 ASSURE 모형은 교육 현장이나 교수자가 수업을 계획하고 수행하면서 활용할 수 있도록 수업상황을 전제로 개발되었다. 따라서 ASSURE 모형과 함께 교육공학은 급속도도 발전하게 된다. 물론 교육공학이 교수매체와 동일시되어서는 안 된다. 왜냐하면 교육공학의 모태는 교육방법 즉 효과적이고 효율적인 교수-학습을 위한 방법론적 접근이기 때문이다.

교수매체란 수업 목표를 달성하는 데에 도움이 되는 모든 인적·물적 자원을 의미하며, 교육시설이나 교수환경을 비롯하여 학습자에게 학습을 촉진시키기 위한 언어적 장치들이나 직접적인 학습경험을 제공하는 문제제기 등도 포함된다. ASSURE 모형의 내용 체계는 학습자의 특성 분석(Analyze Learner Characteristic), 수업 목표의 진술(State Objective), 교수 전략 및 교수 매체의 선정(Select media and materials), 교수매체 및 자료의 활용(Utilizing Materials), 학습자의 참여 유도(Require Learner Participation) 그리고 평가 및 자료수정(Evaluation)의 단계로 진행된다.

A: Analyse learners (학습자 특성 분석)
S: State Objectives (수업 목표의 진술)
S: Select Media and Materials (교수 전략 및 교수 매체의 선정)
U: Utilize Media and Materials (교수 매체 및 자료 활용)
R: Require learner participation (학습자 참여 유도)
E: Evaluation and revise materials (평가 및 자료 수정)

여기서 학습자의 특성 분석은 일반적 특성, 출발점 능력, 학습 양식을 포함하며, 수업 목표의 진술은 학습자가 도달해야 할 성취목표를 설정하는 것이다. 교수방법 및 매체 자료의 선정 기준은 교육과정과의 일치 여부, 자료의 참신성, 학습자의 흥미를 유발 가능성이며, 교수매체 및 자료의 활용은 수업자료의 사전 검토, 사용 순서와 방법, 환경, 학습자의 준비도, 수업 진행의 다섯 가지 단계를 통하여 이루어진다. 학습자의 참여 유도는 배운 것을 활용하는 연습의 기회를 제공하고, 평가는 학습자의 목표 성취 정도를 파악하는 학습자의 성취결과에 대한 평가를 의미하며, 딕과 캐리 모형이나 ADDIE 모형처럼 준거지향의 평가방식으로 진행된다. 또한 교수설계에 도입된 교수 전략 및 교수 매체에 대해서 목표달성에 효과가 있었는지에 대해서 평가하며 그렇지 못한 사안들에 대해서는 이를 수정 보완할 수 있는 장치가 마련된다.

2. 교수매체와 교수공학

1) 교수매체

매체(medea)란 말하는 자(話者)와 듣는 자(聽者) 또는 송신자와 수신자 사이에 지식과 정보를 전달하는 매개수단을 말한다. 이를 교육현장에 적용해 보면, 교수매체는 효과적이고 효율적인 교수-학습 활동을 위해 교육현장에서 활용되는 수단과 도구를 뜻한다. 여기에는 교사(校舍), 교재, 교안, 교본, 학습 도구를 위시하여 오늘날은 각종 시청각 기자재, 컴퓨터, 멀티미디어, 인터넷 등 첨단테크놀로지로 구성되는 학습 환경까지가 해당된다.

지금까지 교육공학은 매체를 교육의 보조자료로 간주했다. 그러나 오늘날 학습자-교수자 간에 사용되는 모든 수단이 교수매체로 간주되면서 교육공학의 영역이 확대되고 있다. 교수매체를 교육현장에서 적용하는데 근거가 되는 이론은 교수-학습 이론이다.

지금까지 교수매체를 활용하는 교수-학습 이론은 크게 세 가지 모형을 기초로 발전되어 왔다. 첫 번째는 고전 모형으로서 호반(Hoban)의 시각 교재 분류, 둘째는 데일(Dale)의 경험의 원추모형, 셋째는 베를로(Berlo)의 SMCR모형이다. 이러한 모형은 ASSURE 모형의 토대로 작용하면서 의사소통으로서의 교수매체를 기반으로 하는 교육공학이 발전되기 시작했다.

(1) 호반(Hoban)의 시각 교재 분류

호반에 의하면(1937), 교육의 목적은 지적 경험을 일반화하는 것이다. 따라서 지적 경험을 일반화하기 위해서는 교재를 시각화(visualization, 視覺化)하는 작업이 필요하다. 왜냐하면 교실에 있는 학습자는 직접 경험을 통해 지식과 정보를 습득할 수 있는 기회와 환경에서 제한되어 있기 때문이다. 우선 호반(Hoban)은 시각적 교재를 구체성(具體性)과 추상성(抽象性)을 기준으로 분류한다. 호반은 견학이나 직접 관찰, 직접 경험을 구체성의 교수형태로 분류하고, 언어에 의존하는 교수행위를 추상성의 교수형태로 분류했다. 호반은 경험의 구체성과 추상성과 학습효과성과의 상관관계를 분석하였다.

(2) 데일(Dale)의 '경험의 원추' 모형

데일(Edgar Dale, 1900-1985)은 부르너(Bruner)가 분류한 세 가지 유형의 학습경험에 기초하여 1946년 '경험의 원추'(cone of experience) 모형을 발표했다. 이후 1954년, 1969년 두 차례 수정되면서 모형은 완성되었다. 이 모형에서는 학습자들이 지식과 정보를 얻으려는 방식을 크게 세 가지로 분류한다. 첫째, 직접 목적적 경험, 둘째, 영상을 통한 경험, 셋째, 상징적 경험이 그것이다. 학습자들은 자신의 학습목표 앞에서 수동적인 경우도 있으며 능동적인 경우도 있다. 수동적 학습자를 능동적 학습자로 전환시키기 위해서 교수매체가 요청된다. 또한 학습자의 역량에 따라서 어떤 학습자는 직접 경험이나 직접 관찰이 효과적이며 어떤 학습자는 상징적 경험을 통해서 지식과 정보를 보다 잘 습득한다. 이러한 학습자의 학습역량 및 수준에 따라서 적합한 시청각 교재가 제공된다면 그는 수동적 학습자에서 능동적 학습자로 전환될 수 있다. Dale의 경험의 원추 모형은 직접 행위(경험, 관찰)에 의한 학습, 시청각을 활용하는 영상이나 이미지를 통한 학습, 언어나 기호 등을 통한 추상적 상징적 개념에 의한 학습으로 구분될 수 있다. Dale의 경험의 원추모형에서는 원추의 하부에서 상부로 올라갈수록 추상성이 높은 교수매체가 제시되고, 상부에서 하부로 내려올수록 구체성이 높아지는 교수매체가 제시된다.

그림 10-3 데일(Dale)의 '경험의 원칙' 모형

(3) 베를로(Berlo)의 SMCR 모형

1960년 베를로(David Berlo)는 샤논과 위버(Claude Shannon and Warren Weaver)의 수학적 모델인 '선형적 의사소통 모형'(linear model of communication, 1948)을 확장하여 SMCR 의사소통 모형(Sender-Message-Channel-Receiver Model of Communication)을 창조했다. 그의 SMCR 모형은 효과적인 커뮤니케이션을 위해서 송신자와 수신자 간의 의사소통과정을 분석한 모형이다. SMCR 모형을 구성하는 4요소는 송신자, 전달내용(메시지), 통신수단(채널), 수신자가 그것들이다. 우선 의사소통에서는 송신자가 메시지를 전달할 때 그의 지식수준, 태도, 역량(커뮤니케이션 기술) 그리고 사회시스템과 문화 등 환경이 영향을 미친다. 둘째, 송신자가 보내는 전달 내용은 의사소통의 과정에서 내용 자체, 요소, 처리, 구조, 코드 등으로 분류된다. 한마디로 내용은 단순한 내용이 아니라 상징성과 의미성이 부여된다. 셋째, 의사소통의 과정은 인간의 다섯 가지 감각인 시각, 청각, 촉각, 후각, 미각이라는 통신수단에 의해 이루어진다. 마지막으로 의사소통은 수신자의 지식수준, 태도, 역량 그리고 사회와 문화 등 환경에 의해서 다양한 의미로 수용되고 해석된다.

따라서 의사소통은 송신자와 수신가 간의 단순한 지식과 정보의 전달이 아니라, 송신자와 수신자의 지식수준, 태도, 역량 그리고 사회적-문화적 환경에 의해서 영향을 받기 때문에 복잡한 과정이라고 할 수 있다. 따라서 의사소통과정에 대한 분석은 교수매체의 선택, 개발 그리고 적용에서 대단히 중요한 과제가 된다.

과거 샤몬-위버의 모델이 커뮤니케이션의 목적과 목표에 초첨을 맞추었다면 베를로의 모델은 메시지의 감정적 측면을 고려하고 언어적이고 비언어적인 커뮤니케이션을 포함한다. 그러나 이 모형은 다음과 같이 비판을 받고 있다. 첫째, 피드백의 개념이 없기에 효과성을 판단하기 어렵다. 둘째, 이 모형에는 커뮤니케이션의 과정에서 발생하는 장애나 소음의 개념도 없다. 셋째, 이 모형은 쌍방형이 아닌 선형적 모형이다. 넷째, 송신자와 수신자를 모든 요소에 따라 유사한 상황에 처해 있는 것으로 간주함으로써 현실적이지 않다. 다섯째, 이 모형은 5감을 통해서만 커구니케이션이 이루어진다고 함으로써, 그 과정에서 발생하는 생각, 이해, 분석 등은 고려하지 않고 있다.

이러한 베를로의 모형은 1973년 선형 모형 대신 합리성 모형을 사용한 슈람(W. Schramm)

의해서 보다 발전되었다. 즉 그는 베를로의 모델로부터 효과 분석의 요소를 활용하면서, 적극적이고 선택의 주체이며 종잡을 수 없는 청중과의 관계에서 중요한 상호작용(interaction)의 구성요소를 제시했다. 즉 커뮤니케이션 과정에서 가장 확실한 파트너라는 청중이라는 사실에 주목했다(Babe, 2015)

제11장 교육과정과 교육평가

1. 교육과정의 개념

교육과정이란 용어가 교육학의 전문분야에서 사용되기 시작한 것은 보비트(F. Bobbit)가 쓴 『교육과정(1918)』이라는 책이 나오면서부터였는데, 여기서 교육과정은 교육활동을 과학적으로 관리하는 것을 목표한다(조승제, 2002: 16). 어원적으로 교육과정(Curriculum, 教育課程)은 라틴어의 꾸레레(Curriere)에서 나온 말로서 '달린다'라는 원뜻을 가지고 있지만, 경주말(競走馬)가 달리는 트랙(Track)을 의미한다. 경주마가 자신에게 할당된 정해진 트랙을 벗어나면 탈락이다. 마찬가지로 교육과정에서 벗어나면 교육은 이탈되는 것이다. 따라서 학생들에게 교육과정은 '공부하는 과정'(course of study)이 된다.

"교육과정(curriculum)이란 말은 본래 라틴어 currere에서 유래 되었다. currere의 뜻은 '달린다'는 의미의 동사이며, 명사로는 '달리는 코오스' 즉 도로(race course)를 의미한다. 교육에 있어서는 이 race의 뜻이 study로 전용된 데서부터 새로운 교육 개념의 하나로 대두되게 되었다. '달린다'(race)의 뜻은 학생에게 있어서는 '공부한다'(study)란 뜻이 되면, 결과적으로 달리는 코오스(race course)는 일정한 교육기관 동안 학생이 공부하는 코오스(couse of study)라는 뜻으로 해석되었다."(김정태, 황규상, 1991: 161)

교육목표의 달성을 위한 수단으로서 기여하는 교육과정은 크게 다섯 가지의 기능을 가지고 있다(조승제, 2002: 22-24).

첫째, 학생들을 가르칠 지식을 선정하는 기능을 수행한다.

둘째, 학습자의 경험을 성장시키는 기능을 수행한다.

셋째, 학습자를 가르칠 교육계획을 수립하는 기능을 갖는다.

넷째, 학습자의 학업성취 결과를 확인하는 기능을 수행한다. 교육과정은 평가의 근거가 된다. 즉 평가는 교육과정이 어떻게 운영되었는가에 대한 결과의 측정이다.

다섯째, 일련의 한 교육프로그램의 기능을 수행한다.

서구라파의 문헌상 최초로 나타난 조직화된 지식으로서의 교육과정은 고대 그리스 시대의 전통을 가진 7자유학과(변증법, 문법, 수사학/ 기하, 대수, 물리(천문학), 음악)를 들 수 있다. 따라서 협의(俠義)의 교육과정은 교과과정(教科課程)이라고도 한다. 즉 교과가 진행되는 과정이다.

교육과정의 결정요인은 교과, 사회 그리고 학습자이다. 첫 번째 요인은'교과'(教科)이다. 교과는 '선택된 문화'를 말한다. 즉 학교에서 또는 교육에서는 학생들에게 모든 것을 다 가르칠 수가 없기 때문에 인류가 창조해 낸 문화 중에서 후세에 전달, 계승, 발전될 필요와 가치가 있는 것들만 선별하여 교과(서)로 채택한다. 이를 우리는 교과중심 교육과정이라고 한다. 그러나 이의 한계는 모든 것을 학교에서 교과로 가르치고 배울 수가 없다는 점, 그리고 누가 왜 하필이면 지금 이 시점에서 특정한 문화를 정규 교과로 선택하고 채택하는가 하는 질문이다.

교과과정을 결정하는 두 번째 요인은 '사회'(社會)이다. 이러한 사회중심의 교과과정은 사회적 유용성으로 결정된다. 즉 사회적 필요와 요청이 교과과정을 결정한다. 이를테면, 컴퓨터와 영어는 사회적 유용성 때문에 지금도 교과과정의 중심에 있다고 할 수 있다.

세 번째 결정요인은 '학습자'(學習者)이다. 학습자 중심의 교육과정은 아동중심 교육과정이며 경험중심 교육과정이다. 발달심리학적 결과에 따르면 인간은 누구나 개인차(個人差)를 가지고 태어난다. 따라서 개인차를 인정하면서 교과과정을 수립해야 한다. 학습자 중심의 교육과정에서는 아동(학습자)의 관심, 흥미, 발달수준, 적성, 인성, 동기, 감정, 지적 능력, 개인적 경험 등이 고려될 필요가 있다.

2. 교육과정의 유형

교육과정은 다음과 같이 세 가지 형태로 분류된다. 첫째, 학습경험으로서의 교육과정이다. 이는 교과서 지식중심 교육과정과 경험중심 교육과정을 모두 포함한다. 이러한 교육과정은 학습자 중심의 교육과정에 해당된다. 둘째, 의도적인 계획으로서의 교육과정이다. 이는 교육목표를 달성해야 하는 교육공급자에 의한 교육계획(교안, 수업지도안)과 교육실천이 중심이다. 셋째, 의도화된 학습결과로서의 교육과정이다. 이는 교육결과에 대한 평가와 측정이 중심이다. 평가와 측정 결과를 통하여 교육과정의 질적 수준을 판단한다.

원칙적으로 교육과정은 '공식적 교육과정'(official curriculum) 또는 '형식적 교육과정'(formal curriculum)이다. 왜냐하면 이미 세상의 교육은 근대국가의 형성과 함께 국가에서 교육을 관리하는 공교육체제가 정착되었기 때문이다. 물론 지구촌에는 공교육체제가 미비한 국가들도 많이 남아 있지만, 원칙은 국가 관리의 공교육체제이다. 따라서 공식적 교육과정은 교육부, 교육청, 학교의 교육 방침에 따라 정해지는 '정규 커리큘럼'이다. 그러나 공식적 교육과정을 설계 운영하다 보면 실제로 이루어지는 것도 있지만, 그렇지 않는 것도 있다. 따라서 우리는 이를 '실제적 교육과정'(operational-actual curriculum)이라고 한다. 여기서는 실제로 이루어진 수업활동이 중요하기 때문에 '실제로 가르쳐진 교육과정'이라고도 한다. 또한 정부에서 세운 교육계획이나 교사의 교육의도와는 별개로 학생들에게 가르쳐지는 내용들도 얼마든지 가능하다. 우리는 이를 '잠재적 교육과정'(hidden-latent curriculum)이라고 한다. 이는 계획과 무관하며 비구조적이고 비공식적이다. 또한 이는 내현적이며 비가시적이고 내적이며 비조직적이다. 따라서 기대되지 않은 내용들이 비형식적(informal)으로 가르쳐진다.

그런데 공식적 교육과정을 처음 설계할 때부터 교과로 선택되는 것에서 제외된 부분이 있을 수 있다. 즉 교육에서 후세대를 위해 꼭 필요한 것이지만, 처음부터 배재된 교과내용이다. 이는 학생의 입장에서는 전혀 알 수가 없는 영역이라고 할 수 있다. 독일의 아이스너(E. W. Eisner)에 의해 처음 언급된 이를 우리는 '영(零)교육과정'(null curriculum)이라고 한다. 즉 이런 저런 이유로 또는 착오로 인하여 공식적 교육과정에 들어가지는 못했지만, 교육적으로는 반드시 교육과정에 편입되어야 한다는 판단을 받은 교육내용이다. 마지막으로 '특별활동'(extra curriculum)이 언급될 수 있다. 이는 공식적 교육과정에서 이루어지는 것 이외에 특별히 인정되는 모든 학습경험을 의미한다.

3. 교육과정의 체계

1) 목표중심 교육과정

타일러(Ralph W. Tyler, 1902-1994)의 목표중심 교육과정은 교육목표의 설정, 학습경험의 선정, 학습경험의 조직, 결과평가를 기본 원리로 개발되었다. 그는 1949년 『교육과정과 수업의 기본원리』(Basic Principles of Curriculum and Instruction)에서 교육과정이 어떻게 구성되고 개발되어야 하는지에 관한 이론적 모형을 제시하였다. 타일러는 다음과 같은 질문을 통하여 교육과정을 설계했다. 첫째, 학교는 어떤 교육목표를 달성하고자 노력해야 하는가? 둘째, 이러한 교육목표를 달성하기 위해서 어떤 교육적 경험이 제공될 수 있는가? 셋째, 이러한 교육적 경험은 어떻게 효과적으로 조직될 수 있는가? 넷째, 이러한 교육목표가 달성되었는지 달성되지 못했는지를 우리는 어떻게 결정할 수 있는가?

타일러에게 교육목표의 원천은, 첫째, 학습자에 관한 사실, 둘째, 사회에 관한 사실, 셋째, 교과 전문가의 견해로 구성된다. 학교의 교육목표가 수립되면 그 목표에 따라서 학습내용도 선정되고 학습내용을 어떻게 조직하는 것이 효과적이고 효율적인가도 고안된다. 그리고 교육목표가 달성되었는지 아닌지에 대해서 평가해야 한다. 결국 타일러의 교육과정은 모든 교육과정이 목표지향적이다. 따라서 이 모형은 합리적 교육과정이라고도 불린다. 왜냐하면 교육목표의 달성은 교육이 합리적으로 진행되었다는 것을 의미하기 때문이다. 지금 대부분의 학교에서는 타일러의 교육과정이 보편화되어 있다.

타일러의 교육과정에서 교육목표는 교육철학과 학습심리학의 전문가에게 최종적으로 여과된다. 교육철학은 잠정적인 교육목표의 바람직성과 우선순위를 정하며, 학습심리학은 학습 가능성과 교수 가능성을 따진다. 즉 그는 교육목표의 설정에서 가치판단의 문제를 해결하는 장치로서 '교육철학'을 상정하고 있으며, 설정된 교육목표가 실제 도달할 수 있는지를 확인하는 장치로서 '학습심리학'을 제시한다.

이렇게 교육목표가 설정되면 교육목표의 달성을 위해 추구되는 내용이 학습경험으로 선정된다. 학습경험 선정의 원리는 다음과 같다. 첫째, 기회의 원리로서 이는 목표달성의 기회를 제공한다. 둘째, 만족의 원리로서 학습자의 흥미와 관심에 기초한다. 셋째, 가능성의 원리로서 학습자의 능력 및 발달 수준에 일치한다. 넷째, 일 목표 다활동의 원리로서 하나의 목표를 위해 다양한 경험을 제공한다. 다섯째, 다성과의 원리로서 하나의 경험으로 여러 목표를 동시에 활성화하는데 도움을 준다. 마지막으로 협동의 원리이다.

타일러의 교육과정에서 학습경험 조직의 원리는 계속성, 계열성 그리고 통합성이다. 우선 계속성은 학습경험이 연속적으로 일어날 수 있도록 학습경험이 조직되어야 한다는 것이고, 계열성이란 구체적인 경험에서 추상적인 경험으로, 부분적 경험에서 전체적 경험으로 조직되는 것을 말한다. 학습경험의 계열성을 통하여 학습 경험들이 심화되고 확장된다. 마지막으로 교육과정에서 전개되는 학습경험이 통합적이지 못하면 교육목표는 산만해진다. 따라서 학습경험 조직의 원리는 타일러의 교육목표 중심 교육과정에서 대단히 중요하다. 마지막으로 타일러의 교육과정에서 결과평가의 원리는 교육목표의 확인, 평가상황의 확인 및 설정, 평가도구의 제작, 평가결과의 정리, 평가결과의 활용 등이다.

그러나 타일러의 목표중심 교육과정은 두 가지 차원에서 비판을 받고 있다. 첫째, 교육목표에 치중하다 보니 내용은 목표 달성을 위한 수단이 될 소지가 높다. 둘째, 현장에서 적용되는 교육과정의 전개 과정은 항상 역동적이기 때문에 융통성을 발휘할 수 있어야 하는데, 타일러의 교육과정은 이러한 문제에 제한이 따를 수밖에 없다. 즉 교육목표를 달성하는 것이 중요하기 때문에 목표 이외의 영역은 도외시된다. 따라서 교육목표가 제대로 수립되지 않는다면 교육과정이 편협하게 진행될 수도 있다. 또한 설정된 교육목표만 달성하면 평가도 준수한 것으로 결과하기 때문에 교육과정의 일반화에 문제가 발생한다. 또한 타일러의 교육과정은 기본 원리로 제시된 영역들이 별도로 운영될 소지가 높다.

그러나 현실에서 교육과정을 운영하다 보면 4 기본원리는 별도로 독립된 영역이 아니라 모든 요소가 상호의존적이며, 역동적이므로 상호작용적이고 상호순환적이다. 이를테면, 교육목표가 확정되었다고 해도 교육과정을 진행하는 과정은 복합적이고 다양하게 역동적으로 전개될 수밖에 없기 때문에 교육목표나 교육과정이 다소 수정될 수도 있다. 또한 교육목표를 역동적으로 추구하다 보면 교육내용도 수정 삭제 보완될 수도 있으며 교육내용을 조직하는 것도 상황과 조건에 따라서 변경될 수도 있다. 따라서 타일러의 교육과정은 융통성이 허락되지 않기 때문에 현장적용에서 '보여주기식 교육과정'으로 전락할 소지가 높다. 물론 일단 확정 수립된 교육목표의 달성에 있어서는 합리적이고 효과적인 처방이라는 점에서는 '이상적 유형'으로 간주될 수도 있다. 그러나 일반적으로 이상적 모형(ideal model)이란 '비현실적'(unrealistic)이라는 뜻으로, 이를 복잡하고 역동적인 현장에 모형 그대로를 적용하기는 어렵고 현실과 상황에 맞도록 창조적으로 수정 보완하는 데 있어서 '기본원리' 내지 기준으로 활용될 수 있다는 의미이다. 따라서 타일러의 교육과정을 학교현장에서 그대로 적용하는 것은 현실화나 구체화의 차원에서 문제가 된다.

2) 내용중심 교육과정

(1) 브루너의 학문중심 교육과정

브루너(Jerome S. Bruner, 1915-2016)의 내용중심 교육과정은 학문중심 교육과정이라고도 한다. 지식의 구조, 나선형 교육과정, 발견학습을 중심으로 개발되었다. 특히 브루너의 교육과정에서 핵심 개념인 지식의 구조는 기본적인 원리 및 개념을 의미한다. 따라서 브루너의 학문중심 교육과정은 지식의 구조를 핵심으로 교과내용을 조직한 교육과정이다. 학문 즉 무엇인가를 과학적으로 접근하기 위해서는 기본원리 및 개념이 중요하다. 따라서 브루너의 학문중심 교육과정은 학습자들로 하여금 이러한 핵심개념을 발견할 수 있도록 도와주고 이를 확대 발전시키는 것을 도와주는 것을 목표한다.

일반적으로 구조(構造)란 구성요소를 전제한다. 첫째, 요소들은 그냥 아무렇게나 존재하는 것이 아니라, 반드시 그 요소들 상호간에 일정한 관계를 맺고 존재한다. 둘째, 하나의 요소가 가지고 있는 의미는 전체적인 구조와의 관련 밖에서 그 관련 이전에 주어질 수 있는 것이 아니라, 그 구조와의 관련 속에서 그 구조에 의하여 비로소 주어진다. 즉, 요소가 먼저 있고 그 요소들이 모여서 구조를 이루는 것이 아니라, 구조가 먼저 있고 그 구조에 의하여 요소들의 의미가 규정된다. 브루너의 지식의 구조 역시 이러한 개념에 근거한다.

브루너의 교과과정은 전문가들에 의해 체계화된 핵심개념과 기본원리를 중심으로 하는 지식의 구조가 개발된다. 교사는 학습자들이 이러한 핵심개념과 기본원리를 스스로 탐구하여 지식의 구조를 (재)발견해 낼 수 있도록 도와준다. 그것이 발견학습의 개념이다.

그런데 이러한 발견학습은 기본원리부터 심화 확대되어 나가도록 하는 나선형 교육과정을 통해 완성된다. 따라서 지식의 구조, 나선형 교육과정 그리고 발견학습은 상호작용적이며 상호순환적으로 이루어진다. 이때 중요한 것은 내적 동기유발이다. 즉 학습자는 나선형 교육과정을 통하여 핵심개념으로부터 지식의 구조를 스스로 발견할 수 있도록 내적으로 동기가 유발될 수 있어야 한다. 반대로 동기유발은 나선형 교육과정을 통한 발견학습을 성숙하게 한다.

한마디로 브루너의 교육과정은 지식의 구조를 스스로 발견하도록 하고 이를 토대로 지식의 구조를 심화 확대할 수 있다는 원리이다. 이는 스승 삐아제의 인지구조이론이 브로너에게 지식구조이론으로 발전한 셈이다. 즉 지구조는 지식구조와 일치한다. 인간은 인지구조 즉 스키마의 움직임을 통해서 지식을 득하게 되기 때문에 인지구조는 지식의 구조를 반영한다. 결국 지식의 구조는 건축물의 기둥과 같아서 기둥에다 벽돌을 채우는 것은 시간문제라는 의미이다. 그러나 지식의 구조를 알지 못하면 건축물의 기둥이 어디에 있는지 모르기 때문에 벽돌을 채우는 것도 어렵다는 것이다. 따라서 지식의 구조를 밝혀내는데 교육과정을 기여해야 한다는 것이다. 결국 지식의 구조, 나선형 교육과정 그리고 발견학습은 상호순환적이고 상호작용적이라고 할 수 있다.

(2) 타바의 단원중심 교과과정

타바(Hilda Taba, 1902-1967)는 타일러(Tyler)의 기본 모형이 교육현장과 괴리가 있음을 파악하고 이를 현장에 맞도록 보완한 교육과정 개발모형을 제시하였다. 따라서 타바는 실제로 교사가 현장에 맞는 교육과정을 직접 개발할 필요성을 강조하면서, 교수-학습을 위한 단원의 개발로부터 시작되어야 한다고 주장하였다. 이러한 타바의 모형은 개발자들이 따라야 할 절차를 제시한다는 점에서 처방적 모형이며, 단원 개발에서 시작하여 교과 형성으로 진행된다는 점에서 귀납적 모형이라고 할 수 있다.

결국 타일러가 교과로부터 단원(單元, unit)을 도출해내는 방식으로 교과과정을 수립했다면, 타바는 단원으로부터 교과로 귀납하는 교과과정을 개발했다. 이러한 이유로 타바의 모형은 귀납적 교과과정이라고 한다. 엄밀히 말하면 타바의 모형은 단원 중심 교과과정이다. 타일러의 모형은 교육목표에 지나치게 치중되어 있기 때문에 상대적으로 내용이 경시되어 있다. 타바 모형은 이의 한계를 보완한 셈이다.

타바는 타일러의 경우처럼 교과과정은 교사에 의해 개발되어야 한다는 데에는 동의하지만, 실제로 교과과정에서 다루어지는 내용은 교수자의 경험 이외에서 학습자의 경험으로 결정된다. 이른바 학습경험이다. 결국 내용은 교수경험과 학습경험으로 구분된다. 그런데 학습경험에 따라서 교수경험의 성과도 결정된다. 왜냐하면 학습자가 내용을 습득하는 것이 중요하기 때문이다. 또한 학습경험은 교사가 교육목표 달성을 위해 사용하는 여러 가지 학습 방법과 전략을 의미한다.

내용과 학습경험의 선정과 조직이 모두 끝나고 나면, 평가에 대한 고민으로 이어진다. 평가할 대상 즉 교육목표 달성도와 평가의 방법 및 수단 등을 결정하는 것이다. 이런 일련의 절차들이 정립되고 나면 시험적 교수-학습 단원이 형성될 것이고, 이렇게 형성된 단원이 교수-학습 장면에서 일관성 있고 유기적인 흐름으로 학습자들에게 전달될 수 있는지, 균형이 깨어져 있지는 않는지를 최종적으로 점검한다.

이는 타바(Hilda Taba, 1902-1967)에 의해 개발된 모형으로 교수자가 가르쳐야 할 시험적 교수학습단원을 만드는 단계로 구성된다. 모형 개발의 단계는 다음과 같다. 첫째, 학습자 요구를 진단한다. 이 과정에서 개발자는 학습자가 도달해야 할 바람직한 상태와 현 상태 간의 격차를 확인한다. 둘째, 학습자 요구분석의 결과를 토대로 수업결과가 도달해야 할 수업목표를 설정한다. 셋째, 수업목표로부터 학습해야 할 내용을 선정한다. 넷째, 선정된 내용을 어느 수준에서 어떤 계열로 가르칠 것인지를 결정함으로써 학습 내용을 조직한다. 다섯째, 학습내용에 적합한 교수학습의 방법과 전략을 선택하고, 이에 따라 학습활동을 결정한다. 즉 학습경험을 선정한다. 여섯째, 학습경험은 학생들의 특성에 맞게 조직하여 학습활동을 조직한다. 일곱째, 평가 전략을 수립한다. 여덟째, 교수학습 단원들 사이의 일관성, 학습경험의 성공적인 조직에 대해 점검함으로써 균형성과 계열성을 점검한다.

4. 교육평가의 이론과 모형

1) 교육평가의 의미

교육평가(educational evaluation)란 교육과정을 계획하고 실천하는 가운데에서 교육목표는 올바르게 설정되었는지, 목표실현을 위한 교육활동의 계획과 과정은 적절하게 설계되었는지 궁극적으로는 교육의 목표가 제대로 성취되었는지를 확인하고 판단하는 일련의 과정을 말한다. 따라서 교육평가의 의미는 다음과 같다(조승제, 2002: 293). 첫째, 교육평가는 학습자의 학습결과에 대한 성공과 실패를 구분하기 위한 것이다. 둘째, 교육평가는 교수와 학습여건을 개선하기 위한 교정정보를 탐색하기 위한 것이다(Scriven, 1967). 셋째, 교육평가는 학생의 학습을 촉진할 수 있는 교육체제를 정비하기 위한 것이다. 넷째, 교육평가는 학습의 효율성을 점검하여 프로그램의 질을 향상시키려는 것이다(Cronbach, 1963.

이렇게 본다면, 교육평가는 교육과정(curriculum)의 연장이다.

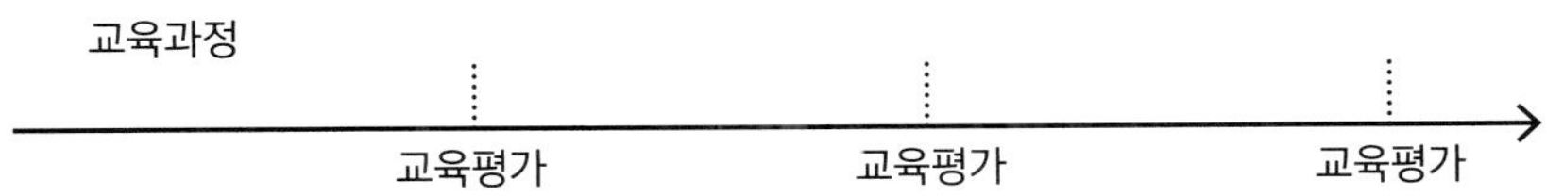

> "교육평가의 개념을 여러 측면에서 정의해 보면, 첫째, 교육목표 달성여부나 그 수준을 판단하고 결정하는 일, 둘째, 교육과정에 관한 의사결정에 도움이 되는 정보를 제공하는 일, 셋째, 특정 교육과정의 장점이나 가치를 판단하고 결정하는 일, 넷째, 특정 교육과정의 성격과 특징을 기술 하고 확인하는 일, 마지막으로 특정 교육과정의 효과와 영향을 체계적으로 평가(evatuation)하거나 총편(assessment)하는 일들이라고 정리할 수 있다."(윤정일 외, 2002: 286-287)

또한 교육평가는 교육측정(educational measurement)을 포함한다. 한마디로 교육평가는 교육과정을 통해서 성취된 교육결과나 교육성과에 대해서 가치를 판단하는 것이며, 교육측정은 교육결과가 얼마나 달성되었는가를 수치로 매겨서 관찰(관측)해 보는 것이다. 특히 교육측정은 일정한 기준에 입각하여 수치로 작성해 내는 객관적인 자료화작업을 말한다. 이를테면, 신장·체중·중량 등은 자나 저울 등으로 수치로서 객관화한다. 이와 마찬가지로 교육결과는 교육측정을 통하여 수치화됨으로써 교육평가의 자료로 활용될 수 있다. 다시 말하면, 측정이란 평가를 위한 증거수집활동으로써, 객관성, 공정성, 정확성, 엄밀성을 담보해야 하며, 수집된 증거의 수량화에 초점을 둔다.

한편, 평가는 측정한 결과를 교육목적에 비추어 '잘되었다', '나쁘다', '미비하다', '탁월하다' 등의 가치를 판단하는 행위라고 하겠다. 결국 교육평가는 관찰이나 측정에 의해서 평가를 위한 근거자료를 모으고 그 자료를 분석하고 해석하는 것까지 포함시킨 넓은 의미의 평가로부터, 자료의 해석 부분만을 의미하는 좁은 의미의 평가를 포함한다.

그런데 교육평가는 교육과정에서 발생한 교육성과에 대해서 측정하는 것으로서 종료되는 것이 아니고 다음의 교육활동 및 교육과정을 계획하고 실행하기 위한 피드백 자료로 작용한다는 사실이다. 즉 교육평가는 교육과정의 연속선상에 있으며 다음의 교육과정을 설계하고 실행하기 위한 개선점을 찾아내고 수정 보완하기도 하는 교육전략 내지 정책의 자료로 활용된다. 이를테면, 교육평가를 통해서 국가 단위의 교육계획 또는 교육청 단위의 교육계획 아니면 학교 단위의 교육계획 등을 판단하는 근거나 타당성이 확보될 수 있다. 또한 교육평가는 학습자의 학습동기를 유발하는 기능이 있다. 이를테면 교육과정을 진행하는 동안 발생한 학생의 성적 내지 행동의 변화를 관찰하고 이해하여 평가자의 평가규준(評價規準)에 근거하여 이를 해석하고 분석하며, 이러한 평가결과를 차후의 행동변화를 위해 피드백(feedback)을 제공하는 것이 교육평가이다.

또한 교육평가는 교사로 하여금 학생 또는 학생의 학습상황을 좀 더 이해할 수 있도록 지표를 제공하며, 교사가 스스로를 반성하고 평가하는 기능도 가진다. 만약 학생의 학업성적이 나쁘게 평가되었다면 교안이나 교수방법 또는 교수-학습에 대해서 의문을 가질 수 있도록 하는 지표가 된다. 또한 교육평가는 학생의 생활지도와 상담을 위한 자료를 제공한다. 교육평가는 교육평가의 방식 그 자체를 개선하기 위한 자료를 제공해 주는 기능도 가지고 있다. 또한 교육평가는 학습자 자신의 자기이해를 돕는 기능도 가지고 있다. 즉 학습자는 교육평가의 결과를 통하여 자신이 학습해 가는 과정과 학습결과에 관한 평가 자료를 통해서 자기 자신의 단점이나 문제점 또는 장점과 강점을 스스로 판단하고 파악해 보는 중요한 단서를 얻을 수 있다.

마지막으로 교육평가의 항목은 교육목표와 일치한다. 즉 교육목표가 바로 평가항목이다. 드러커(P. Drucker)에 의하면, 목표는 SMART 하게 작성될 필요가 있다. 즉 목표는 구체적이고(Specific), 측정가능하며(Measurable), 접근가능하며(Accessible), 합리적이며(Reasonable), 시간제약적(time-bounded)이어야 한다. 이렇게 세부목표가 설정되고 이를 평가항목으로 환원하여 평가를 종료된다면 목표달성에 대한 평가절차가 체계적으로 실천된 것이라고 할 수 있다.

2) 교육평가의 유형

교육평가는 크게 진단평가, 형성평가, 총괄평가로 구분된다. 진단평가(診斷平價, diagnosis)는 학습자의 현재 수준을 평가하는 것으로서 '출발점 평가'라고도 한다. 즉 진단평가란 계획된 교육목표를 달성하기 위한 교수-학습 활동이 시작되기 전에 학생들의 그 학습과제에 대한 현재의 상태 즉 준비 수준을 진단하는 평가이다. 진단평가를 통하여 교사는 학습자들이 현재 가지고 있는 출발지점의 특성을 파악하고 이해함으로써 보충이나 심화를 위한 특별프로그램을 도입 실시해야 하는지의 여부를 판단하기도 하고, 특정한 교수전략 내지 교수방법의 활용 여부도 결정하게 되며 수준별로 학생들을 분리 배치할 것인가 아니면 합반해도 될 것인지에 대한 자료를 얻게 된다.

> "진단평가는 학생들의 정치(定置, placement) 선수학습(先修學習)의 결핍여주의 판정, 학습곤란의 진단을 위하여 실시된다. 정치는 학생들을 그들의 능력에 알맞은 위치를 찾아내서 그곳에 배치함으로써 학습효과를 얻기 위한 활동을 의미하며 정치를 위한 검사는 대부분의 경우 단원, 학기, 학년 초에 실시한다....선수학습의 결핍 여하네 대한 판정을 위하여 실시되는 진단검사도 단원, 학기, 학년 초에 실시된다. 이 검사는 대부분의 경우 수업처방의 목적을 위하여 실시되며, 선수학습이 결핀된 학생이 찾아지면 이들에게는 특별과정을 제공하여 이를 보충하도록 한다. 학습곤란의 진단을 위한 검사는 반복되는 오진(誤診)의 심층적 원인을 알기 위하여 수업과정에서 실시된다." (김종서 외, 2002: 384)

형성평가(performance, 形成平價)는 과정평가(process)로서 교육과정이 진행되는 가운데에서 이루어지는 평가이다. 예를 들면 수행평가(performance)가 대표적인 과정평가이다. 이밖에도 과정평가는 모든 교육과정을 통해 발생하는 평가이다. 다시 말하면, 형성평가란 교수-학습이 진행되고 있는 교육의 형성과정에서 실시되는 모든 평가를 말한다. 즉 형성평가는 교수-학습이 진행되는 수업 중에서 수업활동의 일부로서 이루어질 수도 있고 수시로 별도의 절차 이를테면 쪽지시험, 퀴즈, 질문, 관찰, 인터뷰 등을 통하여 실시될 수 있다.

> "형성평가라는 용어를 최초로 사용 스크리븐(Scriven, 1967)은 교육과정의 개선을 통하여 수업을 발전시키기 위한 평가라고 정의하였다. 그러므로 형성평가는 첫째, 개인별 능력에 맞추어 학습을 진행할 수 있도록 학습을 개별화할 수 있어야 하며, 둘째 평가결과를 학생에게 적절한 방법으로 알려 줌으로써 피드백 효가가 있어야 하며, 셋째 학습곤란을 진단하여야 하며, 넷째, 학습동기를 유발해야 한다."(성태제 외, 2007: 267)

마지막으로 총괄평가(總括平價)는 결과평가로서 모든 교육과정이 종료된 이후에 실시되는 총점평가를 말한다. 즉 총괄평가는 주어진 단원이나 과제가 끝났을 때 또는 학기말이나 학년말에 교육의 전 과정을 실시해본 결과 교육의 목표가 달성되었는지를 파악해 보기 위해 이루어지는 종합평가를 말한다. 따라서 엄밀하게 말해서 총괄평가는 프랑스의 바깔로레아(Baccalauréat)나 독일의 아비투어(Abitur) 같은 고등학교 졸업시험이나 미국의 SAT(Scholastic Aptitude Test, Scholastic Assessment Test)나 한국의 수능고사 같은 대학입학시험이 이에 해당된다.

> "총괄평가(summative evaluation)는 개발이 마무리된 교수-학습 프로그램 또는 교수-학습자료가 실행된 후 이들이 과연 소기의 목표를 달성했는지 그 효과를 가늠하기 위하여 실시하는 평가를 의미한다. 총괄평가는 형성평가에 비해 보다 체계적이고 형식적인 절차와 방법에 의해 이루어지며, 이 평가의 결과에 따라 특정 교수-학습자료가 새로 채택되거나 지속적으로 유지되기도 한다."(성태제 외, 2007: 315)

한편, Kirpatrick(1995)는 특히 교육종료 후에 이루어지는 교육평가를 반응평가, 학습평가, 행동평가, 결과평가로 구분했다. 반응평가는 교육종료 후 학습자들로부터 교육전반에 대한 반응을 평가하는 것이며, 학습평가는 학습과정과 학습결과에 대한 평가로서 교육내용 및 교육방법 그리고 학습성과 등에 대한 평가를 포함한다. 특히 학습평가는 학습자의 학습결과를 진단하고 확인하고 그에 관한 치료와 처방을 제공해 주는 것인데, 일정량의 내용을 학습한 결과를 평가해 보면 학습자가 지닌 장점과 약점을 확인할 수 있고, 장점을 더욱 강화시키는 심화 내지 보충학습의 방안과 약점을 보완해 주는 보충학습 방안을 강구할 수 있는 기준을 제공해 줄 수 있다. 행동평가는 학습자의 행동변화에 대한 평가로서 교수자가 실시하기도 하고 학습자가 스스로 자기평가의 방식으로 실시되기도 한다. 마지막으로 결과평가는 교육성과를 총결산하는 최종평가이다.

일반적으로 평가는 가치를 매기는 작업인 만큼 주관적으로 이루어질 수 있다. 철학자 니체에 의하면, "인간은 평가하는 동물"이다. 즉 인간은 누구나 무엇인가를 보면 가치를 매기려는 습관, 즉 평가하려는 습관을 가지고 있다. 이를테면 평가는 인간에게 본능인 것이다. 즉 인간에게 본능이기 때문에 평가는 어쩔 수 없이 주관적일 소지가 높다. 따라서 평가는 반드시 객관성(objectivity)을 확보해야 한다. 이를 위해서는 평가는 신뢰성(validity)과 타당성(reliability)이 높은 평가도구 내지 측정도구를 통하여 이루어질 필요가 있다. 특히 교육평가는 사람이 사람을 대상으로 하는 교육의 성과를 객관적으로 점수를 매기는 작업이기에 평가척도의 신뢰도와 타당은 결정적이다. 교육평가의 신뢰도와 타당도가 낮으면 전반적인 교육에 대한 불신으로까지 이어질 수 있다. 따라서 바람직한 교육평가를 위해서는 신뢰도와 타당도가 높은 평가척도가 지속적으로 개발될 필요가 있다.

3) 교육평가의 모형

(1) 가치판단 모형

가치판단 모형은 말 그대로 가치를 판단하는 것을 목표하는 모형으로 스크라이븐(1967)과 스테이크(1967)에 의해 제시되었다. 교육평가에서는 평가의 기준(준거)이 가장 중요하다. 만약 기준이 객관적이지 않거나 공정하지 않으면 평가의 결과는 무의미하다. 가치판단 모형에서 제시하는 평가의 기준은 내재적 준거와 외재적 준거이다.

"특히 스크라이븐은 평가자의 전문성을 구분하는 기준으로 내재적 준거와 외재적 준거를 제시하였다. 평가자의 판단에 특별한 관심과 의미를 부여한 것은 내재적 준거에 의한 평가이며, 평가자의 관심과 의미가 함유되지 않는 것은 외재적 준거에 의한 평가이다. … 그 동안의 평가에 대해 스크라이븐과 스케이크는 지나치게 내재적 준거를 중시하여 평가도구의 제작, 문항의 작성, 통계적 처리 등에 많은 관심을 기울여 왔는데, 이제 새로운 교육평가는 외재적 준거인 평가 자체의 효과, 평가에 의해 부수적으로 발생되는 변화, 그리고 평가에 의한 부작용과 역작용 등에 관심을 기울여야 할 것이라고 (주장)했다."(조승제, 2002: 296-297)

결국 평가는 주관성을 가능한 한 배제해야만 한다. 평가자의 주관적인 관심이나 의도를 최소화시킴으로써 평가의 객관성을 잴 수 있는 척도개발은 가치판단 모형의 생존력을 제고시킬 것이다.

(2) 성취목표 모형

타일러(1949)와 그레어셔(1963)에 의해 제시된 성취목표 모형은 교육목표에 대한 달성도를 측정하고 점검하는 것을 목표한다.

"타일러는 특히 교육활동은 교육목표를 실현하기 위한 제반 절차로 봄으로써 (교육평가에서) 수업목표의 명료화를 중시했다.... 그레이셔는 평가의 기능이나 역할은 수업 모형이 변화되는 과정에 따라 바꾸어야 된다고 했는데, 그는 평가 모형의 주요단계를 다음과 같이 6단계로 제시했다. 첫째, 교육목표에 근거하여 학습성과를 세분화한다. 둘째, 학습자의 출발점 행동과 교수방법 간에 어떠한 의사결정을 하기 위한 진단을 실시한다. 셋째, 학습자에게 적합한 교수방법의 대안을 선택하고 투입한다. 넷째, 학습자의 성취도를 계속적으로 평가한다. 다섯째, 학습자에 대한 계속적인 평가에 근거하여 다양한 교수방법의 도입과 적정화를 시도한다. 여섯째, 평가결과를 토대로 전반적인 교수방법과 수업체제를 개혁한다."(조승제, 2002: 297)

결국 성취목표 모형은 학습자의 학습 성취량을 관리하기 위한 평가모형으로서 평가결과를 토대로 교육과정 전반을 점검하고 수정 보완 개선할 수 있는 자료를 제공한다.

(3) 의사결정 촉진 모형

스테이플러빔과 구바(1971)에 의해 제시된 의사결정 촉진 모형은 교육현상의 가치에 대하한 개인 평가를 하는 것이 아니라, 교육적인 의사결정에 공헌하기 위한 목표를 가진다. 이들에 의해 제시된 의사결정 모형은 CIPP 모형인데, 구성요소는 맥락평가(context evaluation), 투입평가(input evaluation), 과정평가(process evaluation), 그리고 산출평가(product evaluation)이다.

> "평가란 의사결정자가 정보를 활용하도록 하는 것인데, 맥락평가는 교육목표를 설정하는 데 필요한 근거를 제공하는 것이며, 투입평가는 교육목표를 성취하는데 필요한 제반 절차에 관한 정보를 제공한다. 과정평가는 교육프로그램이 교육목표를 얼마나 잘 성취하고 있는지에 대한 정보를 제공하며, 산출평가는 교육프로그램에 의해 성취된 결과를 측정하고 해석된 정보를 제공하는 것이다. 이때의 정보는 평가자 자신이 직접적인 의사결정을 하기 위한 것이 아니고 정보를 의사결정자에게 제공하려는 것이다."(조승제, 2002: 297-298)

결국 의사결정 모델은 교육평가를 토대로 애초의 교육목표를 달성했는지에 대해서 분석하고 해석하는 과정에서 환류를 함으로써 차기 교육과정을 계획하고 운영하는데 있어서 어떻게 하여야 하는지에 대한 전문가들의 의사결정을 위한 지표로 작용하게 된다.

제IV부
신교육패러다임

제12장 **평생학습사회**

제12장 평생학습사회

1. 대안교육과 평생교육

대안교육(alternative education)은 크게 두 가지로 구분된다. 하나는 기존의 전통적인 정규학교 교육시스템에 반기를 든 사람들에 의해 시작된 '대안학교 운동'(alternative school movement)이고, 다른 하나는 '평생교육 운동'(lifelong education movement)이다. 이는 모두 지금까지 우리 문화 속에 들어 있던 주류 교육과는 전혀 다른 수많은 다양한 교육학적 접근을 포괄하는 총체적 개념이다. 말 그대로 대안교육은 '대안(代案)의 교육' 내지 '교육적 대안'이다. 구체적으로 대안교육은 전통적 교육에 대한 비판과 반성을 근거한 저항 교육으로서 전통적이고 인습적이고 표준적인 전통학교 중심의 교육시스템을 거부한다. 따라서 대안교육은 본질 회복의 총체적 교육개념이 된다(Martin, 2000).

대안교육은 표준화된 의무교육제도의 도입에 대한 반대급부로 지난 2~3세기에 걸쳐서 성장하기 시작했다. 역사적으로 대안교육 운동의 뿌리는 프랑스의 자연주의자 루소, 스위스의 인본주의자 페스탈로치, 미국의 선험주의자들인 알코트 에머슨, 서로우, 진보주의 교육의 창시자 듀이와 파커, 그리고 프뢰벨, 몬테소리, 슈타이너 같은 교육적 개척자들까지 거슬러 올라갈 수 있다. 이들은 교육이 매우 다양한 수준 즉 지적 영역뿐만 아니라 도덕적, 영적, 감성적 심리학적 그리고 신체적으로 발달하는 아이들을 양육해야 한다고 믿었다. 2차 대전 후에는 이태리에서 에밀리아가 유아교육 분야에서 제창한 대안교육이 퍼져나갔다.

홀트, 굿맨, 매이어, 데니슨 같은 문화비평가는 개인주의적, 무정부주의적, 자유주의적 관점에서 교육을 실험했다. 프레이리부터 콜과 코졸 같은 미국의 교육자들은 자유주의적이고 급진적인 정치적 관점에서 서구 교육의 주류를 비판했다. 교육은 개인의 흥미와 학습 스타일에 부응하여야 한다는 이들의 주장은 '학습자 책임모델'이 '교수자 책임모델'

보다 효과적이라는 연구결과에 의해 지지되었다(Armstrong, 2012). 밀러는 대안교육에 공통적인 5개의 요소로서는 개인에 대한 존경, 조화와 균형, 권위의 분산, 사회의 정치적 경제적 문화적 영역들 사이의 불개입 그리고 총체적 세계관을 꼽았다(Miller, 2008). 시간의 흐름 속에서 이러한 대안교육 운동은 취학아동을 위한 의무교육을 제공하는 것과 함께 사회적으로 수용되기 시작했다.

한편, 1965년 유네스코(UNESCO)의 교육국장이었던 랑그랑(Paul Lengrand)에 의해 주창된 평생교육(lifelong education)은 학교중심의 교육시스템의 전반적인 한계를 지적하면서 나왔었다. 즉 오래 전부터 학교가 교육 전체를 위임하여 실행해 왔지만, 시대적으로 이제는 학교교육만으로 모든 것을 충족시킬 수 없다는 주장이었다. 구체적으로 랑그랑은 이제 평생교육이 요청되는 이유를 9가지로 제시했다.

첫째, 인간의 비전과 관습이 급속하게 변화하고 있다.
둘째, 인구증가와 평균수명의 연장이 교육의 양적 확대뿐만 아니라 질적 변화를 초래하고 있다.
셋째, 과학기술 즉 테크놀로지의 진보와 이에 따른 산업 및 직업 구조가 급격하게 변화하고 있다.
넷째, 정치적 변동이 가속화되고 있다.
다섯째, 메스미디어의 발달과 정보처리능력의 필요성이 증대되고 있다.
여섯째, 여가시간이 증대하고 이의 활용도가 높아지고 있다.
일곱째, 생활양식과 인간관계의 위기가 심각해지고 있다.
여덟째, 현대인의 정신과 육체가 부조화를 이루고 있다.
아홉째, 이데올로기의 충돌과 위기로 인한 삶의 정체감(identity)이 혼란스러워지고 있다.

그러나 사실 평생교육이 주창되기 이전에 유럽과 미국 등 선진국에서는 수많은 교육개혁에의 요청이 있어 왔다. 즉 유럽에서는 20세기 초부터 그리고 미국에서는 1970년대부터 불기 시작한 교육전반의 혁신 및 "개혁교육학"(Reformpaedagogik), "반교육"(Anti-pädagogik), "탈학교"(deschooling)" 등 급진적 사회개혁운동으로 승화한 것이 바로 평생교육 운동의 실제적 단초가 된다. 특히 19세기 초부터 시작된 '성인교육'(adult education,

Erwachsenenbildung)에서의 새로운 교육운동은 평생교육의 개념이 출현하는데 결정적인 역할을 했다. 왜냐하면 성인교육의 분야는 정형화된 학교교육이 아니다 보니까 교육본질로의 회귀나 교육혁신의 개념이 훨씬 더 수월하게 이식될 수 있었기 때문이다. 또한 성인교육은 특성 상 성인(成人)이라는 인격체와 인격체의 만남으로 이루어지는 교육적 관계로서 학교에서는 엄두조차 낼 수 없는 교육적 자유로움을 보다 많이 허용할 수 있다. 따라서 평생교육의 개념은 학교교육에 대한 무조건적인 저항이나 반대 또는 극단적 대안이라기보다는, 오히려 '성인교육의 요소들'(andragogy)이 학교교육에도 반영이 된다면 인간의 교육이 전반적으로 개선될 소지가 있다는 사실에 방점을 두고 있다고 할 수 있다. 이러한 의미에서 독일의 교육학자인 샤이베(Wolfgang Scheibe)는 "학교교육의 현장에 성인교육의 요소가 도입되는 것이 바로 교육개혁"이라고 주장하였다.

하여간 1960년대 중반부터 시작된 UNESCO(유엔교육문화기구)의 평생교육은 비록 '선언'(宣言)으로서 시작되었지만, 1970년대 들면서 OECD(세계경제개발기구)가 이에 동감을 가지고 (직업)계속교육운동을 선포함으로써 평생교육운동을 실천적 차원에 도달하게 되었다. 결국 이러한 평생교육운동은 지금까지 학교에만 위탁되었던 전통적인 교육의 개념을 비판, 반성, 수정, 보완 그리고 확장하는 의디를 가지는 21세기 미래사회가 요구하는 대안교육이라고 할 수 있다.

1) 대안학교 운동

대안학교(代案學校)란 말 그대로 정규학교의 대안(alternative)으로서 비전통적인 교과과정과 교육방법을 수용하는 교육기관이다. 대안학교는 전통적인 정규학교와 구별되는 교육철학 및 교육방법을 허용한다. 일부 대안학교는 특별한 정치적 색채, 종교적 성향 내지 철학적 지향성을 가지고 있다. 또한 일부는 주류교육 내지 전통교육시스템에서 이탈된 '부적응 학생'을 수용하며, 특수 장애 학생들이나 다문화국가 출신의 이민가족 아동들의 학습지진을 보완해 주기 위해 설립 운영되기도 한다. 반대로 일부는 특별한 재능을 가진 영재나 특수한 욕구(needs)를 가진 학생들에게 수준별 개별교육과정을 운영하기도 한다. 또한 일부는 현실의 학교교육이나 교육시스템에 만족하지 못하거나 불만을 가진 교사, 학생 그리고 학부모들의 조합으로 이루어지기도 한다. 마지막으로 일부 학교들은 현실 문화에 편승하고 있는 주류 교육학과는 다른 교육학적 접근에 근거하고 있다.

대안학교의 일반적인 특징은 다음과 같다(Aron, 2009: Vittachi & Raghavan, 2007).

(1) 교수-학습방법이 개별화되어 있다.
(2) 다양한 사회경제적 지위를 가진 아동들의 재능들이 혼합되어 있다.
(3) 학교 밖의 삶에 적용되는 실험적인 학습을 허용한다.
(4) 다양한 원칙과 전통의 통합적 접근을 추구한다.
(5) 수업을 준비하는 스텝(step)들은 그들의 학문영역에서 전문가로 인정받고 창의적이다.
(6) 학생-교사의 비율이 정규학교에 비해 낮은 편이다.
(7) 교사, 학생, 수업준비 스텝, 행정가, 학부모 모두가 학교에 대한 집단적 소유의식을 가지고 있으며 모든 의사결정에 개입하는 것을 원칙으로 하고 있다.
(8) 비전통적인 평가방법을 개발 운영하고 있다.

영국의 교육사전에 의하면, 대안학교란 전통적인 영국교육에 대안으로서 학습자 중심의 비공식적 교육과정을 제공하는 학교를 칭한다("alternative schooling". A Dictionary of Education, 2009).

이렇게 대안학교는 기존의 정규학교에 대한 반감으로 시작하지만 궁극적으로는 교육혁신 내지 교육개혁을 목표한다는 점에서 의미를 갖는다. 이런 점에서 많은 선진국의 정부에서는 대안학교를 정규학교의 반립으로 간주하기 보다는 다양성의 차원에서 허용하고 때로는 보호하고 지원하여 왔다.

20세기 들어 만들어진 최초의 대안학교는 독일의 발도르프 자유학교(Waldorf freie Schule)이다. 1919년 루돌프 슈타이너에 의해 설립한 발도르프 학교는 인지학(人知學, Anthroposophie)이라는 독특한 철학이자 신앙심을 바탕으로 하고 있다. 이런 면에서 한때는 이단종교논쟁에 휩싸이기도 했지만, 지금도 유럽 전역에 약 1000개의 학교가 운영될 정도로 독특한 대안학교로서의 입지를 가지고 있다. 현재 독일에는 200개 이상의 발도르프 학교가 존재한다. 이 밖에도 독일에는 몬테쏘리 교육철학의 영향권 하에서 운영되는 대안학교들 번성하고 있다. 대안학교는 주로 캐톨릭 교회, 루터 교회 등 종교단체나 개인독지가들에 의해 운영되는 사립학교들인데, 이들에 대한 지원은 연방정부에 따라 천차만별이다.

원래 대안학교의 명칭은 자유학교(free school)이다.[135] 즉 자유학교의 개념은 정규학교에서 학생들이 자유를 억압받아 인권을 침해받는다고 하는 이유에서 비롯되었는데, 이를테면 자유학교에서는 학생들에게 한도 내에서 '자유'를 일정량 허용해 보자는 취지로 시작되었다. 따라서 이러한 자유학교는 실험학교(laboratory school, experimental school)의 의미를 가지고 있다. 즉 학생들에게 일정량의 자유를 허용해 보면, 과연 어떤 결과가 나오는가에 대한 실험을 하는 곳이다. 독일의 대표적인 실험학교는 빌레펠트 실험학교(Die Laborschule Bielefeld)이다. 이 학교는 오늘날 독일에서 대표적인 민주학교의 이미지로 각인되어 있으며, 연방정부의 공적 기금으로 운영되고 있다.

영국에서도 대안학교는 오랜 전통을 가지고 있다. 서머힐 학교(Summerhill School)가 그것이다. 1921년 닐(A. S. Neil)에 의해 설립된 섬머힐 학교는 최초의 민주학교(democratic school)였다. 섬머힐 학교는 나중에 민주적 유형의 학교로 알려진 달팅톤 홀 학교(Dartington Hall School)와 킬퀴한니티 학교(Kilquhanity School)에 지대한 영향을 미쳤다. 그러나 섬머힐학교 중 모래학교(Sands School), 공원학교(Park School) 그리고 작은마당학교(Small Acre School)를 제외하고는 대부분 문을 닫았다. 이들 대안학교들은 최근까지 등록금이 없었지만, 2011년 국가지원의 자유학교가 도입된 이후 교육학적 풍경이 바뀌었다. 정부에서 인정된 두 개의 자유학교는 대안교육을 합법적으로 제공하고 있다. 영국의 남부지역 좀머셋(Sommerset)에 있는 스타이너 아카데미 프로메(Frome)와 슈타이너 아카데미 헤레포드(Hereford)가 그곳이다. 현재 남아 있는 영국의 대안학교는 두 개의 민주적 초등학교인 파크 학교(Park School)와 스몰 에이커 학교(Small Acres), 그리고 두 개의 민주적 중등학교인 서

135) 오늘날 우리에게 회자되는 대안학교는 영어 alternative school을 번역한 말이다. 원래 자유학교(free school)가 alternative school로 전용된 이면에는 마르크스 계열의 급진론자들의 입김이 작용했다. 자유학교는 말 그대로 학생들에게 '자유'(freedom)를 조금씩 더 허용한다면 학교의 분위기가 좀 더 나질 것이라는 가설을 입증해 보기 위한 실험학교(experimental school, Labor school)의 성격을 띠고 있다. 이렇게 자유를 조금씩 더 부여해 봄으로써 학생들 교육이 좀 더 나아진다면, 그런 방향으로 학교를 개혁해야 한다는 의도를 가진 서구라파의 자유학교가 우리나라에 도입되면서 크게 왜곡되었다고 할 수 있다. 마치 자유학교 즉 대안학교는 전교조 교사들의 전유물처럼 오인되는 바람에 도입 초기부터 정부와 대안학교가 극단적인 대치국면을 갖게 되었다. 반면 외국의 경우는 처음부터 국가가 자유학교에서 학생들에게 자유를 부여하는 것을 실험해 봄으로써 긍정적인 효과가 나오면 이를 공교육개혁의 자료로 활용할 의도가 있었기 때문에 국가로부터 지원되고 보호되었다. 이러한 자유학교의 실험결과를 통해 학교개혁이 일어나서 급기야 국가에서 공교육개혁을 시도한 것이 바로 독일의 종합학교(Gesamtschule, 1969)의 탄생이며, 프랑스, 영국, 미국의 종합학고(comprehensive school)이다. 즉 서구에서는 우리와 달리 국가가 실험학교로서의 대안학교를 지원해 봄으로써 장점과 강점을 찾아내어 공교육에 도입하는 것이 국가가 대안학교를 지원하는 이유이다.

머힐 학교(Summerhill)와 센즈 학교(Sands School)가 남아있다. 현재 영국에서는 정규학교와는 교육철학이 다른 70여개의 대안학교가 운영되고 있다. 이중 반 이상이 슈타이너-발도르프 학교이다. 이밖에 몬테소리 유치원학교가 대안교육기관으로 운영되고 있다.

미국에서는 1970년대 이래로 대안학교의 비약적인 성장이 있었다. 일부 대안학교들은 다양한 학업능력의 학생들과 비전통적 프로그램에 의해서 더 잘 지원받을 수 있는 능력개발을 목표한다. 일부는 특수교육을 받을 필요가 있는 학생들을 위해 의도되었으며, 일부는 십대 가장이나 가정이 없는 아이들 같은 학생들에 영향을 미치는 사회문제를 대변하거나 아니면 학문적으로 낙제의 위험에서 고민하는 학생들에게 편의를 제공하기 위한 목적으로 운영되고 있다. 최근 전 세계 대안교육의 발달은 미국에서 시작된 챠터스쿨운동(Charter School Movement)을 추종하는 듯하다. 미국의 몇몇 주들은 챠터스쿨을 위한 법안을 제정하여 통과시킴으로써 각 학교들이 자유롭게 운영될 수 있는 기반을 마련하였는데, 캐나다의 앨버타가 이를 최초로 실천한 대표적인 주이다.

오늘날의 대표적인 대안학교 운동은 캐나다에서 가장 활발하다. 캐나다의 교육은 지방 정부의 재판권 관할이다. 대안교육은 마운틴뷰 몬테소리 스쿨, 토론토 몬테소리 스쿨, 벤쿠버 발도르프 스쿨 등 몇몇 공립학교에서 제공된다(Encyclopedia Britannica. Encyclopedia Britannica Online. 2015) 캐나다의 대안교육은 두 개의 철학적 관점 즉 진보주의와 자유주의로부터 나왔다. 레빈에 의하면, '대안'이라는 개념은 2006년 이들보다 먼저 존재해 오던 학부모-학생-교사가 독립적으로 운영하며 공립학교 시스템 안에서 위원회가 선택하는 '자유학교'(free school)의 개념과 부분적으로 구분하기 위해 도입되었다. 진보주의 교육의 전통은 아동발달단계에 맞도록 커리큘럼을 구체화하여 가르칠 것과 계획된 경험학습을 통하여 아동들을 서서히 성인사회로 연착륙시키는 것을 강조한다. 현대 대안교육 운동의 자극은 미국의 실용주의 교육철학자 듀이로부터 시작되었다. 1차 대전 이후에는 영국의 '새로운 학교'와 유럽의 슈타이너/발도르프 학교가 대표적이다. 자유주의적 전통은 학부모와 아동에게 그들만의 교육과 삶을 만들 수 있도록 하는 권리에 초점을 둔다. 레빈에 의하면, 이는 제도적이고 사회적 복종과 현대사회의 부패한 영향에 대해서 아동 개인의 자유와 천부적 선함을 유지하는 것이 바람직하다는 신념에서 비롯된다.

1980년대는 특출난 학생들, 재능있는 학생들을 위한 특별학교나 프로그램들 아니면 협력벤처의 형태로 '학교에서 일터로' 직접 연결되는 프로그램 등이 봇물을 이루는 시대였다. 이는 학교가 필수보다는 선택의 기회를 대폭 제공하는 교육의 자연적 진화로 간주되었다. 유럽과 미국, 캐나다 등지에서는 공립 재판권 관할 하(공립 교육구)에 있는 대부분의 대안고등학교들이 독립적 학업 프로그램과 기초기술 프로그램을 제공하기 시작하였고, 인습적이고 비인습적인 코스를 섞어서 운영하는 작은 규모의 고등학교들이 생겨남으로써 학교는 학생들이 코스 선택과 시간스케줄을 정하는데 융통성을 확보할 수 있도록 했다. 또한 이들은 작은 클래스를 통하여 교사와 학생간의 비공식적인 친밀감 역시 제고할 수 있었다.

특히 오늘날 캐나다에서는 지역학교위원회가 대안학교 진학을 원하는 학생들을 직접 선발하고 학교가 어떻게 운영되어야 하는지를 결정한다. 캐나다에서는 정규학교과정에 적응하지 못하는 중학생들을 대상으로 처음으로 대안학교 프로그램들이 생겨나기 시작했다. 대부분의 캐나다의 대안학교에서는 학년(grades)보다는 다양한 나이의 그룹이 함께 통합적으로 수업할 수 있도록 홀리스틱 교육과정(holistic curriculum)으로 운영된다. 홀리스틱 교육과정은 정규학교에서도 홀리스틱 커리큘럼을 정규학교에서도 일부 수용하는 곳도 생겨나고 있다. 또한 대안학교는 지역학교위원회의 투명한 개입을 원칙으로 하고 있으며, 이들은 모든 회의록이나 참여관찰일지 등을 기록이나 문서로 남겨야 한다. 일부 대안학교는 일련의 '실험학교'(labo school)로 운영되는데, 자유를 조금씩 허용하면서 학생들이 어떻게 변화해 가는지를 관찰하고 실험하는 곳이다. 따라서 실험의 결과가 공립학교로도 이식되면서 궁극적으로는 교육개혁에 기여하고자 하는 의도를 가지고 있다.

한편, 일본의 교육제도는 교육부에 의해 주도되는 범국가적이고 표준화된 시스템을 가지고 있다. 유일한 대안적 선택은 국가에서 인정한 사립학교에 국한되었는데 커리큘럼 면에서 일반학교에 비해 자유롭다. 이를테면 교과서를 선택할 수 있으며, 가르치는 방법의 자유 그리고 가이드라인을 자유롭게 정할 수 있다는 점이다. 반면 국립학교는 정부에서 정해준 교과서를 사용해야 한다. 거의 모든 사립학교는 경쟁적 입학시험을 치루며 수업료를 지불하는데 장학금은 제한되어 있다. 대안학교에 대한 관심은 사회혼란을 촉발시킨 친구따돌림(이지매), 학교폭력, 학교거부, 학교공포, 학생자살 등이 난무하던 1980년대에 부각되기 시작했다.

자유학교(free school)는 비영리 그룹 내지 독지가에 의해 운영되는 독립학교를 지칭하는 용어이다. 도쿄 슈레가 대표적이다. 이는 일반학교에 등교하기를 거부하는 아이들을 돌봐주고 교육시키는 곳이다. 1985년 세워진 민주학교(democratic school)는 등교를 거부하고 학교환경을 피하는 아이들의 쉼터로 설립되었다. 이어서 1987년에는 일본 전역에 7개의 발도르프학교가 설립되었으며 이러한 대학학교는 홈스쿨링운동과 함께 전국으로 번져 나갔다. 일본정부는 2003년 중국의 특별경제구역정책을 모방한 '구조개혁특별구역'을 도입하였는데, 나중에 정부 인가의 대안학교를 가능하게 했다. 2년 후 일본에서는 최초의 정부인가 대안학교가 등장했다. 반면, 높은 학비에도 불구하고 일부 학부모들은 당시 외국어학습에 전념할 수 있도록 자녀들을 국제학교에 입학시켰다. 국제학교는 일본 정부로부터 인가를 받지는 못했지만, 오히려 미국, 캐나다, 중국, 독일, 프랑스, 한국 등에서는 국제바칼로레아 프로그램을 통하여 이들의 학력을 인정해주는 추세가 되기도 했다.

필리핀에서는 기존의 공식적인 교육시스템에 반하여 학습자가 선택할 수 있는 대안학습시스템(ALS: alternative learning system)을 운영하고 있다. 이런 저런 이유로 공식학교에 접근할 수 없는 학생들은 ALS를 선택하여 대안교육을 받을 수 있다. 이는 대안교육 내지 보조교육이라고 할 수 있는데 이는 비형식교육과 무형식교육을 모두 포괄한다. 프로그램은 두 개의 다른 체제로 운영되는데, 하나는 학교기반(school-based)이고 다른 하나는 지역기반(community-based)이다. 전자는 학교에서 운영되며 후자는 공회당이나 사설기관 같은 데서 운영된다. ALS는 과학, 수학, 영어 등 정규교과목 이외에도 필리핀 학, 사회연구, 시사문제 등도 다룬다. 강의료는 국가에 의해 지원되는 방식과 지역사회에서 민간단체에 의해 지원되는 방식으로 나뉜다. 또한 이는 초등과정과 중등과정으로 나뉜다. 초등과정을 이수하면 중등과정으로 진급한다.

한국의 대안학교들은 세 개의 커다란 청소년 그룹을 위해 봉사한다. 첫 번째 그룹은 한국의 정규교육 내지 공식교육으로는 성공할 수 없는 학생들이다. 이러한 학교의 대부분은 그들의 먼저 학교생활 동안 학교부적응으로 인해 떨어져 나간 학생들에게 봉사한다. 두 번째 그룹은 젊은 이민자들이다. 한국은 지금 동남아나 북한으로부터 온 이민자들이 급증하고 있다. 일부 교육자들은 한국생활 적응교육의 필요성을 인식하기 시작했으며, 특히 이러한 젊은 이민자들을 위해서 학교를 기획하였다. 왜냐하면 한국은 역사적으로 단일민족사회였기 때문이다. 따라서 한국은 전통적으로 외부에서 유입된 학생들이 겪는 따돌림 내지 사회적 고립 감 그리고 학업능력의 결손 등을 이해하려는 시스템을 충분히 가지고 있지 않다. 예를 들어, 탈북 학생들의 낙제비율은 일반 학생들에 비해 10배 이상이다. 왜냐하면 이들에게 닥친 급박한 도전은 학교에서 높은 점수를 얻는 것보다는 한국사회에 우선 정착하는 것이기 때문이다. 또 다른 그룹은 자신들이 가진 교육철학 때문에 대안교육을 선택하는 학생들이다. 왜냐하면 한국의 교육은 많은 아시아 국가들과 마찬가지로 대부분 기억력과 테스트에 의존하고 있기 대문이다. 일부 학생들과 학부모들은 이런 종류의 교육으로 학생들을 완전히 교육할 수 없다고 믿는다. 이들은 학생들을 위한 다양한 학습방법을 제공하는 대안학교로 진학하려고 한다. 대안학교에서는 다른 사람들 사이에서의 상호작용(인터랙션)이 교육에서도 매우 중요하다는 점을 강조하고 있으며, 커리큘럼 역시 인터랙션 중심으로 편성 운영되고 있다.

일반적으로 대안학교의 유형은, 첫째, 재적응 학교형 대안학교, 둘째, 자유학교형 대안학교, 셋째, 생태학교형 대안학교, 넷째, 종교, 철학 등 고유이념추구형 대안학교, 다섯째, 다문화교육형 대안학교 등으로 구분된다.

현재 한국의 대안학교가 처한 가장 중요한 문제는 사회적 인정의 부재, 재정적 지원의 결핍, 그리고 대안학교 간의 질적 차이이다. 대안학교에 대한 한국 정부의 공식적인 인정이 신중하게 변했다고 해도, 이를 주도하는 진보교육에 대해서는 여전히 널리 인정되지 않고 있다. 즉 대학에 진학하기 위해서 그리고 테스트 결과와 성적에 대한 국가의 엄격한 교육테스트 때문에 정규 교육이 더 선호된다. 같은 이유로 한국정부는 대안학교를 재정적으로 적극적으로 지원하지 않는다. 따라서 한국의 많은 대안학교들은 파산의 위기 앞에 서 있다. 특히 학생들로부터 수업료를 받지 못하거나 받지 않는 학교들이 그렇다. 대부분의 동아시아나 북한 이주자 가족들은 재정적으로 곤궁하다. 따라서 이들은 일상생활을 위해 정부의 복지시스템에 의한 보조를 필요로 한다. 따라서 이들은 대안학교를 필요로 하지만 별도로 지불할 수 있는 능력이 없는 관계로 학교에 가지 못하는 실정이다. 이로써 교육 불평등의 악순환 고리가 형성된다. 또한 이들에게 사교육을 받는 다는 것은 환상이다. 이는 대안학교 간의 차이가 발생하는 근거이기도 하다. 상류층의 부모들에 의해서 지원받는 극히 일부의 대안학교에서는 다양한 학교 커리큘럼 그리고 방과 후 프로그램을 제공하기도 한다. 그러나 재정적으로 취약한 대안학교들에서는 특별과정프로그램 같은 것을 만드는 소수가 될 수 없다.

2) 평생교육 운동

(1) 지구촌시대와 평생교육

오늘날 우리는 지구촌 시대(Globalization)를 살고 있다. 지구촌이 하나가 된 것이다. 특히 사이버 모바일 시대가 열리면서 이제 국경도 의미가 없고 민족도 의미가 없다. 반면, 국가는 자국의 이득과 생존권을 사수하기 위해서 극단적인 경쟁체제에 돌입하고 있다. 특히 국가의 보호막이 사라진 무한경쟁의 시대를 맞아 세계 각국은 모든 개인들도 망망대해에 던져진 어부처럼 살아남기 위한 몸부림을 치고 있다.

지금 모든 국가는 국가구성원 즉 국민 개개인의 대외경쟁력을 높이기 위한 교육 즉 국민의 인력자원개발(Human Resource Development)를 국가동력으로 간주하고 있다. 이는 단순히 국가 사회적 수요에 부응하기 위한 기술 인력의 개발이라는 차원을 넘어서 국민개개인의 능력을 다원적으로 개발해 주고 그들의 잠재력을 최대한 개발해 냄으로써 인적자본(Human Capital)을 최대화시키려는 교육전략이기도 하다.

이를 위해 학교는 물론 가정과 사회의 모든 교육기관이 교육력을 총 결집하는 총체적 교육의 시대가 요청된다. 신자유주의 시장경제의 원리에 따라 움직이는 신자본주의 사회에서 기업의 교육적 역할도 크게 부각되고 있다. 이미 다수의 기업들이 이와 같은 본격적인 국제화 시대에 생존하기 위하여 필승의 전략으로 세계적인 경제 전쟁을 선포하고 이를 위한 전략의 모색에 총력을 기울이고 있다. 살아남느냐 도태되느냐의 기로점에서 그들은 '세계적인 초일류기업으로 가는 길'이라는 캣치플레이즈를 내걸고 벤치마킹(Bench Making)이나 리엔지니어링(Re-engineering)전략 등과 같은 첨단의 기업경영 혁신을 위한 신기법을 도입하여 세계적인 초일류 기업으로 성장하기 위한 차별화 전략과 새로운 노하우의 축적에 전력을 기울이고 있다.

따라서 교육에 대한 새로운 사회적 수요와 요구에 적절히 부응하지 못한 채 전근대적 부문으로 비판받고 있는 학교교육, 심지어 '21세기의 아이들에게 20세기의 교사가 19세기적인 교실 속에서 19세기적인 교육내용으로 교육을 시키고 있다'라는 풍자적인 교육비판론이 제기되고 있는 교육부문에서도 총체적인 위기 타개를 위한 발상의 전환과 새로운 패러다임의 변혁이 요청되고 있다. 이러한 변화의 흐름과 함께 기존의 학교본위, 학교만능의 교육을 넘어 모든 교육의 부문이 총체적으로 연계되고 교육력이 극대화되는 새로운 교육체제로서 평생교육이 요청되고 있는 것이다.

(2) 하이테크 시대와 평생교육

오늘날 사회는 첨단의 하이테크(high-technology)가 부상되고 기술변동이 가속화되는 시대를 맞고 있다. 디지털정보통신의 혁명과 인공지능의 시대는 우리의 삶의 모습을 급격하게 변화시키고 있다. 이를테면, 하이테크 소사이어티, 컴퓨터와 인터넷을 통한 유토피아 사회라 불리는 컴퓨터피아 시대가 도래하고 있다. 인류가 지금까지 체험해왔던 육체노동력 및 기계노동력의 에너지원을 넘어 인간의 두뇌에 의한 창의적 지력과 인공지능에 의한 에너지원이 주도하는 사회로 이행되고 있다.

1982년 타임지(Times)가 올해의 인물로 사람이 아니라 컴퓨터를 선정한 이래로 컴퓨터는 이미 우리의 일상이 되었으며, 더 이상 육체와 정신을 분리될 수 없는 상황이 되고 말았다. 1946년 펜실베니아 대학의 머큘리(Maculy)와 에커트(Eckert)에 의해 단순히 계산을 신속하게 할 목적으로 만들어진 에니악(ENIAC: Electronic Numerical Integrator And Calculator)이라는 세계 최초의 컴퓨터는 18,000여개의 진공관을 사용한, 무게 30톤으로 교실만한 크기의 거대 컴퓨터였던 반면, 1980년대에 이르러서는 손톱만한 크기의 칩(chip)에 수십 만 개의 트랜지스터 사회를 연결시킨 초고밀도 집적회로(ULSI)가 발견되면서 급속한 속도와 대용량의 기억 능력을 가진 컴퓨터가 등장하게 되었다. 이후 컴퓨터 테크놀로지는 극소화, 초정밀화, 최대용량화되면서 인간의 삶을 송두리째 바꾸어 놓았다. 특히 아이폰(iphone)의 탄생은 우리 현대인의 삶에 일대 혁명을 가져다 주었다.

이제 컴퓨터피아의 세계가 도래하면서 지식의 세계는 급격하게 요동치고 있다. 모든 정보와 지식은 이미 컴퓨터 속에 저장되어 있다. 이러한 상황에서 교육은 더 이상 지식전달의 방식으로 생명력을 유 지할 수 없다. 교육도 한번 받으면 종료되는 개념이 아니다. 결국 급변하는 지식세계를 살기 위해서는 계속적으로 교육을 받아야 하며, 학교를 떠나 일터에서 재교육(再教育, re-education)을 받아야 한다. 또한 일터에서 다시 학교를 찾는 순환교육(循環教育, recurrent education) 역시 낯선 개념이 아니다. 이제 계속교육, 재교육, 순환교육 등은 선택이 아니고 필수가 되었다. 왜냐하면 급속한 기술변동에 의해서 지식의 세계가 급변하기 때문이다. 결국 이러한 계속교육, 재교육, 순환교육은 평생교육의 개념으로 발전하게 된다. 이렇게 본다면, 21세기 디지털정보통신혁명으로 가속화되는 지식사회는 평생교육과 맥을 같이 한다고 할 수 있다. 또한 인터넷 혁명을 통하여 학교의 개념도 사이버 스쿨, 사이버 대학, 무크(MOOCs: massive open online courses) 등의 개념으로 전이되고 있다.

3) 지식정보화와 평생교육

현대 사회는 고도의 지식정보화를 특징을 하고 있다. 지식정보화 사회는 지식 정보의 폭증과 지식 노후화를 통한 지식정보의 수명단축 현상을 특징으로 하고 있다. 미래학자들에 의하면, 연간 15만종 이상의 새로운 지식정보가 폭증하며 그 중 절반에 가까운 지식정보는 1년 이내에 못쓰게 되어버린다. 지식정보의 조기노후화와 수명 단축현상이 일어나고 있는 것이다. 심지어 첨단과학기술분야와 공학분야의 경우 지식정보의 수명이 3개월 미만인 것으로 추정되기도 한다.

과거의 전통적인 사회에서는 한번 배운 지식이나 한번 습득한 정보의 수명이 수백에서 수 십년 이상 지속될 수 있었다. 따라서 20세에 학교를 졸업할 때의 지식정보는 70세에 수명이 다할 때까지 큰 불편없이 유용하게 활용할 수 있었다. 그러나 미래사회에서는 최소 1년 단위로 지식 정보가 변화되어 버린다. 따라서 부단히 지식정보를 습득하고 갱신하는 노력이 '학습'(learning)을 통해 이루어져야 한다. 과거에는 한번 학교에서 배운 지식이나 정보를 평생토록 유용하게 쓸 수 있었으나, 21세기 신문명사회에서는 학교 이후의 학습 즉 계속학습, 재학습, 향상학습, 순환학습 즉 평생동안 학습을 하지 않으면 '새로운 의미의 문맹자'가 된다.

> "고대 로마시대에 있어서 인간의 수명은 짧았다. 평균 25-30세 정도에 머물러 있었다. 이 당시 사회, 문화적 변화는 50여년의 주기를 갖고 있었다. 르네상스 시대에 있어서 인간의 평균 수명은 40-50세 정도였으며, 문화적 사회변동 역시 50-60년 정도였다. 19-20세기 이후 인간의 평균수명은 70세를 넘게 되었고, 반면 사회, 문화적 변동의 평균수명은 20년 정도를 넘어서지 못했다. 그로 인해 한 개인은 그의 삶을 자연적으로 마칠 때까지 최소한 3-4번의 사회, 문화적 변동을 경험하지 않을 수 없게 되었다(Knowles, 1980: 5)

이처럼 '알아야 할 것, 들어야 할 것, 배워야 할 것'이 폭증되는 사회에서 현대인은 자신의 분야에 대한 최신의 지식 정보를 얻고 이를 부단히 갱신하지 않고는 더 이상 일을 계속하거나 그 분야에서 생존하기 어려운 시대를 맞고 있다. 지식과 정보의 지속적인 습득이 직업과 일 그리고 직장을 존속시키는 최고의 무기가 되고 있는 지식정보화 시대에 평생교육과 평생학습의 개념은 삶의 필수기제가 되고 있다.

(4) 실력·능력주의 시대와 평생교육

21세기 미래 사회는 연고주의, 지연주의와 학벌주의에 의해 움직이던 전통사회와 달리 실력과 능력 그리고 경력에 의해 좌우되는 메리토크라시(Meritocracy Society)의 사회이다. 어느 학교 출신이냐를 따지는 일류 지향적 학벌 위주의 학력주의(學歷主義)보다는 그 개인이 어떤 일을 얼마나 잘할 수 있는가 하는 '능력 변수' 와 어떠한 경험과 이력을 가지고 있는가 하는 '경력변수'가 훨씬 더 중요한 자질평가의 준거가 된다. 이때 능력변수를 측정하는 기준의 하나는 '자격증'이다. '제3의 인격'이라고까지 불리는 자격증은 사람의 능력과 전문성을 측정하는 바로미터의 역할을 하게 될 것이다. 특히 전문직의 경우 당해 분야의 유관 자격증을 어느 정도 보유하고 있는가가 사람을 평가하는 준거로 작용하고 있다. 이러한 사회에서 실력을 쌓고 자격을 획득하기 위한 개인의 부단한 자기개발 필요는 새로운 교육이념으로서의 평생교육으로 연결되게 된다.

(5) 급변하는 직업세계와 평생교육

오늘날 직업세계는 빠른 속도로 변화하고 있다. 산업혁명 당시 불과 400여종에 불과하던 직종이 오늘날에는 수십 만 종으로 증가되었다. 새로운 직종의 빠른 속도로 분화·확산되고 있으며 직업 세계의 세분화와 전문화가 일고 있다.

미래 학자 드럭커(Peter Drucker, 1909-2005)에 의하면, 과거 농경사회에서는 인간의 육체노동력이 삶을 주도하였지만, 18세기말 유럽의 산업혁명 이후 기계노동력이 대치했다. 그러나 불과 100여년 만에 인류는 이제 다시 인간의 지력이 이 모든 에너지원을 대치하는 제 2의 산업혁명을 체험하고 있다. 이로 인해 점차 노동시장 내에서 지식산업이 되고 있으며 '지식 노동자'(Knowledge worker)가 GNP 또는 전체 노동시장의 2분의 1이상을 차지하고 있다. 급격하게 산업구조와 직업구조의 변화가 초래되고 있는 것이다. 이러한 시대에 급변하는 직업세계에 대처하고 이들 직업세계에서 생존전략으로 전문성을 기르기 위해서는 필연적으로 직업적 성취를 위한 계속교육, 재교육, 향상교육 등을 필요로 하게 된다.

왜냐하면 모든 직업인들에게 해당되는 직종의 세분화와 다양화와 전문화의 요구는 자신의 직종에 있어서의 생존을 위해 필연적으로 부단한 자기학습과 정보 습득을 하도록 요청하고 있기 때문이다. 따라서 미래 사회는 필연적으로 자신의 직업세계에서의 생존과 성취를 위한 전문성 함양을 위한 평생에 걸친 부단한 학습을 요청하게 된다. 이러한 평생교육은 일부 전문직의 문제만이 아니라 직업의 세계에 임하는 모든 직업인들의 필생의 과제로 요청됨으로써, '모든 이를 위한 평생교육'(lifelong education for all)의 필요를 절감하게 한다.

(6) 인공지능의 시대와 평생교육

21세기는 테크놀로지의 시대이다. 하이테크놀로지의 결정판인 인공지능(AI: artificial intelligent)은 인간의 창조물이다. 만약 기계가 인간의 지능을 가지고 일을 한다면 어떤 일이 발생할까? 이러한 상상력으로 개발해낸 인공지능은 실제로 인간의 지능과는 전혀 다르게 만들어진다. 즉 우리 인간의 지능은 자신만의 것이지만, 인공지능은 '나의 지능'이 아니라 '우리 모두의 지능'이 조합되어 인공적으로 만들어진 작품이다. 다시 말하면 개인의 지능은 태어나면서 자연스럽게 주어진 것이지만, 인공지능은 말 그대로 인공적으로 이 사람의 지능과 저 사람의 지능을 조합하여 만들어낸 인공(人工)의 지능이다.

인공지능은 이세돌과 인공지능 알파고(alpha Go play) 간에 벌어진 세기의 대결을 통하여 세간에 알려졌다. 물론 퍼지컴퓨터(pussy computer)로부터 시작된 인공지능개발의 역사는 이보다 훨씬 이전이다. 하여간 이 대결은 이세돌이라는 개인과 알파고라는 '집단지성'(collective intelligence)의 대결이었다. 결국 승부에 관계없이 이세돌이라는 개인의 지능과 알파고라는 집단지능은 차원이 다른 것이다.

이제 세상은 인공지능이 지배하는 시대가 될 것이다. 왜냐하면 이미 세상은 테크놀로지가 지배하는 세상이 된지 오래이다. 모든 것이 테크놀로지의 발전에 따라 재편된다. 정치도, 경제도, 사회, 문화 그리고 교육훈련도 모두 테크놀로지의 지배권에 들어 있다. 테크놀로지의 발전에 따라서 모든 삶의 양식도 변화한다. 삶의 내용, 방식, 신념, 생각, 철학 등이 모두 테크놀로지의 변화 방식에 따라 재편된다. 이렇게 본다면, 하이테크놀로지의 정상이라고 할 수 있는 인공지능이 세상을 지배할 수밖에 없다. 그러나 인공지능이 세상을 지배한다는 말은 디스토피아(Distopia) 즉 테크놀로지의 지배권에서 인간이 신음한다는 의미가 아니다. 반대로 테크노피아(Technopia) 즉 테크놀로지의 쾌거로 세상은 보다 유토피아 세상이 된다고 속단할 수도 없다. 왜냐하면 인공지능은 이미 우리 인간의 세상에 테크놀로지의 발전(개발) 방향을 틀어 놓았기 때문이다. 이제 인간이 기계를 만들어 놓고 기계의 노예가 될 것인가 아니면 여전히 기계의 주인이 될 것인가 하는 이분법적 논쟁은 의미를 잃는다. 왜냐하면 인공지능은 딥러닝(Deep Learning)의 방식을 통해서 만들어지고 작동하기 때문이다. 따라서 미래 사회가 테크노피아냐 아니면 디스토피아냐 하는 이분법적 논쟁 대신 인공지능의 시대에 우리에게 요청되는 것은 인공지능이 어떻게 딥러닝을 통해서 이세돌을 이길 수 있었는가에 주목해야 한다.

인공지능은 수많은 경우의 수를 논리회로 즉 알고리즘으로 정리하여 그때 그때 발생하는 상황에 대처할 수 있도록 만들어진 프로그램으로 만들어진 기계이다. 따라서 이때 인공지능을 가진 기계가 다양한 상황에 대처할 수 있는 능력이 있다는 것을 딥러닝한다고 하는 것이다. 이는 마치 인간이 다양한 방식으로 다양한 상황에 대처하기 위해서 깊게 학습한다는 의미로 수용된다. 물론 인간의 딥러닝과 인공지능의 딥러닝은 같은 말이 아니다. 그럼에도 불구하고 동일한 의미로 수용된다. 왜냐하면 결과가 거의 구분이 되지 않을 정도로 나타나기 때문이다. 한마디로 상황판단이 동일한 것이다. 즉 이세돌도 상황판단을 하면서 바둑을 두는 것이고 알파고 역시 상황판단의 알고리즘을 작동하여 상황에 대처하는 것이다. 그러나 이세돌의 상황판단 방식과 알파고의 상황판단은 전혀 다른 차원이다. 인간은 지식, 정보, 분석력, 이해력, 논리, 판단력, 직관 등을 활용하여 상황판단을 하지만, 인공지능은 수많은 경우의 수를 모아서 A의 경우에는 'A'로 대응한다는 식의 알고리즘에 의해 상화을 판단하는 것이다. 이렇게 본다면, 인간의 상황판단과 기계의 상황판단은 결과는 같아 보이지만 내용과 절차면서는 전혀 다르다.

그럼에도 불구하고 인공지능은 인간을 이겼다. 물론 대결을 계속한다면 인간과 기계의 승률은 거의 무승부에 가까워질 것이다. 왜냐하면 알파고 인공지능은 게임이론(game theory)에 근거하여 만들어졌기 때문이다. 1995년 노벨 경제학상을 받은 독일의 리하르트 겔텐(Richard Gelten)의 게임이론은 제로-섬(zero sum) 이론을 윈-윈 (win-win) 이론으로 바꾸어 놓았다. 즉 우리의 삶은 제로섬 게임이 되었을 때보다 윈윈 게임이 되었을 때 가장 유익하다. 따라서 알파고라는 인공지능 게임에 적용된 이론적 근거는 윈-윈 게임이론이다.

따라서 인간과 기계의 대결은 서로 한번씩 이기는 결과가 나오기 때문에 마침내는 무승부가 되도록 기획되었다.

하여간 중요한 것은 인공지능은 집단지성의 산물이다. 21세기는 테크놀로지의 시대라고 했다. 그렇다면 인공지능이 탄생한 21세기는 집단지성의 시대라고 할 수 있다. 만약 미래사회가 태크놀로지가 지배하는 세상이라면 집단지성이 지배하는 시대가 된다. 따라서 인공지능의 시대에는 어떻게 우리가 집단지성을 획득할 수 있는가에 주목해야 한다. 그럼에도 불구하고 우리의 학교에서는 여전히 교사중심, 교수자 중심의 '나홀로 지성'에 의해서 교육이 이루어지고 있다. 집단지성은 교수자와 학습자, 학습자와 학습자 간의 상호작용(interaction)을 통해서 획득된다. 이렇게 본다면, 인공지능의 시대에는 교수-학습 방법에서도 변화가 불가피하다. 평생교육과 평생학습은 '학습자(교육수요자) 중심'(learner-centered)으로 이루어진다. 이에 반해 전통적인 학교교육은 '교수자 중심'(teacher-centered)으로 이루어져 왔다. 또한 인공지능을 가능하게 한 집단지성은 딥 러딩을 통해서 활성화된다. 결국 집단지성과 딥러닝은 전통적인 학교교육에서는 불가능하다. 교육을 통한 집단지성과 딥러닝의 목표는 교육의 새로운 패러다임 하에서만 가능하다. 평생교육과 평생학습의 개념은 이러한 교육패러다임과 함께 할 것이다.

3) 평생교육의 본질

평생교육(lifelong education)은 말 그대로 평생동안 교육하고 교육받는 것을 말한다. 계몽주의 시대에 정립되기 시작하고 프랑스 대혁명을 기점으로 확립된 공교육제도는 학교교육(school education)을 중심으로 체계화되었다. 즉 지금까지 교육은 학교교육으로 종료되기에 교육은 곧 한시교육(限時敎育)으로써, 학령기동안 학교교육을 이수하면 더 이상 가르칠 것도 배울 것도 없었다. 그러나 오늘날은 학교교육으로만 살아가기에는 너무도 부족하다는 인식이 지배하게 되면서 급기야 교육과 학습은 한시적으로 종료되어서는 안 된다는 데에 커라단 공감대가 형성되었다.

1965년 유네스코 교육위원회의 당시 국장이었던 폴 랭그랑(Paul Lengrang)은 "평생교육의 시대"를 선언한다. 앞으로 교육은 이제 학교라는 정해진 공간에서 정해진 학령기라는 기간 동안만 이루어지는 것이 아니라, "언제, 어디서라도, 누구든지에게" 개방되어야 하는 전방위의 열린교육이어야 한다. 이는 명실공이 '모든 사람을 위한 교육'(Education for all)이 가능해야 한다는 말과 통한다. 또한 평생교육은 교육의 수직적 통합 즉 "요람에서 무덤까지의 교육이어야 하며 동시에 교육의 수평적 통합 즉 "가정-학교-사회교육"을 동시에 가능하게 해야 한다. 이로써 이제 평생교육은 한시교육으로서의 학교교육과는 달리 '삶에 가장 가깝게 다가가는 열린 교육'으로 부각되는데 충분했다.

평생교육의 원리는 안드라고지(Andragogy)의 원리이다. 안드라고지의 원리는 학교교육의 중심 원리인 페다고지의 원리와 달리, 첫째, 자발성의 원리이다. 반면 지금까지의 학교는 수동적인 교육을 할 수밖에 없었다는 한계가 있었다. 둘째, 현실성의 원리이다. 반면 지금까지의 학교는 미래를 준비하는 교육기관이었다. 그러나 오늘날은 현재와 미래의 구분이 불분명하며 불투명한 미래를 준비하는 것이 비현실적이다. 셋째, 상호작용성의 원리이다. 반면 학교는 어쩔 수 없이 교사와 학생간의 관계는 수직적이고 교사가 일방적으로 가르쳤다. 안드라고지의 상호작용의 원리(Synergogy)에 의하면 교사와 학생은 서로 가르치고 배우는 수평적 관계로서 교육과 학습의 시너지 효과도 볼 수 있다는 장점이 있다. 넷째, 다양성의 원리이다. 반면 지금까지의 학교는 어쩔 수 없이 획일적인 교육을 실시해 왔다. 다섯째, 과정중심의 원리이다. 반면 지금까지의 학교는 결과중심의 교육을 실시해 왔다.

마지막으로 평생교육의 첫 번째 실천적 조건은 교육복지의 차원이다(이상오, 평생교육론, 2005). 즉 평생교육은 제2의 교육기회균등을 위한 교육으로서 소위 패자부활전의 교육이다. 평생교육의 두 번째 실천적 조건은 사회패러다임의 변화에 대한 인식을 직접 반영하는 교육이어야 한다는 점이다. 오늘날 우리는 지식기반사회, 포스트모던 사회, 수평사회에 살고 있다. 따라서 교육의 패러다임 역시 이러한 시대변화의 추세에 따라서 늘 개편되어야 한다. 평생교육은 바로 이러한 새로운 교육패러다임을 실천할 수 있는 새로운 대안이다. 마지막으로 평생교육의 세 번째 실천적 조건은 생태학적 패러다임을 이해하는 것이다.

오늘날 우리는 생태학적 패러다임 속에 살고 있다. 따라서 생태학적 패러다임에 근거한 인간관에 입각해서 새로운 유형의 교육이 이루어져야 한다. 생태학적 패러다임은 인간이 창조적 본능을 가지고 태어났으며 서로 유기적으로 복잡하게 연결되어 있으며 모든 것은 상호의존하고 상호순환한다는 삶의 기본 원리를 알려주고 있다. 따라서 교육 역시 이러한 생태의 원리에 따라 자연스럽게 이루어져야 한다. 평생교육은 자연의 원리에 따라 자연스럽게 이루어지는 자연의 교육이다. 반면 학교는 인간이 필요에 따라 만들어 낸 인위적인 교육의 장소이며, 일정한 기간동안만 진행되는 한시교육(限時敎育)의 폐쇄공간이다.

2. 학습사회의 출현

1) 학습권 사상과 학습사회론

(1) 학습권(學習權) 사상

21세기 평생교육은 교육패러다임의 전환이자 대안적 교육개념으로 이해되고 있으며 심지어 새로운 교육정책의 차원으로 발전하고 있다. 오늘날 평생교육에 대한 연구의 주 흐름은 전통적인 교육과정을 새로운 시각으로 통찰하도록 자극하고 있다. 전통적인 교육의 권위는 이제 개인의 창의성과 능력개발을 중요시하는 "학습권(the right to learn, 1985년 파리 UNESCO 국제회의)"의 사상을 수용하고 있다. 즉 평생교육이 언급하는 교육 과정의 개념은 우리 인간의 "학습"본능을 재고하게 된 셈이다. 왜냐하면 학습은 교육에서 매우 동적인 개념이기 때문이다. 급변하는 사회에서 동적인 학습의 개념에 대한 본질 규명은 교육의 현장에서 보다 중요하고 구체적인 과제가 되었다. 실제로 동적인 개념으로서 학습 본질은 원래부터 우리의 삶의 본질에 가장 가까이 있다.

이제 교육과정은 전통적인 학교교육에서의 핵심이었던 순수한 지적 영역에 국한되지 않고, 삶과 존재(being)의 모든 차원을 포함한다. 이는 1972년 Faure 보고서에서 시작된 "존재로의 학습(learning to be)"의 내용과 의미를 계승한다. 존재로의 학습은, 첫째, 삶의 다양한 문제, 도전 그리고 위기에 맞설 수 있는 전체적 삶의 능력을 배양하는 학습이며, 둘째, 끝없는 자기 개발(self-development) 과정으로서의 학습이다. 한마디로, 21세기 평생교육은 "존재로의 학습"을 위한 기본 조건이어야 하며, 부단한 자기 개발을 위한 환경이어야 한다.

1980년 중반부터 UNI(Unesco Institute of Education)는 데이브(Dave)의 주도 하에 "평생교육을 위한 학습의 기초 영역"을 선정하고 분석하는 작업을 시작했다. 즉 이들은 평생교육의 시대를 살아가는 우리가 그야말로 평생 동안 교육받고 학습해야 할 기초 지식 영역들이다. 아울러 이들은 끊임없는 평생교육의 연그 대상이며 평생교육 실천의 내용, 방향 그리고 목표를 정위한다고 간주되었다. 이른바 커뮤니케이션(communication), 신체적 인간(corporal man), 시간(time), 공간(space), 예술(art), 시민(the citizen), 윤리적 영역(the ethical domain), 테크놀로지(technology) 그리고 과학적 영혼(the scientific spirit)이 그것들로서 총9개의 영역이다. 그런데 이러한 9개의 영역들은 별개로 독립될 수 없이 서로 엇물려 있으며, 반드시 학제간의 연구를 통하여 연구 대상물로 자리 매김할 수 있는 속성을 가지고 있다.

1986년 UNI는 각각의 전문 분야에서 독특한 이론을 구축하고 있는 세계 각국의 전문학자 군을 선정하여, 이들에게 각각 페이퍼를 받아서 한 권의 책으로 펴냈다. 물론 평생 학습의 영역에 대한 개개의 연구는 학제간의 연구로서 진행되었다. 또한 "서론"과 "개별 연구를 종합한 내용"은 랑그랑(Paul Lengrand)이 맡았다.

그는 우선 학교와 사회변화의 관계를 분석하고, 분석의 결과를 토대로 "새로운 교육 질서"를 구축하고자 했다. 그에 의하면, 시대가 요구하는 "새로운 교육 질서"는 무엇보다도 "계속교육"과 "성인교육"에의 강조를 통하여 접근될 수 있다. 이는 전통적인 한시교육으로서의 학교교육과 학령기의 과학 미신에 대한 정면 도전이었다. 그가 의미하는 새로운 교육질서는 평생 동안 계속되는 교육에의 실천을 의미한다. 이는 그동안 전통적 학교교육의 틀 속에서 점차 위상을 상실하여 온 "계속성", "창조성" 그리고 "학습"의 개념에 대한 향수에서 비롯된다. 그는 이러한 잊혀진 인간적 교육 개념을 다시 교육의 현장에 부각시킴으로서 평생교육론의 가능성을 찾고 있다.

한마디로, 랑그랑에게 이러한 세 가지 개념으로의 회귀는 평생교육론 주창의 근거가 된다. 그러나 이 세 가지 요인들은 따로 떼어 내어 별도로 언급하기 어렵게 서로 엇물려 있다. 이러한 엇물림은 더 나아가 평생교육론에 근거를 제공하는 학습 개념의 본질을 전체적(holistic)으로 해석하게 한다. 한마디로 계속성과 창의성이 결여된 학습은 본질 상 불가능한 것이다. 또한 전통적 학습 개념으로는 평생교육을 위한 학습의 계속성과 창의성이 보장되지 않는다. 따라서 평생교육의 기초를 위한 학습 영역을 발견하는 일은 "존재로서의 학습" 즉 "생존 그리고 삶으로서의 학습"에 중요한 토대를 제공하게 된다.

평생교육을 향한 개념적 엇물림의 과정은 결국 학습의 개념으로 귀결된다. 평생교육을 가능하게 하는 학습 개념은 "학습사회론(Learning Society Theories)"의 탄생으로 보다 구체화된다. 평생교육의 1차적 환경을 구축하는 학습 행위를 통해 우리는 자아실현, 완전한 인간, 교육 평등, 참된 가치 실현, 삶의 질 향상에 접근한다. 결국 평생교육의 기초로서 학습 영역을 발견하고 탐구하는 작업은 평생교육 연구의 중핵과제가 된다.

구체적으로, 커뮤니케이션의 학습은 평생 동안 언어적 관계 형성에 기여하고, 신체적 인간에 대한 학습은 감성적 차원을 과학적으로 이해하도록 한다. 시간과 공간의 영역은 유한자로서 태어나는 인간이 평생 동안 터득해야 할 학습과제가 되며, 예술 영역은 우리의 삶과 정신의 객관화인 문화 이해의 본질로서 그리고 심미적 감각의 발달을 정리하는 커뮤니케이션의 기준으로서 우리가 평생 동안 학습해야 하는 지적 탐구의 대상이 된다. 또한 인류의 역사를 시민권 사상의 발달이라고 본다면, 오늘날 소비자 주권 시대는 시민권의 성숙을 부추기는 민주주의를 보장한다. 민주주의는 계속 되어 가는 과정이다.

따라서 이 역시 평생 동안 우리가 학습해야 할 과제 영역이다. 인류의 역사는 공동체 문화를 누가 얼마나 어떻게 창조하고 유지하고 발전시켰는가와 결부된다. 우리가 가장 가치 있게 살아남을 수 있도록 하는 윤리적 영역에 대한 학습은 평생 동안 중단될 수 없는 학습의 이슈이며, 테크놀로지의 발전과 과학적 영혼의 문제는 한시교육으로서의 학교교육으로 완전히 해결될 영역이 아니다. 그러나 가장 중요한 사실은, 우리가 이러한 학습의 영역들을 전체적 맥락(context) 속에서 "계속적이고 창조적으로" 학습할 때 비로소 새로운 시대의 교육대안으로서 그리고 개혁교육의 새로운 패러다임으로서 평생교육의 위상은 정립될 수 있다.

(2) 학습사회론

평생교육의 사회학적 기초는 "학습사회론"의 성립으로서 교육실천의 대안적 틀을 갖추게 된다. 학습사회라는 개념은 "학습심리"와 "사회화"의 개념처럼 오랜 역사를 가지고 있지만, '학습사회'라는 용어는 허친스(Hutchins)의 『학습사회론(1968)』이 출판된 것을 계기가 되었다. 물론 이는 학습사회론의 총론에 해당된다고 할 수 있다. 그 후 각론으로서 1972년 유네스코의 교육위원회에 제출된 포르 보고서(Faure Report)가 "존재를 위한 학습"(Learning to be)이라는 제목으로 작성되었으며, 그 이듬해인 1973년에 미국 카네기 고등교육위원회에 제출된 보고서인 "학습사회를 향하여"(Toward a Learning Society)는 학습사회라는 용어를 보편화시키는데 기여했다. 1990년 유네스코에서 주장하는 "Education for All"이나 1996년 OECD에서 개최된 회원국 교육장관들의 코뮤니크 보고 형식으로 발간된 "Lifelong Learning for All"은 모두 학습사회론을 토대로 하는 평생교육정책론이었다고 할 수 있다.

① 허친스의 학습사회론

허친스에 의하면(1968), 학습사회는 단순히 교육기회의 확대만을 의미하지 않는다. 단순히 성인에게 교육의 기회가 개방되어 있다고 해서 그 사회가 학습사회가 되는 것은 아니다. 또한 교육제도가 잘 발달되어 있다고 해서 그 사회가 학습사회가 되는 것도 아니다. 허친스가 주장하는 학습사회는 "모든 사회구성원에게 언제라도 접할 수 있는 다양한 형식의 교육기회가 열려 있어 그들에게 다양한 교육을 제공할 수 있을 뿐만 아니라 세 가지 일, 즉 학습과 자아 실현 그리고 인간화라는 삶의 가치 전환에 성공한 사회를 의미한다(Hutchins, 1968: 164).

학습사회에서의 학습은 인생의 한 시기에 특정 장소, 특정 시간, 특정 내용을 가르치는 것이 중심이 되는 그런 교육이 아니다. 사회구성원 전체를 대상으로 정시제 혹은 기타 시간의 융통성을 부여하는 교육이 가능하며 그런 교육이 중심이 되는 사회를 의미한다. 이때 학습사회의 목표는 평생학습을 통한 자아 실현에 있다. 학습사회의 목적은 직업 획득만을 위한 것이 아니다. 인간의 자아 실현에 대한 가치가 우선되지 않고는 학습사회의 실현은 불가능하다.

전통적인 교육은 다분히 생산과 소비라는 두 개의 연결 고리에 국한된 교육이었다. 개인들은 좋은 직업을 얻기 위해 사회는 양질의 산업인력을 양성 배분하는 일에 국한된 목적 지향의 교육이었다. 교육은 정치, 경제, 사회 발전에 있어서 중요한 기능과 역할을 수행한다는 인식 아래 인간을 자본 혹은 소비재로 보는 경제학적 시각이 지배적이었다. 1960년대부터 교육이 경제발전에 기여한다는 생각은 슐츠(Th. W. Schultz, 1963)를 비롯하여 여러 경제학자들에 의해 보다 구체화되었다. 이때부터 초 중등의 학교교육은 경제 성장 특히 국민 총생산의 증가에 기여하는 체제로 개편되었다.

전통적인 고전적 경제발전이론은 경제 성장의 요인으로 노동과 토지 그리고 물적 자본을 들었다. 그러나 산업화가 촉진되면서 질적인 노동력이 생산경제를 좌우한다는 연구결과가 속출하면서 인간자본론(human capital)이 득세하게 된 것이다. 그러나 1960년대 중반부터 이러한 인간자본론에 입각한 인력교육에 대한 교육투자에 강한 의문이 제기되기 시작했다. 특히 교육경제학자이며 교육의 사회학자들인 보울스와 긴티스 같은 급진론자들은 슐츠 등 인간자본론을 주창하는 학자들의 논리를 비판하고 나섰다. 즉 이들에 의하면 인간자본론은 교육을 경제의 시녀로 전락시키는 관점이다. 특히 교육의 인본주의자들은 교육은 경제나 정치의 수단이 아니고 그 자체가 목적이 되어야 한다는 이상론까지 들고 나왔다. 이러한 논리는 교육과 학습이 자아실현을 궁극의 목표로 계속적이고 평생 동안 수행되어야 하는 영역임을 요구하기 시작했다. 결국 허친스는 인간에게 교육과 학습은 성인기 이후에도 계속되어 평생 동안 지속되어야 함을 주장하면서 이는 인간성 상실을 방지하는 차원에서도 중요함을 피력했다. 학습사회는 이러한 평생교육의 실현을 가능하게 한다.

② 유네스코의 학습사회론

1972년 유네스코 교육개발 국제위원회에 제출된 포르 보고서는 "존재를 위한 학습론"을 모토로 하고 있다. 이는 종전의 학습 개념인 "지식을 위한 학습"(learning to know)과 "소유를 위한 학습"(learning to have)의 개념에 대한 새로운 학습개념의 제시이다.

오늘날 정보통신혁명은 인간을 육체노동으로부터 해방시키고 지식노동사회를 가속화시키고 있다. 수명이 늘어나고 여가 시간이 늘어나면서 학습할 수 있는 조건도 향상되면서 평생학습에의 욕구는 점점 더 커지고 있다. 합리와 이성으로 대표되는 모던의 시대가 포스트모던 즉 탈합리, 탈이성으로 대변되는 탈현대의 시대로 변화되면서 우리는 문화적 감성이 폭발되는 사회를 맞고 있다. 다양성의 사회가 도래한 것이다.

이제 이러한 다양성과 탈형식의 사회를 맞아 교육은 일정한 틀과 형식을 기초로 하는 공교육 및 형식교육 일변도의 교육관에서 벗어나야 한다. 우리는 이제 삶의 질을 추구하는 과정에서 자아실현으로서의 자기교육을 중시하는 "학습의 시대"(The Learning Age/ T. Blair)를 맞고 있다. 전통적인 교육관은 수동적인 인간을 강조하였다. 이제 새로운 교육관은 능동적 인간과 그의 창의성 또는 창의적 잠재 본능에 초점을 맞추고 있다. 심지어 우리는 이제 생존 그 자체를 위하여 지식을 창출해야 하는 운명을 맞고 있다.

과거에 우리는 "알기 위해 학습하고. 소유하기 위해 학습"하였다. 그러나 오늘날 우리는 '존재를 위한 학습'을 해야 한다. 유네스코 포르 보고서의 핵심은 바로 이러한 '탈소유의 양식을 위한 새로운 학습관'의 강조이다. 학습사회에서 학습은 더 이상 소유를 위한 학습이 아니라 존재를 위한 학습이어야 한다. 우리에게 이 시대의 '존재학습'은 생존전략과도 통한다. 생존하지 못하면 존재할 수 없다. 일례로 기업이 생존하지 못하면 우리는 생존하지 못한다. 반대로 기업이 생존에서 성공하편 이는 곧 성장이다. 따라서 우리는 오늘날 살아남기 위해서는 학습할 수밖에 없다. 생존학습이 곧 성장이고 자아실현이다. 이런 의미에서 존재학습은 생존학습과 그 맥을 같이한다. 또한 이는 종전의 '소유학습'이 아닌 '탈소유 학습'이어야 한다. 권력 또는 지위 등 하여간 무엇인가를 가지기 위한 목적으로 학습하던 시대는 이미 지났다. 무엇인가를 가지기 이전에 무학습과 무지(Nichtwissen)는 생존 자체와 존립 자체를 위협한다. 지식기반사회는 이러한 논리를 보다 명백히 한다. 또한 탈소유 학습이라는 것은 지식을 한번 소유한 것으로 모든 것이 끝나는 종래의 교육관에서 탈피하는 것을 의미한다. 탈소유 학습으로서의 존재학습은 지속적인 생존을 위한 학습으로서 자아실현이라는 지속적인 성장을 목표한다. 이는 급변하는 사회에 대한 직접적인 대응이며 변화에 대한 능동적 도전이다.

또한 보고서는 학습사회에서 중요한 인간상은 신체적, 지적, 정서적, 윤리적 차원의 통합에 의한 완전한 인간이다. 이는 과거 계급, 일, 직업, 이데올로기, 지배가치 및 규범 등에 의해 분할된 인간상이 아니다. 바로 이러한 인간상을 가능하게 하는 조건이 학습사회이며 이 사회에서의 학습은 평생 동안 지속될 수밖에 없다(Faure et al., 1972).

③ 카네기 고등교육위원회의 학습사회론

미국의 카네기 고등교육위원회의 보고서(Carnegie Commission on Higher Education, 1974)는 어떠한 교육이든 교육의 목적은 인간의 자아실현에 있다는 점에는 공감하지만 실용주의적 관점을 강조하여 직업교육을 중심으로 하는 학습사회론을 전개하고 있다. 특히 급속하게 고학력화되는 미국사회에서 고학력 인플레의 문제를 사회문제화하고 있는 이 보고서는 중등이후의 교육 즉 post-secondary education의 활성화를 대안으로 하고 있으며 이 영역이 평생교육의 중심이 되어야 함을 강조하고 있다. 이 보고서는 학력주의를 부추기는 졸업장 우선주의와 취업공장으로 전락하는 고등교육은 1960년대 이후 미국 고등교육의 방향을 상실하게 했다고 진단한다. 그 결과 장기간에 걸친 청소년의 교육은 사회로부터의 격리를 의미하게 되었고 이는 청소년과 노동시장의 불균형 문제를 낳게 했다.

이러한 현실에 대해 카네기 보고서는 개인이 노동과 교육, 봉사를 자기의 희망에 따라 자유롭게 선택할 수 있는 새로운 교육 시스템의 도입을 건의했다. 이는 회귀교육이나 순환교육에 의해 가능하다. 즉 일반 성인이나 청소년들에게 중등이후의 초급 고등교육 과정인 지역사회대학(community college) 또는 기술전문대학에의 진학을 확대하여 이들이 시간제로 등록하거나 아니면 계속교육을 통하여 "일과 학업"을 병행할 수 있는 시스템을 구축하는 것이 중요하다. 이로써 이 보고서는 지역사회대학이 활성화되는 계기를 마련해 주었다. 초급 고등교육의 기회 확대 보장은 청소년기에 학교에서 습득하는 자격의 유무로 그 이후의 인생이 구속받지 않도록 하기 위함이며, 이들이 성인이 된 이후에도 평생동안 다양하고 체계적인 학습기회를 보장하는 첫단계로서 중요성을 갖는다.

카네기 보고서가 제안하는 학습사회의 학습 내용은 허친스나 유네스코의 전략보다 더 광범위하고 실용적이다. 허친스는 주로 일반교양을 위한 평생학습을 주장했지만, 카네기 보고서는 여기에다 기술훈련과 준 학문적 프로그램, 비학문적 프로그램을 통한 학습을 포함하고 있다. 보고서는 이러한 폭넓고 다양한 학습 프로그램을 모든 국민에게 장애없이 완전 개방하기 위해서는 학습사회의 건설이 가장 중요한 과제라고 보고 있다. 물론 이 보고서는 노동에의 참여가 인간에게 삶의 질을 보장하고 동시에 그런 활동만이 생활의 중심이라고 주장하는 데에는 비판의 여지도 있다. 그럼에도 불구하고 시대적으로 "현실적인 전환"이 요청되는 가운데에서 시도된 직업기술적 차원의 평생학습사회의 이상은 다른 학습사회론에 비하여 구체적이고 실용적인 목적을 위해 지향되어 있다는 평가도 가능하다.

④ 일리치의 학습사회론

일리치(Ivan Illich)는 자신의 저서 『탈학교사회(Deschooling Society, 1971)』에서 학습사회론을 주장하고 있다. 일리치의 학습사회론은 카네기의 학습사회론에 학습방법론을 제공하고 있다. 그에게서 진정한 교육의 목적은 개인적으로는 자아실현이고 사회적으로는 억압적 요소를 제거하는 것이다. 그러나 지금의 학교교육은 이와 같은 교육을 외면하고 있으며 오로지 국가 발전이나 생존을 위한 수단적인 목적간 추구하고 있다. 이러한 점에서 일리치는 진정한 교육이 이루어지지 못하는 현실에서 제도화된 기존 학교교육은 폐지되어야 한다고 주장한다. 그의 '탈학교사회'(De-schooling Society)에 대한 주장이 그것이다. 물론 그가 주장하는 것은 학교교육이나 교육 그 자체가 아니라, 인간을 억압하는 제도화된 현행 학교교육의 잘못된 측면의 폐지이다.

지금까지의 학교교육은 교사와 학생의 신분이 하나의 고정된 틀로 굳어져 있어 사회가 아무리 급변하여도 이에 따른 새로운 학습을 불가능하게 한다는 비판을 받고 있다. 이러한 폐쇄 구조는 평생교육기관이나 고등교육기관에서도 마찬가지이다. 프레이리는 이러한 현상을 보고 지금까지의 교육은 학생들이 학고라는 교육은행에 공탁금을 예치하고 축적하는 '은행저축식교육(banking education)'이라고 비판한다. 이러한 은행저축식 교육에서는 지식을 주고받는 것이 기계적이고 사무적이다. 학생이 무엇을 어떻게 활용하는지는 학교에서 책임이 없으며 또한 관심도 없다. 프레이리는 은행적립식 교육에서는 다음과 같이 모든 교육이 이분화되어 있다고 주장한다.

첫째, 교사는 가르치고 학생은 가르침을 받는다.
둘째, 교사는 모든 것을 알고 학생은 아무 것도 모른다.
셋째, 교사는 생각하고 학생들은 생각의 대상이 된다.
넷째, 교사는 말하고 학생은 유순하게 듣는다.
다섯째, 교사는 훈련시키고 학생은 훈련을 받는다.
여섯째, 교사는 선택하고 그가 선택한 것을 학생들에게 강요하며 학생들은 이를 따른다.
일곱째, 교사는 행동하고 학생들은 교사의 행동을 통해 행동한다는 환상을 갖는다.
여덟째, 교사는 지식의 권위를 자신의 직업상의 권위와 혼동하고 그 권위로써 학생들의 자유를 억압한다.
아홉째, 교사는 교육과정의 주체이며 학생은 단지 객체에 지나지 않는다.

이러한 교육모델에 있어서 지식은 가르치는 교사가 학습자들에게 제공하는 시혜적인 것이다. 따라서 이러한 교육에 있어서는 학습자의 자유와 자율성, 경험과 지식은 무시되게 마련이다. 은행저축식 교육은 학습자들이 지식을 암기하는 것으로 만족해야 하는 수동적 대상이다. 교육을 통한 자아실현과는 거리가 멀다. 따라서 일리치는 이러한 교육문제를 극복하는 대안으로서 "새로운 학습망(new learningweb)"을 제안하고 있다. 일명 "학습망이론"이다.

일리치가 교육대안으로서 제안하는 "학습망이론"의 요점은 다음과 같다.

첫째, 누구든지 학습하고자 한다면, 인생의 어느 때라도 학습을 위한 필요한 수단이나 교재를 자유롭게 활용할 수 있는 학습망이 구축되어야 한다.
둘째, 자기가 알고 있는 지식과 정보를 다른 사람과 공유하고 교류할 수 있어야 한다.

셋째, 배우고자 하는 모든 사람들에게 학습을 위한 기회가 부여되어야 한다.

일리치의 학습망이론이 나오기 이전에 이미 스웨덴에서는 학습망이론의 배경이 되었던 학습서클(Studiecirkel)이 운영되고 있다. 1894년 학습서클의 창시자 오스카 올슨(Oscar Ollsson)은 학습서클을 지역사회교육의 발전 모태로 삼고 이를 실천했다. 그러나 스웨덴의 학습서클이 본격화된 시기는 제2차 대전 후이다. 스웨덴 정부는 1948년부터 학습서클에 국비보조를 하고 있다. 현재 학습서클의 98% 정도가 국가 보조를 받고 있는데, 국가 보조금을 받기 위해서는 다음과 같은 조건을 갖추어야 한다(Cropley, 1979).

첫째, 학습활동을 4주 이상 최저 20시간(1시간=45분 단위) 실시하거나. 주 2회 이내로 1회 3시간을 넘지 않아야 한다.
둘째, 매 학습서클 모임 시 지도자를 포함해서 5명 이상 20명 이내의 참가자가 있어야 한다.
셋째, 교육단체에 의해 승인된 기본 학습과제틀 사용하며, 교육단체에 의해 인정된 학습지도자가 있어야 한다.
넷째, 특정 과목 또는 과목군의 테두리 내에서 체계적인 학습 활동이 실시되어야 한다.

현재 스웨덴의 학습서클이 채택하고 있는 과목은 대체로 예술분야와 사회과학 분야 그리고 외국어 분야이다.

일리치의의 학습사회론은 지금과 같은 위계 중심의 학교교육이나 비인간화된 학교운영 구조를 해체하고 새로운 학습망을 건설하는 것을 주장한다. 일본의 경우에도 이러한 학습망 이론에 터한 "~를 위한 모임"을 지역자치단체의 지원으로 활성화시키고 있다. 즉 학습을 원하는 사람들은 누구든지 언제 어디서라도 쉽게 접근할 수 있는 조건으로서 열린 학습망은 일리치가 원하는 학습사회의 일차적 조건이다. 학습자의 신분, 연령, 지위, 성별, 인종 등에 관계없이 누구든지 항상 자아실현을 위한 학습을 가능하게 하는 사회적 학습 인프라를 구축하는 것이 바로 '학습사회'의 몫이다. 이러한 학습사회를 구성하는 학습망의 건설은 컴퓨터 혁명을 기화로 확산되는 원격교육 및 사이버교육을 통하여 그 실현 가능성이 급격하게 높아지고 있다.

2) 21세기 평생학습사회의 조건

(1) 학습서클(Learning Circle)

① 학습서클의 역사적 발달

역사상 처음 학습서클(learning circle)의 개념을 탄생시킨 스웨덴은 우리 지구촌의 대표적인 복지국가이다. 이렇게 스웨덴이 세계적인 수준의 복지국가가 된 배경에는 1812년 <영세중립국의 선언>에 이어서 크고 작은 수많은 정치적 노력들이 숨어 있었다. 특히 1880년 정권을 인수한 사회민주당은 당시 산업혁명의 분위기를 타고 생겨난 사회기강해이의 문제를 해결하기 위해서 우선 무절제한 음주문화를 바로잡기 위한 전국민 금주운동, 절제운동을 전개해 나갔다. 또한 1910년부터는 여성의 참정권 확대를 위한 여성참정운동을 추진하였다. 1930년대부터는 노동자들의 인권을 보장하는 사회제도를 마련하기 위한 일환으로 노동조건개선운동을 정부가 주도했다. 그 결과 1940년대에 스웨덴은 노사간의 사회적 협의를 토대로 <살바텐 노사협약>을 체결하면서 사회가 안정국면에 들기 시작한다. 아울러 1960년 들어서는 범지구적 차원에서 반전운동, 평화운동을 전개해 나갔으며, 1980년에는 생태환경보호를 위한 국민운동을 펼쳐나가면서 오늘날 '복지강국 스웨덴'을 만들어 내었다.

그런데 여기서 우리가 주목해야 할 점은 이러한 모든 정치적 성과를 가능하게 했던 장본인은 바로 '시민참여'(civil participation)였다는 사실이다. 즉 모든 정치사회적 사건들과 문제해결을 위해 시민들은 자발적으로 참여하여 중지를 모으는 일이 동반되면서 마침내 '국민운동'(people movement)으로 발전하였던 것이다. 이때 자발적으로 모인 시민들은 자신들의 능력과 취향에 따라 작은 모임을 만들어서 소그룹활동부터 시작했다. 그것이 바로 스웨덴 학습서클의 시작이다.

오늘날 스웨덴 사람들에게 '학습은 일상'이다. 즉 태어나서 죽을 때까지 살아가는 동안 학습은 '자연스러움' 그 자체이다. 그런데 이러한 학습은 곧 교육을 의미하기도 한다. 즉 자신이 학습한 것은 어떻게든 다른 사람에게 가르침으로써 개인과 사회는 발전하며 사회적 문제해결 역시 용이해진다. 오늘날 스웨덴 사람들의 의식구조가 이렇게 된 배경에는 바로 학습서클의 깊은 역사가 도사리고 있다. 지금도 이들은 일단 모이면 학습한다. 즉 이들에게 모임은 곧 학습서클이다. 구체적으로 이들은 소그룹모임 활동을 통하여 서로 무엇인가를 배우게 되고, 이러한 배움을 남들에게 나누어 준다. 배움을 통해서 자기 자신도 성장하지만, 남들에게도 배움을 통한 성장의 기회를 제공함으로써 궁극적으로 '공동체'(community)가 발전한다. 이때 공동체의 성장의 초석이자 최소단위가 바로 학습서클인 것이다.

스웨덴의 학습서클은 거의 모든 지역에서 설립되어 있는 포크하이스쿨(Folk high school)에서 스터디서클(Study circle)을 중심으로 운영되고 있다. 여기서 다양한 학습서클들이 시민 스스로의 자발적인 참여에 의해 자기주도적으로 이루어지고 있다. 포크하이스쿨은 민중대학 내지 국민대학(Folk College)으로 번역되기도 한다. 역사적으로 국민대학의 아이디어는 덴마크의 그룬트비히(Nikolai Fredrik Severin Grundt´vig 1783-1872) 목사에 의해 처음 나왔다. 그러나 실제로 국민대학은 그의 제자들에 의해 설립 운영되었다. 국민대학이란 당시 제도권의 대학(university, college)을 의미하는 것은 아니다. 즉 국민교육의 전당이 된 국민대학(Volkshochschule) 또는 민중대학(오늘날은 '시민대학'이라고도 불림)은 계층적으로는 일반 서민계층(Volk)이었다. 다시 말하면, "국민대학"(Volkshochschule)이라는 용어 속에는 김나지움을 졸업하지 못한 일반국민들도 "대학"에 다닐 수 있다는 메타포가 숨어 있다. 즉 당시에는 귀족신분들만이 대학(university, college)에 진학할 수 있었다. 따라서 국민대학은 상대적으로 일반 서민들의 전유물이라는 의미한다. 따라서 여기서의 '국민'(Volks)은 귀족층의 치하에서 핍박을 받으며 별 특권도 없이 살고 있는 '민중'(民衆)이라는 이데올로기적 개념을 내포하기도 한다.

이러한 이념 하에서 국민대학의 설립운동은 당시 봇물을 이루게 된다. 우선 유럽 국민대학운동의 대부격인 그룬트비히 목사의 저자로 1844년 덴마크의 뢰딩(Rodding)에 최초로 국민대학(Volkshochschule)을 세운 크리스찬 프로(Christian Flor), 향토국민대학(Heinvolkshochschule)의 설립자인 크리스쳔 콜드(Christen Kold, 1816-1870), 1866년에 코펜하겐에 최초의 여성국민대학, 1852년과 1877년 두 차례에 걸쳐 최초의 여성학교, 1857년에는 여성직업학교, 1869년에 성인음악학교를 세운 샤로티 나탈리 찰레(Ida Charlotte Nathalie Zahle, 1827-1913), 1867년 노르웨이에 최초로 국민대학을 설립하면서 노르웨이의 그룬트비히로 알려진 크리스토퍼 브룬(Christopher Bruun, 1839-1901)은 모두 유럽 국민교육운동의 선구자들이다. 특히 덴마크의 국민대학 운동은 19세기 덴마크의 정치적, 경제적, 사회적, 문화적인 격동과 위기 그리고 도전에 대한 직접적인 응전으로 시작되었다.

소위 민중과 국민 그리고 서민 내지 시민을 대상으로 교육을 담당하던 성인교육자들은 성인들을 대상으로 하는 읽고 쓰고 외우는 전통적인 학교교육의 방법 대신 성인들의 일상적 경험(every day experience)에 관하여 자유롭게 대화하고 토론하는 방법을 사용했다. 또한 가르침과 학습의 조화로운 연결을 위한 나레이션(narration)의 방법 즉 자연스럽게 설명하고 형식에 구애됨 없이 자유롭게 이야기하는 테마발제방법도 선호되었다. 이렇게 서로 열린 대화 속에서 진행되는 교육과 학습의 현장은 당시 나폴레옹의 유럽지배라는 시대 상황에 엇물려서 이들에게 조국과 민족의 역사를 새롭게 조명하게 하고 민족저항을 위한 조국애와 민족애를 부추기게 했다. 또한 자유롭게 대화와 토론에 참여한다는 사실만으로도 이들에게 정치적인 참여정신과 시민정신을 일깨우기에 충분했다. 또한 내적으로는 정치-사회적 차원에서 국민대학의 참여자들에게 부여된 일차적인 관심은 당시 국가와 사회의 필수적인 요청인 사회개혁의 문제에 쏠려 있었다. 대화와 토론은 커다란 그룹이 아닌 소그룹 단위로 진행되었으며 이는 친근한 교육적 분위기(pädagogische Atmostphäre)를 만들어 주는 독특한 성인교육의 환경으로 정착되어 나갔다. 일예로 민족주의 성인교육자인 그룬트비히에 의해 주창된 덴마크의 국민대학에서 새롭게 창안해 낸 교수-학습의 내용은 정신의 사회화(socialization of mentality)였으며 방법은 커뮤니케이션의 과정으로 구성되었다(Weitsch, 1919). 또한 기숙사 생활을 통한 공동체의 삶과 "더불어 사는 방법"을 터득하는 프로그램들은 성인교육의 새로운 방법으로 발전되었다. 이는 새로운 지역사회운동과 정치 사회적 개혁으로까지 발전하게 된다.

국민대학을 통한 교육운동은 비슷한 정치적-경제적-사회적-문화적 격동기와 위기상황 및 한계상황을 접하게 된 이웃 독일 및 스웨덴을 위시한 유럽 대륙 각처에서 커다란 사회운동으로 발전되었다. 특히 독일의 바이취(Eduard Weitsch)와 하이넨(Anton Heinen), 오스트리아의 슈타인베르거(Josef Steinberger)와 토이펠스바우어(Leopold Teufelsbauer), 스위스의바르텐바일러(Fritz Wartenweiler) 그리고 영국 기숙학교의 창시자인 챠드베리(Richard Cadbury)는 그룬트비히의 국민대학을 통한 성인교육의 이념과 방향을 계승 발전시키는데 커다란 몫을 해 냈다. 이들 성인교육의 전당으로서의 국민대학들은 당시 국가가 학력을 인정하던 대학(University, College)과는 달리 일반성인계층을 대상으로 한다는 점에서 차별화된다.

이러한 국민대학에서는 바로 학습서클을 교육과 학습의 최소단위로 채택하고 있었던 것이다. 이미 언급한대로 '학습서클(study circle)'은 스웨덴의 1902년 오스카 올슨(Oscar Ulrik

Bernhardin Olsson, 1877-1950)에 의해서 처음 창시되었다. 그는 국민에 의한, 국민을 위한, 국민의 교육이라는 링컨의 구호를 교육에 적용시키면서 당시의 교육현실을 비판하였다. 특히 성인계층을 대상으로 하는 소위 성인교육이 학교교육보다 민주사회건설을 위해서는 보다 중요하다는 의식을 가지고 학습서클을 조직하기 시작했다. 즉 동아리가 학습자 자신들에 의해서 구성되고 조직되어져야 하며 그들의 적극적인 참여가 있어야 한다는 신념하에 실천 기구로서 스터디 서클을 조직하였던 것이다(Blid, 1989). 이렇게 조직 운영되는 학습서클은 지역주민들이 학습활동을 통해서 자기개발과 지역사회개발을 동시에 촉진하는 학습공동체의 일환이다. 특히 올슨은 시민들로 하여금 그들의 국가나 지역사회의 건설에 적극적으로 참여할 수 있는 시민교육을 성공적으로 이루기 위해서는 학습서클 운동이 체계적이고 조직적으로 이루어져야 한다고 생각했다.

그가 창안한 학습서클의 특징은, 첫째, 사람들이 작은 그룹 속에서 때로는 집에서 학습을 하며, 둘째, 학습교재는 거의 없으며, 셋째, 교사는 반드시 필요한 것은 아니며 학습그룹의 리더는 이론적 자격을 가진 사람이 아니라 학습활동의 조직자이면 충분하고, 넷째, 사람들이 스스로 강의를 하거나 아니면 만남 그 자체를 통하여 자신들의 그룹활동을 보충하며, 다섯째, 학습서클에 참여하는 사람들은 사전에 이론적 자격을 취득하기 보다는 많은 양질의 경험을 가지고 있는 것이 중요하며, 여섯째, 이들은 토론이나 논쟁을 통하여 배우고 남들을 배려할 줄 아는 태도를 보여주며 패배를 인정하고 책임감을 공유하며, 일곱째, 이들은 공동체의 정서와 정체감을 공유하며, 여덟째, 이들이 배운 지식은 직접 자신의 일상생활과 관련을 맺을 수 있어야 하며, 아홉째, 학습은 회원들의 기초적 인지 수준으로 시작하면서 이들의 요구에 의해 인도된다.

스웨덴에서 학습서클은 1947년부터 정부의 재정보조를 본격적으로 지원받기 시작하면서 급속도로 성장하였다. 스웨덴 정부는 정부기관으로 우선 성인교육위원회를 만들고 이의 산하에 8개의 학습서클(study circle)을 운영하도록 했다. 당시 스웨덴 정부는 학습서클이 3명 이상으로 구성되는 등 일정한 요건만 갖추면 학습서클을 지정하였는데, 운영진에 대한 경비, 교재비, 운영비의 지원 등이 그것이었다. 그러나 국고보조금을 받으려면 학습은 최소 20시간 이상 지속되어야 하며, 정부보조금은 학습서클 운영비용의 75% 정도를 차지하였다. 특히 장애인이나 이민자들과 소외자를 위한 학습서클의 경우에는 국가가 전액 지원하였다.

2014년 현재 스웨덴 성인의 60% 이상이 학습서클에 가입하여 활동하고 있으며, 전국에 약 35만개의 학습동아리가 운영되고 있다. 스웨덴 정부는 국가적 차원에서 학습서클을 장려함으로써 성인들에게 학습기회를 제공하면서 민주주의 사회의 정착 수단으로 활용하고 있다. 즉 스웨덴의 학습서클은 민주적 학습서클 참여를 통하여 타인의 의견 및 개인의 관점 존중, 학습자의 자율적 참여와 참여자들의 협력학습 그리고 집단에서 도출된 지혜의 사회적 활용 등을 민주주의의 실현의 수단으로 삼고 있다.

결국 스웨덴의 학습동아리는 성인들로 하여금 자기주도적인 학습(self-directed learning)을 통해서 자신의 삶을 잘 설계하고 자신의 소질과 재능을 개발하여 자기개발의 기회를 가지도록 하며, 사회적 맥락에서는 민주시민사회의 일원으로서 성장하게 하는 목적을 가지고 있다. 경제적 차원에서는 자기개발을 통해서 획득된 자질과 능력을 발휘하여 자신들의 커리어를 개발함과 동시에 지역경제의 활성화에 주도적으로 기여할 수 있도록 함을 목표한다. 따라서 국가와 정부는 이러한 학습서클활동에 적극적으로 지원하고 있으며 그밖에 정치적 조직/노동조합/대중운동단체 그리고 지방정부들도 자율적으로 이에 적극적으로 지원하고 있다. 그러나 학습동아리의 운영에서 가장 중요한 점은 학습자들의 '자발적이고 적극적인 참여'이다. 결국 스웨덴의 학습서클은 민과 관이 상호 협력하여 이루어낸 학습공동체의 핵심이라고 할 수 있다.

학습서클의 아버지로 불리는 스페인의 올센은 전국민 절제운동을 성공하기 위해서는 무엇을 어떻게 할 때 가장 효율적이고 생산적일 수 있을까?에 대해 고민했다. 그러나 어느 누구도 기발한 아이디어를 내지 못했다. 그는 이러한 사회현안으로서의 안건을 중심으로 주민들을 그룹별로 모으기 시작했다. 그렇게 결성된 각 소모임을 그는 '공부하는 모임'으로 만들었던 것이다. 왜냐하면 아무도 대책이나 대안이 없었기 때문이다. 즉 그는 지금부터 모두 모여서 공부를 하다 보면 해답을 찾을 수 있을 것이라는 생각이었다. 1902년 그가 도입한 학습서클은 당시 사회운동으로서 부흥기를 맞고 있던 국민교육 내지 성인교육의 운동을 주도하게 된다. 즉 성인교육의 융성과 함께 스웨덴에서 학습서클은 사회운동(social movement)의 핵심이 되기 시작했다. 2015년 현재 스웨덴에는 전국에 11개의 스터디협회(study association)가 역사와 전통을 자랑하며 운영되고 있으며, 매년 약 300만 명이 스터디협회의 회원으로서 참여하고 있다. 물론 스웨덴 정부가 이들 스터디그룹을 행·재정적으로 지원하고 있다.

한편, 미국에서 학습서클의 시작은 1874년 뉴욕의 쇼토쿼(Chautauqua) 호수 모임에서 시작된 성인하계대학 프로그램으로 거슬러 올라가야 한다. 사람들은 미국의 당시 현안이었던 정치 경제적 문제를 두고 모여서 대화하고 토론하고 논쟁하는 학습동아리를 만들었다. 소위 '토론클럽'이 그것이었는데, 이 모임이 바로 미국형 학습서클의 원형이 되었다. 서로 토론하고 논쟁하는 가운데 배우고 가르치는 기회가 주어지면서 마침내 모임의 구성원들의 지혜를 모아서 결론을 내게 된다. 이렇게 하여 19세기 말 미국 전역에 1만 5천여 개의 학습서클이 운영되었다. 그런데 주목할 점은 미국 연방정부가 이러한 학습서클을 지원한 것이 아니라 당시 사립교육재단을 설립하면서 국민교육에 대한 지원을 시작하던 록펠러 재단과 카네기재단이 재정적으로 지원했다는 사실이다. 이로써 미국은 크고 작은 학습서클의 운동이 일게 된다.

20세기 들면서 학습서클은 전쟁의 분위기 속에서 급격하게 줄어들었다. 전쟁으로 모두 죽어가는 상황에서 한가하게 학습하는 것은 무리라고 판단했던 이유도 있겠지만, 사실은 이미 주민과 국민들의 교육과 학습은 1,2차 세계 대전을 치르면서 제국주의자들의 손아귀로 넘어 갔기 때문이었다. 이들은 교육과 학습을 위한 소집단 모임 같은 것보다는 '집단교육, 대량교육, 교육통제, 관리, 감시' 등을 통하여 국민의식의 획일화, 표준화, 대중화를 노렸다. 이로써 제국주의자들은 약소국이나 약소민족들을 자기들의 의도대로 쉽고 빠른 속도로 통제할 수 있었기 때문이다. 이러한 연유로 학습서클은 급격하게 약화되기 시작했다.

결국 제국주의자들의 세력이 약화되기 시작한 1980년대에 들어 학습서클은 예전의 모습을 회복하기 시작했다. 미국에서는 1989년 설립된 스터디서클지원센터(Study Circles Resource Center)의 활발한 지원 하에 오늘날까지 학습서클은 체계적으로 발전하고 있다. 20세기 후반부터 호주에서는 학습서클협회(Learning Circles Australia)가 범국민 학습서클 운동을 주도하고 있으며, 일본에서는 명치유신시대로 거슬러 올라갈 수 있는 '국민사회교육'을 발전시키는 과정에서 학습서클의 역할이 강화되어 왔다. 오늘날 일본의 전역에 산재하는 공민관(公民官)은 일본 사회교육의 센터인데, 공민관은 모든 학습서클을 행·재정적으로 지원하고 있다.

② 학습서클의 본질

학습서클(Learning Circle)이란 말 그대로 '학습하는 동아리 활동'을 의미한다. 영어로 러닝서클(Learning Circle)이라는 용어는 호주에서 처음 사용되면서 오늘날 전 세계에 일반화되었다. 사전적으로 말하면, 학습서클이란 일정한 수의 성인들이 개인적-사회적 이슈나 문제를 해결하기 위해 자발적으로 소모임을 만들어서 정기적으로 만나 함께 학습하는 동아리활동을 말한다.

그러나 이미 오래 전부터 스웨덴과 미국 등지에서도 스터디서클(study circle)이라는 말이 사용되어 왔다. 특히 19세기 후반 스웨덴은 빈곤과 불평등으로 사회양극화의 문제가 심각해지면서 많은 사람들이 신대륙으로 이주하기 시작하였다. 결국 스웨덴에서는 인구가 급격하게 감소하게 되면서 국가경제사정은 보다 더 어려워졌다. 당시 정치가 올슨(Oscar Ulrik Bernhardin Olsson, 1877-1950)은 스웨덴을 강국으로 만들겠다는 신념으로 1900년대 초부터 '전 국민 절제운동'을 펼치고 있었다. 그가 바로 스터디서클을 절제운동에 도입한 것이다. 이런 의미에서 오늘의 역사는 그를 학습서클의 아버지로 기록하고 있는 것이다(Larsson & Nordvall, 2010).

물론 스터디서클(study circle)과 학습서클(learning circle)은 의미가 좀 다르다. 원래 스터디서클이라는 개념은 대학에서 학생들이 삼삼오오 모여 함께 '연구하는 모임'의 의미로 사용되어 왔다. 왜냐하면 연구(study, research, 硏究)는 대학의 중요한 사명이기 때문이다. 따라서 학생들이 모여서 공부하고 연구하는 활동은 모두 스터디(study) 즉 연구(硏究, research)에 해당된다. 그러나 스터디서클의 개념이 안드라고지 즉 '성인교육'의 영역으로 이식되면서, 연구모임으로서의 스터디서클은 '학습동아리'와 동의어로 사용되었다. 여기서 '학습'(學習)이라는 개념은 대학에서의 연구라는 영역과는 좀 다르다. 그러나 학습은 실제로 연구를 포괄한다고 할 수 있다. 일본에서는 학습서클을 지칭하는 용어로서는 '자주학습조직'이라는 개념이 있다. 스스로 자발적으로 학습하는 모임이라는 뜻이다. 이때 학습은 연구를 포함한다. 이를테면, 철도를 잘 이용하는 모임, 온천여행을 즐기는 모임, 유기농을 효과적으로 하는 모임 등 일상생활에서 필요한 것을 함께 학습하고 연구하는 사람들의 자발적인 학습활동모임이다.

하여간 이들 모두는 동일한 주제에 취향과 관심이 있는 이해당사자로서의 성인들이 모여서 공부하고 연구하는 소모임을 뜻한다. 궁극적으로 학습서클에서는 학습하는 즐거움을 통해서 행복한 삶을 영위할 수 있다. 공자 말씀에 '학이시습지불역열호(學而時習之不亦說乎)'라는 말이 있다. 배우고 때로 익히니 이보다 즐거움이 또 있을까. 원칙적으로 학습서클에서는 이러한 학습이 구현되는 것을 목표한다. 구체적으로 학습서클에서 우리는 삶의 영역과 가까운 곳에서 다양한 학습기회에 참여할 수 있으며, 일회성 학습이 아닌 전문적이고 심화된 학습활동에 참여할 수 있다. 또한 공동체 안에서 '나' 개인을 찾고 스스로의 삶을 반성하고 성찰할 수 있는 기회를 경험할 수 있으며, 일상생활에서 요구되는 주제를 중심으로 학습할 수 있으며, 분야별 전문능력을 신장하는 지식이나 소양을 쌓음으로써 자기성장과 자아실현을 이룩할 수 있다. 한마디로 학습서클은 개인과 공동체가 만남으로써 개인의 성장과 공동체의 성장이 함께 이루어지는 교차점이다. 마지막으로 학습서클에서는 지역사회에 닥친 문제의 도출과 해결과정을 공유함으로서 공동선이나 공공의 가치를 추구함으로써 공동체의식을 쌓을 수 있다.

그러나 궁극적으로 국가나 지역마다 다소 차이는 있지만 학습서클은 동일한 지역사회에 살고 있는 주민들(또는 시민들)이 서로 당장 해결해야 할 자신들의 현안(懸案)을 놓고 공동으로 문제해결의 방안을 추구하는 것에 중요한 목표를 두고 있다. 여기서 지역사회의 주민들은 모두 성인학습자가 된다. 만약 지역사회의 현안이 경제적 이슈라고 한다면, 지역사회 주민들로 구성되는 성인학습자들은 학습서클을 통하여 경제현안에 대한 문제해결을 목표할 것이며, 현안이 정치사회적 이슈라고 한다면 정치문제가 현안이 될 것이다.

학습서클은 크게 개인적인 차원과 사회적인 차원에서 기여하는 것으로 평가되고 있다. 우선 개인적인 측면에서 학습서클은, 첫째, 성인학습자인 개개인들이 학습을 통하여 자기개발의 가능성을 신장할 수 있는 기회와 공간을 제공하며, 둘째, 주민(시민)들에게 안정적으로 다양한 정보를 습득하게 하여 실생활을 용이하게 하고 문제해결에 동참할 수 있도록 하고, 셋째, 주민들에게 민주적인 의사소통의 훈련을 통하여 의사결정능력을 향상시켜 줌으로써 생활능력을 강화시켜 주며, 넷째, 학습서클의 구성원으로서 학습활동에 자긍심을 가지게 함으로써 지역사회의 진정한 일원이 되도록 해 주며, 다섯째, 학습을 통한 실천을 통해서 서클에 속한 개인과 개인 간의 동반 성장을 가능하게 한다.

사회적인 측면으로 학습서클은, 첫째, 서클활동을 통한 지속적인 학습으로 평생학습의 문화를 정착하는데 기여하며, 둘째, 지역사회 구성원들이 삶의 주체로 변화하여 자발적으로 지역사회의 발전에 기여하며, 셋째, 지역사회로 하여금 새로운 인적자원을 발굴

하고 전문화된 인적자원을 확보할 수 있도록 해주며, 넷째, 주민들로 하여금 지역사회의 발전을 위해 변화를 주도할 수 있는 민주시민조직의 형성 토대로서 기여할 수 있도록 해준다.

그러나 가장 중요한 사실은 전문용어로서의 학습서클은 '학습을 통하여 문제해결(problem solving)에 도달한다'는 목표를 가지고 있다. 즉 학습서클이 추구하는 최종 목표는 문제해결이다. 구체적으로 학습서클은 학습을 통해 개인적-사회적 차원의 문제해결을 목표한다. 바로 이러한 점은 학습서클이 단순한 만남과 회담의 성격을 가진 일반 모임이나 친목 모임과 차별화되는 지점이기도 하다. 일반 소모임은 목적이나 활동내용에 제한이 없이 주로 친목과 상호교류를 위한 자발적 또는 비자발적 모임을 모두 지칭하지만, 학습서클은 소모임 중에서도 '~을 위한 학습'이라는 뚜렸한 학습목표와 기대치를 가지고 있다. 그러나 일반 소모임들도 얼마든지 학습서클로 전환될 수 있다. 처음에는 친목과 교류차원에서 모이다가 점차 학습활동을 병행하면서 마침내 현안으로서의 문제해결을 위한 학습서클로 전환하는 경우는 얼마든지 가능하다.

이렇게 본다면, 학습서클은 그룹의 집단지혜를 조직하고 이를 존중하는 메커니즘이라고 할 수 있다. 즉 학습서클은 '집단지성'(collective wisdom)을 모으는 곳이라고 할 수도 있다. 한마디로 학습서클은 지혜의 집단(wisdom circles)이다. 사실 지혜의 집단의 역사는 인류의 역사와 함께 해 왔다. 즉 문제가 발생할 때마다 마을은 지혜로운 노인들이 모여서 문제해결방안은 논의했다. 마을에 역병이 돌 때, 마을이 홍수에 잠겼을 때, 마을에 가뭄이 닥쳤을 때 이들은 모든 이들의 지혜를 구했다. 아니면 하늘의 지혜를 갈구했다. 물론 솔론의 지혜로 표방되듯이 한 사람의 영웅에게 지혜를 구하기도 했다. 그러나 모든 사람들의 지혜 즉 중지(衆智)를 모아서 문제해결에 나서는 경우가 더 많았다. 이렇게 본다면 오늘날 학습서클이 궁극적으로 문제해결을 목표할 수밖에 없는 지혜의 서클 내지 집단지성의 장소로서의 역할을 수행할 수밖에 없는 역사적 귀결이기도 하다. 이러한 지혜의 집단은 역사적으로 시민조직, 이웃공동체, 무역협회, 교회, 사회적 정의집단 등의 모습으로 전개되기도 했다. 모두들 당면한 문제를 해결하기 위한 자생적이고 자발적인 지혜집단이라고 할 수 있다.

그런데 오늘날 학습서클의 목표인 문제해결이란 매우 다양한 범위를 가진다. 이를테면, 개인의 문제로부터 가정 그리고 사회 및 국가의 문제까지 범주가 다양하고 넓다. 학력콤플렉스를 가지고 있는 사람에게는 학력이 문제이고 학력을 취득하는 것이 문제해결일 것이다. 취업을 하기 위해서 또는 진급을 하기 의해서 사회와 기업이 요구하는 스펙을 쌓는 것도 문제를 해결하는 것이며, 보다 높은 기술수준을 익혀서 직업적 성취를 이루고자 하는 것도 문제해결이다. 뿐만 아니라 취미로 붓글씨를 배우는 것도 문제해결이며 교양과정을 듣고 소양을 높이고자 하는 것도 문제해결이다.

이렇게 본다면, 세상살이에서 문제 아닌 것이 없고 문제해결을 추구하는 것은 모든 일상의 과제가 된다. 그런데 중요한 것은 자발적으로 학습하는 소모임을 통해서 문제해결에 나선다고 하는 데에 있어서 학습서클은 커다란 의미가 있다. 원칙적으로 학습서클은 심화학습형, 전문탐구형 그리고 문제해결형으로 구분된다. 그러나 위의 사례에서 본 것처럼 심화학습이나 전문탐구 역시 결국은 문제해결을 위한 학습활동으로 귀결된다. 따라서 학습동아리의 최종 목표는 문제해결이 되는 셈이다.

결국 학습서클에서는 현안이나 문제들이 학습활동을 통해서 확인되고 학습활동을 통해서 해결된다. 이 과정에서 학습서클에서는 의사결정(decision making)도 당연히 수반된다. 왜냐하면 의사결정이 없는 문제해결을 없기 때문이다. 물론 현안과 이슈에 대해서 전문가들의 전문지식과 기술 또는 조언 등에 의존할 수도 있다. 그러나 학습서클은 주민들이 자발적으로 학습활동에 참여하여 자신들에게 당면한 문제 앞에서 적극적으로 현안해결을 추구하고 의사결정까지 하는 것을 원칙으로 한다. 이렇다 보니 학습서클은 자연스럽게 대화, 토론, 토의, 담론 중심의 동아리활동으로 모아진다. 왜냐하면 지역사회의 현안은 지역사회주민들의 지혜가 모아져야 해결될 수 있기 때문이다. 한마디로 '교육'이라는 개념이 수직적 개념에 가깝다고 한다면, 학습서클에서 이루어지는 '학습'은 수평적 개념에 가깝다고 할 수 있다. 물론 때에 따라서는 특정한 리더십에 의존할 수도 있다. 그러나 학습서클에서는 특정한 리더십을 필요로 하지는 않는다. 물론 학습서클을 운영하는 데에 있어서도 리더십의 역할은 대단히 중요하다. 그러나 학습서클에서 리더란 학습서클을 방향을 이끌어가는 촉진자(facilitator)를 말한다. 한마디로 학습서클의 리더는 학습활동의 촉진자 내지 가이드(guide)가 된다.

아울러 학습서클에서 리더십이 요청된다면 그것은 '학습리더십' 내지 '배움리더십'(Learning Leadership)이 되어야 할 것이다. 여기서 학습리더십의 의미는 일반 리더십의 개념과 조금 다르다. 이는 마치 학습서클 활동에서 이루어지는 교수-학습 활동이 원칙적으로 전문가로부터 나오는 수직적이고 일방적인 지식전달 내지 학습자의 암기지식의 방식이 아니라, 쌍방간의 수평적 상호소통을 통한 상호작용 즉 인터랙션(interaction)을 통한 학습 내지 상호학습(synergogy)의 방식이 된다는 사실과도 통한다. 인터랙션학습 내지 상호학습은 개인이 개인에게 학습하도록 자극하는 효과도 있다. 즉 서로 인터랙션하고 서로 배우고 가르치다 보면 무엇인가를 보다 심도있게 학습하도록 자극할 수 있다.

이렇게 본다면, 학습서클은 매우 효과적인 학습방법(learning method)이자 학습전략(learning strategy)이라고 할 수 있다. 이를 위해서 학습리더십은 작용할 수 있다. 즉 리더가 학습하는 개인들로 하여금 학습을 자극하고 촉진하도록 함으로써 학습서클이 학습목표에 효과적으로 도달하도록 도와주는 것이다. 그러나 여기서 말하는 학습리더십은 무엇인가를 가르치는 데 주안점을 두는 전통적인 교육리더십(educational leadership)과는 다르다. 학습리더십 내지 배움리더십은 학습자들이 자기 주도적으로 최대한의 효과를 올리면서 학습할 수 있도록 '도와주는 데' 주안점을 두는 리더십이다. 다시 말하면 학습리더십은 하드웨어적 차원으로 학습서클 내지 학습동아리가 학습활동을 수행해 나갈 수 있도록 최대한 조력함으로써 바람직한 학습환경을 만들어내는 것을 목표한다. 동시에 소프트웨어의 차원에서는 학습동아리활동을 통하여 학습자 개인이 성장할 수 있는 학습테마, 내용, 방법 및 평가척도가 무엇이어야 하는지를 결정하는 데에 있어도 리더로서의 역할을 수행하는 것이다. 결국 학습서클은 학습의 리더로서의 '촉진자'(facilitator)와 자발적으로 학습활동을 주도하는 '참여자'(participants)로 구성된다.

한편, 학습동아리의 학습목적은 학습참여자(또는 성인학습자)들이 지역사회의 당면 현안문제를 해결하기 위하여 공동체의 일원으로서 사회 실천적 목적을 가지고 있을 뿐만 아니라, 학습참여자 개개인의 전문성 함양 및 지식과 기술의 습득에 있어서 자기주도적인 학습의 주체로 거듭남으로써 끊임없이 성장할 수 있도록 하는 것이다. 물론 학습서클이란 소그룹 학습동아리가 학습의 주체이다. 그러나 학습동아리를 구성하는 요소는 학습자 개개인이다. 따라서 학습동아리는 학습을 통한 개인의 성장과 자아실현을 도모하는 것을 최종의 목표로 삼고 있다. 즉 학습서클을 구성하는 학습자 개개인이 학습을 통하여 성장함으로써 마침내 자아실현 하도록 하는 것이 학습동아리의 최종 목표이다. 따라서 학습동아리는 학습자 개개인들로 하여금 학습할 수 있도록 하는 자극제 내지 촉진제 또는 매개체로서 작용한다고 할 수 있다. 이러한 개념은 사실 인식론적으로는 이해해서는 안 되고 존재론적으로 이해되어야 한다. 즉 인식론적으로 본다면 학습서클은 학습하는 주체인 내가 학습목표를 정하고 이에 따르는 학습내용과 방법 등 커리큘럼을 선택하고 결정한다. 반면 존재론적 차원에서 본다면, 학습을 한다는 것은 학습하는 주체가 이미 존재하는 학습하는 네트워크 즉 학습망(learning web)에 내던져진 개인이다. 이들은 선험적인 학습망에 빠져들어감으로써 스스로 자기주도적으로 학습할 수 있는 자극을 받게 된다. 이때 학습망은 내가 학습하려는 의지를 가지기 이전부터 존재해 왔고 가동하고 있으며, 학습하는 주체로서의 나는 마침내 학습망이 조성하는 학습분위기의 인프라 속에서 자발적으로 학습활동에 동참하게 된다.

따라서 학습서클은 학습하는 구성원들을 자율적으로 활성화시킴으로써 이에 자발적으로 참여하는 학습자들은 적극적으로 자기동기화되고 자기주도적이 되면서 개인의 학습활동은 보다 활성화된다. 이로써 학습동아리 전체도 활성화되고 역동적으로 발전하게 된다. 한마디로 학습동아리와 학습자 개인은 상호 순환적인 관계의 고리 속에 들어가면서 학습활동은 보다 시너지효과를 내게 된다.

우리나라에서도 삼국시대부터 두레, 향약, 계 같이 공동으로 지역사회 공통의 문제를 해결해 보겠다는 목표로 소모임 중심의 주민활동을 해 왔다는 역사문헌의 기록들이 있다. 그러나 이러한 모임들은 지금 우리가 말하는 학습서클 내지 학습동아리의 성격으로 발전하지는 못했던 것으로 판단된다. 왜냐하면 전통적으로 공부(학습)는 선비들이나 귀족들의 몫이었지, 상민들이나 서민들에게 해당되는 영역은 아니었기 때문이다. 그러나 엄밀히 보면 학습(배움)이란 일상의 삶과 늘 동반된다. 즉 우리는 단 한 순간도 배우지 않고는 살아남을 수 없다. 만약 배움이 없이 살고 있다면, 그것은 살아 있어도 죽음이다. 한마디로 목숨이 붙어 있는 한 우리는 알게 모르게 항상 무엇인가를 배운다. 우리 인간은 배움 덕분에 살아남은 것이고 살아남기 위해서는 배워야 한다. 최소한 배움은 삶을 편리하고 유용하게 해 줌으로써 삶의 가능성을 높여준다. 이를테면, 젖을 찾는 본능으로 살던 아기는 자라면서 밥 먹는 법을 배우면서 살아남기 시작한다. 목이 마르면 물을 찾는 본능으로 살던 아기는 더러운 물을 먹으면 안 된다는 사실을 배움으로써 보다 살아남을 수 있는 확률을 높인다.

이렇게 시작되는 배움의 활동은 인간의 살아가는 동안의 모든 생존활동에 수반된다. 이러한 배움의 본능이 마침내 공동체의 삶 속에서 학습서클을 가능하게 한다. 이렇게 본다면, 공동체모임은 예외없이 학습동아리나 학습공동체로 발전할 가능성은 상존한다. 따라서 단순한 일상의 모임을 학습동아리로 전환시키는 데에는 특단의 전략이 필요하다. 또한 학습동아리를 전략화할 때 비로소 우리의 모든 지역사회(공동체)는 학습공동체로 발전할 가능성은 높아진다. 따라서 성숙한 공동체를 추구하기 위해서 우리에게는 학습동아리를 체계적이고 구조화시키는 구체적 전략이 요청되는 것이다.

정리하자면 학습서클의 성립조건은, 첫째, 일정한 인원, 둘째, 자발적인 참여, 셋째, 뚜렷한 목표, 넷째, 정기적인 지속성을 들 수 있다. 즉 학습서클은 10여명 내외의 소모임 그룹이어야 효과적이며, 성인학습자들이 자발적으로 참여하고 적극적으로 자기주도적인 학습활동을 실천해야 하며, 학습을 통하여 지역사회의 현안발견과 문제의식의 공유 그리고 이를 해결하기 위한 방안을 마련하는 목표가 명확해야 하며, 일회성의 학습이 아닌 6개월이건 1년이건 아니면 그 이상 지속적으로 정해진 주제의 학습을 완수하기 위한 정기 모임으로 전개되어야 한다. 또한 학습서클의 특징은 실천성과 개방성이다. 따라서 학습서클이 성립하기 위해서는 학습활동이 적극적이고 자발적으로 자기주도적으로 이루어질 수 있는 학습의 실천성이 확보되어야 하며, 학습의 주제, 내용, 방법 그리고 평가가 획일적이거나 표준적이지 않고 늘 다양하게 열려 있는 학습의 개방성이 보장되어야 한다.

오늘날 학습서클은 다음과 같은 기본 원칙을 공통적으로 수행하는 것을 강조하고 있다.

첫째, 학습서클은 학습자 중심으로 운영되고 학습활동 과정에서 개개인은 우선 인격적으로 존중되어야 하며, 학습자의 선택이 최우선이다. 따라서 학습서클에서는 학습내용과 주제가 학습자들에 의해서 결정되어야 한다. 또한 학습자들은 순환적으로 리더의 역할을 수행해야 하며, 학습주제나 내용, 방법은 일방적인 지시나 교조적 설교가 아닌 상호 수평적인 대화와 토론이어야 한다.

둘째, 학습서클은 '공동의 학습'을 지향해야 한다. 즉 학습서클의 목표는 학습구성원들의 동의를 전제하며 회원 모두가 공유할 수 있는 학습주제, 내용, 방법이 선택되어야 한다. 그리고 학습서클에서는 누구도 만남과 활동에서 소외되지 않고 자기주도적으로 적극적으로 참여할 수 있어야 한다. 아울러 타인에 대한 배려를 통하여 민주시민의 자질을 길러야 한다.

셋째, 학습서클에서는 리더의 역할이 강조된다. 따라서 학습서클을 위한 리더십 교육은 정부가 특별히 지원해야 하는 영역이다.

넷째, 학습서클에서는 무엇보다도 방법이 다양해야 한다. 대표적으로 대, 토론, PBL, 프로젝트 기반 학습, 문제기반 학습 등이 그것들이다. 학습자들은 주제와 내용별로 학습동아리를 선택할 수 있는 권리가 있기 때문에, 접근방식의 다양성에 따라서 학습효과가 배가될 수 있는 고유한 학습방법이 선정될 필요가 있다.

(2) 학습조직(Learning Organization)

① 학습조직의 역사적 발달

학습서클은 학습조직(學習조직, learning organization)으로 발전한다. 물론 학습서클이 체계적으로 조직될 때 그것을 학습조직이라고 한다는 사실을 전제한다. 그러나 학습서클이 반드시 학습조직으로 발전하지는 않는다. 따라서 전략으로서의 학습서클은 학습조직으로 전환될 필요가 있다. 왜냐하면 동아리가 조직적이고 체계적으로 운영된다면, 효율성과 생산성이 그만큼 제고될 수 있기 때문이다.

학습조직은 학문적으로는 경영학(經營學, management)에서 처음 도입된 개념으로 '기업조직'과 관련된다. 즉 학습조직의 개념은 기업조직 유형 중의 하나이다. 따라서 학습서클의 개념보다 학습조직은 목표와 범위가 보다 명확하며 보다 전문적이다. 따라서 학습서클은 반드시 학습조직이 될 필요나 의무는 없지간, 학습서클이 학습조직으로 발전한다면 학습공동체를 위한 특별한 전략이 될 수 있다.

학습조직이론은 현재의 경영조직을 축소 조정(downsizing)해야만 기업이 살아남을 수 있다는 판단 하에서 등장한 이론이다. 즉 1990년대 초 미국에서 붐을 이루었던 구조조정 즉 리엔지니어링(reengineering)과 리스트럭츄어릴(restructuring)의 목적을 달성하는 데에 있어서 한계와 부작용을 낳고 말았다. 따라서 이에 대한 반성과 대안찾기의 일환으로서 일어등장한 이론 중의 하나가 학습조직이론이다. 1990년 발간된 피더 센거의 『The Fifth Discipline』은 대표적인 학습조직의 교과서라고 할 수 있다. 당시 이 책은 선풍적인 호응을 받았으며 실제로 현장에 직접 적용되어 활용되기도 한 베스트셀러였다. 저자 센게는 지식 창출과 지식 생산 능력이 조직의 경쟁력을 결정하는 핵심 요인이므로 조직의 성공적인 혁신을 위해서는 모든 조직구성원 내지 조직 자체가 끊임없이 학습하고 배워야 한다고 주장한다. 이러한 배움과 학습을 통해서 조직구성원들은 새로운 것을 창출할 수 있는 가능성을 획득하게 된다. 따라서 모든 기업의 경영조직들은 학습조직이 되어야 한다고 주장한다. 즉 조직을 축소하는 다운사이징과 인원을 해고함으로 작은 조직으로 만드는 소위 구조조정을 통해서는 단기적인 성과를 이룰 수는 있지만, 궁극적으로 조직이 변화하고 혁신하기 위해서는 '학습하는 조직'으로 전환되는 것이 유리하다.

한편, 학습조직(learning organization)의 개념은 경영학자 센게(Peter Senge)가 처음으로 사용한 용어이다. 그에 의하면 조직을 잘 경영하기 위해서는 학습하는 조직이 필요하다는 것이다. 그러나 이미 경영조직이론에 '학습'(learning)의 개념을 끌어 들인 학자는 아지리스(Chris Argyris)이다. 그는 1967년 '조직학습이론'(organizational learning theory)을 발표했다. 이제 경영에서는 '조직적 학습'이 성공적인 조직을 구축하는데 필수적으로 요청된다는 주장이다. 즉 급변하는 경영 환경에서 어떤 조직이 승자로 살아남기 위해서는 조직구성원들 모두가 '조직적으로 학습할 수 있는 분위기'를 만들어 주어야 한다. 구체적으로 '조직학습'(organizational learning, 組織學習)을 주장하는 근거는, 첫째, 급변하는 산업환경의 변화에 부응하기 위한 환경적응의 관점, 둘째, 정보와 지식을 조직구성원들이 공유해야 한다는 관점, 셋째, 지식이 자본이 되고 권력이 되는 지식사회에서 지식을 조직적으로 관리한다는 관점, 넷째, 현장에서의 경험이 중요한 시점에서 경험을 제도화하고 (재)조직해야 한다는 관점이 요청되기 때문이다. 이제 기업은 조직학습을 성취하기 위해서 모든 기회와 자원을 제공하고 학습 결과에 따라서 지속적으로 변화하고 성장할 수 있도록 하는 유연한 조직인프라를 만들어야 한다. 한마디로 오늘날은 끊임없이 학습하는 조직만이 살아남는다는 의미인데, 이유는 변화(change)해야 하기 때문이다. 즉 변화하는 조직은 살아남고 변화하지 못하는 조직은 사멸한다. 따라서 변화를 위해서는 조직 전체가 늘 학습할 수밖에 없다. 한마디로 조직학습이론은 '조직적으로 학습하는 것'을 목표한다. 즉 조직학습은 학습을 통하여 탄생하는 새로운 지식으로 조직의 행위가 변화되는 과정을 의미한다.

반면, 학습하는 조직 즉 학습조직(學習組織, learning organization)은 조직구성원 모두가 학습하면서 조직을 새롭게 변화시키고 궁극적으로 그렇게 변화된 조직 속에서 조직구성원들도 마침내 변화하게 되는 조직을 말한다. 이때 변화는 성장을 의미한다. 따라서 학습하는 조직은 학습을 통해서 성장하고 학습조직 안에서 조직구성원 역시 성장한다. 이렇게 본다면 조직학습은 조직적이고 체계적인 학습만이 조직을 살아남게 한다는 의미이고,

학습조직은 변화된 조직과 변화된 조직구성원들이 새로운 조직을 만들면서 결국은 변화를 통한 개인이라는 조직구성원들과 조직이 동반으로 '성장'(成長)하는 것을 목표한다. 결국 학습조직은 조직학습을 지속적으로 실천하는데 능숙한 조직 즉 학습을 통한 지식과 학습하는 방법을 모든 구성원들이 공유하는 조직을 말하는데, 중요한 것은 조직과 구성원들의 변화이며 아울러 변화를 통한 동반성장이다. 즉 센게에 의하면, 조직이 변화를 감지하는 것보다 조직구성원들이 스스로 변화하도록 하는 것이 보다 중요하다. 따라서 변화하기 위해서 조직은 늘 학습해야 하는 것이다.

전통적으로 학습 내지 학습활동은 개인의 영역으로서 개인의 학습능력 즉 자기개발(SD: self development)이 곧 조직개발(OD: organizational development)에 기여했다. 물론 조직개발을 위해서 기업은 주로 조직구성원들을 대상으로 하는 집체교육 내지 트레이닝(off the job training)을 실천해 왔다. 그러나 자기개발(SD)과 조직개발(OD)이 이원화된 상태에서는 진정한 조직의 성장과 발전을 이루는데 있어서 학습과 교육의 효과는 불확실하다. 특히 수직적이고 획일적인 교육 대신 수평적이고 개방적인 학습이 역량을 결정하는 이 시대에, 교육과 학습이 양분되어 이루어진다는 사실은 효율성 면에서도 떨어진다. 따라서 조직학습의 개념이나 학습조직의 개념은 '교육'의 개념 대신에 '학습'의 개념을 근간으로 하고 있다는 점에서 '학습권 사상'을 근간으로 하고 있다. 이러한 점에서 조직학습이나 학습조직의 개념은 주효하고 있다. 한마디로 오늘날의 기업은 생존전략으로 조직학습이나 학습조직의 개념을 새로운 교육전략의 개념으로 수용하고 있다. 물론 조직학습이나 학습조직의 결과와 성과 내지 성패는 지금도 여전히 논쟁중이다. 그럼에도 불구하고 '학습'을 중심으로 이루어지는 조직학습이나 학습조직의 개념은 조직이론의 일환으로 편성되어 있다. 구체적으로 조직학습이나 학습조직의 개념은 개인개발과 조직개발을 동시에 할 수 있다는 장점을 가지고 있다는 평가이다. 즉 경영조직에서 개인은 조직이며 조직은 개인이다. 개인의 역량이 부족하면 조직 의 역량 역시 부족하다. 반대의 경우도 마찬가지이다. 그러나 물론 조직의 역량은 조직의 구성원들이 개개인의 역량이 결정하지만, 조직학습이나 학습조직의 이론은 조직을 먼저 개발함으로서 조직의 구성원들인 개개인의 역량도 상승함으로써 개인고 조직은 동반상승할 수 있다는 가정이다. 즉 학습하는 개인이 모여서 이루어지는 조직은 상호 개발될 것이라는 가정이다. 즉 조직적으로 학습하고 학습하는 조직이 성립하는 가운데 조직은 학습하는 개인에게 학습하는 분위기를 제공하는 동시에 학습하는 개인의 모임을 통하여 조직 자체가 학습하면서 성장하고 발전하고 변화하고 혁신하는 성과를 얻게 된다.

② 학습조직의 본질

학습조직이란 학습을 통해 스스로 진화하는 특성을 가진 집단이다. 오늘날 기업조직 내지 경영조직에서는 이를 과업 달성에 적용함으로써 집단의 역량 제고를 유도하고자 한다. 왜냐하면 이제는 리더 한 사람만 똑똑하면 되는 시대는 끝났으며, 조직의 모든 구성원들이 학습능력을 배양해야만 조직도 살아나는 시대가 되었다는 판단 때문이다. 한마디로 조직의 변화를 위해서는 조직원들이 항상 배우고 학습할 수밖에 없다. 학습조직의 아버지라 불리는 센게는 학습조직의 핵심적 요소를, 첫째, 시스템 사고(systems thinking), 둘째, 개인적 숙련(personal mastery), 셋째, 사고 모형(mental models), 넷째, 공유비전 만들기(building shared vision), 다섯째, 팀 학습(team learning)이라는 주장을 하고 있다.

우선 시스템 사고란 전체를 조망할 수 있고 전체에 포함된 부분들 사이의 순환적·동태적 인과 관계를 파악해 냄으로써 문제 해결의 수단이 된다. 즉 시스템 사고는 문제를 조각으로 분해해 이해하거나 순간적 반응을 보이는 사고가 아니라, 부분들 그리고 조각들이 서로 미치는 영향과 관계, 그리고 이들이 순환적으로 발전하는 과정을 통합적으로 이해하는 사고방식을 말한다. 달리 말하면 전체는 부분의 합이 아니라 전체가 부분을 앞선다. 이때 전체적 사고가 바로 시스템 사고이다. 둘째, 개인적 숙련이란 조직구성원 개개인이 궁극적으로 지향하는 본질적 가치를 추구하기 위하여 현재의 자기 능력과 역량을 진단하고 이를 심화시켜 나가는 행위를 말한다. 이를 위해서 조직은 개인에게 권한을 부여하는 임파워먼트(empowerment)를 허용해야 한다. 세 번째, 사고 모형은 조직구성원 개개인이 경험하는 현상들을 이해하는 체계 내지 사고의 준거 틀을 가지고 자기성찰을 하게 함으로써 사고의 전환과 혁신을 도모할 수 있도록 하는 수단으로 작용한다. 네 번째, 공유 비전은 조직이 바라보는 목표와 방향에 조직의 모든 구성원들이 공감할 수 있고 이로부터 비전을 함께 함으로써 개인의 비전과 리더의 비전을 일치시킬 수 있게 하는 것이다. 마지막으로 팀 학습은 개인학습이 팀 단위의 학습으로 발전하면서 마침내 조직이 학습하는 학습조직을 구성해 내도록 한다. 이는 학습조직의 구성요소이면서 동시에 학습조직이 완성되는 단계이기도 하다. 이러한 구성요소들이 계속 순환되면서 학습조직은 보다 성숙된다. 결국 학습조직이란 학습활동을 통하여 끊임없이 새로운 지식을 창출하고 이를 공유하며 비전을 창출하면서 반면 쓸모없는 지식을 폐기처분하는 능력을 갖춘 조직이다.

한마디로 학습조직이론은 모든 조직구성원들이 학습할 수 있는 기회를 제공하는 것을 원칙으로 한다. 즉 학습조직은 무조건적인 해고를 통하여 인건비를 줄이고 다운사이징의 단기적 구조조정이라는 처방 대신 장기적으로 조직구성원들로 하여금 각자 개인의 역량과 능력을 개발하고 이를 토대로 조직개발에 기여할 수 있도록 하는 전략이다. 실제로 학습조직이론은 어려운 경영환경 속에서 조직구성원들을 해고하는 것보다는 조직 자체가 학습하도록 하는 것이 유리하다는 판단에서 도입된 경영현장의 이론이다. 따라서 학습조직은 조직구성원들 간의 끊임없는 학습을 통해 지속적으로 조직이 변화하고 혁신되는 것을 목표하기 때문에, 단순한 경영기법이나 조직혁신이 아니라 장기적이고 총체적인 경영혁신의 전략으로 활용될 수 있다.

원칙적으로 학습조직은 처음 자료를 수집 분류하고 여기서 도출된 정보를 조직하고 변환시키는 단계에서 지식의 단계로 그리고 마지막에는 지혜의 단계로 발전해야 한다. 즉 학습조직은 준비단계, 토대형성 및 수축단계, 학습활동의 습관화, 체질화단계를 거치면서 지속적으로 추진된다. 따라서 학습조직은 한 번에 끝나는 것이 아니라 항구적으로 이루어지는 계속성을 가진다. 즉 계속적인 과정을 통하여 학습조직은 계속 변화하고 혁신된다. 이렇게 본다면, 학습조직은 지속적인 학습행위를 통해서 스스로 진화하는 특성을 가진 자생적 조직(autopoietic organization) 이다.

학습조직의 구축 방법은 미시적 접근 방법과 거시적 접근 방법으로 구분될 수 있다. 우선 미시적 접근 방법은 조직구성원들의 학습능력을 증대시킴으로써 조직차원에서 학습을 실현하려는 방법이다. 이러한 학습능력을 향상시키는 기법으로는 일반 교육기법 및 훈련프로그램, 대화와 토론 기법 그리고 행동학습기법 등이 활용된다. 반면 거시적 접근 방법은 조직 구조 자체를 학습조직으로 변화시키는 것으로서 지식창출의 토대가 되는 외적 요인과 내적 요인을 중심으로 인프라 구조를 구축하고, 지식창출과정이 효율적으로 이루어질 수 있도록 조직적이고 체계적으로 조직의 구조를 설계해야 한다.

학습조직의 구축단계로는, 첫째, 준비단계, 둘째, 실질적 변화단계, 셋째, 체질화 단계로 구분될 수 있다. 첫째, 준비단계란 조직의 변화를 시도할 때 나타날 수 있는 저항세력이나 방해물을 극소화하면서 일반조직이 학습조직으로의 연착륙을 할 수 있도록 하는 사전 준비의 단계를 말한다. 이를테면, 조직구성원들이 교육훈련에 수동적으로 참여하는 것이 아니라 자기주도적인 학습활동에 자발적이고 적극적으로 참여해야 하는 이유를 충분히 납득시키는 과정이 준비단계에 해당된다. 두 번째, 실질적 변화단계는 실제로 모든 구성원들이 자발적으로 학습조직을 구축하고 실천하는 단계를 말한다. 즉 모든 조직원을 학습인으로 바꾸는 작업인데, 이 단계에서 조직구성원들은 새로운 가치체계와 기업문화 재구축, 조직구조 재설계, 인프라스트럭처 및 시스템구축 등을 경험하게 된다. 셋째, 체질화 단계란 학습조직구축의 과정에서 발생하는 모든 시행착오를 검토하고 때로는 잘 하고 있는 학습조직을 벤치마킹하면서 장단점을 비교 분석하면서 현장의 특성에 맞도록 실천적 학습을 자기조직화할 수 있는 조직을 구축하는 단계를 말한다.

한편, 학습조직의 설계는 우선 개인과 조직이 공유할 수 있는 비전과 지식을 창출하기 위해서 팀조직을 어떻게 구축하여 운영할 것인가 하는 데에 초점이 맞추어져야 한다. 이를 위해서는 조직이 요구하는 개인의 사고 모형에 따른 교육과 훈련을 통하여 궁극적으로는 시스템 사고할 수 있도록 방안을 강구할 필요가 있다. 즉 사고 모형을 중심으로 조직구성원들은 반성과 성찰을 통해서 원칙과 전범(discipline)을 준거로 개인훈련을 습관화하면서 사고의 원형(archetype)에 도달할 수 있도록 한다. 이를 구체적으로 실천에 응용하기 위해서는 레빈(Kurt Lewin, 1890-1947)의 장이론(field theory)에 입각한 '해빙-변화-재동결'을 통한 학습조직의 설계 모형, 상급관리자가 제시한 비전과 지식을 중간관리자가 현장에 도입 실시하면서 모형을 수정해 나가는 <미들업다운관리> 모형, 최상위층을 프로젝트 팀으로, 중간관리자를 사업단위의 관료제 구조로, 그리고 최하위의 지식재분류 층으로 구성됨으로써 데이터베이스로 작업하도록 하는 <하이퍼텍스트 조직> 설계 모형 등이 제시될 수 있다.

(3) 학습도시(Learning Cities and Towns)

① 학습도시의 역사적 발달

21세기 지식기반사회에서 교육개혁의 목표는 평생교육체제의 구축이다(Broedel, 1998; Knoll, 1996; Ranson, 1994; Dohmen, 1996; OECD, 1996). 1960년대 중반부터 OECD와 UNESCO에서

"사회적 요청으로서의 평생교육"에 대한 주장이 나온 이래로(Kade/ Seiter, 1996: 15), 거의 반세기가 지난 지금 우리들에게도 평생교육은 중요한 현실적 이슈가 된 지 오래이다. 실제로 이미 많은 OECD의 선진국들은 21세기가 요구하는 평생학습사회를 건설하기 위하여 "모든 국가는 바람직한 평생교육체제를 구축하는 역할에 주도적이어야 한다"는 사실에 크게 공감하고 이를 실천에 옮기고 있다(OECD, 1996: 13). 미국정부는 21세기 전환기에 시작된 「School-To-Work」, 「Goal 2000」등의 선언과 함께 교육개혁의 목표를 "모든 사람들을 위한 평생학습체제의 구축"으로 설정하였고, 영국은 "교육은 최선의 경제정책"(토니 블레어 수상)이라는 슬로건 아래 모든 사람들에게 생애에 걸친 평생학습을 가능하게 하는 사회건설을 '지식기반의 세계화경제(Knowledge-based global economy)' 체제에서 평생교육을 가장 으뜸가는 국가전략으로 채택하고 있다(House of Common, 1998). 특히 영국 정부는 21세기를 「학습시대(Learning Age)로 선언한 이후 오늘날 빛을 발하고 있는 '창조경제'(creative economy)정책의 중심에 평생교육/평생학습의 전략을 수립한 바 있다.

평생교육은 학습자 개개인들의 학습욕구와 학습필요를 중요시하는 "학습권"(the right to learn. 1985년 파리 UNESCO 국제회의)의 사상에 기반을 두고 있다. 이는 1972년 포르(Edgar Faure) 등이 프랑스 정부에 제출한 "존재로의 학습"(Learning to Be - the World of Education Today and Tomorrow, Paris: UNESCO)이라는 제목을 가진 소위 "포르 보고서"의 선언적 의미에 담긴 평생교육의 내용과 원리를 계승한다. 특히 평생교육의 실현 가능성을 제고하도록 해 주는 학습의 개념은 "학습사회론"에서 보다 구체화되고 실체화된다. 즉 1968년 허친스(Robert M Hutchins)의 『학습사회(The Learning Society)』가 발표된 이후 학습유토피아(Edutopia)로 간주되는 "평생학습사회"에 대한 동경이 시작되었다. 이러한 동경은 마침내 학습도시(Learning Cities), 학습타운(Learning Towns), 학습마을(Learning Villages) 등으로 현실화되고 있다(Adult Learning Australia, 2000a). 역사적으로 보면, 이미 고대시대부터 내용적으로는 학습도시 같은 것들이 존재해 왔다. 대표적인 곳들은 아테네, 알렉산드리아, 다마스카스 등으로 이들은 오늘날과 비슷한 학습도시의 형식을 띠고 있었다. 특히 아테네의 아고라(agora)는 시장과 사무실 등이 모여 있는 아테네 시민들의 생활근거지였다. 이곳에서 나라의 일 전반에 대한 시민들의 자유 의견과 생각들이 토론이나 포럼의 형식으로 시민학습의 장이 이루어지곤 했다(Glaeser, 1997).

현대적 의미에서의 학습도시(學習都市)는 1979년 일본의 가께가와시(市)가 스스로를 "평생학습도시"로 선언하면서 비롯되었다. 또한 1992년 독일의 고텐부르그(Gothenburg) 시에서 개최된 OECD 회의에서는 학습도시의 필요성과 역할에 대해 논의하였으며, 이로써 처음으로 평생학습도시운동에 대한 세계적 공감대를 형성하는 기반이 되었다(OECD, 2000). 이를 기점으로 OECD는 각국에 평생학습도시(마을)를 설립 운영하도록 적극 권장하고 있다. 이러한 연유로 오늘날 영국, 스페인, 호주, 캐나다, 미국, 남미, 아프리카 등지로 급속도로 확대되었으며, 우리나라에도 상륙하여 2001년부터 정부 및 지자체를 중심으로 학습도시 및 학습마을 조성사업이 활기를 띄고 있다.

우리나라는 주로 일본의 학습도시 및 학습마을을 모델로 하고 있다. 평생학습도시란 "언제, 어디서나, 누구나" 원하는 학습을 즐길 수 있는 학습공동체 건설을 도모하는 총체적 도시 재구조화와 운동이며, 동시에 지역사회의 모든 교육자원을 이미 여기저기에 산재하고 있는 평생교육의 기관과 기관 간, 기관과 지역 사회 간, 기관과 국가 간 연계시킴으로써 네크워킹의 학습공동체를 형성하려는 소위 '주민에 의한, 주민을 위한, 주민의' 지역사회 평생교육운동을 말한다(CERI, 1999). 한마디로 시민(주민)들이 평생 동안 학습할 수 있는 교육환경, 분위기, 조건 등을 조성하여 줌으로써, 학습능력을 진작시키고 이로써 총체적으로 도시(주민)생활의 발전을 함께 도모하자는 것이다(Longworth, 1999).

특히 일본은 2002년 현재 140여개 시에 평생학습도시를 조성·지원하고 있으며, 전 세계 26개국에서 175개의 평생학습도시가 연합체로 구성·운영되고 있다. 우리나라에서도 1999년 3월초 경기도 광명시가 평생학습도시로 첫 번째 시범도시로 선정되었고, 2001년부터 교육부의 지원 하에 평생학습도시 조성사업의 첫 테이프를 끊은 바 있다. 목표는 "배움과 참여로 주민의식을 함양하고 품격 높은 복지 문화생활을 향유하며 자연과 인간이 공존하는 평생학습도시 구현"으로 정해졌다. 이어서 대전 유성구, 전북 진안이 그 뒤를 이었고 2002년에는 제주도 제주시, 경기도 부천시, 부산시 해운대구가 평생학습도시로 지정되어 교육인적자원부로부터 정부지원금으로 연간 각각 2억원씩을 지원받은 바 있다. 2015년 현재 138개의 도시가 평생학습도시로 선정 운영되고 있다.

평생학습도시는 개인의 자아실현, 사회적 통합증진, 경제적 경쟁력을 제고하고 궁극적으로 개인의 삶의 질과 도시 전체의 경쟁력을 향상시킬 수 있도록 하기 위해서 '누구든지, 언제나 어디서나' 학습활동을 실천할 수 있도록 학습공동체의 건설을 도모하는 총체적 도시 재구조화 운동이다. 아울러 지역사회의 모든 교육자원을 연계시킴으로써 기관간, 지역사회 간, 국가 간 인적-물적 자원을 가동시키는 상호 네트워킹의 학습공동체를 구성하여 지역 시민에 의한, 지역 시민을 위한, 시민의 지역사회교육운동을 가능하게 하는 목표를 가지고 있다.

앞으로 지구촌 사회 곳곳에서는 혁신클러스터(Cluster)의 활성화를 통한 기업도시, 혁신도시, 행정도시, 휴양도시, 관광도시, 문화예술도시, 연구도시 등 지역의 특수성과 고유성을 토대로 하는 촌락공동체가 생성되고 폐기되는 일이 거듭될 것이다. 우리나라에서도 2005년 6곳이 시범적으로 기업도시로 지정 운영되기 시작하면서, 충주, 원주, 영암, 태안 등 기업도시를 필두로 지속적으로 기업도시를 확장하고 있으며, 테크노파크, 리서치파크 같은 산업클러스터와 경제특구 등의 산업공동체조성사업들이 활성화될 전망이다. 예를 들면, 미국의 실리콘 벨리와 일본의 도요타시는 성공적인 세계적 기업도시로 정평이 나 있는데 - 이들은 모두 우리나라의 기업도시들이 지향하는 대표적·모델들 - 바로 이들 기업도시가 평생학습도시의 형성과 함께 가능했다는 사실은 우리에게 시사하는 바가 크다. 따라서 앞으로도 이러한 삶의 공동체들은 평생학습공동체 즉 평생학습도시의 구축과 운명을 같이 하게 될 것이다. 이제 우리는 학습공동체와 직업생활공동체의 통합적 움직임에 적극 동참함으로써, 우리 앞에 열려 있는 새로운 삶의 기회들을 극대화할 수 있어야 할 것이다.

오늘날 평생학습도시의 유형은 경제지향형, 공동체지향형, 행정주도형, 기관위탁형, 파트너십형, 경제발전중심형, 시민사회중심형 등으로 구분된다. 그러나 오늘날 평생학습도시는 주민들의 자발적인 학습참여를 중심으로 이루어지는 융복합형 도시형태로 발전하고 있다.

② 학습도시의 본질

위에서 언급한 것처럼 학습도시의 아이디어는 1970년대 초로 거슬러 올라갈 수 있다. 그러나 아이디어의 구현을 위한 새로운 충동은 1992년 독일의 고텐부르크에서 열린 OECD컨퍼런스에서 비롯되었다고 할 수 있다. 따라서 본격적인 연구도 이때부터라고 할 수 있다. 여기서 결의된 사항들은 다음과 같다(OECD, 2000).

첫째, OECD 국가에서는 국민들의 60%가 도시에 살고 있는데, 이들은 자신들의 직접

적 환경과의 학습과 관여하고 있으며,

둘째, 도시는 도시 전역을 통하여 다양하고 산만하게 산재해 있는 교육 및 훈련의 역량들을 하나로 결집하는 틀을 제공할 수 있으며,

셋째, 도시는 학습과 삶의 공동체를 이어주는 '학습공동체'로 관심과 역량을 집중시킬 수 있다.

이러한 OECD 컨퍼런스에서 핵심적 아이디어를 제공했으며, 영국의 학습도시형성에서 주도적인 역할을 했던 도널드 히르쉬(Donald Hirsch) 박사는 평생학습의 문화를 발전시키는 데 도시만큼 유력한 동력원도 없다고 하면서 다음과 같은 근거를 제시했다(Department for Education and Employment, 1998). 첫째, 사람들은 그들이 살면서 일하는 장소와 관련되며 여기서 동질성을 찾는다. 따라서 도시들은 학습활동의 포커스를 제공한다. 도시들은 그들이 어떻게 사람들의 삶과 관련이 되는지를 보여줌으로써 역시 국가사회정책들을 보다 의미롭게 만들 수 있다. 둘째, 학교교육이나 졸업 후의 계속교육은 삶의 응집시스템이 아니라 교육효과가 특정한 영역으로 파편화된다. 이러한 종전의 교육개념은 종종 한 영역에서의 무모한 경쟁만을 유도한다. 그러나 학습도시의 초점은 모든 주민들 간의 협력과 연계, 조정 그리고 삶의 통합을 위해서 유용하다. 셋째, 특히 성인학습의 성격에 입각한 공동체는 학습요소들을 통해서 공동체 활동으로 연결되는 도시를 형성하는 것을 가능하게 만든다. 또한 도시는 그 자체로서도 공동체 활동을 위한 훌륭한 수단이 될 수 있다(Sullivan/ Glanz, 2005).

그에 의하면, 도시(시청)가 주민학습센터의 역할을 해야 하는 학습도시는 지역적-국가적 특성에 따라서 비록 장소와 방법 그리고 내용들이 서로 다양하고 존재할 수 있지만, 학습공동체로서의 역할을 해야 한다는 의미에서는 다음과 같은 보편적 아젠더(agenda)로서의 전략을 도외시할 수는 없다(OECD, 1999).

첫째, 모든 성인교육기관 및 시설들의 협력과 연계

둘째, 주민들로 하여금 학습에의 접근을 개선하기 위한 전략

셋째, 지역경제와 연관된 교육과 훈련 전략의 연계 및 통합

넷째, 각종 교육 및 훈련요소들의 연결

다섯째, 학습과 공동체참여 사이의 연결 등이 그것이다.

이러한 학습도시의 전략은 지역의 다양성과 특수성 속에서 추구되고 있지만, 일반적으로 가장 훌륭한 최소 주체로서는 각종 학교들, 사설 교육기관들 그리고 자원봉사기관 등 학습공급자들의 파트너십에 의해 추진되는 것이 바람직하다. 따라서 이러한 모든 역량을 한군데로 결집시킬 수 있는 학습도시의 필연성은 자명하다. 이러한 이유에서 OECD 컨퍼런스는 앞으로 지구촌 사회가 모두 학습도시로의 성장을 위해 OECD가 주도적으로 연구하고 활동할 것을 결의했다. 이러한 결의가 있은 즉시 영국에서는 이미 20세기 말에 노팅엄(Nottingham), 뎃포르(Thetford), 노위치(Norwich), 에딘버러(Edinburgh), 리버풀(Liverpool), 데트포드(Thetford), 바틀리(Batley) 등 약40개의 도시가 '학습도시(마을)'를 선언하였다. 특히 주요한 학습도시 이니셔티브 중에는 학습에의 참여와 진흥을 독려하는 상당한 수의 프로젝트들과 활동들이 존재한다. 예를 들면, 노위치(Norwich)의 학습가계(learning shop)와 학습축제(learning festival), 휼(Hull)의 아동 대학(Children's University) 그리고 핸디캡을 가지고 있음에도 불구하고 잘 하고 있는 리버풀(Liverpool)과 사우스엠톤(Southampton) 그리고 네트워크를 통한 IT 이니셔티브 등은 영국의 대표적 학습도시로 성장하고 있다.

이러한 학습도시에 대한 초기 연구를 결산하는 의미에서 1997년 영국정부는 교육노동부(DfEE)가 중심이 되어 학습도시에 대한 두 권의 국가연구보고서를 발간했다. 그 하나는 『Learning Towns, Learning Cities』(Sudbury, Suffolk)이고 다른 하나는 『Practice, Progress and Value - Learning Communities: Assessing the value they add』(A ring-bound guide to developing the Learning City approach by Sue Cara of NIACE and Professor Stewart Ranson of the University of Birmingham) 이다. 이를 기반으로 Sue Cara, S. Ranson 그리고 Charles Landy는 『The Learning City in the Learning Age』을 공저로 출판했다. 이들은 이 책은 도시 정책에 대한 10개의 논문으로 구성되어 있는데, 이는 the Baring Foundation; Birmingham City Council; the Glasgow Development Agency, Groundwork, Manchester City Council and Watford Counci 등에 의해 지원되었다. 이는 별도로 1998년 9월 Comedia와 Demos에 의해서 『The Richness of Cities』라는 제목으로 재발간되었다.

한편, 70년대 말 캐나다의 엘버타 주의 에드먼턴 시(市)는 평생학습이 미래 교육발전의 기초라는 생각에서 도시전체를 평생학습기지로 만들고 말겠다는 야심찬 전략을 가지고

도시건설전략기획팀을 구성했다. 이를 토대로 80년대 초 앨버타의 주정부는 『미래의 선택(1982)』이라는 평생교육기획에 대한 정책보고서를 제출하였다. 특히 이 보고서에는 "평생학습"과 "성인교육"의 중요성을 크게 부각시켰다. 오늘날 에드먼턴 시의 학습도시운동은 하나의 성공사례이다. 특히 에드먼턴평생학습자협회, 에드먼턴공동체성인학습협회 등의 활동에 힘입어서 도시 전체를 '평생학습공동체'(Continuing Learning Community)로 만들어 냈으며, 인접도시에도 적지 않은 영향을 미치고 있다. 예를 들면, 에드먼턴 북쪽에 인접해 있는 세인트앨버타시는 인구 5만의 불어권 도시인데, 에드먼턴에 자극을 받아서 도시 전체가 평생학습에 투자하고 있다. 이를테면, 도시 전체에 컴퓨터를 무료로 쓸 수 있는 장소를 13곳 선정, 주민들이 웹서핑이나 e-메일 체크 등이 가능하도록 만들었다. 이는 IT 보급으로 인한 디지털 격차를 해소, 소외계층을 돕기 위한 일환이기도 하였다.

오늘날 세인트앨버타 인구의 대부분이 에드먼턴으로 출근할 정도로 양도시간의 상호왕래는 빈번하며 삶과 학습의 지역통합이 이루어지고 있다. 또한 1995년에는 앨버타 의회 내에 「공동체의 미래」를 준비하는 의원들의 모임이 생겼을 정도이다. 이들의 주도로 「세인트앨버타 평생학습축하모임(Continuous Learning Celebration)」 및 도시전체를 평생학습공동체로 만드는 작업이 시작되었다. 오늘날 에드먼턴 시는 국경을 넘어 캐나다의 학습도시들과 유럽의 학습도시들을 연계시키는 수많은 작업들을 주도하고 있다. 이러한 맥락에서 이미 2003년에는 에드먼턴 시에서 「제1회 학습공동체 세계대회」가 개최되었으며, 2004년에는 「평생학습세계프로그램 국제 페스티벌」이 개최되었다. 이렇게 에드먼턴 시가 세계학습도시운동의 선두주자로 나서게 된 데는 정보통신(IT)의 기술 활용이 커다란 몫을 했다는 평가이다.

한편, 미국에서는 학습도시라는 개념 보다는 역량도시, 시토피아(Citopia), 활력도시, 안정도시, 청소년친화도시 등 도시공동체 자체에 대해서 더 많은 관심을 기울이고 있다. 그럼에도 불구하고 미국에서는 최근 컬럼비아대학, 스탠포드대학, 에머리대학 등을 중심으로 지역사회경제와 학습과의 통합과 연계를 확보하는 학습도시에 대한 연구를 주도하고 있으며, 특히 지역사회에 대한 대학의 기능과 역할에 초점을 두는 프로젝트를 활발히 전개하고 있다. 캐나다 에드먼턴이나 세인트앨버타가 정부나 주민들이 만들어낸 학습도시라면, 실리콘밸리는 스탠퍼드대학과 기업이 함께 만들어낸 혁신산업클러스터와 평생학습의 통합형 학습도시라고 할 수 있다.

1971년 반도체산업전문정보지의 한 편집자에 의해 명명된 "실리콘밸리"(silicon valley)는 켈리포니아주 산타클라라 군에 속하는 6개 도시(팔로알토, 마운틴뷰, 서니베일, 쿠퍼티노, 산타클라라, 새너제이)로 구성된다. 실리콘벨리는 미국의 총 벤처지원자금의 3분의1 이상이 투자되는 곳으로 21세기 정보통신(IT)혁명의 메카로 알려져 있다. 실리콘밸리에 들어있는 기업들은 기업이익을 창출하여 이를 대학에 재투자하여 명실 공히 확실한 산학협력을 하고 있다. 대학은 실리콘벨리에 아이디어를 팔고 기업은 대학의 아이디어를 산업화하고 있다. 특이한 점은 기업들이 대학을 전폭 지원하고 있다는 사실이다. 즉 실리콘 벨리에서는 처음부터 사람들이 교육의 중요성과 학습의 현실성을 잘 인식하고 있었던 것이다. 여기서는 산업과 교육 그리고 학습이라는 개념이 분리되지 않는다. 오늘날 실리콘벨리 내에 산재하는 교육기관들과 단체들은 - 물론 스텐포드를 중심으로 - 실리콘벨리와의 협력과 합작품을 만들어 내기 위해서 비즈니스-학습의 네트워킹을 최적의 전략으로 강구하고 있다(Gates, 1996). 특히 벨리내의 6개 도시는 세계최초로 "연합학습도시구축작업"에 모든 역량을 결집하고 있다.

우리나라에서는 아직 평생학습도시에 대한 본격적인 학술적 연구는 상대적으로 미약한 편이며 정책보고서 형식의 연구는 오히려 즐비하다. 제주학습도시와 교육부가 공동프로젝트를 필두로 정책보고서들은 급격하게 늘어나고 있다. 즉 학술적 연구보다는 오히려 실천적 차원에서 뚜렸한 성장을 보이고 있는 셈이다. 이는 우리나라의 학습도시정책의 모델로 작용하고 있는 일본의 경우와 유사하다. 이론적인 연구물보다는 정책적 차원에서의 실천력과 실용성에 역점을 두고 있다고 할 수 있다. 실제로 평생학습도시가 선포될 때마다 그 도시에서는 평생학습축제 기간 동안에 - 아니면 그 즈음에 - 각종 세미나와 포럼 등의 형식을 통하여 정책안 및 전략적 아이디어 차원의 논문들이 여러 형태로 발표되고 있다. 그럼에도 불구하고 우리의 현실은 아직 과학적-학문적-이론적으로 정리되고 있다고 볼 수 없다.

(4) 사이버 학습망(Learning Web)

① 사이버 학습망의 역사적 발달

일리치(Ivan Ilich, 1926-2002)는 자신의 저서 『탈학교사회(Deschooling Society, 1971)』에서 학

습망(Learning Webs)에 대해서 처음으로 언급했다. 앞으로 우리 사회에서는 학교가 폐지되고 교육은 거미줄처럼 얽힌 학습망을 통하여 이루어질 것이라는 그의 예측이다. 이로써 '학습망이론'이 탄생한다. 이는 인터넷(www.)으로 열리는 세상이 등장하면서 실현되기 시작했다. '언제, 어디서라도, 누구에게나' 학습이 가능한 소위 '사이버학습'의 시대가 현실화되고 있다. 컴퓨터를 통한 사이버공간에서 교육과 학습이 이루어진다. 과거에는 학교에 가야만 들을 수 있었던 강의가 이제는 클릭 한번으로 우리 눈앞에 전개되고 있다. 우리는 언제든지 원하는 시간에 학습현장을 재생하기도 하고 실시간으로 학습활동에 참여할 수도 있다. 정보통신혁명, 디지털혁명 등 테크놀로지가 혁신되는 속도와 범위에 따라서 학습의 양과 질도 결정된다. 교육과 학습의 패러다임이 바뀐 것이다.

1970년대와 80년대는 터로프(Murray Turoff), 힐츠(Starr Roxanne Hitlz) 그리고 캐나다의 겔프대학교(university of Guelph)에 의해 이루어진 컴퓨터 기반의 학습(computer-based learning)에서 주목할 만한 기여를 보았다(Hiltz, 1990). 1976년 러스킨(Bernard Luskin)은 코스트린 지역사회대학(Costline Community College)에서 KOCE-TV를 수단으로 활용하면서 그 대학을 "벽없는 대학"으로 만들었다. 영국에서는 교육공학위원회가 정부의 "컴퓨터 보조 학습을 통한 국가발전 프로그램"(Computer-Aid-Learning)(1973-1977)과 마이크로 일렉트릭스 교육프로그램(Microelectrics Eduction Programme)(1980-1986)을 특별히 관리하면서 교육에서 공학적 수단의 활용을 지원했다(Bates, 2005). 이로써 많은 대학도서관에서는 1980년대 중반부터 콘텐츠 코스에 접근하는 것이 가능해졌다. 더 나아가 컴퓨터 기반의 훈련(Computer-based-Training) 혹은 컴퓨터 기반의 학습(Computer-based-Learning)의 과정에서 발생하는 학습적 상호작용은 학생과 컴퓨터 기술 사이 또는 마이크로 세계의 시뮬레이션에서 이루어졌다.

교육에서 의사소통과 네트워크가 디지털화된 것은 1980년대 중반이었다. 교육기관들은 정보를 위한 컴퓨터 네트워킹을 사용하면서 원거리 학습 코스를 제공하는 새로운 미디어의 이점을 활용하였다. 이렇게 하여 초기의 이러닝 시스템은 컴퓨터 기반의 학습/트레이닝에 의존하면서 가르치는 스타일을 바꾸어 놓았다.

오늘날 비디어컨퍼런싱은 교육공학의 중요한 선두주자가 되고 있다. 이 작업은 특히 박물관 교육으로부터 일반화되었다. 2008-2009년 사이에 미국과 캐나다에서 이러한 비디어컨퍼런싱을 활용한 사이버교육에 20,000명이 등록했을 정도이다. 이로부터 학생들은 박물관에 직접 가지 않고도 박물관에 설치된 작은 스튜디오에서 촬영된 이미지를 안

방에서도 학습할 수 있게 되었다.

한편, 학교 차원에서는 영국의 개방대학(Open University)과 캐나다의 브리티시 콜롬비아 대학이 학습을 전달하기 위해 인터넷을 사용하는 혁명을 이루어냈다(Bates, 2005). 이를테면, 웹기반의 훈련, 온라인 원거리 학습, 학생들 간의 온라인토론 등이 그것들이다. 그러나 하라심 외(1995)은 학습네트워크의 사용을 매우 강조했다(Harasim, Hiltz, Teles and Turoff, 1995). 왜냐하면 인터넷 사용을 통한 학습행위에는 장점과 단점이 함께 존재하기 때문이다.

드디어 1990년대 월드와이드웹(www.)의 등장과 함께 교사들은 멀티 목표 지향의 사이트를 활용한 방법을 사용하게 되었다. 이는 텍스트 중심의 온라인 가상현실 시스템으로서, 초기에는 학생들을 위한 강의를 묶음(set) 형태로 제공해 주는 단순한 웹사이트를 개설하는 것으로 충분했다. 1994년에는 세상에 최초의 온라인 고등학교가 탄생하기도 했다. 1997년부터는 온라인 학교에서의 측정과 평가를 위한 표준이 마련되기 시작했으며, 평가물을 다른 곳으로 운반할 수도 있고 복사할 수도 있게 되었다. 또한 장기적으로 온라인 학교들은 비용 효율적인 테크놀로지 기반의 코스들을 발전시켰다. 이렇게 개선된 인터넷의 기능성들은 멀티미디어와 웹캠이라는 수단을 통하여 의사소통의 새로운 도식을 가능하게 했다. 미국 국립교육통계센터는 2002년부터 2005년 사이에 온라인 원거리 학습프로그램에 학령기 아동 등록자 수가 65% 상승했다고 보도를 한 바 있다. 또한 2008년 미국 교육부에 의해 시행된 연구에 의하면, 2006년부터 2007년 사이에 고교졸업 성인들의 77%가 온라인 원거리 학습프로그램에 참여하였다.

이렇게 발전하는 소위 컴퓨터 중재 커뮤니케이션(CMC: Computer-medicated-Communication)은 학습자와 교수자 사이에서 발생하였는데, 이는 유연한 학습활동의 반경을 만들면서 교육과 학습을 촉진했다. 반면 전통적인 CBL/CBT는 개인이 혼자서 학습하는 개별화된 학습을 가능하게 하는데 기여하였다.

오늘날 학생들은 다양한 매체의 도움을 통하여 학습할 수 있는 디지털 시대를 살고 있다. 21세기 사이버혁명의 시대에 살고 있는 우리는 사이버학습망을 통해서 형성되는 각종 커뮤니티에 자발적으로 참여하고 있다. 이를테면, 유튜브, 카페, 벤트, 블로그, 아고라 등이 그것들이다. 물론 이러한 학습활동 역시 이들이 살아남기 위함이며 여가선용의 차원이다. 그러나 우리는 이러한 사이버커뮤니티가 궁극적으로는 사이버학습망이라는 사실을 인식할 필요가 있다. 학습은 알게 모르게 어느 곳에서도 이루어진다. 과거에는 교육과 학습이 학교라는 공식적인 루트를 통하여 이루어졌다면, 오늘날은 학교 이외의 장소들 즉 비공식적이고 무형식적인 루트를 통해서도 얼마든지 가능하다. 오히려 이러한 학습이 보다 자발적이고 보다 적극적이다. 왜냐하면 학습자가 학습을 자신의 취향과 기호대로 찾아다닐 수 있기 때문이다. 참가와 탈퇴도 자유롭고 용이하다. 원하기만 한다면 학습에 참가하다가 원하지 않으면 그러한 학습에서 탈퇴한다. 무한한 사이버 공간에서 얼마든지 가능해진 열린 평생학습의 시대가 도래한 것이다.

② 사이버 학습망의 본질

사이버학습은 다른 학습이나 교육 접근이 다양하다는 사실의 정도는 다양하다. 이는 완전히 아무 것도 없는 것으로부터 온라인원거리 학습으로의 연속성의 범위에서 이루어진다(Bates and Poole, 2003). 서술적 용어의 다양성은 테크놀로지가 사용되는 정도를 범주화하는 데 고용되어 왔다. 예를 들어, '하이브리드 학습'(hybrid learning) 내지 '브랜디드 학습'(Blended learning)은 수업을 보조하는 기법 정도로 언급 수 있다. 아니면 전통적 수업시간이 그 안에서는 축소되지만 삭제되지는 않는 그리고 어떤 온라인에 의해 대체되는 접근방법이라고 언급될 수 있다. '배포된 학습'(distributed learning) 하이브리드 접근의 이 러닝의 요소나 완전한 온라인 원거리 학습환경을 묘사할지 모른다(Bates and Poole, 2003).

사이버 학습망의 첫 번째 성립조건은 동시성(synchronous)과 비동시성(asynchronous)이다. 이를 가능하게 하는 것은 e-러닝의 개념이다. e-러닝은 동시적인 학습 내지 비동시적인 학습 모두 가능하다. e-러닝을 통한 동시적 학습은 모든 참가자들이 실시간 상호작용(interaction)을 하면서 이루어진다. 반면 비동시적 학습은 자신의 학습 속도, 학습 의지, 학습가능시간 등 학습자 자신의 스케줄에 맞추어 이루어지기 때문에 다른 참여자들의 개입에 의존하지 않으며 이들의 참여여부와도 무관하다. 이는 실시간 이루어지는 동시적 학습에 비하여 아이디어나 정보를 교환하는데 유리하다. 그러나 비동시적 학습은 동시적 학습에 비하여 참가자들 간의 상호작용이나 학습자극이 이루어질 가능성이 약하다.

동시학습(synchronized learning)은 면대면 토론, 온라인 실시간 강의, 피드백, 대화방 내지 가상의 방을 통한 학습활동을 가능하게 한다. 이러한 학습에서 같은 시간에 모든 사람들이 온라인으로 협력하면서 학습한다. 동시학습은 학습 자체 이외에도 학습자들이 개방적 마음과 온라인을 통한 공동체 의식을 가질 수 있도록 자극한다. 또한 동시학습은 학습자들로 하여금 쓰기 기술을 개선하는데 도움을 줄 수 있다(Al-Asfour, 2012).

반면, 비동시적 학습(asynchronous learning)은 이 메일, 블로그, 위키스(Wikis) 그리고 토론위원회(discussion board) 뿐만 아니라 웹기반 텍스트(Web-based Text), 하이퍼텍스트 기록물, 오디오 코스, 비디오 코스, 사회적 네트워킹을 사용하는 웹2.0 같은 테크놀로지 등을 활용한다(Loutchko, Kurbel, Pakhomov, 2002).

이러한 비동시적 학습은 건강 문제, 육아 문제, 일과 직업 등 실시간의 학습에 참여할 수 없는 상황에 처해 있는 학습자들에게 유리하다. 이는 동시학습에 비하여 학습스트레스가 적으며 유동적인 시간과 장소에서 학습활동을 수행할 수 있다. 특히 학습시간이나 내용을 자신의 상황에 따라 조정할 수 있기 때문에 학습하는 과정에서 사색할 수 있다. 비동시적 학습은 반성과 성찰의 기회를 제공할 수 있다. 또한 이들은 다양한 학습코스를 접할 수 있으며 수많은 학습코스에 대한 비교 분석도 가능하다.

그러나 가상공간(virtual space)의 탄생은 동시적 학습과 비동시적 학습의 통합을 가능하게 했다. 즉 가상공간에서 학습자들은 시간적-공간적 제약을 극복한다. 이는 디지털 테크놀로지의 발전은 가상공간을 보다 현실감있게 만든다. 특히 디지털 미디어는 전통 미디어와 달리 복제와 복사를 가능하게 하기 때문에 가상공간 속에서의 학습활동은 동시적으로도 비동시적으로 가능하다. 또한 가상공간에서는 문화적 시각화가 가능하다. 이를테면 학습이 일어나는 교실 안팎의 코드, 신호체계, 동시적이거나 비동시적인 의사소통, 실시간 내지 즉시적 상호작용의 방법들과 특별한 사회적 관계 등은 가상공간에서 일어날 수 있는 학습활동을 지배한다. 또한 가상공간에서는 모든 참가자들은 발신자와 수신자가 될 뿐만 아니라 지식과 정보의 제공자, 생산자, 재생산자, 협력하는 동료가 된다. 이 외에도 가상공간의 새로운 테크놀로지들은 학습참여자들이 가상공간의 밖에 있는 다른 문화의 사람들과 연결시켜 준다. 이를 통해서 학습자들은 다른 세계의 신념, 습관, 가치, 교육제도, 법 같은 다른 세계의 문화적 유산을 쉽게 학습할 수 있다.

사이버 학습망의 두 번째 성립조건은 '선형학습'(Linear learning)이다. 대표적인 선형학습은 컴퓨터 기반 학습(CBL: computer-based learning)과 컴퓨터 기반 트레이닝(CBT: Computer-based training)은 대표적인 선형 학습이다. 이는 e-러닝의 등장과 함께 활성화되었다. 오늘날 e-러닝은 컴퓨터는 물론 태블렛 PC와 모바일폰 상으로도 쉽게 접근된다. 학습자들은 자신 페이스에 맞추어 사이버 상에서 학습을 한다. 또한 CBL/ CBT는 CD-ROM, 앱(application) 등 콘텐츠를 통하여서도 이루어진다. 그런데 선형학습에서는 전형적으로 콘텐츠가 알고리즘으로 제시된다. 따라서 이는 온라인 교재나 매뉴얼을 읽는 것과 같은 효과가 난다. 특히 오늘날 CBT는 통계학습을 위해 선호된다. 왜냐하면 이는 소프트웨어를 활용한 통계프로그램으로 활용되어 왔기 때문이다. 결국 소프트웨어의 발전 속도에 따라 컴퓨터 기반 선형학습은 확대된다. 이러한 선형학습은 인터넷의 등장과 함께 웹 브라우저를 사용하게 되면서 웹 기반 트레이닝(WBT: web-based training)으로 발전하였다.

CBL/CBT에서 평가는 소프트웨어 프로그램 상에서 4지 내지 5지 선다형 질문, 드래그, 라디오 버튼, 인터랙션 시뮬레이션 등의 방식으로 이루어진다. 이러한 평가시스템은 온라인 소프트웨어에 기록됨으로써 학습자들에게 피드백을 제공함으로써 교과서나 매뉴얼을 학습매체로 삼았던 전통적인 학습공간과는 달리 딥 러닝(Deep Learning)을 가능하게 한다. 오늘날 CBT의 영역에 프래시 에니메이션나 아도브 디렉터 같은 소프트웨어가 도입됨으로써 학습프로그램이 보다 다양해지고 있다.

사이버학습공동체의 세 번째 성립조건은 협력학습(collaborative learning)이다. 컴퓨터 지원 협력학습(CSCL: Computer-supported collaborative learning)은 학습자들에게 학습 목표에 도달하기 위해서 함께 작업하는 것을 직접 요구하거나 아니면 이의 독려를 위해 설계된 지시적 방법들을 사용한다. CSCL은 오늘날 'e-러닝 2.0'의 개념을 기반으로 하는 네트워크 협력학습(NCL: networked collaborative learning)으로 발전하고 있다(Trentin, 2010).

반면, e-러닝 2.0은 웹 2.0의 등장과 함께 발전된 CSCL(computer-supported collaborative learning) 시스템의 한 유형이기도 하다. 왜냐하면 e-러닝 2.0은 CSCL에 의존하지 않는 e-러닝 1.0과 달리 지식이 의미와 이해를 수반함으로써 사회적으로 구성된다. 따라서 e-러닝 2.0에서 학습은 문제와 행위에 토대를 둔 상호작용과 콘텐츠를 중심으로 하는 담화를 통하여 일어난다. 사회적 학습의 옹호자는 학습하는 가장 좋은 방법 중의 하나는 그것을 다른 사람에게 가르치는 것이라고 주장한다(Brown and Adler, 2008).

한편, 가상 교실 환경에서도 사회적 네트워크는 e-러닝 2.0의 중요한 부분이 되어 왔다. 사회적 네트워크는 다양한 주제를 통하여 이루어지는 온라인 학습공동체를 만드는 것으로 사용되어 왔다(Kaur, 2011). 한 예로 가상 교실 환경 속에서 이루어지는 모바일 보조언어학습(MALL: Mobile Assisted Language Learning)은 언어 학습을 보조하기 위해 손으로 하는 컴퓨터 내지 모바일폰의 사용을 통해 이루어진다. 전통적인 교사들은 만약 그들이 자신의 동료들과 소통하지 않는다면 결코 교실에서 사회적 네트워킹을 증진하지 못을 것이다. 가상학습환경(VLEs: Virtual Learning Environments)과 개인적 학습환경(PLEs: Personal Learning Environments)은 유동적인 학습자료 전달 시스템을 용이하게 사용하도록 하며 공식적 교육제도에서 소외된 학습자들을 지원한다. 행정가들에게 VLEs는 학습과정을 위한 콘텐츠를 효과적으로 관리하는 것을 허용하고 학습자 기록 시스템을 위한 일련의 툴로 역할을 한다.

이렇게 본다면, e-러닝, 웹 2.0 그리고 CSCL은 상호교호적으로 발전하면서 새로운 학습의 툴로 작용하게 된다. 그러나 중요한 점은 이러한 학습시스템의 발전으로 학습자들에게 '사회적 학습'(social learning)이 가능해졌다는 사실이다. 블로그, 사회 매체, 위키, 포드캐스츠(podcasts), 토론 그룹들 그리고 제2의 삶(Second Life) 같은 가상세계는 궁극적으로 '긴 꼬리 학습'(Long Tail learning)을 가능하게 하는 사이버 학습공동체를 가능하게 한다(Seely Brown and Adler, 2008).

결국 협력학습은 일방적 강의로 이루어지는 전통적 학습방법이 아니다. 협력학습은 말 그대로 학습자들의 상호협력을 통해 이루어지는 상호학습(synergogy)이다. 따라서 CBL/ CBT에서는 선형적 방식인 이 러닝 1.0을 사용하지만, CSCL에서는 이 러닝 2.0을 사용한다. CBL/ CBT는 이 러닝을 통하여 교재나 콘텐츠를 직접적으로 전수하는 방법이지만, CSCL은 브로그, 위키, 구글 Docs, 드롭박스 같은 클라우드 기반의 기록 포털을 사용한다. 오늘날 CSCL은 웹 2.0 네트워크를 통하여 모든 학습자들이 함께 정보를 공유하는 것을 가능하게 하고 있다(Crane, 2009).

오늘날 CSCL은 '교실 2.0'에서도 구현되고 있다. 교실 2.0은 온라인 멀티 사용자 가상 환경(MUVEs: Multi User Virtual Environments)을 칼한다. 이는 학교와 교실이라는 지리적 경계를 넘어서 서로 연결한다. 교실 2.0에서 이 트위닝(e-Twinning)으로도 알려진 CSCL(computer-supported collaborative learning)은 같은 교실에 있는 학습자들을 다른 학교나 교실의 다른 학습자들과 자유롭게 의사소통하게 한다. 이는 교육적 성과와 문화적 통합을 가능하게 하기도 한다. 교실 2.0 의 사례는 특히 블로거(Blogger)와 스카이프(Skype)는 교실 2.0의 대표적인 사례이다.

이러한 협력학습은 첫째 학습자들이 창의적이고 적극적으로 학습활동에 참여할 수 있는 교육적 환경을 마련해 준다(Sendall, Ceccucci, Peslak, 2008). 둘째, 협력학습은 웹 2.0라는 사회적 툴을 교실 내에서 사용할 수 있도록 함으로써 학생과 학생, 학생과 교사가 자유롭게 정보, 지식 그리고 아이디어를 교환하는 것을 허락한다. 센들(Sendall) 등에 의하면(2008), 브로그, 위키 그리고 사회적 네트워크 기술은 학습에서 매우 유용한 것으로 확인되고 있다(Sendall, Ceccucci, Peslak, 2008).

오늘날 웹 2.0 툴은 학습동기를 높이는 데에 있어서도 효율성이 입증되고 있다. 또한 동기화는 지속적인 집중으로 이어지는데 웹 2.0은 이를 가능하게 한다. 아울러 동기화와 지속적인 집중은 학습자들에게 통찰력을 제고시키는 역할을 한다(Whyte and Lauridse(editor), 1980).

웹 2.0 툴을 사용하여 협력적 상호학습을 확대시킨 대표적인 앱(application)은 매스챌(MathChat)이다. 이는 어려운 수학문제를 푸는 데에서도 협력적 문제해결과 피드백을 허락한다. 많은 앱들은 새로운 토픽을 시뮬레이션의 학습 환경을 제공한다. 여기서는 피드백을 통한 학습내용의 수정도 가능하다. 칸 아카데미(Khan Academy)는 대표적인 앱이다. 이는 수학, 생물, 화학, 경제, 예술사 그리고 많은 학문영역의 콘텐츠로 이루어져 있다. 오늘날은 게임용으로 개발된 앱이 학습공간에 도입되어 즐거운 학습인프라 구축에 기여하고 있다. 특히 게임용 앱은 학습동기화에 적합하다. 대표적인 학습게임용 앱으로는 드래곤 박스(Dragon Box), 마인드 스넥(Mind Snacks), 코드 스펠(Code Spells) 등을 들 수 있다.

사이버학습공동체의 세 번째 성립조건은 매체(Media)이다. 교육미디어와 툴은 업무구조화지원을 위해 사용되고 있으며, 지식 베이스에 접근하도록 도울 수 있으며, 지식 재현의 기기들 즉 비디오, 오디오, 텍스트, 이미지, 데이터 등이 지식의 다양한 재현을 위해 사용되고 있다. 오늘날은 수많은 유형의 첨단 테크놀로지 즉 디지털 카메라, 비디오 카메라, 상호작용 화이트보드 툴, 기록 카메라, 전자미디어 그리고 LCD 프로젝터 등이 사용되고 있다(Forehand, 2010).

인쇄술의 발견 이후 학습매체는 오랫동안 텍스트로 정형화되어 왔지만, 라디오의 발견으로 사이버교육이 시작되었다. 특히 방송통신학교의 탄생으로서 학습매체로서의 오디오가 최초로 도입된다. 이는 원거리 교육을 주도한 사이버학습공동체의 효시라고 할 수 있다. 이로서 라디오는 '동시적 학습'의 매체로 오랜 시간동안 자리매김을 하여 왔다. 오늘날 첨단 테크놀로지는 웹캐스트(webcasts)와 포드캐스트(podcasts)를 인터넷에 장착한 스트

리밍 오디오 시스템(streaming audio system)을 가능하게 했다. 이들은 라디오와 달리 동시적이며 비동시적이다. 이들은 학습자와 교육자들이 보다 더 인터랙션하도록 해 주었다.

한편, VHS와 DVD는 비디오 테크놀로지에 해당된다. 이들은 오늘날 서버, 유튜브, 교사 튜브, 스카이페, 아도브 콘넥트 그리고 웹캠으로부터 스트림 비디오 웹 기반 디지털 비디오로 발전했는데, 이들은 동시적-비동시적 학습 방법을 가능하게 한다(Diecker, Lane, O'Brien, Kyger, 2009). 특히 텔레컴퓨팅은 학습자와 전문가들을 직접 연결할 수 있다. 심지어 인터랙트 디지털 비디오 게임들이 전 학습현장에 도입되고 있다(Biocchi, 2011).

사이버학습공동체의 네 번째 성립조건은 온라인상의 '가르침과 학습'이다. 협력학습은 소그룹 기반의 학습이다. 그 안에서 학습자들은 학습목표에 도달하기 위해 콤비네이션 과정에 서로 개입되어 있거나 아니면 학습 과제를 함께 협력하여 완성한다. 오늘날 테블릿을 포함한 모바일폰 테크놀로지의 발달과 앱의 발달은 가장 중요한 협력학습의 매체로 등장하고 있다. 특히 오래 전부터 컴퓨터와 테블릿 PC 등은 학습자들과 교육자들을 웹사이트로 불러 모으면서 수많은 영상과 이미지 그리고 마이크로 워드, 파워포인트, PDF 파일들을 통하여 학습프로그램에의 접근성과 참여성 그리고 학습동기화에 크게 기여해 왔다. 이들은 모바일 기기를 통해 장소에 그애받지 않고 서로 인터랙션할 수 있는 기회를 제공하고 피드백 사용을 가능하게 하면서 학습공간을 확대해 왔다(Tremblay, 2010).

특히 모바일 학습은 시간 체크, 학습환경 구축, 학습과제 리마인더, 검색 워크시트, 지침매뉴얼을 위한 수행 지원을 제공한다(Kester and Kirschner, 2007). 또한 오픈코스웨어(OCW: OpenCourseWare)는 대학교육의 프로그램에 도입되어 지식과 정보에 자유롭게 접근할 수 있도록 하고 있는데, 주요 참가 기관은 MIT, 하버드, 프린스턴, 스텐포드, 펜실베니아, 미시간 대학 등을 들 수 있다(Lewin, 2012)

사이버학습공동체의 다섯 번째 성립조건은 사회적 네트워크(SNS: social networks)이다. 그룹 웹페이지, 블로그, 위키 그리고 트위터는 학습자들과 교육자들에게 사고, 아이디어, 코멘트를 인터랙션 학습환경 속에 있는 웹사이트 상에 구성할 수 있도록 한다(Courts & Tucker, 2012). 대표적인 사회적 네트워킹 사이트들은 채팅, 메시지, 비디오 컨퍼런스 또는 블로그에 의해 의사소통되는 특별한 주제에 관심을 가진 사람들을 위한 가상 공동체들이다(Murray and Rhonda, 2007).

미국은 2014년 현재 온라인 학습자의 96%가 소셜네트워킹 테크놀로지를 사용할 수 있도록 학습환경을 개선했다. 그리고 학교에서도 50% 이상의 학생들이 토크 온라인을 사용하고 있다. 소셜 네트워킹에서는 협력과 참여가 기본이다. 그리고 소셜 네트워킹은 학습자들에게 자기 효능감의 제고를 위한 동기화 도구가 될 수 있다(McCarroll and Curran, 2013). 모든 학생들은 그들의 고유한 학습 요구를 가지고 있다. 웹 2.0 교육 프램웍은 충분한 자원, 학습스카일, 소통의 도구 그리고 이러한 다양성을 용이하게 할 융통성을 제공한다(McCarroll and Curran, 2013).

사이버학습공동체의 여섯 번째 성립조건은 웹캠(Webcams)이다. 웹캠과 웹캐스팅은 가상 교실과 가상 학습환경의 창조를 가능하게 해 왔다(Shiao, 2013). 웹캠은 또한 이 러닝의 환경 속에서 발생할 수 있는 표절과 다른 학술적 비양식의 형식에 맞대응하기 위해 사용되고 있다. 과거의 칠판은 웹캠의 도입으로 전자 화이트보드로 전환되면서 화상에서 쓰기, 이미지, 영상을 통한 학습이 가능한 스마트보드가 되었다. 여기서는 테블릿 화면을 통하여 화상으로 교수자와 학습자 그리고 학습자와 학습자 사이의 인터랙션도 가능해진다. 한마디로 웹캠을 사용하여 가상공간에서 모두가 참여하는 인터랙션 상호 가상학습이 가능해진 것이다.

사이버학습공동체의 일곱 번 째 성립조건은 스크린캐스팅(Screencasting)이다. 스크린캐스팅(Screen casting)은 사용자들(Users)로 하여금 그들의 스크린들을 그들의 브라우저로부터 직접 공유하도록 하고 비디오를 온라인상으로 접근가능하게 만들어서 다른 사람들이 비디오를 직접적으로 보고 이를 유출시킬 수 있도록 한다. 따라서 리포터들은 단순한 텍스트 콘텐츠로서 그들을 단순히 설명하기 보다는 그들의 아이디어와 사고의 흐름을 보여줄 수 있다. 결국 스크린캐스팅은 오디오와 비디오의 조합 속에서 교수자가 일대일의 경험을 모방학습을 할 수 있도록 하고 보다 명확하고 완성도 높은 강의를 전달한다. 학습자는 수업이 제공하는 콘텐츠를 자신의 페이스에 맞추어 재생하여 다시 볼 수 있고 검토할 수 있다.

사이버학습공동체의 여덟번째 조건은 가상학습환경이다. 가상학습환경(VLE: virtual learning environments)은 학습프래트폼이라고도 한다. 이는 혼합적 시뮬레이션의 여러 다양한 커뮤니케이션 테크놀로지를 활용하여 가상교실이나 가상모임을 가능하게 한다. 이를 테면, GoToTraining, WebEx Training or Adobe Connect 같은 웹 컨퍼런싱의 소프트웨어는 학습자들과 강사들에게 서로 서로 그룹 환경 속의 웹캠, 마이크 등을 활용하여 실시간 화상 채팅을 가능하게 한다. 참여자들은 실시간으로 질문도 하고 투표에 참여할 수도 있으며 테스트도 받을 수 있다. 특히 학생들은 텍스트 노트, 마이크 사용 권리 그리고 마우스 컨트롤을 설치하여 강사의 질문과 강사에게 화이트보드 위에서 스크린캐스트도 할 수 있다(Farwell, 2013).

원칙적으로 가상교실은 학생들에게 인터랙션의 환경 속에서 교사로부터 직접 강의를 들을 기회를 제공한다. 여기서 학습자들은 빠른 피드백을 위하여 강사들에게 직접 접근할 수 있다. 그러나 가상교실은 교실의 구조화된 스케줄을 조직적으로 제공한다. 이는 비동시적인 학습의 자유를 구하는 학생들을 도와줄 수 있다. 이렇게 하여 가상교실은 전통적인 벽돌 교실(brick and mortar")을 대치하는 사회적 학습환경을 제공한다. 대부분의 가상 교실의 어플에는 모든 수업의 내용들이 기록되며 서버에 저장된다. 이는 교실에서 일어나는 모든 학습코스에 대한 모든 수업에 대한 즉각적인 재생도 허락한다. 가상교실에서는 학습자들이 놓친 텍스트를 다시 검색하거나 다가오는 시험을 대비하기 위해 매우 유용하다. 특히 대학교육에서 가상학습환경(VLE)은 관리정보시스팀(MIS: Management Information System)과 결합된다. 가상학습관리시스템은 모든 학습코스들은 상시 사용자의 인터페이스를 가능하게 한다. 전통적인 대학들과 새로운 온라인 대학은 이를 통하여 아카데믹 학위를 부여하고 있으며, 이 곳에서 인터넷을 통한 자격증 프로그램을 운영한다. 어떤 프로그램들은 학습자들로 하여금 캠퍼스 내의 수업과 오리엔테이션에도 참석할 수 있게 한다. 그러나 대부분은 완전히 온리인으로 전달된다. 대학들은 가상교실을 통하여 온라인 등록, 온라인 상담, e-컨설팅, 온라인 텍스트북 구입, 대학 신문 같은 온라인 학생 지원 서비스를 제공학도 한다. 특히 가상교실을 가장 현실감있고 생동감있게 해주는 테크놀로지는 증강현실이다. 증강현실(AR: Augmented reality)은 학습자들과 교사들에게 실시간으로 상호작용하는 가상세계와 현실 세계의 요소들 사이를 포괄하는 디지털 정보의 층을 창출한다.

사이버공동체의 아홉번째 성립조건은 e-러닝을 창조하는 도구(tool)이다. e-러닝의 창조 도구들은 유저들이 코스, 시뮬레이션 또는 다른 교육경험을 창조할 수 있게 하는 소프트웨어 내지 온라인 서비스들이다. 이러한 도구들은 전형적으로 인습적이지만 프레젠테이션 같은 학습과정들을 지원하며, 스크린 리코딩, 멀티미디어, 상호작용성, 퀴즈 그리고 비선형적 내지 적응 어프로치를 가능하게 한다.

사이버학습공동체의 열번째 성립조건은 학습관리시스템이다. 학습관리시스템(LMS: Learning management system)은 트레이닝과 학습을 추적하고 관리하기 위해 사용되는 소프트웨어이다. 즉 학습참석, 학습시간, 학습성과 등이 LMS에 기록된다. 여기서 교수자들은 학습자들의 발표, 숙제, 학습활동(토론, 세미나) 등을 체크할 수 있으며, 학습자들은 과제를 제출하고 이에 대한 피드백을 확인할 수 있으며 질문에 답할 수 있으며 퀴즈를 풀 수 있다(Courts & Tucker, 2012). 이는 궁극적으로 학습자와 교수자 간의 인터랙션을 강화하며 콜라보 학습을 위한 특별한 기회를 제공하는 소프트웨어로 작용한다. 또한 이는 풍부하고 다양한 학습콘텐츠의 창조에도 자극을 준다. 특히 인터넷 기반 학습관리시스템은 학습시스템이 온라인을 통하여 비동시적이며 동시적인 학습을 촉진시킨다. 여기서 전자칠판은 고등학교, 대학, 비즈니스 과정을 위해 사용될 수 있으며, 무들(Moodle)은 원거리 학습코스를 위한 프랫폼으로 뿐만 아니라 브렌디드 러닝(Blended Learning)을 제공하는 무료 다운로드 오픈 소스 코스 관리 시스템이 된다. 또한 엘리아데미(Eliademy)는 브랜디드 러닝뿐만 아니라 원거리 학습코스를 위한 프랫폼을 제공하는 무료 클라우드 기반의 코스 매니지먼트 시스템이다. 특히 학습관리시스템은 컴퓨터 보조 측정평가(CAA: Computer-aided assessment) 시스템을 통해서 종결된다. CAA 즉 e-평가라고도 불리는데, 이는 자동적 다양한 선택 테스트로부터 보다 세밀한 시스템까지 걸쳐있다. 평가시스템은 학습자가 어떻게 학습활동에 어떻게 얼마나 참여하였으며, 어떤 대목에서 실수를 했고 어떤 항목에서 성공했으며 어떠한 질문에 정확히 대답하였는가에 대한 평가를 할 수 있는 소프트웨어로 구성된다.

오늘날 학습관리시스템은 콘텐츠까지 관리하는 학습콘텐츠관리시스템(LCMS: A learning content management system)으로 발전하고 있다. LCMS는 저자의 콘텐츠(코스, 재사용 콘텐츠 오브젝트)를 보호하기 위한 소프트웨어이다. LCMS는 LMS에 호스팅된 산출콘텐츠와 출력콘텐츠로 지향되어 있다. 또는 그것은 콘텐츠 자체를 호스트할 수 있다. LCMS의 최근의 경향은 클라우드소싱으로 SlideWiki 같은 것을 통하여 이루어진다(Auer, 2013).

사이버학습공동체의 열한번째 성립조건은 엘렉트릭 수행 지원 시스템(EPSS: Electronic performance support system)이다. EPSS는 통합된 정보, 자문 그리고 학습경험에 즉시적으로 접근하면서 학습의 생산성을 개선하는 컴퓨터 기반 시스템울 말한다(Raybould, 1991). 이는 모든 학습참가자들이 쉽게 접근할 수 전자 수행 환경을 만드는 것을 규정하는데, 최소한의 지원과 다른 사람의 간섭을 통하여 학습수행을 허용하는 정보, 소프트웨어, 가이던스, 어드바이스 그리고 보조, 데이터, 이미지, 도구들, 평가 그리고 모니터링 시스템의 모든 범위로 직접적이고 개별화된 온라인 접근을 제공하기 위해 구조화 되어 있다.

사이버학습 공동체의 열두번째 성립조건은 학습목표(Learning objects)와 콘텐츠(Content)이다. 일반적으로 학습목표와 콘텐츠는 다음과 같이 분석될 수 있다(Clark and Mayer, 2007). 첫째는 사실(Fact)이다. 즉 사실은 학습목표이자 콘텐츠이다. 이는 고유한 데이터(엑셀 양식을 위한 상징 내지 학습 대상을 구성하는 부분)를 말한다. 둘째는 콘셉(Concept)이다. 이는 다양한 사례(엑셀 포뮬러 내지 다양한 유형들/ 인스트럭추얼 디자인)를 가능하게 하는 학습의 목표와 콘텐츠를 구성하는 내용들을 말한다. 세 번째는 프로세스(process)이다. 이는 사건 자체 내지 활동의 흐름으로서 이 역시 학습목표이자 동시에 학습콘텐츠가 된다. 넷째는 프로시듀어(procedure)로서 이는 step-by-step 과제로서 주로 에디(ADDIE) 모형에 의거하여 이루어진다. 마지막은 전략적 원리(strategic principle)로서 이는 가이드라인에 따라 적수행되는 과제(전파시트에서 재정적인 프로젝트를 하는 것 또는 학습환경을 디자인하기 위한 프램웍을 사용하는 것)를 전략화하는 것을 말한다.

한편, 사이버학습에서 학습목표는 원칙적으로 기준(Learning objects standards)을 가지고 있다. 왜냐하면 사이버학습은 면대면의 고실이나 교육현장이 아닌 컴퓨터 상 내지 사이버 또는 가상현실에서 이루어지기 때문이다. 따라서 목표기준은 컴퓨터의 소프트웨어나 사이버공간이라는 제약 속에서 정해질 때 효율성이 제고될 수 있다. 특히 학습자들이 공유할 수 있는 콘텐트 목표 참조 모델(SCORM: Shartable Content Object Refrence Model)은 웹 기반의 e-러닝에 적합한 표준과 특수성을 가지고 있다. 이러한 목표기준에 적합한 모델의 개발은 궁극적으로 최적의 사이버학습공간을 창조하는 메타데이터를 범주화하는 데에도 기여한다.

(5) 학습사회(Learning Society)

① 학습사회의 역사적 발달

학습사회(Learning Society)라는 개념의 역사는 국가 중심의 교육제도로부터 보다 탈국가화되고 탈중앙화된 조직으로 옮겨가면서 시작된다. 1973년 쉔(Donald Schön)은 오늘날 현대국가에서 "변화"(change)는 거역할 수 없는 사명이 되었으며, 변화를 위해서는 한 국가의 사회 내부에 "학습"이라는 꾸준한 변수가 존재해 왔다고 주장했다(Schön, 1973).

학습사회가 바로 그것이다. 사회는 늘 학습하는 사회구성원들을 통하여 변화를 지향해 왔다. 그러나 지금까지 국가중심의 교육관은 학습하는 사람들에 의해 이루어지는 변화를 크게 감지하지 못하고 있다. 허친스(Robert Hutchins) 역시 국가의 항시 변화에 입각해서 특히 기업 조직에서 교육제도를 지속하는 것은 가능하지 않다고 주장한다(Hutchins, 1970).

Torsten Husén은 학습이란 공식적인 교육시스템 외부에서 시작점도 없고 종착역도 없는 유동성을 가지고 있다고 강조한다(Husén, 1986). 또한 이들에 의하면, 학습은 조직과 시스템에 의해 요구되는 지식의 자유로운 움직임이라는 시장자유모델을 반영한다(Spring, 2009). 이러한 학습의 프램웍이 보다 현실적 토대로 발전하면서, 학습사회는 광범위한 세계화의 실현에 대한 응답으로 보인다. 따라서 이미 선진국들은 전통적 제조산업보다는 지속적으로 지식노동자(knowledge workers)에 더욱 의존하여 왔다. 이들은 필요하다면 외국에서도 지식노동자들을 유입시키고 있다. 이렇게 하여 그들의 노동력은 지식경제(knowledge economy)의 중심으로서 특히 새로운 테크놀로지의 발달의 관점에서 재빨리 적응할 수 있게 되었다. 이러한 모델과 함께 학습사회의 개념은 다른 국가들에게 이식되고 있다(Jarvis, 2000). 마치 이는 세계 시장에 많은 새로운 제품들이 쏟아지는 것과 같은 이치이다.

② 학습사회의 본질

학습사회는 일반적으로 평생학습이 일어날 수 있는 토대이다. 이론적 관점에서 학습사회는 학습사회가 번성하도록 허락되는 프램웍(Framework)을 제공한다. 따라서 학습사회와 평생학습은 상호적으로 서로 서로를 지지한다. 즉 학습사회는 평생학습을 위한 역량을 제고시킨다. 그러나 평생학습은 사회화를 통하여 개인들에게 지혜사회 내지 코이노소픽(koinosophic)으로 알려진 지혜의 형식으로 보다 광범위한 사회의 학습능력에 기여한다(McClellan, 2010).

학습사회의 개념은 유동성, 비형식성 같은 개념에 의존하고 있다. 이는 학교나 대학교 같은 전통적 교육개념의 변두리에서 있기 때문에 때로는 어렵게 파악된다. 반면, 자비스는 학습 사회가 다음과 같이 4개의 속성을 가지고 있다고 주장한다(Jarvis, 2000).

첫째, 학습사회는 미래적(futuristic)이다. 왜냐하면 학습사회는 테크놀로지의 진보에 의존하고 있기 때문이다. 즉 학습사회는 미래 테크놀로지의 성장에 따라 발전한다. 이는 선진국에서 주도하는 지식경제를 향한 변화로 간주될 수 있다. 또한 학습사회의 개념은 전통적 교육의 경계를 쉽게 넘어서는 교육개념을 허락하는 인터넷의 중요성이 인식할 때 가장 생동적이다.

둘째, 학습사회는 사회적응적(Societal)이다. 이러한 속성은 학습사회의 부분으로서 평생학습이 국가 경제의 성장에 기여하고 국민들의 민주적 참여를 증대시킨다는 의미를 포함한다. 또한 학습사회는 국가와 제도에 의해 만들어지는 광범위한 인식의 일부이기도 하다.

셋째, 학습사회는 반성적Reflexive이다. 이러한 속성은 광범위한 공동체 내에서 학습사회가 평생학습의 역할을 인정하는 것만을 요구하지 않고 변화를 적응할 수 있게 하는 것을 말한다. 특히 학습사회는 개인적 요구에 융통성있게 대처하는 것을 가능하게 한다. 학습사회로의 변화는 테크놀로지의 발전, 법적-제도적 요구 내지 개인적 선호의 결과로서 대두되고 있다. 앞으로 학습사회에서는 학습시장에 더 많은 정보를 제공하게 될 것이며 교육의 질적 영역도 인정될 것이다.

넷째, 학습사회는 세계시장(Global market)이다. 학습사회의 마지막 속성은 세계시장의 많은 제품들처럼 편리한 교육시장이 될 것이며, 학습과정에서 학습참여자들은 모두 소비자가 된다. 이들은 교육과 학습의 유형을 자신들이 선호하는 대로, 능력에 따라 그리고 기호대로 선택한다. 이는 학습자들로 하여금 교육원천에 접근할 수 있도록 허락하는 테크놀로지의 발전을 통하여 범지구적으로 촉진될 것이다. 이러한 속성 하에서 교육과 학습은 경제적으로 적합한가를 따지는 '소비자 만족'의 수준에 따라서 재단될 것이다.

국가적 차원에서 볼 때, 학습사회의 일반적 모델 중 호주와 영국의 모델은 대표적이다. 우선 지금 영국과 호주에서 가장 지배적인 사례 중 하나는 '개방대학'(open university)의 모델이다. 이들은 학생들로 하여금 한편으로는 학습을 온라인으로 하도록 국가가 허락하면서 동시에 이들이 선호하는 자격증 코스를 개설하여 운영한다. 호주의 개방대학에서 만들어진 증명서의 내용은 다음과 같다.

"호주개방대학을 통하여 공부하는 것은 특별히 당신이 동기화되고 근면한 사람이라면 매우 보상될만하다. 이는 역시 당신이 간단히 몇몇을 위해 단정적으로 유리한 벽돌공장 대학을 갈 수 없다는 융동성을 제공한다. - 호주개방대학 보증서"(Open Universities Australia, 2010)

1993년 중국은 학습사회로 중국 주민들을 옮기기 위해서 2000년에 GDP의 4%를 교육비를 사용하는 계획을 세웠다. 그러나 이는 이루어지지 않았다. 따라서 중국은 2009년 2020년까지 같은 계획을 세우고 있다. 이러한 중국 정부의 투자계획은 다음과 같은 교육개혁을 예고한다(Quosdorf, 2010). 학령전 학교에서의 사립-공립 영역의 파트너십의 증가, 대학과 고등교육기관의 세계적 위상의 증가, 지방의 교육수준 개선, 평생학습을 허용하는 비형식교육 기관(원거리 학습, 학습 네트워크 구축)의 발달, 국가수준의 시험 프로그램의 개선, 테크놀로지를 통한 학습과정의 디지털화가 그것들이다.

일반적으로 평생학습은 학습사회에 의해 촉진되는데, 전통적인 학부단계에서 보다는 고등교육을 위해 학생 생활의 모든 단계에서 시도된다. 오늘날 학습사회의 개념은 지구촌 사회에서 가장 경쟁력있는 지식경제의 중심으로서 나타나고 있다. 따라서 학습사회의 옹호자들은 전통적 제도를 더 이상 평생학습의 중심이 될 수 없다고 본다. 예를 들어, Cisco 같은 초국적 그룹은 단순히 더 많은 학교와 대학을 설립함으로써 학습사회가 이루어지는 것은 아니라고 본다. 이들은 학습사회라는 구조 내에서 평생학습의 역할을 변호한다(Cisco Systems Inc., 2010).

지금까지 학습사회와 고등교육에 관한 논쟁은 다음과 같다. 즉 고등교육의 양적 질적 확대가 곧 학습사회를 의미하는 것은 아니다. 그러나 물론 학습사회에서 대학의 역할은 중요하다. 그럼에도 불구하고 학습사회의 개념은 고등교육의 확장만을 의미하지 않는다. 오히려 형식적인 교육 이외의 영역에서 학습하는 그룹이 사회적으로 확대되는 것이 보다 중요하다. 물론 고등교육과 학습하는 공간의 네트워크가 중요하다. 이른바 학습사회는 학습망(learning web)의 사회이다.

2010년 호주의 총리 Julia Gillard는 전통적인 교육부 장관의 역할을 폐지하고 대신 일, 기술 그리고 일터의 관련을 포괄하는 장관의 포트폴리오를 채택하면서 장관을 임명했다. 이는 오늘날 교육영역이 급격하게 변화하는 다양성을 반영한 처사이다. 그러나 이는 사회에서 학습을 위한 장소로서 고등교육의 중심적 역할을 손상시키는 처사라고 많은 대학의 옹호자들에게 비판되었다(Tomazin, 2010).

한편, 학습사회의 옹호자들 역시 보다 강력한 교육적 학습 경험을 전통적 제도 내외부에서 허용하기 위해서 즉 교육의 범위를 확대하기 위해서는 공적 기업과 사적 기업 간의 파트너십을 요청하고 있다(Spring, 2009). 그러나 학습사회는 실제로 존재하지 않고 단지 정부 내지 권력기관에 의해서 어떤 아젠더로 실현하기 위해 강요되는 도구나 이론일 뿐이라는 비판이 많다. 이러한 주장은 어떻게 그 이념이 개발도상국에서 세계은행과 OECD 프로그램을 정당화 시키는데 사용되는 가를 쉽게 보여주고 있다(Hughes & Tight, 1995). 또한 이는 오히려 "인터넷에서의 학습"이라는 초점이 없는 개념을 설명하는 매우 애매모호한 용어이다(United States Department of Education, 2010). 정책입안자들과 정치가들 사이에 학습사회라는 용어가 지배적임에도 불구하고, 학습사회의 이론이나 방법을 반영하는 정부나 기업으로부터의 실제 전략적 기금에 대한 정보를 찾아내는 것은 어렵다(Sackett, 2010).

나가는 말

교육의 본질을 학문적으로 과학적으로 추적하다 보니 평생학습이라는 개념까지 끌려 나왔다. 이제 학교는 더 이상 교육의 전당이 아니다. 교육은 우리 곁에 늘 있어 왔고 지금도 있고 앞으로도 있을 것이다. 학교울타리에 갇힌 교육이 아니라 3A 즉 언제(anytime), 어디서라도(anywhere), 누구에게나(anyone) 교육과 학습은 항상 함께 있을 것이다. 결국 <학교사망론>은 평생학습사회가 대안이라는 결론을 내렸다. 마치 빅뱅처럼 엄청나게 빠른 속도로 그리고 엄청난 폭으로 개방되고 있는 21세기 열린사회에 살면서 우리는 마치 철창없는 감옥같은 학교울타리를 탈출할 수밖에 없는 막다른 길에 도달했다. 잠을 자더라도 학교에 가서 불편한 쪽잠을 자야지만 졸업장이 나온다. 과연 우리 아이들은 무슨 죄를 저지른 것인가? 이것도 원죄인가? 한국에 태어난 것이 원죄란 말인가? 아니면 이들은 진짜 원죄를 가지고 태어났는가? 인간은 선악과를 따먹은 죄로 어느 나이가 되면 학교에서 고통의 시간을 보내야 하는 벌을 받는 것인가? 1945년 해방 이후 지금까지 우리 윗세대로 그랬고 우리 세대들도 그랬고 우리 아래 세대에도 학교는 전혀 나아진 것이 없다. 여전히 본고사를 보아야 하느니 마느니를 가지고 70년 이상 무의미한 논쟁을 하고 있으며, 여전히 교과서를 달달 외우고 시험을 보는 것으로 끝내고는 마는 교육이라는 이름의 기억력 테스트. 기억만 잘하면 우등생이 되고 잘 못 외우면 인생을 좌절해야 하는 운명. 이게 대한민국의 건아들의 운명인가? 이제는 좀 끝낼 때가 되지 않았나.

아인슈타인 이후 아니 최소한 스티브 잡스 이후 창의성, 상상력만이 살길이라고 외치고 있다. 그러나 아직도 여전히 일제가 남기고 간 제국주의 교실은 전혀 바뀌지 않았다. 그리고 단 한 번도 바꾸어 보려고 노력조차도 하지 않았다. 대한민국 정부는 도대체 뭘 가지고 일제 잔재를 청산한다고 떠들고 있는 것인지? 온통 구호일 뿐이며 말뿐이다. 정말 몰라서 그런건가? 그러면 무식한 거고 알면서도 그런다면 그건 질이 아주 나쁜 거다. 일본 제국주의자들은 모든 아이들에게 일률적으로 같은 교복을 입히고, 머리를 빡빡 깍였고, 여학생들에게는 귀밑 3센티까지만 기르게 하였다. 그리고 가슴팍에는 반드시 명찰을 달아야 하고, 책상은 모서리가 똑바로 정렬되어야 하고, 반드시 앞에 앉은 친구의 뒤통수를 보고 앉아야 한다. 70년이 지난 지금도 우리의 교실은 별로 변한 것이 없다. 형태는 좀 달라졌어도 학교의 생각은 같다. 도대체 어디서 교육다운 교육이 가능한 것인지?

획일화된 모습, 획일화된 사고, 획일화된 꿈, 표준화를 위한 통제 관리 감독, 도대체 이것도 교육인가? 무슨 일제 잔재가 청산된 것인지? 거창한 것만 떠벌려 놓고 오로지 선거날 표만 받아 내려고 생색만 내지 말고 아이들이 다니는 교실서부터 하나하나 고치면 안 되나. 오늘날 제국주의자 일본조차도 학교교실을 온통 민주주의 교실로 바꾸어 놓았는데. 이들에게 36년을 짓밟힌 우리는 오히려 제국주의의 넋을 그대로 간직하고 있으니. 그렇다면 이제 우리가 앞으로 제국주의를 해 보겠다는 것인가? 마치 대한민국이 세상에 유일한 제국교실의 박물관이 된 것 같다. 세상에 이미 제국주의 교실은 없기 때문이다. 더 이상은 안 된다. 제국주의는, 일단 다른 것은 다 고사하고라도 사람이 사람을 아무 이유 없이 노예로 만들고 무조건 죽이는 것이 제국주의 아닌가?

아이러니하게도 신군부 시절에 교복자유화, 두발자유화 등 제국학교가 잠시 해지된 적이 있다. 물론 이유는 경제활성화 등 다른 데에 있었다고는 하지만. 하여간 웃긴다. 일제 잔재의 청산은 무엇보다도 우리 아이들이 모든 시간을 할애하고 있는 학교교실서부터 시작해야 한다. 작고 가까운 데부터 하면 되는데 이해하기도 어려운 고문서 가져다 놓고 몇 년 아니 수 십년 동안 역사해석에 역사논쟁을 벌이면서 밥 먹고 살겠다고 애쓰는 인간들이 참 한심하고 안쓰럽다.

정말 급격하게 빠른 속도로 확장되는 21세기 열린사회에서는 더 이상 닫힌 학교제도는 설 자리가 없다. 열린 세계가 요구하는 대안은 평생교육, 평생학습의 사회가 된다. 장소, 시간불문 누구나 원한다면 학습할 수 있는 '학습망'(Learning Web, 學習網)의 시대가 답이다. 이를 위해서는 무엇보다도 닫힌시스템의 학교제도는 자진해서 해산해야 한다, 아니면 지금의 학교는 강제 폐기처분될 수도 있다. 물론 현실에서는 불가능한 이야기지만. 이미 학교를 끼고 먹고 사는 소위 기득권 세력이 너무 많아졌기 때문이다. 우선 학교가 없어지면 교사와 교수는 실업자가 될 것이고 이들의 가족들도 모두 길거리에 나 앉을 것이다. 또한 학교 앞 문방구 아저씨, 떡복기집 아줌마도 일거리가 없어질 것이다. 가뜩이나 일자리 창출이 시급한데 오히려 일자리가 없어지니 이건 안 될 말이다. 이래저래 학생들을 상대로 하면서 살아가는 세상의 모든 직업에 종사하는 사람들도 굶게 될 것이고 학교에 비품을 납품하면서 살아가는 사람들 특히 이렇게 하여 재벌기업이 된 제록스 같은 큰 기업도 더 이상은 존재의 근거가 사라질 것이다. 이렇게 본다면 학교가 비록 용도폐기된 유물이라고 해도 세상에서 없어진다는 것은 상상조차 어렵긴 하다.

그렇다면 학교를 어떻게 해야 하는가? 물론 다시 회생시킬 수 있는 가능성을 타진해 보아야만 할 것이다. 죽을 수 없다면 반대로 살리려고 노력해 보는 것이 맞다. 그렇다면 어떻게 해야 하는가? 그래서 학교가 개혁하고 혁신해야 한다고 하지 않는가? 그렇지 않으면 학교는 살아 있어도 죽은 거나 다름없이 때문이다. 엔트로피 이론에 의하면 세상의 모든 생명체는 소멸하게 되어 있다. 이를 엔트로피의 증가 때문이라고 설명한다. 즉 생명은 에너지를 사용하면서 마찰열에 의한 엔트로피를 증가시키는 바람에 결국은 사멸하게 된다. 따라서 사멸을 최대한 억제하기 위해서는 엔트로피의 증가를 최대한 억제시킬 수 있는 부적 엔트로피 즉 네겐트로피를 주입해야 한다. 이는 일시적인 네겐트로피(negentropy)도 중요하지만 보다 궁극적인 것은 자기제작 즉 아우토포이에시스(autopoiesis)에 의해서 가능하다. 그러한 아우토포이에시스를 가능하게 하는 처방은 무엇일까?

우선 지금의 학교는 무조건 열려야 한다. 이를 위해 상징적이라도 학교울타리부터 없애고 학교는 마을에 개방되어야 한다. 아프리카 속담에 이런 말이 있다. 한 아이를 키우려면 하나의 마을이 필요하다. 마을이 학교이고 학교가 마을이고 도시이다. 이를테면 학습타운, 학습도시이다. 이는 공유경제의 개념과도 통한다. 마을과 학교는 도서관을 공유하고 운동장을 공유한다. 미국에서는 학교폭력을 예방하기 위해서 오래 전부터 학교폴리스 제도가 실행되고 있다. 경찰이 학교에 상주하는 것이다. 반드시 좋은 제도라고는 단정지을 수 없지만 하여간 우리는 못하고 있다. 우리의 교육기본법에 보면 누군가가 학교에 상주하기 위해서는 교사자격증을 취득해야 한다. 경비원도 마찬가지이고 영양사 조리사도 마찬가지이다. 우리의 학교는 치외법권의 장소이며 소도이다. 물론 그래야만 하는 이유도 있다. 그럼에도 불구하고 이러한 제도는 학교를 점점 더 폐쇄적으로 만들고 있다. 하여간 급격하게 개방되는 사회변화 추세와 학교의 개방화는 적극적일 필요가 있다. 페다고지와 안드라고지가 적절하게 상존하는 학교가 바로 21세기가 요구하는 새로운 학교상이다.

참고문헌

1

- 고형일 외(1996). **신교육사회학.** 서울: 학지사.
- 권이종, 최은실, 권두승, 이상오(1998). **신교육사회학 탐구-학교교육과 사회교육의 새로운 이해.** 서울: 교육과학사.
- 김상환(2000). 새로운 **해석학의 탄생 1. 니체가 뒤흔든 철학 100년**(김상환 외). 147~200, 서울: 민음사.
- 김선희, 박성민, 권정언(2004). **기업교육 프로그램 개발의 실제.** 서울: 서현사.
- 김신일(2000). **교육사회학.** 서울: 교육과학사.
- 김억환 (1988). **신교육사회학 입문.** 서울: 박영사.
- 김영래(2003). **칸트의 교육이론.** 서울: 학지사.
- 김영식·임경순(2002). **『과학사 신론』.** 다산출판사.
- 김위찬, 르네 마보안(1995). **블루오션 전략**(김연정, 이수경 옮김, 2016). 서울: 교보문고.
- 김정태, 황규상(1991). **현대교육학개론.** 서울: 삼광출판사.
- 김종서, 이영덕, 정원식(2010). **최신 교육학개론**(개정 증보). 서울: 교육과학사.
- 김창걸, 이규영, 이규은 공저 (2010). **교육학 개론.** 형설출판사.
- 김창환(2006). **규범적·연역적 연구의 논리.** 오인탁 외 공저. 교육학 연구의 논리. 13~44. 서울: 학지사.
- 남정걸(2002). **교육실습의 이론과 실제.** 서울: 교육과학사.
- 노순규(2013). **혁신학교의 사례와 성공방법.** 서울: 한국기업경영연구원.
- 박성희, 이경희(2007). **노인자서전 쓰기와 의미구성학습 적용 사례 연구. 평생학습사회실현을 위한 한국성인교육의 성과와 전망.** 한국성인교육학회 2007 봄 학술대회 자료집. 91~110.
- 백승영(2000). **니체철학, 무엇이 문제인가. 니체가 뒤흔든 철학 100년**(김상환 외), 64~143, 서울: 민음사.
- 성태제, 강이철, 곽덕주, 김계현, 김천기, 김혜숙, 봉미미, 유재봉, 이윤미, 이윤식, 임웅, 한승희, 홍후조(2007). **최신 교육학개론.** 서울: 학지사.
- 손인수(2007). **교육사 교육철학의 이론과 실제.** 서울: 문음사.
- 손형국(2001). **디지털 라이프.** 서울: 황금가지.
- 설기문(2000). **인간관계와 정신건강.** 서울: 학지사.
- 성민선·이상오·정무성·정은(1998), **"학교부적응 청소년들을 위한 학교사회사업 실천모델 연구," 학교사회사업 제1호,** 학교사회사업학회.
- 신응섭 외(2000). **리더십의 이론과 실제.** 서울: 학지사.
- 심붕섭, 윤은성, 강태훈, 김정겸(1997). **교육학 개론.** 서울: 양서원.
- 우기동(편역)(1986). **철학연습.** 서울: 미래사.
- 유네스코한국위원회(1987), **문화산업론**(원제: Cultural Industries, A Challange for the Future of Culture/ 도정일 역). 서울: 나남.
- 윤정일, 허형, 이성호, 이용남, 박철홍, 박인우(2002). **신교육의 이해.** 서울: 학지사
- 윤평중(1997). **푸코와 하버마스를 넘어서 - 합리성과 사회비판.** 서울: 교보문고.
- 이건만(2002). **교육사회학의 주요이론.** 신교육사회학(고형일 외). 37~105. 서울: 학지사.

- 이명숙 (1999). **구성주의 심리학적 근거.** 김종문 외(1999). 구성주의 교육학. 35~61. 서울: 교육과학사.
- 이상오(1996). **필립 멜랑히톤.** 오인탁(편저). 위대한 교육사상가들 I. 307~338. 서울: 교육과학사.
- 이상오(1996). **21세기 소비자중심시대의 사회교육, 산업교육, 인간교육의 관계, 과제 그리고 전망 - 유럽 대중소비사회의 발달에 관한 거시경제사적 시각을 토대로, 사회교육학연구, 제2호,** 246~269.
- 이상오(2004). **『홀로스 사고 - 시스템 사고의 새로운 전략』.** 서울: 지식마당.
- 이상오(2005). **계몽주의 교육 - 이론과 실제 -.** 서울: 학지사.
- 이상오(2006). **"진로교육 단계학교(가칭)"의 설립과 이에 터한 학제개편 방안 - 교육철학적 접근 -,** 한국교육학회 2006년 추계학술대회[미래사회의 학제 I], 2006/10. 한국교육학회, 73~91.
- 이상오(2008). **교육해석학.** 이론과 적용. 서울: 학지사.
- 이상오(2016). **지식의 탄생.** 서울: 한국문화사.
- 이상오(2017). **평생교육학 입문.** 서울: 연세대학교 출판문화원.
- 이종원 (1999). **급진적 구성주의.** 김종문 외(1999). 구성주의 교육학. 65~75. 서울: 교육과학사.
- 이종일(1999). **사회문화주의와 구성주의.** 김종문 외. 구성주의 교육학. 105~132. 서울: 교육과학사.
- 이준형(2002). **리더와 리더십.** 서울: 인간사랑.
- 이한구(1995). **문화과학과 설명의 논리.** 문화철학. 한국철학회편: 223-249. 서울: 철학과현실사. 1
- 임정택 (2011). **상상. 한계를 거부하는 발칙한 도전.** 서울: 21세기북스.
- 정재삼(1996). **교수설계와 교수체제개발의 최근 경향과 논쟁.** 교육공학연구.
- 정혜영(2005). **교육인간학. 교육의 역사와 철학 시리즈 7.** 학지사.
- 정우현 (1991). **교육사회학 연구.** 서울: 교육과학사.
- 조명래(1999). **포스트포디즘과 현대사회의 위기.** 서울: 다락방.
- 조승제(2002). **교육과정과 평가.** 서울: 교육과학사.
- 조용기 (1999). **구성주의 교육을 위한 입문: 구성주의 교육의 조절.** 김종문 외(1999). 구성주의 교육학. 1-10. 서울: 교육과학사.
- 청소년폭력예방재단 편(1997), **학교폭력 막을 수 있다.** 도서출판: 청소년폭력예방재단.
- 차동옥, 윤태식, 이동우, 곽신근, 배노조(2007). **라이벌 리더십: 세상을 이끈 리더들의 보이지 않는 전쟁.** 서울: 크레듀하우.
- 추병식(2003). **탈근대의 교육과 사회.** 서울: 학지사.
- 최신일(1999). **해석학과 구성주의.** 김종문 외(1999). 구성주의 교육학. 13-34. 서울: 교육과학사.

2

- 고바야시 가오루(2001). **미래를 읽는힘**(남상진 옮김, 2002). 서울: 청림출판.
- 게리 에이 유클(1996). **리더십의 이해**(김대운 옮김, 1996). 서울: 삼성기획.
- 돈 탭스콧·데이비드 티콜·알렉스 로위(2000). **넷 경제의 가치**(심상민 옮김, 2000). 서울: 물푸레.
- 데이브 로빈슨(2000). **니체와 포스트모더니즘**(박미선 옮김, 2002). 서울: 이제이북스.
- 데이비드 호킨스(1997). **의식혁명**(이종수 옮김, 2000). 서울: 한문화.
- 랄프 콘너스만(2003). **문화철학이란 무엇인가**(Kulturphilosopie zur Einführung, 이상엽 옮김, 2006). 서울: 북코리아.
- 마가렛 휘틀리(1999). **현대과학과 리더십**(한국리더십학회 옮김, 2001). 서울: 21세기북스.
- H. 마르쿠제(1964). **일차원적 인간**(박병진 옮김. 1993). 일차원적 인간. 서울: 한마음사.
- 마샤 시네타(1991). **21세기 마인드**(김창동 옮김, 1995). 서울: 이십일세기마인드새날.
- 마이클 마자르(1999). **트렌드 2005**(김승욱 옮김, 2000). 서울: 경영정신.
- 마이클 마쿼트(2004). **액션 러닝의 힘**(이태복 옮김, 2004). 서울: 패러다임 컨설팅.
- 마이클 폴라니(1958). **개인적 지식**(표재명 옮김, 2001). 서울: 아카넷.
- 마이클 폴라니(1966). **암묵적 영역**(김정래 옮김, 2015). 서울: 박영사.
- 마셜 골드스미스 외(2003). **리더십 바이블**(연호택·박종호 옮김, 2006). 서울: 휘닉스.
- 마크 존슨(1993). **도덕적 상상력. 체험주의 윤리학의 새로운 도전**(노양진 옮김, 2008). 서울: 서광사.
- 맨츠 & 심즈 주니어(2001). **슈퍼리더십**(김남현 옮김, 2002). 서울: 경문사.
- 모이세이 카간(1996). **문화철학**(이혜승 옮김, 2009). 서울: 지만지 고전선집.
- 에드워드 드 보노(1990). **수평적 사고**(The lateral thinking/ 이은정 옮김, 2005). 서울: 한언.
- 에버레트 라이머(1970). **학교는 죽었다**(김석원 옮김). 서울: 한마당.
- 울리히 벡(2000). **지구화의 길**(조만영 옮김, 2000). 서울: 거름.
- 워렌 베니스·로버트 토마스(2002). **시대와 리더십**(신현승 옮김, 2003). 서울: 세종연구원.
- 윌리암 보이드(1921). **서양교육사**(이홍우, 박재문, 유한구 공역/ 1996). 서울: 교육과학사.
- 이언 엥겔 (2001). **지식노동자선언**. 서울: 롱셀러.
- 이케가야 유지, 이토이 시게사토(2003). **해마**(박선무, 고선윤 옮김, 2003). 서울: 은행나무.
- 장 삐아제 외(1979). **구조주의의 이론**(김태수 엮음, 1990). 서울: 인간사랑.
- 제이슨 제닝스, 로렌스 호프톤(2001). **큰 것이 작은 것을 잡아먹는 것이 아리나 빠른 것이 느린 것을 잡아먹는다**(신동욱 역, 2001). 서울: 해냄출판사.
- 제임스 글리크(1987). **카오스. 현대과학의 대혁명**(박배식·성하원 옮김, 1993). 서울: 동문사.
- 존 듀이(1916). **민주주의와 교육**(이홍우 역, 1996). 서울: 교육과학사.
- 존 브록만(2000). **지난 2천년 동안의 위대한 발명**(이창희 옮김). 서울: 해냄출판사.
- 찰스 반도 렌(1995). **지식의 역사 I**(오창호 옮김, 1995). 서울: 고려문화사.

- 카알 G 융(조승국역)(1981). **인간과 상징,** 서울: 범조사.
- 토마스 S. 쿤(1962). **과학혁명의 구조**(김명자, 홍성욱 옮김, 2013). 서울: 까치.
- 프리쵸프 카프라(1996). **생명의 그물**(김용정·김동광 역, 1996). 서울: ㈜범양사출판부.
- 필립 복(1979). **현대문화인류학 입**문(조병로 역, 2001). 서울: 국학자료원.
- 한국철학사상연구회편(1989). **철학대사전**. 서울: 동녘.
- 한스 요나스(2001). **생명의 원리**(한정선 역, 2001). 서울: 아케넷.

3

- Adult Learning Australia(2000a). **Learning around town: learning communities in Australia.** Australia: ALA Inc.
- Al-Asfour, A. (2012). **Online Teaching: Navigating Its Advantages, Disadvantages and Best Practices.** Tribal College Journal of American Indian Higher Education23: 3..
- Althusser, L. (1971). **Ideology and ideological state appratuses. In: Brewster(ed.) Lenin and philosophy and other essays.** London: New Left Book.
- Armstrong, J. Scott. (2012). **Natural Learning in Higher Education. Encyclopedia of the Sciences of Learning.**
- Aron, L. (2009). **Making Schools Different: Alternative Schooling in the USA.** New Delhi: SAGE Publications India Pvt. Ltd.
- Auer, Sören(2013). **"First Public Beta of Slide".** Retrieved 22 February 2013..
- Babe, Robert E.(2015). **Wilbur Schramm and Noam Chomsky Meet Harold Innis: Media, Power, and Democracy.** London: Lexington books.
- Bates, A. and Poole, G.(2003). **Effective Teaching with Technology in Higher Education.** San Francisco: Jossey-Bass/John Wiley, 2003.
- Becker, Hellmut(1978). **Angst vor dem Spielen. In: Schulte, Hansgerd** (Hrsg.). Spiele und Vorspiele. Spielelemente in Literatur, Wissenschaft und Philosophie. Eine Sammlung von Aufsätzen aus Anlass des 70. Geburtstages von Pierre Bertaux, Frankfurt/a.M.
- Belser, H.(1960). **Zweiter Bildungsweg.** Das Problem eines berufsbezogenen Bildungsgangs zur Hochschulreife. Pädagogische Studien, Bd.4. Weinheim Bergstrasse.
- Biocchi, Michael(2011). **"Games in the Classroom. Gaming in the Classroom".** Retrieved 24 March 2011.
- Bishop, K.K.(1996). **Part H of Individuals with Disabilities Education Act: Analysis and Implications for Social**

Workers. School Social Work. Practice and Research Perspectives. Third Editon. Edited by Robert Constable, John P. Flynn, and Shirley McDonald. Chicago: Lyceum Books, Inc. 116~131.

- Bittner, G.(1985). **Der Mensch – ein Geschöpf des Vertrags.** Zeitschrift für Pädagogik, P7484F, Jahrgang 31, Vol. 5, Oktober.
- Blid, H.(1990). **Education by the people: Study Circles. – Arbetarnas bildningsförbund Stockholm.**
- Bollnow, O. F.(1965). **Die Anthropologische Betrachtungsweise in der Pädagogik.** Bochum.
- Broedel, R.(Hrsg.)(1998). **Lebenslanges Lernen – Lebensbegleitende Bildung. Neuwied: Luchterhand.**
- Carnegie Commission On Higher Education(1974). **Toward Learning Society.** N.Y: McGraw Hill Co..
- CERI(1999). **Economic and Cultural Transitions Towards a Learning City: the Case of Jena.** Organization for Economic Co-operation and Development(August 13, 1999)
- Cisco Systems Inc.(2010). **"The Learning Society".** Retrieved September 14, 2010 from Cisco Systems Inc.
- Cleve, Ingeborg(1994). **Moderne Konsumkultur als pädagogisches Problem im Entstehungsprozeß der Industriegesellschaft.** (Zeitschrift) Lehren und Lernen 1994/Heft 3.
- Constable, R.(1996). **Mandated Foundations for Service Delivery: An Overview. School Social Work. Practice and Research Perspectives.** Third Editon. Edited by Robert Constable, John P. Flynn, and Shirley McDonald. Chicago: Lyceum Books, Inc. 8~94.
- Courts, B., & Tucker, J.(2012). **Using Technology To Create A Dynamic Classroom Experience.** Journal of College Teaching &Learning (TLC), 9(2), 121~128.
- Crane, Beverly E.(2009). **Using Web 2.0 Tools in the K-12 Classroom.** Neal-Schuman Publishers, Inc., 2009.
- Cropley, A. J.(1979). **Lifelong Education: A Stocktaking.** Hamburg: UNESCO Institute for Education.
- Cropley, A.J(1997). **Lifelong Education: A Psychological Analysis.** Unesco Institute for Education Hamburg, FRG and Pergamon Press. Oxford, New York, Beijing, Frankfurt, Sao Paulo, Sydney, Tokyo, Toronto.
- Dave, R. H.(1997). **Foundations of Lifelong Education.** Unesco Institute for Education Hamburg, FRG and Pergamon Press. Oxford, New York, Beijing, Frankfurt, Sao Paulo, Sydney, Tokyo, Toronto.
- Davis, Kingsley & Moore, wilbert E.(1945). Some principles of stratificaion. American Sociological Review, 10(2), 242~249.
- Department for Education and Employment(1998). **Learning Communities: A Guide to Assessing Practice and Progressing.** DfEE and Learning Cities Network. London.
- Dewey, J.(1960). **Theory of Moral Life.** New York: Holt, Rinehart, and Wiston.
- Dewey, J.(1988). **Human Nature and Conduct: The Middle Works 1899-1924.** ed. Jo Ann Boydston. Carbondale: Southern illinois University Press.
- Dohmen, G.(1996). **Das Lebenslange Lernen. Leitlinien einer modernen Bildungspolitik.** Bonn. Bundesministerium für Bildung. Wissenschaft, Forschung und Technologie.
- Dubois, D.(1993). **Competency based performance improvement: A Strategy for Organizational Change.** Amherst. MA: HRD Press.

- Eisermann, Walter(1983). **Zur Wirkungsgeschichte Eduard Sprangers - Dargestellt an Reaktionen Auf seine Rücktrittsgesuche im April 1933.** In: Massstäbe. Perspektiven des Denkens von Eduard Spranger. Hrsg. von Walter Eisermann, Hermann J Meyer, Hermann Röhrs. Düsseldorf: Schwann.
- Elkonin, Daniil(1978). **Psychologie des Spiels. Beiträge zur Psychologie.** Bd.7. Moskau. Übersetzung und Redaktion der deutschen Ausgabe von Ruth Kossert(1980), Berlin.
- Erler, M.(1993). **Soziale Arbeit.** Ein Lehr- und arbeitsbuch zu Geschichte, Aufgaben und Theorie, Weinheim und München.
- Enzensberger, H.M.(1974), **The Consciousness Industry,** New York: Seabury.
- Farwel, A.(2013). **"Keeping an Online Class Interesting and Interactive".** Distance Learning10 (3): 27~32.
- Faure, E. & Others (1972). **Learning To Be: The World of Education Today and Tomorrow.** Paris: UNESCO.
- Feyerabend, P.(1975). **Against Method.** London.
- Flitner, Andreas(1986). **Spielen-Lernen. Praxis und Deutung des Kindesspiels.** München, Zürich.
- Forehand, M.(2010). **"Bloom's Taxonomy. From Emerging Perspectives on Learning, Teaching and Technology".** Retrieved October 25, 2012,.
- Foucault, M(1980). **Power/Knowledge: Selected Interview and Other Writings.** Edited by C. Gordon. New York: Phantheon.
- Gadamer, H.-G.(1976). **The University of the Hermenneutical Problem, in Philosophical Hermeneutics, trans, David Linge.** Berckeley.
- Gates, Bill(1996). **The Connected Learning Community: using technology for education.** (Microsoft CEO Bill Gates discusses role of computers and Internet in education) In Technological Horizons In Education.
- Gehlen, Arnold(1930). **Der Mensch.** Seine Natur und seine Stellung in der Welt, Frankfurt/a.M. und Bonn.
- Gilligan, Carol (1982). **In a Different Voice:** Psychological Theory and Women's Development. Cambridge, Massachusetts: Harvard University Press.
- Gintis, Herbert & Bowles, Samuel (1986). **Democracy and capitalism: property, community, and the contradictions of modern social thought.** New York: Basic Books.
- Giroux, H. (1983) **Theory and Resistance in Education,** Westport, CT: Bergin and Garvey Press.
- Glaeser, Edward L.(1997). **Learning in Cities(NBER working paper series).** National Bureau of Economic Research.
- Glock, Hans-Johann (2000). **Imposters, Bunglers and Relativists.** In: Susanne Peters/ Michael Biddiss/ Ian F. Roe(eds.). **The Humanities in the New Millennium,** 267~287, A Francke Verlag Tübingen und Basel.
- Gudjons H.(1995). **Speilbuch. Interaktionserziehing, 6.** Auflage, Bad Heibbrunn/ Obb: Verlag JUlius Klinkhardt.
- Harasim, L., Hiltz, S., Teles, L. and Turoff, M.(1995). **Learning Networks: A Field Guide to Teaching and Learning Online Cambridge,** MA: MIT Press..
- Hilmer, J.(1983). **Grundzüge einer pädagogischen Theorie der Bewegungsspiele, Ein Beitrag zur Didaktik der Leibeserziehung,** Ahrenburg.
- Horkheimer, M./ Adorno, T.W.(1947). **Dialektik der Aufklärung,** Amsterdam.

3

- House of Commons(1998). **The Learning Age:** a Renaissance for a New Britain. London: The Stationery Office.
- Hughes, C., & Tight, M. (1995). **The Myth of the Learning Society.** British Journal of Education Studies, 43(3), 290-304.
- Huizinga, J.(1956). **Homo Ludens.** Vom Ursprung der Kultur im Spiel. Hamburg.
- Husén, T. (1986). **The Learning Society Revisited.** Oxford: Pergamon.
- Husserl, E. (1962). **Ideas: General introduction to pure phenomenology.** Trans. w. R. Boyce Gibson, New York: Collier Books.
- Hutchins, R. M. (1968). **Learning Society.** New York: New American Library.
- Hutchins, R. M. (1970). **The Learning Society.** Harmondsworth. Penguin.
- Illich, I. (1972). **Deschooling Society.** N.Y.: Harper & Row.
- Illich, I.(1971). **Deschooling Society.** Cuernavaca Mexico.
- Jarvis, P. (2000). **Globalisation, the learning society and comparative education.** Comparative Education , 36 (3), 343-355).
- Jeangros, Erwin(1951). **Maximen zur Berufserziehung.** Kantonales Amt für berufliche Ausbildung. Frankfurt/a.M.
- Kant, I.(1784). **Was ist Aufklafung? In: I. Kant: Werke, hrsg. von E.** Cassirer, Berlin 1921-1923, Bd. IV.
- Kester, Liesbeth; Kirschner (May 2007). **Designing support to facilitate learning in powerful electronic learning environments.** Computers in Human Behavior 23 (3): 1047-1054.
- Knoll, J.(1996). **Internationalle Weiterbildung und Erwachsenenbildung.** Konzepte, Institutionen, Methoden. Darmstadt: Wissenschaftliche Buchgesellschaft.
- Knowles, M. S.(1970). **The Modern Practice of Adult Education.** New York: Association Press.
- Knowles, M. S. (1980). **The modern practice of adult education.** New York: Cambridge, the Adult Education Co.
- Larsson, S. & Nordvall, H.(2010). **Study Circles in Sweden: An Overview with a Bibliography of International Literature.** Linköping: Linköping University Electronic Press.
- Lewin, T. (2012, May 2). **"Harvard and MIT Team Up to Offer Free Online Courses".** New York Times, A 18 Retrieved November 26, 2012.
- Longworth, Norman(1999). **Making Lifelong Learning Work: Learning Cities for an Learning Century.** London: Sterling VA.
- Loutchko, Iouri; Kurbel, Karl; Pakhomov, Alexei(2002). **Production and Delivery of Multimedia Courses for Internet Based Virtual Education.** The World Congress "Networked Learning in a Global Environment: Challenges and Solutions for Virtual Education", Berlin, Germany, May 1 - 4, 2002.
- Machlup, F.(1966). The Production and Distribution of Knowledge in the United States. Princeton University Press.
- Madan Sarup(1978). **신교육사회학.** 서울: 한국학술정보.
- Manheim, K.(1929). **Ideology and Utopia: A introduction to the sociology of knowledge.** Bonn: RKP.
- Manpower Demonstration Research Corporation(1997). **Learning, Earning and Parenting.** New York.
- Mainzer, Klaus(1997). **Thinking in Complexity.** The Complex Dynamics of Matter, Mind and Mankind, Third Revised

and Enlarged Edition. Berlin, Heidelberg, New York, etc.: Springer.

- Martin, Robin Ann(2000). **"An Introduction to Educational Alternatives.** Alternative Education Resource Organization". Paths of Learning. Retrieved 16 October 2014.
- McCarroll, Niall; Kevin Curran(2013). **Social Networking in Education.** International Journal of Innovation in the Digital Economy4 (1): 15.
- McClellan, J.(n.d.)(2010). **"Envisioning Learning Societies Across Multiple Dimensions".** Retrieved September 13, 2010 from Learning Development Institute.
- McCracken, Grant(1988), **Culture and Consumption, Indiana University Press.**
- McDonald, Sh.(1996). **The Trend toward Inclusion. School Social Work.** Practice and Research Perspectives. Third Edition. Edited by Robert Constable, John P. Flynn, and Shirley McDonald. Chicago: Lyceum Books, Inc. 147~156.
- McKendrick, Neil/ Brewer, John/ Plump, J.H.(1982), **The Birth of a Consumer Society:** The Commercialization of Eighteenth-Centry England, Bloomington: Indiana University Press.
- McLaughlin, J.A. and Protinsky R.A.(1996). **Foundation for Values in Special Education.** School Social Work. Practice and Research Perspectives. Third Editon. Edited by Robert Constable, John P. Flynn, and Shirley McDonald. Chicago: Lyceum Books, Inc. pp.95-102. 3
- Mead, G. H. (1973). **Geist, Identität und Gesellschaft.** Frankfurt/a. M.: Suhrkamp
- Merriam, sh. B./ Caffarella, R.S.(1999). **Learning in Adulthood.** A Comprehensive Guide. Secound Edition. San Francisco: Jossey-Bass Publishers.
- Meyer Bendrat, K. P.(1987). **Die Warenförmigkeit kindlicher Spielarbeit.** Die Verformung des Spiels im LIchts industrieller Erkenntnisinteressen. Frankfurt am Main.
- Miller, Ron 2008). **Self-Organizing Revolution.** Holistic Education Press.
- Moriarty A. and McDonald Sh.(1996). **Mediation as a Form of Peer-Based Conflict.** School Social Work. Practice and Research Perspectives. Third Editon. Edited by Robert Constable, John P. Flynn, and Shirley McDonald. Chicago: Lyceum Books, Inc. 299-306.
- Morrison, V.W., Tiefentha, M., and Moorman, D.(1996). **Educational Mandates for Children with Disabilities: Educational Program Development. School Social Work.** Practice and Research Perspectives. Third Editon. Edited by Robert Constable, John P. Flynn, and Shirley McDonald. Chicago: Lyceum Books, Inc. 103-115.
- Morrow, Faymond A. and Torres, Carlos A.(1995). **Social Theory and Education.** State University of New York Press.
- Mukerji, Chandra(1983). **From Graven Images:** Patterns of Modern Materialism, New York: Columbia University Press.
- Murray, Kristine; Rhonda Waller (May-June 2007). **Social Networking Goes Abroad(PDF).** Education Abroad16 (3): 56~59.
- Nietzsche. F.(1883). **Also sprach Zarathustra.** In Saemtlich Werke - KSA: Kritische Studienausgabe. Herausgegeben von Giorgio Colli und Mazzino Montinari. Duenndruck-Ausgabe. dtv/de Gruyter. 1980(erste Auflage); 1988(2. Auflage).

- Noddings, Nel(1990). **Constructivist Views on the Teaching and Learning of Mathematics.** Journal for Research in Mathematics Education. Monograph No. 4. Reston, Va: National Council of Teachers of Mathematics.
- OECD(1996). **Lifelong learning for all. Meeting of the Education Committee at Ministerial Level**, 16-17 January 1996. Paris: Organization for Economic Co-operation and Development Publishing.
- OECD(1999). **Economic and Cultural Transition towards a Learning City - The case of Jena.** OECD.
- OECD(2000). **Center for Educational Research and Innovation.** City Strategies for Lifelong Learning. A CERI/ OECD Study Prepared for the Second Congress on Educational Cities Gothenburg November 1992. OECD(Paperback - December 1, 2000)
- O'Neil, John(1978), **The Productive Body: An Essay on the Work of Consumption.** Queen's Quarterly, 85(2 Summer), 221-230.
- Open Universities Australia. (2010). **"Future Students - Open Universities Australia".** Retrieved September 10, 2010 from Open Universities Australia.
- Quosdorf, F. (2010, June 14). **China defines road map for becoming a learning society by 2020.** Retrieved October 1, 2010, from The China Education Blog.
- Ranson, S.(1994). **Towards the Learning Society**, Cassell: London, New York.
- Raybould, B. (1991). **An EPSS Case Study: Prime Computer.** Handout given at the Electronic Performance Support Conference, Atlanta, GA, 1992..
- Sarup, M.(1983). **Marxism, Structualism, Education.** London: The Falmer Press.
- Sachbe, C, / Tennstedt, F.(1980). Geschichte der Armenfürsorge in Deutschland. Bd.I. Vom Spätmittelalter bis zum 1. Weltkrieg. Stuttgart.
- Sackett, P. D.(2010). **"Preparing A Learning Society For The Future".** Retrieved October 2, 2010, from Chief Scientist for Australia.
- Schefold, W.(1987). **Orienterete Sozialization und individualisierte Hilfe, Sozialpädagogische Probleme am Beispiel von Schülerhilfen, Zeitschrift für Pädagogik,** P7484F, Jahrgang 33, Vol. 5, Oktorber m 1987.
- Scharfer, G. E.(1983). **Spiel, Phantasie und Selbstbezug**, in: Kreuzer, K. J. (Hrsg.): Handbuch der Spielpädagogik, Bd.1. Düsseldorg, S. 337~356.
- Schön, D. A.(1973). **Beyond the Stable State.** Public and private learning in a changing society. Harmondsworth: Penguin.
- Schultz, W.(1963). **The Economic Value of Education.** New York: Columbia University Press.
- Sendall, P; Ceccucci, W.; Peslak, A.(2008). **Information Systems.** Education Journal 6 (64). Retrieved 04/12/12.
- Senge, P.(1993). **The Fifth Discipline. 피터 센게의 제5경영**(안중호 옮김, 1996). 서울: 세종서적.
- Skager, R. & Dave, R.H.(1997). **Curriculum Evaluation for Lifelong Education.** Unesco Institute for Education Hamburg. FRG and Pergamon Press. Oxford, New York, Beijing, Frankfurt, Sao Paulo, Sydney, Tokyo, Toronto.

- Shelton, T.L., Jeppson, E.S., and Johnson, B.H.(1987). **Family-centered care for children with special health care needs.** Association for the Care of Children's Health, 2nd ed.
- Scheler, M.(1975). **Die Stellung des Menschen im Kosmos.** Bern/München.
- Schramm, K(1960), **Mass Communication**, University of Illinois.
- Simmel, Georg(1904). **Fashion. International Quarterly**, 10. 130~155.
- Spranger, Eduard(1950). **Lebensformen. Geisteswissenschaftliche Psychologie und Ethik der Persönlichkeit.** 8. Ausgabe, Tübingen.
- Spring, J. (2009). **Globalization of Education: An Introduction.** New York: Routledge.
- Steffe, L. P. & Gale, J. 편저(1995). **교육과 구성주의**(이명근 옮김, 2005). 서울: 학지사.
- Sullivan, Susan/ Glanz, Jeffrey(2005). **Building Effective Learning Communities:** Strategies for Leadership. Learning, & Collaboration (Hardcover). Corwin Press (June, 2005)
- Thiersch, H.,(1992). **Das sozialpädagogische Jahrhundert**, Soziale Arbeit und Erziehung in der Risikogesellschaft, vom Rauschenbach-Gänger(Hrsg.), Darmstadt: Luchterhand.
- Thomson, E. P.(1963). **영국 노동계급의 형성**(나종일 외 옮김, 2000). 서울: 창작과 비평사.
- Tremblay, Eric(2010). **Educating the Mobile Generation – using personal cell phones as audience response systems in post-secondary science teaching.** Journal of Computers in Mathematics and Science Teaching 29 (2): 217-227. Retrieved 2010-11-05.
- Trentin G.(2010). **Networked Collaborative Learning:** social interaction and active learning. Woodhead/Chandos Publishing Limited, Cambridge, UK.
- Tylor, E. B.(1958). **The origin of culture.** New York: Harper & Row Pub.
- United States Department of Education.(2010). **"Support for a learning society".** Retrieved October 1, 2010 from United States Department of Education.
- Veblen, Thorstein(1912), **The Theory of Leisure Class**, New York: Macmillan.
- Vierhaus, Rudolf(1972). **Art. Bildung.** In: Brunner, Otto; Cinze, Werner; Koseeleck, Reinhart(Hrsg.). Geschichtliche Grundbegriffe. Historisches Lexikon zur politisch-soziale Sprache in Deutschland. Bd. I. Stuttgart.
- Vittachi, Sarojini., &Raghavan, Neeraja.(2007). **Alternative Schooling in India.** New Delhi: SAGE Publications.
- Vogelsang, H.(1994). **Spielpädagogik.** Aspekte und Probleme des Spiels, Hohengehren: Schneider Verlag.
- Volkamer, Klaus/ Streicher, Christoph/ Walton, Ken G.(1996). **Intuition, Kreativität und ganzheitliches Denken.** Heidelberg: Shurkamp.
- Von Glasersfeld, E.(1986). **Steeps in Construction of 'Others' and 'Reality'.** In R. Trappel(Ed.), Power, autonomy, utopia, 107~116. New York: Plenum.
- Weber-Kellermann, I.(1989). **Die Kindheit, Eine Kulturegeschichte, Frankfurt am Main.**
- Weitsch, E.(1919). **Zur Sozialisierung des Geistes.** Grundlagen und Richtlinien fur die Deutsche Volkshochschule.

Jena.

- Whyte, Cassandra B. and Lauridsen, Kurt (editor)(1980). **An Integrated Learning Assistance Center.** New Directions Sourcebook, Jossey-Bass, Inc.
- Williams, Rosalind H.(1982), **Dream World:** Mass Consumption in Late Nineteenth Century France, Berkeley: University of California Press.
- Weyl, Hermann(2000). **Philosophie der Mathematik und Naturwissenschaft.** Oldenburg: Scientia Nova. Hrsg. von Reiner Henselmann, Gebhard Kirchgässner, Hans Lenk, Siegwart Lindenberg, Julian Noda-Rümelin, Werber Raub, Thomas Boss.
- Wulfers, W.(1996), **Schulsozialarbeit.** Ein Beitrag zur Öffnung, Humanisierung und Demokratisierung der Schule. Hamburg: AOL-Verlag.
- Young, M. F. D.(1971). **Knowledge and Control.** In: M. F. D. Young (ed). Knowledge and Control. London: Macmillan.
- Zietz, Karl(1965). E**inführung in die allgemeine Psychologie.** Bruanschweig.